Schweden

Becky Ohlsen,
Anna Kaminski, Josephine Quintero

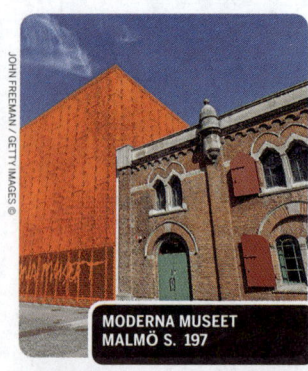

**MODERNA MUSEET
MALMÖ S. 197**

**TURNING TORSO,
MALMÖ S. 195**

Inhalt

Willkommen in Schweden

Eisiges Ödland, gemütliche Landhäuser, Urwälder, felsbedeckte Inseln, Rentierhirten und das Erbe der Wikinger: All das trägt zum vertrauten Bild von Schweden bei. Zutaten neueren Datums sind ein höchst modernes Stilgefühl und erstklassige Restaurants.

Schwedischer Stil

Eine Reise nach Schweden ähnelt in mancher Hinsicht einem Blick in Zeitschriften über Mode oder Innenarchitektur. Langweilige Kleidung findet man auf den Straßen Stockholms selten, und die Art und Weise, wie überall im Land Wohnhäuser, Höfe oder Cafés und der öffentliche Raum gestaltet und dekoriert werden, ist beispielhaft. Der schwedische Stil setzt dabei weniger auf äußeren Glanz, sondern führt Form und Funktion zusammen: typisch für eine Gesellschaft, in der Mäßigung, Praktikabilität und Ordnung so wichtig sind wie klare Linien und ein vernünftiges Design. Egal, ob man sich nun selbst mit Material eindeckt oder einfach nur schauen will – schon bald ist man der nüchternen Schönheit dieses Landes rettungslos verfallen.

Landschaft

Trotz allem reist man hauptsächlich wegen der Landschaft nach Schweden. Um den Zauber des Landes zu spüren, muss man zunächst die Städte hinter sich lassen. Dann segelt man durch die Schären und besucht einige einsame Inseln oder man wandert durch die Wildnis des hohen Nordens. Wandern, Zelten, Radeln, Skifahren, Segeln, Angeln, Pilze- und Beerensuchen – all das sind Vergnügungen, die die Schweden selbst über alles lieben, und die Möglichkeiten dazu sind nahezu unbegrenzt.

Die Samen

Der Norden ist die Heimat des indigenen Volkes der Samen, die traditionell nomadisch als Rentierhirten leben. Wer bis nach Lappland reist, kann diese alte Kultur kennenlernen – das Handwerk der Samen, ihre Häuser und Dörfer, ihre Verkehrsmittel und die Art ihrer Speisen. Die Chance, ein Hirtenlager zu besuchen oder einmal mit dem Hundeschlitten zu fahren, sollte man sich nicht entgehen lassen. Wem die Zeit dafür fehlt, kann zumindest in einem samischen Restaurant einkehren oder sich ein paar Holz- oder Lederarbeiten kaufen.

Wikinger & mehr

Überall in Schweden gibt es Parks, in denen Runensteine aufragen; außerdem findet man häufig Steinsetzungen in Schiffsform oder Grabhügel, die sich in die Landschaft einfügen. Aus dem Mittelalter stammen die Stadtmauern vieler Städte und die Festungen an der Küste. Die Ruinen der Wikinger und manche Geschichten über dieses kriegerische Volk sind im heutigen Schweden immer noch allgegenwärtig. Eine Fahrt durch Schweden ist also immer auch eine Reise in die europäische Vergangenheit.

Warum ich Schweden liebe

Von Becky Ohlsen

Schweden fühlt sich einfach so gesund an. Die Menschen hier wissen, wie sie ihr herrliches Land genießen können – die prachtvolle Natur, die wunderschöne Landschaft ebenso wie die Fülle an Essbarem. Meine ersten Reisen nach Schweden waren Besuche bei den Großeltern, und jeden Tag unternahmen wir lange Spaziergänge in den Wäldern. Abends gab es vor Ort gefangenen Fisch und Beilagen vom Stockholmer Markt – und als Nachspeise schwedische Erdbeeren. Bis heute bedeutet Schweden für mich: viel draußen sein, zelten, wandern oder einfach nur entspannt spazieren gehen.

Mehr Informationen über die Autorinnen gibt es auf Seite 411.

Skärhamn, Tjörn (S. 172)

Schweden

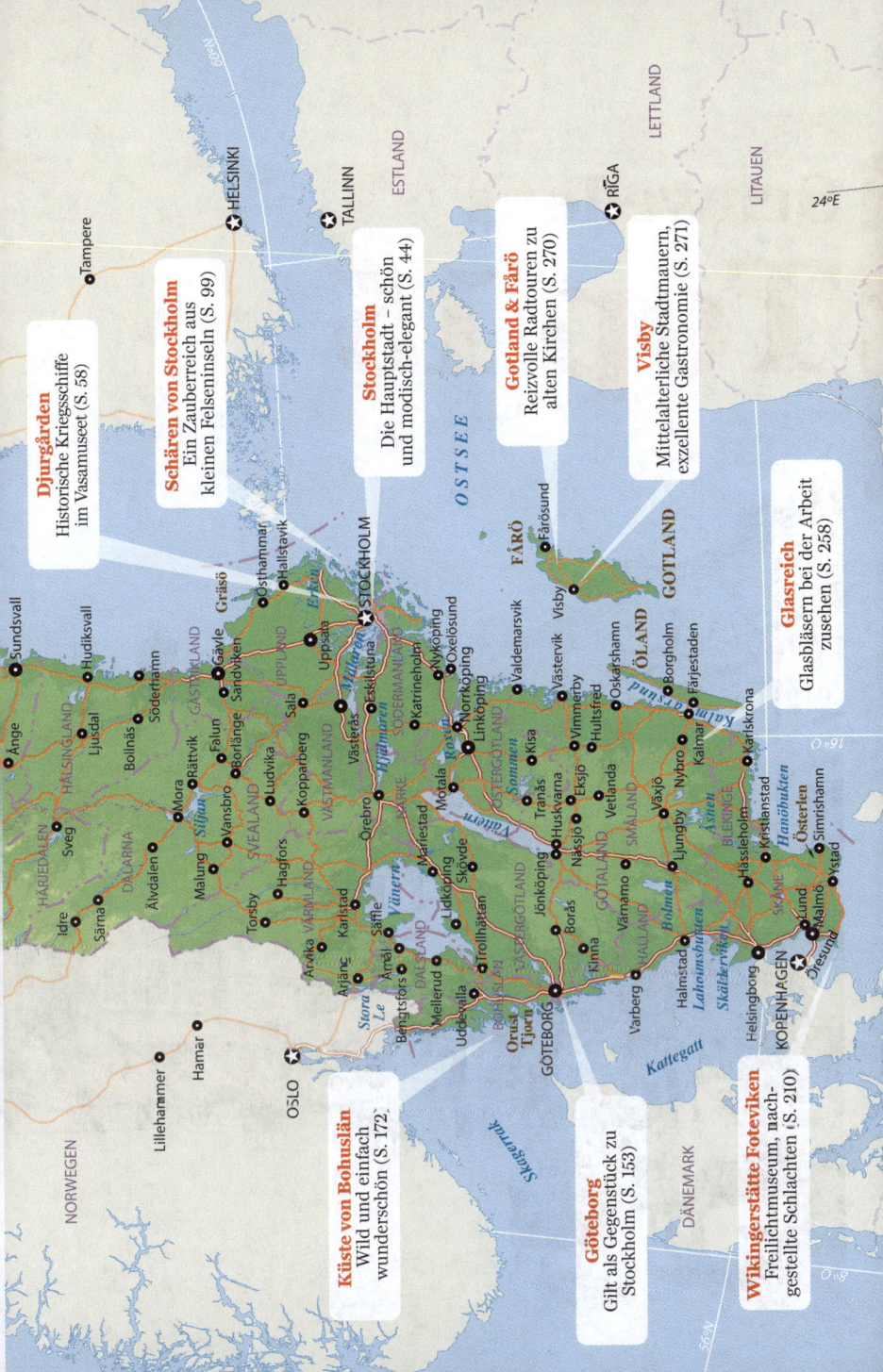

Djurgården
Historische Kriegsschiffe im Vasamuseet (S. 58)

Schären von Stockholm
Ein Zauberreich aus kleinen Felseninseln (S. 99)

Stockholm
Die Hauptstadt – schön und modisch-elegant (S. 44)

Gotland & Fårö
Reizvolle Radtouren zu alten Kirchen (S. 270)

Visby
Mittelalterliche Stadtmauern, exzellente Gastronomie (S. 271)

Glasreich
Glasbläsern bei der Arbeit zusehen (S. 258)

Küste von Bohuslän
Wild und einfach wunderschön (S. 172)

Göteborg
Gilt als Gegenstück zu Stockholm (S. 153)

Wikingerstätte Foteviken
Freilichtmuseum, nachgestellte Schlachten (S. 210)

NORWEGEN

Lillehammer

Hamar

OSLO

Tampere

HELSINKI

TALLINN

ESTLAND

LETTLAND

RĪGA

LITAUEN

24°E

OSTSEE

DÄNEMARK

KOPENHAGEN

Kattegat

Skagerrak

Øresund

Schwedens
Top 15

1

Stockholm

1 Die Hauptstadt des Landes (S. 44) bezeichnet sich selbst als „Schönheit am Wasser" und hat damit sicherlich recht. Die vielen Wasserwege reflektieren das tief stehende Licht auf die Gebäude, und beim Spaziergang durch die verschlungenen Gassen der Gamla Stan fühlt man sich wie im Märchen. Zudem hat Stockholm erstklassige Museen und Restaurants zu bieten. Dank der gut funktionierenden öffentlichen Verkehrsmittel und der Mehrsprachigkeit der Einheimischen ist die Stadt leicht zu erkunden, und am Abend kann man sich erschöpft in ein gemütliches Designer-Hotel zurückziehen. Links: Stortorget, Gamla Stan (S. 47)

Wandern in Norrland, Abisko

2 Schweden kann mit einigen wirklich wunderschönen Wanderwegen aufwarten, die fast alle gut gepflegt und mit bequem erreichbaren Berghütten bestückt sind. Die Wandersaison fällt allerdings relativ kurz aus, doch die unberührte Natur zählt zu Schwedens größten Vorzügen als Reiseziel. Ein guter Ausgangspunkt, um sich ins Abenteuer zu stürzen, ist das gemütliche Dorf Abisko (S. 328) in Norrland, wo der Fernwanderweg Kungsleden beginnt – eine Hochburg der Wanderfreunde, die sich ohne Aufwand mit der Bahn erreichen lässt. Rechts: Nationalpark Abisko (S. 328)

MATTI NIEMI / GETTY IMAGES ©

SABINE LUBENOW / GETTY IMAGES ©

Zauber des Nordens, Kiruna

3 Was den Norden Schwedens so berühmt gemacht hat, ist auf der einen Seite ein Werk der Natur, auf der anderen Seite ein Werk des Menschen, und beide liegen jenseits des Polarkreises. Kein anderes Naturschauspiel reicht an die Nordlichter *(aurora borealis)* heran (S. 314) – die Lichter, die im arktischen Winter (Oktober bis März) am nächtlichen Himmel umhertanzen. Das Icehotel (S. 327), ein einfaches Iglu bei Kiruna, das in einen Eispalast verwandelt wurde, wird von der Natur inspiriert und wird jeden Winter immer etwas anders aufgebaut.

Gaumenfreuden in Stockholm

4 Traditionell ist das schwedische Essen eher ein bescheidenes, gesundes Unterfangen auf der Grundlage von Fisch, Kartoffeln und haltbar gemachtem Fleisch. In den letzten Jahren jedoch haben die Spitzenköche des Landes Neuland betreten, sodass es zusätzlich zu den klassischen bzw. exotischen Tagesgerichten wie gebackenem Hering, Fleischklopsen, Polarsaibling oder Rentier mit Wildbeeren moderne, innovative Kost gibt, die international Anklang finden könnte. Essengehen (S. 80) kann in Schweden ein Abenteuer und ein Erlebnis werden.

3

4

JOHNER IMAGES / GETTY IMAGES ©

5

PER MIKAELSSON / GETTY IMAGES ©

Mittelalterliches Visby

5 Die Hanse- und Ha-
fenstadt Visby (S. 271)
ist so schön, dass eine
Übertreibung kaum mög-
lich ist; sie allein ist Grund
genug, um mit der Fähre
nach Gotland zu reisen.
Von dicken, mittelalterlichen Mauern umschlossen
sind die verwinkelten
Straßen mit Kopfstein-
pflaster, Blumen wuchern
um Märchenhäuser und
Ruinen hoch in den Hügeln
bieten einen herrlichen
Blick über die Ostsee. Die
Stadtmauer mit ihren gut
40 Türmen samt faszi-
nierenden Kirchenruinen
im Zentrum ist der Traum
eines jeden Fotografen. Die
Stadt ist auch ein Eldorado
für Feinschmecker; die
vielen Gourmetrestaurants
beeindrucken selbst an-
spruchsvollste Gäste. Links:
St. Nicolai Kyrka (S. 271)

Göteborg

6 Das Pendant zu Stockholms selbstbewusstem Glanz ist Göteborg (S. 153), eine Stadt voller Kontraste: mit Museen, rauer Industrielandschaft, hübschen Parks und einer ausgefallenen Küche. Es gibt leckere Shrimps und Fisch – direkt vom Boot oder in einem der fünf Sterne-Restaurants. Ansonsten lädt der größte Freizeitpark Schwedens zu Spiel und Spannung ein. Nicht versäumen sollte man zudem einen Einkaufsbummel in Haga und Linné. Man kann mit dem Schiff dorthin fahren oder die 190 km entlang dem Göta-Kanal wandern. Oben: Kungsparken (Königspark)

Die Küste von Bohuslän

7 Die Küste von Bohuslän zwischen Himmel und Meer ist rau und wunderschön; an ihren Schären wimmelt es von Vögeln, und die Dörfer sind hell getüncht und lugen aus den Felsen hervor. Die Filmschauspielerin Ingrid Bergman liebte das hübsche Fjällbacka, die preisbewussten Norweger strömen nach Strömstad, und jeder Segler weiß, dass im August Tjörn wegen der Insel-Regatta angesagt ist. Der wahre Sommergenuss besteht darin, sein Strandtuch auf einem Felsen auszubreiten und sich eine Tüte mit Shrimps schmecken zu lassen. Unten: Smögen (S. 177)

HOLGER LEUE / GETTY IMAGES ©

PETER ADAMS / GETTY IMAGES ©

BOISVIEUX CHRISTOPHE / GETTY IMAGES ©

NIKLAS BERNSTONE / GETTY IMAGES ©

JOHNER IMAGES / GETTY IMAGES ©

Gotland & Fårö

8 Im 12. und 13. Jh. schmückten Kaufleute die Insel (S. 270) mit herrlichen Kirchen. Heute locken Gotlands reizvolle Ruinen, die abgelegenen Strände, idyllische Rad- und Reitwege, faszinierende Felsformationen, die hervorragenden Restaurants und das quirlige Nachtleben im Sommer Gäste aus aller Welt an. Wichtigster Event ist Medeltidsveckan (Woche des Mittelalters; S. 272); dann erwacht die Altstadt von Visby mit Trachten, Historienspielen und Märkten zum Leben. Freunde des Kinos und Naturliebhaber zieht es hinauf nach Fårö (S. 277), wo Ingmar Bergman lebte.

Das Glasreich

9 Im Glasriket (Glasreich; S. 258) tun sich Geschick und Muskelkraft zusammen, um faszinierende (und oft auch praktische) Kunstwerke zu schaffen. Hier kann man Glasbläsern dabei zuschauen, wie sie fantasievolle Kreaturen, Schalen, Vasen und Skulpturen formen. Man kann diese Kunst auch selbst ausprobieren oder in den Zentren Kosta und Orrefors ein Andenken für daheim erstehen. Wissenswertes über die 500 Jahre alte Industrie vermittelt das Smålands Museum in Vaxjo. Am Ende erfreut ein Cocktail in Kjell Engmans kobaltblauer Bar im Kosta Boda Art Hotel.

Stockholmer Schären

10 Die Stockholmer Schären (S. 99) dümpeln vor der Stadt in der Ostsee – eine Wunderwelt aus kleinen Felsinseln. Einige sind gerade einmal so groß, dass eine Möwe abheben kann, andere dicht bewaldet und mit Wildblumen bestanden. Die meisten befinden sich gleich vor den Toren der Stadt und lassen sich mit den im Sommer regelmäßig verkehrenden Fähren besuchen. Hostels, Campingplätze und feudalere Quartiere laden zum Übernachten ein – und die wachsende Anzahl an hervorragenden Restaurants zum Verweilen.

ANDERS BLOMQVIST / GETTY IMAGES ©

CULTURA TRAVEL/PHILIP LEE HARVEY / GETTY IMAGES ©

KEVIN OSBORNE / FOX FOTOS / GETTY IMAGES ©

Wikingerdorf Foteviken

11 Es gibt immer noch echte Wikinger in einem der interessantesten Orte Schwedens. Foteviken (S. 210) ist eine lebensechte Nachbildung eines Dorfes aus der späten Wikingerzeit; es liegt an der Küste nahe dem Ort, wo 1134 die Schlacht von Foteviken stattgefunden hat. Der Ort besteht aus 22 reetgedeckten Häusern, die man allesamt besichtigen kann. Besonders sehenswert sind die große Versammlungshalle und ein Katapult. Man kann sogar Kunsthandwerk der Wikinger kaufen – alles wirkt erstaunlich echt und folgt alten Traditionen,

Gammelstad

12 Schweden kann mit einer Fülle von Schätzen aufwarten, die zum Weltkulturerbe der Unesco zählen. Ein schönes Beispiel ist die Kirchenstadt Gammelstad (S. 306) unweit von Luleå. Sie ist die größte Kirchenstadt des Landes und war im Mittelalter ein bedeutendes Zentrum. Die Nederluleå-Kirche, ein Steingebäude aus dem Jahr 1492, beeindruckt mit einem Altaraufsatz, der einer Kathedrale zur Ehre gereichen würde; außerdem gibt es 424 Holzhäuser zu bestaunen, in denen die Menschen vergangener Zeiten auf Wochenendwallfahrt nächtigten.

Per Inlandsbanan nach Gällivare

13 Entlang der historischen Eisenbahnstrecke (S. 287; nur im Sommer) durch Norrland erblickt man kleine Bergbaustädchen, dichte grüne Wälder, Rentierherden und mitunter sogar Elche. Die Strecke wurde in den 1930er-Jahren gebaut und 1992 für den regulären Betrieb stillgelegt, hat aber so viel Charme und historischen Zauber, dass das langsame Vorankommen kein Problem darstellt – man hat genügend Zeit, die Landschaft zu genießen. Die Bahn ist ein herrlich schrulliges Fortbewegungsmittel und bietet Abenteuer pur.

Wintersport in Åre

14 Wintersport übt in Lappland eine enorme Anziehungskraft aus. Wer zum Langlauf gehen möchte, schnappt sich einfach ein Paar Skier, und los geht's gleich vor der Haustür. Für den Abfahrtslauf, ob nun Heliskifahren oder Snowboarden, ist Åre (S. 287) die beste Location. Wenige Freizeitaktivitäten sind so amüsant wie die Fahrt im Hundeschlitten durch die Eiswüste. Wer einen Motor bevorzugt, kann seine Autofahrkünste auf den zugefrorenen Seen erproben – Wettrennen inklusive.

Vasamuseet

15 Das Vasamuseet in Stockholm (S. 58) ist einzigartig: ein Gebäude als Schaukasten für ein versunkenes Schlachtschiff. Die Galeone war der ganze Stolz der schwedischen Krone, als sie im August 1628 auslief. Doch dann kippte das kopflastige Schiff und sank auf den Grund der Saltsjön-Bucht, wo es 300 Jahre auf seine Bergung wartete. Das Museum zeigt, wie das Wrack gefunden und restauriert wurde, wie es zu der Havarie kam und welche Bedeutung dieses Ereignis für das schwedische Volk hat.

JOHNER / GETTY IMAGES ©

14

ANDERS BLOMQVIST / GETTY IMAGES ©

15

Gut zu wissen

Weitere Hinweise im Kapitel „Praktische Informationen" (S. 373)

Währung
Schwedische Krone;
Krona (Skr)

Sprachen
Schwedisch, Finnisch,
Samische Dialekte

Visa
Besucher aus der EU
und der Schweiz benöti-
gen für die Einreise nach
Schweden bei einem
Aufenthalt von bis zu
drei Monaten nur einen
gültigen Reisepass oder
Personalausweis.

Geld
Geldautomaten
sind weit verbreitet.
Kreditkarten werden in
den meisten Hotels und
Restaurants akzeptiert.

Handys
Die meisten Handys
funktionieren in
Schweden, wobei
Roaming-Gebühren
anfallen. Schwedische
SIM-Karten lassen sich
problemlos ins eigene
Gerät einsetzen.

Zeit
Es besteht kein
Zeitunterschied zu
Deutschland, Österreich
und der Schweiz.

Reisezeit

Warme Sommer, kalte Winter
Milde Sommer, kalte Winter

Kiruna
REISEZEIT Dez.–Jan.

Sundsvall
REISEZEIT Juni–Aug.

Stockholm
REISEZEIT Juni–Aug.

Göteborg
REISEZEIT Juni–Aug.

Malmö
REISEZEIT Juni–Aug.

Hochsaison
(Mitte Juni–Aug.)

➡ Die Saison beginnt
zur Sommersonn-
wende; es ist warm,
die meisten Sehens-
würdigkeiten und
Unterkünfte sind
geöffnet.

➡ Einige Restau-
rants und Geschäfte
schließen im Juli
oder August, weil
die Betreiber selbst
Urlaub machen.

Zwischen-
saison (Sept. bis
Okt.)

➡ Das Wetter ist
noch schön, auch
wenn kaum jemand
da ist, um es zu ge-
nießen.

➡ Viele Touristen-
attraktionen sind
geschlossen.

➡ Die Hotelpreise
sind wieder normal,
am Wochenende so-
gar noch günstiger.

Nebensaison
(Nov.–Mai)

➡ Die beste Jahres-
zeit für Wintersport,
die Nordlichter und
Märkte an den Feier-
tagen.

➡ Unterkünfte und
Winteraktivitäten
sollte man im Voraus
buchen.

➡ Viele Camping-
plätze und Hostels
haben im Winter
geschlossen.

Infos im Internet

Visit Sweden (www.visitsweden.com) Die offizielle Website des schwedischen Fremdenverkehrsamts.

Swedish Institute (www.si.se/English) Fundierte Informationen zur schwedischen Kultur.

The Local (www.thelocal.se) Nachrichten aus Schweden auf Englisch.

Smorgasbord (www.sverigeturism.se/smorgasbord) Eine Datenbank mit Suchfunktion.

Lonely Planet (www.lonelyplanet.com/sweden) Zur Planung und Inspiration.

Wichtige Telefonnummern

Landesvorwahl	📞 0046
Telefonauskunft, Ausland	📞 118 119
Telefonauskunft, Schweden	📞 118 118
Notruf	📞 112

Wechselkurse

Euro-Zone	1 €	9,33 Skr
Schweiz	1 SFr	8,84 Skr
US	1 US$	8,62 Skr

Aktuelle Wechselkurse im Internet unter www.xe.com

Tagesbudget

Preiswert: unter 1000 Skr

➡ Bett im Schlafsaal oder Zeltplatz: 200–300 Skr

➡ Fastfood-Mahlzeit (Döner, Quiche, Sandwich): 55–85 Skr

➡ Bus- und U-Bahnfahrkarte für 24 Std.: 115 Skr

➡ Eintritt in Museen: 100 Skr

Mittelteuer: 1000–2000 Skr

➡ Doppelzimmer in einem Mittelklassehotel: 800–1600 Skr

➡ Bier während der Happy Hour: 35–75 Skr

➡ Mahlzeit in einem Mittelklasserestaurant: 100–200 Skr

➡ Bus- und U-Bahnticket für 72 Std.: 230 Skr

Teuer: über 2000 Skr

➡ Doppelzimmer in einem Spitzenhotel: 1600–2600 Skr

➡ Abendessen mit Getränken in einem schönen Restaurant: 350–600 Skr

➡ Taxifahrt vom Flughafen: 520 Skr

Öffnungszeiten

Wenn nicht anders angegeben, sind in diesem Reiseführer die Öffnungszeiten während der Hochsaison (Mitte Juni–Aug.) vermerkt. Im restlichen Jahr sind sie weniger lang.

Banken Montag bis Freitag von 9.30 bis 15 Uhr; manche Filialen in der Stadt haben bis 17 oder 18 Uhr geöffnet.

Bars und Kneipen Von 11 oder 12 Uhr bis 1 oder 2 Uhr.

Behörden Montag bis Freitag von 9 Uhr bis 17 Uhr.

Restaurants Mittagessen von 11 bis 14 Uhr; Abendessen von 17 bis 22 Uhr; oft sonntags und/oder montags geschlossen; Restaurants im obersten Preissegment schließen oft im Juli oder August für ein bis zwei Wochen.

Geschäfte Montag bis Freitag von 9 bis 18 Uhr, Samstag bis 13 Uhr.

Ankunft in Schweden

Stockholm-Arlanda Airport (S. 383) Der Arlanda Expresszug verkehrt von 5 Uhr bis 23.30 Uhr alle zehn bis 15 Minuten (nach 21 Uhr im 30-Minutentakt); die Fahrt dauert 20 Minuten und kostet (einfach) 260 Skr. Ein Taxi kommt auf 475 Skr bis 520 Skr. Der Flughafenbus Flygbuss verkehrt alle zehn bis 15 Minuten vom Flughafen zum Cityterminalen; die Fahrt dauert rund 50 Minuten und kostet (einfach) 119 Skr.

Unterwegs vor Ort

Die öffentlichen Verkehrsmittel sind in Schweden zuverlässig und lassen sich problemlos benutzen. Die Straßen sind generell in gutem Zustand, Busse und Züge sind komfortabel; in den Bahnhöfen und Haltestellen sowie an Bord gibt es jede Menge Dienstleistungen. Unter http://reseplanerare.resrobot.se. findet sich ein guter Reiseplaner.

Zug Erschwinglich und mit einem großen Streckennetz; die Geschwindigkeit hängt davon ab, ob es sich um eine Lokal-, Regional- oder Expressverbindung handelt.

Bus Umfassenderes Netz als die Bahn; oft ebenso schnell und preiswert (oft sogar erheblich günstiger).

Auto Teuer, aber ideal, um abgelegene Orte und Nebenstraßen zu erkunden, und zwar vor allem beim Zelten und bei Outdoor-Aktivitäten.

Mehr zum Thema
Unterwegs vor Ort
siehe S. 386

Wie wär's mit ...

Wandern

Schweden ist mit seinen zahlreichen naturbelassenen, aber dennoch gut gepflegten Wanderwegen und dem hervorragend ausgebauten Netz aus Hütten und Campingplätzen ein fantastisches Land zum Wandern.

Kungsleden Der „Königsweg", eine beliebte und gut begehbare Nordroute (S. 331)

Höga Kusten Leden Fantastische Ausblicke von hohen Klippen hinab (S. 300)

Nationalpark Sarek Selbst für fortgeschrittene Wanderer eine Herausforderung (S. 321)

Skåneleden Toller Weg an Schwedens Südküste entlang (S. 220)

Arctic Trail Ein 800 km langer Weg, der als gemeinsames Projekt der Schweden, Norweger und Finnen angelegt wurde und jenseits des Polarkreises verläuft

Kebnekaise Schwedens höchster Gipfel gilt als Highlight für Wanderer in Norrland (S. 326)

Die europäischen Fernwanderwege E1 und E6 verlaufen von Varberg nach Grövelsjön (1200 km) und von Malmö nach Norrtälje (1400 km)

Finnskogleden Ein 240 km langer Wanderweg an der Grenze zwischen Norwegen und Värmland (Schweden) (S. 137)

Alpine Abenteuer

Norrland ist im Winter eine der besten Regionen für viele erlebnisreiche Outdoor-Aktivitäten.

Åre Die schicke, kleine Stadt ist ein fabelhafter Wintersportort (S. 287)

Riksgränsen Dieser Urlaubsort liegt direkt an der Grenze zu Norwegen und ist vornehmlich für fortgeschrittene Skifahrer geeignet (S. 330)

Tärnaby Eine Stadt am Rande eines fantastischen Sees mit ständig wachsendem Wintersportangebot; etwas entlegener als das benachbarte Hemavan (S. 311)

Båtsuoj Sami Camp Für diejenigen, die noch niemals ein Rentier gesehen haben ... (S. 317)

Jokkmokk Wintermarkt Absehen einmal von den guten Einkaufsmöglichkeiten und dem Straßentheater, finden auf diesem riesigen Markt auch Rentierrennen statt (S. 318)

Abisko In diesem gut unterhaltenen Nationalpark kann man wandern, Schneemobil und Hundeschlitten fahren oder sich einfach zurücklehnen und die Nordlichter beobachten (S. 328)

Kleine Dörfer

Das Land ist übersät mit winzigen Meisterwerken: roten Häuschen, kopfsteingepflasterten Dorfplätzen oder vom Wind gezeichneten Fischerhütten an der Küste.

Eksjö Eine der besterhaltenen hölzernen Städte Schwedens (S. 251)

Vadstena Ein lohnendes Ziel für Pilger auf ihrem Weg zur hl. Birgitta (S. 244)

Skanör Ort für die sommerliche Strandidylle (S. 210)

Höga Kusten Die winzigen und reizvollen Fischerdörfer hier muss man einfach gesehen haben (S. 298)

Tällberg Eine hübsche Ansammlung roter Holzhäuser entlang einer gewundenen malerischen Straße (S. 143)

Nora Nicht nur fantastisch schön, sondern auch ein wahres Paradies für Eis-Liebhaber (S. 128)

Sigtuna Von Stockholm und Uppsala gut zu erreichen. Dieses wunderschöne Dorf ist bekannt für seine zahlreichen Kirchenruinen und Schwedens älteste Hauptstraße (S. 106)

Vaxholm Ein fotogener Hafen und eine berühmte Festung locken unzählige Besucher in diese Stadt (S. 99)

Oben: Same mit Rentier, Lappland (S. 309)
Unten: Sigtuna (S. 106)

Radfahren

In den meisten Städten gibt es Fahrradverleihstationen. Außerdem ist Fahrradfahren nicht nur umweltfreundlicher, sondern zwingt einen dazu, einen Gang zurückzuschalten und die herrliche Umgebung intensiv in sich aufzunehmen.

Gotland Breite Radwege mit tollen Ausblicken aufs Meer sind geradezu ideal für Insel-Fahrradtouren (S. 270)

Öland Auf dieser friedlichen Insel radelt man zwischen Bauernmärkten und Naturschutzgebieten (S. 264)

Göta-Kanal Auf dem Weg nach Vättern kommt man an vielen Schleusen vorbei (S. 250)

Örebro In dieser Universitätsstadt fährt fast jeder mit dem Rad (S. 130)

Stockholm Obwohl der Autoverkehr hier recht hektisch ist, ist die Stadt wegen der vielen Radwege und des Angebots an Leihrädern recht fahrradfreundlich (S. 44)

Åre Der Bike Park liefert unvergessliche Erlebnisse (S. 287)

Boots- und Schiffsausflüge

Schweden ist das Land der 100 000 Seen (aber vielleicht sind es sogar auch einige mehr). Nur Mut zum nassen Abenteuer!

Stockholmer Schären Zwischen den Schären zu schippern ist genau das, was die Stockholmer selbst gerne in ihrem Urlaub machen würden (S. 99)

Göta-Kanal Hier lässt man sich bei einer Tour geruhsam von Schleuse zu Schleuse und von See zu See treiben und genießt

dabei die friedliche Stille
(S. 250)

Fähren in Bohuslän In Bohuslän geht es von Fähre zu Fähre
(S. 172)

Luleå-Archipel Das nördliche
Archipel ist immer eine Erkun-
dungstour wert (S. 305)

Nationalpark Tiveden Hier
kann man ein Kanu mieten und
die wilde Natur kennenlernen
(S. 131)

**Unter den Brücken von Stock-
holm** Strömma Kanalbolaget
bietet zahlreiche gute Touren
auf den Wasserwegen Stockholms, darunter auch diese
zweistündige Fahrt auf dem
Kanal (S. 71)

Mariakyrkan (S. 107), Sigtuna

ANDERS BLOMQVIST / GETTY IMAGES ©

Gutes Essen

Wenn man mal die Zahl der
Starköche in den Medien,
die biologischen Zutaten
und das Bestreben, eine
gemütliche Atmosphäre zu
schaffen, in Betracht zieht,
verwundert es nicht, dass
man hier in Schweden einige fantastische Restaurants
findet.

Mathias Dahlgren Das viel
gerühmte Restaurant des mit
zwei Michelin-Sternen hoch
ausgezeichneten Chefkochs
passt gut zum luxuriösen Grand
Hôtel (S. 84)

Wasa Allé Hier können Feinschmecker die gute schwedische Küche genießen (S. 166)

Finnhamns Café & Krog
Unglaublich gutes Restaurant
auf einer grünen Schäreninsel
(S. 105)

Länsmansgården Ein historisches Gebäude in der Nähe von
Sunne, das in Selma Lagerlöfs
Gösta Berling vorkommt und
ein malerisches Lokal für ein
traditionelles schwedisches
Mittagessen ist (S. 136)

Schwedisches Design

Hier trifft man auf schlichte und einfache Formen,
abgerundete Ecken, praktische Werkzeuge, lebendige
Farbmuster und einfalls-
reiche Glaskunst, die das
schwedische Design aus-
machen – vom bereits etablierten Künstler, der schon
lange zu den renommierten
Designern gehört, bis zu
den jüngeren Talenten, die
sich noch einen Namen
machen müssen.

**Nationalmuseum (Nordiska
Museet)** Riesiges Gebäude
voller Ausstellungsstücke zur
Entwicklung des schwedischen
Designs, die je nach The-
menschwerpunkt immer wieder
für Wechselausstellungen neu
arrangiert werden (S. 58)

Svenskt Tenn Beheimatet
Josef Franks atemberaubende
typische Textilien und andere
kultige Stücke (S. 92)

DesignTorget Großes Angebot
an cleveren Spielereien und
Dekorationsgegenständen von
aufstrebenden Designern (S. 93)

Velour by Nostalgi Schicke
Jeans, Strickwaren und Overalls
von einem genialen Göteborger
Designer (S. 168)

Kosta Outlets Hier kann man
sich mit fantastischen Glaswaren im Herzen des Glasriket
(Glasreich) eindecken (S. 258)

Shoppen

Shoppen ist in Schweden
ganz einfach – fast zu einfach. Hier findet man Glas-
und Kristallwaren, echtes
Kunsthandwerk mit dem
entsprechenden Aufkleber
slöjd (Handarbeit), feines
Leinen, schicke Designer-
moden und auch einige
abgedrehte Spielereien, die
es bis heute nicht mal bei
Ikea gibt.

Stockholms Einkaufsstraßen
Die Fußgängerzonen Biblioteksgatan, Drottninggatan und
Västerlånggatan sind Paradiese
für Einzelhändler (S. 92)

Svensk Slöjd Echtes
Kunsthandwerk und qualitativ
hochwertige Geschenkartikel,
von schwedischen Kunsthandwerkern gefertigt, die Mitglied

in der nach strengen Regeln organisierten Kunsthandwerkergilde sind (S. 92)

Prickig Katt Retro-Hüte und altmodische Kleider in einer Hipster-Boutique in Göteborg (S. 168)

Gotländsk Konst & Form Coole regionale Kunst und Kunsthandwerk, von trendigen Textilien bis zu fantastischen Glaswaren (S. 276)

Formargruppen Designer-Boutique und Galerie in Malmö (S. 204)

Sami Duodji Galerie und Shop mit einem echtem samischen Kunsthandwerksangebot (S. 318)

Kultur der Samen

Die Samen, die ursprüngliche Bevölkerungsgruppe Schwedens, haben eine reiche Kultur, die sich gegen viele Widerstände behauptet hat und Besucher wie Einheimische gleichermaßen fasziniert. Es gibt viele Möglichkeiten, mehr über sie zu erfahren, entweder durch einen Besuch in einem der anschaulichen Museen oder durch einen oder mehrere Tage Aufenthalt in einem traditionellen samischen Rentiercamp.

Ájtte Museum Ein herausragendes Museum zur Geschichte und Gegenwart des samischen Volkes in Schweden (S. 318)

Båtsuoj Sami Camp In diesem Waldcamp können Besucher auch mehrere Tage mit traditionellen Rentierhirten verbringen (S. 317)

Visit Sápmi Ein Tor zur Welt der Samen (S. 322)

Arjeplog Silvermuseet Dieses Museum in einer ehemaligen Nomadenschule zeigt eine atemberaubende Sammlung samischer Silbergegenstände (S. 317)

Nutti Sami Siida Mit diesem Experten des Ökotourismus kann man eine Exkursion mit dem Rentierschlitten unternehmen (S. 324)

REISEPLANUNG WIE WÄR'S MIT …

Monat für Monat

TOP-EVENTS

Mittsommer, Juni

Wintermarkt von Jokkmokk, Februar

Weihnachtsmarkt Gamla Stan, November bis Dezember

Vasaloppet, Februar

Internationales Filmfestival Stockholm, November

Januar

Der Höhepunkt des Winters mit Eiseskälte und Schnee in den meisten Regionen lässt die Massen dem Wintersport frönen.

 Snöfestivalen

Das alljährliche Festival rund um einen Wettbewerb mit Schneeskulpturen (auch bekannt als Kiruna-Schneefestival; www.snofestivalen. se) lockt Künstler an, die aus Schnee kunstvolle Gebilde formen. Mit dazu gehören Rentierschlittenrennen und das Brauchtum der Samen.

Internationales Filmfestival Göteborg

In der „zweiten Stadt" Schwedens findet dieses Festival statt, das mit seinen Kurz- und Dokumentarfilmen, Features, Seminaren und Feten alljährlich an die 200 000 Besucher begeistert.

Februar

Der Winter hat noch immer Hochsaison, und dementsprechend toll gestalten sich natürlich die Wintersportfreuden.

Wintermarkt von Jokkmokk

Das Festival, bei dem sich Samen aus ganz Skandinavien treffen, (www. jokkmokksmarknad.se) bietet auch einen Markt, Kunsthandwerksausstellungen, Vorführungen und vieles mehr.

Vasaloppet

Der große Skilanglaufwettbewerb (www.vasaloppet. se) zwischen Sälen und Mora erinnert an König Gustav Wasas Flucht auf Skiern im Jahr 1521, ein Ereignis, das Geschichte schrieb; mittlerweile ist daraus ein einwöchiges Skifest geworden.

März

In der Südhälfte des Landes verabschiedet sich der Winter nun allmählich, doch in Norrland steht der Wintersport noch immer hoch im Kurs.

Liljevalchs Frühlingssalon

Die bekannte Galerie Djurgården startet mit einer Frühjahrsausstellung ins neue Jahr in Sachen Kunst. Präsentiert werden aufstrebende Talente, aber auch neuere Arbeiten etablierter Kunstgrößen.

April

Es ist noch immer kalt, aber die Tage sind schon länger und heller.

Walpurgisnacht

Der gesetzliche Feiertag ist ein heidnisches Überbleibsel zur Feier des Frühlingsbeginns. Dazu gehören Maifeuer, Gesang und Paraden. Die größten Partys starten in Studentenstädten.

Mai

Da die Tage länger und wärmer werden, kommt nun im Frühling der Tourismus allmählich in Fahrt; auch die nur in den Sommermonaten bewirtschafteten Hostels und

Campingplätze öffnen jetzt ihre Tore für die Gäste der neuen Saison.

✧ Maifeiertag

In den Industriestädten des Landes wird er traditionell als Tag der Arbeit mit Kundgebungen, Demonstrationen, Aktionen der Arbeiterbewegung und Blasmusik begangen.

Juni

Mitte Juni fängt offiziell der Sommer an. Das Wetter ist perfekt, die Hotelpreise liegen niedrig, und das Reisen bereitet keinerlei Probleme.

✧ Schwedisches Rock-Festival

Beim dreitägigen Rock-Festival (www.swedenrock.com) von Sölvesborg treten bedeutende Metal- und Hardrock-Größen auf wie Judas Priest, Rob Zombie und Ozzy Osbourne.

✧ Schwedischer Nationaltag

Der gesetzliche Feiertag am 6. Juni hieß bis 1983 Schwedischer Flaggentag; er erinnert an die Krönung von König Gustav Wasa im Jahr 1593 und an Schwedens Unabhängigkeit von der Kalmarer Union unter der Vorherrschaft der Dänen.

✕ Smaka På Stockholm

Bei diesem Fest der Gaumenfreunden (www.smakapastockholm.se), das in Kungsträdgården stattfindet, können die Besucher eine Woche lang wohlportionierte Köstlichkeiten aus den Topküchen Stockholms probieren und sich spannende Kochduelle anschauen.

✧ Mittsommernacht

Dies ist zweifelsohne der wichtigste schwedische Feiertag. Die Mittsommernacht fällt immer auf den Freitag zwischen dem 19. und dem 25. Juni; die Feierfreudigen fahren aufs Land, um den Maibaum aufzustellen, zu singen und zu tanzen und marinierten Hering zu essen. Am Mittsommertag erholen sie sich dann von ihren Exzessen.

🔒 Kirchenmarkt Öjebyn

Zu diesem Markt unweit von Piteå (www.pitea.se) strömen alljährlich an die 20 000 Besucher.

Juli

Im Juli herrscht in Sachen Tourismus Hochsaison. Das Wetter ist schön, die Sehenswürdigkeiten sind geöffnet und alle Welt ist gut gelaunt.

✧ Piteå Dansar

Als eines der größten Straßenfestivals von Schweden lockt das PDOL (www.pdol.se) mit Musik, Tanz, kulinarischen Köstlichkeiten und einem Karneval rund 120 000 Besucher an.

✧ Musik vid Siljan

Das Mittsommer-Musikfestival mit Kammermusik, Jazz und Folk (www.musikvidsiljan.se) findet in den Ortschaften rund um den Siljan-See statt; die Touristeninformationen von Mora, Leksand und Rättvik erteilen Auskunft zum aktuellen Programm.

✧ Storsjöyran

In Östersjön findet alljährlich ein dreitägiges Musikfestival statt (www.storsjoyran.se), bei dem sich international bekannte Künstler und bis zu 55 000 Besucher einfinden.

✧ Classic Car Week

In Rättvik treffen sich Autofans, um ihrem Kultobjekt zu huldigen (www.classiccarweek.com); auf dem Programm stehen Monstertruck-Gefechte, Autokino, entspannte Spritztouren und jede Menge Chrom.

✧ Stockholm Pride

Die alljährliche Parade mit Festival (www.stockholmpride.org/en) hat das Ziel, Toleranz gegenüber Schwulen, Lesben, Bi- und Transsexuellen zu fördern.

August

Das Wetter ist so schön wie im Juli, aber viele Schweden – vor allem Stockholmer – machen selbst irgendwo Urlaub, und manche Restaurants haben fast den ganzen Monat geschlossen.

✧ Medeltidsveckan

Bei diesem enorm beliebten Event können die Besucher einen echten Ritter in glänzender Rüstung kennenlernen. Während der Mittelalterwoche in Visby (www.medeltidsveckan.se) verwandelt sich die mittelalterliche Innenstadt von Visby in einen Markt mit Spielen, Trachten und einem Bankett. man sollte unbedingt frühzeitig ein Quartier reservieren und auch den Transport zur Insel Gotland rechtzeitig buchen.

✕ Kräftskivor (Krebspartys)

Die Schweden feiern mit Lätzchen und Partyhüten bei einem großen Krebsessen und viel *snaps* (meist Aquavit) das Ende des Sommers. Im Norden finden ähnliche Schlemmerpartys statt, aber mit *surströmming* (stinkendem vergorenem Ostseehering).

September

Die Tage werden nun langsam kürzer und kühler. Viele touristische Einrichtungen (Campingplätze, einige Hostels, Cafés im Freien) beenden ihre Saison und schließen, obwohl das Wetter noch wirklich herrlich sein kann.

✕ Tjejmilen

Beim größten Sportevent Schwedens für Frauen (www.tjejmilen.se) nehmen 24 000 Läuferinnen aller Altersgruppen an einem Rennen teil, das bei Gärdet in Stockholm beginnt.

✕ Internationale Buchmesse Göteborg

Auf Skandinaviens größter Buchmesse (www.bok-bib liotek.se) treffen sich Autoren, Leser, Verleger, Agenten, Lehrer, Bibliothekare und Medienvertreter.

✕ Ölands Erntefest

Das Erntefest (www.skorde fest.nu) findet jeden Herbst in Borgholm auf der Insel Öland statt.

☆ Lidingöloppet

Diese alljährliche Veranstaltung (www.lidingolop pet.se), die im *Guinness-Buch der Rekorde* als weltgrößter Crosslauf verzeichnet ist, wird in Lidingö nordöstlich von Stockholm ausgetragen.

Oktober

Zwar ist die zum Reisen erforderliche Infrastruktur oft nicht mehr vorhanden, aber eine herrliche Jahreszeit ist der Herbst dennoch – und oft hat man alles allein für sich.

✕ Stockholm Jazzfestival

Das international renommierte Jazzfestival (www.stockholmjazz.com) findet in Clubs in der ganzen Stadt statt und beeindruckt mit Namen wie Van Morrison und Mary J. Blige; zu den Highlights zählen die Jamsessions im berühmten Stockholmer Jazzclub Fasching.

☆ Stockholm Open

In der internationalen Tennisszene gilt dieses Turnier (www.ifstockholmopen.se) als Top-Ereignis, bei dem viele der 100 weltbesten Spieler antreten.

✕ Hem & Villa

Die größte Messe für Inneneinrichtung und Design präsentiert die neuesten Möbeltrends, Textilien, Beleuchtung sowie Kunst und Kunsthandwerk. Zu dem Event (www.hemochvilla. se), der in Stockholm und Göteborg stattfindet, gehören Ausstellungen, Vorträge und – natürlich Shoppen.

✕ Kurzfilmfestival Uppsala

Schon seit über 30 Jahren werden auf diesem Festival (www.shortfilmfestival. com) über 300 Kurzfilme pro Jahr in vier Kinos in der Innenstadt von Uppsala gezeigt.

✕ Umeå Internationales Jazzfestival

Renommierte Jazzmusiker aus dem In- und Ausland treten bei diesem Festival in Umeå (www.umeajazz festival.se) seit mehr als 40 Jahren auf.

November

Der graue Winter hat Einzug gehalten, doch die Urlaubszeit lässt noch auf sich warten.

✕ Internationales Filmfestival Stockholm

Cineasten strömen zu diesem renommierten Festival (www.stockholmfilmfesti val.se), denn es verlocken die neuesten Filme aus dem In- und Ausland, Independent-Produktionen, Gespräche mit Regisseuren und Diskussionsrunden. Die Karten sind schnell ausverkauft, deshalb frühzeitig reservieren.

🔒 Weihnachtsmarkt Gamla Stan

Dieser reizende Weihnachtsmarkt (www.stortor getsjulmarknad.com) in Stockholm eröffnet meist Mitte November am Hauptplatz (Stortorget) von Gamla Stan – und macht an einem kalten Winterabend sofort Laune. Man kann schönes Kunsthandwerk und schmackhaftes Kulinarisches erstehen oder einfach mit einem Becher Kakao und einem Safranbrötchen in der Hand ein wenig herumbummeln.

 Martinstag

In Schweden wird am Abend des 10. November der heilige Martin gefeiert. In Schweden dreht sich am Martinstag alles nur um eines: die Gans. Und das bedeutet, dass auf jedem Teller eine köstliche Portion Gänsebraten landet.

Dezember

Der Monat im Jahresverlauf, in dem die Schweden gegen das schwindende Licht ankämpfen, wobei ein heißer Glühwein, zur Jahreszeit passende kulinarische Köstlichkeiten und Unmengen Kerzen gute Dienste tun.

Luciadagen (Luciafest)

Die heilige Lucia führt am 13. Dezember mit einer Krone aus brennenden Kerzen einen weiß gekleideten Chor mit traditionellen Gesängen an. Es ist eine Mischung aus alten Traditionen zur Feier der längsten Nacht des Jahres und zum Gedenken an die heilige Lucia von Syrakus. In manchen Kirchen finden kostenlose Veranstaltungen statt.

Julafton (Weihnachtsabend)

Heiligabend ist in Schweden die Nacht des üppigen Festschmausbüfetts *smörgåsbord* – und des *jultomten,* des Weihnachtsmanns mit seinem Sack voller Geschenke. Die Bescherung ist der wichtigste Teil des Weihnachtsfests.

Reiserouten

Gamla Uppsala
Uppsala
Sigtuna
Stockholmer Schärengarten
Mälaren
Millesgården
STOCKHOLM
Skogskyrkogården

1 WOCHE ## Stockholm & Umgebung

Diese Route führt von Stockholm zu Sehenswürdigkeiten rund um die Hauptstadt, darunter Ruinen aus der frühen Geschichte Schwedens und ein paar Vorstadtattraktionen.

Ausgangspunkt ist **Stockholm**. Zum Programm zählen der Kungliga Slottet (Königspalast), die reizende Gamla Stan (Altstadt) und das Skansen, ein familienfreundliches Freilichtmuseum, das Schweden im Miniaturformat zeigt. Start ist ein kurzer Bootsausflug durch die Wasserstraßen der Stadt. Alles lässt sich in ein paar Tagen bewerkstelligen, sodass noch Zeit fürs Nachtleben in Södermalm bleibt – es warten die Clubs und Bars im Viertel SoFo. Am dritten Tag lockt noch das eine oder andere Museum.

Am nächsten Tag empfiehlt es sich, den Dom und das Schloss von **Uppsala** zu besichtigen und angesichts der Hügelgräber und des Museums von **Gamla Uppsala** in die schwedische Geschichte einzutauchen. Auf dem Rückweg lohnt ein Abstecher nach **Sigtuna** mit altmodischen Gebäuden, wunderbaren Cafés und malerischen Kirchenruinen. Am nächsten Tag steht der Besuch des Skulpturenmuseums von **Millesgården** auf dem Programm oder auch eine Wallfahrt zum Greta-Garbo-Monument im **Skogskyrkogården**, einem Friedhof mit Weltkulturerbe-Status. Zum Schluss macht eine Bootsfahrt zum **Stockholmer Schärengarten** Spaß, wo man eine der Inseln erkunden kann.

Stockholm & Göteborg

Von Schweden kann man in zwei Wochen ein gutes Stück kennenlernen. Die Route führt durchs Herz des Landes mit herrlicher Landschaft sowie einigen Industriedenkmälern.

Um ein Gefühl dafür zu entwickeln, was typisch schwedisch ist, sollte man die erste Woche wie unter „Stockholm & Umgebung" vorgeschlagen verbringen und die Sehenswürdigkeiten in und rund um **Stockholm** besichtigen. Dann geht es weiter gen Westen nach Göteborg, Schwedens „zweiter Stadt", die überaus sehenswert ist. Für die Anreise sollte man sich Zeit nehmen, denn unterwegs lohnt ein Stopp in der lebendigen Universitätsstadt **Örebro**. Hier bewundert man das von einem Burggraben geschützte Schloss und den Stadsparken gleich in der Nähe, einen der schönsten Parks im ganzen Land.

Weiter geht es zwischen den Binnenseen Vänern und Vättern hindurch nach Südwesten, nach **Göteborg**. Diese Stadt ist ein paar Tage Aufenthalt wert – z. B. der Themenpark und die Museen, allen voran die Kunst- und Designsammlung des Röhsska Museet. Lohnend sind auch ein Abendessen mit Michelin-Sternen und Shoppen im gut erhaltenen Viertel Haga, der ältesten Vorstadt Göteborgs. Familien kommen im riesigen Vergnügungspark Liseberg auf ihre Kosten, einer der meist besuchten Attraktionen Schwedens. Am besten besorgt man sich den Proviant für ein Picknick im Feskekörka, einem Fischmarkt in Form einer Kirche, oder gönnt sich Slow Food vom Feinsten im Wasa Allé von Küchenchef Mats Nordström. In der coolen Retro-Kunsthalle Röda Sten, einem umfunktionierten E-Werk mit modernen Kunstwerken, finden Abendveranstaltungen statt.

Der Rest der zweiten Woche eignet sich zur Erkundung der zerklüfteten Küste mit ihren Fischerdörfern an der **Bohuslän-Küste**. Interessant sind die Felszeichnungen aus der Bronzezeit in der Tanum-Ebene – bei der Entschlüsselung leistet das Vitlycke Museum gute Dienste. Dann geht es über die Brücke von Stenungsund (auf dem schwedischen Festland) zur Insel **Tjörn**, die bei Landschaftsmalern und Seglern gleichermaßen beliebt ist. Zu Fuß werden hier die kleinen Dörfer erkundet und Segelboote bestaunt; auf der Terrasse der Jugendherberge schmeckt im Sommer Gegrilltes – oder auch ein leckerer Räucherfisch im Åstols Rökeri.

Oben: Domkyrka
(S. 114), Uppsala

Unten: *Himmlische
Musiker* von Carl
Milles im Millesgården
(S. 69), Stockholm

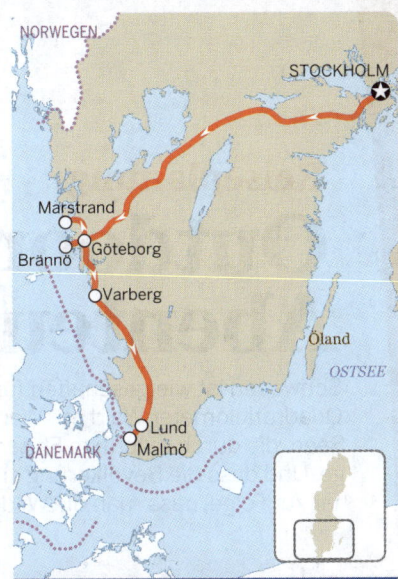

Von Stockholm nach Kiruna

 2 WOCHEN

Die Reise von Stockholm in die nördlichste Stadt Schwedens lässt sich mit „episch" beschreiben. Es geht durch weite Landschaften, die nur von Rentieren bewohnt zu sein scheinen.

Von **Stockholm** fährt man in die Region **Siljan-See**, die Heimat der geschnitzten Dala-Holzpferde und der hobbitartigen Dörfer. Es macht Spaß, einen Tag zwischen **Mora**, **Rättvik** und **Leksand** zu pendeln. Weiter geht es in die Region **Höga Kusten**, wo Klippenwanderungen locken. Es folgen die Städte von Norrland: **Umeå** und **Luleå**. Von Luleå geht es nach **Arvidsjaur**, um mit einem Hundeschlitten zu fahren oder einen Ausflug mit dem Schneemobil zu unternehmen, dann nach **Jokkmokk** mit seinem Samen-Museum; Ájtte sollte man nicht verpassen. Man fährt nun nach **Kiruna**, um einen der letzten wilden Landstriche zu erkunden. Es empfiehlt sich eine Wanderung im **Nationalpark Abisko**. Von Kiruna wird es nach **Jukkasjärvi**, um das Eishotel zu bestaunen und ein Rentiercamp der Samen zu besuchen. Perfektionisten, die alles gesehen haben müssen, fahren noch nach **Karesuando**, ins nördlichste Dorf Schwedens.

Von Stockholm nach Malmö

3 WOCHEN

In drei Wochen lässt sich viel von Südschweden erkunden, darunter zwei der dynamischsten Städte Skandinaviens, Malmö und Göteborg, aber auch die herrliche Küste mit ihren Fischerdörfern.

Diese Route beginnt in **Stockholm**. Die Hauptstadt zieht einen mehrere Tage in den Bann. Im Anschluss geht es ins dynamische **Göteborg** mit seiner malerischen Küste. Hier beeindrucken die Fischerdörfer und das Licht. Nun geht es an der Küste entlang gen Norden zum feudalen **Marstrand** – eine Augenweide! –, dann in Richtung Süden, um in Brännö mit seinen Stränden vor den Mopeds Reißaus zu nehmen. Ein Stopp empfiehlt sich in **Varberg** bei der konservierten Moorleiche des Bockstenmannes in der mittelalterlichen Festung. Noch weiter südlich kann die Universitätsstadt **Lund**, Schwedens zweitälteste Stadt, mit einem Dom und einer tollen Kaffeehauskultur samt großer Studentengemeinde aufwarten. Ein Stück weiter südlich liegt **Malmö**, eine abwechslungsreiche, pulsierende Stadt, die eher zum benachbarten Dänemark zu gehören scheint – kein Wunder, denn Kopenhagen ist nur eine Brücke entfernt.

Reiseplanung
Outdoor-Abenteuer

Schweden ist wie geschaffen für Outdoor-Aktivitäten: Tausende Quadratkilometer Wald mit Wander- und Radwegen, unzählige Seen, die durch mächtige Flüsse verbunden sind, dazu alpine Gebirge. Und dass die Bevölkerung sich auf Ballungsgebiete konzentriert, hat zur Folge, dass man die Wildnis meist ganz für sich alleine hat.

Die besten Outdoor-Erlebnisse

Wintersport

Abisko Bietet Fahrten mit dem Hundeschlitten und Wochenendaufenthalte mit vielen Aktivitäten; auf dem Schneemobil-Track im Nationalpark Abisko kann man auf dem Kungsleden fahren.

Kiruna Hundeschlittenfahrten unter dem Nordlicht, Schneemobilausflüge und dreitägige Exkursionen in die Wildnis (Camping und Eisfischen).

Arvidsjaur Kann mit mehr als 600 km Schneemobil-Tracks aufwarten.

Wandern

Kungsleden Der bekannteste und zugleich am besten zugängliche Fernwanderweg des Landes.

Nationalpark Sarek Bietet ein Wandergebiet von 2000 km²; Kvikkjokk ist ein günstiger Zugang.

Padjelantaleden Geboten sind einfachere Wanderungen in herrlicher Wildnis.

Radfahren

Örebro Ein urbanes Zentrum in Mittelschweden, das von jemandem mit Fahrradsinn erbaut wurde.

Skåne Bietet schönes Wetter, eine ebene Landschaft und viele Dienstleistungen/Einrichtungen.

Gotland Hier ist es überwiegend flach, die Radwege sind hervorragend, die Hostels gemütlich, und die Landschaft ist beeindruckend.

Wandern

Schweden sind begeisterte Wanderer, und deshalb gibt es im Land auch mehrere Tausend Kilometer ausgewiesene Wanderwege von traumhafter Qualität.

Die Europäischen Fernwanderwege E1 und E6 verlaufen von Varberg nach Grövelsjön (1200 km) und von Malmö nach Norrtälje (1400 km). Der bekannteste und benutzerfreundlichste Trail Schwedens ist jedoch der Kungsleden in Lappland. Der Finnskogleden ist eine 240 km lange Route im Grenzgebiet von Norwegen und der schwedischen Region Värmland. Der Arktis-Trail (800 km) wurde von Schweden, Norwegen und Finnland gemeinsam entwickelt und befindet sich komplett oberhalb des nördlichen Polarkreises. Er beginnt bei Kautokeino in Norwegen und endet im schwedischen Abisko. Der 139 km lange Padjelantaleden-Trail gilt generell als einfache Route; er weist lange Abschnitte auf, die aus Lattenrosten und Brücken über die verschiedenen Flüsse bestehen. Der gebirgige Teil von West-Jämtland gehört ebenfalls zu den beliebtesten Wandergebieten.

Bergrouten sind durch Steinhaufen, hölzerne Wegweiser oder Farbkleckse auf Felsen und Bäumen markiert. Auf den Routen sind fast alle Wasserläufe, bis auf die allerkleinsten, überbrückt. Laufbretter helfen über feuchte oder bröckelige Stellen hinweg. Die Hütten und Gästehäuser, in denen man an diesen Trails übernachten kann, unterstehen Svenska Turistföreningen (STF).

Die beste Wandersaison ist von Ende Juni bis Mitte September, denn dann sind die Wege in der Regel schneefrei. Ab Anfang August gibt es keine Mücken mehr.

Bergwandern & Klettern

Freunde von Bergtouren kommen in Sylarna, Helagsfjället, im Nationalpark Sarek sowie in der Region Kebnekaise voll auf ihre Kosten.

Zur kompletten Überquerung der Sylarna gehören Felskletterpartien bis zum Schwierigkeitsgrad 3. Die Gratquerung am Sarektjåhkkå (2089 m) in Sarek, dem zweithöchsten Berg Schwedens, ist ungefähr Schwierigkeitsgrad 4. Außerdem gibt es in Sarek noch eine Menge anderer Gletscher- und Felsrouten. Die Kebnekaise-Region bietet viele Kletterrouten (Schwierigkeitsgrade 2 bis 6), u. a. an der Nordwand des Kaskasapakte (2043 m) und über die steilen Grate von Knivkammen (1878 m) und Vaktposten (1852 m).

Qualifizierte Führer sind über die **Svenska Bergsguideorganisation** (Schwedische Bergführervereinigung; ☎ 098-01 26 56; www.utsidan.se/sbo) zu bekommen. Ihre Website ist Schwedisch, aber unter dem Menüpunkt *medlemmar* findet sich eine Liste der Bergführer mit Kontaktdaten.

Felskletterer können ihre Künste an den Felswänden rund um Stockholm und Göteborg erproben – es gibt 34 Klettergebiete mit 1000 Routen rund um Göteborg

DAS JEDERMANNSRECHT

Allemansrätten, das allgemeine Recht auf freien Zugang zur Natur, ist kein gesetzlich verbrieftes, sondern eine Art Gewohnheitsrecht. Dieses Nutzungsrecht erstreckt sich auch auf Nationalparks und Naturschutzgebiete, in denen aber oft Sonderregelungen gelten. Eine ausführliche Beschreibung auf Deutsch ist auf der Website www.allemansratten.se nachzulesen.

Es ist erlaubt, auf Privatland zu wandern und Ski zu laufen und in Privatgewässern Boot zu fahren bzw. in ihnen zu schwimmen. Dabei sind allerdings 70 m Abstand von Häusern einzuhalten. Gärten, eingezäunte Bereiche oder landwirtschaftliche Nutzflächen dürfen nicht betreten werden. Beeren und Pilze zu pflücken ist erlaubt, sofern es sich nicht um geschützte Arten handelt. Generell sollte man nicht länger als ein oder zwei Nächte an der gleichen Stelle campen.

Es ist verboten, Müll zu hinterlassen oder Äste, Zweige, Rinde oder Nüsse von lebenden Bäumen oder Sträuchern abzureißen. Herumliegendes Holz darf gesammelt und zum Feuermachen verwendet werden, sofern keine Brandgefahr besteht – allerdings nicht auf bloßem Fels, der durch die Hitze platzen kann. Das Feuer immer mit einem Eimer Wasser löschen, auch wenn es bereits komplett gelöscht zu sein scheint. Es ist nicht erlaubt, mit Autos oder Motorrädern durch offenes Gelände oder über Privatwege zu fahren: Auf das Schild *ej motorfordon* (Keine Kraftfahrzeuge) achten. Hunde müssen zwischen dem 1. März und 20. August an der Leine geführt werden. Wanderer sollten Weidetore und -gatter hinter sich schließen und darauf achten, Vieh und Rentiere nicht aufzuscheuchen. Gesperrte Zonen, in denen Vögel nisten, sind mit einem gelben oder rot-gelben Schild markiert, auf dem die Worte *fågelskydd – tillträde förbjudet* stehen.

Wer mit dem Auto oder Zweirad unterwegs ist, kann sich nach einem „wilden" Campingplatz in der Umgebung unbefestigter Waldwege umsehen, die von ländlichen Nebenstraßen abzweigen. Dabei darauf achten, dass der Zeltplatz mindestens 50 m vom Weg entfernt und außer Sichtweite von Häusern, anderen Gebäuden oder befestigten Straßen liegt. Trinkwasser und Proviant mitbringen und Gewässer nicht mit Seife oder Essensabfällen verschmutzen.

Und nie das oberste Mantra vergessen: „Nicht stören, nichts zerstören!"

VERANTWORTUNGSVOLL WANDERN

Abfälle

Die eigenen Abfälle immer mitnehmen und möglichst auch den Müll, den andere Leute zurückgelassen haben. Den Abfall nie vergraben! Binden, Tampons, Kondome und Toilettenpapier sollten trotz aller Unannehmlichkeiten wieder mitgenommen werden, denn sie brennen schlecht und verrotten in der Natur auch nur langsam.

Entsorgung menschlicher Exkremente

Durch mit menschlichen Fäkalien verseuchtes Wasser können alle möglichen unerfreulichen Krankheiten übertragen werden. Ist eine Toilette vorhanden, sollte man sie deshalb auch benutzen. Steht kein WC zur Verfügung, sollten die Exkremente verbuddelt werden. Dazu gräbt man ein 15 cm tiefes Loch, das mindestens 100 m von jedem Wasserlauf entfernt sein sollte. Die Exkremente werden dann mit Erde und einem Stein bedeckt. Liegt Schnee, sollte man graben, bis man auf Erde stößt.

Waschen

In der Nähe von Wasserläufen sollte man keine Waschmittel oder Zahncreme benutzen, auch nicht, wenn sie biologisch abbaubar sind. Für die Körperpflege empfiehlt es sich, biologisch abbaubare Seife und einen Wasserbehälter (oder ein transportables Waschbecken) zu verwenden, und zwar mindestens 50 m von jedem Wasserlauf entfernt. Kochutensilien werden in gleicher Weise gereinigt. Man benutzt dazu einen Topfkratzer, Sand oder Schnee anstelle eines Waschmittels.

Erosion

Die Hänge von Hügeln und Bergen sind in großer Höhe der Erosion ausgesetzt. Deshalb sollte man sich an die Wege halten und auf Abkürzungen verzichten.

Feuer & schadstoffreduziertes Kochen

Zum Kochen – oder als Wärmequelle – sollte man kein offenes Feuer entzünden. Das Abhacken von Feuerholz kann in Treckinggebieten eine rasche Entwaldung zur Folge haben. Zum Kochen verwendet man besser einen leichten Kerosin-, Alkohol- oder Gaskocher (weißes Gas); auf Einweg-Butangaskanister sollte man verzichten.

Ausrüstung

Wanderer sollten gut ausgerüstet und in den Bergen auf Schnee gefasst sein, selbst im Sommer. Länger anhaltendes Schlechtwetter ist im Nordwesten keine Seltenheit – Sarek und Sylarna sind berüchtigt dafür. Im Sommer brauchen Wanderer gute Wanderschuhe, regendichte Jacke und Hose, mehrere Schichten warme Kleidung (u. a. trockene Ersatzkleidung), eine warme Mütze, einen Sonnenhut, Mückenschutzmittel (ein Moskitonetz für den Kopf ist auch nicht schlecht), eine Wasserflasche, Karten, Kompass und einen Schlafsack. Hütten sind oft mit Grundvorräten ausgestattet; die meisten Fjällstationen servieren auch Mahlzeiten (besonders außerhalb der Hauptsaison sollte man sich aber vorher erkundigen). Wer abseits der Hauptrouten wandert, sollte die komplette Campingausrüstung dabeihaben.

Praktische Informationen

Die beste Informationsquelle für Wanderer ist das Jugendherbergswerk **Svenska Turistföreningen** (STF; ☎08-463 21 00; www.svenskaturistforeningen.se), einer der größten Tourenveranstalter Schwedens.

In STF-Hütten werden aktuelle Wanderkarten verkauft; dennoch ist es sinnvoller, sie bereits vor Antritt einer Tour anzuschaffen. Fjällkartan (127 Skr pro Karte) hat die besten Wanderkarten; ausprobieren kann man auch Kartbutiken (S. 377).

Die beste Informationsquelle zum Thema Umweltschutz ist der Schwedische Umweltschutzverband Naturvårdsverket (S. 363).

und etwa 200 Felswände rund um die Hauptstadt. Weitere Auskünfte gibt der hilfsbereite **Svenska Klätterförbundet** (Schwedischer Kletterverband; ☎ 08-618 82 70; www.klatterforbundet.se).

Radfahren

Schweden ist ideal zum Radfahren – ganz besonders Skåne und Gotland. Radeln ist eine prima Möglichkeit, prähistorische Stätten, Runensteine und ruhige Fleckchen zum Campen in freier Natur zu entdecken. Die Drahteselsaison dauert im Süden von Mai bis September; im Norden beschränkt sie sich auf Juli und August.

Radfahren ist auf allen Straßen erlaubt, mit Ausnahme von Autobahnen (grünes Schild mit zwei Fahrspuren und einer Brücke) und reinen Kraftfahrstraßen (grünes Schild mit Autosymbol). Größere Landstraßen haben oft einen befestigten Randstreifen, auf dem Radfahrer Abstand zum Autoverkehr halten können. Die meisten Nebenstraßen sind wenig befahren, viele haben eigene Spuren für Radfahrer.

In manchen Regionalbussen und -zügen ist das Mitnehmen von Fahrrädern gestattet. Fernbusse sind für Fahrräder meist tabu; bei Sveriges Järnväg (SJ) sind sie nur zugelassen, wenn es sich um Klappräder handelt, die auf Handgepäckgröße zusammengefaltet werden können. Manche Fähren transportieren Fahrräder gratis.

Drahtesel gibt es bei manchen Campingplätzen, Vandrarhems, Fahrradwerkstätten und Sportläden in der Regel für etwa 150 Skr pro Tag oder 500 Skr pro Woche zu leihen.

Einige ländliche Regionen, Orte und Städte haben spezielle Radrouten. Infos und Karten gibt es bei den örtlichen Touristenbüros. Die Kustlinjen (591 km) führt von Öregrund (Uppland) südwärts an der Ostseeküste entlang bis Västervik. Skånespåret (800 km) ist ein brauchbares Radwegesystem. Die beschilderte und 2600 km lange Sverigeleden erstreckt sich von Helsingborg im Süden bis nach Karesuando im Norden und verbindet Orte oder Sehenswürdigkeiten durch geeignete (meist asphaltierte) Straßen und Radwege.

Broschüren und Karten gibt es bei **Svenska Cykelsällskapet** (Schwedische Fahrradgesellschaft; ☎ 08-751 6204; www.svenska-cykelsallskapet.se).

Bootfahren & Segeln

Bootfahren und Segeln sind in Schweden enorm beliebt. Die 7000 km lange Küste mit ihren 60 000 vorgelagerten Inseln ist ein Eldorado für Segler, allerdings sollte man auf einige militärische Sperrgebiete an der Ostküste achten. (Sie lassen sich nicht übersehen und sind auch in Landkarten verzeichnet.)

Im Binnenland bieten Seen und Kanäle schöne Gelegenheiten, um im Frühling und Sommer zu segeln. Die Hauptkanäle sind der Göta-Kanal, der Kinda-Kanal und der Dalsland-Kanal. Bei verschiedenen Unternehmen stehen Bootsausflüge durch die Kanäle auf dem Programm; die Touristeninformationen vor Ort erteilen Auskunft.

Wer mit einem Privatboot unterwegs ist, muss Schleusengebühren und eine Gastgebühr in den Häfen zahlen (etwa 150 Skr/Nacht, einige kleine Häfen sind gratis). Nützlich ist der kostenlose Führer *Gästhamnsguiden*, der jährlich auf Schwedisch von **Svenska Kryssarklubben** (Schwedi-

FAUSTREGELN ZUM THEMA SICHERHEIT

Diese Regeln sollte man beherzigen:

➡ Sich mit den örtlichen Gesetzen, Verordnungen und Gepflogenheiten hinsichtlich Flora, Fauna und Umwelt vertraut machen.

➡ Alle Gebühren bezahlen und in Besitz aller Dokumente sein, die von den Behörden vor Ort verlangt werden.

➡ Zuverlässige Informationen zu Natur und Umwelt auf der geplanten Route einholen (z. B. von der Parkaufsicht).

➡ Nur in Regionen und auf Wegen wandern, die sich aufgrund eigener Erfahrungen problemlos bewerkstelligen lassen.

➡ Sicherstellen, dass man gesund ist und sich die Tour über einen bestimmten Zeitraum auch wirklich zutraut.

➡ Auch im Winter eine gute Sonnenbrille einstecken, um die Augen vor dem gleißenden Schnee zu schützen.

ANDERS EKHOLM / GETTY IMAGES ©

Oben: Mit dem Hundeschlitten unterwegs in Kiruna (S. 323)

Unten: Nationalpark Sarek (S. 321)

scher Kreuzfahrtclub; ☎08-448 28 80; www.sxk.
se) veröffentlicht wird. Er enthält viele Einzelheiten zu den 500 Gästehäfen im Land; in
Touristeninformationen wird man fündig.

Kanu- & Kajakfahren

Dank der vielen Seen und Flüsse und der
langen Küste ist Schweden ein Paradies für
Leute, die gern Kanu oder Kajak fahren.
Der schwedische Kanudachverband heißt
Svenska Kanotförbundet (Schwedische
Kanuvereinigung; ☎0155-20 90 80; www.kanot.
com). Er erteilt allgemeine Ratschläge und
verfügt über eine Liste mit allen anerkann-
ten Kanuzentren, die Kanus verleihen (pro
Tag/Woche ab etwa 350/1600 Skr).

Angeln

In vielen Binnengewässern Schwedens
bestehen nationale wie auch lokale Einschränkungen beim Fischen vor allem von
Lachs, Forelle und Aal. Vor dem Auswerfen
der Angel sollte man sich also bei den Touristeninformationen oder bei der Gemeinde vor Ort informieren.

Lokale Genehmigungen (*fiskekort*)
können in Touristeninformationen, Sport-
oder Campinggeschäften erworben werden; sie kosten in der Regel 50 bis 200 Skr
pro Tag – je nach Saison und Örtlichkeit.

Der Sommer ist für die meisten Fischarten die günstigste Zeit zum Köder- oder
Fliegenfischen; Forellen und Hechte fängt
man in Südschweden jedoch besser im
Frühling oder Herbst, Lachse im Spätsommer. Eisfischen ist im Winter beliebt.

Eine hervorragende Informationsquelle
in Sachen Fischen in Schweden ist www.
cinclusc.com/spfguide (auf Schwedisch);
Auskunft erteilt auch **Sportfiskeförbun-
det** (Angelvereinigung; ☎08-704 44 80; info@
sportfiskarna.se).

Skifahren

Die großen Skiorte sind überwiegend
auf Abfahrtslauf (alpin und Telemark)
und Snowboarden eingestellt, doch auch
Langlauf gehört zum Angebot. Zum
Langlaufen (nordische Disziplin) bietet

FÜR ADRENALIN-JUNKIES

Die Aktivität im Sommer, die in
Schweden am rasantesten an Beliebtheit gewinnt, ist Downhill-Moun-
tainbiken. Nach der Schneeschmelze
übernehmen die Mountainbike-
Freaks die Skiorte. In Schutzmontur
schleppen sie ihre stabilen Bikes
auf die Berge oder gondeln mit dem
Sessellift hinauf, um dann in irrem
Tempo die holprigen Bergpfade hin-
unterzubrettern. Ihr Eldorado ist der
Åre Bike Park (S. 287) mit Abfahrten
von 35 km Länge, 17 Trails und Hängen, bei denen es fast 900 m vertikal
nach unten geht. Pauschalangebote
für mehrere Tage sind erhältlich.

sich der Nordwesten Schwedens an, denn
dort liegt von Dezember bis April jede
Menge Schnee. Der Kungsleden und andere Fernwanderwege eignen sich ebenfalls
vortrefflich zum Langlaufen. Auch auf Teil-
strecken der Vasaloppet-Wettkampfloipe
in Dalarna kann man diesem Sport frönen;
Mora ist ein günstiger Ausgangsort. Die
meisten Orte verfügen über Skipisten mit
Flutlicht.

Es ist ratsam, die üblichen Vorsichts-
maßnahmen einzuhalten: Die markierten
Routen nicht ohne Notfallproviant, eine
gute Lampe, anständige Ausrüstung (inkl.
Biwakschlafsack) und die entsprechenden
Ratschläge von Einheimischen verlassen.
Temperaturen von –30 °C oder noch we-
niger (plus einem eiskalten Wind) liegen
im Bereich des Möglichen, deshalb täglich
die Wettervorhersage hören. Polizei und
Touristeninformationen wissen, ob für be-
stimmte Regionen Warnungen vorliegen.
In Skiorten in den Bergen mit Lawinenge-
fahr (*lavin*) sind die betroffenen Gebiete
mit gelben mehrsprachigen Schildern samt
Symbolen gekennzeichnet (sie zeigen von
Schnee verschüttete Skifahrer). Vor der
Reise sollte man sich zu Hause erkundigen,
ob die Reiseversicherung auch potenzielle
Skiunfälle abdeckt.

Schlittschuhlaufen

Wenn die Ostsee zufriert – was ein- bis
zweimal in zehn Jahren der Fall ist –, be-

steht die Möglichkeit, Touren zu den Schären von Stockholm zu unternehmen. Die Schlittschuhsaison dauert von Dezember bis März. Weniger ambitionierte Eisläufer können den ganzen Winter über in vielen Stadtparks sowie auf Teichen laufen, beispielsweise im Kungsträdgården in Stockholm, wo an Buden auch Schlittschuhe verliehen werden.

Hundeschlitten

Die Samen in Schweden haben sich den Hundeschlitten als winterliches Verkehrsmittel gewählt und treten somit in die Fußstapfen der indigenen Bevölkerung Sibiriens. In den meisten Ortschaften im Norden stehen Exkursionen auf dem Ausflugsprogramm. Von der Tatsache abgesehen, dass der Hundeschlitten die umweltfreundlichste Möglichkeit bietet, die arktische Einöde zu erkunden, ist er mit Sicherheit auch das vergnüglichste Fortbewegungsmittel. Schnell schließen die Ausflugteilnehmer Freundschaft mit dem Husky-Team, und bei gedrosseltem Tempo lässt sich die unberührte Wildnis dann ganz nach Lust und Laune erleben. Die meisten Veranstalter haben eine breite Palette an Exkursionen im Angebot – von zweistündigen Schnuppertouren bis hin zu recht anspruchsvollen, mehrtägigen Expeditionen, bei denen in rustikalen Waldhütten oder in samischen Winterzelten übernachtet wird.

Schneemobil-Safaris

So mancher wird ja einwenden, dass Schneemobile Lärm machen und nicht gerade umweltfreundlich sind; in der Arktis stellen sie jedoch das Gegenstück zu einem Geländewagen dar und sind schlichtweg unverzichtbar, um sich in entlegenen Regionen fortzubewegen – ganz zu schweigen davon, dass sie auch beim Zusammentreiben von Rentieren zum Einsatz kommen. Wer mit dem Schneemobil unterwegs ist, hat jedenfalls die Möglichkeit, auch schwieriges Gelände zu erreichen, außerdem kommt man schneller voran als mit dem Hunde- oder Rentierschlitten. Schneemobil-Safaris (inkl. Fahrten bei Nacht, um das Phänomen des Nordlichts

zu bestaunen) stehen in sämtlichen größeren Ortschaften im Norden des Landes bei allen Veranstaltern auf dem Programm.

Es kommt natürlich billiger, als Passagier hinter dem versierten Fahrer Platz zu nehmen und sich chauffieren zu lassen, aber wer einen gültigen Führerschein besitzt, kann natürlich auch selbst ein Schneemobil mieten (die Genehmigung für das Schneemobil erteilt die Touristeninformation). Die Trails sind durch Stangen mit einem roten Kreuz markiert.

Golf

Schweden kann mit etwa 500 Golfplätzen aufwarten, die allen Spielern offenstehen; viele Hotels bieten Pauschalangebote für Golfer an. Björkliden, in der Nähe von Abisko, ist ein Golfplatz, der 240 km oberhalb des nördlichen Polarkreises liegt. Wer eine Runde auf dem Green-Line-Golfplatz von Haparanda spielt, überquert die schwedisch-finnische Grenze zwangsläufig vier Mal. Die Green Fees betragen 550 Skr bis 450 Skr pro Tag, je nach Saison und Platz (in der Nähe von Großstädten wird es teurer). Weitere Informationen erteilt **Svenska Golfförbundet** (Schwedischer Golfverband; ☎08-622 15 00; sgf.golf.se).

Vogelbeobachtung

In Schweden gibt es viele eifrige Ornithologen, und dementsprechend finden sich überall Naturschutzgebiete, in denen Beobachtungstürme stehen. Weitere Informationen erteilt Sveriges Ornitologiska Förening (S. 361).

Reiten

Mit seiner Fülle von Wegen, Tracks, Wäldern, Küsten und Bergen garantiert Schweden wunderbar abwechslungsreiche Erlebnisse hoch zu Ross. Die Angebotspalette reicht von kurzen Ausritten bis hin zu langen Trecks (2 Std./halber Tag/ganzer Tag ab etwa 400/650/950 Skr) auf schwedischen Pferden oder Islandponys. Die Ausflüge können über die Touristeninformationen gebucht werden.

Reiseplanung

Reisen mit Kindern

Mit Kindern durch Schweden zu reisen, macht Spaß und ist gar nicht schwer, egal, ob es sich um Kleinkinder oder Teenager handelt. Die meisten Attraktionen sind mit Blick auf Kinder angelegt, unter 18-Jährige zahlen in Ausstellungen oft keinen oder nur wenig Eintritt. In Restaurants, Unterkünften und Verkehrsmitteln ist man ebenfalls auf Familien eingestellt.

Schweden für Kinder

Wer mit Kindern unterwegs ist, wird es in Schweden recht leicht haben. Generell gilt, dass es sehr hilfreich ist, die Kinder in die Urlaubsplanung mit einzubeziehen – wenn sie bei der Wahl des Ziels mitmachen dürfen, ist die Chance deutlich größer, dass sie bei der Ankunft vor Ort immer noch interessiert sind. Man sollte jedoch nicht zu viel Programm in einen engen Zeitplan zwängen. Der Lonely Planet Band *Travel with Children* ist eine hilfreiche Ergänzung für die Planung.

Schweden reagieren auf Kinder verständnisvoll, und ihre Urlaubsreisen im eigenen Land sind sehr auf die Interessen von Kindern ausgerichtet. Viele Museen haben eigene Kinderabteilungen mit Spielsachen, interaktiven Ausstellungen und anderen Aktivitäten. Es gibt zahlreiche öffentliche Parks für Kinder, Freizeitparks, Wasserparks und so weiter. Die meisten Attraktionen bieten für Kinder – bis sieben Jahre und in vielen Fällen sogar auch bis 18 Jahre – freien Eintritt. Führungen und Herbergsbetten gibt es für Kinder in der Regel für den halben Preis. Oft sind Familienkarten erhältlich.

In den meisten Restaurants und Hotels gehören Hochstühle und Gitterbetten zur Standardausstattung. Auf der Speisekarte stehen meist ein paar Kindergerichte zu

Perfekt für Kinder

Stockholm & Umgebung
Museen, ein Streichelzoo und ein Vergnügungspark locken die Kinder in die Hauptstadt.

Uppsala & Mittelschweden
Ein toller Wasserpark, Zoo, Skihänge und Campingplätze.

Göteborg & der Südwesten
Der größte Vergnügungspark des Landes und tolle Museen und öffentliche Parks.

Malmö & der Süden
Eines der schönsten Freilichtmuseen Schwedens und ein krasser Skaterpark.

Der Südosten & Gotland
Hier fährt die ganze Familie Fahrrad oder besucht Astrid Lindgrens Värld in Vimmerby.

Östersund & Bottnischer Meerbusen
Ein legendäres Seeungeheuer, ein toller Zoo, ein Freilichtmuseum und mehrere familienfreundliche Herbergen.

Lappland & der hohe Norden
Auf zu Ski- oder Hundeschlittenabenteuern im Winter! Im Sommer locken gute und lange Wanderungen.

akzeptablen Preisen. (Dazu gehören oft schwedische Fleischbällchen oder Pfannkuchen mit Preiselbeeren und Sahne – sehr gute Angebote sogar für heikle Esser.)

Die meisten Supermärkte haben eine gute Auswahl an Baby- und Säuglingsnahrung, Soja- und Kuhmilch, Einwegwindeln etc. In vielen Toilettenräumen (sowohl bei Herren als auch bei Damen) gibt es Wickelmöglichkeiten; das Stillen in der Öffentlichkeit ist kein Problem.

Highlights für Kinder

Freizeitparks

➜ **Liseberg** Aus gutem Grund die beliebteste Touristenattraktion Schwedens (S. 153)

➜ **Gröna Lund Tivoli** Fahrgeschäfte und Konzerte im Herzen der Stadt Stockholm; von den hohen Bahnen bietet sich oft ein atemberaubender Blick über die Stadt (S. 60)

➜ **Junibacken** In diesem allseits beliebten Pippi-Langstrumpf-Themenpark fühlt man sich wie die Akteure in den beliebten Kinderbüchern (S. 59)

Freilichtmuseen

➜ **Skansen** Erstaunlich: Schweden im Kleinformat (S. 57)

➜ **Himmelsberga** Ein Bauerndorf mit urigen Häusern (S. 268)

➜ **Kulturen** Ein riesiges Museum mit Gebäuden aus den verschiedensten Epochen der Geschichte (S. 206)

➜ **Fredriksdals Friluftsmuseum** Ein altes Herrenhaus, ein Bauernhof, wunderhübsche Gartenanlagen und ein Theater im französischen Barock (S. 223)

➜ **Vallby Friluftsmuseum** Ein Hof mit verschiedenen Kunstgewerbeläden (S. 123)

➜ **Jamtli** Die Antwort des Nordens auf Skansen, Schweden im Kleinformat (S. 283)

➜ **Murberget** Ein traditioneller Laden, eine Schmiede, eine Kirche und eine Schule, alle in typischem Norrland-Stil (S. 298)

Museen

➜ **Tekniska Museet** Kleine Tüftler werden begeistert sein, denn hier gibt's Wissenschaft und Apparaturen zum Anfassen (S. 63)

➜ **Naturhistoriska Museet** Dieses Museum ist voller Dioramen, um den Wald zum Leben erwachen zu lassen (S. 158)

➜ **Medeltidsmuseet** Hier unternimmt der Besucher eine Reise in die Vergangenheit und zu den Grundmauern unter der Stadt Stockholm, um die mitreißende Geschichte über deren Gründung zu hören (S. 50)

➜ **Värmlands Museum** Alles über die Region, plus einige zeitgenössische Kunstwerke (S. 133)

➜ **Ájtte Museum** Hier bekommt die samische Kultur die Aufmerksamkeit, die sie verdient; mit einigen schönen Multimedia-Darbietungen (S. 318)

Aktivitäten für trübe Regentage

➜ **Kulturhuset** Kunsthandwerk in Stockholm (S. 54)

➜ **Science Fiction Bookshop** In der Stockholmer Gamla Stan (S. 93)

➜ **Kinos** Einen Hollywood-Filmklassiker anschauen

Reiseplanung

Reisezeit

Der Sommer (Mitte Juni bis August) ist die beste Reisezeit für Familien, weil dann die meisten Attraktionen und Sehenswürdigkeiten geöffnet sind. Da in dieser Zeit naturgemäß auch die Unterkünfte am vollsten sind, sollte man auf jeden Fall früh genug reservieren.

Für Familien, die an Outdoor-Aktivitäten interessiert sind, ist der Winter ebenfalls eine gute Reisesaison, denn viele Skigebiete (darunter auch das erstklassige Åre) haben familienfreundliche Angebote wie Kinderpisten, Skischulen, Tagesbetreuung etc.

Unterkunft

Campingplätze sind hervorragend ausgestattet und voller begeisterter, lebhafter Kinder. Im Sommer sind sie recht voll, sodass es sinnvoll ist, sowohl Zeltplätze als auch Hütten rechtzeitig im Voraus zu buchen.

Hotels und andere Unterkünfte haben oft Familienzimmer für bis zu zwei Erwachsene und zwei Kinder zu Preisen, die denen für ein normales Doppelzimmer entsprechen. In den meisten Hotels und Herbergen werden auch Gitterbettchen aufgestellt, meist umsonst oder gegen einen geringen Aufpreis.

Das Hotelpersonal ist im Umgang mit Familien geschult und gerne bei allem behilflich, sei es nun beim Fläschchenwärmen oder Babysitten.

Verkehrsmittel

Die Mietwagenfirmen verleihen gegen eine geringe Gebühr Kindersitze, die man allerdings rechtzeitig im Voraus buchen sollte. Fernfähren und –züge haben sogar manchmal Spielecken für die Kleinen eingerichtet.

Zu bestimmten Zeiten am Tag können kleinere Kinder umsonst in öffentlichen Verkehrsmitteln reisen; dies gilt besonders in den Städten (zum Beispiel fahren Kinder unter zwölf Jahren in Stockholm an Wochenenden umsonst). Busse sind für Kinderwagen und Buggys eingerichtet, und meist wird man von Einheimischen umringt, die einem beim Ein- und Aussteigen helfen wollen.

Schweden im Überblick

Stockholm & Umgebung

Essen
Museen
Shoppen

Cuisine von Weltrang

Stockholm gilt als Gourmetdestination. Restaurants mit Michelin-Sternen und berühmte Küchenchefs übertreffen mit ihren kühnen Kreationen, die auf schwedischen Traditionsgerichten und einheimischen Zutaten beruhen, alle Erwartungen. Man isst hier ebenso gut wie in anderen Hauptstädten Europas.

Multimedia-Museen

In einem Stockholmer Museum langweilt sich keiner: Die Stadt hat den Dreh heraus. Die Museen präsentieren die schönsten Kunstwerke und historischen Schätze des Landes in einladender Atmosphäre. Die Ausstellungsräume sind gut konzipiert und ausgeleuchtet – was auch für alle anderen schicken Locations der Stadt gilt.

Auf die Plätze, fertig – los zum Shoppen

Von versteckten Billigläden bis hin zu Boutiquen berühmter Markenlabels, von edler Tisch- und Bettwäsche und Kunsthandwerk bis hin zu Küchengeräten mit pfiffigem Design – hier gibt's genug zum Herumstöbern.

S. 44

Uppsala & Mittelschweden

Geschichte
Industrie
Museen

Relikte aus der Vergangenheit

Uppsala ist ein Eldorado für Geschichtsfreaks: Es verlocken Grabhügel, die noch aus der Zeit vor den Wikingern stammen, eine Burg, hinter deren Mauern sich Jahrzehnte lang höfische Intrigen abspielten, sowie Runensteine und Schiffssetzungen plus Schätze in den Museen.

Zeugnisse der Industriezeit

Mittelschweden ist das industrielle Arbeitspferd des Landes, wo Eisen, Kupfer und Silber abgebaut werden. Viele dieser Orte wurden mittlerweile in historische Stätten verwandelt, die besuchenswert sind.

Regionalmuseen

In der ganzen Region gibt es hervorragenden Museen, vom Kunstmuseum in Örebro bis zum Värmland-Museum in Karlstad und den Domizilen der verehrten schwedischen Künstler Carl Larsson und Anders Zorn sowie der Schriftstellerin Selma Lagerlöf.

S. 110

Göteborg & der Südwesten

Küste
Essen
Kultur

Südwestküste

Wer das Meer liebt, den erwarten im Südwesten zahllose Freuden – vom Kitesurfen in Halland bis zum Inselhüpfen in Bohuslän. Es ist ein Erlebnis, auf einer entlegenen Schäreninsel zu übernachten oder sich im Sommer bei einer Regatta unters Volk zu mischen.

Frisches aus dem Meer

Die Küchenchefs hier prahlen, dass Meeresfrüchte zuerst nach Göteborg kommen und dann nach Stockholm. Wer frische Krabben, Austern oder Kabeljau goutieren möchte, ist hier goldrichtig. Man kann sich am Hafen das Passende aussuchen oder in einem Restaurant speisen.

Urbaner Schick

Göteborgs industrielle Wurzeln haben dazu geführt, dass die Künstler sich pragmatisch geben. Design, Musik und Kunst bestechen durch Raffinesse. An ausgefallenen Locations herrscht kein Mangel: restaurierte Kraftwerke, Kellerboutiquen oder die Rasenfläche beim Schloss.

S. 151

Malmö & der Süden

Vielfalt
Outdoor-Aktivitäten
Geheimnis

Etwas von allem

Wer in das Wesen Südschwedens eintauchen möchte, fährt mit einem alten restaurierten Wikingerschiff, lässt die Avantgarde-Architektur auf sich wirken, erklimmt eine Burg und rundet das Erlebnis noch mit einer Falafel morgens um 5 Uhr nach einer durchzechten Nacht in Malmö ab.

Outdoor-Aktivitäten

Südschweden ist ideal, um sich in der freien Natur aufzuhalten – ob man nun Äpfel erntet, die Strände besucht oder schöne Küstenwanderungen unternimmt. Extravaganter sind Seehundsafaris, Sporttauchen und Ponytrekking.

Geheimnisse des Südens

Alte und neue Geheimnisse haben in Südschweden Hochkonjunktur. Die Besucher sehen sich in Kommissar Wallanders Ystad mit – hoffentlich fiktionalen – Tatorten konfrontiert oder können in Kivik und Ales Stenar über Relikte aus der Bronzezeit nachsinnen.

S. 192

Der Südosten & Gotland

Outdoor-Aktivitäten
Weltkulturerbe
Geschichte

Häfen, Straßen & Wanderwege

Der Südosten ist ein Paradies für alle, die sich gern in der Natur aufhalten – auf Skipper warten tolle Häfen, auf Radfahrer Seen am Straßenrand und auf Wanderfreunde kilometerlange Wege, die durch Wälder führen.

Kulturschätze

Wer durch die kopfsteingepflasterten Straßen von Visby und vorbei an schönen Häusern und verwunschenen Kirchenruinen wandert oder den Blick auf Himmel, Meer und Felsen am südlichsten Zipfel von Öland genießt, weiß, warum beides als Weltkulturerbe ausgezeichnet wurde.

Kanäle, Schlösser & Kirchen

Der geschichtsträchtige Südosten ist durchdrungen von Geschichten, die Industrie und Migration zum Inhalt haben. Hier beeindrucken der Götakanal sowie Burgen, Schlösser, Kirchen und der Pilgerweg zur Abtei St. Birgitta.

S. 236

Östersund & Bottnischer Meerbusen

....

Flora & Fauna
Aktivitäten
Inseln

....

Säugetiere & Ungeheuer

Einmal abgesehen von Moschusochsen, Elchen und Rentieren, auf die man in freier Wildbahn treffen kann (oder auch im Järvzoo), hält sich im See Storsjön die unglaublichste Kreatur verborgen – Östersunds Antwort auf das Ungeheuer von Loch Ness.

Ganzjährig: Abenteuer

Åre ist Abenteuer pur. Hier kann man sich im Hillcarting, Heliskiing, Zorbing und Mountainbiking versuchen. In den Bergen westlich von Östersund und an der bottnischen Küste gibt es Wandermöglichkeiten und Skiangebote.

Zerklüftete Küste

Im bottnischen Golf wimmelt es nur so von bewaldeten Inseln. Auf einigen ist es erlaubt, seine Robinson-Crusoe-Fantasien auszuleben, auf anderen wird man in die Geheimnisse des traditionellen Fischfangs eingeweiht und lernt eine Delikatesse kennen, einen vergorenen sauren Hering (*surströmming*).

S. 281

Lappland & der hohe Norden

....

Flora & Fauna
Wandern
Kultur der Samen

....

Scheue Gesellen

Es gibt nur wenige Orte auf der Erde, wo man so leicht Rentiere, Elche und Füchse zu Gesicht bekommt wie hier. Mit etwas Glück erspäht man sogar einen Braunbären, Luchs oder Vielfraß, obwohl diese Tiere nachtaktiv sind.

Top-Wanderwege

Der Kungsleden ist der beliebteste Wanderweg, wobei sich auch im Padjelanta und Stora Sjöfjallet Wanderwege finden. Beim Aufstieg auf den Kebnekaise wird man mit fantastischen Ausblicken belohnt, und der Nationalpark Sarek ist sogar für erfahrene Wanderer eine Herausforderung.

Lebensart der Samen

Hier kann man die Vergangenheit und Gegenwart der einzigen noch lebenden Ureinwohner Europas erforschen. Im Áttje Museum oder dem Silvermuseet kann man Silberschmuck der Samen bestaunen, im Båtsuoj Sami Camp mit samischen Rentierhütern leben und den Wintermarkt in Jokkmokk besuchen.

S. 309

Reiseziele in Schweden

Stockholm & Umgebung

Gut essen

➡ Kryp In (S. 81)

➡ Rosendals Trädgårdskafe (S. 85)

➡ Hermans Trädgårdscafé (S. 86)

➡ Grands Verandan (S. 84)

➡ Vurma (S. 82)

Schön übernachten

➡ Rival Hotel (S. 79)

➡ Vandrarhem af Chapman & Skeppsholmen (S. 77)

➡ Hotel Hellsten (S. 75)

➡ Hotel Anno 1647 (S. 78)

➡ STF Fridhemsplan (S. 74)

Auf nach Stockholm!

Stockholms Schönheit und elegantes Flair schüchtern fast ein wenig ein. Doch die Stadt ist keine abweisende Diva, sondern lässt sich leicht erobern. Obwohl sie sich über 14 Inseln erstreckt, die durch 57 Brücken verbunden sind, ermöglicht die kompakte Stadtstruktur mühelose Erkundungstouren. Problemlos lassen sich mehrere Viertel an einem Tag durchstreifen. Jeder Stadtteil besitzt einen individuellen Charakter und besticht mit einladenden Restaurants, interessanten Museen, tollen Läden, schönen Parks und viel Atmosphäre.

Gamla Stan, die Altstadt, zählt mit ihren Bilderbuchhäusern, imposanten Palästen und engen Kopfsteinpflastergassen zu Europas faszinierendsten historischen Stadtkernen. Nur einen Steinwurf entfernt liegt das moderne Stadtzentrum – Catwalk, Showroom und Versuchsküche in einem.

Umgeben ist die Stadt von unberührten Wäldern und unzähligen Inseln, den Schären. Wer würde sich nicht in diese Stadt verlieben?

Reisezeit
Stockholm

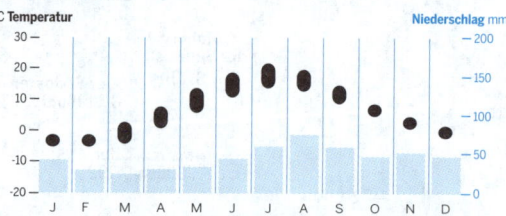

| Mitte Juni–Mitte Aug. Stockholm besticht mit langen Tagen, schönem Licht und mildem Wetter. | Dez.–Feb. Kälte beherrscht die Stadt; es gibt Weihnachtsmärkte und auch Glögg-Stände. | Sept. & Okt. Kühleres Wetter, wenig Touristen und wunderschöne Herbstfarben. |

Highlights

❶ Ein Besuch im **Vasamuseet** (S. 58) – mit Schiffswrack und viel schwedischer Geschichte

❷ Ein Streifzug durch die schöne **Gamla Stan** (S. 47) und das Königliche Schloss

❸ Das Freilichtmuseum **Skansen** (S. 57) – Schweden in Miniaturform

❹ Das **Nordiska Museet** (S. 58) mit Wissenswertem über Schwedens Kultur und Alltagsleben

❺ Kunstwerke in Spitzenqualität im **Moderna Museet** (S. 61)

❻ Eine Shoppingtour durch die Boutiquen großer Mode-

labels in der **Biblioteksgatan** (S. 92)

❼ „Kneipenhopping" in der quirligen, angesagten Szene von **Södermalm** (S. 87)

❽ Eine Schiffstour nach **Utö** (S. 102), um einen Eindruck von Stockholms Schärengarten zu gewinnen

Geschichte

Die postglaziale Landhebung (die kontinuierliche Anhebung der Erdkruste, verursacht durch die abschmelzenden Gletschermassen nach der Eiszeit) bestimmte anfangs Stockholms Schicksal. Denn diese geologischen Veränderungen zwangen die Führung der schwedischen Wikinger, ihr politisches Zentrum vom Nordufer des Mälaren (Mälarsee) an dessen Abfluss zu verlegen. Hier, direkt an der Ostsee, ließ sich der Seehandel wesentlich einfacher betreiben. Stockholm erhielt 1250 das Stadtrecht, 1252 gab der offizielle Gründer der Stadt, Birger Jarl, den Bau von Tre Kronor (Drei Kronen), der ersten schwedischen Königsburg, in Auftrag.

1350 löschte die Pest rund ein Drittel der schwedischen Bevölkerung aus. Weiteres Leid fügte die dänische Königin Margarethe (I.) Valdemarsdotter hinzu, als sie von 1391 bis 1395 die Stadt belagern ließ. Im Jahr 1397 vereinigte sie unter der ungeliebten Kalmarer Union die Königreiche Schweden, Norwegen und Dänemark. Bei der Kontrolle über die Gebiete der Kalmarer Union nahm Stockholm eine Schlüsselrolle ein. Von 1397 bis Anfang des 16. Jhs. litt die Stadt ständig unter den Machtkämpfen der verschiedenen dänischen und schwedischen Interessensgruppen.

Eine Wende brachte 1520 ein Ereignis, das als Stockholmer Blutbad in die Geschichte einging. Damals lockte der dänische König Christian II. 82 aufsässige Schweden in eine Falle und ließ sie anschließend auf dem Stortorget in der Gamla Stan enthaupten. Daraufhin führte Gustav Ericsson Wasa, Sohn eines der Opfer, einen erfolgreichen Aufstand gegen die dänische Herrschaft an. Am 6. Juni 1523 wurde er als Gustav I. zum ersten schwedischen König gekrönt. Heute ist der 6. Juni Schwedens Nationalfeiertag.

Gustavs I. Söhne führten den von ihrem Vater begonnenen Staatsausbau fort. Stockholm verwandelten sie in einen bedeutenden Militärstützpunkt, der u. a. im Dreißigjährigen Krieg eine ausschlaggebende Rolle spielte. Ende des 16. Jhs. lebten in Stockholm 9000 Einwohner, die Stadt hatte sich von Gamla Stan (der heutigen historischen Altstadt) auf die Inseln Norrmalm und Södermalm ausgebreitet. 1634 wurde Stockholm offiziell zur Hauptstadt Schwedens erklärt.

Um 1650 präsentierte sich Stockholm voller Stolz mit einer lebendigen künstlerischen und intellektuellen Kulturszene und einem neuen prachtvollen Stadtbild. Für

Letzteres gebührt der Dank den beiden Architekten Vater und Sohn Tessin, die Schloss Drottningholm sowie einige andere markante Stockholmer Bauwerke errichteten.

In den folgenden Jahrzehnten erging es der Hauptstadt nicht mehr ganz so gut. Eine verheerende Hungersnot trieb 1696 hungrige Menschen in Scharen in die Stadt. Im Jahr darauf zerstörte ein Brand große Teile der heiß geliebten Königsburg Tre Kronor. Siegreiche russische Feldzüge ließen das schwedische Reich schrumpfen. 1711 wütete die Pest erneut in der Stadt.

In dem angeschlagenen Stockholm rückten nun anstelle der Machtansprüche geistige Werte in den Vordergrund. Der Botaniker Carl von Linné (1707–1778) entwickelte die Grundlage für die Klassifizierung von Pflanzen und Tieren. Anders Celsius (1701–1744) erfand die nach ihm benannte Temperaturskala. Und aus der Asche von Tre Kronor erhob sich nun Stockholms neues königliches Schloss: das Kungliga Slottet. Während der Regierungszeit (1771–1792) des frankophilen Königs Gustav III. blühten Wissenschaft, Architektur und Kunst in Schweden auf. Seine tyrannischen machtpolitischen Tendenzen wurden dem Theaterliebhaber jedoch zum Verhängnis. Sie waren der Grund, dass das Parlamentsmitglied Jacob Johan Anckarström 1792 während eines Maskenballs im Opernhaus ein Attentat auf den König verübte. Der Mord bildete übrigens die Vorlage für das Libretto zu Giuseppe Verdis Oper *Ein Maskenball*.

Als 1871 über die Insel Riddarholmen die nord- und südschwedischen Bahnlinien im Stockholmer Hauptbahnhof miteinander verbunden wurden, gab dies der Industrialisierung einen mächtigen Schub. 1890 hatte Stockholm 245 000 Einwohner (ein Zuwachs um 77 000 innerhalb von zehn Jahren), neue Bezirke wie z. B. Östermalm erweiterten die Stadtgrenzen.

Stockholm richtete 1912 die Olympischen Spiele aus. Die daraus resultierende Hochstimmung in der Stadt schlug jedoch mit dem Ausbruch des Ersten Weltkrieges schnell wieder um. Als neutrale Nation weigerte sich Schweden, während des Kriegs eine Wirtschaftsblockade gegen Deutschland aufrechtzuerhalten. Daraufhin blockierten die Briten Schwedens Versorgungswege, was zu schweren Tumulten der hungernden Stockholmer auf dem Gustav Adolfs Torg führte. Während des Zweiten Weltkriegs blieb Schweden wiederum neutral, wodurch das Land zum begehrten Ziel jüdischer, skandinavischer und baltischer Flüchtlinge wurde. Es war die erste vieler noch folgender Migrantenwellen.

Mit dem Wirtschaftsboom der Nachkriegszeit dehnte sich die Stadt aus und es entstanden Vorstädte mit Plattenbauten im Ostblockstil. Im Zuge von Wachstum und Modernisierung nahmen auch die Gewalttaten zu. Besonderes Aufsehen erregten die noch immer ungelöste Ermordung des Ministerpräsidenten Olof Palme 1986 am Sveavägen und das 2003 erfolgte tödliche Messerattentat auf die Außenministerin Anna Lindh im Kaufhaus NK.

Heute gehört die schwedische Hauptstadt zu den bedeutenden Biotechnologiezentren Europas. Auch ihre Modeszene und Nahrungsmittelindustrie verzeichnen zunehmende Erfolge.

◉ Sehenswertes

Stockholm erstreckt sich über 14 Inseln, die über 57 Brücken verbunden sind. Durch die kompakte Struktur ihrer Bebauung lässt sich die Stadt leicht zu Fuß erschließen. Doch da die Straßenzüge eher windradartig als gitterartig verlaufen und obendrein immer wieder Wasserstraßen auftauchen, fällt die Orientierung mitunter recht schwer. Die Stadtviertel liegen enger beieinander, als es auf den ersten Blick scheint. Manchmal kostet es wesentlich weniger Zeit, zu Fuß zu gehen als den Bus oder die Tunnelbanna (U-Bahn) zu benutzen. Man sollte ruhig mal in Kauf nehmen, ein wenig umherzuirren, zumal dabei auch gute Chancen bestehen, unverhofft auf reizvolle Details zu stoßen.

Nur wenige Museen in Stockholm öffnen vor 10 Uhr, einige sogar erst um 11 Uhr. Nützliches Motto für die Tagesplanung ist daher *ta det lugnt* – nimm's leicht.

◉ Gamla Stan

Gamla Stan, die Altstadt, ist Stockholms historisches und geografisches Herzstück. Kopfsteinpflastergassen schlängeln sich vorbei an Renaissancekirchen, Barockpalästen und mittelalterlichen Plätzen. Gebeugt wie runzlige alte Männer wirken die bonbonfarbenen Gebäude. In den engen Gassen findet sich so gut wie alles, vom verstaubten Spielzeugladen bis zu Cafés mit romantischem Kerzenlicht.

Galerien, Speiselokale und Souvenirläden säumen die Västerlånggat im Herzen der Altstadt. Wer diese belebte Geschäfts- und Durchgangsstraße verlässt, erlebt in den engen Gassen, erstaunlich ruhigen Gassen die wahre Altstadt.

Kungliga Slottet　　SCHLOSS
(Königliches Schloss; Karte S. 48; ☎ 08-402 61 30; www.kungahuset.se; Slottsbacken; Erw./Kind 150/75 Skr, 7 Tage gültig; ⊙ Mitte Mai–Sept. tgl. 10–17 Uhr, Mitte Sept.–Mitte Sept. Di–So 10–17 Uhr; ⊟ 43, 46, 55, 59 Slottsbacken, Ⓜ Gamla Stan) Errichtet wurde das Kungliga Slottet auf den Ruinen der Königsburg Tre Kronor, die 1697 einem Brand zum Opfer fiel. Nur der Nordflügel blieb erhalten und wurde in das neue Schloss integriert. Der Entwurf für stammt vom Hofarchitekten Nicodemus Tessin d. J., die Bauzeit betrug 57 Jahre.

Kostenlose Führungen auf Englisch finden von Mitte Mai bis Mitte September jeweils um 11 und 14 Uhr statt, in den restlichen Monaten des Jahres beginnen sie jeweils um 14 und 15 Uhr. Bei offiziellen Anlässen, z. B. Staatsempfängen, können Repräsentationsräume wie der Reichssaal nicht besichtigt werden (die aktuellen Termine stehen auf der Website).

Mit seinen 608 Zimmern ist das Bauwerk weltweit das größte königliche Schloss, das immer noch seinem ursprünglichen Zweck dient. Die erste königliche Familie zog 1754 ein. Die Führungen vermitteln beeindruckend, dass dieser Königspalast kein Museum ist, in dem Gemächer wie in einem Bernsteinkokon schlummern, sondern eher eine Art geschäftiges Regierungsgebäude. Erstklassige Barock- und Rokokomöbel schmücken zahlreiche Räume, deren ehemalige Bewohner über mehrere Generationen hinweg ihre Spuren hinterlassen haben.

Zu den Highlights zählt die überladene, vom Spiegelsaal des Versailler Schlosses inspirierte Galerie Karls XI., die als eines der eindrucksvollsten Beispiele des schwedischen Spätbarocks gilt. Besonders interessant ist Königin Christines Silberthron im Reichssaal – er gehört zu den wenigen Gegenständen, die aus der brennenden Burg Tre Kronor gerettet werden konnten.

Im Eintritt inbegriffen sind auch das **Museum Tre Kronor**, das sich Stockholms erster Königsburg widmet, sowie die **Königliche Schatzkammer** und das **Antikmuseum Gustavs III**.

Im Kellergeschoss des Museums Tre Kronor sind die freigelegten Fundamente der Festungsmauern aus dem 13. Jh. zu sehen, außerdem einige Gegenstände, die 1697 aus der brennenden mittelalterlichen Burg ge-

Gamla Stan (Altstadt)

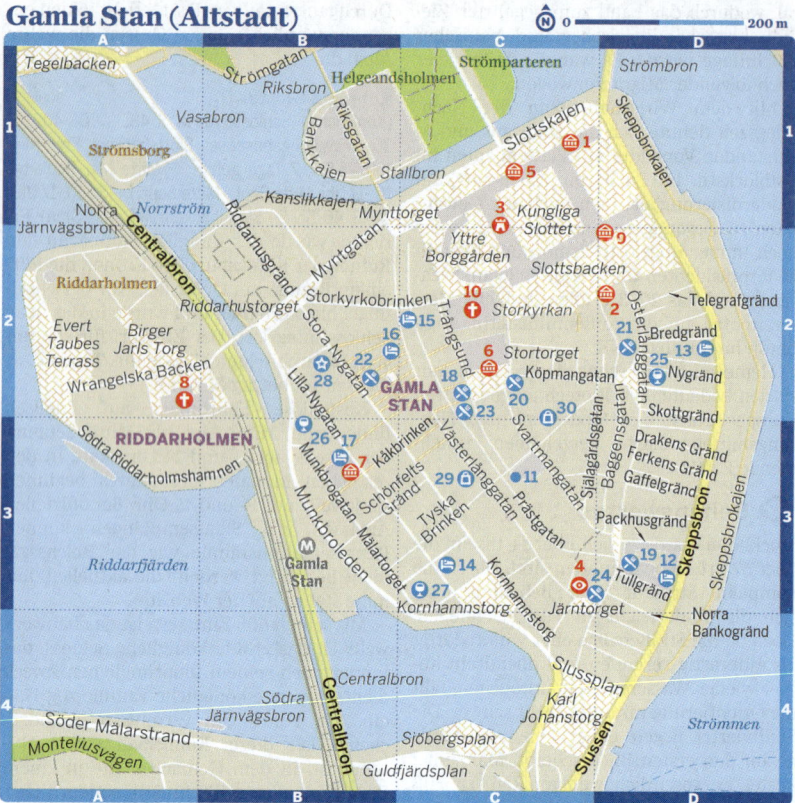

rettet wurden. Info-Tafeln erzählen die Geschichte des Brandes, der sich ungehindert ausbreiten konnte, weil die Feuerwache mit einem Küchenmädchen flirtete. Anschaulich erklärt wird auch das Spießrutenlaufen, die drastische Strafe, die den flirtenden Wächter 1697 ereilte.

Die Königliche Schatzkammer hütet Kronen, Zepter und andere Insignien der schwedischen Monarchie, darunter auch das Schwert von Gustav Wasa.

Das Antikmuseum Gustavs III. zeigt Skulpturen, die der König in den 1780er-Jahren gesammelt hat. Es ist nur von Mitte Mai bis Mitte September geöffnet.

Nicht versäumen sollten Besucher die **Wachablösung** im Außenhof. Von Mai bis August findet sie montags bis freitags jeweils um 12.15 Uhr, sonn- und feiertags um 13.15 Uhr statt, von September bis Mai nur mittwochs und samstags um 12.15 Uhr sowie sonn- und feiertags um 13.15 Uhr.

Riksdagshuset
REGIERUNGSGEBÄUDE

(Reichstagsgebäude; Karte S. 52; ☎ 08-786 48 62; www.riksdagen.se; Riksgatan 3; ☺ einstündige Führung auf Englisch, Mitte Juni–Aug. Mo–Fr 13, 14 & 15 Uhr, Okt.–Mitte Juni Sa & So 13.30 Uhr) GRATIS Den Sitz des schwedischen Parlaments zu besuchen macht überraschend viel Spaß. Das Gebäude steht auf der kleinen Insel Helgeandsholmen, die mitten im Norrström liegt. Der ältere Gebäudeteil (stromabwärts gerichtet) stammt aus dem frühen 20. Jh. Im moderneren Teil des Bauwerks befindet sich der heutige Plenarsaal.

Während der interessanten Führung erfahren die Teilnehmer auch einiges über das schwedische Konsensverfahren bei Gesetzes- und Regierungsbeschlüssen.

Nobelmuseet
MUSEUM

(Karte S. 48; http://nobelmuseet.se; Stortorget; Erw./Kind 100/70 Skr; ☺ tgl. 10–20 Uhr; Ⓜ Gamla Stan) Das Nobelmuseet widmet sich der Geschichte des Nobelpreises und seiner

Gamla Stan (Altstadt)

Preisträger. Einen Schwerpunkt bilden die intellektuellen und kulturellen Hintergründe der preisgekrönten Arbeiten. Neben faszinierenden Ausstellungen bietet das schicke Museum auch Kurzfilme zum Thema Kreativität sowie Ton- und Bildaufnahmen von Interviews mit Preisträgern, z. B. mit Ernest Hemingway und Martin Luther King. Im Museumscafé stehen Stühle, die von Gewinnern des Nobelpreises signiert sind – um die Signaturen zu entdecken, muss man einen Blick auf die Unterseite der Sitzfläche werfen. Es lohnt sich, an einer der kostenlosen Führungen teilzunehmen (auf Englisch, im Sommer täglich um 10.15, 11.15, 13, 15, 16 und 18 Uhr).

Das Museum befindet sich im ehemaligen Gebäude der Stockholmer Börse, das die Nordseite des Stortorget, des Hauptplatzes der Gamla Stan, in ihrer gesamten Länge einnimmt.

Livrustkammaren
MUSEUM

(Rüstungskammer; Karte S. 48; ☎ 08-402 30 30; www.livrustkammaren.se; Slottsbacken 3; Erw./Kind 90 Skr/frei; ⊗ Mai–Aug. tgl. 10–17 Uhr, Sept. bis April Di–So 10–17 Uhr; ☐ 43, 46, 55, 59 Slottsbacken, Ⓜ Gamla Stan)

Die Rüstkammer befindet sich in den Kellergewölben des Schlosses, kostet aber separaten Eintritt. Vollgestopft mit königlichen Erinnerungsstücken an Kinderzeiten, Krönungen, Hochzeiten und Attentate, bildet sie eine Art Dachboden der schwedischen Königsfamilien aus den vergangenen 500 Jahren. Das Sammelsurium reicht vom ausgestopften Streiff, dem Schlachtross von Gustav II. Adolf, bis hin zu dem Kostüm, das Gustav III. an dem Abend trug, an dem er erschossen wurde. In einem Spielzimmer können Kinder Ritterrüstungen anprobieren.

Im Untergeschoss fasziniert eine märchenhafte Sammlung von Krönungskutschen, darunter die Rokokokutsche, in der Adolf Fredrik und Ulrika Eleonora 1751 zu ihrer Krönung fuhren. Wechselausstellungen stellen interessante Verbindungen zwischen königlicher Geschichte und der Popkultur her.

Die kostenlose Führung auf Englisch beginnt um 15 Uhr.

Riddarholmskyrkan
KIRCHE

(Riddarholmen-Kirche; Karte S. 48; ☎ 08-402 61 30; www.kungahuset.se; Riddarholmen; Erw./Kind 50 Skr/frei; ⊗ Mitte Mai–Sept. 10–17 Uhr; ☐ 3, 53 Riddarhustorget, Ⓜ Gamla Stan) Die faszinierend schöne Riddarholmskyrkan auf der ebenso schönen, aber wenig besuchten kleinen Insel Riddarholmen errichteten Franziskanermönche im späten 13. Jh. Seit Magnus Ladulås 1290 in der Kirche bestattet wurde, dient sie als königliche Grabstätte. Magnus gilt als der ursprüngliche Stifter des Seraphinenordens, daher schmücken massive Tafeln mit den Wappen von Seraphinenrittern die Kirchen-

STOCKHOLM FÜR SPARFÜCHSE

Abhängig von den eigenen Plänen und der Energie für Aktivitäten können Sparpakete und Ermäßigungen helfen, beim Stockholmbesuch den Geldbeutel zu schonen. Zu den Sparangeboten zählt die **Stockholm Card** (www.visitstockholm.com). Erhältlich ist sie in Touristeninformationen, Informationszentren der Storstockholms Lokaltrafik (SL), in einigen Museen, Hotels und Hostels sowie online unter www.visitstockholm.com. Sie umfasst den freien Eintritt in 80 Museen und andere Attraktionen, außerdem die kostenlose Fahrt mit allen Verkehrsmitteln der SL, einige Sightseeing-Bootstouren sowie eine ganze Reihe Ermäßigungen in verschiedenen Bereichen. Die Karte gilt wahlweise für einen, zwei, drei oder fünf Tage und kostet für jeden Erwachsenen 525/675/825/1095 Skr, mitreisende Kinder zahlen 235/275/315/350 Skr (max. zwei Kinder im Alter von sechs bis Jahren pro Erw.).

Studenten und Senioren erhalten in den meisten Museen und anderen Sehenswürdigkeiten auch ohne die Stockholm Card ermäßigte Eintrittspreise. Auf jeden Fall lohnt es sich, vorab auszurechnen, ob man mit einer Zeitkarte für die öffentlichen Verkehrsmittel und einzeln gezahlten Eintrittsgeldern nicht günstiger wegkommt. Einen Tagespass für die öffentlichen Verkehrsmittel wirklich voll auszunutzen, erfordert allerdings die Energie eines Athleten. Daher ist es eine Überlegung wert, ob man trotz einzeln zu zahlender Eintrittsgebühren nicht besser mehrere Attraktionen zusammenfasst, die innerhalb eines Tages zu Fuß erreichbar sind. Mit einer geschickten Planung im Voraus ist es durchaus möglich, das Maximum aus einer Mehrtageskarte herauszuholen. Wichtig ist dabei allerdings der Blick auf die Öffnungszeiten: Während Skansen beispielsweise bis in den Abend hinein geöffnet hat, schließen die königlichen Schlösser schon um 15 oder 16 Uhr.

Destination Stockholm (☎ 08-663 00 80; www.destination-stockholm.com) bietet mit dem Stockholm Pass ein ähnliches Sparpaket wie die Stockholm Card. Der Pass umfasst die kostenlose Fahrt mit den Verkehrsmitteln der SL, einige Sightseeingtouren und den freien Eintritt in 75 Museen und andere Attraktionen. Den Pass gibt es für zwei, drei und vier Tage und kostet 695/845/1035 Skr (halber Preis für Kinder von 6 bis 15 Jahren). Bei Online-Bestellung über die Website wird der Pass wahlweise zugeschickt oder man kann ihn nach der Ankunft in Stockholm abholen. Auf der Website lassen sich auch rund 40 Hotels buchen, die Stockholm-Pass-Inhabern Ermäßigungen anbieten. Allerdings liegen viele davon in den Vororten oder am Stadtrand.

---

wände. Die englischsprachige Führung um 12 Uhr ist im Eintrittspreis inbegriffen. Im Lauf des Jahres werden mehrere Konzerte veranstaltet. Die Öffnungszeiten an den Feiertagen sind unterschiedlich (die aktuellen Zeiten stehen auf der Website). Der Eintrittspreis kann nur mit Kreditkarte bezahlt werden.

Beeindruckend ist auch der Marmorsarkophag von Gustav II., Schwedens mächtigstem Monarchen, der 1632 starb.

Von der Tunnelbana-Station Gamla Stan ist Riddarholmen über eine Fußgängerbrücke leicht zu erreichen.

Storkyrkan   KIRCHE

(Große Kirche; Karte S. 48; www.stockholms domkyrkoforsamling.se; Trångsund 1; Erw./Kind 40 Skr/frei; ⊙ 9–16 Uhr; Ⓜ Gamla Stan) Die älteste Kirche Stockholms (1306 geweiht) ist der Schauplatz königlicher Hochzeiten und Krö-

nungen. Hinter der barocken Fassade verbirgt sich im Inneren ein Mix aus gotischen und barocken Elementen, zu denen die extravagante königliche Loge von Nicodemus Tessin d. J. sowie die dramatische Statue „St. Georg und der Drachen" des Deutschen Berndt Notke gehören. Die Skulptur wurde von Sten Sture d. Ä. zur Erinnerung an den Sieg über die Dänen von 1471 in Auftrag gegeben. Auf Plakate und Handzettel achten, die Musikveranstaltungen in der Kirche ankündigen.

Medeltidsmuseet   MUSEUM

(Mittelaltermuseum; Karte S. 48; www.medeltid smuseet.stockholm.se; Strömparterren; Erw./Kind 100 Skr/frei; ⊙ Di–So 12–17, Mi 12–19 Uhr; 🚲; 🚌 62, 65, Gustav Adolfs torg) Das kinderfreundliche Museum liegt unterhalb der Brücke, die Gamla Stan mit Norrmalm verbindet. Sein Entstehen verdankt das Museum dem

Bau eines Parkhauses Ende der 1970er-Jahre. Bei den Ausschachtungsarbeiten stießen Bauarbeiter auf Fundamente aus den 1530er-Jahren. Nach dem Freilegen der mittelalterlichen Mauern beließ man sie an Ort und Stelle und baute kurzerhand ein Museum um sie herum.

Beim Rundgang durch das Museum sehen die Besucher originalgetreu rekonstruierte Wohnhäuser, Werkstätten und Märkte des mittelalterlichen Stockholms. Die Eintrittskarte hat ein Jahr Gültigkeit und gilt auch für Stockholms Stadsmuseum (S. 64).

Wie in den meisten Stockholmer Museen erwecken auch hier zahlreiche spielerische und multimediale Elemente die Geschichte zum Leben und bringen die Besucher zum Staunen. Zu den Highlights des Museums zählen das Schiff *Riddarsholm,* das aus den 1520er-Jahren stammt, eine Ausstellung über Stockholms Galgenhügel sowie ein geheimnisvoller verschlossener Backsteintunnel, der über viele Kilometer bis zum Schloss verläuft.

Kungliga Myntkabinettet   MUSEUM
(Königliches Münzkabinett; Karte S. 48; ☑ 08-519 553 04; www.myntkabinettet.se; Slottsbacken 6; Erw./Kind 70 Skr/frei, Mo frei; ⊙ 11–17 Uhr; Ⓜ Gamla Stan) Gegenüber vom Haupteingang des Königlichen Schlosses glänzt das Kungliga Myntkabinettet mit einer unbezahlbaren Münzsammlung, die einen Zeitraum von über 2600 Jahren umspannt. Zu den vielen Schätzen zählen Silbermünzen aus der Wikingerzeit sowie die älteste Münze (von 625 v. Chr.) und die größte Münze (eine 19,7 kg schwere schwedische Kupferplatte) der Welt. Zu sehen ist auch die erste Banknote unseres Planeten, die 1661 in Schweden ausgegeben wurde.

Postmuseum   MUSEUM
(Karte S. 48; ☑ 08 781 17 59; www.postmuseum.posten.se/museng/; Lilla Nygatan 6; Erw./Kind 60 Skr/frei; ⊙ Mi–So 11–16 Uhr; Ⓜ Gamla Stan) Fast 400 Jahre Postgeschichte zu inspizieren, klingt zunächst einmal nicht so ganz prickelnd. Doch das Postmuseum erweckt durchaus Begeisterung, z. B. mit seinen historischen Postkutschen, den Kitschpostkarten und dem niedlichen Kinderpostamt, in dem der eigene Nachwuchs schon mal in die Arbeit der Post reinschnuppern kann. Philatelisten dürfte die Bibliothek mit 51 000 Büchern über Briefmarken und die Geschichte der Post interessieren. Außerdem gibt es hier ein tolles Café.

◉ Stadtzentrum

Einige der besten Museen der Stadt liegen mitten in Stockholms Zentrum, nur wenige Gehminuten voneinander entfernt.

Historiska Museet   MUSEUM
(☑ 08-5195 56 00; www.historiska.se; Narvavägen 13–17; Erw./Kind 100 Skr/frei; ⊙ 10–18 Uhr, Sept. bis Mai Mo geschl.; ☒ 44, 56, Ⓜ Karlaplan, Östermalmstorg) In diesem faszinierenden Geschichtsmuseum ist die historische Sammlung des schwedischen Staates untergebracht. Sie deckt 10 000 Jahre schwedische Geschichte und Kultur ab und reicht vom Schlittschuh aus der Eisenzeit über ein Wikingerboot bis hin zu mittelalterlichen Gewändern und Altarbildern aus der Renaissancezeit. Darüber hinaus gibt es eine Ausstellung über die Schlacht von Gotland (1361), eine Multimediashow über die Wikinger, einen Saal mit mittelalterlichen Altarbildern, eine große Textilsammlung sowie eine prähistorische Abteilung.

Das Highlight des Museums ist die unterirdische Goldkammer: In diesem düsteren Raum glitzern Wikingerschmuck und zahlreiche andere Schätze, darunter das juwelenbesetzte Reliquiar der heiligen Elisabeth (gestorben 1231, Heiligsprechung 1235). Das erstaunlichste Stück ist allerdings ein siebenreihiges goldenes Collier mit 458 symbolischen Figuren, das 823 g wiegt. Er stammt aus dem 5. Jh. und wurde im 19. Jh. in Västergötland gefunden.

Stadshuset   HISTORISCHES BAUWERK
(Rathaus; Karte S. 52; www.stockholm.se/stadshuset; Hantverkargatan 1; Zutritt nur für Führung, Erw./Kind 100 Skr/frei, Turm 40 Skr/frei; ⊙ 9.30–16 Uhr; ☒ 3, 62 Stadshuset, Ⓜ Rådhuset) In Stockholms Stadtbild nimmt der mächtige Backsteinbau eine dominierende Stellung ein. Den quadratischen Turm krönt eine goldene Spitze mit Schwedens Symbol der Macht: drei Königskronen.

Besichtigen können Besucher das Rathaus nur im Rahmen einer Führung (auf Englisch), die im Sommer zwischen 9.30 und 16 Uhr alle 30 Min. startet. Während des restlichen Jahres finden die Führungen weniger regelmäßig statt. Von Mai bis September darf zwischen 9.15 und 16 oder 17 Uhr alle 40 Min. jeweils eine Besuchergruppe den **Turm** besteigen. Der Aufstieg ist ein herausforderndes Beinmuskeltraining, wird aber mit einem atemberaubenden Ausblick über die Stadt belohnt.

Stockholm Zentrum

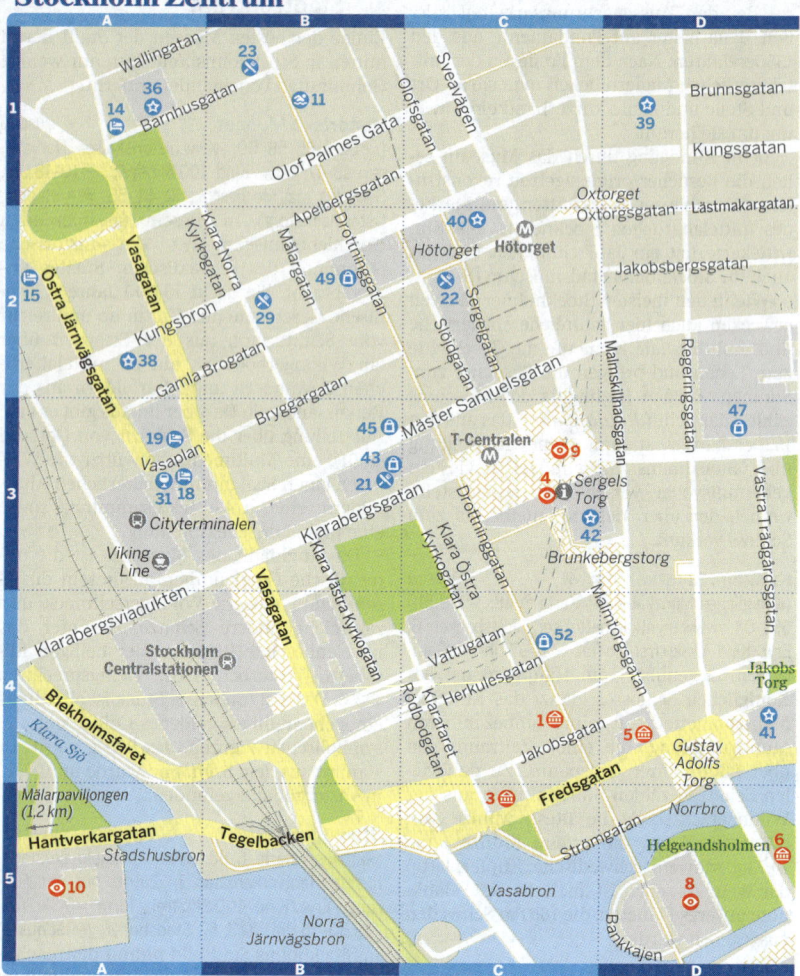

Besonders sehenswert im Gebäudekomplex mit seinen zwei Innenhöfen sind die Repräsentationsräume, beispielsweise der mit glitzernden Mosaiken ausgekleidete byzantinisch inspirierte **Gyllene salen** (Goldener Saal) sowie ein von Prinz Eugen gemaltes Fresko, das den Blick von der Galerie aufs Meer verewigt. Beeindruckend ist auch die **Blå hallen** (Blaue Halle), in der alljährlich das Bankett für die frisch gekürten Nobelpreisträger stattfindet. Die Teilnehmer der Führungen dürfen dieselbe Treppe hinunterschreiten wie die Gewinner der begehrten Auszeichnung!

Hallwylska Museet MUSEUM
(Hallwyl-Sammlung; Karte S. 52; ☎ 08-402 30 99; www.hallwylskamuseet.se; Hamngatan 4; Erw./Kind 80 Skr/frei; ⊙ Di–So 10–16 Uhr; Ⓜ Östermalmstorg) Das Museum ist ein 1898 fertiggestelltes Privatpalais und das ehemalige Wohnhaus von Wilhelmina von Hallwyl, die zwanghaft sammelte. Sie hortete so unterschiedliche Dinge wie Küchenutensilien, chinesisches Porzellan, Gemälde aus dem 17. Jh., Tafelsilber, Skulpturen und die Milchzähne ihrer Kinder.

1920 schenkte das Ehepaar Hallwyl die Villa samt Inventar dem Staat. Von Juni bis

Horror des Kriegs anhand von Kunstwerken, Waffen sowie lebensgroßen Nachbildungen kämpfender Reiter, verlassener Baracken und hungernder Zivilisten. Besucher können sich anhand der Nachbildung eines „spanischen Bocks" mit mittelalterlichen Foltermethoden vertraut machen.

Nationalmuseum   MUSEUM

(Nationale Kunstmuseum; Karte S. 52; www.nationalmuseum.se; Södra Blasieholmshamnen; ⊘ geschl. bis 2017) Schwedens größtes Kunstmuseum mit der staatlichen Sammlung an Gemälden, Skulpturen, Zeichnungen, Grafiken und ornamentaler Kunst vom Mittelalter bis in die Gegenwart ist bis 2017 wegen Renovierungsarbeiten geschlossen. Bis zur Wiedereröffnung werden ausgewählte Highlights der Sammlung in der Konstakademien (Kunstakademie) ausgestellt.

Konstakademien   MUSEUM

(Königliche Kunstakademie; Karte S. 52; ☎ 08-23 29 25; www.konstakademien.se; Fredsgatan 12; Erw./Kind 100 Skr/frei; ⊘ Mi & Fr–So 10–18, Di & Do 10–20 Uhr) Das Nationalmuseum ist wegen seiner Renovierung bis 2017 geschlossen. Bis dahin finden Wechselausstellungen mit Highlights und anderen Werken der Sammlung in dem kleineren, aber sehr hübschen Gebäude der Königlichen Kunstakademie statt. Ein Besuch der Interimsräume in der Akademie lohnt sich, denn das Nationalmuseum hat Tausende Werke aus der Zeit vom Mittelalter bis in die Gegenwart zur Auswahl, darunter Gemälde, Skulpturen, Designobjekte, Grafiken oder Zeichnungen.

Die Wechselausstellungen sind gut durchdacht und unterhaltsam. Eine der bisherigen Ausstellungen beispielsweise hatte „Selfies" zum Thema und verfolgte die Spur von Rembrandts Selbstporträt bis hin zu der heutigen Manie, auf Instagram Likes für das eigene Abbild zu ergattern.

Medelhavsmuseet   MUSEUM

(Museum der Antike des Mittelmeerraums; Karte S. 52; ☎ 010-456 12 98; www.medelhavsmuseet.se; Fredsgatan 2; Erw./Kind 80 Skr/frei; ⊘ Di–Fr 12–20, Sa & So 12–17 Uhr; Ⓜ Centralen, Kungsträdgården) Zeugnisse der ägyptischen, griechischen, zypriotischen, römischen und etruskischen Antike locken Geschichtsliebhaber in das Medelhavsmuseet im eleganten, italienisch anmutenden Gebäude. Geradezu ins Schwärmen geraten die Besucher gewiss auch angesichts der kostbaren islamischen Kunstwerke. Und nicht zu vergessen: das in Gold funkelnde Zimmer, in dem

August findet dienstags bis sonntags jeweils um 12.30 Uhr eine englischsprachige Führung (100 Skr inkl. Eintritt) statt, während des restlichen Jahres nur samstags und sonntags. Das Museum ist nicht barrierefrei.

Armémuseum   MUSEUM

(Militärmuseum; ☎ 08-51 95 63 00; www.armemuseum.se; Riddargatan 13; Erw./Kind 80 Skr/frei; ⊘ Juni–Aug. tgl. 10–19 Uhr, Sept.–Mai Di 11–20, Mi bis So 11–17 Uhr; Ⓜ Östermalmstorg) Das Militärmuseum führt den Besuchern die dunkleren Seiten der menschlichen Natur vor Augen. Auf drei Etagen zeigt die Ausstellung den

Stockholm Zentrum

ein goldener Olivenkranz aus dem 4. Jh. v. Chr. zu sehen ist. Viel besucht ist auch das Museums-Café, das von 11.30 bis 13.30 Uhr geöffnet hat.

Strindbergsmuseet MUSEUM
(Strindbergmuseum; Karte S. 56; ☎ 08-411 53 54; strindbergsmuseet.se; Drottninggatan 85; Erw./Kind 60 Skr/frei; ⊙ Di–So 10–16 Uhr; Ⓜ Rådmansgatan) Bei dem kleinen, aber beeindruckenden Strindbergsmuseet im „Blauen Turm" (Blå tornet) handelt es sich um die Wohnung des Schriftstellers und Malers August Strindberg (1849–1912). In dieser Wohnung mit drei Zimmern (aber keiner Küche) verbrachte Strindberg die letzten vier Jahre seines Lebens. In den sorgfältig erhaltenen Räumen lohnt sich ein Blick in seinen Kleiderschrank, sein Arbeitszimmer mit rund 3000 Büchern und in das Esszimmer.

Interessant sind auch die häufig stattfindenden Sonderausstellungen.

Dansmuseet MUSEUM
(Tanzmuseum; Karte S. 52; ☎ 08-441 76 51; www.dansmuseet.se; Drottninggatan 17; Erw./Kind 60 Skr/frei; ⊙ Di–So 11–17 Uhr; Ⓜ Centralen) Genau genommen trägt das Tanzmuseum den Namen seines Begründers: Rolf de Maré Dansmuseet. Nach seinem Umzug in die gut besuchte Einkaufsstraße einer Fußgängerzone bietet es nun auch ein schickes Café. Im Dansmuseet liegt der Schwerpunkt auf der Verbindung von Tanz, Kunst und Theater. Zu den Highlights der Sammlungen zählen traditionelle Tanzmasken aus Afrika, Indien und Tibet, avantgardistische Kostüme russischer Balletttruppen sowie chinesische und japanische Marionetten. Eine der schönsten Sammlungen zeigt Kostüme derBallets Russes vom Anfang des 20. Jhs.

Kulturhuset KUNSTZENTRUM
(Karte S. 53; ☎ Kartenverkauf 12–17 Uhr 08-506 20 200; http://kulturhusetstadsteatern.se; Sergels

Torg; ⏲11–17 Uhr, einige Abschnitte Mo geschl.; 🚲; 🚇52, 56, 59, 69, 91 Sergels Torg, Ⓜ T-Centralen, 🚇7 Sergels Torg) Obwohl bis heute die Architektur des 1974 fertiggestellten Gebäudes kontrovers diskutiert wird, weiß man es als Kulturzentrum sehr zu schätzen. Das Kulturhuset beherbergt einige Galerien und Ateliers, außerdem ein Kino, drei Restaurants sowie Bibliotheken mit internationalen Zeitschriften, Zeitungen und Büchern sowie eine außergewöhnlich gute Sammlung an Graphic Novels (Comicromane bzw. illustrierte Romane, häufig im Buchformat) in vielen Sprachen. Seine Hauptattraktion ist das Stadsteatern (Stadttheater) mit mehreren unterschiedlich großen Spielstätten. Auf dem Programm stehen Tanz- und Schauspielaufführungen (meist auf Schwedisch).

Das Café Panorama im fünften Stock bietet gutes Essen und einen grandiosen Blick.

Stadsbiblioteket BIBLIOTHEK
(Stadtbibliothek; Karte S. 56; ☎50 83 10 60; Sveavägen 73; ⏲Mo–Fr 9–19, Sa 12–16 Uhr; Ⓜ Odenplan) GRATIS Die Hauptstelle der Stadtbibliothek liegt gleich nördlich des Stadtzentrums. Entworfen hat das Gebäude mit dem farbenfrohen, kreisförmigen Lesesaal der schwedische Architekt Erik Gunnar Asplund. Es gilt als das schönste Beispiel für Stockholms neoklassizistische Architektur der 1920er-Jahre.

Bonniers Konsthall GALERIE
(Karte S. 56; ☎08-736 42 55; www.bonnierskonsthall.se; Torsgatan 19; Erw./Kind 80 Skr/frei; ⏲Mi 12–20, Do–So 12–17 Uhr; Ⓜ St. Eriksplan) Mit ihren Ausstellungen internationaler moderner Kunst lässt die anspruchsvolle Galerie Kunstfreunden frischen Wind um die Nase wehen. Außerdem lockt sie mit einem Lesesaal, einem fantastischen Café sowie einem abwechslungsreichen Programm, das Kunstseminare und persönliche Begegnungen mit Künstlern umfasst. Die Fassaden des großen Konsthall-Gebäudes bestehen aus Glas, seine Form erinnert an ein Bügeleisen. Entworfen hat den Bau der schwedische Architekt Johan Celsing. Englischsprachige Diskussionen über die aktuellen Ausstel-

STOCKHOLM IN …

… zwei Tagen
Den Anfang machen die verwinkelten, überfüllten Gassen der Gamla Stan (S. 47), Stockholms historischer Altstadt. Dabei lohnen sich ein Blick auf den mit einem Drachen kämpfenden hl. Georg in der Storkyrkan (S. 50), der Altstadt-Kathedrale, und eine Führung durch das Kungliga Slottet (Königliche Schloss; S. 47). Anschließend geht es nach Södermalm (S. 64), wo die Söder-Höhen einen herrlichen Ausblick bieten. Ein Blick in die Fotogalerie Fotografiska (S. 64) lohnt sich ebenfalls, zumal man dort einen Happen essen kann. Bei schönem Wetter laden die Terrasse vom Mosebacke Etablissement (S. 90) oder die Lokale am Medborgarplatsen zum Pausemachen ein. Am zweiten Tag steht ein Streifzug durch das sehenswerte Freilichtmuseum Skansen (S. 57) auf dem Programm, um dann anschließend im Sturehof (S. 85) ein Mittagessen mit Fisch und Meeresfrüchten zu genießen.

… vier Tagen
Am dritten Tag folgt eine geführte Bootstour (S. 71) durch Stockholms Wasserstraßen. Anschließend bleibt noch genug Zeit für das beeindruckende Vasamuseet (S. 58) und für eine Fischsuppe in der Hötorgshallen (S. 82), die mit ihrer Fülle an exquisiten Delikatessen fasziniert. Am nächsten Vormittag lohnt ein Abstecher in den Millesgården (S. 69), um Skulpturen und eine traumhafte Landschaft zu bestaunen. Den Nachmittag verbringt man am besten mit dem, was Stockholmer auch gerne tun: shoppen (S. 90) – zuerst abseits vom Stureplan in der Biblioteksgatan. Wer Souvenirs braucht, durchstreift anschließend die Drottninggatan.

… einer Woche
Bei einer Woche Aufenthalt bleibt auch Zeit für einen Besuch des königlichen Schlosses Drottningholm (S. 97) und für ein Bootsfahrt zu einer der Inseln in Stockholms Schärengarten (S. 99), mit einer Übernachtung in der idyllischen Ruhe der Inseln.

Stockholm/Norden

Stockholm/Norden

lungen finden mittwochs jeweils um 13, 15, 17 und 19 Uhr statt, außerdem donnerstags bis sonntags jeweils um 13 und 16 Uhr. Eine Gratisführung in Begleitung des Museumskurators startet sonntags um 14 Uhr.

Sven-Harrys Konstmuseum   MUSEUM

(Karte S. 56; ☎ 08-5116 00 60; www.sven-harrys. se; Eastmansvägen 10–12; Erw./Kind 100 Skr/frei; ⏱ Mi–Fr 11–19, Sa & So, 11–17 Uhr; Ⓜ Odenplan) Das schicke neue Gebäude beherbergt eine Kunstgalerie, die interessante zeitgenössische Ausstellungen zeigt, wie z. B. eine über die schwedische Mode 2000 bis 2010).

Im Haus befindet sich auch die originalgetreue Rekonstruktion der ehemaligen Wohnung des Besitzers und Kunstsammlers Sven-Harry Karlsson, in der dieser in Lidingö lebte. Besucher können sich die Wohnräume im Rahmen einer 40-minütigen Führung (150 Skr, auf Schwedisch) ansehen. Außerdem gibt es ein preisgekröntes Restaurant mit Terrasse und Ausblick auf den Park.

Östermalms Saluhall   MARKT

(Karte S. 52; http://www.ostermalmshallen.se; Östermalmstorg; ⏱ Mo–Do 9.30–18, Fr 9.30–19, Sa 9.30–16 Uhr, So & feiertags geschl.; Ⓜ Östermalmstorg) GRATIS Östermalms Saluhall sollten Besucher sich nicht entgehen lassen, denn sowohl die Architektur als auch die Gourmetatmosphäre der Markthalle sind bestechend. Hinter einer imposanten, mit etlichen Türmen versehenen Backsteinfassade verbirgt sich eine raffinierte Komposition aus traditionellem Obst- und Gemüsemarkt,

Ständen mit glitzernden Fischen und duftenden Backwaren, Metzgereien und Teeverkäufern. Hinzu kommen Imbissstände und Restaurants, die bei den Stockholmern besonders beliebt sind. Wer dieses lukullische Paradies so richtig genießen möchte, kommt am besten richtig hungrig und neugierig hierher.

⊙ Djurgården

Von solch einer Insel träumen Museumsgänger! Hier finden sie nicht nur mehrere Top-Museen quasi auf einem Fleck, sondern auch eine herrliche parkähnliche Landschaft mit Gärten, Grünanlagen, Radwegen, Picknickplätzen und einem träge dahinfließenden Fluss. Und das Ganze nur eine Fußbrückenlänge vom Stadtzentrum entfernt!

★ **Skansen**   MUSEUM
(Karte S. 62; www.skansen.se; Djurgårdsvägen; Erw./Kind 160/60 Skr; ⊙ Ende Juni–Aug. tgl. 10–22 Uhr; 🚻; 🚌 44, ⛴ Djurgårdsfärjan, 🚋 7, Djurgården) Skansen wurde 1891 als erstes Freiluftmuseum der Welt von Artur Hazelius gegründet, um den Besuchern zu veranschaulichen, wie die Schweden einst lebten.

Hier kann man locker einen ganzen Tag verbringen, ohne alles gesehen zu haben (die Eintrittspreise und Öffnungszeiten variieren je nach Jahreszeit). Etwa 150 traditionelle Häuser und andere Exponate aus dem ganzen Land verteilen sich über die Hügelkuppe – das Ganze soll „Schweden in Miniatur" darstellen, samt Dörfern, Natur, Handel und Industrie.

Besonders beliebt ist die Glasbläserei, wo die Besucher sich von der Verwandlung glühender, flüssiger Glasklumpen in kunstvolle Formen fesseln lassen. Der Nordische Zoo mit Elchen, Rentieren, Vielfraßen und anderen Vertretern der schwedischen Tierwelt ist vor allem im Frühjahr ein Publikumsmagnet, wenn hier der tierische Nachwuchs herumtobt und heranwächst.

Die Gebäude des Freiluftmuseums repräsentieren verschiedene Handwerke und Regionen des Landes. In den meisten sind Museumsmitarbeiter in historischer Tracht fleißig dabei, traditionelle Handwerksberufe vorzuführen, Musik zu spielen, Butter zu rühren und dabei mit Enthusiasmus Fragen über die Menschen, deren Leben sie nachspielen, zu beantworten. Ein Teil der Apotheke wurde aus Schloss Drottningholm hierhin verlegt; zwei kleine Gartenhütten stammen aus Tantolunden in Södermalm.

Neben vielem anderen gibt es eine Bäckerei (voll in Betrieb – sie serviert Kaffee und Mittagessen), ein Bankhaus/Postamt, eine mechanische Werkstatt, einen botanischen Garten und die Villa Hazelius. Außerdem stehen hier 46 Gebäude aus den ländlichen Gegenden Schwedens, darunter ein Samen-Lager, Bauernhöfe aus verschiedenen Regionen, ein Herrenhaus und eine Schule. Zudem gibt es ein Aquarium (zusätzlicher Eintritt: Erw./Kind 100/60 Skr).

Ein Museumsplan und eine ausgezeichnete Broschüre auf Englisch helfen bei der Orientierung. Die Aktivitäten und Vorführungen im Park finden nicht immer während der gesamten Öffnungszeit statt, und nicht alle Einrichtungen sind ständig zugänglich. Um Enttäuschungen zu vermeiden, sollte man sich daher vorab informieren.

Im Park gibt es Cafés, Restaurants und Hotdog-Buden. Im Sommer kann es aber nicht schaden, eine Flasche Wasser dabeizuhaben. Und niemand muss sich schämen, mit der Rolltreppe den Hügel raufzufahren und dann gemütlich bergab zu wandern.

Auf den Bühnen in Skansen ist immer was los, z. B. Volkstänze im Sommer und ein riesiges Festival zu Mittsommer. Für alle, die gerade rechtzeitig zu einem der großen schwedischen Feste in Stockholm sind (z. B. Walpurgisnacht, Luciatag oder Weihnachten), ist Skansen *der* Ort, die Schweden beim Feiern zu beobachten (auch wenn es dann ziemlich voll wird).

Von Mitte Juni bis August verkehren die Waxholmsbolaget-Fähren (S. 96) zwischen Slussen und Djurgården; die Route gehört zum regulären Verkehrsnetz des Storstockholms Lokaltrafik (SL), sodass der SL-Pass auf diesen Fahrten gültig ist.

Tobaks & Tändsticksmuseum   MUSEUM
(Tabak- und Streichholzmuseum; Karte S. 62; 📞 08-442 80 26; www.tobaksochtandsticksmuseum.se; Eintritt im Skansen-Ticket inbegriffen; ⊙ Okt.–April Di–So 11–17 Uhr) Auf dem weitläufigen Parkgelände von Skansen befinden sich einige weitere Museen, darunter das Tobaks & Tändsticksmuseum.

Im Mittelpunkt der Ausstellungen stehen hier die Geschichte und Kultur des Rauchens sowie die Herstellung der legendären schwedischen Streichhölzer.

Skansen Akvariet   AQUARIUM
(Karte S. 62; 📞 08-442 80 39; www.skansen.se; Erw./Kind 100/60 Skr; ⊙ tgl. ab 10 Uhr, die Schließzeit variiert jahresbedingt) Allein schon

das Skansen-Aquarium ist ein Ausflug in das Freilichtmuseum wert. Zu seinen Bewohnern zählen nicht nur Wassertiere wie Piranhas, sondern auch Lemuren und Zwergseidenäffchen (die kleinste Affenart der Welt). Mutige Besucher können einige der Tiergehege betreten.

★ Vasamuseet   MUSEUM
(Karte S. 62; www.vasamuseet.se; Galärvarvsvägen 14; Erw./Kind 130 Skr/frei; ⊗ tgl. 8.30–18 Uhr; ⚑; 🚌 44, ⚓ Djurgårdsfärjan, 🚊 7 Nordiska museet/Vasa) Was als fragwürdiges Unterfangen begann, endete als heitere Glorifizierung. Das Vasamuseet ist das maßgeschneiderte Obdach des wuchtigen Kriegsschiffes *Vasa*. Mit seinen kolossalen Ausmaßen von 69 m Länge und 48,8 m Höhe war das Schiff der Stolz der schwedischen Krone, als es am 10. August 1628 zu seiner Jungfernfahrt aufbrach. Jedoch bereits nach wenigen Minuten kenterte das oberlastige Schiff und sank samt seiner Besatzung auf den Grund der Saltsjön. Alle 30 Min. wird eine Führung in Englisch angeboten.

Die Museumsführer erzählen die außergewöhnliche und umstrittene Geschichte des Untergangs vor weit mehr als 300 Jahren und der Wiederauferstehung der *Vasa*. Nach seiner akribisch erfolgten Bergung 1961 wurde das Schiff wie ein gigantisches Puzzle aus 14 000 Teilen erneut zusammengesetzt. Fast alles, was es heute von der *Vasa* zu sehen gibt, ist daher original.

Auf der Eingangsebene steht ein Schiffsmodell im Maßstab 1:10; außerdem läuft hier ein 25-minütiger Film über Themen, die in der Ausstellung nicht behandelt werden (im Sommer täglich um 9.30 und 13.30 Uhr, auf Englisch). Vier weitere Ebenen zeigen von der *Vasa* geborgene Fundstücke über das Leben an Bord, über Seekriegsführung sowie über die Schifffahrt und Navigation im 17. Jh., dazu kommen eine Skulpturenausstellung und Sonderausstellungen. Im Untergeschoss ist es besonders spannend: Mithilfe moderner forensischer Methoden wird dort versucht, die Gesichter und Lebensgeschichten einiger der verunglückten Passagiere zu rekonstruieren.

Im Buchladen des Museums zu stöbern, lohnt sich ebenfalls. Für die wohlverdiente Erholungspause gibt es ein Restaurant.

Nordiska Museet   MUSEUM
(Karte S. 62; 🖉 08-5195 47 70; www.nordiskamuseet.se; Djurgårdsvägen 6-16; Erw./Kind 100 Skr/frei; ⊗ tgl. 10–17 Uhr; 🚌 44, 69, ⚓ Djurgårdsfärjan,

🚊 7) Das großartige Nordiska Museet ist das größte kulturhistorische Museum Schwedens auf einer der größten Innenraumflächen des Landes. Der eklektische, schlossartige Bau im Renaissancestil (aus dem Jahre 1907) wurde von Isak Gustav Clason entworfen, der auch für die Saluhall in Östermalm verantwortlich ist. Im Inneren zeigt eine umfangreiche Sammlung alles Schwedische, von heiligen Objekten der Samen über Mode, Schuhe und Einrichtungsgegenstände bis hin zu Tischdekorationen. Das Museum wirbt damit, die weltgrößte Sammlung von Gemälden August Strindbergs zu besitzen, dazu einige seiner privaten Besitztümer. Insgesamt birgt das Museum über 1,5 Mio. Exponate aus der Zeit von 1520 bis heute.

Highlights sind häufig die kraftvollen Wechselausstellungen. Der informative Audioführer (kostenlos im Eintritt enthalten) ermöglicht eine einstündige Tour durch die Ausstellung auf Deutsch.

Spritmuseum   MUSEUM
(Spirituosenmuseum; Karte S. 62; 🖉 08-12 13 13 00; http://spritmuseum.se; Djurgårdsvägen 38; Eintritt 100 Skr; ⊗ Di 10–20, Mi–Mo 10–17 Uhr; 🚌 44, 69, ⚓ Djurgårdsfärjan, 🚊 7) Das überraschend unterhaltsame Spirituosenmuseum thematisiert u. a. das nicht ganz einfache Verhältnis der Schweden zum Alkohol. Zur Sprache kommen auch Reglements wie das Instrument der schwedischen Alkoholpolitik, das Systembolaget. Das staatliche Monopolunternehmen kontrolliert seit Jahren den Verkauf hochprozentiger Alkoholika im Einzelhandel.

Das schicke Museum in zwei Marinegebäuden aus dem 18. Jh. deckt die Geschichte der Produktion und des Konsums von Spirituosen und Bier ab. Angefangen von Trinkgewohnheiten über Trinklieder bis hin zu Festtagstraditionen und das Schnäpschen zum Essen werden die unterschiedlichsten Aspekte beleuchtet.

Sogar ein Verkostungsset (200 Skr) wird angeboten, mit unterschiedlichen Spirituosen, die nach speziellen Gesichtspunkten zusammengestellt wurden.

Im Ausnüchterungsraum mit ohrenbetäubender Musik und quälend grellem Licht brummt Besuchern auch ohne Alkohol der Schädel. Fast trunken machen der Sitzwinkel im kleinen Kino und die Ich-Erzähler-Filme. Multimediashows verteilen Seitenhiebe auf die Alkoholindustrie – der erste schwedische Whisky war ein spektakulärer Reinfall. Im Museum finden auch gut inszenierte Ausstellungen statt, eine der letzten zeigte z. B. die kulturell unterschiedliche Haltung zum Sex anhand von Plattencovern und „Swedish Sin" (sexistisches Frauenbild, Schwedin = blond und sexy).

Die museumseigene Absolut-Art-Sammlung umfasst Werke zum Thema Alkohol von Künstlern wie Damien Hirst, Andy Warhol und Keith Haring. Die englischsprachige Führung beginnt täglich um 15 Uhr.

Junibacken · FREIZEITPARK
(Karte S. 62; www.junibacken.se; Djurgården; Erw./Kind 145/125 Skr; ⊙ tgl. 10–17/18 Uhr; ⊙; ☐ 44, 69, ⊡ Djurgårdsfärjan, ⛵ 7) Junibacken erweckt die bizarre Fantasiewelt der Figuren aus Astrid Lindgrens beliebten Kinderbüchern zum Leben. Hier können Kinder im Geschichtenzug (Sagotåget) über Dächer fliegen, auf die Größe eines Zuckerwürfels schrumpfen und sich in der Villa Kunterbunt wie Pippi Langstrumpf verkleiden und genau wie sie kreischen und toben.

Der Buchladen ist eine wahre Fundgrube für Kinderbücher und Spielzeug. Das vielfältige Angebot reicht von Puppen (wie die vom frechen Karlsson auf dem Dach) bis hin zu kleinen Kunstpostkarten mit Motiven aus den Büchern.

ABBA: The Museum · MUSEUM
(Karte S. 62; ☑ 08-1213 28 60; www.abbathemuseum.com; Djurgårdsvägen 68; Erw./Kind 195/50 Skr; ⊙ 10–20 Uhr, im Winter kürzere Öffnungszeiten; ☐ 44, ⊡ Djurgårdsfärjan, ⛵ 7) Hier ist die Reizüberflutung garantiert: Der lang erwartete, mit viel Wirbel angekündigte Huldigungstempel für die schwedischen Halbgötter der Popmusik scheint ausschließlich den ABBA-Fans gewidmet zu sein. Teilweise wirkt die Fan-Bespaßung schon ein wenig zu furios.

Das Museum ist vollgestopft mit Erinnerungsstücken und interaktiven Elementen. Nach dem kleinsten Schritt folgt etwas Neues, sei es eine glitzernde Gitarre, ein altes Foto von Benny, Björn, Frida oder Agnetha, ein klassisches ABBA-Video, ein haarsträubendes Kostüm oder ein Kombi, in dem die Band in ihren frühen Tagen unterwegs war. Sogar der originale Helikopter, der das Cover des 1976 erschienenen ABBA-Albums *Arrival* zierte, steht im Museum, die Besucher können sich für ein Foto davor postieren. Auch das Aufnahmestudio der ABBA-Plattenfirma Polar Studios wurde hier im Original aufgebaut – sein Betreten ist erlaubt. Auf einer Bühne können sich Besucher popowackelnd zu den Papp-Silhouetten der Stars gesellen. Wer will, kann in einer kleinen Aufnahmekabine seinen eigenen hitverdächtigen Song kreieren. Ganze Räume füllen die eigenwilligen Kostüme.

Faszinierend ist das automatische Klavier: Es spielt, wann immer Benny zu Hause auf seinem Klavier spielt – auf irgendeine Art sind die beiden Instrumente miteinander verbunden.

Auf dem Audioguide (40 Skr, auf Englisch) erzählt jeder der ABBA-Mitglieder Geschichten aus seinem Leben.

Im Museumsgebäude befindet sich auch die schwedische Music Hall of Fame, die umfassend über die Geschichte der schwedischen Popmusik informiert.

Die Eintrittskarten können ausschließlich per Kreditkarte bezahlt werden.

Prins Eugens Waldemarsudde · MUSEUM
(Karte S. 62; ☑ 08-5458 37 07; www.waldemarsudde.com; Prins Eugens väg 6; Erw./Kind 100 Skr/frei; ⊙ Di, Mi & Fr–So 11–17, Do 11–20 Uhr, Gärten 8–21 Uhr; ⛵ 7) Prins Eugens Waldemarsudde am Südende von Djurgården ist eine Kombination aus Kunst und schönen Ausblicken aufs Wasser. Das Palais gehörte dem malenden Prinzen (1865–1947), der sich lieber der Kunst als den üblichen königlichen Vergnügungen widmete. Außer Eugens eigenen Werken beherbergt es seine große Sammlung skandinavischer Gemälde und Skulpturen, darunter Werke von Anders Zorn und Carl Larsson. Die durch Tunnel verbundenen Gebäude und Galerien liegen in einem idyllischen Park (Eintritt frei) mit einer alten Windmühle aus den 1780er-Jahren.

Thielska Galleriet · GALERIE
(☑ 08-662 58 84; www.thielska-galleriet.se; Sjötullsbacken 8; Erw./Kind 100 Skr/frei; ⊙ Di–So 12–17 Uhr; ☐ 69) Die Thielska Galleriet in der früheren Villa des Kunstsammlers Ernest Thiel (ein Banker und Übersetzer) am östlichen Ende des Stadtteils Djurgården ist ein Muss für Liebhaber nordischer Kunst.

Die ausgezeichnete Kunstsammlung umfasst Werke großer skandinavischer Künstler des späten 19. und frühen 20. Jhs., u. a. Arbeiten von Carl Larsson, Anders Zorn, Ernst Josephson und Bruno Liljefors. Auch Edvard Munch ist hier vertreten, z. B. mit seiner Kupferstichserie, die vampirhafte Frauen zeigt, und mehreren Gemälden der Brücke, die auf Munchs berühmtem Bild *Der Schrei* zu sehen sind. Ernest Thiel (1859 bis 1947), zählte zu Munchs Mäzenen. Im

STOCKHOLM MIT KINDERN

Auf Reisende mit Kindern ist Stockholm bestens vorbereitet. In fast jeder öffentlichen Toilette gibt es Wickeltische, selbst Spitzenrestaurants bieten Hochstühle und Kindermenüs. In Hotels und Hostels kümmert sich das Personal besonders aufmerksam um Familien mit kleinen Kindern. Auch die Fahrten mit öffentlichen Verkehrsmitteln sind kein Problem. An Bushaltestellen reißen sich beispielsweise andere Fahrgäste förmlich darum, den Kinderwagen in den Bus zu hieven. Bürgersteige und Wege sind kinderwagengerecht angelegt, was sich in der großen Anzahl an Leuten mit Kinderwagen widerspiegelt. Treppen verfügen in der Regel über eine Rampe, auf der jeder seine Kinderkarre locker rauf- und runterschieben kann. Und obendrein besitzt Stockholm unzählige gut gepflegte öffentliche Spielplätze.

Auch in Sachen Unterhaltung lässt sich die Stadt nicht lumpen. Viele von Stockholms besten Attraktionen richten sich speziell an Kinder und Familien. Junibacken (S. 59) entführt die jungen Leser der schwedischen Autorin Astrid Lindgren in die Fantasiewelt von Pippi Langstrumpf und ihren Freunden. Eine ganze Abteilung des Naturhistoriska Riksmuseet (S. 69) vermittelt – u. a. mit praktischen Experimenten – auf kindgerechte Weise spannendes Wissen über die Natur. Bei seinen multimedialen Ausstellungen, die Besucher in die Zeit der frühen Anfänge der Stadt zurückversetzen, orientiert sich das Medeltidsmuseet (S. 50) auch an den Bedürfnissen von Kindern. Im Postmuseum (S. 51) können Kids in einem speziell für sie eingerichteten Postamt ausprobieren, wie die Arbeit der Post funktioniert. Für etwas ältere Kinder und Teenies bietet der Gröna Lund Tivoli (siehe unten) jede Menge Rummelplatzatmosphäre und Fahrvergnügen. Das Tekniska Museet (S. 63) hält wissbegierige Kinder stundenlang auf Trab. Und nicht zu vergessen: Skansen (S. 57) lockt mit Dutzenden kleiner interaktiver Ausstellungen, leckeren Snacks an jeder Ecke, einem Streichelzoo, Singspielen zum Mitmachen und freundlichem Personal in historischen Kostümen.

Auch wenn sie nicht direkt auf Kinder ausgerichtet sind, verfügen die meisten städtischen Museen über Einrichtungen für Kinder. Im Nobelmuseet (S. 48) beispielsweise gibt es einen Kinderclub (Barnens Nobelklub), in dem Sieben- bis Zehnjährige ihre Ideen austauschen und nach Herzenslust kreativ sein können. Andere Museen bieten in eigenen Räumen auf kindgerechte Art verschiedene Aktivitäten an, z. B. Malen, Modellieren mit Ton oder das Anfertigen von Kostümen.

Sommer startet freitags um 14 Uhr eine englischsprachige Führung.

Wem so etwas gefällt, kann hier auch den Gipsabdruck der Totenmaske von Friedrich Nietzsche bewundern. Thiel hat einige von Nietzsches Werken ins Schwedische übersetzt. Das kleine Palais (Baujahr 1905) hat der bekannte schwedische Architekt Ferdinand Boberg für Ernest Thiel entworfen. Besuchern vermittelt es das Gefühl, sie würden durch ein Wohnhaus (was es ja tatsächlich einmal war) und nicht durch ein Museum spazieren.

Aquaria Vattenmuseum   MUSEUM
(Karte S. 62; ☑ 08-660 90 89; http://aquaria.se; Falkenbergsgatan 2; Erw./Kind 130/85 Skr; ⏱ Di–So 10–16.30 Uhr; 👶; 🚌 44, 69, 🚢 Djurgårdsfärjan, 🚋 7) Sorgsam gestaltete Aquarien mit Seepferdchen, Haien, Piranhas und Anemonenfischen bringen den Besuchern verschiedene Lebensräume nahe, angefangen von

Gewässern im Regenwald über Korallenriffe bis hin zu nordischen Flusssystemen. Ökologie und die fragile Beschaffenheit der maritimen Biotope stehen dabei im Mittelpunkt. Klingt langweilig? Ist es aber nicht. Ob Groß oder Klein: Es gibt genügend zu sehen und zu tun, was Spaß macht. Am besten plant man den Besuch rund um eine der Fütterungen, die täglich um 11, 13.30 und 14.30 Uhr stattfinden.

Gröna Lund Tivoli   FREIZEITPARK
(Karte S. 62; www.gronalund.com; Lilla Allmänna gränd 9; Erw./Kind bis 7 Jahren 110 Skr/frei, Tagespass für die unbegrenzte Nutzung der Fahrgeschäfte 310 Skr; ⏱ Sommer 10–23 Uhr, restl. Jahr kürzere Öffnungszeiten; 👶; 🚌 44, 🚢 Djurgårdsfärjan, 🚋 7) Der viel besuchte Gröna Lund Tivoli bietet über 30 Fahrgeschäfte. Sie reichen vom harmlosen Zirkuskarussell (das aus Deutschland stammt) bis zum furchteinflößenden Turm Fritt Fall (freier Fall) – hier

geht es (angeschnallt auf einem Sitz) im freien Fall binnen sechs Sekunden 80 m abwärts. So lässt sich der überaus schöne Blick aus der Höhe auf Stockholm leider nur für einen kurzen Moment genießen. Der Park bietet unzählige Möglichkeiten, etwas zu essen und zu trinken. Ob man Speis und Trank beim Fritt Fall bei sich behält, steht dann allerdings auf einem anderen Blatt …

Der Åkband-Tagespass gewährt für sämtliche Fahrgeschäfte die unbegrenzt freie Fahrt, ansonsten kosten Einzelfahrten zwischen 20 und 60 Skr.

Im Sommer finden häufig Konzerte mit Topmusikern statt. Die Fähre auf der Route Slussen–Djurgården hält am Gröna Lund.

Biologiska Museet MUSEUM

(Biologisches Museum; Karte S. 62; ☑ 08-442 82 15; www.biologiskamuseet.com; Hazeliusporten; Erw./Kind 65/25 Skr; ⊙ April–Sept. tgl. 11–16 Uhr, Okt.–März Di–So 11–16 Uhr; ☒ 44, 69, ☒ 7) Neben der stattlichen Tiersammlung ist allein schon das knarrende Holzhaus, in dem sich das 1893 gegründete Biologiska museet befindet, sehenswert. Zwei kreisförmige Etagen mit präparierten Tieren in naturgetreuen Dioramen faszinieren die Besucher.

Rosendals Slott SCHLOSS

(Karte S. 62; ☑ 08-402 61 30; www.kungahuset.se; Rosendalsvägen 49; Erw./Kind 100 Skr/frei; ⊙ stdl. Führungen Juni–Aug. Di–So 12–15 Uhr; ☒ 44, 69, ☒ 7) Rosendals Slott liegt an der Nordseite des Parks Djurgården. In den 1820er-Jahren wurde es als Palast für König Karl XIV. Johan gebaut. Es zählt zu Schwedens schönsten Beispielen des Empirestils und glänzt mit einer prachtvollen, wirklich königlichen Einrichtung. Ansehen kann man sich die Räume des Schlosses allerdings nur im Rahmen einer Führung.

Wer schon mal vor Ort ist, sollte auch dem schönen, zwischen Bäumen und Gewächshäusern gelegenen Rosendals Trädgårdskafe (S. 85) einen Besuch abstatten. Auf seiner Speisekarte stehen leckere Biogerichte.

Liljevalchs Konsthall GALERIE

(Karte S. 62; ☑ 08-5083 13 30; www.liljevalchs.se; Djurgårdsvägen 60; Erw./Kind 80 Skr/frei; ⊙ Juni–Aug. tgl. 11–17 Uhr, restl. Jahr kürzere Öffnungszeiten; ☒ 44, 69, ☒ Djurgårdsfärjan, ☒ 7) In der 1916 eröffneten Galerie finden jährlich mindestens vier große Ausstellungen moderner Kunst schwedischer und internationaler Künstler statt, darunter der bekannte Spring Salon (eine Verkaufsausstellung ausgesuchter Galerien).

⊙ Skeppsholmen

Auf dieser kleinen Insel befinden sich gleich mehrere große Museen. Vom Stadtzentrum führt eine Fußgängerbrücke bzw. die vom Slussen abfahrende Djurgården-Fähre auf die Insel.

Moderna Museet MUSEUM

(Museum für moderne Kunst; Karte S. 62; ☑ 08-52 02 35 01; www.modernamuseet.se; Exercisplan 4; Erw./Kind 120 Skr/frei, Fr 18–20 Uhr frei; ⊙ Mi, Do, Sa & So 10–16, Di & Fr 10–20 Uhr; ☒ 65, ☒ Djurgårdsfärjan) Das Moderna Museet ist Stockholms Eigenbrötler in Sachen moderner Kunst. Die Exponate seiner Dauerausstellungen reichen von Gemälden und Skulpturen über Fotografien bis hin zu Videokunst und Installationen. Zu den Highlights zählen Werke von Pablo Picasso, Salvador Dalí (*El enigma de Guillermo Tell*; *Das Rätsel des Wilhelm Tell*), Andy Warhol, Damien Hirst und Robert Rauschenberg (*Monogram*, eine Collage, die einen Widder mit Autoreifen darstellt). Unter den museumseigenen Schätzen sind auch bedeutende Werke von Francis Bacon, Marcel Duchamp und Matisse sowie von etlichen ihrer schwedischen Zeitgenossen. Hinzu kommen Arbeiten weniger bekannter Künstler.

Das Museum veranstaltet auch gut durchdachte Wechselausstellungen und gibt in Retrospektiven Einblicke in das Lebenswerk bekannter Künstler (teilweise mit zusätzlicher Eintrittsgebühr). Im Erdgeschoss sowie in verschiedenen Winkeln des Museums gibt es kleine (leicht zu übersehende) Vorführräume, in denen Besucher sich alte Buñuel- und Chaplin-Filme oder neuere experimentelle Videos ansehen können. Buchfreunde und Designfans dürften in dem gut sortierten Museumsshop in Kaufrausch verfallen. Das schöne und sehr beliebte Museumsrestaurant (Tagesgericht 120 Skr; 11–14 Uhr) bietet einen herrlichen Ausblick aufs Wasser. Nicht zu verachten sind auch die Espressobar im Foyer und das kleine zwanglose Café in einem hübschen, lauschigen Innenhof (Salate und Sandwiches; 115–125 Skr).

Arkitektur- och Designcentrum MUSEUM

(Architektur- und Designmuseum; Karte S. 62; ☑ 08-5872 70 00; www.arkdes.se; Exercisplan 4; Erw./Kind 80 Skr/frei, Fr 16–18 Uhr frei, Kombikarte mit Moderna Museet 180 Skr; ⊙ Di 10–20, Mi–So 10–18 Uhr; ☒ 65, ☒ Djurgårdsfärjan) Eine umgebaute Exerzierhalle der Marine beherbergt

Skeppsholmen & Djurgården

Skeppsholmen & Djurgården

Highlights

63

Skeppsholmen & Djurgården

Highlights
1 Skansen D3
2 Vasamuseet C2

Sehenswertes
3 ABBA: The Museum D3
4 Aquaria Vattenmuseum C3
5 Arkitektur- och Designcentrum B2
6 Biologiska Museet D2
7 Etnografiska Museet G1
8 Gröna Lund Tivoli D3
9 Junibacken C1
10 Liljevalchs Konsthall C3
11 Moderna Museet B2
12 Nordiska Museet C1
13 Östasiatiska Museet A2
14 Prins Eugens Waldemarsudde F4
15 Rosendals Slott G2
16 Sjöhistoriska Museet F1
17 Skansen Akvariet D3
18 Spritmuseum C2
19 Tekniska Museet G1
20 Tobaks & Tändsticksmuseum D3

Aktivitäten, Kurse & Touren
21 Sjöcaféet C1
22 Strandbryggan C1

Schlafen
23 Vandrarhem af Chapman & Skeppsholmen A3

Essen
24 Blå Porten Café C3
25 Rosendals Trädgårdskafe F2
26 Wärdshuset Ulla Winbladh D2

STOCKHOLM & UMGEBUNG SEHENSWERTES

das Arkitektur- und Designzentrum, das direkt an das Moderna Museet grenzt. Detailliert informiert es über Schwedens Architektur, z. B. in seinen Dauerausstellungen, die eine Zeitspanne von 1000 Jahren umfassen.

In seinem Archiv lagern um die 2,5 Mio. Dokumente, Fotografien, Pläne, Zeichnungen und Modelle. Wechselausstellungen stellen auch die Arbeiten internationaler Architekten vor. Gelegentlich organisiert das Museum themenbezogene Architekturführungen durch Stockholm. Die Daten und Themen stehen auf der Website oder sind am Infostand des Museums zu erfahren.

Östasiatiska Museet MUSEUM
(Ostasiatisches Museum; Karte S. 62; www.ostasiatiska.se; Tyghusplan; Erw./Kind 80 Skr/frei; Di 11–20, Mi–So 11–17 Uhr; 65) Das Museum befindet sich in einem langen, schmalen Gebäude und zeigt asiatisches Kunsthandwerk. Es besitzt eine der weltweit besten Sammlungen von chinesischem Steingut und Porzellan der Sing-, Ming- und Qing-Dynastie. Außerdem beherbergt es eine der größten und ältesten Ostasien-Bibliotheken Skandinaviens; etliche Beispiele aus ihrem Bestand sind ausgestellt. Die häufig sehr erfrischenden Wechselausstellungen bieten ein breites Themenspektrum, so gab es in der Vergangenheit Ausstellungen über japanische Mangas und chinesische Videokunst.

Ladugårdsgärdet

Das weitläufige parkähnliche Gelände diente bis in die 1860er-Jahre als Truppenübungsplatz. In dem kleinen rosafarbenen Pavillon (Borgen) auf dem Hügel veranstalteten Mitglieder der königlichen Familie gemütliche Bankette und sahen dabei den militärischen Übungen zu. Der heutige landschaftlich schöne Ladugårdsgärdet ist beliebt bei Spaziergängern, Walkern und Joggern, außerdem wird hier Volleyball und Fußball gespielt. Sogar einen Start- und Landeplatz für Heißluftballons gibt es.

Das Gebiet ist vom Centralstationen (Hauptbahnhof) oder Sergels Torg mit der Buslinie 69 erreichbar. Anziehungspunkte sind hier drei schöne Museen, eine Kunstgalerie und der beste Panoramablick auf Stockholm.

Tekniska Museet MUSEUM
(Museum für Wissenschaft und Technik; Karte S. 62; www.tekniskamuseet.se; Museivägen 7; Erw./Kind 120/40 Skr, Mi 17–20 Uhr frei; Mo–Fr 10–17, Mi 10–20, Sa & So 11–17 Uhr; 69 Museiparken) Mit seiner Fülle an interaktiven Ausstellungen zu Themen aus Wissenschaft und Technik ist dieses Museum ein wahres Wunderland für Technikfans.

Eine seiner größten Attraktionen ist das Cino4 (Erw./Kind 80/40 Skr), Schwedens erstes multisensorisches 4D-Kino. Im „Teknorama", einem großen Saal voller kinetischer Experimente, können Besucher z. B. ihr Gleichgewichtsvermögen sowie die Gelenkigkeit und Kraft ihres Körpers testen. Gruselig ist der Nachbau eines dunklen Bergwerksstollens in der Abteilung „Bergbau". Zu den weiteren spannenden Dingen zählen eine Modelleisenbahnanlage, eine Ausstellung mit Erfindungen von Frauen und ein Spiel zum Thema Klimaveränderung.

Etnografiska Museet
MUSEUM

(Völkerkundemusum; Karte S. 62; www.etnografis ka.se; Djurgårdsbrunnsvägen 34; Erw./Kind 80 Skr/ frei; ⊙ Di, Do–So 11–17, Mi 11–20 Uhr; ♿; ☒ 69 Museiparken) Auf beeindruckende Weise vermittelt das Museum verschiedene Aspekte außereuropäischer Kulturen, u. a. in lebendigen Sonderausstellungen und regelmäßigen Veranstaltungen. Dazu zählten in der Vergangenheit z. B. eine Ausstellung über die kulturelle Bedeutung der Festtagstraditionen in Afghanistan und Russland sowie eine Veranstaltung über Voodoo in heutiger Zeit. Ein Blick ins aktuelle Programm lohnt sich, besonders empfehlenswert sind die Tanz- und Musicalaufführungen. Ein Vergnügen ist auch der Besuch des Cafés mit toller Musik, Süßigkeiten, Getränken und authentisch zubereiteten Gerichten aus aller Welt.

Sjöhistoriska Museet
MUSEUM

(National es Seehistorisches Museum; Karte S. 62; Djurgårdsbrunnsvägen 24; ⊙ Di–So 10–17 Uhr; ☒ 69 Museiparken) GRATIS Für Leute, die sich für Schiffsmodelle interessieren, ist dieses Museum ein Muss – seine Sammlung umfasst über 1500 Schiffe im Miniaturformat. Der schwedische Schiffsbau sowie Seeleute und ihre Arbeit an Bord sind weitere Ausstellungsthemen.

Kaknästornet
TURM

(Fernsehturm; www.kaknastornet.se; Mörka Kroken 28–30; Erw./Kind 55/20 Skr; ⊙ Mo–Sa 9–22, So 9–19 Uhr; ☒ 69 Kaknästornet) Beim Streifzug durch die Stadt bildet der 155 m hohe Kaknästornet eine gute Orientierungshilfe. Der 1967 in Betrieb genommene Funkturm ist die zentrale Sendeanlage für die schwedischen Radio- und Fernsehprogramme und eines der höchsten Bauwerke Skandinaviens. Das kleine Besucherzentrum am Fuß des Funkturms besteht hauptsächlich aus einem Souvenirshop. Ein Aufzug bringt Besucher zur Aussichtsplattform sowie zum Restaurant und Café – alle drei liegen nahe der Turmspitze und bieten tolle Ausblicke auf die Stadt und ihren Schärengarten.

Magasin 3
GALERIE

(☏ 08-54 56 80 40; www.magasin3.com; Elevator 4, Magasin-3-Gebäude, Frihamnen; Erw./Kind 40 Skr/frei; ⊙ Sept.–Mai Do 11–19, Fr–So 11–17 Uhr, Juni–Aug. & Weihnachten geschl.; ☒ 1, 76, Ⓜ Ropsten) Magasin 3 befindet sich nordwestlich vom Kaknästornet in einem Lagerhaus am Hafen. Es liegt etwas abseits und hat nur begrenzte Öffnungszeiten, doch ein Besuch lohnt sich. Magasin 3 ist eine von Stockholms besten Galerien für zeitgenössische Kunst. Jährlich laufen hier sechs bis acht Ausstellungen. Häufig zeigen sie speziell für die Galerie kreierte Werke, z, B. von Pipilotti Rist oder dem amerikanischen Performancekünstler Paul McCarthy.

⊙ Södermalm

Die Insel im Süden des Stadtzentrums ist Stockholms hippes, auf Kunst machendes Szeneviertel. Hier finden sich die coolsten Secondhandläden, Kunstgalerien, Clubs und Espressobars. Von den Hügeln am Nordrand der Insel hat man einen wunderschönen Ausblick auf Gamla Stan und das restliche Stadtzentrum. Außerdem befinden sich auf Södermalm einige bedeutende Museen.

Fotografiska
MUSEUM

(Karte S. 65; www.fotografiska.eu; Stadsgårdshamnen 22; Erw./Kind 120/90 Skr; ⊙ So–Mi 9–21, Do–Sa 9–23 Uhr; Ⓜ Slussen) Das schicke, anspruchsvolle Fotomuseum ist ein Muss für Fotonarren. Seine großen Sonderausstellungen sind interessant zusammengestellt und werden gut präsentiert.

Zu den Highlights in der Vergangenheit zählen die Robert-Mapplethorpe-Retrospektive (2011) mit rund 200 Fotos und die Ausstellung einer Fotoporträtsammlung des kreativen Filmemachers Gus Van Sant. Eine aktuelle Ausstellung zeigt eine riesige Sammlung von Schwarz-Weiß-Fotos des brasilianischen Fotografen Sebastião Salgado, eine spannende Dauerausstellung Fotos von schwedischen und internationalen Fotografen. Ab der Tunnelbana-Haltestelle Slussen ist das Museum ausgeschildert.

Stockholms Stadsmuseum
MUSEUM

(Stadtmuseum; Karte S. 65; www.stadsmuseum. stockholm.se; Ryssgården, Slussen; Erw./Kind 100 Skr/frei; ⊙ Di–So 11–17, Do 11–20 Uhr; ♿; Ⓜ Slussen) Beeindruckende Ausstellungen zeigen Stockholms Entwicklung vom Festungshafen zur modernen Metropole. Markante Eckpfeiler bilden dabei die Pestzeiten, die Feuersbrünste und der gute alte Skandal. Das Museum liegt am Ryssgården und befindet sich in einem Palais aus dem 17. Jh., das Nicodemus Tessin d. Ä. entworfen hat.

Im Mittelpunkt der lebendigen und vielseitigen Wechselausstellungen stehen häufig Stockholms dynamischer Geist und der Wandel im Erscheinungsbild der Stadt. Die Jahreskarte des Museums gilt auch für das Medeltidsmuseet (S. 50). Bis Ende 2016 ist

Stockholm/Süden

Stockholm/Süden

EDDIE GRANLUND / GETTY IMAGES ©

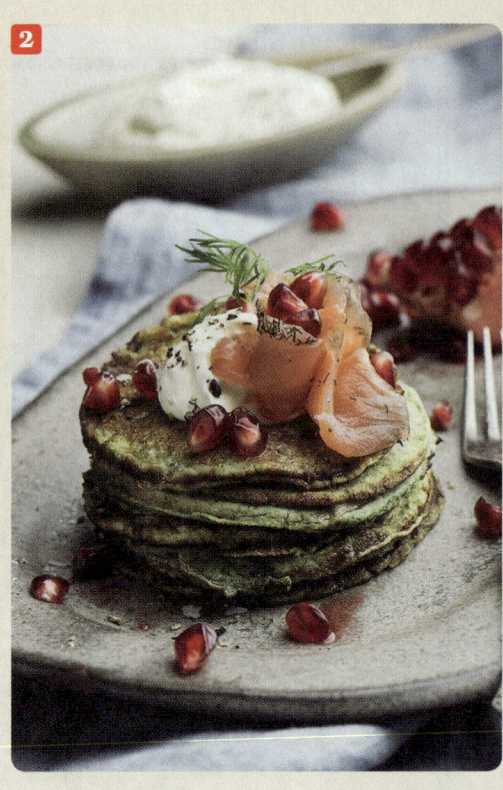

1. Globen arena (S. 90), Stockholm
Die Skyline von Stockholm in der Dämmerung

2. Schwedische Küche
Das Spektrum von Stockholms Gastronomieszene (S. 80) reicht von traditionell bis innovativ.

3. Straßenmusikanten, Drottninggatan (S. 92)
Die lebendige Fußgängerzone bietet zahlreiche Einkaufsmöglichkeiten.

4. Stockholm
Stockholm ist eine zugängliche Schönheit, die man problemlos kennenlernt.

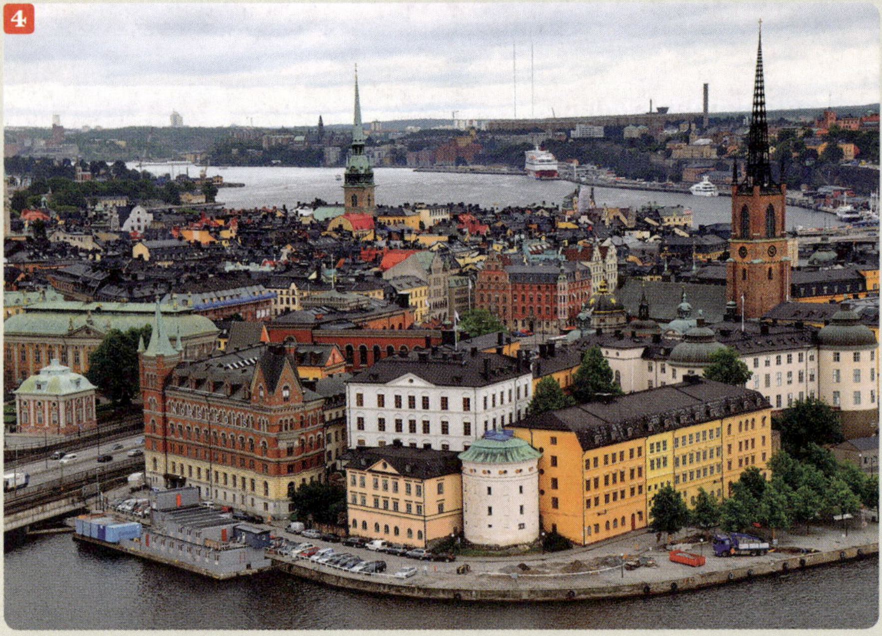

Stadtspaziergang
Durch Stockholms Zentrum

START CENTRALSTATIONEN
ZIEL CENTRALSTATIONEN
LÄNGE/DAUER 3 KM; 2 STUNDEN

Von der ❶ **Centralstationen** geht es über die Vasagatan in die Klara Vattugränd. Hinter der ❷ **Klara Kyrka** wird links in die Klara Västra Kyrkogatan eingebogen, um anschließend der Klarabergsgatan bis zum ❸ **Sergels Torg** zu folgen. Hier lohnt ein Sprung in das ❹ **Kulturhuset** (S. 54), ein Kulturzentrum mit Ausstellungen, Theatern und Cafés. Nach einer kurzen Strecke auf der Hamngatan liegt rechts der ehemalige königliche Küchengarten ❺ **Kungsträdgården**, ein beliebter Park.

Auf dem ❻ **Karl XII's Torg** steht eine Statue des kriegsversessenen Königs Karl XII. Rechts davon liegt die ❼ **Operan**, das Königliche Opernhaus. Auf der anderen Straßenseite fließt der Norrström, der Abfluss des Mälaren. Der Weg verläuft nun am Ufer entlang vorbei am ❽ **Gustav Adolfs Torg** und über die links abzweigende Riksbron. Jetzt geht es über die Insel ❾ **Helgeandsholmen** und zwischen den beiden Gebäudekomplexen des Riksdagshuset hindurch bis zur Stallbron. Nach dem Überqueren der Brücke ist Stadsholmen, Stockholms mittelalterlicher Stadtkern, erreicht. Nun heißt es: den Mynttorget überqueren, einen Block weit der Västerlånggatan folgen, dann links (ostwärts) in die Storkyrkobrinken einbiegen, um zu Stockholms ältestem Bauwerk, der ❿ **Storkyrkan** (S. 50) zu kommen. Gegenüber steht das ⓫ **Kungliga Slottet** (S. 47). Von hier führt die Källargränd südwärts zum ⓬ **Stortorget**, auf dem 1520 das Stockholmer Blutbad stattfand. Die östlich verlaufende Köpmangatan stößt auf den kleinen ⓭ **Köpmantorget**. Hier zweigt rechts die von Antiquitätenläden und Kunstgalerien gesäumte Österlånggatan ab, die zum ⓮ **Järntorget** führt. Nach einem Rechtsschwenk in die Västerlånggatan sollte man auf die Nr. 81 achten, gleich daneben verläuft die ⓯ **Mårten Trotzigs Gränd**, Stockholms schmalste Gasse.

Wer nun rechts (nordwestwärts) in die Stora Nygatan einbiegt und ihr folgt, gelangt nach dem Überqueren der Vasabron wieder zur Centralstationen.

das Stadsmuseum wegen umfangreicher Renovierungsarbeiten geschlossen.

Spårvägsmuseet
MUSEUM

(Verkehrsmuseum; ☎ 08-686 17 60; www.spar vagsmuseet.sl.se; Tegelviksgatan 22; Erw./Kind 50 Skr/frei; ⊗ Mo–Fr 10–17, Sa & So 11–16 Uhr; 🚌 2, 66 Spårvägsmuseet). Stockholms Spårvägsmuseet befindet sich in einem ehemaligen Busdepot nahe dem Terminal der Viking Line. Es ist ein Verkehrsmuseum alter Schule mit sehr viel Charme. Um sich die Zeit an einem verregneten Nachmittag zu vertreiben, besitzt es genau die richtige Atmosphäre.

Seine beeindruckende Sammlung umfasst rund 40 Fahrzeuge, darunter einige sehr hübsche alte Pferdekutschen, historische Straßenbahnen und Busse sowie ein altmodischer Tunnelbana-Waggon mit sämtlichen originalen Werbeaufschriften. In dem noch komplett eingerichteten Waggon können Kinder U-Bahn-Fahrer spielen, wobei vor dem Fahrersitz ein Video läuft. Sehr faszinierend ist die Ausstellung über den Bau des Tunnelbana-Netzes, mit dem 1933 begonnen wurde.

Das Spårvägsmuseet teilt sich die Räumlichkeiten und den Eingang mit dem Leksaksmuseet (die Eintrittskarte gilt für beide Museen).

Leksaksmuseet
MUSEUM

(Spielzeugmuseum; ☎ 08-641 61 00; www.leksaks museet.se; Tegelviksgatan 22; Eintritt in der Spårvägsmuseet-Eintrittskarte inbegriffen; ⊗ Mo–Fr 10–17, Sa & So 11–16 Uhr; 🚌 2, 66 Spårvägsmuseet) Leksaksmuseet und Spårvägsmuseet teilen sich den Eingang.

Das Spielzeugmuseum ist vollgestopft mit allem, wovon wohl jeder als Kind träumt (und mancher auch noch als Erwachsener). Wer auch immer sich für Modelleisenbahnen, Modellflugzeuge, Spielzeugsoldaten und -roboter, Barbiepuppen oder Stofftiere begeistert, sollte den Besuch in diesem Museum nicht versäumen.

👁 Vororte

Streifzüge außerhalb des Stadtzentrums zu unternehmen, lohnt sich allemal. In den Vororten liegen einige von Stockholms meistbesuchten Attraktionen, angefangen von Museen über Parks und Schlösser bis hin zu einem besonderen Friedhof.

Dank des wie geschmiert laufenden Verkehrssystems der Stadt lässt sich alles leicht mit öffentlichen Verkehrsmitteln erreichen.

Millesgården
MUSEUM

(☎ 08-446 75 90; www.millesgarden.se; Herserudsvägen 32; Erw./Kind 100 Skr/frei; ⊗ Mai–Sept. tgl. 11–17 Uhr, Okt.–April Mo geschl.; 🚇 Ropsten, dann Buslinie 207) Der wunderbare Millesgården ist die etwas umständliche Anfahrt unbedingt wert. Das Haus war das Wohnhaus und Atelier des Bildhauers Carl Milles, dessen feingliedrige Wassergeister und andere skurrile Skulpturen die Stadtlandschaft Stockholms bereichern. Auf dem Gelände befinden sich eine schicke, moderne Galerie für wechselnde Ausstellungen zeitgenössischer Kunst, Milles' kunstvolles, pompejisch inspiriertes Haus und ein erlesener Skulpturengarten, in dem sich Kunstwerke aus der griechischen und römischen Antike, dem Mittelalter und der Renaissance mit Milles' eigenen Werken mischen. Außerdem gibt es einen Museumsladen und ein Café.

Skogskyrkogården
FRIEDHOF

(☎ 08-508 31 730; www.skogskyrkogarden.se; Söckenvagen; ⊗ 24 Std.; 🚇 Skogskyrkogården) GRATIS Der beeindruckend schöne Skogskyrkogården (Waldfriedhof) liegt in einem idyllischen Kiefernwald und ist eine von Stockholms ungewöhnlichsten Attraktionen. Die von den bedeutenden schwedischen Architekten Erik Gunnar Asplund und Sigurd Lewerentz gestaltete Friedhofsanlage mit ihren berühmten Kapellen und Zweckgebäuden zählt zum Unesco-Weltkulturerbe. Zahlreiche Prominente haben hier ihre letzte Ruhestätte gefunden, darunter die aus Stockholm stammende Filmdiva Greta Garbo. Auf der oben genannten Website findet sich eine deutschsprachige Infobroschüre (inkl. Lageplan) zum Herunterladen. Von Juli bis September findet an jedem Sonntag um 10.30 Uhr eine englischsprachige Führung (100 Skr) statt.

Naturhistoriska Riksmuseet
MUSEUM

(Naturhistorisches Nationalmuseum; ☎ 08-51 95 40 00; www.nrm.se; Frescativägen 40; Erw./Kind 100 Skr/frei; ⊗ Di–Fr 10–18, Sa & So 11–18 Uhr; ♿; 🚇 Universitetet) Das Museum wurde 1739 von Carl von Linné gegründet. Interaktive Ausstellungen zur Natur und zum menschlichen Körper laden zum Mitmachen ein. Der Bestand an präparierten Wildtieren könnte ganze Wälder füllen. Er reicht vom Dinosaurier über Meeresbewohner bis hin zur abgehärteten Tierwelt der Polarregionen.

Wechselausstellungen zeigen die Themen des Museums immer wieder auf neue frische und aktuelle Weise. Das Riksmuseet teilt sich den Eingang mit dem Cosmonova; er liegt 300 m nördlich der U-Bahn-Station T-Universitetet.

Cosmonova
PLANETARIUM, KINO

(☑08-51 95 51 30; www.nrm.se; Frescativägen 40, neben dem Naturhistoriska Riksmuseet; Erw./Kind 100/50 Skr, kein Zutritt für Kinder unter 5 Jahren; ⏲Di–Fr 10–18, Sa & So 11–18 Uhr; 🚼; MT-Universitetet) Direkt an das Naturhistoriska Riksmuseet (S. 69) grenzt das Cosmonova, eine Kombination aus Planetarium und IMAX-Kino mit Filmen u. a. über Mumien, Dinosaurier, die Tiefsee und prähistorische Seeungeheuer (das aktuelle Filmprogramm steht auf der Website).

Die Filmvorführungen beginnen stündlich, eine telefonische Sitzplatzreservierung ist zu empfehlen. Es gibt ein Kombiticket (Erw./Kind 150/50 Skr) für das Naturhistoriska Riksmuseet und Cosmonova.

Hagaparken
PARK

(Haga Park; www.visithaga.se; ⏲24 Std.; ☐52, 515, 607 Haga Norra, 59 Haga Södra) GRATIS Im Hagaparken, einer von Stockholms schönen Grünanlagen, bewegen sich die Besucher auf historischem königlichem Gelände. Der von Gustav III. angelegte Park ist Schwedens perfekteste Version eines Englischen Gartens und beherbergt gleich drei königliche Paläste.

Auf einem Hügel thront das eigenartige **Koppartälten** (Kupferzelt; ☑08-27 42 52; www.koppartalten.se; Hagaparken; ⏲Mitte Mai–Sept. tgl. 10–17 Uhr, Okt.–Mitte Mai Fr–So 10–15 Uhr), das 1787 als Unterkunft für die Leibwache von Gustav III. errichtet wurde. Heute befinden sich darin ein Café, ein Restaurant und das **Hagaparken-Museum**. Vom Odenplan oder Sergels Torg fahren Busse dorthin.

Ebenfalls im Park befindet sich **Gustavs III's Paviljong** (Pavillon Gustavs III.); ☑08-402 61 30; Hagaparken; Zutritt nur im Rahmen einer Führung, Erw./Kind 100/50 Skr; ⏲Führungen Juni–Aug. Di–So stdl. 12–15 Uhr). Der Pavillon ist ein ausgezeichnetes Beispiel für den spätklassizistischen Baustil. Einrichtung und Ausstattung spiegeln Gustavs III. Interesse an allem Römischen, das er nach seiner 1782 erfolgten Italienreise entwickelte.

In dem feuchtschwülen **Fjärilshuset** (Schmetterlingshaus; ☑08-730 39 81; www.fjarilshuset.se; Hagaparken; Erw./Kind 135/70 Skr; ⏲10–17 Uhr) leben frei fliegende Vögel und Schmetterlinge sowie einige sehr sympathische Fische in einem nachgeahmten tropischen Umfeld. Ein Besuch des Fjärilshuset ist

rund ums Jahr ein faszinierendes Erlebnis, doch an kalten Wintertagen ist es eine besonders reizvolle Oase.

Ulriksdals Slott
SCHLOSS

(☑08-402 61 30; www.kungahuset.se; Slottsallén, Ulriksdal, Solna; Erw./Kind 100 Skr/frei; ⏲Juni bis Aug. Di–So 12–16 Uhr; MBergshamra, dann Buslinie 503) In dem aus dem 17. Jh. stammenden Schloss lebten bis zum Jahr 1973 König Gustav VI. Adolf und seine Familie. Mehrere der exquisiten Wohnräume sind für Besucher zugänglich, darunter der Salon, dessen Einrichtung der Möbeldesigner Carl Malmsten 1923 entworfen hat.

Im **Marstall** glänzt Königin Kristinas prächtige Krönungskutsche aus dem 17. Jh. Schwedische Skulpturen und mediterrane Flora finden sich in der **Orangerie**.

🏃 Aktivitäten

Stockholmbesucher werden schnell bemerken, dass die meisten der Einheimischen topfit und sehr aktiv sind. Outdooraktivitäten gehören zum gesunden Lebensstil der Hauptstädter und auch Besuchern bieten sich unzählige Möglichkeiten, sich neben der Stadtbesichtigung selbst sportlich zu betätigen.

Radfahren

Stockholm ist eine sehr fahrradfreundliche Stadt. Am meisten Spaß macht das Fahrradfahren in den Parks – abseits der stark befahrenen Straßen im Stadtzentrum und der großen Hauptverkehrsadern. Doch selbst verkehrsreiche Straßen verfügen meistens über separate Radspuren. Außerdem gibt es ein eigens ausgebautes Netz an asphaltierten Radwanderwegen, das fast alle Stadtteile per Fahrrad erreichbar macht. Diese Radwege sind z. T. besonders schön, da sie auch durch Wiesen und stille Wälder führen. Karten mit Fahrradrouten sind in der Touristeninformation erhältlich.

Stockholm City Bikes
FAHRRADVERLEIH

(www.citybikes.se; 3-Tages-Karte/Saisonkarte 165/300 Skr) Das Unternehmen betreibt rund 90 Fahrradmietstationen mit Selbstbedienung über die ganze Stadt verteilt. Für jeweils drei Stunden kann man ein Fahrrad ausleihen und es anschließend an jeder beliebigen Fahrradstation zurückgeben. Jeder Benutzer der Fahrräder benötigt eine Fahrradkarte, die online sowie in der Touristeninformation, in den SL-Zentren (Verkehrsbüros der Storstockholms Lokaltrafik)

sowie in Hotels (Liste auf der Website) gekauft werden kann. Die wieder aufladbare
Saisonkarte ist von April bis Oktober gültig.

Sjöcaféet
FAHRRAD- & KANUVERLEIH

(Karte S. 62; ☑ 08-660 57 57; www.sjocafeet.se;
Djurgårdsvägen 2; Fahrrad Std./Tag 80/275 Skr, Kanu
Std./Tag 150/400 Skr, Kajak Std./Tag 125/400 Skr;
☺ April–Sept. 9–21 Uhr; ⛴ 7) Der Verleih befindet sich in einer kleinen Holzhütte unterhalb der großen Touristeninformation mit
Café neben der Djurgårdsbron (Tiergar-
tenbrücke). Neben Fahrrädern werden hier
auch Kanus und Kajaks verliehen.

Segeln & Bootsfahren

Wasser umgibt und durchzieht die Stadt. An
einem warmen, sonnigen Sommertag taucht
mit einiger Sicherheit der Wunsch auf, einen
Ausflug aufs Wasser zu unternehmen. Zum
Glück ist das meistens ganz einfach. Die
Wasserstraßen der Stadt sind überwiegend
ruhige Gewässer und selbst unbedarfte
Landratten können darauf umherschippern.
Wer sich nicht sicher ist, was er sich zutrau-
en kann, geht besser auf Nummer sicher
und bespricht mit dem Bootsverleiher den
persönlichen Erfahrungslevel. Bei manchen
Bootstypen kann man zum Boot auch einen
Bootsführer engagieren.

Strandbryggan
SEGELN

(Karte S. 62; ☑ 070-564 93 58, 08-660 37 14;
www.strandbryggan.se; Strandvägskajen 27, Strandvägen; ☺ April–Sept. 10 Uhr bis zum Einbruch der
Dunkelheit; ⛴ 7) Gegenüber vom Sjöcafé an-
kert am anderen Ufer das Strandbryggan,
ein schwimmendes Restaurant mit Bar. Von
April bis September kann man hier Jachten
für bis zu zwölf Passagiere chartern. Die Preise beginnen bei 2000 Skr pro Stunde (mind.
2½ Std.). Auf Wunsch sorgt der Catering-Ser-
vice des Restaurants für die Verpflegung.

Schwimmen

Baden ist eigentlich überall erlaubt, wo es
möglich ist, ans Wasser zu gelangen. Beliebte Badestellen sind die Felsenküste rund um
die Bucht Riddarfjärden und die grüne Insel
Långholmen, auf der es auch einen Strand
gibt, den Homosexuelle gerne besuchen.

Eriksdalsbadet
SCHWIMMEN

(☑ 08-50 84 02 58; www.eriksdalsbadet.se; Hammarby Slussväg 8; Erw./Kind 90/40 Skr; ☺ Mo–Do
9–20, Fr 9–19, Sa & So 9–17 Uhr; Ⓜ Skanstull) Der
große Schwimmbadkomplex mit Innen- und
Außenbecken (und allem Drum und Dran)
erstreckt sich am Südrand von Södermalm.

Die Außenbecken sind von Montag bis Freitag ab 6.30 Uhr geöffnet.

Centralbadet
SWIMMING, SPA

(Karte S. 52; ☑ 08-54 52 13 00; www.centralbadet.
se; Drottninggatan 88; Eintritt Mo–Fr & So 220 Skr,
Sa 320 Skr; ☺ Mo–Fr 7–21, Sa 9–21, So 9–18 Uhr)
Allein schon wegen des Jugendstil-Ambi-
entes und der gartenähnlichen Gestaltung
lohnt sich ein Besuch im Centralbadet. Das
Schwimmbad ist eine entspannende, stimmungsvolle Oase mitten im Getriebe der
Stadt. Im Eintrittspreis inbegriffen sind der
Besuch von Schwimmhalle, Sauna und Fitnesscenter.

Massagen, kosmetische Gesichtsbehand-
lungen, Körperpackungen sowie ähnliche
Anwendungen kosten extra und sollten am
besten zwei Wochen im Voraus gebucht werden. Handtücher (30 Skr) und Bademäntel
(50 Skr) kann man sich vor Ort leihen.

Klettern

Kletterer haben eine recht gute Auswahl in
der Umgebung der Stadt: Im Umkreis von
40 Autominuten liegen rund 150 Felswände
und in Nacka gibt es außerdem eine Kletterhalle.

Klätterverket
KLETTERHALLE

(☑ 08-641 10 48; klatterverket.se; Marcusplatsen
17, Nacka; Erw./Kind 110/80 Skr; ☺ Mo–Fr 10–22,
Sa & So 10–20 Uhr) Mit ihren rund 1000 m²
Kletterfläche ist Stockholms Klätterverket
eine der größten Kletterhallen Schwedens.
Kletterschuhe (35 Skr) und Klettergurte
(25 Skr) sind im Verleih erhältlich. Die Halle
liegt neben dem Bahnhof Sickla, an dem die
J-Züge (Pendeltåg) halten.

👉 Geführte Touren

Geführte Touren verschaffen einen guten
Überblick über die Highlights der Hauptstadt. Wer es ermöglichen kann, sollte sich
den einzigartigen Anblick der Stadt aus der
Luft und/oder vom Wasser aus gönnen.

Strömma Kanalbolaget
BOOTSTOUREN

(Karte S. 52; ☑ 08-12 00 40 00; www.stromma.se;
Strandvägen 8) Filialen dieses Unternehmens
finden sich in ganz Schweden. Sein Stockholmer Angebot an längeren und kurzen
Bootstouren reicht von einer 50-minütigen
Fahrt rund um Djurgården (170 Skr) bis hin
zur dreistündigen „Brunch-Kreuzfahrt" mit
einem üppigen Büfett (450 Skr). Im Programm sind auch Hop-on-hop-off-Touren
(Rundfahrten mit Fahrtunterbrechungen
nach eigener Wahl) per Bus (ab 260 Skr)

AUSFLÜGE IN DIE UMGEBUNG

Stockholm bietet viele Möglichkeiten für Tagestouren oder Halbtagsausflüge, ganz gleich, ob man sich für Frühgeschichte, Königsschlösser oder ein Picknick auf See interessiert. Für besonders Ambitionierte eignet sich eine Schiffstour von Küste zu Küste auf dem **Göta Canal** (www.stromma.se; 4 Tage ab 9775 Skr; ☺ Anfang Mai–Anfang Sept.).

Nicht einmal 2 Std. dauert die geführte „Archipelago Tour" (www.stromma.se; Tour 290 Skr; ☺ Abfahrt Mitte Juni–Aug. 11.15, 13.15 & 15.15 Uhr), auf der das Boot zwischen den stadtnahen Inseln kreuzt.

Wer schnell mal der Stadt entfliehen möchte, kann in nur 25 Bootminuten die **Fjäderholmarna** (Federinseln; www.fjaderholmslinjen.se; Erw./Kind hin & zurück 130/65 Skr; ☺ Mai–Anfang Sept. Abfahrt stdl. 10–22 Uhr) ansteuern. Dorthin fahren die Einheimischen im Sommer zum Schwimmen.

Zu den weiteren Ausflugsmöglichkeiten zählt die reizvolle Tagestour von Stockholm zur Unesco-Welterbe-Stätte Birka (S. 107) auf der Insel Björkö. Spaß macht auch die romantische Spitztour nach Drottningholm (S. 97) auf einem alten Dampfschiff.

oder per Boot (160 Skr) sowie eine Kombination aus Bus und Boot (350 Skr).

Das Beste ist die zweistündige Kanaltour „Unter den Brücken von Stockholm" (225 Skr), die von Mitte April bis Oktober mehrmals täglich zwischen 10 und 19 Uhr stattfindet.

Es empfiehlt sich, die Karten so früh wie möglich im Voraus zu kaufen, da die Touren meistens schnell ausgebucht sind.

Millennium Tour STADTSPAZIERGANG

(www.stadsmuseum.stockholm.se; pro Pers. 130 Skr; ☺ Sa 11.30 Uhr) Fans der berühmten Millennium-Trilogie (die Kriminalromane *Verblendung, Verdammnis, Vergebung*) von Stieg Larsson wird dieser Stadtspaziergang gefallen. Er führt zu maßgeblichen Schauplätzen der Romane bzw. zu den Drehorten der Verfilmungen. Karten sowie ein Plan der Tour (40 Skr) sind im Souvenirladen des Stadsmuseum (S. 64) erhältlich. Von Juli bis September findet die Tour auch donnerstags um 18 Uhr statt.

Stockholm Ghost Walk STADTSPAZIERGANG

(Karte S. 48; ☏ 07-61 46 66 00; www.stockholmghostwalk.com; Tyska Brinken 13; Erw./Kind 200/100 Skr; ☺ 18.45 Uhr) Während dieses 90-minütigen Stadtspaziergangs erzählt der kostümierte Führer mit Enthusiasmus Schauergeschichten über Mörder, gewalttätige Verbrecher, umherspukende Geister und Hinrichtungen. Der Spaziergang beginnt am Järntorget in Gamla Stan. Die Geistertour wird auch in Kombination mit einem Abendessen (ab 575 Skr pro Pers.) angeboten. Die genauen Termine stehen auf der Website.

Far & Flyg BALLONFAHREN

(☏ 08-645 77 00; www.farochflyg.se; pro Pers. 2345 Skr; ☺ Flüge Ende Mai–Mitte Sept.) Die Fahrt im Heißluftballon über Stockholm dauert bis zu einer Stunde und ermöglicht einen Blick auf die Stadt aus der Vogelperspektive.

✵ Feste & Events

Auf dem Sergels Torg und im Kungsträdgården finden den ganzen Sommer über unzählige Festivals, Konzerte und andere Veranstaltungen statt. Außerdem zeigen die großen Museen Sonderausstellungen im opulenten Stil. Eine jeweils aktuelle Liste der täglichen Events wird auf der offiziellen Tourismus-Website **Visit Stockholm** (visitstockholm.com) veröffentlicht.

Stockholm Marathon SPORTS

(www.stockholmmarathon.se) Der Stadtmarathon, an dem ungefähr 21 000 Läufer teilnehmen, findet Ende Mai statt.

Smaka På Stockholm FOODFESTIVAL

(www.smakapastockholm.se) Ende Mai oder Anfang Juni präsentiert sich Stockholms Gastronomieszene fünf Tage lang mit kulinarischen Genüssen. Gourmetstände, bei denen auch etliche Insel-Restaurants vertreten sind, und Unterhaltungsprogramm im Kungsträdgården sind feste Bestandteile des Festivals.

Stockholm Pride SCHWULE & LESBEN

(www.stockholmpride.org/en) Ende Juni bzw. Anfang August ist Pink in Stockholm angesagt. Eine Woche lang stehen Schwule und Lesben im Mittelpunkt von Partys und kulturellen Veranstaltungen, inklusive der großen Pride-Parade.

Stockholms Kulturfestival KULTUR

(www.kulturfestivalen.stockholm.se) Eine Woche lang ohne Eintrittsgebühren eine einzige große Party feiern, das bietet Stockholm Mitte August rund um den Sergels Torg. Geboten wird Kultur in allen Variationen, seien es Operndarbietungen auf dem Gehweg, Straßentheater oder Tanzauftritte.

Lidingöloppet SPORT
(www.lidingoloppet.se) In Lidingö, an Stockholms Stadtrand, gehen jedes Jahr Ende September rund 30 000 Läufer beim größten Querfeldeinlauf der Welt an den Start.

Stockholm Jazz Festival JAZZ
(www.stockholmjazz.com) Das im Oktober stattfindende Jazzfestival ist eines der besten in Europa. Veranstaltungsort ist Fasching (S. 90).

Stockholm Open SPORT
(www.ifstockholmopen.se) Im Oktober steht über eine Woche internationales Tennis im Mittelpunkt des Stockholmer Geschehens.

Stockholm International Film Festival FILM
(www.stockholmfilmfestival.se) Das große Filmfestival findet im November statt und feiert sowohl den schwedischen als auch den internationalen Film. Unter den Gastrednern befinden sich häufig Spitzenschauspieler und Top-Regisseure.

🛏 Schlafen

Ob Jugendherbergen, B&Bs, Boutiquehotels oder Kettenhotels der Nobelklasse: Bei der Unterkunft können Besucher in Stockholm mit einem hohen Qualitätsstandard rechnen. Einkalkulieren müssen sie aber auch die Kehrseite der Medaille: Das Übernachten kann ganz schön ins Geld gehen. Doch günstigere Angebote lassen sich durchaus finden. Fast alle großen Hotelketten sind günstiger, wenn man ihre Zimmer online und im Voraus bucht. Außerdem bieten die meisten Hotels an Wochenenden und im Sommer (Mitte Juni bis August) Rabatte auf den regulären Preis, mitunter bis zu 50 %. In den nachfolgenden Beschreibungen der Unterkünfte sind jeweils die niedrigsten Preise angegeben, die in der Hochsaison möglich sind. Zu anderen Zeiten können sie doppelt so hoch ausfallen.

Im Hotelpreis inbegriffen ist meistens ein großes Frühstücksbüfett. WLAN steht fast immer und in der Regel gebührenfrei zur Verfügung. Manche Unterkünfte haben einen Computer eigens für ihre Gäste. Die Parkgebühren sind durchwegs ziemlich deftig (150–250 Skr pro Nacht).

Und nicht zu vergessen: Die Zimmer der Unterkünfte im Stadtzentrum können sehr klein sein, insbesondere die günstigen in Mittelklassehotels.

Eine ganze Reihe von Serviceagenturen vermittelt Apartments und B&Bs. **Guestroom B&B** (☎ 070-206 71 69; www.gastrummet.com/eng) und **Bed & Breakfast Agency** (☎ 070-739 05 15; www.bba.nu) vermitteln Unterkünfte ab 400 Skr pro Person und Nacht, meistens mit einer Mindestaufenthaltsdauer von zwei Nächten.

Der schwedische Wanderverein Svenska Turistföreningen (STF) betreibt u. a. in Stockholm Hostels und ist dem Internationalen Jugendherbergsverband (Hostelling International, HI) angeschlossen. Wer eine HI-Mitgliedskarte besitzt, erhält 50 Skr Rabatt. Eine HI-Mitgliedschaft ist in Unterkünften der Sveriges vandrarhem i förening (SVIF) und in unabhängigen Hostels nicht erforderlich. Viele davon bieten Einzel-, Doppel- und Familienzimmer. Für hosteleigene Bettwäsche und Handtücher wird generell eine Gebühr verlangt. Wer 50 bis 80 Skr pro Nacht sparen möchte, bringt seine eigene Wäsche mit. In zahlreichen Hostels gibt es ein Frühstück, für das meist 75 bis 90 Skr extra verlangt werden.

Während der Hochsaison füllen sich die Hostels im Lauf des späten Nachmittags. Daher ist es ratsam, frühzeitig vor Ort aufzutauchen oder im Voraus zu buchen. Auch im Mai, wenn schwedische Schulklassen traditionell die Hauptstadt besuchen, herrscht in den Stockholmer Hostels Hochbetrieb. In vielen Häusern ist die Rezeption nur zu bestimmten Uhrzeiten besetzt. Bei Ankunft außerhalb dieser Zeiten muss man vorher Bescheid geben, um eine verantwortliche Person anzutreffen.

🛏 Gamla Stan

Für Romantiker ist die Altstadt ideal, auch wenn die Unterkünfte generell etwas teurer sind als in den anderen Stadtteilen. Stockholms mittelalterlicher Kern bietet einige stimmungsvolle Schlummerplätze, von denen aus den anderen Stadtviertel leicht zu erreichen sind.

2kronor Hostel Old Town HOSTEL €
(Karte S. 48; ☎ 08-22 92 30; www.2kronor.se (auch auf Deutsch); Skeppsbron 40; B/EZ/DZ 220/495/595 Skr; ⊙ Check-in 15–18 Uhr; ⊜ @ ☎; Ⓜ Gamla Stan, Slussen) Das kleine familiengeführte Hostel mit ruhiger und freundli-

cher Atmosphäre hat eine tolle Lage. Alle Schlafräume liegen im Untergeschoss. Auch wenn sie etwas höhlenartig wirken, sind sie hübsch und gut gepflegt (und haben Fenster). Die Gemeinschaftsbäder befinden sich im unteren Flur. Ein Frühstück gibt es nicht, dafür aber eine Gemeinschaftsküche und einen Essbereich im Erdgeschoss neben der Rezeption. In den Sechs- bis Achtbettzimmern stehen Etagenbetten, die Schlafsäle sind nicht nach Geschlechtern getrennt.

First Hotel Reisen   HOTEL €€
(Karte S. 48; ☏ 08-22 32 60; www.firsthotels.com; Skeppsbron 12; EZ/DZ ab 1195/1495 Skr; ⊜ 🛜; Ⓜ Gamla Stan) In Stockholms ältestem Hotel nächtigten früher vor allem Seeleute. Heute lockt das beeindruckende, am Wasser gelegene Gebäude mit seinem schicken Bar-Restaurant eher Passanten an. Einige Zimmer haben etwas düstere Backsteinwände, andere sind hell und offen im klassischen skandinavischen Stil gestaltet. Manche verfügen über Fenstertüren mit Meerblick.

Im Untergeschoss in einem Tonnengewölbe aus dem 16. Jh. befindet sich ein Wellnessbereich mit Planschpool und Kerzenlicht.

Lady Hamilton Hotel   HOTEL €€
(Karte S. 48; ☏ 08-50 64 01 00; www.lady hamiltonhotel.se; Storkyrkobrinken 5; EZ/DZ 1050/1550 Skr; ⊜ 🛜; Ⓜ Gamla Stan) Hinter dem altmodischen luxuriösen Ambiente des Hotels verbirgt sich mehr moderne Einrichtung als erwartet. Ein gutes Beispiel dafür sind die Bäder. Das Haus stammt aus den 1470er-Jahren und ist vollgepackt mit Antiquitäten und Porträts von Lady Hamilton. Wen Glockengeläut stört, sollte nach einem Zimmer mit der größtmöglichen Distanz zur Storkyrkobrinken fragen.

Hotel Scandic Gamla Stan   HOTEL €€
(Karte S. 48; ☏ 08-723 72 50; www.scandichotels. com; Lilla Nygatan 25; EZ/DZ 1490/1590 Skr; ⊜ ❄ @ 🛜; Ⓜ Gamla Stan) Das frühere Rica-Hotel wurde von der Hotelkette Scandic übernommen, in deren großem Bestand es nun eines der reizvollsten Hotels bildet.

Jedes der kleinen 52 Zimmer ist individuell im klassisch-skandinavischen Stil gestaltet – weder die taubenblauen Tapeten noch die altmodischen Kronleuchter fehlen. Was die Bäder und ähnliche Einrichtungen betrifft, ist allerdings das Modernste in das Gebäude aus dem 17. Jh. eingezogen. Obendrein ist die Lage optimal, um in die Geschichte der Gamla Stan einzutauchen.

Victory Hotel   HOTEL €€€
(Karte S. 48; ☏ 08-50 64 00 00; www.victoryho tel.se; Lilla Nygatan 5; EZ/DZ ab 1090/1790 Skr; ⊜ ❄ @ 🛜; Ⓜ Gamla Stan) Alte nautische Geräte, Kunstwerke und Schiffsmodelle prägen das Ambiente dieses wundervoll schrulligen Hotels. Die meisten seiner Zimmer sind zwar ziemlich klein, aber ausgesprochen komfortabel. Geräumiger sind die Suiten (ab 2300 Skr), die wie kleine Museen wirken. Für einen längeren Aufenthalt (ab drei Übernachtungen) stehen vier Apartments zur Verfügung.

Lord Nelson Hotel   HOTEL €€€
(Karte S. 48; ☏ 08-50 64 01 20; www.lordnelsonho tel.se; Västerlånggatan 22; EZ/DZ ab 890/1890 Skr; ⊜ 🛜; Ⓜ Gamla Stan) Ahoi, Mast- und Schotbruch! In diesem rosafarbenen Gebäude mit Glasfront ist alles etwas eng, aber man fühlt sich darin wie auf einem alten knarzenden Schiff voller Charme und Charakter. In der Tiefe misst das Gebäude aus dem 17. Jh. gerade einmal 5 m und ist damit eindeutig Schwedens schmalstes Hotel. Seine maritime Einrichtung reicht von üppig verwendetem Mahagoni und Messing über altehrwürdige Kapitänsaccessoires bis hin zum Schiffsmodell, das in jedem der kleinen Zimmer prangt.

🛏 Stadtzentrum

Von Centralstationen und Cityterminalen aus ist das Zentrum von Norrmalm mit seiner Fülle an Geschäften und allen wichtigen Sehenswürdigkeiten in Reichweite am leichtesten zu erreichen. Im Norden wartet Vasastan mit einigen erstklassigen Restaurants und Bars auf.

★ STF Fridhemsplan   HOSTEL €
(☏ 08-653 88 00; www.fridhemsplan.se ; St Eriksgatan 20; Hostel EZ/DZ 550/650 Skr, Hotel EZ/DZ ab 750/850 Skr; @ 🛜; Ⓜ Fridhemsplan) Das moderne, einladende Hostel liegt im Stadtteil Kungsholmen in der Nähe der Tunnelbana-Station Fridhemsplan. Seine hübschen, modernen hotelähnlichen Hostelzimmer haben Gemeinschaftsbäder, während die Zimmer mit Hotelstandard über ein eigenes Bad verfügen. Einige Zimmer haben Ausblick auf die Stadt. Im Eingangsbereich lädt eine coole Lounge zum entspannten Rumhängen ein. In einem großen schicken Frühstücksraum wird morgens ein überdurchschnittlich gutes Frühstücksbüffet serviert (70 Skr für Hostelgäste).

Bettwäsche, Handtücher und Zimmerreinigung sind im Preis inbegriffen, WLAN ist gebührenfrei. Auch eine gut ausgestattete Gemeinschaftsküche ist vorhanden und in jedem Zimmer steht ein Fernseher. Die Lage in einer lebendigen Straße von Kungsholmen bringt viele Vorteile mit sich, z. B. sind nicht nur zahlreiche gute Lokale bequem zu erreichen, sondern auch der Norr Mälarstrand für einen Spaziergang am Wasser.

★ City Backpackers   HOSTEL €
(Karte S. 52; ☑ 08-20 69 20; www.citybackpackers. org; Upplandsgatan 2a; B 190–280 Skr, EZ/DZ/3BZ 500/650/870 Skr; ➔@🛜; Ⓜ T-Centralen) Im Vergleich zu anderen Hostels ist die Entfernung von der Centralstationen bis zum City Backpackers am kürzesten. Das Hostel bietet saubere Zimmer, freundliches Personal, einen kostenlosen Fahrradverleih und ausgezeichnete Einrichtungen wie z. B. Sauna, Wäscherei und eine Gemeinschaftsküche (mit kostenlosem Pastavorrat für alle). Vermietet werden auch Einzel- und Doppelzimmer mit eigenem Bad. Vorteile für weibliche Gäste: Auf Wunsch werden Vier- oder Achtbettzimmer ausschließlich mit Frauen und Mädchen belegt. Vor dem Ausgehen können sich diese an der Rezeption sogar einen Föhn ausleihen.

Das Hostel vermietet auch Apartments für sechs Personen (ab 1740 Skr) mit Etagenbetten, Küche und Bad – ideal für einen längeren Aufenthalt mit weitgehender Selbstversorgung.

Hostel Bed & Breakfast   HOSTEL €
(Karte S. 56; ☑ 08-15 28 38; www.hostelbed andbreakfast.com; Rehnsgatan 21; ◷ Rezeption 9–20 Uhr; ➔@🛜; Ⓜ Rådmansgatan) Das freundliche, ungezwungene Hostel liegt nur ein paar Schritte von der Tunnelbana-Station T-Rådmansgatan entfernt in einem aufstrebenden Stadtviertel mit zahlreichen tollen Restaurants und schönen Parks. Es befindet sich im Untergeschoss des Hauses und bietet moderne Gemeinschaftsbäder sowie Zimmer mit Blümchentapeten. Den Gästen stehen eine saubere Küche und eine Waschmaschine (50 Skr pro Ladung inklusive Waschmittel) zur Verfügung. Bettwäsche kann man sich leihen. Das Frühstück ist im Preis inbegriffen.

★ Hotel Hellsten   HOTEL €€
(Karte S. 56; ☑ 08-661 86 00; www.hellsten.se; Luntmakargatan 68; EZ/DZ ab 1090/1490 Skr; ➔✳@🛜; Ⓜ Rådmansgatan) Das hippe Hellsten gehört dem Anthropologen Per Hellsten, dessen eigene Note im ganzen Haus zu spüren ist. Unzählige Andenken an seine Reisen und aus seinem Leben schmücken die Räume. Dazu zählen auch eine Stammesmaske aus dem Kongo und der Kronleuchter seiner Großmutter. Die ausgesprochen gemütlichen Zimmer sind individuell gestaltet, das Spektrum reicht dabei von ländlich-schwedischen Stil bis hin zum exotischen indianischen Touch. In einigen Zimmern steht sogar ein echter alter Kachelofen.

Telefon und per Hand geschlagener griechischer Schiefer finden sich in den schicken Bädern. An Extras bietet das Hotel eine Sauna, einen kleinen Fitnessraum und am Donnerstagabend Live-Jazz in der Lounge. Und die Lage des Hotels eignet sich ganz besonders für abenteuerlustige Feinschmecker – dank entsprechender Restaurants in der unmittelbaren Umgebung.

Hotel Hansson   HOTEL €€
(Karte S. 56; ☑ 08-15 04 20; www.hotelhansson.se; Surbrunnsgatan 38; Zi ab 695 Skr, Design EZ/DZ ab 995/1195 Skr; Ⓟ➔@🛜; Ⓜ Rådmansgatan) Viel Atmosphäre strahlt das freundliche, familiengeführte Boutiquehotel in einem ruhigen, aber lebendigen Teil der Stadt aus. Seine Standardzimmer sind einfach, geräumig und mit allem Nötigen ausgestattet. Eine Stufe darüber liegen die Designerzimmer, in denen auffällige Tapeten, luxuriöse Stoffe und Kronleuchter das Ambiente prägen. Wunderschön ist der Loungebereich und fabelhaft das Frühstücksbüffet.

Nordic 'C' Hotel   HOTEL €€
(Karte S. 52; ☑ 08-50 56 30 00; www.nordic chotel.com; Vasaplan 4; EZ/DZ ab 784/824 Skr; ➔✳@🛜; Ⓜ T-Centralen) Zu bestimmten Zeiten des Jahres machen Rabatte und Vorausbuchung das Schwesterhotel des etwas teureren Nordic Light zu einem fantastischen Schnäppchen. Das Nordic 'C' bietet kleine, aber gut gepflegte Zimmer, einen ausgezeichneten Service und eine Lounge mit imposantem 9000-l-Aquarium. Die billigsten Zimmer haben keine Fenster, sind sehr klein, aber zweckmäßig ausgestattet und sehr gemütlich. Eine der beiden Hotelbars ist die berühmte Absolut Icebar (S. 89), frisch renoviert und erweitert – und nun auch mit einem riesigen Frühstücksbüfett.

Die Bahnstation des **Arlanda Express** (www.arlandaexpress.com; einfach 260 Skr) liegt unweit des Hotels, Fahrkarten können an der Rezeption gekauft werden.

Birger Jarl Hotel
HOTEL €€

(Karte S. 56; ☑ 08-674 18 00; www.birgerjarl.se; Tulegatan 8; „Hütten"-Zi 690 Skr, EZ/DZ ab 890 Skr, Studio ab 1890 Skr; P ⊖ ✳ @ 🛜; 🚊 43 Tegnérgatan, Ⓜ Rådmansgatan) Das Birger Jar zählt zu Stockholms originalen Designhotels. Nach einer umfassenden Renovierung und Modernisierung erstrahlen die Lobby sowie die 30 neuen Zimmer und Suiten in neuem Glanz. Alle Standardzimmer sind in einem modernen schwedischen Stil gehalten, während jedes der Superior-Zimmer von einem anderen schwedischen Designer gestaltet wurde, was die höheren Preise rechtfertigt.

Studenten der Designgeschichte sollten das Retrozimmer buchen, das bei der Renovierung wohl mit Absicht vergessen wurde, um seine aus dem Jahr 1974 stammende Pracht zu bewahren (man kann es über die Website anfragen). Das Hotel bietet auch sogenannte Hütten-Zimmer, die klein und fensterlos, aber gemütlich sind und über allen Standardkomfort verfügen. Dazu kommen eine Sauna, ein Fitnessraum auf dem Dach und eine schicke Bar in der Lobby mit einigen Sitzplätzen im Freien.

Nordic Light Hotel
HOTEL €€

(Karte S. 52; ☑ 08-50 56 30 00; www.nordiclighthotel.com; Vasaplan 7; EZ/DZ ab 1088/1288 Skr; ⊖ ✳ @ 🛜; Ⓜ T-Centralen) Nur wenige Schritte von der Centralstationen entfernt liegt das Nordic Light, ein Designhotel mit einem ausgeprägt minimalistischen skandinavischen Stil. Die Zimmer sind modern und gut ausgestattet. Statt der üblichen Kunst wurden in den „Stimmungszimmern" ausgefeilte Lichtarrangements installiert, die den Gästen ermöglichen, Lichtfarbe und -stärke der eigenen Stimmung anzupassen.

Es gibt auch einen winzigen Fitnessraum und eine schicke Lobby. Im neuen Restaurant, das u. a. raffinierte Cocktails mixt, legt fast jeden Abend ein DJ auf.

Rex Hotel
HOTEL €€

(Karte S. 56; ☑ 08-16 00 40; www.rexhotel.se; Luntmakaragatan 73; EZ/DZ ab 890/1290 Skr; ⊖ ✳ @ 🛜; Ⓜ Rådmansgatan) Das Rex ist nicht ganz so luxuriös wie sein Schwesterhotel Hellsten auf der gegenüberliegenden Straßenseite. Seine Zimmer sind klein, aber stilvoll, farbenfroh und mit Flachbildfernseher ausgestattet. Ansprechend wirken auch die griechischen Steinfliesen in den Bädern. Allerdings eignen sich die billigsten Zimmer nur für einen kurzen Aufenthalt, denn sie haben keine Fenster und sind wirklich winzig.

Im hübschen Atrium mit blanken Backsteinwänden wird das Frühstück serviert.

Crystal Plaza Hotel
HOTEL €€

(☑ 08-406 88 00; www.crystalplazahotel.se; Birger Jarlsgatan 35; EZ/DZ ab 660/960 Skr; ⊖ @ 🛜; Ⓜ Östermalmstorg) Das freundliche Hotel befindet sich in einem Gebäude aus dem Jahr 1895 mit einem achtstöckigen Turm und neoklassizistischen Säulen. Seine hübschen, wenn auch ziemlich kleinen Zimmer sind in einem gemütlichen traditionellen schwedischen Stil eingerichtet. Auch eine Sauna, einen Fitnessraum und eine kleine Lobbybar bietet das Hotel.

Grand Hôtel Stockholm
HOTEL €€€

(Karte S. 52; ☑ 08-679 35 00; www.grandhotel.se; Södra Blasieholmshamnen 8; EZ/DZ/Suite ab 1900/3300/6400 Skr; P ⊖ ✳ @ 🛜; 🚊 2, 43, 55, 62, 65, 76 Karl XII's torg, 🚢 Strömkajen, Ⓜ Kungsträdgården, T-Centralen) Fast wie ein Wahrzeichen erhebt sich das Hotel am Ufer. In dem traditionsreichen Haus sagen sich allerlei Leute aus der Literaten-, Schickimicki- und Adelsszene gute Nacht. Mit seinen verschiedenen exklusiven Restaurants und einer Pianobar zum Sehen und Gesehenwerden ist das Grand Hôtel nach wie vor Stockholms prächtigste Unterkunft. Die Varianten in der Ausstattung der Zimmer reichen vom königlich gustavianischen Stil bis zu moderner Eleganz.

Zimmer Nr. 701 (die Vorzeige-Suite) hat einen Turm mit einem einzigartigen Rundumblick und ein Jacuzzi unter freiem Himmel. Zimmer 702 ist das beeindruckende Nobel-Zimmer (benannt nach Alfred Nobel), in dem der jeweilige Gewinner des Literaturnobelpreises während der Feierlichkeiten übernachtet. Für königliche Gäste steht die Bernadotte-Suite bereit. Sämtliche Gäste haben freien Zugang zum Nordic Spa sowie zum Fitnesscenter und können all die kleinen luxuriösen Annehmlichkeiten genießen, die ein 5-Sterne-Hotel mit sich bringt.

Berns Hotel
HOTEL €€€

(Karte S. 52; ☑ 08-56 63 22 00; www.berns.se; Näckströmsgatan 8; EZ/DZ ab 1490/1790 Skr; P ⊖ @ 🛜; Ⓜ Kungsträdgården, 🚊 7 Kungsträdgården) An Unterhaltungssystemen mangelt es in den Zimmern des Berns nicht. Ihr Ausstattungsstil reicht vom klassischen Stil des 19. Jhs. bis hin zu aktuellem Designerschick. Einige Zimmer sind beeindruckender als andere (das Balkonzimmer ist klasse). Zimmer 431 war einst eine Künstlergarderobe, die Marlene Dietrich und Ella Fitzgerald benutzten. Im Preis für das billigste Zimmer ist das Frühstück nicht inbegriffen, das aber für zusätzliche 195 Skr erhältlich ist.

Hotel Stureplan HOTEL €€€

(Karte S. 52; ☑ 08-440 66 00; www.hotelstureplan. se; Birger Jarlsgatan 24; EZ/DZ ab 1390/1790 Skr; ⊖❄@☎; Ⓜ Östermalmstorg) In einer idealen Lage bietet das schicke Boutiquehotel individuell gestaltete Zimmer mit Resten an gustavianischen Stilelementen wie z. B. hohe Decken, Lüster und alte Kachelöfen. Für den Hightech-Touch sorgen Flachbildfernseher u. Ä. Einige Zimmer liegen an der Seite zum Innenhof, während die anderen auf die geschäftige Birger Jarlsgatan hinausgehen. Leute mit leichtem Schlaf sollten also die Innenhoflage wählen.

Wer wirklich absolute Ruhe sucht, sollte nach den gemütlichen, von Schiffskojen inspirierten fensterlosen Zimmern (ab 1000 Skr) fragen. Neben supermodernen Loftzimmern stehen auch hübsche, luftige Suiten in unterschiedlichen Komfortklassen zur Verfügung.

🛏 Skeppsholmen

Eine Brücke verbindet Skeppsholmen mit dem Stadtzentrum, während sie mit Djurgården durch eine Fähre verbunden ist. Auf der grünen Insel faszinieren einige großartige Museen und wunderschöne Ausblicke.

★ Vandrarhem af Chapman & Skeppsholmen HOSTEL €

(Karte S. 62; ☑ 08-463 22 66; www.stfchapman. com; Flaggmansvägen 8; B/Zi ab 260/590 Skr; ⊖@☎; 🚌 65 Skeppsholmen) Um die *af Chapman* ranken sich zahlreiche Geschichten. Nach vielen langen Reisen ist das Schiff an einem herrlichen Ort vor Anker gegangen und schaukelt nun sanft als schwimmendes Hostel am Ufer von Skeppsholmen. Alle Schlafräume liegen unter Deck. Abgesehen von Duschen und Toiletten befinden sich alle weiteren Einrichtungen im Hostelgebäude auf dem Festland, z. B. die gut ausgestattete Küche, der Gemeinschaftsraum, das Fernsehzimmer und die Waschküche. Internet steht den Gästen rund um die Uhr zur Verfügung. Das Personal ist freundlich und weiß viel über die Stadt und ihre Umgebung.

🛏 Ladugårdsgärdet

In dem von großen Parkanlagen geprägten Stadtteil (kurz Gärdet genannt) befindet sich eines von Stockholms hübschesten Hos-

tels. Es liegt etwas abseits, aber in bequemer Nähe zu einigen großen Museen und schönen Wanderwegen.

STF Vandrarhem Gärdet HOSTEL €

(☑ 08-463 22 99; www.svenskaturistforeningen. se; Sandhamnsgatan 59; EZ/DZ ab 495/760 Skr; Ⓟ⊖@☎; 🚌 1 Östhammarsgatan, Ⓜ Gärdet) Weitläufige Felder und von Bäumen gesäumte Wege umgeben dieses gut funktionierende Hostel im ruhigen Stadtteil Gärdet. Eigentlich besitzt es eher den zweckmäßigen Charakter eines Billighotels. Jedes der zwar kleinen, aber gut durchdachten Zimmer verfügt über ein eigenes Bad und einen Fernseher. Handtücher, Bettwäsche und die Zimmerreinigung sind im Preis inbegriffen; das Frühstück (80 Skr) kostet extra. Vorhanden ist auch eine gut ausgestattete Gemeinschaftsküche.

Sein rundum schlichtes, modernes Ambiente strahlt einen Hauch Büroatmosphäre aus, auch wenn rote Designerstühle, Schaffelle und Flachbildfernseher in der Lobby ein paar gestalterische Akzente setzen. Es gibt keine Schlafsäle, sondern nur normale Zimmer in verschiedenen Varianten (einige fensterlos, manche mit Schlafsofas, fast alle mit Kühlschrank). Die Rezeption ist rund um die Uhr besetzt.

🛏 Södermalm

Södermalm (kurz Söder genannt) liegt nur 15 Fußminuten oder eine kurz Tunnelbanna-Fahrt von der Viking-Line-Fähre und der Centralstationen entfernt. Mehr als in allen anderen Stadtteilen ist man in Söder am Puls des Geschehens. Außerdem ist es die beste Wahl, wenn es um interessante günstige Unterkünfte und Mittelklassehotels geht.

Långholmen Hotell & Vandrarhem HOSTEL, HOTEL €

(☑ 08-720 85 00; www.langholmen.com; Långholmsmuren 20; Hostel B ab 260 Skr, Zelle EZ/DZ 620/750 Skr, Hotel Zi ab 1075 Skr; Ⓟ⊖@☎; 🚌 4, 40, 77, 94 Högalidsgatan, Ⓜ Hornstull) Diese Kombination aus Hotel und Hostel auf der Insel Långholmen war früher ein Gefängnis. Infolgedessen schlafen die Hostelgäste in Gefängniszellen mit Etagenbetten und Gemeinschaftsbad. Einige Zellen verfügen sogar über ein eigenes Bad. Das tüchtige, freundliche Personal garantiert, dass niemand eingesperrt wird. Die Gemeinschaftsküche und die Einrichtungen zum Wäschewaschen lassen nichts zu wünschen übrig.

Im Restaurant gibt es den ganzen Tag über etwas zu essen. Långholmens beliebter Badestrand liegt praktisch vor der Haustür

Die Hotelzimmer sind ebenfalls ehemalige Zellen, allerdings aufgehübscht mit Stofftapeten und modernem Duschbad. In einigen der günstigen Doppelzimmer steht jeweils ein Etagenbett; man muss also vorher die Konfiguration der Betten klären.

Das Hostel ist gleichzeitig ein kleines Museum: In allen Zimmern und Gemeinschaftsräumen finden sich „Infohäppchen" über die Geschichte des Gefängnisses. Wer einmal ins echte Gefängnisleben reinschnuppern möchte, kann das Arrangement „Ein Tag lang Häftling" (886 Skr pro Pers.) buchen – ein zweistündiges Rollenspiel, in dem „Häftlinge" gegeneinander antreten und das mit einem dreigängigen Menü endet.

Mosebacke Hostel　　　　HOSTEL €

(Karte S. 65; ☑ 08-641 64 60; www.mosebackehostel.se; Högbergsgatan 26; EZ/DZ ab 575/690 Skr; ⊗ Rezeption 8–23 Uhr; ⊜@🛜; Ⓜ Slussen) Das Hostel mit modernem, trendigem Ambiente liegt auf den Söderhöhen – eine coole Unterkunft mit einer tollen Lage. Die schicke Gemeinschaftsküche wirkt, als sei sie geradewegs dem IKEA-Katalog entsprungen. Mehrere Gemeinschaftsbereiche laden zum Entspannen ein. Es gibt wahlweise Zimmer mit eigenem Bad oder Gemeinschaftsbad. Das Frühstück ist im Preis inbegriffen. Den Gästen steht eine Waschmaschine zur Verfügung (Ladung 70 Skr).

★ Hotel Anno 1647　　　　HOTEL €€

(Karte S. 62; ☑ 08-442 16 80; www.anno1647.se; Mariagränd 3; günstige EZ/DZ ab 570/740 Skr, Standard EZ/DZ ab 890/990 Skr; Ⓟ⊜@🛜; Ⓜ Slussen) Nur wenig abseits der geschäftigen Götgatan liegt dieses geschichtsträchtige Hotel. Es umfasst zwei wunderschöne Gebäude mit labyrinthartigen Fluren, tollen Dielenböden und Wendeltreppen. Sein Personal ist ausgesprochen freundlich. Neben günstigen Zimmern bietet es auch Standardzimmer mit Rokokotapeten, skurrilen Kronleuchtern und modernem Bad. Beide Zimmerkategorien sind empfehlenswert. Seine Lage und diverse Saisonrabatte machen das Hotel zu einem Volltreffer.

Einfach, aber sauber sind die preisgünstigen Zimmer mit geradezu ulkig kleinen Gemeinschaftsbädern und etwas nächtlichem Lärm von der Straße. Über Letzteren tröstet der Ausblick auf die Bucht vielleicht ein wenig hinweg. Bei beiden Zimmerkategorien ist das fantastische Frühstücksbüfett im Preis inbegriffen, seine Qualität liegt ein oder zwei Punkte über dem Durchschnitt.

Parkmöglichkeiten gibt es in der Nähe, allerdings nur in begrenztem Umfang.

Zinkensdamm Hotell & Vandrarhem　　　HOTEL, HOSTEL €€

(☑ 08-616 81 00; www.zinkensdamm.com; Zinkensväg 20; B 320 Skr, Hostel DZ ohne/mit Bad 700/950 Skr, Hotel Zi ab 1495 Skr; Ⓟ⊜@🛜; Ⓜ Zinkensdamm) ✔ Betreiber des attraktiven, gut ausgestatteten Hostels mit lebenslustigem Flair ist der schwedische Wanderverein Svenska Turistföreningen (STF). Das in fröhlichem Gelb gestrichene Gebäude liegt gleich neben dem bezaubernden Tantolunden-Park. Es gibt eine gepflegte Gemeinschaftsküche und Schließfächer in jedem Zimmer. Familien mit Kindern sind hier genauso gut untergebracht wie Rucksacktouristen mit Ausgehambitionen. Manchmal tummeln sich hier wahre Menschenmassen und es geht ziemlich lautstark zu, doch das ist nun mal der Preis für die fröhliche Atmosphäre.

Den Gästen stehen Waschmaschinen (Ladung 45 Skr), eine Sauna und Leihfahrräder (50 Skr) zur Verfügung. Das Frühstücksbüfett begeistert nicht unbedingt, aber das Café in der Lobby verkauft den ganzen Tag über guten Kaffee, leckere Backwaren und allerlei kleine Gerichte. Der Hotelbereich mit geräumigen, komfortablen Standardzimmern liegt in einem separaten Gebäudeteil.

Clarion Hotel　　　　HOTEL €€

(☑ 08-462 10 00; www.clarionstockholm.com; Ringvägen 98; Budget/Standard Zi ab 980/1180 Skr; Ⓟ⊜❄@🛜; Ⓜ Skanstull) Das Designhotel wirkt wie ein Museum der modernen Kunst. Eine breite Rampe mit verstreut stehenden superschicken Möbeln führt zum Foyer hinunter – inspiriert von der Londoner Tate Modern. Die Standardzimmer sind so groß wie nötig, aber ordentlich und ultramodern eingerichtet. Mehr Platz bieten die Deluxe-Varianten und die Suiten. Jeweils einen ganz eigenen Reiz strahlen die verschiedenen Bars und Restaurants aus.

Ein riesiges Wandgemälde und Skulpturen von Kirsten Ortwed schmücken das Foyer, während flippige Lichtinstallationen und Fliesen mit Fischgrätenmuster die Rezeption zieren. Vorhanden sind auch ein Fitnessraum, eine Sauna und ein Wellnessbereich, in dem Gäste ayurvedische Anwendungen buchen können.

Bed & Breakfast 4 Trappor
B&B €€

(Karte S. 65; ☑ 08-642 31 04; www.4trappor.se; Gotlandsgatan 78; EZ/DZ 925/1250 Skr; P 🛜; 🚊 3, 53, 76, 96 Gotlandsgatan, M Medborgarplatsen) Das großartige kleine Apartment umfasst einen gemütlichen Wohn-/Schlafraum (für max. 2 Pers.) mit poliertem Holzdielenboden, ein modern gestaltetes Bad und eine Küche (mit Espressomaschine). Allerdings fehlt ein Lift, das bedeutet: Treppen hinaufsteigen – bis in den vierten Stock.

Der Mindestaufenthalt liegt bei zwei Nächten und man muss mehrere Monate im Voraus buchen, da die Unterkunft sehr begehrt ist. Das Frühstück servierte der nette Besitzer in seiner nebenan liegenden Wohnung.

Den Röda Båten – Mälaren/Ran
HOSTEL, HOTEL €€

(Söder Malärstrand; Karte S. 65; ☑ 08-644 43 85; www.theredboat.com; Kajplats 10; B ab 300 Skr, Hostel EZ/DZ 550/900 Skr, Hotel Zi ab 1350 Skr; 🛜@🛜; M Slussen, Gamla Stan) *Mälaren* und *Ran* sind zwei recht stattliche Schiffe mit Hotel und Hostel. Die Hostelräume gehören zu Stockholms gemütlichsten schwimmenden Unterkünften, wozu reichlich schwarzes Holz und maritimer Krimskrams sowie das freundliche Personal einiges beitragen. Die Bettwäsche ist im Preis inbegriffen.

Die Zimmer mit Hotelstandard (und Frühstück) sind geräumiger und mit hellem Holz sowie maritimen Gemälden ausgestattet. Für die Zimmer mit Meerblick zahlt man um die 200 Skr mehr, doch die lohnen sich unbedingt.

★ Rival Hotel
HOTEL €€€

(Karte S. 65; ☑ 08-54 57 89 00; www.rival.se; Mariatorget 3; EZ/DZ ab 1895/2495 Skr; 🛜✴@🛜; M Mariatorget) Das bestechend schöne Designhotel am begrünten Mariatorget gehört dem Ex-ABBA Benny Andersson. Das gesamte Hotel, einschließlich seines Kinosaals im Stil der 1940er-Jahre und seiner Cocktailbar im Art-déco-Stil, ist ein schickes Retro-Kleinod. Filmplakate von großen schwedischen Filmen schmücken die supergemütlichen Zimmer. In keinem fehlt ein Teddybär, damit sich die Gäste wie zu Hause fühlen. Auch Flachbildfernseher mit Blu-ray-Player und geräumige Bäder sind Standard.

Zum Hotel gehören ein Bäckerei-Café mit leckeren Backwaren und ein Restaurant. Beide sind echte Logenplätze in der Stadt, um die liebenswerten Stockholmer Menschen um sich herum und draußen zu beobachten. Noch bessere Ausblicke, vor allem im Sommer, bieten die Deluxe-Zimmer mit Balkon.

Columbus Hotell
HOTEL €€€

(Karte S. 65; ☑ 08-50 31 12 00; www.columbushotell.se; Tjärhovsgatan 11; EZ/DZ ab 1595/1795 Skr; P 🛜@🛜; M Medborgarplatsen) Das Columbus liegt am lebendigen Medborgarplatsen. Von hier bis zum pulsierenden Herzen von Södermalm sind es nur ein paar Meter, und bis zum Stadtzentrum nur ein kurzer Fußweg.

Schwedischer Wohnstil prägt die Einrichtung des Hotels, angefangen von der Leinenwäsche über helle Holzfußböden bis hin zur sparsamen, aber geschmackvollen Möblierung. Die Zimmer verfügen alle über ein Bad, Telefon und Fernseher. Einige haben Ausblick auf den Friedhof von St. Katarina, manche auf einen hübschen Innenhof.

Hilton Stockholm Slussen
HOTEL €€€

(Karte S. 65; ☑ 08-51 73 53 00; www.hilton.com; Guldgränd 8; Zi ab 1600 Skr; P 🛜✴@🛜; M Slussen) Zwischen dem chaotischen Verkehrsknotenpunkt Slussen und dem Tunnel von Södermalms Schnellstraße thront Stockholms unverzichtbares Hilton.

Seine modernen, komfortablen Zimmer mit Marmorbad bieten alles, was man von einem Businesshotel der Spitzenklasse erwartet. Von einigen Zimmern genießen die Gäste einen atemberaubenden Ausblick auf die Stadt. Nicht nur die hübsche Terrassenbar, sondern auch die weitläufige Lobby des Hotels eignen sich ausgezeichnet, um sich mit Freunden vor einem abendlichen Streifzug durch Söder zu treffen.

Clarion Hotel Sign
HOTEL €€€

(Karte S. 52; ☑ 08-676 98 10; www.clarionsign.com; Östra Järnvägsgatan 35; EZ/DZ ab 1380/1580 Skr; P 🛜✴@🛜🏊; M T-Centralen) Stockholms größtes Hotel zählt zugleich zu den reizvollsten. Hinter der markanten Fassade aus Granit und Glas lümmeln sich Trendsetter im Sesselmodell „Ei" von Arne Jacobsen. Gespeist wird in der American Table Brasserie von Küchenchef Marcus Samuelsson. Zum Relaxen geht es auf das Dach in das große Wellnesscenter mit 35 °C warmem Planschpool. Designobjekte aus ganz Skandinavien schmücken die konsequent durchgestylten Zimmer. Dabei ist jedes Stockwerk einem bestimmten skandinavischen Designer gewidmet.

FÜR SELBSTVERSORGER

An Supermärkten mangelt es nicht in Stockholm und sie sind auch leicht zu finden. Zweigstellen der nachfolgend aufgeführten Supermarktketten gibt es praktisch in jedem Stadtviertel. Für den Transport der Einkäufe nimmt man besser eine Tasche oder einen Beutel mit, denn in allen Läden kosten Plastiktüten 5 Skr.

Hemköp (Karte S. 52; Klarabergsgatan 50; ⊗Mo–Fr 7–21, Sa & So 10–21 Uhr) Bequem zu erreichen ist dieser zentral gelegene Supermarkt im Untergeschoss des Kaufhauses Åhléns.

Coop Konsum (Karte S 65; Katarinavägen 3-7; ⊗Mo–Fr 7–21 & So 9–21 Uhr) Zentral gelegener Supermarkt nahe der Tunnelbanna-Station Slussen.

ICA Baronen (Karte S. 56; Odengatan 40; ⊗8–22 Uhr) Große Filiale einer guten Supermarktkette nahe der Tunnelbanna-Station Odenplan.

Vivo T-Jarlen (Karte S. 52; Tunnelbana-Station Östermalmstorg; ⊗ Mo–Fr 7–21, Sa 10–19, So 11–19 Uhr) Gut besuchter Supermarkt in der Tunnelbanna-Station Östermalmstorg.

🛏 Außenbezirke

Wenn in der Stadt selbst nichts mehr geht, gibt es weiter außerhalb immer noch mehr als 20 Vandrarhem und Hostels, die mit SL-Bussen, Zügen oder Fähren leicht innerhalb von etwa einer Stunde zu erreichen sind. Dazu kommt eine Reihe von Sommercampingplätzen, die meist auch billige Hütten vermieten.

Bredängs Vandrarhem & Camping HOSTEL, CAMPINGPLATZ €
(☑08-97 62 00; www.bredangvandrarhem.se; Stora Sällskapetsväg 51; Stellplatz 265 Skr, B/EZ/DZ 220/420/590 Skr; ⊗ Camping Anfang April–Anfang Okt.; P⊖@🛜; MBredäng) Eine Alternative am Wasser: Die Freizeitanlage liegt an einem Seeufer 10 km südwestlich des Stadtzentrums. Auf dem Gelände des gut ausgestatteten Campingplatzes befinden sich ein Hostel und moderne Hütten (990 Skr). WLAN und Parken sind kostenlos. Den Gästen stehen auch mehrere Küchen zur Selbstversorgung, Waschmaschinen und eine Minigolfanlage zur Verfügung.
Von der Tunnelbana-Station T-Bredäng sind es 700 m Fußweg. Für Autofahrer: Ab der E4/E20 ist der Campingplatz gut ausgeschildert.

Hotel J HOTEL €€€
(☑08-601 30 00; www.hotelj.com; Ellensviksvägen 1, Nacka Strand; Zi ab 1790 Skr; P⊖@🛜; MSlussen, dann Buslinie 404, 443) Am Wochenende ist das Hotel ein beliebter Erholungsort der Stockholmer. Seinen Namen erhielt das 1912 ursprünglich als Sommerhaus erbaute Gebäude in Anlehnung an die Segeljachten der J-Klasse, die früher bei den America's-Cup-Regatten an den Start gingen. Unverkennbar liegt hier ein Hauch von lässigem Wohlstand in der Luft. Eine komfortable Einrichtung und erlesene Bettwäsche zeichnen die Zimmer aus; einige besitzen einen eigenen Balkon.

✕ Essen

Stockholm ist eine Stadt für Feinschmecker – kein Wunder, wenn in einer relativ kleinen Stadt der Michelin-Stern ein halbes Dutzend Restaurants krönt. Spitzenköche genießen Promistatus und einen Tisch in einem angesagten Restaurant zu ergattern, kann schon einige Anstrengungen erfordern. Allerdings sind Stockholms epikureische Highlights nicht gerade billig – immerhin handelt es sich um eine Gastronomieszene im Weltklasseformat. Nicht vergessen und unbedingt vorab abklären sollte man die Öffnungszeit im Sommer: Im Juli oder August sind einige der Stockholmer Top-Restaurants für ein oder zwei Wochen geschlossen – sie machen *sommarstängt* (Sommerpause).

Wer nicht täglich ein 5-Sterne-Menü genießen will, für den gibt es eine leckere Alternative: Stockholms zahlreiche Cafés und Coffee-Shops. Sie locken mit einer guten Auswahl an ganz normalen leckeren Gerichten – von riesigen Salaten mit Pasta oder Quinoa bis hin zu Quiches und Baguettes.

In den meisten Spitzenrestaurants steht einfache *husmanskost* (traditionelle schwedische Hausmannskost) in modernen Varianten auf der Karte. In zunehmendem Maße erweitert sich das Angebot an Länderküchen. Problemlos lassen sich in Stockholm Lokale mit authentischer äthiopischer, thailändischer, orientalischer, indischer oder japanischer Küche finden. Um sich einen Überblick über die lokalen Nahrungsmittel zu verschaffen, eignet sich der Besuch einer der Markthallen. Auch die vielen, über die ganze Stadt verteilten Lokalitäten mit vegetarischen Büfetts liefern gute Chancen, preisgünstig zu essen.

Für einen schnellen, preisgünstigen Imbiss ist die *grillad korv med bröd* (gegrillte Wurst im Brötchen) kaum zu überbieten. Dieser dem Hotdog ähnelnde Imbiss wird an fahrbaren Ständen für 25 bis 40 Skr in der ganzen Stadt verkauft. Zu den Beilagen zählen Krabbensalat und Kartoffelbrei. Experimentierfreudige wählen eine *tunnbrödsrulle* (in Fladenbrot eingerollte Wurst mit allerlei Zutaten).

Zwischen dem Mittag- und Abendessen lohnt es sich, Stockholms lebendige Café-Szene zu erkunden. Fast jeder Stockholmer nimmt die *fika* (Zwischenmahlzeit oder „Kaffeetrinken") ein. Schaufenster und Theken der *konditori* (Konditorei-Café) erstaunen immer wieder mit ihrer paradiesischen Fülle an Kuchen und Gebäck.

✗ Gamla Stan

Grillska Husets Konditori
BÄCKEREI, CAFÉ €

(Karte S. 48; 📞 08-68 42 33 64; www.stadsmissionen.se/matochkonferens/grillska-huset; Stortorget 3; Sandwiches 25–75 Skr; ⊘ Mo–Fr 9–18, Sa & So 10–18 Uhr; Ⓜ Gamla Stan) Betreiber und Besitzer der Bäckerei und des Cafés ist die Stockholmer Stadsmission (Stadtmission), eine unabhängige Wohltätigkeitsorganisation. Wie in den anderen ihrer Läden fließt auch hier der Erlös in soziale Projekte. Wer Appetit auf erstklassigen Kuchen oder leckere Sandwiches hat, ist in diesem Café genau richtig. Im Sommer, wenn Tische und Stühle vor dem Café auf dem Hauptplatz von Gamla Stan stehen, lohnt sich der Besuch ganz besonders. Köstliche Backwaren aller Art, darunter köstliches Landbrot zum Mitnehmen, verkauft die dazugehörige Bäckerei.

Hairy Pig Deli
IMBISS, FEINKOST €

(Håriga Grisen; Karte S. 48; 📞 073-800 26 23; www.hairypigdeli.se; Österlånggatan 9; Tapas 45–55 Skr, Hauptgerichte 65–100 Skr; ⊘ Di–Fr 17–21, Sa 12–22 Uhr; Ⓜ Gamla Stan) In diesem Eckladen verkauft der sympathische Besitzer hausgemachte Wurstwaren und das Bier eines Freundes der Familie. Besonders empfehlenswert sind die „Wurst des Tages" (65 Skr), das Baguette mit Salami und Käse (85 Skr) und der Teller mit gemischten feinen Wurstwaren oder selbst ausgewählten Tapas. Ausgezeichnet ist auch der Salat mit Salami und Käse, die beide auf Stockholms Schären hergestellt werden.

Chokladkoppen
CAFÉ €

(Karte S. 48; www.chokladkoppen.se; Stortorget 18; Kuchen 40–80 Skr; ⊘ Sommer 9–23 Uhr, restliches Jahr kürzere Öffnungszeiten; Ⓜ Gamla Stan) Das wohl beliebteste Café in Stockholm liegt direkt am bezaubernden Hauptplatz der Altstadt. In dem schwulenfreundlichen Café bedienen ausgesprochen hübsche Kellner. Außerdem gibt's eine Sommerterrasse sowie köstliche Snacks wie Brokkoli-Gorgonzola-Auflauf und leckere Kuchen.

Cafe Järntorget
EISCAFÉ €

(Karte S. 4; Västerlånggatan 81; Eiscreme 27 bis 78 Skr; ⊘ Mo–Fr 8–22, Sa & So 10–18 Uhr, Sommer längere Öffnungszeiten; Ⓜ Gamla Stan) Selbst wer in Gamla Stan partout nicht einkehren möchte, sollte in diesem Fall eine Ausnahme machen. In ganz Stockholm verkauft nur dieses Café schwedische Eiscreme in so ungewöhnlichen Geschmacksrichtungen wie *lakrits* (Lakritze) und *hjortron* (Moltebeere). Eine wahre Götterspeise ist die Safran-Honig-Eiscreme.

Sundbergs Konditori
CAFÉ €

(Karte S. 48; 📞 08-10 67 35; Järntorget 83; Hauptgerichte 55–85 Skr; ⊘ 9–20 Uhr; Ⓜ Gamla Stan) Seit 1785 besteht Stockholms älteste Konditorei. Markant sind ihre kitschigen Kronleuchter, die hoheitsvollen Ölgemälde und der kupferne Samowar mit Kaffee zum Selbstbedienen. Neben köstlichem Gebäck wird auch eine leckere Auswahl an Bagels, Ciabattas und Quiches geboten.

★ Hermitage
VEGETARISCH €€

(Karte S. 48; Stora Nygatan 11; mittags/abends & Wochenende 110/120 Skr; ⊘ Mo–Sa 11–20, So 12–16 Uhr; 📷; Ⓜ Gamla Stan) Das Hermitage ist eines der besten günstigen Restaurants der Altstadt. Vegetarier lieben es wegen seines vegetarischen Büfetts mit einfachen, köstlichen Gerichten. Salat, hausgemachtes Brot, Tee und Kaffee sind im Büfettpreis enthalten. Zusatztipp: Leckere warme vegetarische Gerichte sind auch in den Fächern unter der Tischplatte des Hauptbüfetts zu finden.

★ Kryp In
SCHWEDISCH €€€

(Karte S. 48; 📞 08-20 88 41; www.restaurang krypin.se; Prästgatan 17; Vorspeisen 135–195 Skr; Hauptgerichte 195–285 Skr; ⊘ Mo–Fr 17–23, Sa & So 12.30–16 & 17–23 Uhr; Ⓜ Gamla Stan) Spezialität des kleinen, aber perfekt gestalteten Restaurants sind kreativ interpretierte Gerichte der traditionellen schwedischen Küche. Dazu zählen beispielsweise ein Lachs-Carpaccio, ein Salat aus geräuchertem Rentierfleisch oder ein feuriger Meeresfrüchte-Eintopf mit Safran-Knoblauch-Mayonnaise. Der Service läuft rund, die Atmosphäre ist stilvoll ohne spießig zu sein. Das Mittagsmenü (119–150 Skr) am Wochenende ist ein Schnäppchen. Eine Tischreservierung ist generell zu empfehlen.

Den Gyldene Freden   SCHWEDISCH €€€

(Karte S. 48; 08-24 97 60; www.gyldenefreden. se; Österlånggatan 51; Mittagessen 165–265 Skr, Abendessen Hauptgerichte 180–370 Skr; Mittagessen Mo–Fr, Abendessen Mo–Sa; M Gamla Stan) Seit 1772 existiert das Restaurant in den Räumen mit den sehenswerten Tonnengewölben. Betrieben wird es von der Königlich-Schwedischen Akademie, deren Gremien – Gerüchten zufolge – sich hier treffen, um über die Nobelpreiskandidaten zu entscheiden. Zur sympathischen Atmosphäre des Restaurants trägt das Angebot der Küchenchefs sehr viel bei, etwa die „abgespeckten" Versionen der schwedischen *husmanskost* wie Lammbraten mit Pfifferlingen, Kohl und Bauernkäse oder schwedische Fleischbällchen der alten Schule.

Stadtzentrum

★ Vurma   CAFÉ €

(www.vurma.se; Polhemsgatan 15–17; Sandwiches 60–80 Skr, Salate 108 Skr; Mo–Fr 7–19, Sa & So 8–19 Uhr; M Rådhuset) In dem bei Einheimischen sehr beliebten freundlichen Café mit Bäckerei kann es mitunter ziemlich eng zugehen. Kein Wunder, schließlich bietet es in unkompliziertem Ambiente gesunde, sättigende Mahlzeiten zu erschwinglichen Preisen. Verführerisch sind die leckeren Sandwiches und Salate mit Zutaten wie Halloumi, Falafel, geräuchertem Lachs und Kräutern, angerichtet auf Quinoa oder Pasta. Geradezu göttlich ist das selbst gebackene Brot, das dazu gereicht wird. Weitere Vurma-Cafés befinden sich in **Vasastan** (Karte S. 56; www.vurma.se; Gästrikegatan 2; Salate 109 Skr; Mo–Sa 9–19, So 10–19 Uhr; ; M St. Eriksplan) und in anderen Stadtteilen.

Café Saturnus   CAFÉ €

(08-611 77 00; Eriksbergsgatan 6; Gebäck 50 Skr, Salate & Sandwiches 68–138 Skr; Mo–Fr 8–20, Sa & So 9–19 Uhr; 2 Eriksbergsgatan) Samtigen Caffè Latte, französisch inspirierte Baguettes und tolles Gebäck bietet diese lässig-schicke Kombination aus Bäckerei und Café.

Mit seinem wunderschönen Mosaikboden, den gestreiften Seidentapeten und einigen Tischen im Freien ist das Saturnus ein fabelhafter Ort, um Zeitung zu lesen und dabei die besten Zimtschnecken ganz Stockholms zu genießen (bei einer Version ist der Teig mit Kardamom gewürzt).

Östermalms Saluhall   MARKT €

(Karte S. 52; www.ostermalmshallen.se/en/; Östermalmstorg; Hauptgerichte ab 85 Skr; Mo–Do 9.30–18, Fr 9.30–19, Sa 9.30–16 Uhr; M Östermalmstorg) Stockholms historische Feinkost-Markthalle begeistert mit frischem Fisch, Meeresfrüchten, Fleischwaren, Obst, Gemüse und seltenen Käsesorten. Ihre verschiedenen Cafés eignen sich bestens für ein schnelles Mittagessen oder einen Snack. Das 1888 eröffnete Gebäude zählt zu Stockholms Wahrzeichen. Nun macht sich jedoch sein Alter bemerkbar, deshalb wird es wegen umfassender Renovierungsarbeiten von 2015 bis 2017 geschlossen. Bis dahin läuft in einer gleich nebenan liegenden Ersatzmarkthalle der Betrieb weiter (alle Händler, Cafés und Restaurants ziehen dorthin um).

Für ein schnelles Mittagessen eignet sich die Sushibaren. In Ruhe an einem Tisch speisen lässt sich bei Lisa Elmqvist, einem von Stockholms Spitzenlokalen für Fisch und Meeresfrüchte.

Hötorgshallen   MARKTHALLE €

(Karte S. 52; Hötorget; Mo–Do 10–18, Fr 10 bis 18.30, Sa 10–18 Uhr; M Hötorget) Die Hötorgshallen liegt im Erdgeschoss des Filmsta-Kinos und spiegelt Stockholms multikulturelle Foodszene von ihrer besten Seite wider. Das breit gefächerte Angebot reicht von Fisch und Meeresfrüchten aus skandinavischen Gewässern über fluffigen Hummus bis hin zu den unterschiedlichsten Teesorten. Zu den fertig zubereiteten Snacks zählen libanesische Spinatröllchen, Kebabs und vegetarische Burger.

In dem von einer Kombüse inspirierten Kajsas Fiskrestaurang ist es zwar etwas eng, aber die reichhaltige *fisksoppa* (Fischsuppe) mit Aioli (95 Skr) schmeckt definitiv köstlich.

Auf dem Platz vor dem Gebäude stehen Stände mit Obst und Gemüse aus der Region. Hier macht es Spaß, über den Preis zu verhandeln, denn die Händler erweisen sich dabei als wahre Unterhaltungskünstler.

Xoko
BÄCKEREI, KONDITOREI €

(📞 08-31 84 87; www.xoko.se; Rörstrandsgatan 15; Gebäck ab 25 Skr, Frühstück 59–95 Skr; ⏰ Mo–Fr 7–19, Sa & So 8–18 Uhr; Ⓜ St. Eriksplan) Die Desserts der Nobelpreisbanketts stammen aus dieser Konditorei, was ihr eine gewisse Berühmtheit einbrachte. Xoko wirkt wie ein Schmuckladen: Wie essbare Juwelen liegen wunderschön aussehende Köstlichkeiten Reihe für Reihe in den Auslagen. Unglaublich verführerisch sind die Kuchen, die Trüffelpralinen und das andere Konfekt. Selbst schlichte und traditionelle Backwaren wie Brot, Brötchen oder Zimtschnecken sind von außergewöhnlich hoher Qualität. Das Personal ist aufgeschlossen und hilfsbereit.

La Neta
MEXIKANISCH €

(Karte S. 52; http://laneta.se; Barnhusgatan 2; Tacos 1/5 St. 22/95 Skr; ⏰ Mo–Fr 11–21, Sa 12–21, So 12–16 Uhr; Ⓜ Hötorget) Gäbe es einen Wettbewerb für „Stockholms beste Taqueria", würde La Neta ihn mit Links gewinnen. Pseudomexikanische Fastfood-Restaurants finden sich mehr als genug in der Stadt, doch beim La Neta geht es authentisch zu. Das heißt: hausgemachte Maistortillas, feine Nuancen beim Würzen und kein mexikanischer Schnickschnack im Speiseraum. Dafür enthält die Salsa alles mexikanische Drum und Dran. Und obendrein ist das Essen auch noch preiswert. Die Küche ist größer als der Speiseraum und sobald der Laden geöffnet hat, bildet sich eine lange Menschenschlange, die sich um den halben Block zieht. Preiswertes Bier und Mineralwasser sind ebenfalls erhältlich und die Tagesgerichte sehr zu empfehlen.

Sturekatten
CAFÉ €

(Karte S. 52; 📞 08-611 16 12; www.sturekatten.se; Riddargatan 4; Gebäck ab 35 Skr; ⏰ Mo–Fr 9–19, Sa 10–18, So 11–18 Uhr; Ⓜ Östermalmstorg) Mit seiner liebenswerten Mischung aus antiquierten Sesseln, Ölgemälden, zu Mittag speisenden Damen und Bedienungen in schwarz-weißer Kleidung wirkt das altmodische Café wie ein lebensgroßes Puppenhaus. Es lädt dazu ein, sich in einem der Salonsessel niederzulassen, Tee zu trinken und ein Stück Apfelkuchen oder eine *kanelbulle* (Zimtschnecke) zu genießen.

Vetekatten
CAFÉ €

(Karte S. 52; www.vetekatten.se; Kungsgatan 55; Gebäck ab 25 Skr, Salate 65–100 Skr; ⏰ Mo–Fr 7.30–19.30, Sa & So 9.30–17 Uhr; Ⓜ Hötorget) Mit seinem nach Kardamom duftenden Labyrinth an gemütlichen Nischen, den Antikmöbeln und Ölgemälden ist das Vetekatten nicht einfach irgendein Café, sondern eine Institution. Üppige Sandwiches, himmlische Zimtschnecken und Tassen mit wohlig-warmem Tee versetzen zurück in gute alte Zeiten.

Lisa Elmqvist
FISCH & MEERESFRÜCHTE €€

(Karte S. 52; 📞 08-55 34 04 10; www.lisaelmqvist. se; Östermalmstorg, Östermalms Saluhall; Hauptgerichte ab 170 Skr; ⏰ Mo–Do 9.30–18, Fr 9.20–18.30, Sa 9.30–16 Uhr; Ⓜ Östermalmstorg) Fans von Fisch und Meeresfrüchten aufgepasst: So viel Zeit muss sein, um in Stockholms legendärem, gemütlichem Fischrestaurant in der historischen Östermalms Saluhall ein leckeres Mittagessen zu verspeisen. Da die Speisekarte täglich wechselt, ist es am besten, sich von der Bedienung etwas empfehlen zu lassen. Was auf den Tisch kommt, enttäuscht so gut wie nie, seien es Hummerpfannkuchen oder mit Sichuan-Pfeffer gewürzte, gedünstete Saiblingfilets. Zu den klassischen Speisen zählen Krabben-Sandwiches (170 Skr) und ein Gravlax-Teller (185 Skr). Bei warmem Wetter lockt das Schwesterbistro Lisa på Torget mit seinen Sitzplätzen auf dem Platz vor der Markthalle.

Tennstopet
SCHWEDISCH, PUBGERICHTE €€

(Karte S. 56; 📞 08-32 25 18; www.tennstopet.se; Dalagatan 50; Tagesgericht 129 Skr; ⏰ Mo–Fr 11.30–1, Sa & So 13–1 Uhr; Ⓜ Odenplan) Wäre *Cheers* eine schwedische TV-Serie gewesen, wäre sie vielleicht im Tennstopet gedreht worden. Ein telegener Drehort wäre die Kneipe allemal: An den Wänden hängen Ölgemälde und Spiegel in vergoldeten Rahmen, auf den Tischen flackert Kerzenlicht. Stammgäste voller Runzeln, Journalisten, die in einer Ecke eifrig schreiben, und melancholische Damen sind die liebenswerten Statisten. Diese Szenerie zu beobachten und dabei ein süffiges *öl* (Bier), heimische *husmanskost* oder den traditionellen Heringsteller (179 Skr) zu genießen, macht richtig Spaß.

Mälarpaviljongen
SCHWEDISCH, AMERIKANISCH €€

(📞 08-650 87 01; www.malarpaviljongen.se; Norr Mälarstrand 63; Hauptgerichte 168–235 Skr; ⏰ 11 bis 1 Uhr; Ⓜ Rådhuset) 🖉 Nach Sonnenuntergang können nur wenige Plätze dieses Terrassenrestaurants am Ufer in puncto nordisches Dolce Vita übertreffen. Dem Ensemble aus verglastem Pavillon, Kräutergarten und riesiger schwimmender Terrasse kann maximal der überaus, freundliche zuvorkommende Service die Show stehlen. Essen und Cocktails sind verschönerte Versionen von Klassikern, das bedeutet z. B.: Riesenburger, besonders köstliche Lachssalate und Erdbeer-Mojitos. Die Öffnungszeiten hängen vom Wetter ab.

Lao Wai
VEGETARISCH €€

(Karte S. 56; ☑ 08-673 78 00; www.laowai.se; Luntmakargatan 74; Tagesgericht 100 Skr, abends Hauptgerichte 195–215 Skr; ⊘ Mo 11–14, Di–Fr 11–14 & 17.30–21, Sa 17.30–21 Uhr; ✐; Ⓜ Rådmansgatan) ✐ Dank seiner sündhaft leckeren Kreationen aus Tofu und Gemüse hat das kleine vegetarische Restaurant zahlreiche treue Stammgäste. Alle Gerichte sind vegetarisch und glutenfrei. Das täglich wechselnde Tagesgericht wird nur unter der Woche angeboten. Die Abendkarte ist umfangreicher als die Tageskarte und umfasst hervorragende Gerichte wie z. B. geräucherten Tofu nach Sichuan-Art mit Shiitake, Chilischoten, Zuckerschoten, Knoblauchsprossen und schwarzen Bohnen.

Caffé Nero
CAFÉ €€

(Karte S. 56; www.nerostockholm.sezu; Roslagsgatan 4; Mittagsmenü 100 Skr, Hauptgerichte 100–145 Skr; ⊘ Mo–Fr 7–17, Sa & So 9–17 Uhr; Ⓜ Odenplan, Rådmansgatan) Coole Typen aus der Umgebung füllen in der Mittagszeit das zwanglose Nachbarschaftscafé. Auf den Tisch kommen Fisch, Salate oder Pasta zu günstigen Preisen. Hervorragend sind auch die verschiedenen Kaffeesorten sowie der Kuchen und anderes Gebäck. Samstags gibt es von 12 bis 15 Uhr einen Brunch. Direkt nebenan befindet sich das schicke Bar-Restaurant Buco Nero mit einer erstklassigen Speisekarte (Hauptgerichte 195–295 Skr). In der Bar legen bis spätnachts DJs auf.

★ Grands Verandan
SCHWEDISCH €€€

(Grand Hôtel Stockholm; Karte S. 52; ☑ 08-679 35 86; www.grandhotel.se; Södra Blasieholmshamnen 8; Hauptgerichte 185–275 Skr, Smörgåsbord 445 Skr; ⊘ Mo–Fr 12–15 & 18–22, Sa & So 13–16 & 18–22 Uhr; Ⓜ Kungsträdgården) Wegen seines berühmten Smörgåsbords (Büfett mit warmen und kalten Speisen) lohnt es sich, ins Restaurant des Grand Hôtel einzukehren. Besonders opulent ist das Büfett an den Weihnachtstagen (Reservierung ratsam). Wer frühzeitig kommt, hat bessere Chancen, einen Fensterplatz zu ergattern. Auf die Gäste wartet eine Fülle warmer und kalter schwedischer Gerichte, z. B. *gravad lax* mit Mandelkartoffeln, Heringsbällchen und

Preiselbeermarmelade. Wie in einem Crashkurs lernt man hier die klassische nordische Küche kennen.

Operakällaren
FRANZÖSISCH, SCHWEDISCH €€€

(Karte S. 52; ☑ 08-676 58 00; www.operakallaren.se; Karl XII's Torg 10; Degustationsmenü 995–2750 Skr; ⊘ Sept.–Mitte Juli Di–Sa 18–22 Uhr, Ⓜ Kungsträdgården) Der jahrhundertealte Operakällaren (Opernkeller) in Stockholms protzigem Opernhaus ist ein imposantes gastronomisches Erlebnis. Dekadente Kronleuchter, Spiegel in Goldrahmen und exquisit geschnitzte Holzdecken bilden die Kulisse für ein kulinarisches Abenteuer. Französische Küche und Fusionküche treffen sich in Speisen wie sautierte Jakobsmuscheln mit Karamell, Blumenkohlpüree, Pata-Negra-Schinken und einer Emulsion aus brauner Butter. Die Reservierung muss mindestens zwei Wochen im Voraus erfolgen.

Tranan
SCHWEDISCH €€€

(Karte S. 56; ☑ 08-52 72 81 00; www.tranan.se; Karlbergsvägen 14; Vorspeise 95–285 Skr, Hauptgerichte 195–345 Skr; ⊘ 17–23 Uhr; Ⓜ Odenplan) Früher war das gemütliche, dennoch elegante Bistro mit rot karierten Tischdecken eine Bierhalle. Bei den Einheimischen ist es nach wie vor sehr beliebt. Auf der Speisekarte dominieren Fisch und Meeresfrüchte. Serviert wird die schwedische *husmanskost* mit einem raffinierten französischen Touch. Lecker schmeckt beispielsweise der Brathering. Im Sommer lässt sich das Leben auf dem Odenplan an den Tischen im Freien bestens beobachten. An Wochenenden bringen DJs in der Bar im Untergeschoss die Stimmung zum Brodeln.

Bakfickan
SCHWEDISCH €€€

(Karte S. 52; ☑ 08-676 58 00; www.operakallaren.se; Karl XII's Torg, Opernhaus; Hauptgerichte 170–275 Skr; ⊘ Mo–Fr 11.30–23, Sa 12–22 Uhr; Ⓜ Kungsträdgården) Das kleine, legere Restaurant ist gewissermaßen das Hinterzimmer des Operakällaren. Der gemütliche Gastraum hängt voller Opernfotos und eleganter Lampen. Beflissene Kellner der alten Schule servieren hier bodenständige schwedische *husmanskost*. Die Plätze an der Theke eignen sich bestens für Solo-Esser. Gerüchten zufolge tauchen im Bakfickan spät am Abend auch Opernsänger auf.

Mathias Dahlgren
INTERNATIONAL €€€

(Karte S. 52; ☑ 08-679 35 84; www.molghs.se; Grand Hôtel Stockholm, Södra Blasieholmenshamnen 6; Matbaren Hauptgerichte 145–295 Skr,

Matsalen 5-/8-Gänge-Menü 1500/1900 Skr; ☺ Sept.–Mitte Juli: Matbaren Mo–Fr 12–14 & 18–24, Sa 18–24 Uhr, Matsalen Di–Sa 19–24 Uhr; Ⓜ Kungsträndsgården) Der renommierte Küchenchef Matthias Dahlgren betreibt im Grand Hôtel zwei unterschiedliche Restaurants: den förmlich-eleganten Matsalen (Speisesaal), der mit zwei Michelin-Sternen ausgezeichnet ist. Einen eigenen Michelin-Stern hat das zweite Lokal, die lässige Matbaren (Bar im Bistrostil). In beiden Restaurants legen die Köche großen Wert auf frische saisonale Zutaten, daher wechseln die Speisekarten täglich. Eine Tischreservierung ist erforderlich.

Pontus!
SCHWEDISCH €€€

(Karte S. 52; ☑ 08-54 52 73 00; Brunnsgatan 1; Mittagessen 185 Skr, Abendessen Hauptgerichte 155–525 Skr; ☺ Mo–Fr 11.30–14 & 18–22, Sa 18–22 Uhr; Ⓜ Östermalmstorg) Der Liebling der Gastroszene in Östermalm wurde rundum erneuert und erweitert. Zum Glück blieben im Hauptspeiseraum die allseits geliebte Bücherregaltapete und die runden Nischen erhalten.

Zur Auswahl stehen das Tagesmenü (425 bis 795 Skr) und Gerichte à la carte, darunter französisch inspirierte Hauptgerichte mit saisonalen Zutaten, z. B. Pfifferling-Brioche mit Sauerampfer und Zwiebeln oder je nach Jahreszeit auch Matjesheringe mit neuen Kartoffeln und pochiertem Eigelb.

Im Pocket (Di–Fr 12–22, Sa 17–22 Uhr), dem angrenzenden kleinen Schwesterrestaurant des Pontus, stehen schlichtere, aber nicht weniger verlockende Gerichte (125 bis 195 Skr) auf der Karte.

Der hübsche, kleine Feinkostladen bietet auch Frühstück und leckere Gerichte zum Mitnehmen an.

Storstad
FRANZÖSISCH, SCHWEDISCH €€€

(Karte S. 56; www.storstad.se; Odengatan 41; Heringsteller 65–165 Skr, Hauptgerichte 165–275 Skr; ☺ Mo–Mi 16–1, Fr & Sa 16–3 Uhr; Ⓜ Odenplan) Das attraktive Bistro nahe dem Odenplan teilt sich eine Straßenecke (und den Besitzer) mit der Olssons Bar (S. 89).

Auf der Speisekarte stehen friedlich vereint skandinavische Klassiker wie *toast skagen* (Toastbrot mit Maränenkaviar, Crème fraîche und fein gehackten Zwiebeln) und französische Spezialitäten wie *moules frites* (Miesmuscheln mit Pommes) und *Tarte Tatin* (flacher, französischer Apfelkuchen). Am späteren Abend verwandelt sich das Bistro in eine lebendige Cocktail-Bar.

Sturehof
FISCH & MEERESFRÜCHTE €€€

(Karte S. 52; ☑ 08-440 57 30; www.sturehof.com; Stureplan 2; Vorspeise 155–265 Skr, Hauptgerichte 185–495 Skr; ☺ Mo–Fr 11–2, Sa & So 12–2 Uhr; Ⓜ Östermalmstorg) Mit Essen und Trinken vom Feinsten lockt diese gastliche Brasserie zu später Stunde. Weitere Glanzpunkte sind der freundliche Service, die prominenten Stammgäste und die ausgezeichneten Gerichte aus Fisch und Meeresfrüchten (die Bouillabaisse schmeckt hervorragend).

✖ Djurgården

★ Rosendals Trädgårdskafe
CAFÉ €€

(Karte S. 62; ☑ 08-54 58 12 70; www.rosendalstradgard.se; Rosendalsterrassen 12; Hauptgerichte 85–145 Skr; ☺ Mai–Sept. Mo–Fr 11–17, Sa & So 11 bis 18 Uhr; Feb.–April & Okt.–Dez. Di–Fr 11–17, Sa & So 11–18 Uhr; Ⓟ ☺; ☐ 44, 69, 76 Djurgårdsbron, ☐ 7)

🍃 Das Café im Gewächshaus eines hübschen botanischen Gartens bildet im Sommer ein idyllisches Plätzchen, um himmlischen Kuchen, Kaffee oder leckere Gerichte und Biowein zu genießen. Auf der kleinen Mittagskarte stehen Biosuppen, Sandwiches, z. B. Lammburger mit Pfifferlingen, und tolle Salate. Viele der verwendeten Produkte werden vor Ort biologisch gezogen.

Im angrenzenden Laden wird alles Mögliche verkauft, von eingelegten Zitronen über selbst gebackenes Brot bis hin zu Rosendals' eigenem Kochbuch. Ab der Djurgårdsbron ist das Trädgårdskafe ausgeschildert, zu Fuß läuft man 15 Minuten. Café und Laden sind im Januar und am Wochenende des Mittsommerfestes geschlossen.

Blå Porten Café
CAFÉ €€

(Karte S. 62; ☑ 08-663 87 59; www.blaporten.com; Djurgårdsvägen 64; Hauptgerichte 85–155 Skr; ☺ Mo–Do 11–21, Fr & So 11–19 Uhr; ☺; ☐ 47 Liljevalc Gröna Lund, ☐ 7 Liljevalc Grona Lund) An sonnigen Tagen besitzt dieses Café neben Liljevalcs Konsthall echten Wohlfühlcharakter. Sein Garten erinnert an ein Monet-Gemälde und ist das ideale Plätzchen für ein Mittagessen oder die *fika*. Geradezu unverschämt verführerisch ist die Auswahl an Gebäck, auch die schwedischen und internationalen Gerichte sind hervorragend. Und zu allem Glück befinden sich auch noch einige der Museen von Djurgården in unmittelbarer Nähe.

Wärdshuset Ulla Winbladh
SCHWEDISCH €€€

(Karte S. 62; ☑ 08-53 48 97 01; www.ullawinbladh.se; Rosendalsvägen 8; Vorspeise 125–265 Skr,

Hauptgerichte 155–295 Skr; ⊙ Mo 11.30–22, Di–Fr 11.30–23, Sa 12.30–23, So 12.30–22 Uhr; 🚢 Djurgårdsfärjan, 🚌 7) Die Villa, in dem sich das Restaurant befindet, trägt den Namen einer der Geliebten des schwedischen Dichters Carl Michael Bellman. Ursprünglich war das Gebäude als Dampfbäckerei für die Stockholmer Weltausstellung von 1897 gebaut worden. Heute serviert man in gemütlichen Räumen in einem herrlichen Garten feine Küche. Zu den gekonnt zubereiteten Speisen zählen veredelte Versionen von Klassikern der skandinavischen Küche. Hauptzutaten sind dabei häufig Fisch und Kartoffeln. So ist der Heringsteller mit hausgemachtem Knäckebrot einen Versuch wert. Roxette-Fans sollten die Bedienung nach dem Kunstwerk der Sängerin Marie Fredriksson fragen. Im Sommer ist eine Tischreservierung zu empfehlen.

✕ Södermalm

Chutney VEGETARISCH €
(Karte S. 65; ☎ 08-640 30 10; www.chutney.se; Katarina Bangata 19; Tagesgericht 80 Skr; ⊙ Mo bis Sa 11–22, So 12–21 Uhr; 🖊; Ⓜ Medborgarplatsen) Das Chutney liegt in einer Reihe mit drei einladenden Cafés. Es zählt zu den gut etablierten vegetarischen Restaurants der Stadt. Seine Gerichte und die Atmosphäre sind hervorragend. Das Tagesmenü besteht in der Regel aus einem köstlich gewürzten Gemüsecurry mit Reis, einem Salat, Brot und Kaffee. Wer will, bekommt einen Nachschlag. Die vegetarischen Köstlichkeiten, die vage an die nahöstliche und asiatische Küche erinnern, können die Gäste auf bequemen Polsterbänken genießen. Es lohnt sich auch, hier einfach nur ein Bier zu trinken und das typische „Söder-Getümmel" auf der Straße zu beobachten.

Nystekt Strömming SCHWEDISCH €
(Karte S. 65; Södermalmstorg; gemischte Platte 35–75 Skr; ⊙ Mo–Fr 11–20, Sa & So 11–18 Uhr, die Schließzeiten variieren; Ⓜ Slussen) Um auf die Schnelle einen frischen Brathering zu verspeisen, ist dieser bescheidene Imbisswagen vor der Tunnelbana-Station Slussen sehr zu empfehlen. Ob kleine oder große Portion: Auf dem Teller liegen immer ein ordentliches Stück Fisch und Beilagen nach Wahl, z. B. Kartoffelbrei, rote Zwiebeln, diverse Salate und Knäckebrot. Es gibt hier aber auch handliche Versionen (Hering samt Beilagen in schwedisches Fladenbrot gewickelt) und köstliche Heringsburger ab 55 Skr.

String CAFÉ €
(Karte S. 65; ☎ 08-714 85 14; www.cafestring.com; Nytorgsgatan 38; Sandwiches 50–65 Skr, Salate 80 Skr; ⊙ Mo–Do 9–20, Fr 9–19, Sa & So 10–19 Uhr; Ⓜ Medborgarplatsen) Das Brunchbüffett am Wochenende (80 Skr, Sa & So 10.30–13 Uhr) ist in diesem auf Retro gestylten SoFo-Café ein echtes Schnäppchen. Ob Müsli, Joghurt, frisches Obst, Pfannkuchen, Toast oder leckerer selbst gemachter Hummus – was der Gaumen begehrt, dürfen sich die Gäste auf ihre Teller laden.

Und gefällt jemandem der urige Stuhl im Stil der 1970er-Jahre, auf dem er gerade sitzt – bitte sehr, er kann ihn kaufen. Gegen Bezahlung ist hier so ziemlich alles zu haben, was ins Auge fällt.

Crêperie Fyra Knop CAFÉ €
(Karte S. 65; ☎ 08-640 77 27; Svartensgatan 4; Crêpes 64–84 Skr, Galettes 100–118 Skr; ⊙ Mo–Fr 17–23, Sa & So 12–23 Uhr; Ⓜ Slussen) Eine gemütliche Ausstattung mit einem Hauch Flohmarkt-Schick, Reggaesound und Werbeschildern der belgischen Biermarke Stella Artois bilden die Kulisse für perfekt zubereitete Crêpes. Das Café ist genau das Richtige für ein ruhiges Tête-à-tête, bevor es die Straße hinunter auf Clubtour geht.

Söderhallarna MARKTHALLE €
(Karte S. 65; Medborgarplatsen 3; ⊙ Mo–Mi 10–18, Do & Fr 10–19, Sa 10–16 Uhr; 🖊) In der Markthalle am Medborgarplatsen befinden sich ein Kino und Läden bzw. Stände, die vom Käse über Fleisch- und Wurstwaren bis zur recht guten vegetarischen Kost das gesamte kulinarische Spektrum abdecken.

★ Hermans Trädgårdscafé VEGETARISCH €€
(Karte S. 65; ☎ 08-643 94 80; www.hermans.se; Fjällgatan 23A; Büfett 175 Skr, Dessert ab 35 Skr; ⊙ 11–21 Uhr; 🖊; 🚌 2, 3, 53, 71, 76 Tjärhovsplan, Ⓜ Slussen) 🖊 Mit seinem zu Recht sehr beliebten vegetarischen Büfett, der verglasten Veranda und der Terrasse mit Ausblick auf Stockholms glitzernde Sykline zählt das Hermans zu den hübschesten Speiselokalen der Stadt. In einem gemütlichen Raum mit Gewölbedecken ist das Büfett mit einladenden, schmackhaften vegetarischen und veganen Kreationen aufgebaut. Auch wem diese Kost nicht ganz so liegt, sollte sich einen Ruck geben und hier mal einkehren, es lohnt sich wirklich.

Die überwiegend veganen und/oder glutenfreien Desserts (extra zu bezahlen) sehen toll aus. Beim Büfettangebot ist es allerdings ein Kunststück, im Magen noch Platz für einen Nachtisch zu lassen.

Mit einem gültigen Studentenausweis lässt sich manchmal ein Zwei-Personen-zu-einem-Preis-Deal aushandeln. Auf jeden Fall lohnt es sich, danach zu fragen.

Pelikan
SCHWEDISCH €€

(Karte S. 65; 📞 08-55 60 90 90; www.pelikan. se; Blekingegatan 40; Hauptgerichte 172–285 Skr; ⏱ 17–24/1 Uhr; Ⓜ Skanstull) In der jahrhundertealten Bierhalle mit hohen Decken und Holzpanelen servieren im doppelten Sinn nüchterne Kellner im Westen klassische *husmanskost*. Besonders gut schmecken die Heringsgerichte, z. B. der „SOS-Teller" (124–138 Skr) mit Rollmops und anderen sauer eingelegten Heringen. In der Regel gibt es auch eine vegetarische Anti-Kater-Spezialität. Das Aquavit-Sortiment ist beachtlich.

Östgöta Källaren
SCHWEDISCH €€

(Karte S. 65; 📞 08-643 22 40; Östgötagatan 41; Hauptgerichte 155–225 Skr; ⏱ Mo–Fr 17–1, Sa 15–1, So 17–1 Uhr; Ⓜ Medborgarplatsen) Die Stammgäste dieser gefühlvollen Mischung aus Pub und Restaurant reichen von multigepiercten Rockern bis hin zu älteren Damen mit silberblau getönten Haaren. Alle fühlen sich in der schummerig-romantischen Atmosphäre pudelwohl, sind in bester Laune und genießen die herzhafte schwedische, osteuropäische und französisch-mediterrane Kost. Lecker schmeckt z. B. die mit Safran gewürzte Meeresfrüchte-Kasserolle (198 Skr).

Das Lokal teilt sich den Eingang mit der im Keller gelegenen Vampire Lounge (S. 88).

Koh Phangan
THAILÄNDISCH €€

(Karte S. 65; 📞 08-642 50 40; www.kohphangan.se; Skånegatan 57; Vorspeise 85–95 Skr, Hauptgerichte 155–285 Skr; ⏱ Mo–Fr 16–1, Sa & So 12–1 Uhr; Ⓜ Medborgarplatsen) Das unsäglich kitschige Thai-Restaurant muss man live gesehen haben, um zu glauben, dass es so etwas gibt! In voller Schönheit zeigt es sich bei abendlicher Beleuchtung.

Wer will, kann in einem echten *tuk tuk* (Auto-Rikscha) speisen oder sich mit seinem Bier in eine lauschige Bambushütte zurückziehen. Eine Geräuschkulisse aus Grillenzirpen und Tropengewitter untermalt die ganze Szenerie.

Auf der Speisekarte stehen dazu passend Klassiker wie *kao pat gai* (gebratener Reis mit Hühnchen). Gelegentlich legen DJs auf. Eine zeitige Reservierung ist zu empfehlen.

Eriks Gondolen
SCHWEDISCH €€€

(Karte S. 65; 📞 08-641 70 90; www.eriks.se; Stadsgården 6; Hauptgerichte 215–340 Skr; ⏱ Mo 11.30–23, Di–Fr 11.30–1, Sa 16–1 Uhr; Ⓜ Slussen) Das Restaurant thront imposant über dem legendären Katarinahissen, dem historischen Aufzug am Slussen. Es ist berühmt für seine erstklassigen Gerichte der schwedischen Küche, seinen stilvollen Service, die perfekt gemixten Cocktails und den endlos weiten Ausblick. Außer dem formellen Speiseraum (Tischreservierung zu empfehlen) gibt es eine kleine Bar mit lässiger Atmosphäre. Im Sommer können die Gäste auch draußen sitzen – für Leute mit Höhenangst nicht unbedingt ideal. Eriks Gondolen eignet sich wunderbar, um bei edler Kost und guten Getränken zu entspannen und zugleich den Blick auf Stockholms schöne Skyline zu genießen. Nehmen mehrere Personen an dem Essen teil, lohnt sich die Platte mit Meeresfrüchten (545 Skr).

Ausgehen & Nachtleben

An eleganten Locations zum Ausgehen mangelt es in Stockholm nicht – ganz gleich, ob Cocktails oder Kaffee auf dem Plan stehen. Die meisten Cafés bieten auch gute Speisen an. Nach dem Essen lieben die Schweden ihren Kaffee – und den wiederum gerne mit Schuss. In dieser Stadt wird jeder etwas Passendes zum Abfeiern finden – nur wer eine düstere Kellerbar mit Fusel und zwielichtigen Stammgästen sucht, dürfte sich schwer tun.

Die coolsten und lässigsten Bars und Kneipen finden sich in bzw. auf Södermalm, der Insel der Bohemiens im südlichen Teil der Stadt. Hier gibt es auch billige Pinten zum Anheizen, z. B. in der Gegend Ecke Tjärhovsgatan und Östgötagatan. Für Glamour und dickere Geldbeutel sind Östermalms Nachtclubs zuständig. Selbst die Hotelbars ziehen die ultraschick gekleideten Cocktailfans an. Wichtig zu wissen: Zahlreiche Lokale unterschiedlichster Art verlangen eine Garderobengebühr von 30 bis 50 Skr.

Um Geld zu sparen, treffen sich viele Einheimische vor dem Ausgehen zu Hause und nehmen schon mal ein paar Drinks. Stockholmbesucher, die ihrem Beispiel folgen wollen, können sich in einem **Systembolaget** (Spirituosenladen; Karte S. 52; www.systembolaget.se; Drottninggatan 22; ⏱ Mo–Fr 10–19, Sa 10–15 Uhr) mit Stoff eindecken. Diese staatlichen Läden haben das Monopol auf den Verkauf von höherprozentigen Alkoholika (ab 3,5 %) im Einzelhandel. Bier mit einem Alkoholgehalt unter 3,5 % dürfen auch die Supermärkte verkaufen.

In Stockholm gibt es einige große Clubs, in denen die Elite der DJs regelmäßig auflegt; die schicksten dieser Art finden sich in Östermalm, vor allem rund um den Stureplan. Die angesagtesten Locations verlangen zwischen 150 und 200 Skr Eintritt und um überhaupt reinzukommen, sollte man sich richtig in Schale werfen. Södermalms Szene ist Jeans-freundlicher und breiter gefächert, das Programm der Clubnächte reicht von schwedischem Indie bis Salsa.

Pet Sounds Bar
BAR

(Karte S. 65; www.petsoundsbar.se; Skånegatan 80; Bier 72 Skr, Cocktails 118 Skr; M Medborgarplatsen) Einer der SoFo-Lieblinge – besonders bei Musikjournalisten, Indie-Freaks und seltsamen Gothic-Rockern. Im Restaurant gibt es ordentliches italo-französisches Essen, aber richtig ab geht's im Keller: Livekonzerte, Record-Release-Partys und DJs sorgen für ein gemischtes Wochenprogramm.

Akkurat
BAR

(Karte S. 65; ☎ 08-644 00 15; www.akkurat.se; Hornsgatan 18; Bier 59–95 Skr; ⏲ Mo–Fr 11–1, Sa 15–1, So 18–1 Uhr; M Slussen) Die Walhalla für Bierfreunde verführt mit einer großen Auswahl an belgischen Biersorten sowie einem stattlichen Sortiment von Bieren kleiner schwedischer Brauereien, darunter auch Nynäshamn's Ångbryggeri. Darüber hinaus ist das Akkurat eines der beiden einzigen Lokale, die in Schweden für ihr Real Ale eine Cask Marque erhalten haben: Diese Plakette ist eine besondere Auszeichnung für die Qualität des Ales (vom Renommee her vergleichbar mit dem Michelin-Stern). Zu den Besonderheiten der Bar zählen auch die lange Wand mit Whiskysorten und die Muscheln auf der Speisekarte (halbe/ganze Portion 155/215 Skr).

Kvarnen
BAR

(Karte S. 65; ☎ 08-643 03 80; www.kvarnen.com; Tjärhovsgatan 4; ⏲ Mo & Di 11–1, Mi–Fr 11–3, Sa 15–3, So 17–1 Uhr; M Medborgarplatsen) Das Kvarnen, eine der besten Bars in Söder, ist ein Treffpunkt der Fans der Fußballmannschaft des Sportvereins Hammarby. Die fantastische Bierhalle von 1907 trieft (im übertragenen Sinn) nur so vor Tradition. Wer nicht so der Clubtyp ist, geht besser tagsüber dorthin, um ein gepflegtes Bier zu trinken und etwas zu essen (Hauptgerichte 139–195 Skr).

Sobald der Abend anbricht, verwandelt sich das Ganze atmosphärisch in einen Nachtclub. Dass die Leute fast immer vor der Tür Schlange stehen, ist bei dieser Location in der Tat gerechtfertigt.

Vampire Lounge
BAR

(Karte S. 65; www.vampirelounge.se; Östgötagatan 41; ⏲ Mo–Fr 17–1, Sa 18–1 Uhr; M Medborgarplatsen) Der Name sagt alles: Die dunkle Kellerbar hat sich den Blutsaugern verschrieben. Im Boden sind Plexiglasfenster eingelassen, unter denen vampirabschreckende Utensilien wie Weihwasser, Kreuze und Knoblauch bereitliegen – falls eince Vampire auftauchen sollten. Einheimische empfehlen die Cocktails mit Eiscreme. Die Lounge teilt sich den Eingang mit dem Restaurant Östgöta Källaren (S. 87).

Marie Laveau
BAR

(Karte S. 65; www.marielaveau.se; Hornsgatan 66; ⏲ 11–3 Uhr; M Mariatorget) Die angesagte Location in einer früheren Wurstfabrik zieht das Bohemien-Völkchen der Söder-Szene geradezu magisch an. So lässig und cool wie die Gäste wirkt auch die durchgestylte Bar mit ihrem Fußboden im Schachbrettmuster und den gekachelten Säulen wie in den Tunnelbana-Stationen. Auf der Getränkekarte stehen mörderische Cocktails. Im ohnehin schweißtreibenden Untergeschoss gehen am Wochenende heiße Clubnächte über die Bühne, darunter einmal monatlich eine Britpop-Nacht (alle aktuellen Termine sind auf der Website zu finden).

Monks Porter House
PUB

(Karte S. 48; ☎ 08-23 12 12; www.monkscafe.se; Munkbron 11; ⏲ Di–Sa ab 18 Uhr; M Gamla Stan) In dem höhlenartigen Brauerei-Pub nimmt die Bierkarte kein Ende, allein 56 Fassbiere sind darauf vertreten. Viele der Biersorten werden vor Ort oder in der Monks-Mikrobrauerei in Vasastan gebraut. Die Biere schmecken lecker, insbesondere das Monks Orange Ale. Wer mehrere Biere ausprobieren möchte, lässt sich am bestem vom Barkeeper eine Auswahl empfehlen oder den Termin der nächsten offiziellen Bierverkostung nennen (die aktuellen Termine stehen auch auf der Website).

Berns Salonger
BAR

(Karte S. 52; www.berns.se; Berzelii Park; ⏲ Club Do–Sa 23–4 Uhr, gelegentl. auch Mi & So geöffnet, Bar tgl. ab 17 Uhr) Seit 1862 ist dieser glamouröse Vergnügungspalast eine Institution in Stockholm. Bis heute zählt das Berns zu den beliebtesten Party-Locations der Stadt. Im prächtigen Ballsaal finden hervorragende Livekonzerte statt. Die Beste der verschiedenen Bars liegt im lauschigen Untergeschoss, in der sich kreative Typen tummeln und DJs sowie experimentelle Kunstprojekte für Unterhaltung sorgen. Über die aktuellen Veranstaltungen informiert die Website. Bei manchen Events lassen sich die Karten nur im Vorverkauf erwerben.

Le Rouge BAR
(Karte S. 48; ☑08-50 52 44 30; Österlånggatan 17; ⊙Mo–Fr 11.30–14 & 17–1, Sa 17–1 Uhr) Die passende Bar für einen stilvollen Abend in der Altstadt: Das Paris des Fin-de-siècle lieferte die Inspirationen zu dieser dekadenten Lounge in Gamla Stan. Ihr Flair verdankt sie der Mischung aus schweren roten Samtsofas, Lampenschirmen mit Quasten, raffinierten Cocktails und französischen Bistrogerichten. Von Donnerstag bis Samstag legen DJs auf. (Nebenbei: Das angrenzende Restaurant wird von Danyel Couet und Melker Andersson betrieben, zwei der angesagtesten Spitzenköche der Stadt.)

Olssons BAR
(Karte S. 56; ☑08-673 38 00; Odengatan 41; ⊙Mi–Sa 21–3 Uhr) Die blaue Lichtreklame an der Hauswand erinnert noch daran, dass sich in den heutigen Barräumen mal ein Schuhladen befand. Die Bar grenzt an die Räume des Restaurants Storstad (S. 85) und bildet einen lebendigen Treffpunkt in einer vitalen Straße des Stadtviertels.

Lilla Baren at Riche BAR
(Karte S. 52; ☑08-54 50 35 60; Birger Jarlsgatan 4; ⊙Di–Sa 17–2 Uhr) Ganz oben auf der Beliebtheitsskala der Szene in Östermalm steht diese hübsche Bar mit großen Fenstern, angenehmen Barkeepern und talentierten DJs. Etwa ab 21 Uhr drängen sich hier Typen aus der Mode-, Literatur- und Medienwelt, um noch einen Sitzplatz zu ergattern.

Absolut Icebar BAR
(Karte S. 52; ☑08-50 56 35 20; www.icebarstockholm.se; Vasaplan 4, Nordic 'C' Hotel; Eintritt Online-Buchung/vor Ort 185/195 Skr; ⊙So–Do 11.15–24, Fr & Sa 11.15–1 Uhr) Die Bar ist ein Touristenmagnet und fast schon marktschreierisch – aber dennoch zugegebenermaßen ausgesprochen faszinierend. Die Bar ist komplett aus Eis gemacht, seien es die aus Eis geschnitzten Gläser, aus denen die Gäste trinken, oder die Tische. Im Eintritt inbegriffen sind ein Drink sowie die leihweise zur Verfügung gestellten warmen Schuhe, Fausthandschuhe und Parka. Jeder weitere Drink kostet 95 Skr.

Café Opera CLUB
(Karte S. 52; ☑08-676 58 07; www.cafeopera.se; Karl XII's Torg; Eintritt ab 160 Skr; ⊙Mi–So 22–3 Uhr; Ⓜ Kungsträdsgården) Rockstars brauchen einen geeigneten Schauplatz zum Anmachen, Trinken und Abtanzen – einen mit glitzernden Kronleuchtern, Deckenfresken und Jetset-Flair. Diese Mixtur aus Bar und Club erfüllt alle Bedingungen und noch mehr: Hier fühlen sich auch ganz normale Leute wie Rockstars. Stockholmbesucher, deren Zeit nur für einen einzigen Clubbesuch reicht, sollten auf jeden Fall hier vorbeischauen.

Sturecompagniet CLUB
(Karte S. 52; ☑08-54 50 76 00; www.sturecompagniet.se; Stureplan 4; Eintritt 120 Skr; ⊙Do–Sa 22–3 Uhr; Ⓜ Östermalmstorg) Schwedische Soapstars, Champagner in Strömen und „Schaut alle her, ich bin's"-Gehabe ergeben die dekadente Szene in diesem glamourösen Etablissement. Stylische Klamotten und zeigen, was man hat, sind Pflicht auf diesem Jahrmarkt der Eitelkeiten. Regelmäßig legen hier DJs mit großen Namen auf.

Spy Bar CLUB
(Karte S. 52; Birger Jarlsgatan 20; Eintritt ab 160 Skr; ⊙Mi–Sa 22–5 Uhr; Ⓜ Östermalmstorg) Ihren Status als Superstar der Clubszene hat die Spy Bar verloren (übrigens: *spy* bedeutet tatsächlich spucken), bleibt aber nach wie vor eine legendäre Institution. Auf einer Kneipentour durch Östermalm lohnt sich also der Abstecher durchaus. Die Räume verteilen sich auf drei Etagen eines Hauses aus der Zeit um 1900 (sehenswert: die alten Kachelöfen).

☆ Unterhaltung

Für die meisten Konzerte und Veranstaltungen sind die Eintrittskarten in der Touristeninformation erhältlich. Wenn nicht, erfährt man dort zumindest, wo es sie zu kaufen gibt (Auskunft unter ☑508 28 508).

Ein regelmäßig aktualisierter Veranstaltungskalender findet sich auf der Website www.visitstockholm.com (teilweise auch auf Deutsch). Eine gute Informationsquelle (Schwedischkenntnisse vorausgesetzt) ist auch der *På-Stan*-Teil der Freitagsausgabe der Stockholmer Tageszeitung *Dagens Nyheter* (www.dn.se). **Ticnet** (☑077-170 70 70;

www.ticnet.se) verkauft online Tickets für große Konzerte und Sportveranstaltungen.

Livemusik

Stockholms Musikszene ist ausgesprochen aktiv und facettenreich. Jede Nacht spielt irgendjemand irgendwo Livemusik, sei es Indie, schrägen Rock, Blues oder Balkanpop. Jazz und Blues sind besonders präsent, wozu vor allem einige legendäre Jazzclubs und das Jazzfestival Mitte Juli beitragen.

Die Eintrittspreise bei Livemusik-Veranstaltungen liegen zwischen 150 und 400 Skr; die stark schwankenden Preise hängen davon ab, welche Künstler live auftreten. Auf jeden Fall empfiehlt es sich, die Tickets im Voraus zu kaufen.

Debaser LIVEMUSIK

(Karte S. 65; ☑ 08-694 79 00; www.debaser. se; Medborgarplatsen 8; ☺ So–Do 19–1, Fr & Sa 20–3 Uhr; Ⓜ Medborgarplatsen) Debaser ist ein Mini-Imperium der Unterhaltung. Sein Vorzeige-Rockclub (Debaser Medis) befindet sich am Medborgarplatsen. Fast jede Nacht treten hier vielversprechende Talente oder bekanntere Stars auf. In den Clubnächten reicht das Programmspektrum von Rocksteady über Punk bis hin zu Electronica. Debaser betreibt auch mehrere Restaurants in verschiedenen Stadtteilen von Stockholm sowie eine Location in Malmö.

Mosebacke Etablissement LIVEMUSIK

(Karte S. 65; www.mosebacke.se; Mosebacketorg 3; Tickets 80–400 Skr; ☺ 18 Uhr bis spätnachts; Ⓜ Slussen) Von den Theater- und Clubnächten mal abgesehen veranstaltet dieser historische Kulturpalast auch Livekonzerte aller Musikgattungen. Die Bandbreite reicht vom Erwachsenenpop bis zu australischem Rock.

Auf der Terrasse (sie spielt in der ersten Szene in August Strindbergs „Das rote Zimmer" eine Rolle) dreht sich alles um den wunderbaren Blick auf die Stadt und die großartige Sommerbar.

Glenn Miller Café JAZZ, BLUES

(Karte S. 52; ☑ 08-10 03 22; Brunnsgatan 21A; ☺ Mo–Do 17–1, Fr & Sa 17–2 Uhr) Die kleine Jazz- und Blues-Bar hat ein fröhliches Stammpublikum. Sie bietet auch hervorragende, bezahlbare Klassiker der französischen Küche, wie z. B. Muscheln in Weißweinsauce.

Fasching JAZZ

(Karte S. 52; ☑ 08-53 48 29 60; www.fasching.se; Kungsgatan 63; ☺ Mo–Do 18–1, Fr & Sa 19–4, So 17–1 Uhr; Ⓜ T-Centralen) Der Musikclub Fa-

sching gehört zur Elite der Stockholmer Jazzclubs. Fast jede Nacht bringt er Livemusik auf die Bühne. Freitagnachts legen die DJs Afrobeat, Latin, Neosoul oder R 'n' B auf. Samstags kommen Retrosoul, Disco und selten gespielte Musikrichtungen dran.

Stampen JAZZ

(Karte S. 48; ☑ 08-20 57 93; www.stampen.se; Stora Nygatan 5; Eintritt frei bzw. bis 200 Skr; ☺ Mo–Do 17–1, Fr & Sa 20–2 Uhr, Bluesjam Sa 14–18 Uhr) Stampen zählt zu Stockholms alteingesessenen Musikclubs. An sechs Abenden der Woche (manchmal auch So) wird hier Jazz und Blues live gespielt. Beim kostenlosen Bluesjam an jedem Samstag um 14 Uhr geben sich Musiker aus der Nachbarschaft, aber auch alte Musiklegenden, die Ehre.

Globen LIVEMUSIK

(☑ 077-131 00 00; www.globen.se; Arenavägen; Ⓜ Globen) Das riesige weiße, kugelförmige Bauwerk südlich von Södermalm ähnelt einem gigantischen Golfball. Im Globen treten große Stars der Pop- und Rockszene auf. Auch Sportveranstaltungen und Messen finden hier statt.

Wenn sich drinnen nichts tut, wartet draußen eine Attraktion: SkyView. Dabei handelt es sich um eine kugelige Glasgondel, die außen an der Kugelwand des Gebäudes entlang hinauf bis zur Spitze fährt. Der Ausblick während der Fahrt ist atemberaubend.

Konzert, Theater & Tanz

Stockholm ist eine Stadt mit hervorragenden Konzerten, Tanz- und Opernaufführungen. Auf der Website www.visitstockholm.com gibt ein stets aktueller Veranstaltungskalender einen guten Überblick. Auskünfte sowie Tickets im Vorverkauf bieten auch die Touristeninformation und Ticnet (S. 89).

Opern werden fast immer in der Originalsprache aufgeführt, Sprechtheateraufführungen grundsätzlich auf Schwedisch.

Konserthuset KLASSISCHE MUSIK

(Karte S. 52; ☑ 08-50 66 77 88; www.konserthuset. se; Hötorget; Karten 80–325 Skr; Ⓜ Hötorget) In dem schönen blauen Gebäude finden klassische Konzerte statt, gespielt von musikalischen Koryphäen, u. a. dem Orchester der königlichen Philharmonie.

Operan OPER

(Karte S. 52; ☑ 08-791 44 00; www.operan.se; Gustav Adolfs Torg, Operahuset; Karten 100 bis 750 Skr; Ⓜ Kungsträdgården) Die Königliche Oper ist der Ort, um stimmgewaltige Tenöre

STOCKHOLMS SCHWULEN- & LESBENSZENE

Für Schwule und Lesben bildet Stockholm in jeder Hinsicht ein unterhaltsames Reiseziel. Dank der legendären Weltoffenheit der Schweden kommen schwulen-/lesbenfeindliche Einstellungen selten vor. Partygänger jeder Couleur sind in den Bars und Clubs willkommen. So hat sich auch nie ein „Schwulenviertel" herauskristallisiert, auch wenn sich die meisten Schwulen-/Lesben-Treffs in Södermalm und Gamla Stan befinden.

Über entsprechende Clubs und Veranstaltungen informiert das kostenlose Magazin *QX*, das überall in der Stadt in vielen Clubs, Läden und Cafés ausliegt. Immer auf dem neuesten Stand ist auch die Website von *QX* (www.qx.se, auch auf Englisch). Von *QX* gibt auch eine handliche *Gay Stockholm Map*, die in der Touristeninformation erhältlich ist.

Empfehlenswerte Bar sind z. B.:

Lady Patricia (Karte S. 65; ☑ 08-743 05 70; www.patricia.st; Söder Mälarstrand, Kajplats 19; ⏱ Mi & Do 17–24, Fr–So 17–5 Uhr) Lady Patricia ist ein Sonntagnacht-Dauerbrenner mit zwei immer rappelvollen Tanzflächen, Drag-Shows und schlagerliebendem Publikum. Und das alles an Bord einer alten, am Ufer vertäuten königlichen Jacht am Söder Mälarstrand (ein neuer Liegeplatz, an dem die Bar nun fünf Nächte pro Woche geöffnet ist).

Side Track (Karte S. 65; ☑ 08-641 16 88; www.sidetrack.nu; Wollmar Yxkullsgatan 7; ⏱ Mi–Sa 18–1 Uhr; Ⓜ Mariatorget) Dieses Etablissement mit schlichtem, pubähnlichem Ambiente und recht gutem Essen eignet sich für bodenständige Kerle auf „Beutezug".

Torget (Karte S. 48; www.torgetbaren.com; Mälartorget 13; ⏱ 17–24 Uhr, So 17–1 Uhr; Ⓜ Gamla Stan) Was Schwule und Lesben betrifft, ist dieses Bar-Restaurant in Gamla Stan Stockholms erste Adresse. Pseudobarockes Interieur und eine kultivierte Salonatmosphäre prägen das Ambiente.

und glockenreine Sopranistimmen zu hören oder sich eine Aufführung des klassischen Balletts anzusehen. Die Plätze mit schlechter Sicht sind preisgünstig.

Die Karten für die gelegentlich stattfindenden Mittagskonzerte kosten nicht einmal 200 Skr (inklusive eines kleinen Mittagessens).

Folkoperan THEATER

(Karte S. 65; ☑ 08-616 07 50; www.folkoperan.se; Hornsgatan 72; Tickets 145–455 Skr; Ⓜ Zinkensdamm) Mit innovativen, vom Opernpomp losgelösten und manchmal umstrittenen Inszenierungen holt die Volksoper die Oper aus der Mottenkiste und zeigt sie auf eine moderne Weise. Alle Besucher unter 26 Jahren zahlen den halben Eintrittspreis.

Dramaten THEATER

(Kungliga Dramatiska Teatern; Karte S. 52; ☑ 08-667 06 80; www.dramaten.se; Nybroplan; Karten 90–390 Skr; ♿; Ⓜ Kungsträdgården) Das Königliche Theater präsentiert unterschiedliche Theaterstücke in einem erhabenen Jugendstilambiente.

An mehreren Tagen in der Woche finden jeweils um 16 Uhr englischsprachige Führungen statt (Erw./Kind 30/60 Skr; Online-Buchung über die Website).

Stockholms Stadsteatern THEATER

(Karte S. 52; ☑ 08-50 62 02 00; www.stadsteatern.stockholm.se; Kulturhuset, Sergels Torg; Karten 200–350 Skr; Ⓜ T-Centralen) Stockholms Stadttheater befindet sich im Kulturhuset. Neben den regulären Aufführungen finden hier auch Gastspiele ausländischer Theaterensembles statt.

Dansens Hus TANZ

(Karte S. 52; ☑ 08-50 89 90 90; www.dansenshus.se; Barnhusgatan 12–14; Karten um 300 Skr, unter 20-Jährige halber Preis) Für Fans des modernen Tanzes ist der Besuch einer Aufführung im Dansens Hus ein Muss. Unter anderem haben hier schon der britische Choreograf Akram Khan und der innovative kanadische Choreograf Daniel Léveillé gastiert.

Sport

Bandy, ein Vorläufer des heutigen Eishockeys, ist ein einzigartiges skandinavisches Phänomen. Die Spiele werden den ganzen Winter über in Stockholms Eisarenen ausgetragen.

Wer sich für Eissport begeistert, sollte sich, wenn möglich, ein Eishockeyspiel live ansehen. Über Details informiert der Besucherservice vom Globen. Die Spiele finden von September bis April dreimal in der

Woche im Hovet (der Sportarena im Globen-Komplex) statt. Auch Fußballspiele sind hier regelmäßig zu sehen.

Im Winter entstehen im Kungsträdgården in Norrmalm und auf dem Medborgarplatsen in Södermalm improvisierte Eisbahnen für das allgemeine Publikum. In Buden neben den Bahnen kann man sich Schlittschuhe leihen (Erw./Kind Std. 50/30 Skr).

Zinkensdamms Idrottsplats · BANDY

(www.svenskbandy.se/stockholm; Ringvägen 16; Karten um 130 Skr; M Zinkensdamm) Hier einem Bandy-Match zuzuschauen, macht einfach Spaß! Der Sport, ein Vorläufer des Eishockeys, aber mit mehr Spielern (elf pro Team) und weniger Holzerei, ist seit dem Aufstieg des Hammarby-Teams Ende der 1990er-Jahre unglaublich populär geworden und inzwischen die drittgrößte Mannschaftssportart in Schweden. Die Saison dauert von November bis März; Karten gibt es an der Stadionkasse.

Gespielt wird mit einem runden Vinylball statt des üblichen Pucks. Die Regeln sind ähnlich wie beim Fußball, nur dass der Ball beim Bandy eben nicht getreten, sondern mit einem Stock geschlagen wird. Bei den winterlichen Temperaturen während der Saison ist es eine gute Idee, eine Thermoskanne voll *kaffekask* – (wärmende Mixtur aus Kaffee und Schnaps) ins Stadion mitzunehmen.

Shoppen

Stockholm ist ein Einkaufsparadies und Shoppen eine Art Volkssport. Große schwedische und internationale Modelabels wie Diesel, Urban Outfitters, Whyred und Face Stockholm haben ihre Läden in der verkehrsberuhigten Biblioteksgatan, die sich von Östermalm bis zum Norrmalmstorg erstreckt. In kleineren Straßen sind diese Marken mit Filialen vertreten. Östermalm ist die Domäne der teuren Modeboutiquen.

In Södermalm finden sich preisgünstigere und pfiffigere Läden sowie eine ganze Reihe Galerien. Die meisten Läden für Ansichtskarten und Souvenirs bietet Gamla Stan. Doch superbillige Massenware mit so beliebten Souvenirs wie Wikingerhüte und „Absolut Swede T-shirts" gibt es auch in der autofreien Drottninggatan.

Svenskt Tenn · DESIGN

(Karte S. 52; www.svenskttenn.se; Nybrogatan 15; ⊘ Mo–Fr 10–18.30, Sa 10–17, So 12–16 Uhr) Der Laden mit Kultstatus erinnert mehr an ein Museum als an ein Geschäft und hütet von Josef Frank und seinen Zeitgenossen entworfene und signierte Stoffe und Möbel. Ein Gang durch die Räume vermittelt sehr gut, was mit „klassischem schwedischen Design" gemeint ist. Der Laden ist im Besitz einer Stiftung, die Kunstprojekte finanziell unterstützt.

Svensk Slöjd · KUNSTHANDWERK

(Karte S. 52; Nybrogatan 23; ⊘ Mo–Fr 10–18, Sa 11–18 Uhr; M Östermalmstorg) Wer gerne ein traditionelles schwedisches Holzpferdchen möchte, dass wenigstens ein bisschen nach Unikat aussieht, wird sicher in diesem Geschäft fündig. Oder soll es doch lieber ein traditionelles Holzhuhn sein? Wie auch immer: Der Laden ist vollgestopft mit handgeschnitztem Krimskrams, luxuriösen Wollstoffen, handgemachten Kerzen, allerlei schmiedeeisernen Dingen, Strickkleidern und sonstigen anspruchsvollen Souvenirs und Geschenken.

Studio Lena M · GESCHENKE

(Karte S. 48; www.lenamdesign.se; Kindstugan 14; M Gamla Stan) Der kleine, spärlich beleuchtete Laden ist vollgestopft mit Druckgrafiken und anderen Produkten, deren grafisches Design von Lena M und gleichgesinnten Künstlern stammt. Der Laden eignet sich bestens, um ein einzigartig schwedisches Geschenk mit nach Hause zu nehmen oder um einfach nur eine schöne Postkarte zu kaufen.

Papercut · BÜCHER

(✆ 08-13 35 74; www.papercutshop.se; Krukmakargatan 24; ⊘ Mo–Fr 11–18.30, Sa 11–17, So 12–16 Uhr, Juli So geschl.; M Zinkensdamm) Der kunstvoll ausgestattete Laden verkauft Bücher, Zeitschriften und DVDs aus den Bereichen der erstklassigen Popkultur. Hier gibt es z.B. die neuesten Field Notes (kultige, aus den USA stammende Notizbücher), abgefahrene Filmzeitschriften und tolle Bücher über Pop-Ikonen.

Nordiska Galleriet · KUNST, KUNSTHANDWERK

(Karte S. 52; www.nordiskagalleriet.se; Nybrogatan 11; ⊘ Mo–Fr 10–18, Sa 10–17, So 12–16 Uhr; M Östermalmstorg) Die weitläufigen Verkaufsräume sind ein wahres Eldorado für Designfans. Stühle von Hannes Wettstein, Sofas von Hella Jongerius, Vasen von Alvar Aalto und Kindertische von Verner Panton für designbewusste Kids und noch vieles mehr kann man hier kaufen. Zu den in Reisekoffer passenden Möglichkeiten zählen Designer-

SCHWEDISCHES DESIGN

Nachdem das von Ingvar Kamprad entworfene blau-gelbe Design der IKEA-Läden die ganze Welt erobert hat, gilt das schwedische Design nicht mehr als ganz so „exotisch". Doch das bedeutet letztlich nur, dass mehr Leute die glatten, utilitaristischen Formen von unsichtbaren Schubladen und Papierlampen kennen.

Die Mehrzahl der cleveren Designs, die IKEA der breiten Masse zugänglich macht, stammt von Stockholms unglaublich kreativen Designern. Die Modelle in ihrer ursprünglichen, reinen Form sind in zahlreichen Museen von Stockholm und in manchen Läden zu sehen. Letztere sind so exklusiv, dass sie selbst schon ein Museum sein könnten.

Funktionale Eleganz kennzeichnet das schwedische Design. In den letzten Jahrzehnten hat allerdings eine erfrischende Tendenz zu weicheren oder verschnörkelten Linien mehr Leichtigkeit ins Spiel gebracht. Stockholms Nordiska Museet (S. 58) erzählt die Geschichte des schwedischen Designs anhand chronologisch arrangierter Objekte.

Beispiele für historisches und zeitgenössisches Design zeigen auch die edlen Läden von Svenskt Tenn (S. 92). In diesem Unternehmen entstanden Stoffe mit genialem floralem Muster, hier wirkte die Designerlegende Josef Frank. Und in der Nordiska Galleriet (S. 92) kann man sich ein schwindelerregendes Sortiment an hübschen Dingen ansehen.

In Södermalms Hauptstraße, der Götgatan, findet man **DesignTorget** (Karte S. 65; Götgatan 31), einen Designladen mit moderaten Preisen, außerdem die kultigen **10 Swedish Designers** (Tiogruppen; Karte S. 65; ☑ 08-643 25 04; Götgatan 25). Diese als *Tiogruppen* (schwedisch für Zehnergruppe) bekannt gewordenen zehn schwedischen Designer (darunter der berühmte Tom Hedqvist) schockierten 1970 die Designszene. Als junge Textildesigner wagten sie es, erstmals freche geometrische Muster auf den Markt zu bringen. Heute schmücken die markanten Muster Einkaufstaschen, Brieftaschen, Kissen, Teller und Servietten.

kleiderbügel, Hochglanzbücher über Architektur und farbenfrohe Papierservietten der Marke Marimekko.

Chokladfabriken — SCHOKOLADE
(Karte S. 65; www.chokladfabriken.com; Renstiernas Gata 12; ⊙ Mo–Fr 10–18.30, Sa 10–17 Uhr; Ⓜ Medborgarplatsen, Slussen) Der Schokoladen lockt mit himmlischen Leckereien, für die auch saisonale skandinavische Zutaten verwendet werden – das perfekte naschbare Souvenir! Neben unzähligen Variationen an Konfekt in hübschen Schachteln bietet er auch Kakao-Geschenkboxen (für eine heiße Schokolade an kühlen Tagen).

Im hauseigenen Café kann man sich gleich vor Ort einen großen Schluck Kakao genehmigen. Hier werden auch spezielle Backzutaten und -utensilien verkauft. Gelegentlich finden auch Verkostungen statt.

Science Fiction Bookshop — BÜCHER
(Karte S. 48; www.sfbok.se; Västerlånggatan 48; ⊙ Mo–Fr 10–19, Sa 10–17, So 12–17 Uhr; Ⓜ Gamla Stan) Auf den ersten Blick scheint es zunächst, als sei Gamla Stan nicht der richtige Ort für Science-Fiction. Doch irgendwie passt doch alles gut zusammen. Das ausgezeichnete Sortiment umfasst angesagte,

aber auch obskure Comics und Zeichnungen (teilweise auch auf Englisch) sowie Bücher, Spiele, Spielzeug und Poster. Das freundliche Personal hilft gerne bei der Suche nach verborgenen Schätzen.

Hedengrens — BÜCHER
(Karte S. 52; ☑ 08-611 51 32; Sturegallerian Shopping Centre; ⊙ Mo–Fr 10–19, Sa 10–17, So 12–19 Uhr; Ⓜ Östermalmstorg) Der tolle Buchladen in Östermalms feinem Einkaufszentrum bietet ein umfangreiches Sortiment an belletristischer Literatur und Sachbüchern in englischer Sprache.

Kartbutiken — KARTEN
(Karte S. 52, ☑ 08-20 23 03; www.kartbutiken.se; Mäster Samuelsgatan 54; ⊙ Mo–Fr 10–18, Sa 10–16, So 12–16 Uhr; Ⓜ T-Centralen) Der riesige, hilfreiche Laden führt alle Arten von Karten und Reiseführern für ganz Skandinavien, angefangen von städtischen Zentren bis zu abgelegenen Wandergebieten. Hinzu kommt eine große Auswahl an Souvenirs und Gadgets (technischen Spielereien).

Naturkompaniet — OUTDOORAUSRÜSTUNG
(Karte S. 52; www.naturkompaniet.se; Kungsgatan 4; ⊙ Mo–Fr 10–18.30, Sa 10–17, So 12–16 Uhr; Ⓜ Östermalmstorg) Hier findet sich alles, was für

Ausflüge in die schwedische Wildnis wichtig ist, vom Rucksack über Schlafsack und Wollsocken bis hin zu Stirnlampe, Kocher und Kompass. Das Unternehmen betreibt Filialen in mehreren anderen Stadtteilen.

PUB
KAUFHAUS

(Karte S. 52; Drottninggatan 72-6; ⊙ Mo–Fr 10–19, Sa 10–18, So 11–17 Uhr; Ⓜ T-Hötorget) Filmfans kennen das historische Kaufhaus PUB wahrscheinlich: Hier hat Greta Garbo mal gearbeitet. Lang ist es her, doch die Werbung mit dem schönen Engel funktioniert immer noch. Das Kaufhaus ist ein Zentrum für Mode und Lifestyle, in dem auch dynamische skandinavische Modelabels wie Stray Boys, House of Dagmar und Baum & Pferdgarten vertreten sind. Neue Kräfte lassen sich in der schicken Café-Bar sammeln.

Åhléns
KAUFHAUS

(Karte S. 52; ☎ 08-676 60 00; Klarabergsgatan 50; ⊙ Mo–Fr 10–21, Sa 10–19, So 11–19 Uhr; Ⓜ T-Centralen) Beim Kaufhaus-Giganten Åhléns findet man alles, was der Mensch so braucht, unter einem Dach versammelt.

NK
KAUFHAUS

(Karte S. 52; ☎ 08-762 80 00; www.nk.se; Hamngatan 12-18; ⊙ Mo–Fr 10–20, Sa 10–18, So 11–17 Uhr; Ⓜ T-Centralen) Das 1902 eröffnete NK (Nordiska Kompaniet) ist ein elegantes Kaufhaus und zählt zu den Wahrzeichen der Stadt. Von fast jeder Stelle in Stockholm kann man sein rotierendes Neon-Signet sehen. NK bietet eine große Auswahl an Topmarken und zum Ausruhen gleich mehrere hübsche Cafés. Stattlich ist auch das Souvenirsortiment im Untergeschoss, wo sich Lebensmittelabteilungen für Gourmetansprüche befinden. In der Vorweihnachtszeit sind die schön gestalteten Schaufenster sehenswert.

ⓘ Praktische Informationen

GELD

Geldautomaten gibt es in Hülle und Fülle, u. a. in der Centralstationen und an allen Flughäfen; freitag- und samstagabends muss man im Stadtzentrum mit langen Warteschlangen an den Automaten rechnen.

Die Wechselstuben-Kette Forex betreibt mehr als ein Dutzend Filialen in Stockholm. Für Reiseschecks werden 15 Skr pro Scheck verlangt.

Forex-Vasagatan (Vasagatan 16; ⊙ So–Fr 5.30–22, Sa 5.30–18 Uhr) Filiale in der Nähe der Touristeninformation und der Centralstationen. Im Terminal 2 im Flughafen Stockholm-Arlanda befindet sich ebenfalls eine Filiale.

INTERNETZUGANG

Fast alle Hostels und die meisten Hotels bieten ihren Gästen ein oder zwei Computer mit Internetzugang. Bei der häufig in den Zimmern möglichen WLAN-Nutzung fallen in vielen Fällen Kosten an; in einigen ist sie kostenlos. In der Centralstationen gibt es einige WLAN-Zonen (Account erforderlich) , die meisten Cafés bieten ihren Gästen kostenlosen WLAN-Zugang.

Wer ohne eigenen Computer reist, hat weniger Möglichkeiten. In den meisten öffentlichen Bibliotheken dürfen Besucher die hauseigenen Computer mit Internetzugang nutzen, wenn sie eine kostenlose Mitgliedskarte unterschreiben.

MEDIEN

Dagens Nyheter (www.dn.se) Überregionale und auflagenstärkste Tageszeitung mit einem großen Kulturteil. Am Wochenende enthält die Beilage (På-Stan) einen Veranstaltungskalender. Die Website (nur auf Schwedisch) ist eine gute Quelle, um Neuigkeiten über Restaurants und Bars zu erfahren, sofern man die Sprache einigermaßen beherrscht.

Nöjesguiden (www.nojesguiden.se) Informatives Magazin mit Nachrichten aus den Bereichen Unterhaltung und Popkultur sowie einem nützlichen Veranstaltungskalender.

Svenska Dagbladet (www.svd.se) Drittstärkste Tageszeitung, die in Stockholm erscheint.

NOTFALL
Ärztliche Beratung rund um die Uhr (☎ 08-32 01 00)

Rund um die Uhr besetzte Polizeistationen Kungsholmen (☎ 08-401 00 00; Kungsholmsgatan 37); Södermalm (☎ 08-401 03 00; Torkel Knutssonsgatan 20).

AutoAssistans (☎ 020-53 65 36) Pannenhilfe.

Notruf (☎ 112) Kostenlose Rufnummer für Polizei, Feuerwehr und Krankenwagen.

MEDIZINISCHE VERSORGUNG

Apoteket CW Scheele (www.apoteket.se; Klarabergsgatan 64; Ⓜ T-Centralen) Rund um die Uhr geöffnet; liegt nahe dem T-Centralen.

CityAkuten (☎ 020-150 150; www.cityakuten. se; Apelbergsgatan 48; ⊙ Mo–Do 8–18, Fr 8–17, Sa 8–15 Uhr) Medizinischer und zahnärztlicher Notdienst.

Södersjukhuset (☎ 08-616 10 00; www.soderjukhuset.se; Ringvägen 52) Das am zentralsten gelegene Krankenhaus.

POST

Briefmarken kaufen und Post aufgeben kann man an zahlreichen Stellen in der Stadt, u. a. auch an Zeitungskiosken und in Supermärkten. Die Stellen sind mit dem Logo der schwedischen Post (Gelb auf blauem Grund) gekennzeichnet.

Neben dem Supermarkt Hemköp befindet sich im Untergeschoss des Hauptgebäudes des Kaufhauses **Åhléns** (S. 94) eine Poststelle.

TELEFON

Smartphones sind in Stockholm allgegenwärtig, während Münztelefone nahezu vollständig aus dem Stadtbild verschwunden sind. Die wenigen noch vorhandenen öffentlichen Fernsprecher funktionieren fast nur noch mit Telefonkarte, die es an jedem Pressbyrån (Zeitungskiosk) zu kaufen gibt, oder mit Kreditkarte, was aber unverschämt teuer ist.

Eine *telefon kort* (Telefonkarte) für 50 oder 120 Skr reicht bei Ortsgesprächen ungefähr für 50 bzw. 120 Gesprächsminuten. Beim Kauf muss man deutlich angeben, dass die Karte für einen öffentlichen Fernsprecher gebraucht wird und nicht zum Aufladen des Handys.

Die Verfügbarkeit des eigenen Handys und die in Schweden eventuell anfallenden Roaminggebühren sollten noch vor Reiseantritt mit dem eigenen Netzanbieter abgeklärt werden. Für einen längeren Aufenthalt lohnt es sich möglicherweise, in Schweden ein billiges Prepaid-Handy zu kaufen.

TOURISTENINFORMATION

Stockholm Visitors Center (Karte S. 52; ☎ 08-508 28 508; www.visitstockholm.com; Kulturhuset, Sergels Torg 3; ⊘ Mo–Fr 9–19 Uhr, im Winter nur 18 Uhr, Sa 10–16 Uhr, So 10–16 Uhr; Ⓜ T-Centralen) Das Hauptbesucherzentrum der Stadt hat seine Räume direkt im Kulturhuset am Sergels Torg.

Visit Djurgården (Karte S. 62; ☎ 08-667 77 01; www.visitdjurgarden.se; Djurgårdsvägen 2; ⊘ 9 Uhr bis zum Einbruch der Dunkelheit) Die Touristeninformation ist spezialisiert auf Djurgården, sie liegt an der Djurgården-Brücke und grenzt an das Sjöcaféet (S. 71) – ein guter Standort, um einen Happen zu essen oder etwas zu trinken und dabei den Tag zu planen.

ℹ An- & Weiterreise

AUTO & MOTORRAD

Die Autobahn E4 führt auf ihrem Weg von Helsingborg nach Haparanda knapp westlich am Stockholmer Stadtzentrum vorbei. Die Autobahn E20 von Stockholm nach Göteborg über Örebro folgt der E4 bis nach Södertälje. Die E18 von Kapellskär nach Oslo verläuft in Ost-West-Richtung direkt nördlich des Stadtzentrums.

BUS

Start- und Zielpunkt der meisten Fernbusse ist der Busbahnhof **Cityterminalen** (Karte S. 52; www.cityterminalen.com; ⊘ 7–18 Uhr), der mit der Centralstationen verbunden ist. Am Hauptschalter werden Fahrkarten mehrerer Busun-

ternehmen verkauft, darunter Flygbussarna (Flughafenbusse).

FÄHRE

Sowohl **Silja Line** (☎ 22 21 40; www.tallinksilja.com; Silja & Tallink Customer Service Office, Cityterminalen) als auch Viking Line (S. 385) bieten Fährverbindungen nach Turku und Helsinki.

Die Fähren von Tallink (S. 385) legen in Tallin (Estland) und Riga (Lettland) an.

FLUGZEUG

Stockholms größter Flughafen, **Stockholm Arlanda** (☎ 10-109 10 00; www.swedavia.se/arlanda), liegt 45 km nördlich von Stockholm und ist von der Innenstadt gut per Bus oder Expresszug zu erreichen. Der Flughafen verfügt über Gepäckschließfächer (klein/mittel/groß 24 Std. 40/50/80 Skr), die mit Kreditkarte bezahlt werden müssen. Es gibt auch eine **Gepäckaufbewahrung** (☎ 08-797 62 28; ⊘ 6–23 Uhr).

Manche Inlandsflüge werden über den **Bromma Airport** (☎ 797 68 00; Ⓜ Brommaplan), 8 km westlich von Stockholm, abgewickelt. Der Skavsta Airport (S. 383) bei Nyköping, 100 km südlich von Stockholm, wird hauptsächlich von Billigfliegern wie Ryanair genutzt.

ZUG

Stockholm ist ein Knotenpunkt für die Inlandszüge der **Sveriges Järnväg** (SJ; ☎ 0771-75 75 75; www.sj.se). Die **Gepäckschließfächer** befinden sich in der unteren Ebene der **Centralstationen** (Ⓜ T-Centralen).

ℹ Unterwegs vor Ort

AUTO & MOTORRAD

Vom Autofahren im Stockholmer Zentrum ist abzuraten. Schmale Einbahnstraßchen, verstopfte Brücken und sehr begrenzte Parkmöglichkeiten sind die Dauerprobleme. Der Djurgårdsvägen ist nahe Skansen nachts, an den Wochenenden im Sommer sowie an einigen Feiertagen gesperrt. Absolut nicht erlaubt sind Autofahrten durch die Gässchen von Gamla Stan. Parken ist ein ziemliches Problem, zwar gibt es überall in der Stadt *P-hus* (Parkhäuser), doch die kosten bis 100 Skr pro Stunde. Die Pauschaltarife am Abend sind meisten etwas niedriger.

FAHRRAD

Die Nahverkehrszüge der SL transportieren Fahrräder nur dann kostenlos, wenn sie als Gepäckstück verpackt sind, und auch dann nur, wenn ausreichend Platz vorhanden ist. Nicht erlaubt sind Fahrräder in der Centralstationen oder in der Tunnelbana, auch wenn sich manche Fahrgäste darüber hinwegsetzen.

Die Selbstbedienungsstationen von Stockholm City Bikes (S. 70) findet man über die ganze Stadt verteilt. Die Fahrräder können für drei Stunden ausgeliehen und an jeder beliebigen City-Bikes-Station wieder zurückgegeben werden. Die erforderliche Fahrradkarte ist online oder in der Touristeninformation erhältlich. Die Saisonkarte gilt von April bis Oktober.

ZUM/VOM FLUGHAFEN

Der Arlanda-Express benötigt von der Centralstationen bis zum Arlanda Airport 20 Minuten. Die Züge verkehren von etwa 5 bis 0.30 Uhr alle 10 bis 15 Min. (nach 21 Uhr weniger regelmäßig). In der Hochsaison (Mitte Juni bis August) können zwei Erwachsene gemeinsam mit einer Karte für 280 Skr fahren.

Mit dem Taxi kostet die Fahrt von der Centralstationen zum Flughafen um die 520 Skr. Den genauen Preis sollten Reisenden jedoch vorher mit dem Fahrer vereinbaren. Abzuraten ist von Taxen ohne sichtbare Kontakt-Telefonnummer. Taxi Stockholm ist eines der seriösen Taxiunternehmen.

Airport Cab (☐ 08-25 25 25; www.airportcab. se) fährt von Stockholm zum Arlanda Airport zu einem Festpreis, der zwischen 365 und 390 Skr (je nach Entfernung) liegt, in der Gegenrichtung werden 475 Skr verlangt.

Eine preiswertere Möglichkeit ist der **Flygbuss** (www.flygbussarna.se) zwischen Stockholm-Arlanda und dem Cityterminalen. Die Haltestelle ist Halt 11 am Terminal 5. Die Busse (119 Skr, 50 Min.) fahren alle 10 oder 15 Minuten. Die Busfahrkarten kann man online, am Schalter im Cityterminalen oder am Selbstbedienungsautomaten von Flygbuss kaufen.

ÖFFENTLICHE VERKEHRSMITTEL

Storstockholms Lokaltrafik (SL; ☐ 08-600 10 00; www.sl.se; Centralstationen, Sergels Torg; einfach 25–50 Skr, 24-Std.-/72-Std.-/ 7-Tage-Pass 115/230/300 Skr, Stud. & Sen. halber Preis) betreibt alle Tunnelbana-Linien (U-Bahn-Linien), die Nahverkehrszüge und die Linienbusse im gesamten Bezirk Stockholm.

Die Fahrkarten und die Tages-Pässe sind erhältlich an den SL-Schaltern, den Ticketautomaten in den Tunnelban-Station und an den Pressbyrå-Kiosks (Zeitungskiosks). In den Bussen werden keine Karten verkauft. Die Bußgelder sind deftig: Für das Fahren ohne gültigen Fahrausweis werden 1200 Skr fällig.

Aufladbare SL-Reisecards (20 Skr) können für eine einfache Fahrt oder auch in unbegrenzter Höhe aufgeladen werden.

Die Stockholm Card (s. S. 50) gilt in allen SL-Zügen und allen SL-Bussen im Großraum Stockholm. Internationale Zugpässe (z. B. Scanrail, Interrail) gelten nicht in den SL-Zügen. Kinder unter sieben Jahren fahren in Begleitung eines Erwachsenen in den SL-Verkehrsmitteln kostenlos.

Die Innenstadtbusse fahren strahlenförmig von Sergels Torg, Odenplan, Fridhemsplan (auf Kungsholmen) und Slussen ab. Bus 47 verbindet Sergels Torg mit Djurgården. Bus 69 fährt von der Centralstationen und Sergels Torg zu den Ladugårdsgärdet-Museen und zum Kaknästornet. Nützliche Buslinien für Vandrarhem-Gäste sind die Linie 65 (von Centralstationen nach Skeppsholmen) und Linie 43 (von Regeringsgatan nach Södermalm).

Die *Pendeltåg*-Züge (Nahverkehrszüge) sind am praktischsten für die Verbindungen nach Nynäshamn (mit Anschluss an die Fähren nach Gotland), nach Märsta (mit Anschluss an Busse nach Sigtuna) und nach Uppsala (dann wird ein Zuschlag erforderlich).

Die historische Straßenbahn Nr. 7 (und ihre modernen Pendants) verkehrt zwischen dem Norrmalmstorg und Skansen. Unterwegs kommt sie an den meisten Attraktionen von Djurgården vorbei. Die SL-Pässe gelten auch in der historischen Bahn.

SCHIFF/FÄHRE

Die Stadtfähre Djurgårdsfärjan verbindet das Gröna Lund Tivoli auf Djurgården mit Nybroplan (verkehrt nur im Sommer) und Slussen (ganzjährig) und fährt im Sommer bis zu sechsmal pro Stunde (sonst seltener). Die einfache Fahrt kostet 36 Skr (Inhaber von SL-Karten fahren umsonst).

TAXI

Ein Taxi zu bekommen, ist selten ein Problem, doch die Fahrt ist teuer. Auf jeden Fall sollte man auf den Taxameter achten oder alternativ vor der Fahrt einen Festpreis vereinbaren. Der Grundpreis beträgt um die 45 Skr, dazu kommen 10 bis 13 Skr pro Kilometer. Eine 10-km-Fahrt, die rund 15 Min. dauert, kostet zwischen 230 und 250 Skr.

Frauen, die nachts alleine unterwegs sind, sollten nach der *tjej-taxa* fragen, einem speziellen Rabatt, den manche Taxiunternehmen weiblichen Fahrgästen anbieten. Generell gilt: möglichst die etablierten, seriösen Unternehmen wie z. B. die Taxiunternehmen **Taxi Stockholm** (☐ 08-15 00 00; www.taxistockholm.se), **Taxi 020** (☐ 020-20 20 20; www.taxi020.se) oder **Taxi Kurir** (☐ 0771-86 00 00; www.taxikurir. se) nutzen.

RUND UM STOCKHOLM

Die königlichen Schlösser, historischen Dörfer und Spuren der Wikinger im Großraum Stockholm sind schon den einen oder anderen Ausflug wert. Praktisch und bequem sind die SL-Pässe, ihr Preis beinhaltet die uneingeschränkte Nutzung aller Busse und Nahverkehrszüge in diesem Gebiet. Kostenlose Fahrpläne gibt es im SL-Informationszentrum in der Centralstationen und in den meisten Tunnelbana-Stationen sowie auf der Website von SL.

Die märchenhaften Inseln der Stockholmer Schären im Osten der Stadt haben schon Schriftsteller wie August Strindberg und Maler wie Anders Zorn verzaubert. Die Fähren sind nicht teuer und für ausgedehntere Inseltouren gibt es Fährpässe.

Drottningholm

Die auf Lovön gelegene königliche Residenz Drottningholm und ihr Park sind beliebte Attraktionen und von der Hauptstadt aus leicht zu erreichen.

◉ Sehenswertes

Drottningholms Slott SCHLOSS
(☎ 08-402 62 80; www.kungahuset.se; Erw./Kind 120 Skr/frei, Kombiticket inkl. chinesischer Pavillon 180 Skr/frei; ⊙ Mai–Aug. tgl. 10–16.30 Uhr, Sept. bis Nov. & Feb.–April tgl. 11–15.30 Uhr, Dez. & Jan. geschl.; Ⓟ; Ⓜ Brommaplan, dann Buslinie 301-323 Drottningholm, ⛴ Stadshuskajen nur im Sommer) Heute noch nutzt die königliche Familie während eines Teils des Jahres den vom Renaissancestil inspirierten **Hauptpalast** als Residenz. Entworfen hat das Bauwerk der große Architekt Nicodemus Tessin d. Ä. Der Baubeginn war 1662 und damit ungefähr gleichzeitig mit dem Bau des Schlosses in Versailles.

Besucher können die öffentlich zugänglichen Flügel auf eigene Faust erkunden, es lohnt sich jedoch, an einer der einstündigen Führungen (10 Skr; auf Englisch) teilzunehmen. Von Juni bis August finden sie täglich um 10, 12, 14 und 16 Uhr statt, in den anderen Monaten (außer Dez. und Jan.) jeweils um 12 und 14 Uhr. Die Führer geben auf eine unterhaltsame Weise u. a. auch einen Einblick in das kulturelle Umfeld, das Teile der Inneneinrichtung beeinflusste.

Der untere nördliche Trabantensaal, ursprünglich eine Wachstube, prunkt heute mit goldverzierten Ledertapeten, die im 17. Jh. viele Schlossräume schmückten. Die barocke Galerie Karls X. Gustav stellt die militärischen Großtaten dieses Monarchen dar, die Decke zeigt klassische Schlachtszenen. Das üppig ausgeschmückte Prunkschlafzimmer der Hedwig Eleonora ist Schwedens teuerstes Barockinterieur; seine Gemälde schildern die Kindheit Karls XI. Die Deckenmalerei zeigt Karl X. und seine Gemahlin, Hedwig Eleonora.

Etwa 2000 Bücher der Sammlung von Luise Ulrike wurden zur sicheren Verwahrung nach Stockholm in die Königliche Bibliothek gebracht. Ihre Bibliothek im Schloss ist aber immer noch ein freundlicher, beeindruckender Raum, in dem die meisten Originalelemente aus dem 18. Jh. erhalten geblieben sind. Das prachtvolle Treppenhaus mit Statuen und Trompe-l'œil-Malerei auf jedem Absatz ist ein Gemeinschaftswerk von Nicodemus Tessin d. Ä. und seinem Sohn. Beeindruckend und einen Erkundungsspaziergang wert sind auch die geometrisch angelegten Gärten.

Drottningholms Slottsteater & Teatermuseum MUSEUM
(Schlosstheater & Theatermuseum in Schloss Drottningholm; www.dtm.se; Eintritt nur im Rahmen einer Führung, Erw./Kind 100 Skr/frei; ⊙ Führungen Mai bis Aug. Fr–So stündl. 12–16.30 Uhr, Sept.–Okt. & April Fr–So stündl. 12–15.30 Uhr) Das Schlosstheater wurde nach den Vorstellungen von Königin Luise Ulrike gebaut und 1766 fertiggestellt. Erstaunlicherweise blieb das Theater seit dem Tod Gustavs III. (1792) bis 1922 völlig unverändert. Heute ist es das älteste im Originalzustand erhaltene Theater der Welt.

Die faszinierende Führung schließt auch andere Räume des Schlosses ein. Highlights sind handgemalte Tapeten aus dem 18. Jh. und ein italienisch inspiriertes Frühstückszimmer (*salon de déjeuner*) mit dreidimensionalen Effekten an den Wänden und einer Decke, die wie ein freier Himmel wirkt.

Im Sommer finden im **Drottningholms Slottsteater** (www.dtm.se; Karten 300–995 Skr) Aufführungen statt. Dabei wird die Bühnentechnik aus dem 18. Jh. inklusive ihrer Seilzüge, Bühnenwagen und Windmaschinen genutzt. Das Bühnenbild kann tatsächlich in weniger als sieben Sekunden. gewechselt werden! Illusionen gehören zum Tagesgeschäft eines Theaters und so finden sich hier Elemente aus imitiertem Marmor und Pappmaché in Hülle und Fülle. Sogar die Bühne ist so angelegt, dass sie größer wirkt, als sie tatsächlich ist.

Drottningholm

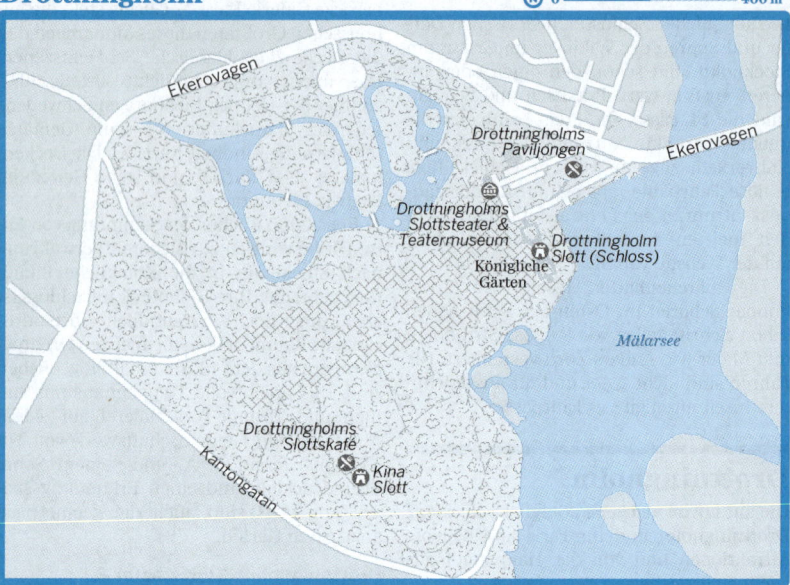

Kina Slott
SCHLÖSSCHEN

(Chinesischer Pavillon; Erw./Kind 100 Skr/frei, Kombiticket inkl. Hauptpalast 180 Skr/frei; 11–16.30 Uhr) Ganz am hinteren Ende des königlichen Parks liegt das Kina Slott (Chinesisches Schloss). Dieses üppig ausgeschmückte pavillonartige Schlösschen ließ König Adolf Fredrik 1753 als Geburtstagsüberraschung für Königin Luise Ulrike bauen. Im Zeitraum von 1989 bis 1996 wurde das Schlösschen liebevoll renoviert. Die von der Rokoko-Chinoiserie beeinflusste Einrichtung gehört zu den schönsten ihrer Art in ganz Europa.

Die Führung ist im Eintrittspreis inbegriffen. Die englischsprachigen Führungen starten von Juni bis August täglich um 11, 13 und 15 Uhr (Mai–Sept. seltener). Auf dem Gelände gibt es ein Café, das leckere Waffeln verkauft.

Am Hang unterhalb des Kina Slott steht das karnevaleske **Wachzelt**, das 1781 zur Unterbringung der Dragoner Gustavs III. errichtet wurde und eigentlich gar kein Zelt ist (ebenfalls eine Illusion).

 Essen

Besucher können im Park picknicken oder in einem der Restaurants unweit des Schlosses einkehren.

Drottningholms Paviljongen
CAFÉ €€

(08-759 04 25; Snacks 85–120 Skr, Hauptgerichte 155–250 Skr; Mittag- und Abendessen) Das Café nahe dem Bootsanleger bietet Snacks wie z. B. Sandwiches, aber auch herzhaftere Hauptgerichte sowie Kaffee und Kuchen. Die Sitze im Freien verleihen dem Ganzen das Flair einer Gartenparty.

Drottningholms Slottskafé
SCHWEDISCH €€

(08-759 00 35; Drottningholm; Hauptgerichte 110–265 Skr; Mai–Aug. 9.30–17 Uhr, in den restlichen Monaten des Jahres 11–16 Uhr) Das schöne Café-Restaurant befindet sich auf dem Schlossgelände und bietet neben Kaffee und Kuchen auch Hauptgerichte. Sowohl die Innenräume als auch die Plätze im Freien besitzen viel Atmosphäre.

An- & Weiterreise

Wer Zeit hat, kann bequem mit dem Fahrrad auf einem gut markierten Weg zum Schloss gelangen. Eiligere fahren mit der Tunnelbana bis Haltestelle Brommaplan und steigen dort in man Bus der Linien 301 bis 323 um (die SL-Pässe sind gültig). Gemächlicher und idyllischer befördert Strömma Kanalbolaget (S. 71) die Besucher zum Schloss (etwa 1 Std., einfach 145 Skr, hin & zurück 195 Skr). Zwischen Mai und Mitte September starten die Schiffe mehrmals täglich vom Anleger an der Stadshusbron (Stockholm); Mitte bis Ende September verkehren die Schiffe seltener. Das Kombiticket (375 Skr) beinhaltet die Hin- und Rückfahrt sowie die Eintrittsgebühren für den Palast und den Chinesischen Pavillon.

Stockholms Schären

Wer Stockholmer nach den Schären fragt, muss mit einem Schwall lobpreisender Antworten rechnen. Dieses faszinierende Wunderland aus felsigen Inseln mit dichten Wäldern, Blumenwiesen und kleinen roten Holzhäusern schirmt die Stadt gegen die offene Ostsee ab. Über die genaue Anzahl der Inseln lässt sich streiten. Die Schätzungen reichen von 14 000 bis 100 000, die Mehrheit meint, es seien um die 24 000. Wie groß die Anzahl auch sein mag: Besucher sollten sich Stockholms Schärengarten nicht entgehen lassen! Viele der Inseln liegen näher an Stockholm als mancher glaubt und sind mit regulären Fähren oder im Rahmen organisierter Inseltouren leicht zu erreichen.

Für einen Ausflug in die Inselwelt stehen zwei grundsätzliche Möglichkeiten zur Wahl, wobei letztlich der persönliche Reisestil entscheidet. Wer wenig Zeit hat, kann an einer der mehrstündigen oder ganztägigen Bootstouren teilnehmen, die an mehreren Inseln vorbeiführen und mit ein oder zwei kurzen Landgängen verbunden sind.

Besucher mit mehr Zeit können gemächlich auf eigene Faust Erkundungstouren unternehmen und dabei auch die Übernachtung auf einer Schäreninsel ins Auge fassen. In der Inselregion finden sich komfortable Hostels, Campingplätze und angenehme Hotels sowie einige hervorragende Restaurants, die dazu beitragen, Inselausflüge zu einem traumhaften Erlebnis zu machen.

Manche der Inseldörfer liegen allerdings sehr abgelegen und bieten wenig oder gar keine Möglichkeiten, essen zu gehen oder Lebensmittel einzukaufen. In diesem Fall sollte sich jeder mit genügend eigenem Proviant eindecken. Einige Ausflugsboote haben ein Bar-Restaurant an Bord.

Außerhalb einer organisierten Tour eine bestimmte Insel zu erreichen, kann sich mitunter als knifflig erweisen. Die Sommerfahrpläne der Schiffe werden in der Regel erst eine Woche vor dem Termin, an dem sie in Kraft treten, veröffentlicht. Das erschwert die Planung von Fahrten zwischen verschiedenen Inseln. Eine Planung ist jedoch wichtig, da die Unterkünfte meistens frühzeitig im Voraus gebucht werden müssen. Die gute

Nachricht: Auch wenn sich die Fahrpläne mehr oder weniger stark ändern, die Routen bleiben Jahr für Jahr gleich.

Waxholmsbolaget (s. unten), der Hauptanbieter im öffentlichen Schiffsverkehr innerhalb des Schärengartens, teilt die Inselregion in drei Bereiche: Mitte, Nord und Süd. In jedem Abschnitt liegen mehrere nummerierte Routen, auf denen die Schiffe oder Fähren (in der Regel einmal am Tag) pendeln und unterwegs an verschiedenen Stationen Halt machen. Kurz zusammengefasst: Die Reederei bietet Linienverkehr auf dem Wasser, der sich mit Linienbussen an Land vergleichen lässt. Im Waxholmsbolaget-Büro in Stockholm sind Karten und Fahrpläne erhältlich, das hilfsbereite Personal beantwortet Fragen und hilft bei der Planung. Darüber hinaus findet sich auch auf der Website ein nützlicher Tourenplaner.

ⓘ Praktische Informationen

Skärgårdsstiftelsen (Schärengarten-Stiftung; archipelagofoundation.se) Die Schwerpunkte der Stiftungsarbeit sind der Naturschutz und die Nachhaltigkeit, weniger der Tourismus. Die Stiftung verwaltet die Naturschutzgebiete der Schären, außerdem besitzt bzw. überwacht sie etliche Hostels und historische Stätten im gesamten Schärengarten.

Visit Skärgården (Karte S. 62; ☏ 08-52 22 27 22; www.visitskargarden.se; Kajplats 18, Strandvägen; ⏰ Mo–Fr 9–17, Sa 10–16, So 11–16 Uhr; Ⓜ T-Ropsten) Das Stockholmer Informationszentrum liegt direkt am Wasser. Hier erhält man Auskunft über die Unterkunftsarten auf den Schäreninseln, kann Übernachtungen buchen und sich über Inselfahrten informieren. Besucher können sich hier auch am besten informieren, was sie sich unbedingt ansehen sollten und welche Aktivitäten vor Ort möglich sind.

ⓘ An- & Weiterreise

Waxholmsbolaget (Karte S. 52; ☏ 08-679 58 30; www.waxholmsbolaget.se; Strömkajen; einfach 45–130 Skr, 5-Tage-Pass 440 Skr, 30-Tage-Pass regulär/Sen. 770/470 Skr; ⏰ 8–18 Uhr; Ⓜ Kungsträdgården) Waxholmsbolaget ist der Hauptanbieter im öffentlichen Schiffsverkehr innerhalb des Schärengartens. Die Reederei bietet auch Inseltouren mit einem wunderschönen alten Dampfschiff an (der Fahrplan steht auf der Website). Fahrpläne und Informationen zu allen Waxholmsbolaget-Routen gibt es im Büro am Strömkajen (vor dem Grand Hôtel), am Hafen in Vaxholm sowie auf der Homepage.

Die Reederei betreibt im Sommer auch eine Fährverbindung nach Djurgården (SL-Pässe haben Gültigkeit).

Stockholm & Umgebung

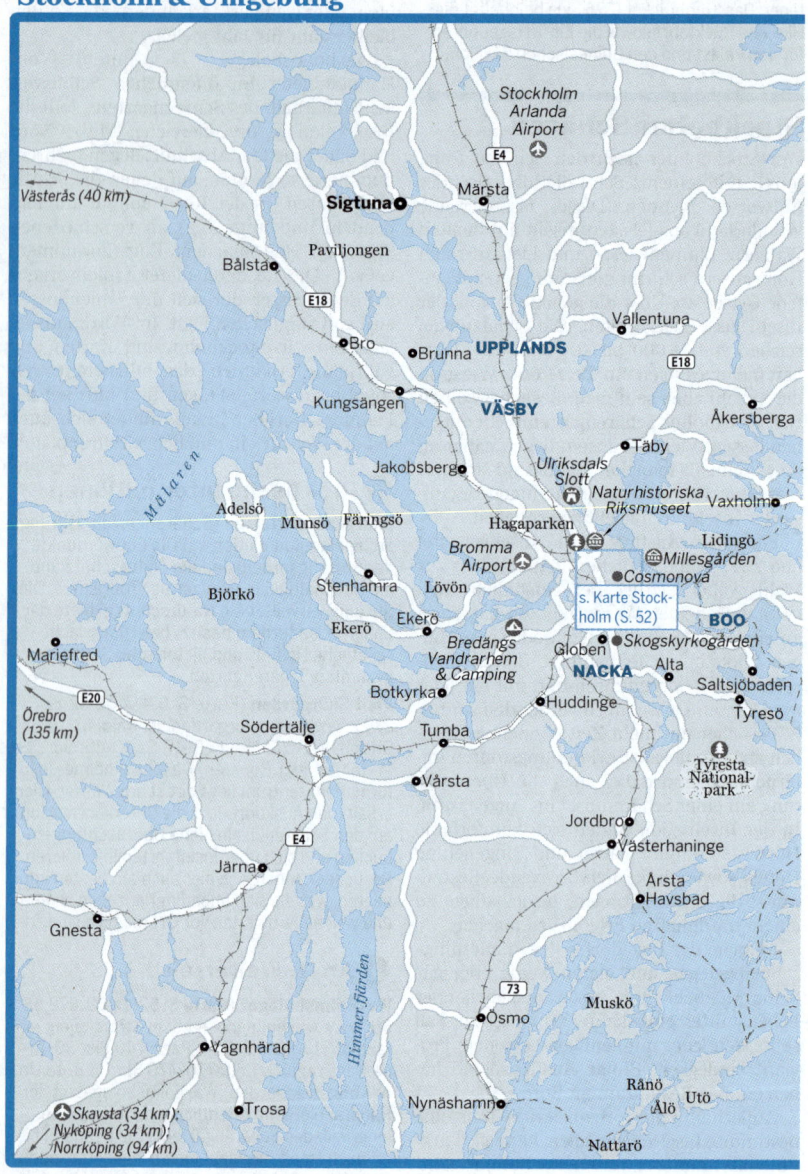

Thousand Island Cruise (Tausend-Insel-Tour, Karte S. 52; ☎ 08-12 00 40 00; www.stromma. se; Nybrokajen) Strömma Kanalbolaget bietet Schiffsverbindungen zwischen verschiedenen Inseln des Schärengartens sowie Schiffstouren, die unter einem bestimmten Thema stehen. Bei knapp bemessener Zeit empfiehlt sich die eintägige Thousand Island Cruise (tgl. Juli–Mitte Aug.). Das Schiff legt in Stockholm um 9.30 Uhr am Nybrokajen ab und kehrt um 20.30 Uhr zurück. Im Preis (1150 Skr) inbegriffen sind ein Mittag- und Abendessen, Getränke und eine Führung an Land.

N 0 ——————— 20 km

Rimbo

Bergshamra

Ängsö

Ängsö
National-
park

Östanå   Ljusterö

Finnhamn

Svartsö

Grinda

Fjäderholmarna

Vindö

Värmdö
Gustavsberg

Djurö

Stavsnäs   Runmarö   Sandön

Ingarö

Nämdö

Dalarö

Ornö

nördlich der Stadt und ist mit dem Bus leicht erreichbar – tummeln sich in dem charmanten Inselstädtchen im Sommer mitunter wahre Menschenmassen. Doch an einem sonnigen Frühlingstag sind seine krummen Straßen und Bilderbuchhäuser einfach unwiderstehlich. Verlockend sind auch die lebendige Restaurantszene und der sehr beliebte Weihnachtmarkt im Dezember. Interessant, besonders für Schifffans, ist der Archipelago Boat Day Dag (Skärgårdsbåtens) am ersten Mittwoch im Juni (frühzeitige Platzreservierung ratsam). Wer vor Ort übernachten will: In der Touristeninformation ist eine Liste mit privaten B&Bs erhältlich.

Die Stadt Vaxholm wurde 1647 gegründet und hat heute etwa 4900 Einwohner, während die Gemeinde Vaxholm, zu der 57 bewohnte Inseln gehören, 11 000 Einwohner umfasst. Das älteste Gebäude steht in Norrhamn, nur wenige Fußminuten nördlich des Rathauses. Ausgesprochen fotogen ist die Hamngatan mit ihrer reizvollen Architektur, ihren Galerien, Boutiquen und Souvenirshops. Vaxholms markanteste Attraktion ist jedoch die imposante Festung, die 1548 errichtet wurde, um die nördliche Zufahrt zum Meer zu verteidigen. Ihre Schutzfunktion bewies sie noch 1719 beim Angriff der russischen Marine auf die Schären. Dabei wurden fast alle Siedlungen der Inseln bis auf die Grundmauern niedergebrannt, doch den Angreifern gelang es nicht, bis zur schwedischen Hauptstadt vorzudringen.

◉ Sehenswertes

Vaxholms Kastell & Museum

HISTORISCHE STÄTTE, MUSEUM
(☏ 08-54 17 18 90; www.vaxholmsfastning.se; Vaxholm Kastellet; Erw./Kind 60 Skr/frei; ☉ Juni 12.15–16 Uhr, Juli & Aug. 11.15–17 Uhr) Den Bau der Festung gab König Gustav Vasa 1544 in Auftrag, um die schwedische Hauptstadt und das Festland zu schützen. Mit Erfolg konnte ihre Besatzung zahlreiche Attacken abwehren, darunter 1612 den Angriff der Dänen und 1719 die Invasion der russischen Kriegsmarine. Von Mitte des 18. Jhs. bis 1842 diente die Festung als Gefängnis.

Das beeindruckende Bauwerk liegt auf einer kleinen Insel östlich der Stadt und beherbergt heute ein Museum sowie ein freundliches B&B.

Zwischen 11 und 17 Uhr legt alle 20 Minuten eine Fähre vom Hafen in Vaxholm zur Festungsinsel ab.

Vaxholm

Vaxholm ist gewissermaßen die Hauptstadt des Schärengartens und das Tor zu dieser faszinierenden Inselwelt. Aufgrund seiner Nähe zu Stockholm – es liegt nur 35 km

Hembygdsgård MUSEUM
(☑ 08-54 13 19 80; Trädgårdsgatan 19; ⊘ Mai–Aug.
Sa & S 11–16 Uhr) GRATIS Das Freilichtmuseum
Hembygdsgård hütet die schönsten alten
Häuser von Norrhamn. Ein hervorragendes Beispiel für eine Fischerbehausung des
späten 19. Jhs. bildet die **fiskarebostad**
(Fischerwohnung). Das Haus ist komplett
eingerichtet, auch der typisch schwedische
Kamin fehlt nicht. Das preisgekrönte Café
auf dem Gelände ist von Mitte Mai bis Mitte
September täglich geöffnet.

🛏 Schlafen & Essen

Supermärkte und Spirituosenläden befinden sich in der Hamngatan.

Vaxholm/Bogesunds Slottsvandrarhem HOSTEL €
(☑ 08-54 17 50 60; www.bogesundsslottsvandrar
hem.se; Bogesunds Gård; B ab 205 Skr; 🅿 @ 🛜;
🚌 681 Bogesunds Gård) Das einladende
STF-Hostel liegt 5,5 km südwestlich von
Vaxholm hinter dem Schloss Bogesund
inmitten einer wunderschönen ländlichen
Idylle. Es hat zwar eine hübsche Gemeinschaftsküche, aber keinen Laden, sodass
man zum Einkaufen der Lebensmittel nach
Vaxholm fahren muss. Die Busse verkehren selbst im Sommer unregelmäßig. Vom
Söderhamnsplan in Vaxholm fährt ein Bus
zum Hostel (Abfahrt: Mo–Fr 11, 14.12, 17.20
und 18.40 Uhr, Sa & So 11.40, 14.40 und
17.40 Uhr).

Vaxholms Bäckerei BÄCKEREI, CAFÉ €
(Vaxholmsbagarna; ☑ 08-54 13 18 72; Söderhamnen 6; Frühstücksbüfett 70 Skr, Gebäck ab 20 Skr;
⊘ Mo–Sa 6–20, So 8–18 Uhr) Die Kombination
aus Bäckerei und gemütlichem Café liegt
am Rand des Hafens. Das sehr preisgünstige
Frühstücksbüfett ist einfach, aber sättigend.
Nicht teuer sind auch der gute Kaffee, die
Sandwiches und die verschiedenen leckeren
Backwaren. In der Nachbarschaft ist der
Laden offensichtlich sehr beliebt, denn während des ganzen Vormittags herrscht hier
reger Kundenverkehr.

Waxholms Hotell SCHWEDISCH €€
(☑ 08-54 13 01 50; www.waxholmshotell.se; Hamngatan 2; Tagesgericht 105 Skr, Hauptgerichte
159–355 Skr; ⊘ Mo–Sa 12–22.30, So 12–21 Uhr)
Das große Restaurant in einem historischen
Gebäude gegenüber vom Hafen besticht
mit gutem Essen und einem unglaublich
schönen Ausblick. Während die Bar im Erdgeschoss ein eher hemdsärmeliges Flair besitzt, strahlt der Speiseraum im ersten Stock
dezente Eleganz aus. Im Sommer können
die Gäste ihr Mittagessen auch auf der Terrasse des Bar-Cafés Kabyssen einnehmen.
Die Fischgerichte, darunter Ostseeheringe
als Spezialität, sind sehr zu empfehlen.

Im Juli und das ganze Jahr über an den
Wochenenden gibt es hier Zimmer mit
Halb- oder Vollpension zum Sonderpreis
(EZ/DZ mit Halbpension 1150/1425 Skr, mit
Vollpension 1500/2125 Skr).

Melanders Fisk FISCH & MEERESFRÜCHTE €€
(☑ 08-54 13 34 66; Hamngatan 2; Hauptgerichte
ab 130 Skr; ⊘ Mo–Fr 10–18, Sa & So 10–15 Uhr)
Melanders Fisk liegt direkt am Wasser. Es
ist ein Fischmarkt mit einem Café, das erstklassiges Essen anbietet. Wenn auf der Tageskarte ein Fischeintopf steht, sollte man
zuschlagen. Doch auch die anderen Gerichte
aus Fisch und Meeresfrüchten schmecken
hervorragend.

ℹ Praktische Informationen

Banken, Geldautomaten, Geschäfte und andere
nützliche Einrichtungen befinden sich in der
Hamngatan.

Touristeninformation (☑ 08-54 13 14 80;
www.vaxholm.se; Rådhuset; ⊘ Mo–Fr 10–18,
Sa & So 10–16 Uhr) Befindet sich im *rådhus*
(Rathaus) abseits der Hamngatan. Das Rathaus
ist an seinem Zwiebelturm, den es einem 1925
erfolgten Umbau verdankt, leicht zu erkennen.

ℹ An- & Weiterreise

Die Buslinie 670 (SL-Pässe gelten) verkehrt
regelmäßig zwischen der Tunnelbana-Station
T-Tekniska Högskolan und Vaxholm (Stadtzentrum und Hafen).

Die Fähren von Waxholmsbolaget (S. 99)
pendeln täglich von 8 bis 19.15 Uhr mindestens
stündlich zwischen Vaxholm und dem Strömkajen in Stockholm (50–70 Min., einfach 75 Skr).

Die Fähren von Strömma Kanalbolaget (S. 71)
fahren von April bis Dezember täglich um 12 und
um 15 Uhr vom Strandvägen (Ankerplatz Nr. 16)
nach Vaxholm (3 Std., hin & zurück 250 Skr).

Utö

Mit ihren beeindruckenden Sandstränden,
sattgrünen Märchenwäldern, verschlafenen
Bauernhöfen, einer reichen Vogelwelt und
einem renommierten Restaurant ist Utö der
Star im südlichen Teil des Schärengartens.
Rund 230 Bewohner leben auf der Insel,
besucht wird sie jährlich von rund 300 000
Touristen.

Speiselokale und Unterkünfte befinden sich in Gruvbryggan, dem nördlichsten Dorf der Insel und Hauptanlegeplatz der Fähre. Es lohnt sich, die gesamte 13 km lange und 4 km breite Insel zu erkunden, ihr gutes Straßen- bzw. Wegenetz bietet gute Voraussetzungen für tolle Fahrradtouren. Am Gästehafen (einer Art Jachthafen) können Besucher Fahrräder ausleihen.

⊙ Sehenswertes & Aktivitäten

In der näheren Umgebung von Gruvbryggan am nördlichen Ende der Insel liegen die meisten Sehenswürdigkeiten. Vom Hafen aus sind die verschiedenen Attraktionen gut ausgeschildert. Einen Blick wert sind die gut erhaltenen **Bergmannshäuser** aus dem 18. Jh. in der Lurgatan. Die **Windmühle** im holländischen Stil bietet einen schönen Ausblick auf die Küste. Ein 20-minütiger Spaziergang auf einem Waldweg Richtung Rävstavik führt zu imposanten eiszeitlichen **Felsplatten**.

Eisenbergwerk
MINE

(⊙ 24 Std.) Schwedens ältestes Eisenbergwerk, das 1150 eröffnet und 1879 geschlossen wurde, bildet die ungewöhnlichste Attraktion der Insel. Seine drei Gruben sind heute geflutet und bilden eine stimmungsvolle, beeindruckende Stätte. Die tiefste Grube ist die Nyköpingsgruvan (215 m). Das **Bergbaumuseum** in einem kleinen Holzhaus gegenüber vom Hotel Värdshus hat keine regelmäßigen Öffnungszeiten. Im Sommer ist es ungefähr von 11 bis 15 Uhr geöffnet (genaue Öffnungszeiten vor Ort erfragen).

Stora Sand
STRAND

Das ist der beste Sandstrand an der Südküste! Vom Hotel *Värdshus* aus lässt er sich mit dem Fahrrad in 40 Minuten erreichen. Die Fahrt dorthin ist wunderschön, doch mitunter wegen militärischer Übungen gesperrt. Auskunft über den aktuellen Stand der Dinge gibt die Touristeninformation oder die Rezeption des Hotel Värdshus.

🛏 Schlafen & Essen

Utö Värdshus
HOTEL, HOSTEL, HÜTTEN €€€

(☑ 08-50 42 03 00; www.utovardshus.se; Gruvbryggan; Hostel EZ/DZ 425/850 Skr, 2-Pers.-Hütte inkl. Frühstück pro Pers. ab 995 Skr, Hotel EZ/DZ 1750/2300 Skr) Das einzige Hotel auf der Insel verfügt über eine gute Ausstattung und ein Gourmetrestaurant (im Jan. geschlossen; Hauptgerichte ab 200 Skr).

Zum Hotel gehört auch ein sehr hübsches STF-Hostel mit gemütlichen Mehrbettzimmern. Die Zimmer sind zwar recht klein, haben aber Ausblick auf den malerischen Hafen. Die Hosteläume verteilen sich auf vier Stockwerke, die man mangels Lift nur zu Fuß erreicht. Hostelgäste können im Hotel frühstücken, das große, gut durchdachte Frühstücksbüfett kostet 150 Skr pro Person.

Utö Bageri
BÄCKEREI, IMBISS €€

(Frühstück 80–120 Skr, Mittagessen 140 Skr, Sandwiches 40–70 Skr; ⊙ 8–17 Uhr) Unglaublich gut schmeckt der Kaffee in dieser tollen Bäckerei in einem Cottage am Hafen. Erstklassig sind auch die Backwaren (unbedingt die Zimt-Kardamom-Schnecken probieren) sowie die delikaten, sättigenden Sandwiches, die Frucht-Smoothies und die warmen Gerichte. Die beste Zeit zum Frühstücken ist die Zeit zwischen 8 und 9 Uhr, danach wird der Laden rappelvoll.

Nya Dannekrogen
EUROPÄISCH €€

(☑ 08-50 15 70 79; www.nyadannekrogen.se; Bygatan 1; Hauptgerichte 150–250 Skr; ⊙ Mai–Sept.) In dem lebendigen Restaurant am Hafen von Gruvbryggan herrscht eine junge, lässige Atmosphäre. Sein Speiseangebot reicht von herzhaftem Fischeintopf bis zu Polenta. Sehr zu empfehlen sind die Bratheringe (175 Skr) mit Preiselbeeren und Kartoffelbrei. Eigenartigerweise scheint hier aber die Pizza das beliebteste Gericht zu sein.

ℹ Praktische Informationen

Touristeninformation (☑ 08-50 15 74 10; ⊙ Mai–Sept. 10–16 Uhr) Bietet eine nützliche Karte von Utö. Das Büro befindet sich in einer kleinen Hütte am Gästehafen (eine Art Jachthafen) von Gruvbryggan, der nördlichsten Ortschaft der Insel. Wenn die Touristeninformation geschlossen ist, erhält man Auskunft und die Karte im Hotel Värdshus gleich oben auf dem Hügel.

ℹ An- & Weiterreise

Es gibt zwei Möglichkeiten nach Utö zu gelangen:
➜ Mit der Fähre von Waxholmsbolaget (S. 99) – im Sommer startet sie täglich um 8.45 Uhr am Strömkajen (4 Std., einfach 130 Skr). Für die Rückfahrt legt sie in Gruvbryggan jeweils um 15.30 Uhr ab.
➜ Mit einer Kombi-Fahrt aus SL *pendeltåg* (Nahverkehrszug), Bus und Fähre: Los geht es mit dem Zug von der Stockholmer Centralstationen nach Västerhaninge (30 Min., regelmäßig), dort steigt man in die Buslinie 846 um und fährt von

dort geht es weiter mit einer Waxholmsbolaget-Fähre bis Utö (75 Skr, 45 Min., im Sommer 8-mal tgl.) – vorher erkundigen, ob die Fähre in Gruvbryggan hält. Die Fähre von Gruvbryggan nach Årsta Brygga verkehrt achtmal täglich, zwischen 6.45 und 20.30 Uhr.

Arholma

Arholma ist eine ruhige, idyllische Insel im äußersten Norden des Schärengartens. Bei einem russischen Überfall im Jahr 1719 legten die Angreifer sämtliche Gebäude in Schutt und Asche. Der Leuchtturm, die Landmarke der Insel, wurde im 19. Jh. wieder aufgebaut und beherbergt heute eine Kunstgalerie, die einen eindrucksvollen Ausblick bietet.

Im frühen 20. Jh. entwickelte sich die Insel zu einem beliebten Badeort. Arholma wirkt wohlhabend, aber dennoch ländlich, und fasziniert mit seinen grünen Weiden, Wanderwegen, Sandstränden und felsigen Badestränden.

Der steile, in den Felsen gehauene Weg zum Leuchtturm (Båkan genannt) ist eine ziemliche Herausforderung. Bequemer zu erreichen ist die alte Kapelle (10–20 Uhr geöffnet). Einen ebenso herrlichen Ausblick wie der Leuchtturm bietet die **Batteri Arholma,** eine Geschützstellung der Küstenstreitkräfte, die heute ein Museum ist. Sie grenzt an die Archipelago Lodge; der Zugang zum Aussichtspunkt ist kostenfrei. Nicht kostenlos sind die englischsprachigen Führungen (Erw./Kind 100/50 Skr), die im Sommer täglich um 10, 11.15, 13.30 und 14.45 beginnen (Buchung über die Rezeption der Lodge). Ein 5 km langer Wanderweg führt durch den bewaldeten Nordteil der Insel. Eine Karte der Insel ist in jedem der Hostels erhältlich.

🛏 Schlafen & Essen

⭐ **Bull-August Vandrarhem** HOSTEL €
(☑ 0176-560 18; www.bullaugust.se; Arholma Södra Byväg 8; EZ/DZ ab 340/575 Skr) Das hübsche, komfortable Hostel ist eine tolle Unterkunft. Es liegt 1 km vom Hafen entfernt und befindet sich in den Gebäuden eines alten, renovierten Bauernhofes. Einige der Zimmer liegen im Haupthaus, andere in rustikalen Nebengebäuden aus Holz. Zu seinen Vorzügen zählen eine große, moderne Gemeinschaftsküche, ein gemütlicher Fernsehraum, ein sonniger grasbewachsener Hof, eine Waschküche, ein Fahrradverleih und eine besonders nette Hausherrin.

Das Frühstück wird in einem Zelt, das auf dem grasbewachsenen Hof steht, serviert und ist die verlangten 75 Skr allemal wert.

Arholma Nord Archipelago Lodge HOSTEL €€
(☑ 08-017 65 62 40; www.arholmanord.se; Riddarviken; EZ/DZ ab 550/980 Skr; ☉ ganzjährig; P 🤎) Die Lodge aus Hotel und Hostel bietet eine ganze Reihe unterschiedlicher Unterkünfte. Im Hostel überwiegen die schlichten Mehrbettzimmer, doch es gibt auch einige ausgesprochen hübsche Hütten. Die Infrastruktur ist gut: So gibt es eine Sauna, einen Grillplatz sowie einen Fahrrad- und Kajakverleih (ab 50/250 Skr) für Ausflüge zu Wasser und zu Land, einen kleinen Badestrand sowie ein kleines Restaurant. Im Preis inbegriffen sind Frühstück und Bettwäsche. Die Rezeption nimmt auch die Buchung der Führungen durch die Arholma Batteri vor.

Die Lodge liegt 1,2 km vom Hafen entfernt und ist gut ausgeschildert.

Arholma Dansbana SCHWEDISCH €€
(☑ 073-521 55 01; Norra Bryggan 7; Hauptgerichte 155–185 Skr; ☉ ab 17 Uhr) Das Restaurant auf einem Hügel ist das einzige Speiselokal in der Nähe des Hafens. Von den Tischen im Speiseraum mit großen Panoramafenstern und den Sitzplätzen im Freien genießen die Gäste einen faszinierenden Ausblick. Im Innenraum sind die Tische rund um die Tanzfläche gruppiert (daher der Name *dansbana*/Tanzboden), deshalb geht es hier an den Sommerwochenenden am Abend meistens richtig quirlig zu. Die Speisekarte ist kurz, enthält aber gut ausgewählte Gerichte. Empfehlenswert sind der Fischeintopf und die vegetarischen Spezialitäten.

ℹ An- & Weiterreise

➜ Die Fährlinie 27 von Waxholmsbolaget (S. 99) fährt eine langen, aber malerische Route von Stockholm über Vaxholm, Norrsund und Tjockö nach Arholma (130 Skr, 4½ Std.). Von Montag bis Freitag startet die Fähre jeweils um 10 Uhr am Strömkajen in Stockholm, im Sommer auch samstags und sonntags um 8.45 Uhr. Abfahrt in Arholma Richtung Stockholm ist montags bis freitags jeweils um 16.20 Uhr; im Sommer samstags um 15.10 Uhr und sonntags um 16.15 Uhr.

➜ Mit der SL: Von der Tunnelbana-Station Danderyds Sjukhus geht es zuerst mit der Buslinie 676 nach Norrtälje, dort steigt man in die Buslinie 636 um und fährt bis Simpnäs (der Bus verkehrt 3- bis 6-mal tgl.). Von hier aus fährt eine Waxholmsbolaget-Fähre (45 Skr, 20 Min.) zur Insel Arholma.

Finnhamn

Auf der 900 m langen Insel nordöstlich von Stockholm fasziniert die Kombination aus üppigen Wäldern, sattgrünen Wiesen, geschützten Buchten, felsigen Klippen und der Chance, Uhus zu beobachten. Im Sommer ist Finnhamn ein beliebtes Ausflugsziel, dennoch bleiben noch genügend ruhige Winkel, um sich zurückzuziehen.

In der Nähe des Strandes befindet sich eine Sauna (pro Pers. und Std. 100 Skr); buchen lässt sie sich im STF-Hostel, wo Besucher sich auch Kajaks leihen können. Wanderwege, an denen mehrere Aussichtspunkte mit atemberaubendem Panoramablick liegen, überziehen den größten Teil der Insel. Ein kleiner Laden am Hafen (bis 19 Uhr geöffnet) mit einem einfachen Lebensmittelsortiment verkauft auch Snacks für den Hunger zwischendurch.

🛏 Schlafen & Essen

STF Vandrarhem Utsikten   HOSTEL €
(📞 08-54 24 62 12; www.finnhamn.se; B/EZ/DZ 320/520/640 Skr; ⏲ ganzjährig; @📶🔊) Einfach grandios sind die Ausblicke in dem Hostel in einer großen Holzvilla („Utsikten" bedeutet „Aussicht"). Sein freundliches Personal kümmert sich außerordentlich gut um die Gäste und macht damit die kleinen Zimmer allemal wett. Da es sich um ein altes Gebäude handelt, mangelt es an Schalldämmung. Bei einer größeren Anzahl an Gästen kann es daher laut werden, doch die lebendige, fröhliche Atmosphäre macht viel Spaß. Als Ausgangspunkt für Streifzüge über die Insel liegt das Hostel geradezu ideal. Eine frühzeitige Buchung ist unerlässlich.

Vom Hafen läuft man rund 1 km auf einem holprigen, gut ausgeschilderten Schotterweg zum Hostel. Vor dem Gebäude (an der Seeseite) stehen noch einige hosteleigene Hütten für jeweils vier Personen (ab 1095). Auf dem Gelände befindet sich auch ein Campingplatz (Nacht 120 Skr). Das Frühstück wird im Hostel serviert (zusätzlich 90 Skr). Gäste können Kajaks und Ruderboote ausleihen (an der Rezeption fragen).

⭐ **Finnhamns Café & Krog**   SCHWEDISCH €€€
(📞 08-54 24 62 12; www.finnhamn.se; Ingmarsö; Vorspeise 98–185 Skr, Hauptgerichte 175–265 Skr; ⏲ Juni–Aug. 11–21 Uhr, in den restlichen Monaten des Jahres nur an Wochenenden) 🍽 Obwohl es das einzige Speiselokal auf der Insel ist, hat sich Finnhamns Krog nichts vorzuwerfen.

Ganz im Gegenteil: Sowohl die Küche als auch der Service sind erstklassig und das gesamte Ambiente ist stilvoll, aber zugleich sehr gemütlich. Fisch und Meeresfrüchte verwandeln die Köche in kulinarische Highlights. Empfehlenswert ist z. B. der Finnhamn-*tallrik* (185 Skr), ein Teller mit einer Auswahl an regionalem Fisch, Kartoffeln und anderen Beilagen. Auf saisonale regionale Zutaten wird großer Wert gelegt. Für das Abendessen ist eine Tischreservierung ratsam.

Auf der Dachterrasse befindet sich eine Bar mit einer guten Auswahl schwedischer Biersorten. Im Sommer wird an den Wochenenden abends Livemusik gespielt.

ⓘ An- & Weiterreise

➜ Eine Fähre von Waxholmsbolaget (S. 99) fährt im Sommer vom Strömkajen in Stockholm über Vaxhom nach Finnhamn (130 Skr, 3 Std., Mo–Fr & So 3-mal tgl., Sa 2-mal).

➜ Die Fähre von Strömma Kanalbolaget (S. 71) fährt im späteren Frühjahr und im Sommer vom Strandvägen direkt nach Finnhamn (165 Skr, 2 Std. 10 Min., Mai–Sept. 2-mal tgl., Mitte April bis Anfang Mai eingeschränkter Fahrplan).

Siaröfortet

Die winzige Insel Kyrkogårdsön liegt direkt an der wichtigen Schifffahrtsstraße nördlich von Ljusterö und 40 km nordöstlich von Stockholm. Sie zählt zu den faszinierendsten Inseln des Schärengartens und lässt sich bequem im Rahmen eines Tagesausflugs erkunden.

Nach Ausbruch des Ersten Weltkriegs war die Militärführung der Meinung, die Geschützstellung auf Vaxholm sei den Anforderungen nicht mehr gewachsen. Deshalb wurde 1916 mit dem Bau der Siaröfortet (Festung Siarö) auf Kyrkogårdsön begonnen. Heute ist die Verteidigungsanlage ein spannendes Museum (www.blidosundsbolaget. se/siarofortet; Erw./Kind 50/30 Skr; ⏲ Mai–Aug. Mo–Fr 10.30–14, Sa & So 10.30–17 Uhr). Besichtigt werden können die Offiziersmesse, die Küche, Schlafquartiere, ein Tunnel und zwei beeindruckende 15,2-cm-Kanonen (die so ausgerichtet sind, dass sie die vorbeifahrenden Fähren der Viking treffen könnten!). Je nach Nachfrage können sich die an sich festen Öffnungszeiten ändern. In der Saison finden Führungen statt (Buchung im STF-Hostel), in der Regel Montag bis Donnerstag um 13 Uhr, Freitag und Samstag um 12.30 und sonntags um 15.30 Uhr.

Das **STF Vandrarhem Siaröfortet** (☎08-24 30 90; kontoret@blidosundsbolaget.se; B/EZ/DZ ab 200/395/520 Skr; ☺Ende April–Okt.) befindet sich in den Räumen der alten Kaserne und ist ein ausgezeichnetes Hostel. Frühstück und Leihkanus sind erhältlich. Eine Vorausbuchung ist zu empfehlen.

Die Fähren von **Blidösundsbolaget** (☎08-24 30 90; www.blidosundsbolaget.se) fahren während der Hochsaison (Mitte Juni bis Mitte August) bis zu dreimal täglich vom Strömkajen in Stockholm über Vaxholm zur Festung, während der restlichen Monate allerdings wesentlich seltener. Die Fahrzeit von Stockholm beträgt 1¾ Std. (100 Skr), von Vaxholm 50 Min. (50 Skr). An der Insel Kyrkogårdsön legt auch die Waxholmsbolaget-Fähre auf der Route nach Finnhamn an.

Kapellskär

Kapellskär ist so klein, dass die Bezeichnung „Dorf" fast schon zu hoch gegriffen ist: Es besteht nur aus einem Campingplatz, einem Vandrarhem und einem großen Fährterminal. Dafür ist die Küste hier spektakulär und mit kleinen, immer noch aktiven Fischerdörfern gepflastert. Und das Hinterland ist ein ländliches Idyll. Die meisten Besucher kommen allerdings nur dorthin, um eine Fähre nach Finnland oder Estland zu nehmen.

Hier steht auch ein kleines Denkmal für die 852 Todesopfer der Estonia-Katastrophe im September 1994 – auf einem Hügel gegenüber vom Fährterminal auf der anderen Seite der Hauptstraße.

Ein **STF-Vandrarhem** (☎0176-441 69; Riddersholm; B/EZ/DZ ab 220/340/600 Skr) liegt etwas abseits der E18, 2 km westlich des Fährterminals. Wer außerhalb der Hochsaison (Mitte Juni bis Mitte August) kommt, sollte im Voraus reservieren. Es gibt kein Restaurant, also ausreichend Proviant mitbringen.

Der Direktbus der Viking Line vom Stockholmer Cityterminalen zum Fährterminal kostet 55 Skr. Wer einen SL-Pass hat, nimmt besser den Bus 676 von der U-Bahnstation Tekniska Högskolan nach Norrtälje und steigt dort in den 631-er-Bus um. Er fährt wochentags etwa alle zwei Stunden (Sa 3-mal tgl., So 1-mal tgl.).

Nationalpark Tyresta

Der 4900 ha große Nationalpark Tyresta liegt nur 20 km südöstlich von Stockholm und gehört zu den besten Wanderrevieren

und schönsten Wildnisarealen der Region. Der 1993 gegründete Park ist für seine 2 Mrd. Jahre alten Felsen und die urtümlichen Wälder bekannt, in denen 300 Jahre alte Kiefern stehen – insgesamt eine traumhafte Landschaft mit viel nacktem Fels, kleinen Seen, Sümpfen und einer reichen Vogelwelt.

Am Südwestende des Parks steht das **Naturum Nationalparkernas Hus** (Besucherzentrum der Nationalparks; ☎08-745 33 94; www.tyresta.se; ☺Di–Fr 9–16, Sa & So 10–17 Uhr) GRATIS. Hier kann man sich gut über alle 29 schwedischen Nationalparks im Rahmen von Ausstellungen und Diashows informieren. Doch auch das Zentrum selbst sollte man sich ansehen – es ist nach den Umrissen Schwedens gebaut, mit allen 41 Ecken! Sogar die Seen sind auf dem Boden durch kontrastierenden Stein markiert.

Wer weitere Informationen sucht, sollte nach der englischsprachigen Nationalparkbroschüre sowie dem Heft *Tyresta Nationalpark och Naturreservat* (nur Schwedisch) fragen, das eine ausgezeichnete topografische Karte im Maßstab 1:25 000 enthält. Vom Besucherzentrum führen mehrere Wege in den Park. Der *Sörmlandsleden* quert auf dem Weg zum Stockholmer Zentrum auf einer Länge von 6 km den Park.

Die Anfahrt zum Park ist denkbar einfach: mit dem *pendeltåg* auf der Nynäshamn-Linie nach Haninge Zentrum (auch Handen Station genannt) und dann mit Bus 834 weiterfahren. Manche Busse fahren direkt zum Park, andere nur bis Svartbäcken (2 km westlich vom Ort Tyresta).

Sigtuna

Nur 40 km nordwestlich von Stockholm liegt Sigtuna, eines der hübschesten und historisch bedeutsamsten Städtchen der Region. Gegründet um 980 n. Chr., ist es die älteste noch bewohnte Stadt in Schweden – seine Einkaufsstraße, die Storagatan, dürfte Schwedens älteste Hauptstraße sein.

Um das Jahr 1000 ließ Olof Skötkonung in der Stadt die ersten schwedischen Münzen prägen und überall stößt man auf uralte Kirchenruinen und Runensteine. In der Gegend gibt es tatsächlich über 150 Runensteine mit Inschriften, die meisten stammen aus dem frühen 11. Jh. und haben früher die alten Straßen gesäumt.

Die ursprünglichen Gebäude von Sigtuna wurden größtenteils im späten Mittelal-

BIRKA UND SEINE ALTEN WIKINGER

Ein fantastisches Ziel für einen Tagesausflug ist **Birka** (www.stromma.se; hin & zurück 360 Skr; ☉ Mai–Sept), das historische Handelszentrum der Wikinger auf der Insel Björkö im Mälaren (Mälar-See). Die heute zum Weltkulturerbe zählende Siedlung wurde 760 n. Chr. gegründet, um den Handel in der Region auszubauen und zu überwachen.

Das Dorf zog Händler und Handwerker an, die Zahl seiner Einwohner stieg schnell auf rund 700. Neben dem Dorf entstand eine große Festung, bei der mächtige Trockenmauern die Verteidigungswälle bildeten. 830 schickte der Kaiser des Heiligen Römischen Reiches den Benediktinermönch Ansgar nach Birka, um die heidnischen Wikinger zum Christentum zu bekehren. Er blieb 18 Monate. Als Sigtuna im 10. Jh. die Rolle eines Wirtschaftszentrums übernahm, wurde Birka aufgegeben.

Rund um Birka erstreckt sich Skandinaviens größter Wikingerfriedhof mit rund 3000 Gräbern. In der Wikingerzeit wurden die meisten Menschen samt Grabbeigaben verbrannt und über den Resten ein Erdhügel aufgehäuft. Archäologen fanden aber auch einige christliche Särge und Kammergräber. Ebenfalls ausgegraben wurden die Festung und der Hafen. Auf einem nahe gelegenen Hügel erinnert ein Kreuz an den hl. Ansgar.

Das hervorragende **Birka Museum** (☎ 08-56 05 14 45; ☉ Mo–Fr 11–15, Sa & So 10 bis 16 Uhr) zeigt in seinen Ausstellungen u. a. Ausgrabungsfunde, Repliken besonderer Funde und das interessante Modell eines typischen Dorfes zur Zeit der Wikinger.

Die Tagestour nach Birka führt die Reederei Strömma Kanalbolaget mit ihrem Schiff *Victoria* durch; es startet an der Stadshusbron im Stadtzentrum von Stockholm. Birka ist nur im Rahmen dieser ganztägigen Tour erreichbar. Im Preis (360 Skr) inbegriffen sind der Besuch des Museums sowie eine Führung (auch auf Englisch) durch die Gräberfelder und Befestigungsanlagen des Dorfes. Die Tour findet von Anfang Mai bis Mitte September statt, das Schiff legt um 10 Uhr an der Stadshusbron in Stockholm ab. (Während der Mittsommerferien findet die Tour allerdings nicht statt.)

---

ter durch verheerende Brände zerstört, die Hauptkirche hat zum Glück die Feuer überlebt. Viele von Holzhütten gesäumte malerische Sträßchen folgen dem mittelalterlichen Straßenverlauf.

☉ Sehenswertes

Mariakyrkan
KIRCHE

(☉ 9–17 Uhr) Im Mittelalter standen in Sigtuna sieben Steinkirchen, von denen die meisten längst verfallen sind. Erhalten geblieben ist die evangelisch-lutherische Marienkirche, die älteste Backsteinkirche in der Region. Ab etwa 1250 gehörte sie zum Dominikanerkloster. Als Gustav Vasa das Kloster 1529 zerstören ließ, wurde sie Gemeindekirche. In der Kirche hängen restaurierte mittelalterliche Gemälde, im Sommer finden wöchentlich kostenlose Konzerte statt. Die benachbarte, im frühen 12. Jh. erbaute St.-Olof-Kirche ist bereits seit dem 17. Jh. eine Ruine. In der Nähe der Prästgatan stehen die Ruinen der Kirchen St. Per und St. Lars.

Sigtuna Museum
MUSEUM

(☎ 08-59 12 66 70; www.sigtunamuseum.se; Storagatan 55; Erw./Kind 20 Skr/frei; ☉ Di–So 12–16 Uhr) Das Museum betreut mehrere At-traktionen der Stadt und verfügt über kleine Ausstellungsräume. Wegen Renovierung ist es vorübergehend geschlossen. Einige der Ausstellungen sind zwischenzeitlich im *rådhus* (Rathaus) zu sehen.

Sigtuna Rådhus
HISTORISCHES GEBÄUDE

(☉ Di–So 12–16 Uhr) **GRATIS** Sigtunas *rådhus* ist Schwedens kleinstes Rathaus. Es wurde 1744 errichtet und vom damaligen Bürgermeister selbst entworfen. Der Rathausplatz bildet den zentralen Platz des Städtchens. Gegenüber dem Rathaus liegt die Touristeninformation. Im Hauptgebäude des Museums sind Goldschmuck, Runen, Münzen und Beutestücke aus fernen Ländern ausgestellt.

Rosersbergs Slott
SCHLOSS

(☎ 08-59 03 50 39; www.kungahuset.se; Erw./Kind 100 Skr/frei; ☉ Führungen Juni–Aug. tgl. stündl. 11–16 Uhr, Mai–Sept. nur Sa & So) Ein weiterer Palast, Schloss Rosersberg, liegt am Mälaren rund 9 km südöstlich von Sigtuna. Er wurde in den 1630er-Jahren errichtet und von 1762 bis 1860 als königliche Residenz genutzt.

Drinnen gibt es eine sehenswerte Einrichtung im Empirestil (1790–1820). Zudem ist das Schloss bekannt für seine erlesenen Textilien. Zu den Glanzpunkten gehörten die üppig drapierte königliche Schlafkammer und das Konversationszimmer von Königin Hedwig Elisabeth Charlotta. Das Schlosscafé bietet schmackhafte, leichte Gerichte und Kuchen in königlichem Ambiente.

🛏 Schlafen & Essen

Stora Brännbo   HOTEL €€
(☎08-59 25 75 00; www.storabrannbo.se; Stora Brännbovägen 2–6; EZ/DZ 600/900 Skr; P✪♿🐾📶; 🚍570) Gleich nördlich von Sigtunas Stadtzentrum bietet dieses große Hotel mit Konferenzzentrum kleine, moderne Zimmer mit einer Ausstattung in gedeckten Farben. Flachbildfernseher und flauschige Bademäntel finden sich in jedem Zimmer. Gäste können die Sauna, den Whirlpool und das Fitnesscenter nutzen. Zum großzügigen Frühstück werden auch Waffeln und frisch gepresster Orangensaft gereicht.

Sigtunastiftelsens Gästhem   HOTEL €€
(☎08-59 25 89 00; www.sigtunastiftelsen.se; Manfred Björkquists allé 2–4; EZ/DZ ab 700/900 Skr; P✪📶) Die reizvolle Hotelanlage wird von einer christlichen Stiftung betrieben. Der Komplex wirkt wie eine Mischung aus Kloster und mittelalterlicher Festung. Doch die 62 individuellen Zimmer sind gemütlicher, als man zunächst vermuten würde. Jedes Zimmer trägt den Namen einer historischen Person und ist entsprechend eingerichtet.

Tant Brunn Kaffestuga   CAFÉ €
(☎08-59 25 09 34; Laurentii gränd; Kaffee & Kuchen ab 35 Skr; ⏰10–19 Uhr) In einem Nebensträßchen der Stora Gatan umschließt dieses zauberhafte Café aus dem 17. Jh. einen hübschen Innenhof. Ein Besuch lohnt sich schon wegen des Brots und Gebäcks (der Apfelkuchen ist göttlich) aus eigenem Ofen.
Für alle groß gewachsenen Besucher ein wichtiger Hinweis: Beim Betreten den Kopf einziehen – die Deckenbalken hängen bedrohlich tief.

Farbror Blå Café & Kök   CAFÉ €€€
(☎08-59 25 60 50; Storatorget 14; Tagesgericht 95 Skr, Hauptgerichte 265–298 Skr; ⏰Mo–Fr 11–24, Sa 12–24, So 12–16 Uhr) Das gemütliche Restaurant neben dem Rathaus ist der „Onkel" *(farbror)* zur Tant Brunn; beide Namen stammen aus einem beliebten schwedischen Kindermärchen. Serviert wird typisches Bistroessen wie Kalbsschnitzel mit in Honig gerösteten Kartoffeln oder Tomaten-Basilikum-Frischkäse mit Pfeffer-Sauce.

ℹ Praktische Informationen

Touristeninformation (☎08-59 48 06 50; destinationsigtuna.se/turistbyra; Storagatan 33; ⏰Mo–Sa 10–18, So 11–17 Uhr, im Winter kürzere Öffnungszeiten) Befindet sich in Drakegården in einem hübschen Holzhaus aus dem 18. Jh.

ℹ An- & Weiterreise & unterwegs vor Ort

Von Stockholm aus ist Sigtuna leicht zu erreichen: zunächst mit dem Nahverkehrszug nach Märsta fahren und dort dann in die Busse der Buslinien 570 oder 575 (72 Skr, SL-Pässe gelten) umsteigen, sie fahren regelmäßig weiter nach Sigtuna.

Mariefred

Die hübsche kleine Stadt liegt am Ufer des Mälaren (Mälarsee). Mit seinem berühmten Schloss Gripsholm Slott lockt es die Besucher in Massen an.

◉ Sehenswertes

Gripsholm Slott   SCHLOSS
(☎0159-101 94; www.gripsholmslott.se; Erw./Kind 120 Skr/frei; Mitte Mai–Sept. 10–16 Uhr, Okt.–Mitte Mai kürzere Öffnungszeiten) Mit seinen Rundtürmen, verzierten Turmspitzen, Zugbrücken und den knarrenden, holzvertäfelten Sälen ist Schloss Gripsholm ein richtiges Märchenschloss! Der ursprüngliche Bau aus den 1370er-Jahren ging im frühen 15. Jh. in den Besitz der Krone über. Als dann Gustav Wasa 1526 das Bauwerk übernahm, ordnete er den Abriss des benachbarten Klosters an. Aus dem Baumaterial des Klosters wurde anschließend ein neues Schloss mit bis zu 5 m dicken Wänden errichtet, an dem allerdings danach noch jahrelang weiter- und umgebaut wurde. Der älteste nahezu „unberührte" Raum ist das Schlafzimmer Karls IX. aus den 1570er-Jahren.
Das Schloss wurde 1715 aufgegeben, dann aber unter Gustav III. renoviert und ausgebaut (vor allem zwischen 1773 und 1785). Der Schlossgraben wurde dabei zugeschüttet. 1730 fand man einen Runenstein aus dem 11. Jh., 1827 einen zweiten. Diese Steine stehen an der Zufahrtsstraße und sind einen Blick wert, denn der eine trägt ein christliches Kreuz und der andere beschreibt einen Feldzug gegen die Sarazenen. In den 1890er-Jahren wurde das Schloss wieder einmal restauriert; dabei wurde der Graben wieder freigeschaufelt und die Zugbrücke rekonstruiert.

Im Schloss befindet sich ein Teil der staatlichen Porträtsammlung mit Gemälden aus dem 16. Jh. Im Sommer findet täglich um 15 Uhr eine englischsprachige Führung statt.

Grafikens Hus   MUSEUM

(☎ 0159-231 60; www.grafikenshus.se; Storgatan 15; ☺ Di–Fr 12–16, Sa & So 11–16 Uhr) GRATIS Das Grafikens Hus ist ein Zentrum für zeitgenössische Kunst und Druckgrafik. Hier finden auch Kunstkurse und das ganze Jahr über verschiedene Ausstellungen statt.

❶ Praktische Informationen

Touristeninformation (☎ 0159-297 90; www. strangnas.se/turism; Rådhustorget; ☺ Juni–Aug. Mo–Fr 10–18, Sa & So 11–15 Uhr, Sept.–Mai nur telefonisch erreichbar) Bietet eine Karte und Infomaterial (auf Englisch) für den Streifzug auf eigene Faust durch das idyllische Stadtzentrum mit Pflasterstraßen und Gebäuden aus dem 18. Jh.

❶ An- & Weiterreise

Mariefred liegt nicht an der Haupteisenbahnstrecke – der nächste Bahnhof befindet sich in Läggesta, 3 km in westlicher Richtung. Hier halten die Züge aus Stockholm im Sommer alle zwei Stunden. Von Anfang Mai bis Ende September fährt an den Wochenenden (von Mittsommer bis Mitte August tgl.) tagsüber etwa jede Stunde die **historische Dampfeisenbahn** (☎ 0159-210 06; www.oslj.nu; einfach/hin & zurück 60/80 Skr) von Läggesta nach Mariefred; Abfahrtszeiten am besten telefonisch oder online erfragen. Außerdem verkehrt Bus 303 stündlich von Läggesta nach Mariefred.

Der Dampfer **S/S Mariefred** (☎ 08-669 88 50; www.mariefred.info; einfach/hin & zurück 200/290 Skr) fährt von der Stadshusbron in Stockholm nach Mariefred: Mitte Juni bis August von Dienstag bis Sonntag viermal täglich. Von Ende Mai bis Mitte Juni und Anfang September fährt der Dampfer nur samstags und sonntags.

Uppsala & Mittelschweden

Gut essen

➡ Kopparhatten Café & Restaurang (S. 140)

➡ Jons-Andersgården (S. 145)

➡ Kalle på Spangen (S. 126)

➡ Nora Glass (S. 129)

➡ Hälls Konditori Stallbacken (S. 132)

Schön übernachten

➡ Hotell Hackspett (S. 124)

➡ Behrn Hotell (S. 132)

➡ STF Vandrarhem Leksand (S. 142)

➡ Mora Parken (S. 147)

➡ STF Nora Tåghem (S. 128)

Auf nach Mittelschweden!

Ein Wunderland mit grünen Hügeln, darin verstreut einzelne rote Holzhäuser ... Mittelschweden prägt Schwedens Bild so nachhaltig, dass es fast schon wie ein Freizeitpark wirkt. Die Region ist leicht zu erkunden, sodass auch Reisende mit wenig Zeit vieles erleben können, was Schweden so ausmacht. Die Gegend um den Siljansee mit ihren idyllischen Dörfern und immergrünen Wäldern repräsentiert das Kernland Schwedens. Weiter nördlich wird die Landschaft zunehmend wild und schroff und vermittelt eine Vorahnung vom Hohen Norden. Dazwischen liegt Schwedens wirtschaftliches Kerngebiet – nicht glanzvoll, aber bedeutend.

Uppsala und Örebro sind lebendige kulturelle Zentren mit historischen Gebäuden, hervorragenden Museen und guten Möglichkeiten zum Essen- und Ausgehen. Wer sich gerne in der Natur bewegt, kommt hier ebenfalls auf seine Kosten: Vom Skifahren und Wandern bis zur Vogelbeobachtung und Kanufahren ist vieles möglich.

Reisezeit
Uppsala

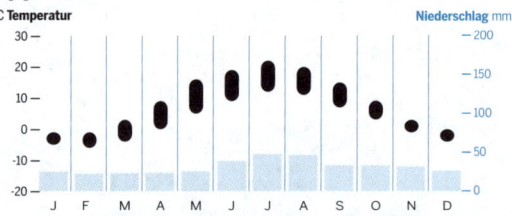

Mitte Juni–Aug. Das Wetter ist schön, die Zimmerpreise sind niedrig, die Sehenswürdigkeiten geöffnet.

Sept. & Okt. Viele Einrichtungen sind schon geschlossen, doch das Wetter ist noch gut, das Herbstlaub schön.

Dez.–Feb. Im Winter zieht man sich zurück. Zu Weihnachten ist Mittelschweden wunderschön.

Highlights

1 Die Grabhügel von **Gamla Uppsala** (S. 112)

2 Wunderbar altertümliche Relikte der Wissenschaft im **Museum Gustavianum** (S. 114) von Uppsala

3 Ein Besuch im inspirierenden **Familienmuseum** von Carl Larsson (S. 139) in Sundborn

4 Spielende Bärenkinder in **Grönklitt** (S. 148)

5 Ein Zwischenstopp zum **Eisessen** (S. 129) in Nora

6 Ein Spaziergang durch den Stadtpark und das **Museumsdorf Wadköping** (S. 130) in Örebro

7 Kunst und Geschichte der Region im **Dalarnas Museum** (S. 139) in Falun

8 Eine Übernachtung in **Västerås** (S. 124) – auf dem Wasser oder in den Bäumen

9 Ein Bergwerksbesuch in **Ängelsberg** (S. 125)

10 Ein Skitag auf den Pisten von **Sälen** (S. 148)

Uppsala

♪ 018 / 156 000 EW. (STADTGEBIET)

Uppsala ist geschichtsträchtig, ohne muffig oder rückwärtsgewandt zu wirken. Dafür sorgen schon die vielen Studenten, die all den bedeutsamen Gebäuden und der allgegenwärtigen Kulturbeflissenheit der Besucher mit ausgelassener Partystimmung entgegentreten. Durch diese tolle Kombination wirkt die Stadt fröhlich und besonnen zugleich. Interessierte Besucher dürfen sich auf jede Menge lohnender Eindrücke freuen.

Ursprünglich lag die Stadt am Rand des heutigen Uppsala. Gamla Uppsala (Alt-Uppsala) war im 6. Jh. ein blühendes religiöses Zentrum, dessen Bewohner den nordischen Göttern angeblich Menschenopfer dargebracht haben; noch heute erinnert dort eine uralte Begräbnisstätte an diese Blütezeit.

Alljährlich am 30. April versammeln sich weiß gekleidete Studenten, um die **Walpur-** **gisnacht** zu feiern. Zu den Feierlichkeiten gehören traditionsgemäß ein studentisches Bootsrennen auf dem Fluss (Start: 10 Uhr), der Carolinabacken-Lauf (15 Uhr) sowie Umzüge und gemeinsames Singen.

Vielleicht nicht ganz so nett anzuschauen sind die traditionellen Abschlusspartys im Frühsommer, bei denen sich fröhlich berauschte Studenten auf den Ladeflächen großer Lieferwagen durch die Stadt fahren lassen, zu lauter Popmusik singen und Passanten mit grölenden Zurufen grüßen.

◉ Sehenswertes

Gamla Uppsala   ARCHÄOLOGISCHE STÄTTE
(www.arkeologigamlauppsala.se; ⊙24 Std.; P; ₪2) GRATIS Mit 300 Erdhügeln aus dem 6. bis 12. Jh. ist Gamla Uppsala (4 km im Norden der heutigen Stadt) eine der größten und bedeutendsten Grabanlagen Schwedens. Die drei ältesten Grabhügel sind zugleich auch die beeindruckendsten. Einer Legende nach

Uppsala

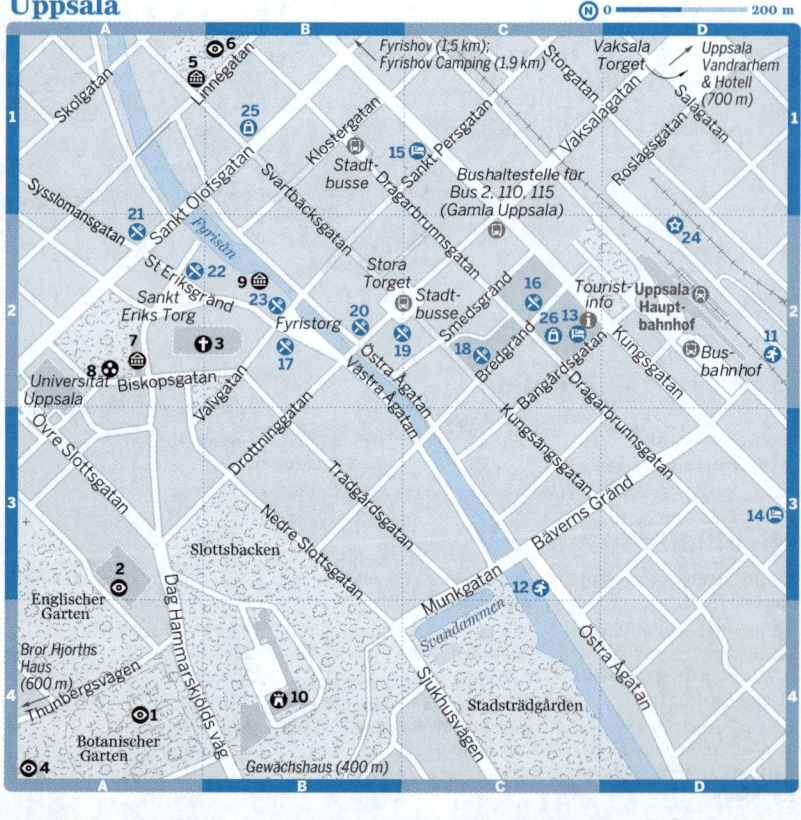

liegen dort die Könige Aun, Egil und Adils aus der Zeit vor den Wikingern begraben. Sie tauchen auch im Heldengedicht *Beowulf* und in der *Ynglingsaga* des isländischen Historikers Snorre Sturlason (1179–1241) auf. Neuere Funde deuten allerdings darauf hin, dass im Östhögen (Osthügel) eine Frau begraben liegt, wahrscheinlich eine Fürstin, die zwischen 20 und 30 Jahre alt wurde.

Wenn man dem schillernden Allroundtalent Olof Rudbeck (1630–1702) glauben darf, war Gamla Uppsala der Mittelpunkt der westlichen Zivilisation. In seinem 1679 erschienenen Buch *Atlantica* trug der Wissenschaftler und Schriftsteller eine große Zahl bestechender Indizien dafür zusammen, dass es sich bei Gamla Uppsala sogar um die sagenumwobene versunkene Stadt Atlantis gehandelt habe. Aus heutiger Sicht erscheint das zwar eher unwahrscheinlich, doch nimmt es der Stätte nichts von ihrer Faszination und Anziehungskraft. Im angrenzenden Museum ist Weiteres zu erfahren, Erkundungsgänge auf eigene Faust sind ebenso möglich.

Von Beginn an bot die Grabanlage Anlass zu Spekulationen. Einen der frühesten Berichte lieferte der mittelalterliche Chronist Adam von Bremen. Ohne je dort gewesen zu sein, beschrieb er einen riesigen goldenen Tempel im Gamla Uppsala des 10. Jhs. In einem heiligen Hain nahe dem Tempel sollen in jener Zeit Menschen- und Tieropfer durch Erhängen dargebracht worden sein.

Als 1090 das Christentum Einzug hielt, hatten Thor, Odin und die anderen Götter der Wikinger ausgedient. Ab 1164 hatte der Erzbischof von Uppsala seinen Sitz in einem Dom genau dort, wo heute die Kirche steht. Wer Lust auf eine kleine Wanderung oder Radtour hat, für den empfiehlt sich der 6 km lange „Pilgerweg" **Eriksleden** zwischen dem Dom von Uppsala und der Kirche in Gamla Uppsala. Der Namensgeber, Erik der Heilige, wurde 1150 König von Schweden – bis ihn zehn Jahre später die Dänen enthaupteten. Sein Kopf kugelte angeblich bergab – dort, wo er zum Stehen kam, soll eine Quelle entsprungen sein.

Vom Hauptwanderweg zweigt ein Weg zur zerklüfteten Wildnis des **Tunåsen** ab. Er ist der höchste Punkt von Uppsala und bietet einen wunderschönen Panoramablick (die Zeichen „Utsiktsleden" am Eriksleden gleich südlich von Gamla Uppsala weisen den Weg).

Museum Gamla Uppsala MUSEUM
(www.raa.se/gamlauppsala; Frw./Kind 70 Skr/frei; ☉ April–Sept. 11–17, Mo, Mi 12–16 Uhr, im restlichen Jahr Sa & So; Ⓟ) Das Museum Gamla Uppsala birgt Funde aus Brandbestattungshügeln – eine seltsam anrührende Sammlung von verkohlten und verschmorten Perlen, Knochen und Spangen. Besser erhaltene Stücke stammen aus verschiedenen **Bootsgräbern** auf dem Ausgrabungsgelände und in der näheren Umgebung. Das Museum ist nach Art einer Zeitleiste angeordnet, an deren Verlauf sich die Geschichte der Gegend gut nachvollziehen lässt.

Hinweisschilder führen von den Hügelgräbern nach **Disagården** (☎ 018-16 91 80; Führungen 30 Skr; ☉ Juni–Aug. 10–17 Uhr, Führungen 13 Uhr) GRATIS. Das Bauerndorf aus dem

19. Jh. ist heute ein Freilichtmuseum, das aus 26 Holzhäusern und einer Bühne besteht, die den Mittelpunkt der Mittsommerfeiern von Uppsala bildet.

Beim nicht freigelegten, etwas flacheren Tingshögen (Thinghügel) befindet sich das Restaurant **Odinsborg** (☎ 018-32 35 25; www. odinsborg.nu; *dagens rätt* (Tagesgerichte) vom Büfett 85 Skr; Hauptgerichte 90 Skr, Waffeln 45 Skr; ⏰ 10–18 Uhr). Bekannt ist das Lokal für den Metgenuss aus Trinkhörnern und die ausgelassenen Wikingergelage. Etwas „vornehmer" geht es im Sommercafé im unteren Stockwerk zu.

Uppsala Slott SCHLOSS

(www.uppsalaslott.se; Eintritt nur mit Führung, Erw./Kind 90/15 Skr; ⏰ Englische Führungen Ende Juni–Sept. Di–So 13 & 15 Uhr) Schloss Uppsala wurde 1550 von Gustav Wasa erbaut. Im Gebäude befindet sich der Thronsaal, in dem Schwedens Könige den Thron bestiegen – oder auch darauf verzichteten (wie Königin Kristina). 1567 war die Halle jedoch Schauplatz grausiger Morde, die König Erik XIV. und seine Wachen an Nils Sture und seinen beiden Söhnen Erik und Svante begingen, nachdem er sie des Hochverrats beschuldigt hatte. Beim Brand von 1702 wurde das Schloss zerstört, 55 Jahre später in seiner heutigen Form wiederaufgebaut.

Beim Eingang E des Schlosses befindet sich das **Kunstmuseum Uppsala** (☎ 018-727 24 82; www.uppsala.se/konstmuseum; Erw./Kind 40 Skr/frei, Mi 16–20 Uhr frei; ⏰ Juni–Aug. Di, Do, Fr 12–16, Mi 12–20 Uhr, Sa & So 12–16.30 Uhr). Es zeigt schwedische und internationale Werke der modernen Kunst, außerdem Keramiken und die Kunststudiensammlung der Universität Uppsala.

Domkyrka DOMKIRCHE

(Dom; www.uppsaladomkyrka.se; Domkyrkoplan; ⏰ 8–18 Uhr) GRATIS Die imposante gotische Domkyrka ist der beherrschende Anblick in der Stadt. Viele der hier Begrabenen, darunter Erik der Heilige, Gustav Wasa und der Naturforscher Carl von Linné, waren bedeutende Persönlichkeiten ihres Landes. Englischsprachige Führungen finden in den Monaten Juli und August statt (Mo–Sa 11 und 14 Uhr, So 16 Uhr).

Das Begräbnisschwert von Gustav Wasa, seine silberne Krone und goldenen Knöpfe werden in der **Schatzkammer** (Domkyrkan ⏰ Mai–Sept. Mo–Sa 10–17, So 12.30–17 Uhr) GRATIS im Nordturm des Doms neben einer beeindruckenden Ausstellung mittelalterlicher

Gewänder verwahrt. Besonders kostbar sind die Gewänder der drei Edelmänner, die im Schloss ermordet wurden: Es sind die einzigen noch erhaltenen Beispiele für die Mode der schwedischen Oberschicht im 16. Jh. Englische Führungen finden im Juli und August statt (Mo–Sa 15 Uhr).

Botanischer Garten GÄRTEN

(www.botan.uu.se; Villavägen 6–8; ⏰ 7–21 Uhr) GRATIS Im Botanischen Garten am Fuß des Schlossberges werden rund 10 000 verschiedene Arten präsentiert, vor allem für Gartenfreunde ist es ein Vergnügen, ihn zu durchwandern. Zu den Attraktionen gehören die 200 Jahre alte **Orangerie Linnéanum** (⏰ Di–Fr 9–15 Uhr) und ein tropisches **Gewächshaus** (Eintritt 40 Skr).

Museum Gustavianum MUSEUM

(www.gustavianum.uu.se; Akademigatan 3; Erw./Kind 50/40 Skr; ⏰ Juni–Aug. Di–So 10–16 Uhr, im restlichen Jahr ab 11 Uhr) Das Gustavianum erregt zu Recht die Bewunderung aller Sammler sonderbarer Dinge. Die Regale des angenehm modrig riechenden Gebäudes bergen zahllose Schaukästen mit überflüssig gewordenen Instrumenten und aufbewahrten Kuriositäten: ausgestopfte Vögel, Astrolabien, Krokodilmumien, exotische Mineralien und verdorrte Meereslebewesen.

Ein Highlight ist das faszinierende **Augsburger Kunstkabinett** aus dem 17. Jh. mit einer Fülle kunstreich ausgeführter Schmuckstücke. Nicht versäumen: den **Anatomielehrsaal** Olof Rudbecks, wo die Leichen von Hingerichteten seziert wurden. Im Eintritt ist eine englischsprachige Führung inbegriffen (Sa und So 13 Uhr).

Carolina Rediviva BIBLIOTHEK

(www.ub.uu.se; Dag Hammarskjölds väg 1; ⏰ Ausstellungssaal Mo–Fr 9–20, Sa 10–17 Uhr) GRATIS Wer sich für seltene Bücher und Karten begeistert, sollte sich direkt zur Universitätsbibliothek Carolina Rediviva aufmachen. In einer kleinen, dunklen Galerie werden kostbare Karten und Manuskripte in Glaskästen verwahrt, darunter illuminierte äthiopische Handschriften und das allererste Buch, das überhaupt in Schweden gedruckt wurde.

Das Prunkstück ist der erhaltene Teil des *Codex Argenteus* (520 n. Chr.), auch Silbercodex genannt: Er ist in golden- und silberfarbener Tinte auf purpurnem Pergament geschrieben. Von ihrem schönen Anblick abgesehen hat diese Bibel eine sprachwissenschaftliche Bedeutung als das am vollständigsten erhaltene Dokument, das in gotischer Sprache verfasst wurde.

Upplandsmuseet
MUSEUM

(www.upplandsmuseet.se; Sankt Eriks Torg 10; ⊙ Di–So 12–17 Uhr) GRATIS Das Upplandsmuseet in einer Wassermühle des 18. Jhs. beherbergt Sammlungen aus der Provinz zu volkstümlicher Kunst, Musik und Geschichte der Region Uppsala seit dem Mittelalter.

Daneben sind Wechselausstellungen zu sehen, etwa kürzlich eine Ausstellung mit Fotografien aus dem Leben der Kinderbuchautorin Astrid Lindgren.

Kinder lassen sich besonders von den kunstvollen Dioramen und den Nachbildungen fesseln.

Linnémuseet
MUSEUM

(www.linnaeus.se; Svartbäcksgatan 27; Erw./unter 16-Jährige 60 Skr/frei; ⊙ Mai–Sept. Di–So 11–17 Uhr) So häufig in den Informationsschriften des Museums vom „Sexualsystem" zur Klassifizierung des Pflanzenreiches zu lesen ist – die Erregung, die das Linnémuseet seinen Besuchern bereitet, ist doch eher geistiger Natur.

Für Botaniker und andere Pflanzenfreunde ist ein Besuch in den Wohn- und Arbeitsräumen des bedeutenden Naturforschers ein besonderer Genuss. Hier lebte Carl von Linné mit seiner Frau und den gemeinsamen fünf Kindern von 1743 bis 1778.

Der angrenzende **Linnéträdgården** (☎018-471 25 76; Erw./Kind 60 Skr/frei, Eintritt mit Linnémuseet-Ticket frei; ⊙ Laden & Ausstellung Mai–Sept. Di–So 11–17 Uhr, Park Mai–Sept. Di–So 11–20 Uhr) ist eine Nachbildung des ältesten botanischen Gartens in Schweden – einst das Betätigungsfeld Carl von Linnés – mit rund 1300 Arten, die nach dem von ihm entwickelten System geordnet sind.

Bror Hjorths Haus
KUNSTGALERIE

(☎018-56 70 30; www.brorhjorthshus.se, Norbyvägen 26; Erw./Kind 40 Skr/frei; ⊙ Do–So 12 bis 16 Uhr, im Sommer zusätzlich Di & Mi; ⊠6, 7) Das Bror-Hjorth-Haus, Wohnhaus und Atelier des im ganzen Land verehrten schwedischen Künstlers Bror Hjorth (1894–1968), ist bis unters Dach mit den charmanten Gemälden und Skulpturen des Meisters angefüllt, außerdem werden hier Wechselausstellungen gezeigt.

Runensteine
RUNEN

GRATIS Auf den abschüssigen Rasenflächen des Parks zwischen der Domkyrka und dem Hauptgebäude der Universität Uppsala stehen neun Runensteine, wie sie für Uppland charakteristisch sind. Vor dem Eingang zur Domkyrka ragt eine Reihe weiterer Steine aus dem Gras auf.

🏃 Aktivitäten

Lennakatten
DAMPFEISENBAHN

(☎018-13 05 00; www.lennakatten.se; Stationsgatan 11, Gleis 10; Ganztageskarte Erw./Kind 220/110 Skr; ⊙ Mi–Do, Sa & So 9–17 Uhr) Eine Fahrt in der Schmalspureisenbahn führt 33 km weit in das ländliche Uppland hinein. Die Fahrpläne wechseln, aktuelle Informationen sind auf der Website nachzulesen. Die Dampfzüge fahren vom Museumsbahnhof Uppsala Östra im Bergsbrunnaparken ab (auf der östlichen Seite des Hauptbahnhofs Uppsala).

M/S Kung Carl Gustaf
BOOTSFAHRT

(☎070-293 81 61; www.mskungcarlgustaf.se; Islandsbron-Brücke; Erw./Kind hin- & zurück 580/380 Skr, Eintritt in Skokloster 90 Skr) Auf wundervoll langsame Art gelangt man mit dem Schiff zum Barockschloss Skokloster. Die M/S *Kung Carl Gustaf*, ein ausgedientes Dampfschiff aus dem 19. Jh., ist von Mitte Mai bis Mitte August (Di–So) in Betrieb. Die Fahrten beginnen in Islandsbron um 11 Uhr, in Skokloster hat man zwei Stunden Aufenthalt. Zurück in Islandsbron ist man wieder gegen 16.15 Uhr. Außerdem werden von Mitte Mai bis Mitte September abendliche Flussfahrten angeboten, und zwar Dienstag bis Samstag ab 19 Uhr. Für eine Fahrt mit Büfett und Unterhaltungsprogramm werden 580 Skr pro Person verlangt.

Fyrishov
AQUAPARK

(☎018-727 49 50; www.fyrishov.se; Idrottsgatan 2; Erw./Kind 100/80 Skr; ⊙ Park 9–21.30 Uhr, Schwimmbad ab 6.15 Uhr; ⊠1, 13, 42, 111) Familien mit wasserbegeisterten Kindern sollten sich nach Fyrishov aufmachen: Das Erlebnisbad, eines der größten in Schweden, bietet alles Vorstellbare an Rutschen, Sprudelbecken, Wasserfällen und Wellenmaschinen.

🛏 Schlafen

STF Vandrarhem
Sunnersta Herrgård
HOSTEL €

(☎018-32 42 20; www.sunnerstaherrgard.se; Sunnerstavägen 24; B 245 Skr, EZ/DZ inkl. Frühstück ab 650/770 Skr; ⊙ Jan.–Mitte Dez.; P🐾@🛜; ⊠20) Das Hostel befindet sich in einem historischen Herrenhaus, 6 km südlich des Stadtzentrums. Das Gebäude liegt in einer parkähnlichen Umgebung am Wasser. Außer Zimmern gibt es auch ein gutes Restaurant auf dem Gelände. Fahrräder (Tag/Woche 50/200 Skr) und Boote werden verliehen, der Zugang zum Internet (WLAN) ist kostenlos. Zur Auswahl stehen auch Standardzimmer (Preis inkl. Frühstück) in Hotelqualität. Gäste des Hostels können für 85 Skr ein Frühstück bestellen.

Uppsala Vandrarhem & Hotell HOSTEL €

(☑ 018-24 20 08; www.uppsalavandrarhem. se; Kvarntorget 3; B 190 Skr, EZ/DZ im Hostel 445/550 Skr, FZ/DZ im Hotel /50/895 Skr; P ➡ ✱ 🛜; 🚌 3 Kvarntorget) Das Hostel gehört zum Hotell Kvarntorget, es liegt etwas abgelegen, doch leicht zu Fuß vom Hauptbahnhof Uppsala aus erreichbar. Die geräumigen Zimmer, einige sind mit Doppelbetten ausgestattet, blicken auf einen geschlossenen Innenhof, der als Frühstückssaal dient. Eine neu errichtete Trennwand sorgt für eine immense Reduzierung des Lärmpegels. Den Gästen stehen eine Küche und ein Waschsalon zu freier Verfügung. Bettwäsche ist im Preis inbegriffen; Handtücher (30 Skr) und Frühstück (69 Skr) müssen extra bezahlt werden.

Uppsala City Hostel HOSTEL €

(☑ 018-10 00 08; http://uppsalacityhostel.se/en/; Sankt Persgatan 16; B/EZ/DZ ab 220/400/500 Skr; ⏲ Rezeption 8–23 Uhr; ➡ @ 🛜) Das zweckmäßig gestaltete Uppsala City Hostel ist allein schon wegen seiner günstigen Lage eine gute Wahl – nirgendwo sonst kann man zu so günstigen Preisen derart zentral wohnen! Die Zimmer tragen die Namen von Wahrzeichen Uppsalas und sind klein, aber nett. In den Schlafsälen macht sich allerdings der Lärm der umliegenden Straßen und Bahnübergänge störend bemerkbar.

WLAN ist in einigen Räumen des Hostels vorhanden. Ein Frühstück kostet 50 Skr, außerdem steht eine Küche für Selbstversorger zur Verfügung.

Samariterhemmets Gästhem PENSION €

(☑ 018-56 40 00; www.samariterhemmet.se; Samaritergränd 2; EZ/DZ 500/715 Skr) Eine kirchliche Wohlfahrtseinrichtung betreibt diese gepflegte und einladende Pension in einem der Kirche gehörenden Gebäude. Die Zimmer mit eigenen Bädern sind nach alter Art in kühlen Crèmefarben gehalten und mit antiken Möbeln ausgestattet.

Fyrishov Camping CAMPINGPLATZ €

((☑ 018-727 49 60; www.fyrishov.se; Idrottsgatan 2; Stellplätze 130 Skr, 4B-Hütten ab 895 Skr) Der Campingplatz, 2 km im Norden der Stadt gelegen, ist eine gute Wahl für Familien mit wasserliebenden Kindern, denn er ist dem Erlebnisbad Fyrishov angeschlossen. So gibt es ermäßigte Pauschalangebote für beide Einrichtungen (Ferienhütten ab 995 Skr). Die Buslinie 1 fährt ab Dragarbrunnsgatan zum Campingplatz.

Best Western Hotel Svava HOTEL €€

(☑ 018-13 00 30; www.bestwestern.se; Bangårdsgatan 24; EZ/DZ 1350/1450 Skr; P ✱) Das Hotel ist nach einer von Odins Walküren benannt und liegt direkt gegenüber vom Bahnhof. Es ist ein sehr komfortables, gehobenes Business-Hotel, das durch Ermäßigungen im Sommer und an Wochenenden zu einer unwiderstehlich günstigen Wahl wird.

✖ Essen

Es gibt einen zentral gelegenen **Supermarkt** (Stora Torget; ⏲ 8–22 Uhr).

Ofvandahls CAFÉ €

(Sysslomansgatan 3–5; Kuchen 35 Skr, Snacks 55 bis 75 Skr; ⏲ Mo–Fr 8–18, Sa 9–17, So 11–17 Uhr) Die noble, aber süße *konditori* (Bäckerei-Café), geht auf das 19. Jh. zurück und ist fast schon eine Institution in Uppsala (und um einiges besser als die Konkurrenz). Kein Geringerer als der schwedische König empfiehlt das Ofvandahls. Das Café besitzt eine altertümlich charmante Ausstrahlung – aus irgendeinem Grund wirken die verblichenen, rot gestreiften Markisen hier jedes Jahr etwas bezaubernder als im Vorjahr.

Jalla FASTFOOD €

(Stora Torget 1; Hauptgerichte 65–89 Skr; ⏲ 10 bis 21 Uhr) Eine schnelle Versorgung mit preiswerten und (relativ) gesunden Portionen Falafel, Kebab und Mezze gewährt das betriebsame Fastfood-Restaurant direkt am Stora Torget. Von den Tischen im Freien lässt sich das Geschehen auf dem Platz entspannt beobachten. Die Gerichte sind reichlich bemessen und lecker.

Saluhallen MARKT €

(Sankt Eriks Torg; ⏲ Mo–Do 10–18, Fr 10–19, Sa 10–16 Uhr, Restaurants So 11–16 Uhr) In der Markthalle kann man zwischen Fleisch, Fisch, Käse und ausgefallenen Schokoladenkreationen wählen oder in einer der Restaurantnischen etwas zu essen bestellen.

Einige Restaurants bleiben bis in den späten Abend geöffnet, in den warmen Sommermonaten bieten sie ihren Gästen angenehme Terrassenbars.

Hambergs Fisk
FISCH €€

(www.hambergs.se; Fyristorg 8; Hauptgerichte 125–295 Skr; ⊘ Di–Sa 11.30–22 Uhr) Die verlockenden Düfte von Dill und Fisch weisen den Weg in dieses exzellente Fischrestaurant, das sich hinter einer winzigen Ladenfront mit Blick auf den Fluss verbirgt. Selbstversorger können an der Fischtheke eine frische Auswahl treffen.

Magnussons Krog
SCHWEDISCH €€

(www.magnussonskrog.se; Drottninggatan 1; *dagens rätt* (Tagesgerichte) 109 Skr, Hauptgerichte 175–225 Skr; ⊘ 11 Uhr bis spätabends) Die Hausspezialitäten des eleganten Eckrestaurants werden täglich mit Kreide auf einer Tafel verzeichnet und sind ausnahmslos empfehlenswert. Spätabendliche Bar-Snacks (109–129 Skr) passen hervorragend zu den köstlichen Cocktails, die man bei schönem Wetter draußen am belebten Flussufer genießen kann. Ein wunderbarer Ort zum Leutebeobachten.

Amazing Thai
THAILÄNDISCH €€

(Bredgränd 14; Büfett 159 Skr; ⊘ Mittag- & Abendessen) Das kleine, familienfreundliche Restaurant befindet sich in einem Einkaufszentrum; durch seine preiswerten Mittags- und Abendbüfetts und die einladende Atmosphäre des Hauses ist es besonders beliebt bei den Einwohnern der Stadt. Die Abendkarte zeigt eine ansprechende Auswahl an aromatischen Wok-, Nudel- und Curry-Gerichten.

Tzatziki
GRIECHISCH €€€

(☏ 018-15 03 33; Fyristorg 4; Vorspeisen 69 Skr; Hauptgerichte 145–197 Skr; ✍) Im Tzatziki bleibt kein Verlangen nach Moussaka und Souvláki unerfüllt. Im Innenraum im Stil des 16. Jhs. lässt es sich behaglich sitzen, im Sommer sind die Tische draußen am Fluss von zahlreichen Gästen belegt. Der Service ist schnell, das Essen köstlich, für Vegetarier gibt es verschiedene Angebote.

🍷 Ausgehen & Unterhaltung

Am Abend treffen sich Uppsalas Studenten in den Uni-Bars an der Sankt Olofsgatan. Nur wer hier an der Uni eingeschrieben ist, kommt ohne Weiteres hinein, aber einen Versuch ist es allemal wert. Wer wissen will, welcher Laden gerade angesagt ist, geht einfach den Massen nach.

O'Connor's
PUB

(☏ 018-14 40 10; Stora Torget 1; ⊘ Mo–Do 16–3, Fr ab 14, Sa & So ab 12 Uhr) Am Stora Torget liegt das freundliche irische Pub und Restaurant in der oberen Etage, an sechs Abenden in der Woche wird Livemusik gespielt.

Neben Flaschenbieren aus aller Welt gibt es eine Auswahl von rund 30 Biersorten, die frisch gezapft werden.

Katalin & All That Jazz
LIVEMUSIK

(☏ 018-14 06 80; Godsmagasinet, Östra Station; Hauptgerichte 130–175 Skr) ⊘ Mo–Do ab 14, Fr & Sa ab 13 Uhr) Das Katalin findet man in einem ehemaligen Lagerhaus hinter dem Bahnhof. Hier finden regelmäßig Jazz- und Blueskonzerte statt, hin und wieder stehen auch Pop- und Rockbands auf der Bühne. Das Restaurant ist auch nicht schlecht und im Sommer tummeln sich die Schönen der Stadt auf der sonnendurchfluteten Veranda und tun so, als würden sie einander nicht beachten.

🛍 Shoppen

English Bookshop
BÜCHER

(http://bookshop.se; Svartbäcksgatan 19; ⊘ Mo–Fr 10–16, Sa 12–15 Uhr) In diesem freundlichen Buchladen an der Ecke können sich Leser mit Neuerscheinungen eindecken und bekommen von den Mitarbeitern gute Empfehlungen. Die Auswahl an englischen Titeln ist gewaltig.

Systembolaget
SPIRITUOSEN

(Dragarbrunnsgatan 50; ⊘ Mo–Fr 10–19, Sa 10 bis 15 Uhr) Alkoholische Getränke gibt es beim Systembolaget im Einkaufszentrum Svava.

ℹ Praktische Informationen

GELD

Am Stora Torget findet man Banken und Geldautomaten. Bei **Forex** (☏ 10-211 16 37; Kungsgatan 59; ⊘ Mo–Fr 9–19, Sa 9–15 Uhr) neben der Touristeninformation können Devisen getauscht werden.

MEDIZINISCHE VERSORGUNG

Apoteket Kronan (Svartbäcksgatan 8; ⊘ Mo–Fr 10–19, Sa 10–15 Uhr) Gehört zu einer Apothekenkette und ist eine von mehreren Apotheken in der Innenstadt.
Universitätskrankenhaus Uppsala (Akademiska sjukhuset; ☏ 018-611 22 97; Uppsala Care, Eingang 61, Sjukhusvägen) Es gibt eine Notfallstation für ausländische Touristen und eine Apotheke, die längere Öffnungszeiten hat.

NOTFALL

Polizei (☏ 114 14; www.polisen.se/english; Svartbäcksgatan 49)

OUTDOOR-AKTIVITÄTEN

Das Erlebnis der traumhaften Natur zählt zu den bereicherndsten Eindrücken, die dieser Teil des Landes zu bieten hat – und sie ist nie weit entfernt. Naturfreunde finden hier bei jedem Wetter eine Vielfalt an Möglichkeiten für Aktivitäten im Freien.

Skifahrer können sich über ausgezeichnete Bedingungen für ihren Sport freuen. Der verträumte kleine Ort **Sälen** (S. 148) wird im Winter zu einem beliebten Treffpunkt für Skisportler aller Niveaus. Gute Skibedingungen findet man auch im kleineren, etwas abgelegenen **Grönklitt** (S. 148) und im lebhaften **Sunne** (S. 135), dort trifft sich eine wilde Snowboard-Szene. In **Hovfjället** (S. 137) stehen Skilanglauf, Schneeschuhwandern oder Ausgefallenes wie Hundeschlittenfahren und das Beobachten von Wölfen auf dem Programm.

Torsby und Umgebung sind in der warmen Jahreszeit attraktive Destinationen für Wanderer und Radfahrer. Der **Finnskogleden** (S. 137) ist ein gut markierter, 240 km langer Fernwanderweg, der in groben Zügen der norwegischen Grenze folgt.

In Dalarna zieht sich rund um den landschaftlich reizvollen Siljansee das 300 km lange Wander- und Radwegenetz des **Siljansleden** (S. 141). Unweit von Sälen gibt es einen leichten Zugang zum südlichen Abschnitt des beliebten Fernwanderweges durch Norrland, den **Kungsleden** (S. 331). Zahlreiche Wanderwege finden sich auch rund um den **Nationalpark Tiveden** (S. 131), der auch für Sportangler viele Möglichkeiten bietet.

Eine gute Zusammenstellung zum Thema „Sportangeln" in dieser Region ist unter www.sportfiskeguide.se nachzulesen. Die Website bietet Informationen (auf Schwedisch und Englisch) über Angelreviere, Anforderungen, Unterkünfte und Reiseleiter. Sportangler benötigen unbedingt eine sogenannte „Fiskekort" (Angelkarte), die im gewünschten Revier gekauft werden muss.

Hervorragende Fischgründe liegen rund um **Grövelsjön** (S. 149), wo auch ausgezeichnete Möglichkeiten zum Skifahren, Wandern, Bergsteigen und Kanufahren auf dem Fluss bestehen. Das Dorf liegt in einem Naturschutzgebiet.

POST

Briefmarken werden bei der Touristeninformation, in den meisten Supermärkten und in den Pressbyrån-Läden verkauft. Briefkästen findet man am Stora Torget und am Hauptbahnhof von Uppsala.

TOURISTENINFORMATION

Touristeninformation (☏ 018-727 48 00; www. destinationuppsala.se; Kungsgatan 59; ⊘ ganzjährig Mo–Fr 10–18, Sa 10–15 Uhr, Juli & Aug. zusätzlich So 11–15 Uhr) Die Touristeninformation – sie wurde an einen zentralen Standort direkt vor dem Bahnhof verlegt – hält hilfreiche Empfehlungen, Karten und Broschüren zu ganz Schweden bereit.

❶ An- & Weiterreise

➡ Der Flygbuss (Buslinie 801) fährt zum Flughafen Arlanda (alle 30 Min., Fahrzeit 45 Min., Erw./Kind 125/75 Skr), die Busse fahren am Bahnhof Uppsala ab.

➡ Busse von Swebus Express fahren nach Stockholm (59 Skr, 1 Std., mind. stündl.), Västerås (über Stockholm, 139 Skr, 3½ Std., 6-mal tgl.), Örebro (über Stockholm, ab 179 Skr, 4½ Std., 4- bis 7-mal tgl.) und Falun (Umsteigen in Stockholm und Börlange, 259 Skr, 9 Std., tgl.).

➡ SJ-Züge fahren nach/von Stockholm (70 bis 110 Skr, einfach 35–55 Min.), Gävle (ab 143 Skr, 50 Min., mind. 7-mal tgl.), Östersund (560 Skr, 5 Std., 2-mal tgl.) und Mora (213 Skr, 3¼ Std., 2-mal tgl.).

➡ Empfehlenswerte Autovermietungen sind **Statoil** (☏ 20 91 00; Gamla Uppsalagatan 48) und **OKQ8** (☏ 29 04 96; Årstagatan 5–7).

❶ Unterwegs vor Ort

Upplands Lokaltrafik (☏ 0771-14 14 14; www.ul. se) ist für den öffentlichen Nahverkehr im Stadtgebiet und Umland zuständig. Stadtbusse fahren vom Stora Torget und den umliegenden Straßen ab. Fahrkarten (90 Min. lang unbegrenzt gültig) kosten 25 Skr.

Lövstabruk
☏ 0294

Das kleine Anwesen Lövstabruk (Leufsta Bruk), 71 km nördlich von Uppsala gelegen, ist ein typisches *wallonbruk* in der nördlichen Region Upplands und vielleicht das hübscheste der zahlreichen historischen Werksgelände mit Herrenhaus und Arbeitersiedlung.

Aus der einstigen bedeutenden Industrieregion ist eine fruchtbare grüne Landschaft geworden, in der verstreut die malerischen Überreste von Fabrikanlagen, vor allem Eisenhütten und Erzbergwerke, liegen. Näheres zur Geschichte der Region ist in der kostenlosen Broschüre *Valonbruk in Uppland* nachzulesen, sie ist bei der Touristeninformation oder auch unter www.svetur.se/vallonbruken erhältlich.

Das Wort *bruk*, Teil vieler Ortsnamen der Gegend, bezeichnet ein Werksgelände mit Arbeitersiedlung, auf dem Rohstoffe wie Eisenerz weiterverarbeitet wurden. Die meisten dieser Siedlungen entstanden im 17. Jh. Eigentümer, Betreiber und Arbeitgeber waren holländische und wallonische (belgische) Einwanderer – daher die schwedische Bezeichnung für die Schmiedewerke, *wallonbruk*. Die Profite aus den Fabriken wurden für den Bau prächtiger Herrenhäuser verwandt, die von bescheidenen Arbeiterhäusern umgeben waren.

1627 kam der Holländer Louis de Geer nach Lövstabruk, das Herrenhaus wurde für seinen Enkel, Charles de Geer, um 1700 errichtet. Das Herrenhaus und die Eisenhütte wurden 1719 von russischen Truppen eingenommen und zerstört, doch später vollständig wiederaufgebaut. Das Eisenhüttenwerk war noch bis 1926 in Betrieb.

Die Werksgebäude sind für Besucher geöffnet und zwar in den Monaten Juni bis August täglich von 11 bis 16 bzw. 17 Uhr. Wer Gefallen an der eigenartigen Schönheit dieser Industriedenkmale findet, sollte sich auch die benachbarten Orte **Forsmark** (www.visitforsmark.se) und **Österbybruk** (http://gammeltammen.se) ansehen.

🛏 Schlafen & Essen

Gamla Brukshandeln B&B   B&B €
(☎ 070-676 59 94; leufstabruk.com/b-b-rum.html; Stora gatan 48; EZ/DZ 495/795 Skr; P 🐾) B&B Läkarvillan ist ein behagliches Haus auf dem Eisenwerksgelände mit weiß gekalkten Zimmern, die mit hübschen Antiquitäten und klassischen schwedischen Kachelöfen ausgestattet sind, zu alledem hat man von den Räumen einen schönen Blick über das Werksgelände. Das Haus ist klein, also am besten frühzeitig buchen.

Lövstabruk Wärdshus   SCHWEDISCH €€
(☎ 0294-311 22; www.leufstabrukswardshus.se; Stora gatan 33; Mittagsbüfett 90 Skr; ⊙ Mitte Juni–Mitte Aug. So–Mi 12–17, Do–Sa 12–21 Uhr) In diesem hübschen Restaurant mit Sitzplätzen im Garten wird an Werktagen ein gehaltvolles Mittagsbüfett serviert; an den Wochenenden und abends gibt es eine Auswahl schwedischer Klassiker.

ℹ Praktische Informationen

Touristeninformation (☎ 0294-310 70; ⊙ Mitte Juni–Mitte Aug. 11–17 Uhr, Mitte Aug.–Mitte Juni Sa & So 12–16 Uhr) Die Touristeninformation befindet sich im Gebäude des Stora Magasinet neben dem Restaurant Wärdshus (s. links). Hier erhält man die nötigen Eintrittskarten für einstündige Führungen (Erw./Kind 70/45 Skr) durch das Herrenhaus und das Werksgelände (Mai–Juni Sa und So 14 Uhr).

ℹ An- & Weiterreise

Nach Löwstabruk nimmt man zuerst die Buslinie 811 von Uppsala nach Östhammar, dort steigt man in einen Bus der Linie 835 um (ca. 2 Std., 4- bis 8-mal tgl., einfach 80 Skr).

Nyköping
📍 0155 / 53 038 EW.

Die Stadt war Schauplatz eines erbitterten Machtkampfes in der schwedischen Monarchie. Heute ist davon wenig zu spüren: Nyköping ist eine hübsche, angenehme Stadt, wo ein Spaziergang am Fluss oder das gemütliche Sitzen am Hafen jeden zur Ruhe kommen lässt.

👁 Sehenswertes & Aktivitäten

Am Stora Torget stehen das alte **Rådhus** (Rathaus) und die **St. Nicolai Kyrka** mit einer prächtigen Kanzel; kostenlose Führungen durch die Kirche finden montags bis freitags um 15 Uhr und sonntags um 14 Uhr statt.

Släbroparken, 2,5 km im Nordwesten der Stadt gelegen, lohnt den Besuch. Hier finden sich zwei Runensteine und 700 Felsritzungen aus der Bronzezeit.

Schön ist auch ein Spaziergang am Fluss, dem „längsten Museum Schwedens", wie er gern genannt wird. Längere Wanderungen sind auf dem 1000 km langen **Sörmlandsleden** (☎ 355 64; www.sormlandsleden.se) möglich; er berührt in seinem Verlauf durch die Region auch die Stadt.

Im Sommer kann man zu einer nahe gelegenen **Inselgruppe** fahren; am besten in der Touristeninformation oder bei der Trosa Rederi (www.trosarederi.se) nach den Optionen fragen.

Sörmlands Museum MUSEUM

(☎ 0155-24 57 20; www.sormlandsmuseum.se; ⊙ Juni–Aug. 11–19 Uhr, im restlichen Jahr So 11 bis 17 Uhr & nach Programm) GRATIS Auf dem Burggelände von Nyköpingshus liegen gleich mehrere interessante Sehenswürdigkeiten: Zum Sörmlands Museum gehört der **Kungstornet** (Königsturm) – der weiße Burgturm hat eine Höhe von vier Stockwerken. Die **Gamla Residenset** ist die einstige Residenz des königlichen Statthalters, die benachbarten **Konsthallen** zeigen interessante Kunstausstellungen und eine Sammlung von Bootshäusern aus dem 19. Jh.

Kostenlose Führungen durch den Kungstornet finden auf Englisch statt: im Sommer jeden Dienstag, Donnerstag, Samstag und Sonntag um 14 Uhr.

Nyköpingshus BURG

(⊙ 24 Std.) GRATIS Die Mauern der verfallenen Burg Nyköpingshus waren Zeugen grausamer Geschehnisse in der schwedischen Monarchie. Der Streit zwischen König Birger und seinen Brüdern Erik und Valdemar gipfelte 1317 in einem „Versöhnungsbankett", zu dem Birger seine beiden Brüder einlud. Als sie eintrafen, ließ er sie in den Kerker werfen, versenkte die Kerkerschlüssel im Fluss und überließ seine Brüder dem Hungertod. Sein Triumph währte nur kurz; im darauffolgenden Jahr wurde Birger nach Dänemark vertrieben.

Die grausame Episode wird jeden Sommer im *Gastmahl von Nyköping,* einem traditionellen Theaterstück, nachgespielt. Näheres dazu ist im Sörmlands Museum zu erfahren.

🛏 Schlafen & Essen

Supermärkte gibt es an der Västra Storgatan, sie verläuft westlich des Stora Torget.

Nyköpings Vandrarhem HOSTEL €

(☎ 070-679 56 08; http://nykopingsvandrarhem.se; Brunnsgatan 4; B/EZ/DZ 200/390/470 Skr; P) Das unabhängige Hostel liegt in so unmittelbarer Nähe der Burg, dass man sich bedroht fühlen würde, gäbe es ein echte Belagerung. Das Gebäude wurde 1764 errichtet, drinnen geht es aber gemütlich und ungezwungen zu. Insgesamt gibt es 13 Räume mit jeweils vier bis sechs Betten. Die Küche ist hervorragend ausgestattet, draußen im Hof stehen Picknicktische.

Die Betreiber sind entgegenkommend und hilfsbereit, die Lage am Fluss ist kaum zu übertreffen.

Strandstuviken Camping CAMPINGPLATZ €

(☎ 0155-978 10; www.strandstuviken.se; Stellplätze 250 Skr, 4B-Hütten 500–600 Skr; ⊙ Mai–Sept.; P) Der nächstgelegene Campingplatz ist sehr familienfreundlich und liegt in Strandnähe am Wanderweg Sörmlandsleden. Es gibt zehn Ferienhütten, mehrere Zeltplätze und Schlafsäle, eine Sauna und einen Minigolfplatz. Kanus und Fahrräder werden ebenfalls verliehen. Der Platz befindet sich 9 km südwestlich der Stadt und ist allerdings nicht mit öffentlichen Verkehrsmitteln erreichbar.

Clarion Hotel Kompaniet HOTEL €€

(☎ 0155-28 80 20; cc.kompaniet@choice.se; Fol-kungavägen 1; Zi. ab 1080 Skr; P @ ☀) Das riesenhafte Bauwerk in Hafennähe hat elegante, moderne Zimmer – nicht groß, aber intelligent aufgeteilt, viele mit schönem Ausblick. In dem Gebäude befand sich ursprünglich eine Möbelfabrik. Die Preise variieren je nach Saison, im Übernachtungspreis ist auf jeden Fall das Frühstück und ein Abendbüfett (oder ein Sandwich für verspätete Gäste) enthalten.

Café Hellmans CAFÉ €

(☎ 0155-21 05 25; Västra Trädgårdsgatan 24; Hauptgerichte 75–125 Skr; ⊙ Mo–Fr 8–18, Sa 9–17, So 11–16 Uhr) Das Hellmans ist ein charmantes Café mit einer netten angeschlossenen Boutique – ein hübscher Ort für ein Mittagessen. Zur Auswahl stehen Suppen, Salate, Lasagne und Focaccia. Den guten Kaffee und die hervorragenden Kuchen des Hauses können die Gäste im Sommer draußen im Innenhof genießen.

Aktersnurran CAFÉ €

(Skeppsbron 7; Eiscreme 1/2/3 Kugel 25/35/45 Skr, Sandwiches 45–65 Skr) Das Aktersnurran ist eines von mehreren lässigen Bar-Restaurants am Hafen; die Scharen der Gäste wechseln je nach Tageszeit und angebotener Livemusik von einer Terrasse zur nächsten. Das Restaurant hier ist das schlichteste in der Reihe, hier bekommt man einfache Gerichte wie Pizza, Fleischbällchen und Burger sowie süß duftende Waffelhörnchen.

ℹ Praktische Informationen

Banken und alles Notwendige findet man an der Västra Storgatan.

Touristeninformation (☎ 0155-24 82 00; www.nykopingsguiden.se; Stadshuset, Stora Torget; ⊙ Mo–Fr 8–18, Sa & So 10–16 Uhr) Die Touristeninformation befindet sich im Rathaus am Stora Torget.

ℹ Anreise & Unterwegs vor Ort

Der **Flughafen Skavsta** (☑ 0155-28 04 00; www.skavsta-air.se) liegt 8 km nordwestlich von Nyköping. Von hier starten Ryanair-Flüge zu verschiedenen europäischen Zielen. Entsprechend der An- und Abflugzeiten werden Flughafenbusse von und nach Stockholm (139 Skr, 80 Min.) eingesetzt.

Von Nyköping fahren Stadtbusse der Linien 515 und 715 alle 10 Min. zum Flughafen Skavsta (25 Skr, 20 Min.). Ein **Taxi** (☑ 21 75 00) nach Nyköping kostet etwa 240 Skr.

Der Bahnhof und der Busbahnhof liegen am westlichen Ende der Innenstadt, nur 800 m voneinander getrennt. Nyköping ist u. a. durch folgende regelmäßig fahrende Linien ans Netz von **Swebus Express** (☑ 0200-21 82 18; www.swebusexpress.se) angeschlossen. Es liegt an den Strecken Stockholm–Norrköping–Jönköping–Göteborg/Malmö sowie Stockholm–Norrköping–Kalmar.

SJ-Züge fahren alle ein bie zwei Stunden nach Norrköping (93 Skr, 40 Min.), Linköping (174 Skr, 1–2 Std.) und Stockholm (143 Skr, 1 Std.). X2000-Züge halten meistens nicht in Nyköping.

Die Touristeninformation verleiht Fahrräder (Tag/Woche 50/200 Skr).

Eskilstuna

☑ 016 / 100 000 EW.

Mit seiner eher reizlosen Vorstadtatmosphäre ist Eskilstuna nicht unbedingt das bevorzugte touristische Ziel eines Schwedenurlaubers, doch die Stadt hat besonders für Familien viel zu bieten: einen berühmten Tierpark und – im Nordosten der Stadt – eine der außergewöhnlichsten Steinritzungen Schwedens. Die Altstadt ist zudem ein attraktives Einkaufsviertel.

◉ Sehenswertes & Aktivitäten

Sigurdsristningen ARCHÄOLOGISCHE STÄTTE

(www.illustrata.com/pages/sigurdsristning; ⊙24 Std., 📕225) GRATIS Die Sigurdritzung, eine Steinritzung aus der Wikingerzeit, ist über 3 m lang und schildert auf anschauliche Art die Geschichte von Sigurd dem Drachentöter, dessen Abenteuer auch im Heldengedicht *Beowulf* und in isländischen Sagas erzählt wird. Das Epos diente auch als Vorbild für Wagners *Ring des Nibelungen*. Auch J. R. R. Tolkien schöpfte für seine Romane *Der kleine Hobbit* und *Herr der Ringe* aus dem historischen Stoff.

Die Runen auf dem Drachenleib haben keinen Bezug zur Legende – vielmehr berichten sie davon, dass eine Frau namens Sigrid im Gedenken an ihren Gatten Holmger in der Nähe der Brücke errichtet habe (die Brückenpfeiler sind heute noch erkennbar).

Die Ritzungen wurden etwa 1000 n. Chr. ins Gestein gearbeitet und zeigen Sigurd, wie er das Herz des Drachen Fafnir über dem Feuer brät. Sigurds Stiefvater Regin hatte ihn überredet, Fafnir zu töten, um an dessen Goldschatz zu gelangen. Sigurd testet mit dem Finger, ob das Herz gar ist, und … Richtig: Sobald er das Drachenblut von seinem Finger schleckt, versteht er die Sprache der Vögel. Sie warnen ihn vor einem Mordplan, den Regin gegen ihn ausgeheckt hat, um den Schatz selbst zu behalten. Sigurd kann also zuerst angreifen und schlägt seinem Stiefvater den Kopf ab. (Der Unglückliche ist links oben auf dem Stein inmitten von herumliegenden Werkzeugen abgebildet.) Ebenfalls zu sehen ist Sigurds Pferd Grani, ein Geschenk Odins. Es ist an einen Baum gebunden, auf dem eine Reihe von Vögeln hockt.

Am Parkplatz beginnt ein Fußweg, der am Fluss entlangführt; bei der Touristeninformation kann man sich nach Schlauchbootfahrten erkundigen.

Die Felsritzung liegt in der Nähe von Schloss Sundbyholms und dem Mälaren, 12 km nordöstlich von Eskilstuna.

Parken Zoo ZOO

(☑016-10 01 01; www.parkenzoo.se; Erw./Kind 250/180 Skr, Vergnügungspark 195 Skr, Schwimmbad 50/40 Skr; ⊙Juli–Mitte Aug. 10–18 Uhr, kürzere Öffnungszeiten im Mai, Juni & Sept., Vergnügungspark ab 12 Uhr, Schwimmbad Juni–Aug. 10–19 Uhr; P♿; 🚌1) Parken Zoo gehört zu den beliebtesten Familienattraktionen Mittelschwedens. Im Tierpark werden rund 80 verschiedene Arten gezeigt; neben diversen Affen und Komodowaranen sind mehrere schöne weiße Tiger zu sehen, die erfolgreich in Gefangenschaft gezüchtet wurden.

Der Tagesausflug ist nicht billig: Zusätzliche Gebühren fallen für den Parkplatz (Std. 15 Skr), den Eintritt in den **Vergnügungspark** und den Eintritt ins **Schwimmbad** an.

Der Tierpark liegt 1,5 km westlich des Stadtzentrums. Busse fahren regelmäßig von den Zug- und Busbahnhöfen dorthin.

Rademachersmedjorna MUSEUM

(Rademacher-Schmiede; ☑016-710 13 71; Rademachergatan; ⊙ganzjährig Mo-Fr 10–16 Uhr und an einigen Sommerwochenenden) GRATIS Die Rademacher-Schmieden bergen sorgfältig bewahrte Zeugnisse der metallverarbeitenden Tradition in Eskilstuna, die auf das 17. Jh. zurückgeht. Besucher können Werkstätten besichtigen, in denen die Tradition weitergeführt wird: Eisen-, Silber- und Goldschmiede arbeiten dort noch heute. Manchmal zeigt sich „Sundin mit dem großen Mundwerk", ein Handwerker der Gegend und Meister seines Fachs.

Eskilstuna Konstmuseum — MUSEUM

(P016-710 13 69; Portgatan 2, Munktellstaden; Mo–Fr 11–16, Do 11–20, Sa & So 12–16 Uhr) Das Eskilstuna Konstmuseum besitzt eine ambitionierte und kühl aufgemachte Kunstsammlung in der schönen Umgebung der Munktell-Arena. Zum Museum gehört ein schickes kleines Restaurant.

Ebelingmuseet — MUSEUM

(016-10 73 05; Eskilstunavägen 5; Di–So 12–16 Uhr; 2, 15 Torshälla) GRATIS Das Museum zeigt bizarre Stahlskulpturen des schwedischen Bildhauers, Malers und Töpfers Allan Ebeling und Gemälde seiner Töchter Marianne und Harriet, außerdem werden verschiedene Wechselausstellungen gezeigt. Ebenso sehenswert sind die alten Holzhäuser und die hübsche Gegend am Fluss in Torshälla. Von Eskilstuna braucht der Bus 40 Minuten zum Museum.

Schlafen & Essen

STF Hostel Eskilstuna — HOSTEL €

(016-51 30 80; www.vilstasporthotell.se; EZ/DZ im Hostel ab 350/520 Skr, EZ/DZ im Hotel ab 695/890 Skr; P 12) Im Naturschutzgebiet Vilsta, das 2 km südlich der Stadt liegt, befindet sich das gut ausgestattete Hostel. Alle Zimmer haben Fernseher und eigene Bäder. In den Hotelzimmerpreisen sind Frühstück, Bettwäsche und Reinigung inbegriffen. Das Hostel gehört zum Sportzentrum Vilsta, in dem ein Fitnessstudio, Whirlpool und verschiedene Sporteinrichtungen (gegen zusätzliche Gebühren) zur Verfügung stehen.

Der Fernwanderweg Sörmlandsleden führt mitten durch das Gelände.

City Hotell Eskilstuna — HOTEL €€

(016-10 88 50; www.cityhotell.se; Järnvägsplan 1; EZ/DZ 1045/1220 Skr; P) Direkt gegenüber vom Bahnhof liegt dieses gehobene Hotel. Die Zimmer sind geräumig und komfortabel, einige haben Balkone oder schwedische Zylinderöfen, die den Räumen eine Atmosphäre wie im 19. Jh. verleihen.

Café Kaka — CAFÉ €

(016-13 10 94; www.cafekaka.se; Kyrkogatan 6; Sandwiches 60 Skr, Salate 70–100 Skr; 11 bis 18 Uhr) Ein flippiges, fröhliches Café und ein beliebter Treffpunkt, wo Sandwiches, Wraps und große sättigende Salate serviert werden. Gelegentlich legen Gast-DJs auf.

Restaurang Tingsgården — SCHWEDISCH €€

(016-51 66 20; Rådhustorget 2; dagens rätt (Tagesgerichte) 89 Skr, zweigängige Mahlzeit 210 Skr, Hauptgerichte 149–250 Skr; Mo–Fr 11–23, Sa 12–23, So 12–22 Uhr) Das gemütliche Restaurant in der Altstadt, untergebracht in einem wundervollen Holzhaus aus dem 18. Jh., ist ein Glücksfall. Die Speisekarte bietet verschiedene Fleisch- und Fischgerichte, z. B. Lamm, Steak oder Bachforelle. Im Sommer sitzen die Gäste draußen auf einer großen Terrasse mit herrlichem Blick auf den glitzernden Fluss.

Praktische Informationen

Alles Notwendige findet man rund um den Fristadstorget und in der Fußgängerzone der Kungsgatan.

Die **Touristeninformation** (016-710 70 00; www. eskilstuna.nu; Tullgatan 4; Mo–Fr 10–18, Sa & So 10–14 Uhr, im Winter So geschl.) gibt hilfreiche Auskünfte.

Die zentral gelegene **öffentliche Bibliothek** (016-10 13 51; Kriebsensgatan 4; Mo–Do 10–19, Fr 10–18, Sa 10–14 Uhr) bietet kostenlosen Internetzugang.

Anreise & Unterwegs vor Ort

Der Busbahnhof liegt 500 m östlich vom Bahnhof am Fluss. Die örtlichen Buslinien 701 und 801 fahren ungefähr im Stundentakt nach Nyköping (118 Skr, 1¾ Std.).

Swebus Express (0200-21 82 18; www. swebusexpress.se) betreibt täglich bis zu sechs Busverbindungen auf der Strecke Stockholm–Eskilstuna–Örebro.

SJ-Züge bieten sich jedoch eher für Fahrten nach Örebro (93 Skr, 1 Std., alle 2 Std.), Västerås (73 Skr, 30 Min., stündl.) und Stockholm (136 Skr, 1 Std., stündl.) an.

Västerås

021 / 137 207 EW.

Die Altstadt von Västerås ist eine Wucht. An kopfsteingepflasterten Straßen stehen die Häuser wie Kraut und Rüben und in den Gärten dazwischen blühen die Blumen. Die sechstgrößte Stadt Schwedens hat zwei Gesichter: Nur wenige Häuserblocks in

Richtung Südosten liegen moderne Einkaufszentren, große Industriegebiete und ausgedehnte Vororte, die mit den putzigen Gässchen und den Kunsthandwerksläden im Zentrum nichts gemein haben. Västerås ist außerdem ein guter Ausgangspunkt für Fahrten zum Mälaren und zu den bedeutenden heidnischen Stätten in der Region.

◉ Sehenswertes

★ Karlsgatan 2 · MUSEUM

(Konstmuseum & Länsmuseum; ☎ 021-16 13 00; Karlsgatan 2; ◷ Di–Fr 10–19, Do 10–20, Sa & So 12–16 Uhr) GRATIS Der kürzlich neu gestaltete und erweiterte Ausstellungsraum in einem alten Fabrikgebäude in Bahnhofsnähe vereint zwei Museen, die an sich schon beachtlich waren – jetzt ist daraus ein Museumskomplex ersten Ranges entstanden.

Auf der einen Seite befindet sich das Västmanland Länsmuseum (Provinzmuseum), ein riesiger und aufwendig gestalteter Raum, der in die Geschichte (und Vorgeschichte) der Region auf eine Weise einführt, die auch Kindern entgegenkommt und dazu bemerkenswert anspruchsvoll ist.

Im gegenüberliegenden Flügel liegt das Västerås Konstmuseum mit einer Dauerausstellung von Werken regionaler Meister (Bror Hjorth, Aguelí) sowie ambitionierten, kenntnisreich kuratierten Wechselausstellungen. Beide Museen besitzen Galerien mit Wechselausstellungen, sie zeigen antike Fotografien, modernes schwedisches Modedesign und zeitgenössische nordische Maler, dazu gibt es interaktive Lernstationen. Im zentralen Foyer sind ein kleiner Geschenkeladen und ein Café untergebracht.

Vallby Friluftsmuseum · MUSEUM

(☎ 021-39 80 70; www.vallbyfriluftsmuseum.se; Skerikesvägen 2; ◷ 10–17 Uhr; 🅿; 🚌 10, 12) GRATIS Das Vallby Friluftsmuseum liegt etwas abseits vom Vallbyleden an der Kreuzung an

---

Västerås

◉ **Highlights**
1 Karlsgatan 2 .... D2

◉ **Sehenswertes**
2 Domkyrkan B1

🛏 **Schlafen**
3 Elite Stadshotellet B2
4 First Hotel Plaza C2
5 Klipper Hotel B2

✖ **Essen**
6 Bill & Bobs B2
7 ICA C2
8 Kalle på Spangen B2

Västerås

KREATIVE UNTERKÜNFTE

Neben den gewohnten Hotels gibt es in Västerås zwei außergewöhnliche Unterkunftsmöglichkeiten in und außerhalb der Stadt. Beide sind Entwürfe des einheimischen Künstlers Mikael Genberg und etwas für Leute, die mal eine Unterkunft der etwas anderen Art ausprobieren wollen.

Das **Hotell Hackspett** („Hotel Klopfspecht"; EZ/DZ pro Nacht inkl. Frühstück 1250/2500 Skr) ist ein fantastisches Baumhaus mitten im Vasaparken. Das Holzhaus hängt 13 m über dem Erdboden in einer alten Eiche; die Gäste (und das Frühstück) werden in einem Korb hinauf- und hinabgelassen.

Der zweite der faszinierenden Wohnentwürfe Genbergs ist das **Utter Inn** („Gasthof Otter"; EZ/DZ pro Nacht inkl. Frühstück 1250/2500 Skr): ein kleines falunrotes, schwimmendes Holzhaus mitten im Mälaren (Mälarsee), das nur per Boot erreichbar ist. Das Schlafzimmer – es liegt 3 m unter der Wasseroberfläche – ist mit großen Fensterflächen ausgestattet, die Einblicke in die Unterwasserwelt des Sees gewähren. Es gibt ausreichend Platz für zwei Personen und ein Kanu für Erkundungsfahrten.

Die Unterkünfte in schwebender bzw. schwimmender Bauweise können über die Touristeninformation von Västerås (S. 126) gebucht werden. Mikael Genberg betreibt eine Website (www.mikaelgenberg.com) in schwedischer Sprache, die Fotografien vermitteln eine gute Vorstellung von seinen ungewöhnlichen Unterkünften.

der E18, 2 km nordwestlich der Stadt. Im weitläufigen Gelände des Freilichtmuseums stehen traditionelle Hütten und Bauernhäuser. Es gibt aber auch einen Kirchenraum, eine Dorfschule, das Wohnhaus eines Schmieds, einen Laden, ein Bootshaus, ein Herrenhaus u. v. m. Unter den rund 40 Gebäuden ist auch ein sehenswerter Bauernhof, auf dem Jämtland-Ziegen, Kaninchen und Zugpferde gehalten werden, außerdem ein hübsches Café mit Sitzplätzen im Freien.

Sehr lehrreich und interessant sind die Vorführungen alter Handwerksberufe, wie z. B. der Teppichweberei und der Glasbläserei. Unter dem Motto „Living History" erleben Besucher Museumsmitarbeiter in historischen Kostümen und bekommen eine Vorstellung, wie frühere schwedische Generationen im Alltag gelebt haben. So kann man ihnen beim Jäten der Wiesen, beim Wäschewaschen, bei der Gartenarbeit und der Betreuung der Heim- und Hoftiere zuschauen.

Domkyrkan
DOMKIRCHE

(Domkirche; Biskopsgatan; 9–17 Uhr) GRATIS Der schöne Ziegelsteinbau der Domkyrka wurde im 12. Jh. begonnen, ihre heutige Gestalt stammt aber zum größten Teil aus dem späten 14. Jh. Im Inneren sind mit Reliefs verzierte Fußbodenplatten, sechs Altarbilder und der Marmorsarg König Eriks XIV. zu sehen. Der Sohn und Thronfolger Gustav Wasas starb 1577 nach dem Genuss von Erbsensuppe, die mit Arsen versetzt war.

Schwindelfreie Besucher können auf Wunsch den **Kirchturm** besteigen. Die Öffnungszeiten sind unterschiedlich, in der Regel ist der Turm montags und donnerstags ab 14 Uhr sowie samstags ab 10.30 Uhr zugänglich (30 Skr).

Hinter der Domkirche erstreckt sich der malerische Altstadtbezirk **Kyrkbacken**. Das einstige Studentenviertel ist heute ein sorgfältig bewahrter Teil der Stadt Västerås aus der Zeit vor dem 18. Jh. und begeistert mit seinen vielen kunsthandwerklichen Ateliers.

Anundshög
ARCHÄOLOGISCHE STÄTTE

(24 Std.; P; 12 Bjurhovda) GRATIS Im Umland von Västerås liegen mehrere Ausgrabungsstätten aus vorchristlicher Zeit; die interessanteste ist die Anundshög. Das größte Hügelgrab in Schweden liegt 6 km nordöstlich der Stadt und bietet das komplette Sortiment an vorgeschichtlichen Wunderdingen: Erdhügel, Schiffssetzungen und einen großen Runenstein aus dem 11. Jh. Die beiden größten Schiffssetzungen dort stammen etwa aus dem 1. Jh. Das Gelände liegt auf der Hügelkette von Badelunda, genau wie die **Kirche von Badelunda** (1 km nördlich), die im 13. Jh. gebaut wurde. Das 1 km weiter südlich liegende **Labyrinth von Tibble** ist mit einem Durchmesser von 16 m eine der größten und ältesten der sogenannten Trojaburgen. Von der Bushaltestelle sind es 2 km zu Fuß in östlicher Richtung. Die Touristeninformation hält die praktische Übersichtskarte *Badelunda Forntids Bygd* bereit.

🛏 Schlafen

STF Vandrarhem Västerås/ Quality Hotel
HOSTEL €

(☎ 021-30 38 00; q.vasteras@choice.se; Svalgången 1, Vallby; EZ/DZ ab 300/600 Skr; P🐕🏊🛜🏖) Wenige Kilometer außerhalb der Stadt werden ein Dutzend Hotelzimmer als Hostel-Unterkünfte angeboten. Das Gebäude selbst ist ein Koloss und erinnert in seiner Bauweise an eine Fabrikanlage, die Außenflächen und die öffentlichen Bereiche sind in unterschiedlichen Weißtönen gehalten. Einige Zimmer haben Glasdächer, durch die das Licht einfällt (so können sich die Gäste die langen Sommernächte ins Haus holen). In der Lobby gibt es ein Restaurant, außerdem zur Unterhaltung der Gäste einen Billardtisch und einen Swimmingpool.

Klipper Hotel
HOTEL €

(☎ 021-41 00 00; www.klipperhotel.com; Kungsgatan 4; EZ/DZ inkl. Frühstück 595/695 Skr; P) Das attraktive Hotel hat eine bevorzugte Lage in der Altstadt, unweit des Flusses und nur 700 m von den Bahnhöfen entfernt. Die komfortablen, aber kleinen Zimmer sind einfach eingerichtet. Günstige Unterkünfte sind für 395 Skr zu bekommen (ohne Frühstück, das Bettenmachen müssen die Gäste in diesem Fall allerdings selbst übernehmen).

Västerås Mälarcamping
CAMPINGPLATZ €

(☎ 021-14 02 79; www.nordiccamping.se; Johannisbergsvägen; Stellplätze/Hütten ab 200/475 Skr; @🛜; 🚌25) Dieser zur Stadt nächstgelegene Campingplatz befindet sich 5 km südwestlich von Västerås unweit des Mälaren. Zur modernen Ausstattung gehören WLAN und ein toller Minigolfplatz.

Elite Stadshotellet
HOTEL €€

(☎ 021-10 28 00; info@vasteras.elite.se; Stora Torget; EZ/DZ 1050/1400 Skr; P🐕@🛜) Viele Zimmer des wunderhübschen Jugendstilgebäudes haben einen erstklassigen Blick auf den Marktplatz – wer gern Straßenszenen auf sich wirken lässt, sollte um eines dieser Zimmer bitten. Die Räume sind geschmackvoll gestaltet (Wände in blassen Farbtönen, Bettüberwürfe mit floralen Mustern und viel Mahagoni), die Mitarbeiter arbeiten zuvorkommend. Ein Parkplatz kostet 90 Skr.

Zum Haus gehört ein beliebtes Pub in englischem Stil.

First Hotel Plaza
HOTEL €€

(☎ 021-10 10 10; www.firsthotels.se; Karlsgatan 9A; Zi. ab 1000 Skr; P🐕❄@🛜) Mitten im modernen Zentrum der Stadt ragt dieser Wolkenkratzer 25 Stockwerke hoch. Von der Cocktailbar im 24. Stockwerk überblickt man die ganze Stadt. Von einigen Zimmern

ÄNGELSBERG

Das Industriedenkmal **Engelsberg Bruk** (☎ 0223-444 64; engelsberg.se) im winzigen Städtchen Ängelsberg erinnert an eine Ansammlung von Lebkuchenhäuschen. Die Stätte gehört zum Weltkulturerbe der Unesco und war eine der bedeutendsten frühindustriellen Eisenhütten in Europa. Im 17. und 18. Jh. waren der **Hochofen** mit einer ungewöhnlichen Holzverkleidung sowie die heute immer noch funktionstüchtige **Schmiede** auf dem neuesten Stand der Technik, und um sie herum entstand eine ganze Stadt. Heute ist das perfekt erhaltene Gelände für Besucher geöffnet, die hier das Herrenhaus mit Park, die Häuser der Arbeiter und die Industriegebäude besichtigen können.

Von Juni bis August finden täglich **Führungen** (Erw./Kind 65 Skr/frei; um 11, 13.30 und 15.30 Uhr) statt, im Mai und September werden sie seltener angeboten. In der Touristeninformation beim Parkplatz ist (auch telefonisch) Näheres zu erfahren.

Bei **Nya Servering** (☎ 0223-300 18; ⊗ Mo–Fr 11.30–14, Sa & So 12–17 Uhr), in der Nähe des Bahnhofs Ängelsberg und neben der Touristeninformation gelegen, werden Snacks, Kaffee und einfache Sandwiches serviert. Von dort öffnet sich eine schöne Aussicht über Åmänningen hinweg auf die Insel Barrön, wo die älteste **Ölraffinerie** der Welt steht – sie wurde 1875 in Betrieb genommen und 1902 stillgelegt. Bei einer Fährüberfahrt kann sie in Verbindung mit der Engelsberg Bruk besichtigt werden (110 Skr; Abfahrten im Sommer um 11, 13.30 und 15.30 Uhr, aktuelle Fahrpläne sind unter www.oljeon.se oder fagersta/turism zu finden).

Ängelsberg liegt 60 km nordwestlich von Västerås, von dort fahren Regionalzüge alle ein oder zwei Stunden ab (ab 89 Skr, 45 Min.). Wer mit dem Zug anreist, steigt am Bahnhof Ängelsberg aus und läuft 1,5 km in nördlicher Richtung nach Engelsberg Bruk. Im eigenen Auto ist es aus jeder Himmelsrichtung eine eindrucksvolle Fahrt.

schaut man auf den Mälarsee. Es gibt ein Spa mit Massagen, Sauna und Fitnessstudio sowie ein Restaurant, in dem die anspruchsvolleren Klassiker der schwedischen Küche serviert werden.

🍴 Essen & Ausgehen

Ein **ICA-Supermarkt** (Kopparbergsvägen 15) liegt in der Nähe des First Hotel Plaza.

Kalle på Spangen
CAFÉ €

(📱021-12 91 29; www.kallepaspangen.se; Kungsgatan 2; Mittagessen 65 Skr; ⊙Mo–Sa 10–22, So 11–22 Uhr) Das großartige Café, in der Altstadt direkt am Fluss gelegen, bietet mehrere behagliche Räume mit knarzenden Fußböden, bunt zusammengewürfelten Möbeln und vergoldeten Großvateruhren. Die Mittagsangebote, z. B. Lasagne, sind gehaltvoll und werden mit Salat, Getränken, Brot und Kaffee serviert. Im Sommer gibt es nette Sitzgelegenheiten draußen am Fluss.

Bill & Bobs
SCHWEDISCH €€

(📱021-41 99 21; www.billobob.se; Stora Torget 5; Grillgerichte 199–350 Skr, Hauptgerichte 149–159 Skr, Cocktails 98 Skr; ⊙17–2 Uhr) Ein gemischtes Publikum lässt sich in diesem lässigen Restaurant zu Getränken und Gesprächen an Tischen draußen auf dem Platz nieder. Caesar's Salad und Hamburger mit Speck und Sauce béarnaise gehören zu den beliebten „Klassikern" bei Bill & Bobs. Am liebsten versammeln sich die Gäste jedoch um den Mittelpunkt der Küche, einen Steinplattengrill.

ℹ️ Praktische Informationen

Banken, Geldautomaten und alles Notwendige findet man an der Stora Gatan.

Bei **Forex** (📱021-18 00 80; Stora Gatan 18; ⊙Mo–Fr 9–19, Sa 9–15 Uhr) können Fremdwährungen umgetauscht werden.

Touristeninformation (📱021-39 01 00; www.vasterasmalarstaden.se; Kopparbergsvägen 8; ⊙Mo–Fr 10–18, Sa 10–15 Uhr) Beantwortet alle Fragen zur Stadt und Region.

ℹ️ Anreise & Unterwegs vor Ort

Der **Flughafen Västerås** (📱021-80 56 00; www.vasterasflygplats.se) liegt 6 km östlich des Stadtzentrums, mit dem er durch die Buslinie L941 verbunden ist. Auf der Website des Flughafens sind die aktuellen Flugpläne nachzulesen.

Bus- und Bahnhöfe liegen in der Nähe, am südlichen Stadtrand von Västerås. Die Busse der Regionallinie 569 fahren regelmäßig nach Sala (74 Skr, 50 Min., häufig), es gibt auch Zugverbindungen (43 Skr, 25 Min.). **Swebus Express** (📱0200-21 82 18; www.swebusexpress.se) betreibt Busse nach Uppsala (über Stockholm, 149 Skr, 3 Std., 5-mal tgl.), Stockholm (89 Skr, 1½ Std., 8-mal tgl.) und Örebro (89 Skr , 1¼ Std., 7-mal tgl.). SJ-Züge fahren regelmäßig von Stockholm (143 Skr, 1 Std.) und nach Örebro (128 Skr, 1 Std.), Uppsala (97 Skr, 1½ Std.) und Eskilstuna (78 Skr, 30 Min.).

Ein Taxi ruft man am besten bei **Taxi Västerås** (📱021-18 50 00).

Sala
📱0224 / 12 289 EW.

Der Charme der kleinen Stadt Sala, die an einen Landschaftspark erinnert, beruht auf nüchterner Zweckdienlichkeit. Der im 16. und 17. Jh. wachsende Reichtum Schwedens war dem Silberbergwerk der Region zu verdanken, die Förderung des Edelmetalls verwandelte das Bild der Stadt grundlegend: Dieselben schmalen Flüsse, Teiche und Kanäle, die sich heute so lieblich durch und rund um das Stadtgebiet ziehen, wurden damals zum Betrieb des Bergwerks künstlich angelegt.

Geschäfte, Banken und alles sonst Notwendige findet man am Marktplatz Stortorget und an der Hauptgeschäftsstraße Rådmansgatan, der Fußgängerzone.

👁️ Sehenswertes & Aktivitäten

Sala Silvergruva
BERGWERK, MUSEUM

(📱0224-67 72 60; www.salasilvergruva.se; 60 Metersturen Erw./Kind 160/85 Skr, 150 Metersturen 220/115 Skr; ⊙Mai–Sept. 10–17 Uhr, Okt.–April 11 bis 16 Uhr; 🚌Silverlinjen-Bus bis Styrars) Wenn man nicht in die Tiefe steigen will, bietet sich der oberirdische Bereich der Sala Silvergruva für einen Spaziergang an. Das Bergwerk liegt 2 km südlich des Stadtzentrums.

Unter der Erdoberfläche erstrecken sich Grubengänge, Kavernen und Schächte über eine Länge von 20 km, sie können auf zwei Rundgängen erkundet werden. Diese führen 60 m bzw. 150 m tief in das Bergwerk hinein (11–15 Uhr, zu jeder halben Stunde). Der Abstieg (und anschließende Aufstieg!) ist mit jeweils etwa 300 Schritten in der Vertikalen verbunden. Und unbedingt an eine warme Jacke denken – im Erdinnern wird es kalt.

Das Bergwerk wurde 1908 endgültig geschlossen. Im Museumsdorf gibt es Künstlerateliers, ein Restaurant (im Sommer 11–16 Uhr geöffnet, täglich Mittagsgerichte 85 Skr) und ein **Museum** (Eintritt frei), in dem neben einer Zeittafel zur schwedischen Bergwerksgeschichte und anderen Ausstellungsstücken ein Fass zu sehen ist, in dem Karl XI. bei seiner königlichen Inspektion 1687 in die Tiefe hinabgelassen wurde.

Museumsdorf und Bergwerk erreicht man über die Straße nach Västerås. Der schöne Spazierweg Gröna Gången („grüner Weg") führt in südwestlicher Richtung durch die Parkanlagen und am Mellandammen-Teich in Sofielund vorbei. Unbedingt an die Kamera denken: In der unheimlichen Landschaft mit geheimnisvollen, zweckmäßigen Bauten ragen unvermittelt Schornsteine auf oder klaffen plötzlich tiefe Löcher im Boden.

Aguélimuseet
MUSEUM

(☑0224-138 20; http://aguelimuseet.se; Vasagatan 17; ⊘ Mi–So 11–16 Uhr) GRATIS Das interessante Aguélimuseet neben der Stadtbibliothek beherbergt die landesweit größte Ausstellung von Öl- und Aquarellgemälden des aus der Region stammenden Künstlers Ivan Aguéli (1869–1917) sowie Werke seiner Zeitgenossen. Aguéli war ein führender Vertreter des Spätimpressionismus; sein Wahlspruch lautete: „Man kann niemals zu präzise, zu einfach oder zu tief sein." Im Sommer werden außerdem Wechselausstellungen gezeigt, vor allem von experimentellen, jungen skandinavischen Künstlern. Das Museum befindet sich gleich neben der Stadtbibliothek.

Väsby Kungsgård
MUSEUM

(☑0224-106 37; www.vasbykungsgard.se; Museigatan 2; Erw./Kind 25 Skr/frei; ⊘ Mo–Fr 13–16 Uhr; 🅿) GRATIS Im größten Park der Stadt liegt Väsby Kungsgård, ein königliches Gut aus dem 16. Jh., wo – wie ein Liebesbrief aus dem Jahr 1613 belegt – sich Gustav II. Adolf mit seiner Mätresse Ebba Bruhe traf. Heutige Reisende können sich auf wunderschön erhaltene Innenräume, den idyllischen Innenhof und eine Waffensammlung aus dem 17. Jh. freuen.

Norrmanska Gården
HISTORISCHES BAUWERK

(Brunnsgatan 26) GRATIS Die hübschen Holzhäuser und der Hof von Norrmanska Gården wurden 1736 erbaut. Heute findet man auf dem Anwesen Läden und ein Café (s. rechts).

🛏 Schlafen & Essen

STF Vandrarhem & Camping Sofielund
HOSTEL €

(☑0224-127 30; http://sofielundsala.se; Sofielund; B/EZ/DZ ab 170/200/340 Skr; 🅿) Diese Oase der Ruhe liegt 2 km südwestlich des Stadt-

zentrums in einem Wald nahe dem Mellandammen. Haustiere sind auf dem Anwesen willkommen, zu dem Zeltplätze, ein Minigolfplatz und ein Café gehören (Juni–Aug. geöffnet).

Zu Fuß läuft man auf dem Gröna Gången 25 Min. dorthin, alternativ nimmt man den Silverlinjen-Bus zum Wasserturm und läuft von dort den restlichen Weg zu Fuß. Von September bis Mitte Mai ist wegen der großen Nachfrage eine vorherige Anmeldung notwendig.

Hotell Svea
HOTEL €

(☑0224-105 10; www.hotellsvea.com; Väsbygatan 19; EZ/DZ ab 495/595 Skr) Im freundlichen Hotel Svea mit zehn Zimmern wird persönlicher Service großgeschrieben. Die Zimmer sind altmodisch und haben nur Gemeinschaftsbäder. Doch das Haus ist gepflegt und komfortabel – und liegt in angenehmer Nähe zu den Bus- und Bahnhöfen.

Mat o Prat på Norrmanska
CAFÉ €€

(☑0224-174 73; www.matoprat.nu; Brunnsgatan 26; dagens rätt (Tagesgerichte) 80 Skr, Hauptgerichte 109–230 Skr; ⊘ Mo & Di 11–14, Mi & Do 11–22, Fr & Sa 12–1 Uhr) Das Restaurant im Innenhof des Landhauses Norrmanska Gården aus dem 18. Jh. besitzt eine prachtvolle Terrasse und ein hübsches Wirtshaus. Auf der Mittagskarte finden sich Burger, Pastagerichte und leckere Salate (z. B. Garnelensalat).

Das Café ist auch ein beliebter Treffpunkt zur „blauen Stunde" mit einer abwechslungsreichen Abendkarte.

ℹ Praktische Informationen

Die **Touristinformation** (☑0224-552 02; www.sala.se/turism; Stora Torget; ⊘ ganzjährig Mo–Fr 8–17 Uhr, Mai–Sept. zusätzlich Sa 10–14 Uhr) befindet sich im Rathaus mit Blick auf den Marktplatz. Die angegebenen Öffnungszeiten werden nicht immer eingehalten, Informationsmaterial liegt aber auch in der **Bibliothek** (☑0224-555 01; Norra Esplanaden 5; ⊘ Mo–Do 9.30–19, Fr 9.30–18, Sa 11–15 Uhr) aus. Internetzugang steht in der Touristinformation und der Bibliothek zur Verfügung. Der kostenlose Stadtplan ist nützlich zur Orientierung auf den Spazierwegen.

ℹ Anreise & Unterwegs vor Ort

Zwischen Sala und Uppsala fährt die Regionalbuslinie 848 (80–120 Skr, 1¼ Std., stündl.). Regionalzüge mit Halt in Sala fahren alle 2 Std. in Stockholm (100 Skr, 30–90 Min.) ab.

Bei der Touristinformation kann man sich nach Leihfahrrädern erkundigen.

Nora

🎵 0587 / 6500 EW.

Nora ist eine von Schwedens alten Holzhaussiedlungen mit besonderer Anziehungskraft. Der Ort schmiegt sich behaglich an das Ufer eines kleinen Sees und strahlt eine ruhige Selbstzufriedenheit aus. In dieser bestrickenden Atmosphäre verlangsamen sich alle Bewegungen fast von selbst: beim Gang durch urige Steingassen, beim Anblick einer alten Dampfeisenbahn, auf einer verträumten Bootsfahrt und beim Genuss dekadent guter Eiscreme.

◉ Sehenswertes & Aktivitäten

★ Kvarteret Bryggeriet   KUNSTGALERIE

(www.norart.se; ⏱ Juni–Aug. 11–17 Uhr) GRATIS Am Ende der Prästgatan liegen mehrere Gebäude, die früher zu einer Brauerei gehörten und als Kunstgalerien und Ateliers hergerichtet wurden. Jedes Jahr im Sommer stellt ein Kollektiv einheimischer Galeristen eine eindrucksvolle Gesamtschau im Hauptgebäude zusammen, darunter Arbeiten von etablierten und kommenden schwedischen Künstlern.

Das Gebäude selbst ist für sich genommen schon ein Kunstwerk, es wurde gerade so weit restauriert, dass es funktional ist, ohne seinen ursprünglichen Reiz zu verlieren. Öffnungszeiten und Näheres zu Abendveranstaltungen sind im Internet oder in der Hauptgalerie zu erfahren.

Göthlinska Gården   HISTORISCHES BAUWERK

(Führung Erw./Kind 80 Skr/frei; ⏱ Juli & Aug. Di & Mi 13 Uhr, Mai–Juni & Sept. Sa) Das Herrenhaus liegt etwas abseits vom Marktplatz und wurde 1739 errichtet. Heute ist es ein Museum, in dem Möbel, Ziergegenstände und Werkzeuge aus der Zeit seit dem 17. Jh. zu sehen sind (Eintritt nur mit Führung).

Museumseisenbahn   EISENBAHN

(Fahrt nach Järle 120 Skr, nach Pershyttan 100 Skr; ⏱ Mitte Juni–Mitte Aug. Di–Do, Sa & So) Vom Bahnhof, in dessen Nähe auch die Touristeninformation liegt, fährt eine Museumsdampfeisenbahn in das 10 km südöstlich gelegene Järle (3-mal tgl.) oder – 2,5 km in südwestlicher Richtung – zur eindrucksvollen alten Bergbausiedlung Pershyttan (1-mal tgl.). Für die Rückfahrt steht ein Bus bereit (Die Busfahrt ist im Fahrpreis enthalten). Die Fahrkarten werden an der Touristeninformation verkauft.

Insel Alntorps   BOOTSFAHRT

(☎ 070-216 65 24; Erw./Kind 20/10 Skr; ⏱ Juni bis Aug. 10–18 Uhr; 🚸) Obwohl es ein beliebter Zeitvertreib jugendlicher Hostelgäste ist, gefällt die Bootsfahrt zur Alntorps-Insel auch vielen Erwachsenen. Die Boote legen etwa halbstündlich vom Anlegesteg beim STF-Hostel ab. Ein Spaziergang um die Insel dauert etwa 1 Std., es gibt Badestellen, eine Minigolfanlage und ein Café. Karten können im Touristenbüro erworben werden.

Campingplätze und Ferienhütten (ab 1000 Skr) werden über die Touristeninformation vermietet (wer einen Aufenthalt auf der Insel plant, muss alles Notwendige selbst mitbringen).

🛏 Schlafen & Essen

Selbstversorger finden Supermärkte an der Prästgatan und in der Nähe von Nora Glass am Ende der Storgatan.

STF Nora Tåghem   HOSTEL €

(☎ 0587-146 76; www.norataghem.se; EZ/DZ 240/320 Skr; ⏱ Mai–Mitte Sept.) Eine ungewöhnliche, sehr gemütliche Unterkunft: Die Gäste schlafen in Eisenbahnwaggons aus den 1930er-Jahren, die zu winzigen, hübschen Schlafkojen umgebaut wurden. Alle Abteile haben einen tollen Seeblick.

Im Café wird das Frühstück serviert, im Sommer können auch Sandwiches und kleine Gerichte bestellt werden.

Trängbo Camping   CAMPINGPLATZ €

(☎ 0587-123 61; www.trangbocamping.se; Stellplätze 185 Skr, Hütten ab 325 Skr; ⏱ Mai–Sept.) Der kleine Campingplatz liegt 1,5 km nördlich von Nora am See (ein Seewanderweg beginnt beim Bahnhof bzw. der Touristeninformation). Die Ausstattung ist hervorragend, aber einfach, es gibt Badeplätze und ein Beach-Volleyballfeld. Die Gäste können Boote und Kanus ausleihen (Std./Tag 50/300 Skr) und dann in See stechen.

Nora Stadshotell   HOTEL €€

(☎ 0587-31 14 35; www.norastadshotell.se; Rådstugugatan 21; EZ/DZ ab 790/1190 Skr) Das elegante Gebäude direkt am Marktplatz ist nicht zu verfehlen. Das Haus vermietet 36 einfache, weiß möblierte Zimmer – einige befinden sich leider in einem modernen Anbau.

Im Restaurant gibt es gute Mittagsbüffets (85 Skr). Abendliche Hauptgerichte werden à la carte ab 129 Skr angeboten, zum Absacker lädt die gemütliche Kneipe ein.

Örebro

Nora Glass EISCREME €

(📞 0587-123 32; Storgatan 11; Eiscreme 32–74 Skr; 🕑 Mai–Aug. 10.30–18.30 Uhr) Seit über 80 Jahren besteht in Nora eine berühmte Tradition der Eisherstellung. Niemand weiß im Voraus, welche der köstlichen Geschmacksrichtungen gerade zu haben sind – drei oder vier verschiedene Sorten werden täglich in großen Mengen frisch hergestellt – doch jeder weiß, dass es sich lohnt, dafür Schlange zu stehen. Unbedingt die Sorte „Haselnuss" probieren!

Strandstugan CAFÉ €

(📞 0587-137 22; Storgatan 1; Hauptgerichte 35–86 Skr, Sandwiches 45–55 Skr; 🕑 Sommer 10.30–16.30 Uhr) Am See steht dieses wundervolle Holzhaus mitten in einem bunten Blumengarten. Dort werden Gäste mit Kaffee, Sandwiches, Quiches, Desserts und anderen hausgemachten Köstlichkeiten, aber auch mit Eiskreationen von Nora Glass verwöhnt. Wenn sie gerade auf der Karte steht, sollte man eine Spezialität der Region, *Bergslags paj*, probieren: eine Quiche mit Wild, Pfifferlingen und Wacholderbeeren.

ℹ️ Praktische Informationen

Touristeninformation (📞 0587-811 20; Stationshuset; 🕑 Mo–Sa 10–18, So 10.30–16 Uhr, im

Örebro

Winter kürzere Öffnungszeiten) Beim Bahnhof am See befindet sich die Touristeninformation, dort können verschiedene Führungen (Juni bis Aug.) gebucht werden, darunter ein Stadtspaziergang mit englischer Führung.

Alternativ können sich Spaziergänger auch mit einer Broschüre (10 Skr) selbst auf Entdeckungsreise begeben.

❶ Anreise & Unterwegs vor Ort

Die Busse von Länstrafiken Örebro fahren halbstündlich nach Örebro (64 Skr, 40 Min.) und zu anderen Fahrzielen der Region. Die Touristeninformation gibt Auskunft zum Fahrradverleih.

Örebro

☑ 019 / 140 .000 EW.

Das Leben der bedeutenden, kulturell anregenden Stadt Örebro pulsiert um ihren größten Anziehungspunkt: das imposante romantische Schloss, das von einem Wassergraben voller Seerosen umgeben ist.

Ursprünglich gab es in der Stadt eine florierende Schuhindustrie, heute ist sie eine typische Universitätsstadt. Die Straßen wimmeln von Studenten auf Fahrrädern, entspannte Einheimische und Besucher bevölkern die Restaurantterrassen oder spazieren durch den Stadtpark. Die Stadt ist ein idealer Ort, um sich typischen Ferientätigkeiten hinzugeben, z. B. in einem Terrassencafé lange bei einem Bier zu sitzen oder in einer der Kopfsteingassen ohne Eile einen Einkaufsbummel zu machen.

❷ Sehenswertes & Aktivitäten

Slottet   SCHLOSS

(☑ 019-21 21 21; www.orebroslott.se; Führung Erw./Kind 60/30 Skr; ⊙ Juni–Aug. tgl., im restlichen Jahr Sa & So 13 Uhr, Ausstellung zur Geschichte Mai–Aug. tgl. 10–17 Uhr) Im prachtvollen Schloss residiert heute der Landeshauptmann der Provinzverwaltung. Die ursprüngliche Burg entstand im späten 13. Jh., seine heutige Gestalt erhielt das Bauwerk 300 Jahre später. Die Fassade ist viel eindrucksvoller als die heutigen Innenräume. Wer sich im Schloss umsehen möchte, muss sich einer Führung anschließen. Im Sommer beginnen Führungen auf Englisch täglich um 12, 14 und 16 Uhr, im übrigen Jahr an den Wochenenden um 13 Uhr. Buchungen nimmt die Touristeninformation vor (auf der unteren Ebene des Schlosses).

Der Nordwestturm beherbergt eine kleine **Ausstellung zur Schlossgeschichte**.

Länsmuseum   MUSEUM

(Provinzmuseum; www.orebrolansmuseum.se; Engelbrektsgatan 3; ⊙ Di & Do 9–18, Mi 12–21, Fr–So 12–16 Uhr) GRATIS Im Länsmuseum werden Wechselausstellungen zu verschiedenen, manchmal etwas sperrigen Themen gezeigt, z. B. Protestplakate aus den 1960er-Jahren

oder eine Untersuchung über Kleidungs- und Einrichtungsstile als kulturelle Indikatoren jener Zeit. Das Haus beherbergt auch eine Dauerausstellung von Werken, die thematisch angeordnet sind, sowie Ausstellungen zur Geschichte der Region (allerdings überwiegend auf Schwedisch). Auf dem Gelände verstreut stehen Skulpturen und Kunstinstallationen.

Stadsparken   PARK

(⊙ Di–So 11–17 Uhr; P ♿) Der Stadtpark, eine friedliche Idylle nicht nur für Familien mit Kindern, wurde schon zum schönsten Park Schwedens gewählt.

Er erstreckt sich entlang des Svartån („schwarzen Fluss") und grenzt an das **Museumsdorf Wadköping** (Eintritt 25 Skr; ⊙ Di bis So 11–16 bzw. 17 Uhr, Führung Juni–Aug. 13 & 15 Uhr; ♿). Das Dorf, benannt nach dem Roman *Skandal in Wadköping*, in dem der Autor Hjalmar Bergman den Ort seiner Kindheit beschreibt, ist ein Labyrinth aus Steingassen mit Werkstätten, Cafés, einer Bäckerei und rekonstruierten Gebäuden. Zu diesen zählt die Kungsstugan (Königsresidenz – ein mittelalterliches Haus mit Deckengemälden aus dem 16. Jh.) und das Haus der Cajsa Warg (im 18. Jh. Verfasserin eines berühmten Kochbuches).

Das Dorf ist für Spaziergänger immer geöffnet; Rundgänge mit Führung finden von Juni bis August um 13 und 15 Uhr statt (20 Skr). Die meisten Erläuterungen sind in schwedischer Sprache verfasst, bei einer kleinen Touristeninformation gibt es aber Infomaterial auf Englisch.

Im Sommer werden Aufführungen im Kindertheater veranstaltet (Karten 50 Skr).

Biologiska Museet   MUSEUM

(☑ 19-21 65 16; Fredsgatan; Erw./Kind 30/10 Skr; ⊙ Mitte Juni–Mitte Aug. Mo–Fr 11–14 Uhr) Früher besaßen viele schwedische Schulen eigene naturkundliche Sammlungen, die meisten wurden jedoch in den 1960er-Jahren abgeschafft. Das Biologiska Museet der Karolinska Skolan von Örebro ist davor bewahrt geblieben. Es lohnt sich, den Blick über unzählige Regale voller ausgestopfter Vögel schweifen zu lassen. Außerhalb der Sommermonate gibt es wechselnde Öffnungszeiten; die Touristeninformationen gibt Auskunft.

St Nicolai Kyrka   KIRCHE

(⊙ 10–17 Uhr) Die St Nicolai Kyrka aus dem 13. Jh. hat eine interessante Geschichte: In der Kirche fiel die weitreichende Entschei-

NATIONALPARK TIVEDEN

Die Landschaft ist von Gletschern geformt und ein wunderbares Wandergebiet. Der **Nationalpark Tiveden** (🕿 Sportangebote 0584-47 40 83; www.tiveden.se; 🕐 Besucherzentrum Mai–Sept. 10–16 Uhr, April & Okt. Sa & So 11–16 Uhr), in dem früher Wegelagerer ihr Unwesen trieben und Trolle zu Hause sind, liegt 33 km südlich von Askersund. Der Park birgt berühmte, uralte und weitgehend unberührte Wälder, die in Südschweden inzwischen selten geworden sind, sowie dramatisch geformte Felswände, ausgedehnte Geröllfelder und zahlreiche Seen.

Mehrere Wanderwege führen durch den Park, darunter der 6 km lange Weg zur Trollkyrka („Trollkirche"), er beginnt beim Besucherzentrum im südöstlichen Teil des Parks, das 5 km nördlich der Straße 49 (Abzweigung bei Bocksjö) liegt.

Außerdem werden geführte Wanderungen (Mitte Juni–Aug. Mi–So 10 Uhr) zu verschiedenen Themen angeboten (150 Skr). Startpunkt ist das Besucherzentrum. Dort gibt es auch Broschüren und Wanderkarten sowie einen kleinen Laden.

Wenige Kilometer weiter in nördlicher Richtung (auf der Straße 49) erreicht man die Abzweigung zum **Fagertärn**, einem hübschen See, in dem im Juli blutrote Seerosen blühen. Einer Sage nach gab ein Fischer namens Fager dem furchterregenden Wassergeist Näcken seine Tochter im Tausch gegen einen guten Fang zur Frau. An ihrem Hochzeitstag ruderte das Mädchen allein auf den See hinaus und stach sich ein Messer ins Herz. Seit diesem Tag sind die Seerosen rot gefärbt.

Der Park liegt etwas abgeschieden, es gibt keine öffentlichen Verkehrsmittel. Wer mit dem eigenen Auto unterwegs ist und Lust zu einer Wanderung hat, sollte sich die Zeit nehmen und hier anhalten. Die Gegend eignet sich auch hervorragend zum **Radfahren** (der Fernwanderweg Sverigeleden führt in der Nähe vorbei), **Kanufahren**, **Angeln**, **Langlaufen** und **Reiten**. Die **Touristeninformation** (🕿 0583-810 88; www.visitaskersund.se; Torget, Askersund; 🕐 tgl. 10–19 Uhr, im Winter nur werktags) in Askersund oder das Besucherzentrum des Nationalparks Tiveden helfen bei der Planung.

Es ist auch möglich, auf dem Parkgelände zu zelten oder in den charmanten kleinen, roten Ferienhäuschen des **STF Tivedstorp Vandrarhem** (🕿 0584-47 20 90; www.tivedstorp.se; B/EZ/DZ ab 200/370/500 Skr, Stellplätze 100 Skr; 🕐 April–Okt.; P) zu übernachten. Zur Anlage gehören ein Café, ein Restaurant, eine Sauna, ein Volleyballplatz u. v. m. Gäste können sich hier Räder, Kanus ausleihen.

dung, dass der napoleonische General und Marschall von Frankreich, Jean Baptiste Bernadotte, den schwedischen Thron besteigen sollte. Direkt gegenüber, an der Drottninggatan, steht das **Rådhus** (Rathaus). Wer zur rechten Zeit vorbeikommt, kann das Glockenspiel hören (ganzjährig 12.05 und 18.05 Uhr, Juni–Sept. auch 21 Uhr) und Figuren aus einem hohen Bogenfenster hervortreten sehen. Sie stellen die Vergangenheit, Gegenwart und Zukunft der Stadt dar.

Svampen
TURM
(🕿 019-611 37 35; www.svampen.nu; Dalbygatan 4; 🕐 Sa & So 11–16 Uhr, Mai–Aug. tgl.; 🚌 11) GRATIS Der erste von mehreren Wassertürmen in Schweden stammt von 1958. Heute ist der Svampen („Pilz") ein Aussichtsturm. Oben angekommen, bietet sich ein schöner Ausblick auf den Hjälmaren. Wer anschließend hungrig ist, kann im Café eines der Tagesgerichte (100 Skr) bestellen.

M/S Gustaf Lagerbjelke
BOOTSFAHRT
(🕿 019-760 93 00; www.lagerbjelke.com; Engelbrektsgatan 5; mittägliche Bootsfahrt Erw./Kind 250/125 Skr) Auf der dreistündigen Fahrt über den Hjälmaren wird ein Krabbenessen an Bord serviert. Im Sommer legen die Boote täglich zur Mittagszeit ab. Eine spezielle vierstündige Fahrt – „Krabbenboot" bezeichnet in diesem Fall hier die Speise, nicht das Schiff – beginnt montags, mittwochs bis samstags um 19 Uhr (Erw./Kind 280/140 Skr). Karten können telefonisch oder online reserviert werden.

🛏 Schlafen

Gustavsvik Camping
CAMPINGPLATZ, FERIENHÜTTEN €€
(🕿 019-19 69 50; www.gustavsvik.se; Sommarrovägen; Stellplätze/Hütten ab 325/890 Skr; 🕐 ganzjährig; P; 🚌 11) Der Campingplatz liegt 2 km südlich des Stadtzentrums und gehört zu einem Wasserpark für Familien, der im

Sommer von Besuchermassen überlaufen ist. Es gibt verschiedene Schwimmbecken sowie eine Minigolfanlage, ein Café, ein Fitnessstudio, eine Restaurant-Kneipe und einen Fahrradverleih (Tag 60 Skr).

Die Ferienhütten sind mit komplett eingerichteten Küchen, Fernsehern und Internetzugang (WLAN) ausgestattet. Im Sommer sollte man unbedingt rechtzeitig buchen.

Behrn Hotell · HOTEL €€€
(☎ 019-12 00 95; www.behrnhotell.se; Stortorget 12; EZ/DZ 1375/1855 Skr; P❄@🛜) Das Haus am Stortorget ist hervorragend gelegen, zudem überzeugt das Behrn mit individuell eingerichteten Zimmern. Die Stile variieren von streng geschäftsmäßig bis ländlich und hypermodern-skandinavisch. Doch die beste Wahl ist eines der Zimmer mit Balkon oder eine der Suiten mit alten Holzbalken, Deckenleuchtern und Whirlpool.

Zum Hotel gehören ein Spa und ein Restaurant, in dem von Dienstag bis Freitag ein Abendessen serviert wird.

Clarion Hotel Örebro · HOTEL €€€
(☎ 019-670 67 00; http://choice.se/clarion/orebro; Kungsgatan 14; EZ/DZ ab 1680/1880 Skr; P⊖❄🛜) Das moderne Hotel liegt an einer Einkaufsstraße, nur eine Querstraße vom Stortorget entfernt, und besitzt komfortable Zimmer mit allen denkbaren Annehmlichkeiten, die schick mit schwedischen Möbeln und Stoffen eingerichtet sind.

Es gibt eine beliebte und attraktive Lobby-Lounge, ein Fitnessstudio und Spa sowie Parkplätze (175 Skr). Das Restaurant des Hauses, Kitchen & Table, wird vom berühmten Küchenchef Marcus Samuelsson, einem New Yorker mit schwedischer Abstammung, geführt.

✗ Essen

Die Auswahl an preiswerten Angeboten wie Pizza und Kebab ist groß. Selbstversorger finden einen Supermarkt im Kompassen-Zentrum am Stortorget.

Hälls Konditori Stallbacken · CAFÉ €
(www.hallsconditori.se; Engelbrektsgatan 12; Gebäck 20–45 Skr, Mittagsangebote 79 Skr, Brunch-Büfett 85 Skr; ⊙Mo–Fr 7.30–18, Sa 10–16 Uhr; 🚻) Das Café Hälls mit eigener Bäckerei besitzt zwei Filialen (die andere befindet sich am Järntorget), es ist eine klassische *konditori* nach alter Art und eine Lieblingsadresse der Einheimischen. Besonders gut sind *fika* (Kaffee und Kuchen) oder die gehaltvollen Salate, Quiches und Sandwiches. Bei schönem Wetter sitzt es sich am besten im lauschigen Hinterhof – mitten in Stallbacken, dem kleinen Altstadtviertel.

Creperiet · CAFÉ €
(Nikolaigatan; Hauptgerichte 59–85 Skr; ⊙Mo–Fr 11–21 Uhr, Sa & So 10–17 Uhr; 🚻) Das ausgesprochen kinderfreundliche Café ist ein lang gestreckter unterirdischer Raum: Ein Spielplatz nimmt fast ein Drittel des Raumes ein. Dennoch fühlen sich auch die Eltern wohl: Die Gestaltung des niedrigen Raumes mit gedämpften Farben und sorgfältig gewählter Beleuchtung ist gut durchdacht. Wem es innen nicht behagt, setzt sich an die Tische auf einer Terrasse im Freien. Die Speisekarte verzeichnet hauptsächlich gesunde Salate und Crêpes mit frischem Gemüse.

Pacos · TEX-MEX €€
(☎ 019-10 10 46; Olaigatan 13A; Hauptgerichte 85 bis 189 Skr; ⊙Mo–Fr 11–22, Sa 12–23, So 14–21 Uhr) Vielleicht gehört Tex-Mex nicht unbedingt zu den kulinarischen Variationen, die man mitten in Schweden erwarten würde, doch die witzigen Dekorationen und die fröhliche Musik im Pacos sorgen für eine willkommene Unterbrechung des Gewohnten. Die Mittagsangebote sind gut und günstig.

🍷 Ausgehen & Nachtleben

Harrys · PUB
(☎ 019-10 89 89; Hamnplan; Bier ab 60 Skr; ⊙17–1 oder 2 Uhr, Sa ab 14 Uhr) Obwohl sie zu einer Allerweltskneipenkette gehört, hat gerade diese Ausgabe des Harrys einen guten Platz in einem schicken alten Ziegelfabrikgebäude am Fluss gefunden. Eine beliebte Adresse mit einer umfangreichen Auswahl an Kneipengerichten (Snacks 65 Skr, Hauptgerichte 149–239 Skr), jeden Donnerstag ist Livemusik zu hören, ein Nachtclub hat freitags und samstags geöffnet.

Bishops Arms · PUB
(☎ 019-15 69 20; Drottninggatan 1; ⊙mind. bis 24 Uhr) Die Masche mit dem „echt englischen Pub" wirkt nicht immer wirklich überzeugend, doch der Barbereich im Freien mit einem unglaublich schönem Blick auf das Schloss zieht an Sommerabenden dennoch Scharen von Gästen an. Serviert werden Kneipengerichte.

ℹ Praktische Informationen

Mehrere Banken findet man an der Drottninggatan südlich des Schlosses.

Bibliothek (✆ 21 10 00; Näbbtorgsgatan) In der öffentlichen Bibliothek ist Infomaterial zu touristischen Zielen in der Region erhältlich, es gibt einen kostenlosen Internetzugang.

Touristeninformation (✆ 019-21 21 21; www. orebrotown.se; ☺ Sommer 10–17 Uhr, im übrigen Jahr Sa & So 12–16 Uhr) Die Touristeninformation ist auf der unteren Ebene des Schlosses untergebracht.

ℹ An- & Weiterreise

Fernreisebusse fahren gegenüber vom Bahnhof ab und steuern praktisch jedes Ziel in Südschweden an.

Swebus Express (✆ 0771-21 82 18; www. swebus.se) unterhält Busverbindungen nach Norrköping, Karlstad und nach Norwegen (Oslo), Mariestad und Göteborg, Västerås und Uppsala sowie Eskilstuna und Stockholm.

Die Zugverbindungen sind ebenfalls gut. SJ-Züge fahren im Stundentakt direkt nach/ von Stockholm (219 Skr, 2 Std.), einige davon über Västerås (128 Skr, 1 Std.) und regelmäßig von und nach Göteborg (410 Skr, 3 Std.). Weitere Züge fahren von Gävle (240–430 Skr, 3– 4 Std., 5-mal tgl.) und Borlänge (296 Skr, 2¼ Std., 2-mal tgl.), wo man nach Falun und Mora umsteigen kann.

ℹ Unterwegs vor Ort

Stadtbusse fahren am Järntorget ab. Die Fahrkarten kosten 26/13 Skr (Erw./Kind) und sind drei Stunden lang gültig.

Cykeluthyrning (✆ 019-21 19 09) beim Hamnplan-Bootsanleger, verleiht Räder. Verlangt werden zwischen Mai und September mindestens 90 Skr pro Tag.

Ein Taxi ruft man über das Taxiunternehmen **Taxi Kurir** (✆ 019-12 30 30).

Karlstad

✆ 054 / 87 000 EW.

Karlstad hat ein freundliches, kompaktes Zentrum, um das herum die Autos im Dauerstau stehen. Die Stadt bietet sich hervorragend als Ausgangspunkt für Outdooraktivitäten in Värmland an, hat aber auch selbst einige Sehenswürdigkeiten zu bieten. Die vielen hier immatrikulierten Studenten sorgen für eine gute Restaurant- und Barszene.

⦿ Sehenswertes & Aktivitäten

★ Värmlands Museum   MUSEUM

(✆ 054-14 31 00; www.varmlandsmuseum.se; Erw./ Kind 80 Skr/frei; ☺ Mo–Fr 10–18, Mi 10–20, Sa & So 11–16 Uhr) Das erstklassige, fantasievolle Värmlands Museum ist in zwei Gebäuden am Sandgrundsudden (das verstaatliche Grundstück ist heute ein angenehmer Park) bei der Bibliothek untergebracht. Die multimedialen Ausstellungen veranschaulichen die regionale Geschichte und Kultur von der Steinzeit bis in die Gegenwart und behandeln u. a. die Themen Musik und Textilien, Fluss und Wälder. Teile der Ausstellungen laden zur Interaktion ein und befinden sich unter freiem Himmel am Stadtrand, sie sind der regionalen Industrie und Arbeitswelt gewidmet. Dazu zählen das Flößereimuseum und ein Erzbergwerk. Museum und Touristeninformation halten umfangreiches Infomaterial bereit.

Mariebergsskogen   PARK

(✆ 054-29 69 90; www.mariebergsskogen.se; Stadspark; ☺ 7–22 Uhr; 🅿; 🚌 1, 31) GRATIS Weite Grünflächen und Picknickplätze findet man in Mariebergsskogen, einer Mischung aus Freizeitpark, Freilichtmuseum und Tierpark im Südwesten der Stadt (1 km außerhalb des Stadtzentrums). Hier befindet sich auch oberhalb des Vänersees das Naturum Värmland mit einem Café und Laden.

Domkyrka   KIRCHE

(☺ Juni–Aug. Mo–Fr 10–19, Sa 10–16, So 10–18 Uhr, Sept.–Mai tgl. 10–16 Uhr) Es lohnt sich, in die Domkyrka aus dem 18. Jh. einzutreten – ein beruhigender Raum mit Deckenleuchten und Votivschiffen empfängt die Besucher.

Altes Stadtgefängnis   MUSEUM

(Karlbergsgatan 3; ☺ 10–17 Uhr) GRATIS Im Untergeschoss des Clarion Hotel Bilan kann das kleine, gruselige alte Stadtgefängnis mit Zellen im Originalzustand und Briefen von ehemaligen Gefangenen besichtigt werden.

Gamla Stenbron   BRÜCKE

Über den östlichen Flussarm spannt sich die Gamla Stenbron – mit einer imposanten Länge von 168 m gehört sie zu den längsten Steinbrücken Schwedens.

Bootsausflüge   BOOTSFAHRT

(✆ 054-046 18; www.karlstad.se; einfach 23 Skr) Am Hafen hinter dem Bahnhof legen regelmäßig Boote zu unterhaltsamen zweistündigen Fahrten über den Vänersee ab (Ende Juni–Mitte Aug. Di–Sa).

Die preiswertere Alternative (Di–So, nur im Sommer) ist der „Bootsbus": Die Stadtbusse 91 bis 97 umfahren Karlstad auf dem Wasserweg. Die Mitfahrt ist mit dem Stadtbusticket (1 Std. gültig) möglich.

🛏 Schlafen

STF Vandrarhem Karlstad · HOSTEL €
(☑ 054-56 68 40; karlstad.vandrarhem@swipnet.
se; B/EZ/DZ ab 210/390/580 Skr; P 🛜; 🛏100)
Das Hostel mit guter Ausstattung ist in
einem hoch gelegenen, imposanten und
gut restaurierten Kasernenbau untergebracht: Man findet es abseits der E18 in
Kasernhöjden, rund 1 km südwestlich des
Stadtzentrums von Karlstad. Die Rezeption
hat nur eingeschränkt geöffnet (8–10 und
16–19 Uhr), daher empfiehlt es sich, besser
vorher anzurufen.

Carlstad City Hostel · HOSTEL €
(☑ 054-21 65 60; www.carlstadcity.se; Järnvägsgatan 8; EZ/DZ im Hostel ab 390/500 Skr, im Hotel
ab 580/800 Skr; ♿🛜) Das zentral gelegene
Hostel, in dem es auch Zimmer mit Hotelstandard gibt, bietet einfache, schlichte
weiße Zimmer mit Etagenbetten und Gemeinschaftsbädern. Gästen steht eine Küche
zur freien Verfügung, es gibt ein gutes Frühstücksbüfett (60 Skr für Gäste des Hostels).

Skutbergets Camping · CAMPINGPLATZ €
(☑ 054-53 51 20; www.camping.se/s10; Stellplätze ab 150 Skr, Hütten ab 390 Skr; P; 🛏18) Der
große, freundliche Campingplatz am See
liegt 7 km westlich der Stadt am Rand der
E18 und gehört zu einem großen Sport- und
Freizeitgelände mit Beach-Volleyball, Dri-
vingrange-, Minigolf-, Fitness- und Moun-
tainbike-Bahnen.
    Am nahen Seeufer wechseln sich Sand-
strände und steinige Strandabschnitte ab.

Clarion Hotel Bilan · HOTEL €€
(☑ 054-10 03 00; cc.bilan@choice.se; Karlbergsgatan 3; Zi. ab 1050 Skr; P♿🛜) Die Zellen
des alten Stadtgefängnisses sind heute geräumige, helle und intelligent eingerichtete
Räume mit freiliegenden Deckenbalken und
witzigen Grundrissen – eine Ausstellung im
Untergeschoss führt in die Geschichte des
Gebäudes ein. Es gibt eine Sauna für die
Gäste, einen Nachmittagstee (gratis), ein
kostenloses Abendbüfett und ein Frühstück.

🍴 Essen & Ausgehen

An der Stora Torget und den umliegenden
Straßen finden sich gute Gelegenheiten zum
Essen und Trinken, die meisten Restaurants
bieten im Sommer Sitzplätze im Freien an.
    Im Åhléns befindet sich ein praktischer
Supermarkt (☑054-15 22 00; Fredsgatan 4), in
der Nähe außerdem ein **Systembolaget**
(☑ 054 15 56 00; Drottninggatan 26).

Kebab House · FASTFOOD €€
(☑ 054-15 08 15; Västra Torggatan 9; Kebab
64–89 Skr, Pizza 85–112 Skr, Hauptgerichte 99 bis
249 Skr; ⊙ Mo–Fr ab 16 Uhr, Mittagessen 11–15 Uhr)
Der Name ist irreführend – das Kebab
House unterscheidet sich deutlich von den
üblichen Fastfood-Restaurants. Hier werden gute und preiswerte Pizzas, Kebabs und
Salate, aber auch Steaks und Fisch serviert.
Hübsch sind die gestreiften Tapeten und die
Deckenleuchter des Innenraumes.
    Im Sommer sind die begehrten Sitzplätze
im Freien schnell besetzt, die Tische stehen
mitten in der belebten Fußgängerzone.

Källaren Munken · SCHWEDISCH €€€
(☑ 054-18 51 50; restaurang@munken.nu; Västra
Torggatan 17; Vorspeisen 115–155 Skr, Hauptgerichte 195–295 Skr; ⊙ So geschl.) Kreativ zubereitete Gourmetgerichte, z. B. Hirschbraten mit
Preiselbeer-Pfifferling-Soße und französische Klassiker wie *moules frites* (Miesmuscheln und Pommes frites) gibt es in diesem
eleganten und zugleich gemütlichen Kellergewölbe aus dem 17. Jh., es ist das älteste
Gebäude der Stadt.

Båten · SCHWIMMENDES RESTAURANT
(Magasin 1, Inre Hamn; ⊙ Juni–Aug. Mo–Sa 17 Uhr
bis spätnachts) Das riesengroße Båten („Boot")
im Hafen ist ein berühmtes Open-Air-Res-
taurant und im Sommer eine sehr beliebte
Adresse für ein Getränk (und ein Essen).

ℹ Praktische Informationen

Bibliothek und **Touristeninformation** (☑ 054-
540 24 70; www.visitkarlstad.se; Bibliotekshu-
set, Västra Torggatan 26; ⊙ Mo–Fr 9–19, Sa
10–18, So 10–15 Uhr) teilen sich ein Gebäude am
Rand des Innenstadt. Hier erhält man eine Fülle
an Informationen über Stadt und Provinz (u. a.
über Ausflüge in die wunderbaren Wälder der Region) und ihre Flüsse und Seen. Internetzugang
ist in der Bibliothek verfügbar.
    Banken und Geldautomaten säumen die
Storgatan.

ℹ Anreise & Unterwegs vor Ort

Karlstad ist der wichtigste Verkehrsknotenpunkt
im westlichen Mittelschweden. Der Busbahnhof
für die Fernreisebusse liegt an der Drottninggatan 43, 600 m westlich des Bahnhofs.
    Swebus Express (☑ 0200-21 82 18; www.
swe-busexpress.se) bietet tägliche Busverbindungen auf zahlreichen Strecken, u. a.
Karlstad–Falun–Gävle (289 Skr, 10 Std.),
Karlstad–Göteborg (199 Skr, 2–3 Std.), Stockholm–Örebro–Karlstad–Oslo und Karlstad–
Mariestad–Jönköping (309 Skr, 6 Std.).

Regelmäßig fahren Intercityzüge nach Stockholm (420 Skr, 2–3 Std.), mehrmals täglich Züge nach Göteborg (210 Skr, 3–4 Std.) und Schnellzüge nach Oslo (358 Skr, 3 Std.).

Värmlandstrafik (☑ 020-22 55 80) betreibt Regionalbusse. Die Buslinie 250 fährt nach Sunne (107 Skr, 1¼ Std., 1- bis 5-mal tgl.) und Torsby (144 Skr, 2 Std., 1- bis 3-mal tgl.).

Kostenlose Leihfahrräder können an den zwei Standorten von **Solacykeln** in der Stadt geliehen werden: **Stora Torget** (☑ 054-29 50 29; Stora Torget; ☉ Mai–Sept. Mo–Fr 7.30–19, Sa 10–15.30 Uhr) und **Außenhafen** (☉ Juni–Aug. Mo–Fr 9.30–17.30, Sa 10–15.30 Uhr). Zum Ausleihen genügt ein gültiger Personalausweis.

Sunne

☑ 0565 / 4900 EW.

Bei Sunne liegt das größte Skigebiet Südschwedens. Im Sommer ist es eine ruhige Stadt mit einigen kulturellen Anziehungspunkten. Der Ort hat eine stolze literarische Tradition als Heimatstadt von Selma Lagerlöf und Göran Tunström. Letzterer lebte im Haus Ekebyvägen 56 und liegt an der östlichen Giebelseite der Kirche von Sunne begraben.

◉ Sehenswertes & Aktivitäten

Mårbacka   MUSEUM

(☑ 0565-310 27; www.marbacka.s.se; Eintritt 30 Skr; ☉ Juni–Aug. tgl. 10–16 Uhr, Mai & Sept. Sa & So 11–15 Uhr, Okt.–Dez. & Feb.–April Sa 11–14 Uhr, geschl. Jan.; P; ☐ 215 ab Sunne) Der größte Anziehungspunkt der Gegend ist das Gutshaus Mårbacka, es liegt 9 km außerhalb von Sunne. Auf Mårbacka kam die schwedische Schriftstellerin Selma Lagerlöf (1858–1940) zur Welt. Als erste Frau wurde sie mit dem Nobelpreis für Literatur ausgezeichnet, viele ihrer Geschichten spielen in ihrer schwedischen Heimat. Die Innenräume sind nur im Rahmen einer Führung zugänglich (45 Min.), die zwischen 11 und 15 Uhr jeweils zur vollen Stunde beginnt (125 Skr). Im Sommer finden täglich um 14 Uhr Führungen auf Englisch statt.

Rottneros Park   PARK

(☑ 0565-602 95; www.rottnerospark.se; Erw./Kind 120/40 Skr; ☉ Mai–Juni & Sept. 10–16 Uhr, Juli & Aug. 10–18 Uhr; P ♿; ☐ 200) Als „Gut Ekeby" taucht Rottneros Park in Lagerlöfs Roman *Gösta Berling* auf. Der Park, 6 km südlich von Sunne gelegen, umfängt reisemüde Erwachsene mit Blumengärten, einem tropischen Gewächshaus und einem Arboretum. Im benachbarten Lagerhaus sind Wechselausstellungen zu sehen. Kinder wird es wahrscheinlich eher auf die schwankenden Seile des größten Kletterwalds Schwedens ziehen. Hier gibt es für Kinder tolle Spielgeräte aus Holz, u. a. ein Floß, eine Holzkutsche und ein Piratenschiff. Rottneros Park hat einen eigenen Bahnhof.

Sundsbergs Gård   MUSEUM

(☑ 0565-103 63; Erw./Kind 50 Skr/frei; ☉ Ende Juni–Mitte Aug. Mi–So 12–16 Uhr) Sundsbergs Gård, hinter dem Hotel Selma Lagerlöf liegend, wird ebenfalls im *Gösta Berling* beschrieben. Heute birgt das Herrenhaus ein forstwirtschaftliches Museum, eine Sammlung von Möbeln und Textilien, eine Kunstausstellung und ein Café.

Ski Sunne   WINTERSPORT

(☑ 0565-602 80; www.skisunne.se; Tagespass Erw./Kind 295/240 Skr) Ski Sunne ist das Wintersportgebiet der Stadt und bietet neun unterschiedliche Pisten, eine Snowboardpiste und ein Langlaufstadion. Nachtabfahrten sind in manchen Bereichen möglich, dazu gibt es alle üblichen Wintersporteinrichtungen (Lodge, Bar-Restaurant, Shop, Ausrüstungsverleih).

Im Sommer verwandelt sich das Skigebiet dann in einen Mountainbike-Park.

Freya af Fryken   BOOTSFAHRT

(www.frejaaffryken.se; ☉ Juli–Mitte Aug.) Das Dampfschiff *Freya af Fryken* sank 1896, wurde jedoch geborgen und 1994 liebevoll restauriert. Heute befährt es die Seen im Norden und Süden von Sunne; im Sommer legt es mehrmals in der Woche zu Rundfahrten ab. Auf dem Programm stehen auch Fahrten mit Mittag- und Abendessen.

🛏 Schlafen & Essen

An der Storgatan findet man Supermärkte.

STF Vandrarhem Sunne   HOSTEL €

(☑ 0565-107 88; www.sunnevandrarhem.se; Hembygdsvägen 7; B 200 Skr, EZ/DZ ab 300/440 Skr) Das gut ausgestattete Hostel ist ein kleines Bauernhofmuseum im Norden der Stadt integriert. In kleinen lichtdurchfluteten Holzhütten sind Schlafräume eingerichtet. Es gibt eine futuristisch gestaltete Küche, im Kontrast dazu einen antik möblierten Speiseraum sowie Tische und Stühle für Mahlzeiten unter freiem Himmel. Ein Frühstück kann bestellt werden (60 Skr), Fahrräder stehen zum Ausleihen bereit.

Sunne SweCamp Kolsnäs
CAMPINGPLATZ €

(☎ 0565-164 00; www.kolsnas.se; Stellplätze/2B-/4B-Hütten 210/495/615 Skr; ⛺) Der große Campingplatz am südlichen Stadtrand ist auf die Bedürfnisse von Familien zugeschnitten.

Es gibt einen Minigolfplatz, ein Restaurant mit guter Auswahl und einen Strand mit dazugehöriger Infrastruktur. Fahrräder, Boote und Kanus können ausgeliehen werden. Im Sommer am besten rechtzeitig vorbuchen.

Länsmansgården
GASTHOF €€

(☎ 0565-140 10; info@lansman.com; Ulfsby; EZ/DZ ab 895/1195 Skr, Mittagsbüfett 149 Skr, Hauptgerichte 195–225 Skr; ⊙ Mittagsbüfett 12–15 Uhr, Abendessen ab 18 Uhr; 🅿 😋 🛜) Das historische „Amtsmannshaus" findet sich ebenfalls in Selma Lagerlöfs Roman *Gösta Berling* wieder. Ein malerischer Ort für ein feines Mittagessen oder einen geruhsamen Abend in einem der romantischen Zimmer, die nach den Romanfiguren benannt sind.

Das Restaurant mit sehr gutem Ruf hat sich auf schwedische Küche aus der Region Värmland spezialisiert. Fisch (Hecht und Lachs) sowie das Fleisch vom Rind, Ren und Lamm stammen aus der Region. Dazu werden saisonale frische Zutaten verarbeitet.

Auf der Website sind gelegentlich Pauschalangebote mit stark reduzierten Zimmerpreisen zu finden. Das Landhaus liegt 4 km nördlich der Innenstadt von Sunne an der Straße 45 (Richtung Torsby).

Saffran & Vitlök
CAFÉ €

(☎ 0565-120 09; www.saffranvitlok.se; Stortorget; Salate 85 Skr; ⊙ Mo–Fr 11–18, Sa 11–15 Uhr) Der Betrieb hat expandiert und ist in das große, weiße Bibliotheksgebäude am Marktplatz umgezogen. Im Café werden riesige Schüsseln mit gehaltvollen Salaten (auch zum Mitnehmen) serviert. Die Gäste setzen sich zum Essen nach innen oder draußen in den Innenhof. Zur Auswahl stehen exzellenter Kaffee, Sandwiches, Gebäck und warme Gerichte. Das Haus macht seinem Namen alle Ehre (*vitlök* heißt Knoblauch), also immer der Nase nach.

Nya Hembageriet
BÄCKEREI €

(Badhusgatan 12; Gebäck ab 10 Skr; ⊙ Mo–Fr 8–18 Uhr) Das alte Holzhaus, in dem sich die winzige Bäckerei befindet, liegt an einer Seitenstraße. Hier wird eine große Vielfalt gebackener Köstlichkeiten hergestellt, darunter üppig gefüllte Gebäckstücke und kernige Landbrote zum Mitnehmen.

Strandcaféet
CAFÉ €€

(☎ 0565-104 88; Strandpromenaden; Mittagsangebote 79–99 Skr, Hauptgerichte 79–199 Skr; ⊙ Mai bis Sept. 12–18 Uhr) Im Park liegt das ansprechende Strandcafé mit einer Terrasse über dem See. An manchen Sommerabenden wird Livemusik gespielt. In der Wochenmitte lohnt es sich, auf Abendangebote zu achten (z. B. Schweinebraten oder sättigende Hummerportionen).

ℹ️ Praktische Informationen

Banken und die meisten touristischen Einrichtungen liegen an der Storgatan.

Touristeninformation (☎ 0565-167 70; www.sunneturism.se; Kolsnäsvägen 4; ⊙ Mo–Do 9–18, Fr 9–20 Uhr, im Sommer zusätzlich Sa & So 10–15 Uhr) Im Rezeptionsgebäude des Campingplatzes in Nachbarschaft eines Wasserparks ist die Touristeninformation mit Informationsmaterial und Internetzugang (30 Min. 20 Skr) untergebracht.

ℹ️ Anreise & Unterwegs vor Ort

Die Buslinie 202 von Värmlandstrafik fährt nach Torsby (74 Skr, 45 Min., 1- bis 3-mal tgl.), die Buslinie 200 nach Karlstad (107 Skr, 1¼ Std., 1- bis 5-mal tgl.). Schneller als die Busse, aber zum gleichen Preis, fahren Regionalzüge nach Torsby und Karlstad (1- bis 3-mal tgl.).

Torsby & Umgebung

☎ 0560 / 12 000 EW. (GEMEINDE)

Das verträumte Torsby liegt nur 38 km von der norwegischen Grenze entfernt, tief im waldreichen Värmland. Geschichte und Sehenswürdigkeiten der Gegend sind eng mit den Einwanderern aus Finnland verbunden, die sich in der Mitte des 16. Jhs. in Westschweden niederließen, wo sie in den Wäldern ihre charakteristischen Bauernhöfe und Dörfer errichteten. Diese bäuerlichen Siedlungen, von denen viele gut erhalten sind, sind einer der Hauptanziehungspunkte für einen Besuch in der Region. Öffentliche Verkehrsmittel verkehren nur wenige, die Siedlungen liegen weit auseinander; sie sind daher am leichtesten mit einem eigenen Auto zu erkunden.

⊙ Sehenswertes

★ Ritamäki Finngård
MUSEUM

(☎ 073-849 61 66; hembygdsforeningen@lekvatt-net.nu; Lekvattnet; ⊙ Juni–Aug. 11–18 Uhr; 🚌 310) GRATIS Die charakteristische Rauchhütte von Ritamäki Finngård ist berühmt.

Das Museum liegt 32 km westlich von Torsby und 10 km von Lekvattnet entfernt, es ist eines der am besten erhaltenen finnischen Siedlungshäuser der Region. Gebaut wurde es wahrscheinlich im späten 17. Jh., es war bis 1964 bewohnt und damit das letzte dauerhaft bewohnte finnische Siedlungshaus in Schweden. Das Haus steht heute in einem Naturschutzgebiet. Hinweisschilder führen von Lekvattnet nach Ritamäki Finngård; vom Parkplatz Ritamäki leitet ein 1,5 km langer Waldweg zum Haus.

Das Ritamäki-Haus ist eine der Etappen des 8,2 km langen 7-torpsleden (*torp* bezeichnet ein Bauern- oder Siedlungshaus), ein hübscher Wanderweg, der in einem Bogen an einer Reihe von Häusern der alten finnischen Waldsiedlung vorüberführt. Beim Finnskogscentrum kann man nach Wanderkarten fragen.

★ **Torsby Finnskogscentrum**　MUSEUM
(Torsby-Finnwaldzentrum; ☑0560-162 93; www.varmlandsmuseet.se; Lekvattnet 84; Erw./Kind 40 Skr/frei; ⊗ Mitte Juni–Mitte Aug. 11–17 Uhr; Ⓟ) Das einfallsreich gestaltete Finnwald-Zentrum öffnete im Juni 2014 bei Lekvattnet als Teil des Värmlands-Museums seine Pforten und befasst sich mit der finnischen Siedlungsgeschichte der Region im 17. Jh. Themen sind die Rauchhütten, Jagd, Musik und Hexenkunst sowie die hier einst typische Art und Weise, Roggen anzubauen: Dazu wurde zunächst Wald abgebrannt und anschließend in die (fruchtbare) Asche Roggen gesät.

Außerdem gibt es eine Forschungsbibliothek und ein Café. Das Zentrum liegt an der Straße E16, 22 km von Torsby entfernt, gegenüber befindet sich ein kleiner Gemischtwarenladen.

Hembygdsgården Kollsberg　MUSEUM
(☑0560-718 61; Levgrensvägen 36; Erw./Kind 20 Skr/frei, Führungen 40 Skr; ⊗ Juni–Aug. 12 bis 17 Uhr) Hembygdsgården Kollsberg am Frykensee ist ein schmuckes Siedlungsmuseum mit mehreren Häusern, darunter einem finnischen Siedlungshaus. In einem Café werden Kaffee und Waffeln (40 Skr) und ein traditionelles Gericht finnischer Siedler, *motti och fläsk* (Haferbrei mit Schweinefleisch, 80 Skr) serviert.

Fordonsmuseum　MUSEUM
(☑0560-712 10; Gräsmarksvägen 8; Erw./Kind 40 Skr/frei; ⊗ Juni–Aug. Mo–Fr 10–17.30 Uhr, Mai & Sept. zusätzlich Sa & So 12–17 Uhr) Am Rand des Stadtzentrums von Torsby liegt das Fordonsmuseum. Es ist ein Anziehungspunkt für Liebhaber röhrender Motoren mit einer Sammlung schöner, teils seltener Oldtimer sowie Motorrädern und Feuerwehrwagen.

🏃 **Aktivitäten**

Die Gegend hat im Sommer einiges zu bieten: von Angeln über Kanufahren, Rafting, Klettern und Mountainbiken bis hin zu Biber- und Elchsafaris. Die Touristeninformation gibt detaillierte Auskunft.

In Torsby kann man an Bord des Dampfschiffes *Freya af Fryken* gehen.

Finnskogleden　WANDERN
Dieser leicht zu gehende und gut markierte 240 km lange Fernwanderweg folgt in etwa dem Verlauf der schwedisch-norwegischen Grenze. Er beginnt bei Charlottenberg und führt nach Søre Osen in Norwegen (an der Strecke liegt das alte finnische Siedlungshaus Ritamäki Finngård). In den Touristeninformationen wird ein leider nur in schwedischer Sprache erhältlicher Wanderführer (125 Skr) verkauft, der alle notwendigen topografischen Karten enthält. Der beste Abschnitt, die Strecke von Øyermoen nach Röjden, ist mit ein oder zwei Übernachtungen machbar.

Die Buslinie 311 fährt von Torsby bis Röjdåfors in Grenznähe (2-mal tgl. werktags), die Buslinie 310 fährt nach Vittjärn (2-mal tgl. werktags). Die Ortschaft liegt 6 km von der Grenze entfernt an der Straße 239.

Fortum Ski Tunnel　SKIFAHREN
(☑0560-270 00; www.skitunnel.se; Vasserudsvägen 11, Valberget; Erw./Kind Leihausrüstung 200/130 Skr, Pass (1 Std.) 160/100 Skr; ⊗Mo–Fr 9 oder 10–19, Sa & So 9–17 Uhr) Der Tunnel erinnert entfernt an einen Teilchenbeschleuniger: Der erste, 1,3 km lange Skitunnel Schwedens bietet kontrollierte Bedingungen, eine sanfte Neigung und ist als Übungs- oder auch als Teststrecke für Ausrüstungen ideal. Der überdachte Biathlon-Schießstand ist weltweit einzigartig.

Hovfjället　SKIFAHREN
(☑0560-313 00; www.hovfjallet.se; Tagespass Erw./Kind 310/250 Skr, Alpinski-Verleih Tag ab 255/210 Skr; ⊗ Dez.–Mitte April) Wem der Tunnel suspekt ist: Skifahren unter freiem Himmel ist in Hovfjället, 20 km nördlich von Torsby, möglich. Mehrere Skilifte und verschiedene Pisten sind vorhanden. An Wochenenden werden u. a. Hundeschlittenfahrten, Schneeschuhwanderungen, Moun-

tainbikefahrten und Ausflüge auf den Fähr-
ten von Wölfen angeboten.

🛏 Schlafen & Essen

Vägsjöfors Herrgård
B&B, HOSTEL €

(☎ 0560-313 30; www.vagsjoforsherrgard.com;
Stellplätze 180 Skr, B 210 Skr, B&B mit Gemein-
schaftsbad/eigenem Bad 380/480 Skr) Das große
Herrenhaus liegt landschaftlich schön an
einem See, 20 km nördlich von Torsby. Die
Zimmer sind individuell und geschmackvoll eingerichtet, außerdem gibt es kleine
Hütten mit Hostelbetten und Zeltplätze auf
dem Gelände. Für Gäste des Hostels kostet
ein Frühstück 65 Skr. Eine Küche steht allen
Gästen zur Verfügung. Familien oder Gruppen können ein Apartment mit Selbstversorgung mieten (1200 Skr, max. sechs Pers.).

Torsby Camping
CAMPINGPLATZ €

(☎ 0560-710 95; www.torsbycamping.se; Bredvi-
ken; Stellplätze 190 Skr, Hütten ab 570 Skr; ⊗ Mai
bis Mitte Sept.) Ein kinderfreundlicher Strand,
Minigolf- und Spielplätze machen den großen, gut ausgestatteten Campingplatz am
See (5 km südlich der Stadt an der Straße
45) zu einem beliebten Familienferienort.
Verschiedenartige Hütten werden vermietet,
z. B. eine mit einem Studio, dessen Panora-
mafenster einen weiten Blick über den See
gewährt (1190 Skr).

Hotell Örnen
HOTEL €€

(☎ 0560-146 64; www.hotellornen.se; Östmarks-
vägen 4; EZ/DZ 895/1095 Skr; 🅿 😊 🛜) Das behagliche Örnen ist ein hübsches Haus mit
zitronengelber Fassade, das hinter einem
weißen Palisadenzaun mitten im Stadtzentrum steht. Der heitere, gemütliche Stil der
typisch schwedischen Zimmer vibriert nur
so vor Klarheit, Helle und volkstümlichem
Charme.

Wienerkonditoriet
CAFÉ €

(Järnvägsgatan 6; Kaffee 20 Skr, Gebäck ab 17 Skr;
⊗ 9–18 Uhr) In diesem Café an der Hauptgeschäftsstraße sitzen die Gäste so gemütlich
wie im Wohnzimmer ihrer Lieblingstante,
die Familienporträts an den Wänden ver-
stärken noch den Eindruck.

ℹ Praktische Informationen

Touristeninformation (☎ 0560-160 50; www.
torsby.se; Gräsmarksvägen 12; ⊗ Mo–Fr 9–18,
Sa & So 10–15 Uhr, im Winter kürzere Öffnungszeiten) Die Touristeninformation findet man
unter dem grasbewachsenen Dach des großen
Informationszentrums von Torsby, einige Kilometer westlich der Stadt an der Straße 45.

ℹ Anreise & Unterwegs vor Ort

Einige Busse fahren – in der Regel nur an Werktagen – von Torsby in Richtung Norden.

Falun

☎ 023 / 56 700 EW.

Industrie und Charme – Falun bringt diesen
scheinbaren Gegensatz unter einen Hut. In
der Stadt liegt eine der bedeutendsten Kup-
ferminen der Region und so stammt von
hier auch die tiefrote Farbe, die praktisch
allen schwedischen Landhäusern ihr cha-
rakteristisches Aussehen verleiht.

Falun ist die wichtigste Stadt in Dalarna;
von hier aus kommt man problemlos zu einigen der tollsten Attraktionen Schwedens.
Aber auch ein Spaziergang durch die Stadt
selbst lohnt sich. Die Kupfermine Falu Kop-
parbergsgruva ist so einzigartig, dass sie es
auf die Weltkulturerbeliste der Unesco ge-
schafft hat.

Noch eindrucksvoller ist das nahe gelegene Haus des Malers Carl Larsson, das selbst
ein Kunstwerk ist – ein absolutes Muss.

⊙ Sehenswertes & Aktivitäten

Die Auszeichnung der Unesco als Weltkulturerbe umfasst tatsächlich ein viel größeres Gebiet als nur die eigentliche Koppar-
bergsgruva. In der kostenlosen Broschüre
Discover the Falun World Heritage Site
wird Falun in einen historischen Kontext
eingeordnet, dazu werden alle Schmelzhüt-
ten, Schlackenhalden und Bergwerke im
Umkreis von 10 km um die Stadt aufgeführt.
Diese Broschüre ist am Eingang oder in der
Touristeninformation erhältlich.

Falu Kopparbergsgruva
BERGWERK

(☎ 023-78 20 30; www.falugruva.se; Touren
Erw./Kind 210/80 Skr, Außengelände 80/40 Skr;
⊗ Touren stündl. Juni–Aug. 10–17 Uhr, im übrigen
Jahr seltener; 🅿; 🚌 53, 708 Timmervägen) Im
17. Jh. war das Kupferbergwerk Falun das
bedeutendste der Welt und beförderte den
Aufstieg Schwedens zur europäischen Groß-
macht. Der Eingang zum Bergwerksgelände
liegt westlich der Stadt am oberen Ende der
Gruvgatan. Zur Auswahl stehen eine einstündige Führung durch das Bergwerksin-
nere oder ein einfacher Rundgang auf dem
Außengelände. Teilnehmer der Bergwerks-
führung sollten warme Kleidung und robus-
te Schuhe mitbringen. Im Sommer finden
stündlich Führungen in englischer Sprache

statt; von Oktober bis April ist wegen der großen Nachfrage eine rechtzeitige Reservierung notwendig.

Ein dramatischer Anblick ist die **Stora Stöten** („Große Grube"), ein riesiger Krater, der bei einem schweren Grubeneinbruch im 17. Jh. entstanden ist. Wie durch ein Wunder hatten die Grubenarbeiter am Unglückstag frei, niemand kam daher zu Schaden. Rund um den Kraterrand befinden sich Aussichtspunkte und zahlreiche Bergwerksgebäude, darunter ein 15 m hohes Wasserrad und Fördertürme.

Der Überlieferung nach soll ein Ziegenbock namens Kåre die Bewohner auf das Kupfervorkommen aufmerksam gemacht haben, als er sich einmal auf dem Boden wälzte und dann ganz stolz mit roten Hörnern ins Dorf zurücksprang kam.

Zum ersten Mal erwähnt wird die Mine in einer Urkunde von 1288, mit der der Bischof von Västerås Anteile der Gesellschaft erwarb. Ein Nebenprodukt des Kupferabbaus ist die typisch rote Farbe vieler schwedischer Häuser. Auch heute wird das Falunrot noch gern verwendet, obwohl die Mine 1992 endgültig dicht gemacht hat.

Beim Kauf der Eintrittskarte können sich Besucher nach einer Wanderkarte erkundigen – es gibt wunderschöne Wanderwege, die dem Lauf des Wassers folgen, das in früherer Zeit zum Betrieb des Bergwerks diente. Die beschriebenen Wanderrouten reichen von 1,5 km Länge bis zu einem schöne, 12,2 km langen Rundweg.

Hungrige Besucher werden im hübschen Café **Gjuthuset** mit Kaffee, Sandwiches und Kuchen bewirtet. Es steht allerdings gefährlich nahe am Rand der „Großen Grube". Gegenüber vom Haupteingang liegt das **Geschwornergården Värdshus** ((☏023-78 26 16; Mittagessen 85 Skr), ein herrschaftliches Haus, in dem man ausgezeichnet zu Mittag essen kann.

Bergwerksmuseum
MUSEUM

(www.falugruva.se; Erw./Kind 80/40 Skr; ⊙ Juli & Aug. tgl. 10–17.30 Uhr, Mai, Juni & Sept. Mo–Fr 10 bis 17.30, Sa & So 12–16 Uhr) Das Bergwerksmuseum liegt direkt hinter dem Kartenverkauf beim Eingang zum Werksgelände. Es vermittelt den Besuchern alles, was sie über Geschichte, Verwaltung, Betrieb, Geologie und Kupfererzeugung des Werks wissen sollten. Außerdem sind hier Ausstellungen zum Bergarbeiterkrankenhaus, zur größten Münze der Welt und zu Mythen und Legenden rund um das Bergwerk gezeigt.

Carl Larsson-gården
HISTORISCHES BAUWERK

(☏023-600 53; www.clg.se; Sundborn; Führung Erw./Kind/Fam. 160/60/550 Skr; ⊙ regelmäßige Führungen auf Englisch Mai–Sept. 10–17 Uhr, Jan. bis April Mo–Fr 11 & Sa & So 13 Uhr; 🅿; 🚌64) Carl Larsson-gården, der Wohnsitz des Malers Carl Larsson und seiner Frau Karin, ist ein Gesamtkunstwerk. Das Haus aus dem frühen 20. Jh. steht im bildhübschen Dorf Sundborn, nach dem Tod des Paares wurde es von seinen Kindern erhalten. Lilla Hyttnäs, die „kleine Hütte", steckt voller Fröhlichkeit, Humor und Liebe.

Führungen (45 Min.) finden stündlich statt; Besucher sollten sich im Voraus telefonisch zu den Führungen in englischer Sprache anmelden (oder sich ein englischsprachiges Handbuch ausleihen und an einer Führung auf Schwedisch teilnehmen).

Das Haus begeistert mit seiner Farbigkeit und den schönen Möbelstücken; überall hängen Porträts, die Carl von seiner Frau und den Kindern gemalt hat. Karins Wandteppiche und Stickereien zeigen, dass sie ebenso begabt war wie ihr Mann. Noch heute sind Innenarchitekten vom modernen Stil des Hauses begeistert (vor allem vom Speisezimmer), und so ziemlich jeden Besucher fasziniert die Familie, die ihr Leben ganz der Kunst und dem Lernen gewidmet hat.

Sehenswert ist auch die Galerie **Kvarnen** (Mühle), deren Schwerpunkt auf dem Werk Karin Larssons liegt und die Wechselausstellungen zeigt (Eintritt 50 Skr).

Dalarnas Museum
MUSEUM

(www.dalarnasmuseum.se; Stigaregatan 2–4; ⊙ Di–Fr 10–17, Sa–Mo 12–17 Uhr, im Sommer Mi bis 21 Uhr; 🅿) GRATIS Das Museum ist die perfekte Einführung in die schwedische Volkskunst, die Musik und die Trachten. Es spricht auch Kinder an, indem es sie explizit auffordert: „Bitte neugierig sein! Bitte berühren!"

Zu sehen ist das Arbeitszimmer Selma Lagerlöfs, außerdem ständig neue Ausstellungen zu Kunst und Kunsthandwerk, darunter eine großartige Textiliensammlung mit Arbeiten aus der Region. Im Saal mit grafischen Werken ist eine Ausstellung zur Geschichte der schwedischen Zeichenkunst und Schnitttechniken zu sehen. Schön anzuschauen sind auch die traditionellen Trachten aus allen Teilen Dalarnas.

Kristine Kyrka
KIRCHE

(☏023-545 70; Stora Torget; ⊙ 10–16 Uhr) Eine Woge von barocken Blau- und Goldtönen schlägt den Besuchern der Kristine Kyrka (1642–1655 erbaut) entgegen, selbstbewusst wird in diesem Kirchenraum der Reichtum zur Schau gestellt, den der Kupferhandel der Stadt im 17. Jh. bescherte. Auf dem **Stortorget** befindet sich vor der Kirche ein imposantes **Standbild** des Freiheitskämpfers Engelbrekt, ein Werk von Karl Hultström. Der Platz hat im Lauf der Jahrhunderte verschiedenen Zwecken gedient – als Markt-, aber auch als Hinrichtungsplatz – und ist von historischen Bauwerken umrahmt, u. a. vom Rathaus. Das diente einst als Gefängnis für vermeintliche Hexen.

Stora Kopparbergs Kyrka KIRCHE
(Kyrkbacksvägen 8; ⊙ Mo–Sa 10–18, So 9–18 Uhr) Das älteste Bauwerk Faluns ist die Stora Kopparbergs Kyrka aus dem späten 14. Jh. mit Ziegelsteingewölben und Blumengirlanden an den Wänden.

🛌 Schlafen

Falu Fängelse Vandrarhem HOSTEL €
(☎ 023-79 55 75; www.falufangelse.se; Villavägen 17; B/EZ/FZ 270/370/680 Skr; ⊙ Rezeption 8–18 Uhr; @🛜🐾) In diesem Hostel fühlt man sich wie in einem Gefängnis – das es ursprünglich auch einmal war. Die Schlafsäle sind Zellen mit schweren Eisentüren, dicken Wänden und Betonfußböden, Stahlspinde dienen als Wandschränke. Duschen und Toiletten sind eingeschränkt vorhanden, also besser nach einem Zimmer mit eigenem Bad fragen.

Bei alledem hat das Haus eine freundliche Ausstrahlung, die Gemeinschaftsräume sind zwar mit abgenutzten Möbeln vollgestellt, wirken aber dennoch sehr behaglich. Im Sommer lockt eine Terrasse nach draußen.

Hotel Falun HOTEL €
(☎ 023-291 80; Trotzgatan 16; EZ/DZ ab 800/900 Skr; P🚗@🛜) Mehrere gute Hotels liegen in der Nähe der Touristeninformation, darunter das Falun mit komfortablen, modernen Zimmern (die preiswerteren Zimmer haben keine eigenen Bäder, dafür eigene Toiletten).

Lugnets Camping & Stugby CAMPINGPLATZ €
(☎ 023-835 63; lugnet-anl@falun.se; Stellplätze 185 Skr, einfache 2B-Hütten 380 Skr, Hütten 980 Skr; 🛜; 🚌 705, 713) Der lang gestreckte Campingplatz liegt 2 km nordöstlich der Stadt im Skigebiet. Die Ausstattung ist gut: Möglichkeiten zum Minigolf- und Boule-Spielen und ein nahes Freibad sind so richtig nach dem Geschmack von Kindern.

Scandic Hotel Lugnet Falun HOTEL €€
(☎ 023-669 22 00; falun@scandic-hotels.com; Svärdsjögatan 51; EZ/DZ ab 1100/1300 Skr; P🚗@🛜🏊) Der große, moderne Bau ist durch seine Ähnlichkeit mit einer Skischanze schon von Weitem zu erkennen. Die Atmosphäre des Hotels gleicht eher einem Studentenwohnheim, doch die Ausstattung ist hervorragend, u. a. gibt es ein Restaurant, eine Bar und eine Bowling-Bahn (im Untergeschoss). Durch massive Ermäßigungen ist das Hotel im Sommer und an Wochenenden unschlagbar günstig, es liegt 2 km östlich des Stadtzentrums, abseits der Straße E16 bei Lugnet.

🍴 Essen & Ausgehen

In angenehm zentraler Lage findet man den **ICA-Supermarkt** (Falugatan 1; ⊙ Mo–Fr 7–21, Sa 10–21 Uhr, So 11–21 Uhr), alkoholische Getränke sind beim **Systembolaget** (Åsgatan 19; ⊙ Mo–Fr 10–18, Sa & So 10–14 Uhr) in der Einkaufspassage Falun Galleria erhältlich.

Sandbergs Skafferi CAFÉ €
(☎ 023-176 70; Åsgatan 18; Baguettes ab 55 Skr, Hauptgerichte ab 79 Skr; ⊙ Mo–Fr 11–18, Sa 10–18, So 10–15 Uhr) Das kleine Geschäft, in dem Mitbringsel und Feinkostspezialitäten verkauft werden, ist gleichzeitig ein feines Café, in dem es von Kaffee und Gebäck bis hin zu köstlich belegten Baguettes und warmen Gerichten wie Quiche oder Lasagne alles gibt. Das Café liegt an einer Einkaufsstraße mit Fußgängerzone; eine Handvoll Tische steht innen und draußen für Gäste bereit.

Kopparhattan Café & Restaurang CAFÉ €€
(Stigaregatan 2–4; Mittagsbüfett 89 Skr, Hauptgerichte 142–210 Skr; 🖉) Das flippige Kunstcafé mit Restaurant unter dem Dalarnas Museum ist eine hervorragende Adresse für eine Pause zwischendurch. Zur Auswahl stehen Sandwiches, Suppen oder ein gutes vegetarisches Mittagsbüfett; abends gibt es leichte vegetarische oder Fisch- und Fleischgerichte. Draußen bietet eine Terrasse einen schönen Blick auf den Fluss, im Sommer ist jeden Freitagabend Livemusik zu hören.

Banken Bar & Brasserie SCHWEDISCH €€€
(☎ 023-71 19 11; www.bankenfalun.se; Åsgatan 41; Hauptgerichte 185–225 Skr; ⊙ Mo–Do 11.30–23, Fr 11.30–24, Sa 13–24 Uhr) die stilvolle Brasserie hat sich in einem ehemaligen Geldinstitut etabliert: Nicht nur die Inneneinrichtung ist nobel, auch die Bedienung arbeitet auf entsprechendem Niveau. Auf der Speisekar-

te sind originelle Variationen traditioneller schwedischer Gerichte aufgeführt, z. B. Carpaccio vom Ren mit Trüffeln oder gebratener Lachs mit Safranaromen. Einfache Mittagsgerichte werden an den Werktagen zubereitet.

ⓘ Praktische Informationen

Alles Notwendige (wie z. B. Banken) findet man am Stortorget oder in unmittelbarer Nähe.
Bibliothek (☎ 023-833 35; Kristinegatan 15; ☉ Mo–Do 10–19, Fr 10–18, Sa 11–15 Uhr) Kostenloser Internetzugang.
Touristeninformation (☎ 023-830 50; www.visitsodradalarna.se; Trotzgatan 10–12; ☉ Mo–Fr 10–18, Sa 10–16 Uhr) Die Touristeninformation betreibt einen netten Andenkenladen und kann Zimmerbuchungen vornehmen. Die Mitarbeiter helfen gerne bei allen Fragen zur Region.

ⓘ Anreise & Unterwegs vor Ort

Falun liegt abseits der Hauptbahnstrecken – wer mit dem Zug von Stockholm oder Mora kommt, muss in Borlänge umsteigen. Direkte Zugverbindungen bestehen von und nach Gävle (188 Skr, 1¼ Std., alle 2 Std.), Regionalbusse (120 Skr, 2 Std.) fahren gleichermaßen häufig.

Swebus Express (☎ 0200-21 82 18; www.swebusexpress.se) betreibt Busse auf der Strecke Göteborg–Karlstad–Falun–Gävle sowie Anschlussverbindungen zur Busroute von Stockholm über Borlänge nach Mora.

Das Regionalverkehrsnetz wird von **Dalatrafik** (☎ 0771-95 95 95; www.dalatrafik.se) betrieben, es umspannt ganz Dalarna. Fahrkarten kosten 26 Skr für Fahrten innerhalb einer Zone sowie zusätzlich 15 Skr für jede neue Zone. Eine *länskort* ist 30 Tage lang gültig und kostet 1350 Skr, sie ist für Fahrten innerhalb des gesamten Landesteils gültig. Fahrkarten mit kleineren Gültigkeitsbereichen sind ebenso erhältlich. Die Regionalbusse der Linie 70 fahren stündlich nach Rättvik (56 Skr, 1 Std.) und Mora (86 Skr, 1¾ Std.).

Region Siljansee

Wenn man Schweden fragt, wo sie in ihrem Land am liebsten Urlaub machen, dann erzählen die meisten mit glänzenden Augen vom Siljansee. Kein Wunder bei dieser Kombination: eine üppig grüne Landschaft, viele Möglichkeiten für Outdooraktivitäten, eine reiche Kunsthandwerkstradition und einige der hübschesten Dörfer Schwedens. Dies ist der schönste Teil der ohnehin so schönen Region Dalarna, Heimat der allgegenwärtigen bemalten Holzpferde.

Der Siljan, der sich heute als Oase der Ruhe präsentiert, war vor 360 Mio. Jahren Schauplatz von Europas größtem Meteoriteneinschlag. Ein riesiger Felsklumpen raste durch die Erdatmosphäre und schlug mit der Gewalt von 500 Mio. Atombomben auf. In weitem Umkreis wurde alles Leben ausgelöscht, zurück blieb ein Ringkrater mit einem Durchmesser von 75 km.

Im Sommer ist die Gegend ziemlich angesagt, viele Open-Air-Festivals und andere Attraktionen locken die Menschen dorthin. Anfang Juli findet das große Sommerfestival **Musik vid Siljan** (www.musikvidsiljan.se) in den Orten rund um den See statt. Die Touristeninformationen verfügen über das genaue Programm.

Bei den Touristeninformationen gibt es für 20 Skr Wanderkarten zum **Siljansleden**, einem ausgezeichneten Netz an Wanderwegen und Radwanderstrecken rund um den Siljansee – insgesamt summiert sich die Streckenlänge auf über 300 km. Auch per Boot ist der See einladend: Im Sommer bietet die **M/S Gustaf Wasa** (☎ 070-542 10 25; www.wasanet.nu; Fahrkarten 125–150 Skr, mit Essen 300–400 Skr) verschiedenste Fahrten mit wahlweise kulinarischen oder touristischen Schwerpunkten an. Gestartet wird in Mora, Rättvik und Leksand, Fahrpläne sind bei allen Touristeninformationen und im Internet einsehbar.

Die Website www.siljan.se bietet viele gute Informationen zur Region.

Leksand

☎ 0247 / 15 289 EW. (GEMEINDE), 5900 EW. (STADTGEBIET)

Seine Bekanntheit verdankt Leksand seinem berühmten **Mittsommerfest**, es ist das beliebteste in ganz Schweden. Rund 20 000 Gäste finden sich in der Mittsommernacht (einem Freitag zwischen dem 19. und 25. Juni) im grünen Park der Stadt ein, um das Fest mit Gesang und Trachtentänzen um einen geschmückten Baum zu begehen.

Die Hauptgeschäftsstraße ist die Norsgatan, eine Fußgängerzone mit vielen Läden und einladenden Cafés.

Leksand ist übrigens auch der Name einer beliebten Knäckebrotmarke.

⊙ Sehenswertes & Aktivitäten

Beachtenswert ist der ungewöhnliche Glockenturm bei der Brücke zwischen Norsgatan und Kyrkallén.

Munthe's Hildasholm
HISTORISCHES BAUWERK

(☎0247-100 62; www.hildasholm.org; Klockaregatan 5; Eintritt nur mit Führung, Erw./Kind 120/40 Skr, nur Park 30 Skr; ☉ Mitte Juni–Mitte Aug. 11–17 Uhr, Mitte Aug.–Sept. Sa & So) Hildasholm entstand im Auftrag Axel Munthes (1857–1949), er war Leibarzt im schwedischen Königshaus und verfasste berühmt gewordene Erinnerungen (*Das Buch von San Michele*).

Vom luxuriös ausgestatteten Herrenhaus im nationalromantischen Stil, das inmitten eines wunderschönen Parks liegt, hat man einen atemberaubenden Blick auf den See. Axel Munthe ließ es zwischen 1910 und 1911 für seine zweite Frau, eine englische Adelige, bauen. Munthe selbst hielt sich selten im Herrenhaus auf; die meiste Zeit verbrachte er mit der (vielleicht nicht nur leibärztlichen) Fürsorge für Königin Viktoria auf Capri.

Siljansnäs Naturum
NATURSCHUTZGEBIET

(☎010-22 50 329; www.naturumdalarna.se; Siljansnäs, am Björkberget; ☉10–18 Uhr, im Winter kürzere Öffnungszeiten; 🖾; 🚌84 Siljansnäs) 🍃 GRATIS Siljansnäs Naturum liegt 14 km nordwestlich von Leksand und informiert über den Meteoriteneinschlag sowie Flora und Fauna der Region. Die Sammlung von 50 ausgestopften Tieren zeigt allerdings leichte Spuren von Mottenbefall.

Zweistündige Führungen in englischer Sprache durch das Naturschutzgebiet finden im Sommer immer montags bis freitags um 11 Uhr statt. Außerdem gibt es Aktivitäten für kleinere und größere Kinder (z.B. das Bemalen eines Holzpferdchens), Naturspaziergänge und -filme.

Ein Highlight ist der 22 m hohe **Aussichtsturm** mit einem spektakulären 360°-Blick über den See.

Leksands Kyrka
KIRCHE

(Kyrkallén; ☉ Juni–Mitte Aug. 10–18 Uhr) Die Leksands Kyrka mit ihrer auffallenden Zwiebelkuppel stammt aus dem frühen 13. Jh., wurde jedoch später umfangreich restauriert und erweitert. Im Kircheninneren befindet sich eine außergewöhnliche barocke Ausstattung. Im Sommer werden Abendkonzerte veranstaltet; das Programm wird vorab bekanntgegeben. Führungen finden von Mitte Juni bis Mitte August statt (Mo–Fr 10 und 13, Sa 10, So 13 Uhr).

🛏 Schlafen & Essen

Gelegenheiten für einen Imbiss finden sich rund um den Marktplatz, wo auch alle großen Supermarktketten vertreten sind.

⭐ STF Vandrarhem Leksand
HOSTEL €

(☎0247-152 50; info@vandrarhemleksand.se; B 200 Skr; ☉ nur im Sommer; P ☻ 🛜) Etwas außerhalb gelegen (2 km südlich der Stadt), charmant und winzig klein ist dieses älteste Hostel in Dalarna. Entzückende Holzhütten umrahmen einen blumenbepflanzten Innenhof; Fahrräder stehen zum Ausleihen bereit (Tag 70 Skr). Ein Frühstück wird ebenfalls serviert, eine Küche und ein Waschsalon (40 Skr) stehen den Gästen außerdem zur Verfügung. Das Hostel ist bei Reisegruppen beliebt, also besser frühzeitig reservieren.

Hotell Leksand
HOTEL €€

(☎0247-145 70; www.hotellleksand.com; Leksandsvägen 7; EZ/DZ ab 980/1280 Skr; ☉Rezeption 7.30–11 & 15–21.30 Uhr; P ☻ @ 🛜) Ein kleines, modernes, bequem gelegenes Hotel im Herzen der Stadt. Die meisten Zimmer sind eher unscheinbar, aber die Atmosphäre ist freundlich – kein schlechter Ort zum Übernachten. Am besten vorher anrufen, die Rezeption ist nicht immer besetzt.

Siljans Konditori
BÄCKEREI €

(☎0247-150 70; Sparbanksgatan 5; Eiscreme 28–39 Skr, Sandwiches 40–75 Skr, Büfett 85 Skr; ☉Mo–Fr 8.30–19, Sa 9–17, So 10–17 Uhr) In diesem großen, einladenden Café mit Bäckerei werden gute Sandwiches mit frischem, selbst gebackenem Brot serviert, es liegt an einer belebten Ecke des Stora Torget.

Leksands Gårdcafeet
CAFÉ €€

(☎0247-13 260; gardscafe.se; Norsgatan 19; Sandwiches 69–99 Skr, *dagens rätt* 90 Skr, Salate 109 Skr; ☉9–21 Uhr) Das betriebsame, aber freundliche Café hat ein hübsches altes Holzhaus mit Veranda und einem Garten mit Sitzplätzen bezogen. Neben verführerischem Kaffee und Gebäck werden riesige Portionen sättigender Nudelsalate und warmer Gerichte serviert. Zu den preiswerten Tagesgerichten (*dagens rätt*) vom Selbstbedienungsbüfett gibt es Salate von der Salatbar. Wer will, kann auch nur einen Salat bestellen (80 Skr).

🛍 Shoppen

Leksands Hemslöjd
KUNSTHANDWERK

(www.leksandshemslojd.se; www.Kyrkallén 1; ☉Mo bis Sa 10–18, So 12–16 Uhr) Das Geschäft verkauft hochwertige Kleidung, Strickwaren, Keramik und andere Handwerkserzeugnisse aus der Region, darunter auch Dalahäst (die typischen Holzpferde), Kerzenleuchter, Leinen, Garne und Messer mit Holzgriff.

ⓘ Praktische Informationen

Mehrere Bankfilialen stehen an der Sparbank-gatan.

Bibliothek (☎ 0248-802 45; Kulturhuset, Kyrkallén) Gegenüber der Touristeninformation befindet sich die gut besuchte Bibliothek mit Internetzugang (WLAN), Informationen zur Region und Kunstausstellungen.

Touristeninformation (☎ 0248-79 72 00; info@siljan.se; Norsgatan 27E; ⊙ Mo–Fr 9–18, Sa & So 10–16 Uhr) Die Touristeninformation hat Informationen zur gesamten Region.

ⓘ Anreise & Unterwegs vor Ort

Busse von Dalatrafik und Regionalzüge verkehren regelmäßig zwischen Leksand und Fahrzielen in der gesamten Region, u. a. Mora (1 Std., 71 Skr), Rättvik (30 Min., 41 Skr) und Tällberg (20 Min., 26 Skr).

Tällberg

☎ 0247 / 200 EW.

Die meisten Besucher kommen nach Tällberg, weil das Dorf so putzig ist: Lauter kleine Lebkuchenhäuser, meist auch noch in Falunrot (Falu rödfärg – „Schwedenrot") gestrichen, liegen verteilt über den grünen Hang, der sich zum See hinunterzieht.

Die 200 Einwohner wissen, wie hübsch ihr Ort ist: Sie betreiben insgesamt acht Hotels der gehobenen Kategorie und mehrere schicke Boutiquen. Tällberg wimmelt vor Touristen: Hier zu Mittag zu essen und ein wenig zu wandern ist sehr reizvoll. Wer aber nicht gerade ein Liebesnest auf dem Land braucht, sollte sich vielleicht besser in Rättvik oder Leksand eine Unterkunft suchen und in Tällberg nur auf einen Nachmittagsbesuch vorbeischauen.

Die Buslinie 58 zwischen Rättvik und Leksand hält im Ort (2- bis 6-mal tgl., 26 Skr). Außerdem liegt Tällberg an der Zugstrecke, die rund um den See führt. Der Bahnhof befindet sich 2 km südlich des Ortes.

Rättvik

☎ 0248 / 10 811 EW.

Rättvik ist eine unscheinbare kleine Stadt in einer Gegend, die fast etwas Unwirkliches hat. Tatsächlich ist es ein hübscher Ort in einem hügeligen Landstrich am Ufer des Siljansees. Im ganzen Jahr gibt es für Erwachsene und Kinder genügend Möglichkeiten, sich zu vergnügen, sei es beim Skifahren, Radfahren, Wandern oder beim Sonnenbaden am Strand.

Im Sommer führt ein voller Veranstaltungskalender u. a. ein **Folklorefestival** (www.folklore.se) im späten Juli und die **Classic Car Week** (www.classiccarweek.com; Ende Juli oder Anfang August) auf.

◉ Sehenswertes & Aktivitäten

Der längste Anlegesteg Skandinaviens ist der beeindruckende **Långbryggan**, der gleich hinter dem Bahnhof 628 m weit in den See hineinragt. Die Kirche aus dem 13. Jh. hat 87 gut erhaltene **Ställe** (der älteste stammt aus dem Jahr 1470).

Der nachgemachte **Runengedenkstein** neben der Kirche erinnert an den Aufstand des Heeres von Gustav Wasa gegen die Dänen in den 20er-Jahren des 16. Jhs. – die Geburtsstunde des modernen Schweden.

Kulturhuset KULTURZENTRUM
(☎ 0248-701 95; Storgatan 2; ⊙ Mo–Do 11–19, Fr 11–16, Sa 11–14, So 13–16 Uhr; ☎) GRATIS Das zentral gelegene Kulturhuset beherbergt die öffentliche Bibliothek und zeigt Kunstausstellungen sowie eine Ausstellung zum Meteoriteneinschlag, dem der Siljansee seine Entstehung verdankt. Die hilfsbereiten Mitarbeiter scheuen keine Mühe, um alle Fragen zur Region zu beantworten.

WLAN sowie vier Computer mit Internetanschluss stehen gratis zur Nutzung bereit.

Hembygdsgård Gammelgård MUSEUM
(☎ 0248-514 45; ⊙ Mitte Juni–Mitte Aug. 11 bis 17 Uhr) GRATIS Wer von Freilichtmuseen nicht genug bekommen kann, ist in Hembygdsgård Gammelgård, das 500 m nördlich der Kirche liegt, genau richtig: Alte Gebäude von historischem Wert wurden aus Dörfern der Gemeinde Rättvik in den 1920er-Jahren dorthin versetzt, das älteste stammt aus der Zeit um 1300. Eine gut zusammengestellte Sammlung zeigt Möbel, die in regionaler Tradition bemalt sind, sowie einen einzigartigen *ullkorgen* (Wollkorb), der aus der Zeit um 1200 erhalten blieb.

Das Gelände ist immer geöffnet, Café und Innenräume sind nur im Sommer für Besucher zugänglich.

Vidablick Utsiktstorn TURM
(Erw./Kind 35/15 Skr; ⊙ Juni–Aug. 10–18 Uhr) Ein unternehmungsfreudiger 17-Jähriger ist für den Bau des Vidablick Utsiktstorn verantwortlich. Der Aussichtsturm befindet sich 5 km südöstlich der Stadt und bietet einen großartigen Panoramablick über den See,

ein gutes Café und (nur im Sommer) eine Jugendherberge/Hostel (Schlafsaal-Bett ab 150 Skr). Beim Aufstieg zur Turmspitze ist ein Miniaturnachbau des Dorfes zur Zeit der Jahrhundertwende zu sehen, die Arbeit eines lokalen Tischlers aus den 1930er-Jahren.

Sommar Rodel
ABENTEUERSPORT

(☎ 073-671 00 10; www.rattviksbacken.se; 1/3 Abfahrt(en) 60/150 Skr; ⏰ Juni–Aug. 10–18 Uhr, bei Regen geschl.) Die 750 m lange Sommerrodelbahn macht Rodlern auch ohne Schnee viel Spaß. Mit einer Geschwindigkeit von 56 km/h geht es bergab, was sich auf dem bloßen Erdboden rasend schnell anfühlt. Wer mag, kann dabei „Paintball" spielen!

Skipisten
SKIFAHREN

(www.rattviksbacken.se; Tagespass Erw./Kind 260/200 Skr) Die leichten Skipisten sind hervorragend; es gibt vier Lifte.

🛏 Schlafen

Im Sommer sind die Unterkünfte in Rättvik schnell vergeben, es ist daher ratsam, rechtzeitig zu buchen – das gilt auch für Campingplätze. Es gibt nur wenige zentral gelegene Unterkünfte, die alle weit voneinander entfernt liegen. Das STF-Hostel ist erstklassig.

STF Vandrarhem Rättvik
HOSTEL €

(☎ 0248-561 09; Centralgatan; EZ/DZ ab 400/500 Skr; ⏰ Rezeption 8–10 & 17–18 Uhr; 🅿@🛜) Am Ortsrand liegt das komfortable Hostel mit gemütlichen Zimmern in drei Holzhäusern, die eine Art Innenhof um einen Rasenplatz bilden. Es ist ein ruhiges Anwesen mit guter Ausstattung, u. a. einer hübschen Küche mit einem großen Speise-/Fernsehzimmer im Hauptgebäude und Tischen auf dem Rasen. Die Rezeption befindet sich im Büro des Enåbadet-Campingplatzes.

Enåbadet
CAMPINGPLATZ €

(☎ 0248-561 00; www.enabadet.se; Furudalsvägen 1; Stellplätze ab 240 Skr, Hütten 555-1160 Skr) Der große, stark frequentierte Campingplatz liegt am Fluss, abseits der Centralgatan (1 km vom Bahnhof entfernt) hinter dem STF-Hostel. Zur Anlage, die das traditionelle ländliche Bild einer alten Bauernsiedlung nachahmt, gehört ein fäbod (Sommeralm). Der Weitwanderweg Siljansleden verläuft durch das Gelände.

Siljansbadets Camping
CAMPINGPLATZ €

(☎ 0248-561 18; www.siljansbadet.com; Stellplätze 285 Skr, Hütten ab 610 Skr) In Bahnhofsnähe liegt dieser Campingplatz unter schattenspendenden Bäumen, er hat einen eigenen Strand, der mit der Blauen Flagge (gute Wasserqualität) ausgezeichnet ist.

Jöns Andersgården
B&B €€

(☎ 0248-130 15; www.jonsandersgarden.se; Bygatan 4; Zi. ab 696 Skr, Hütte ab 1100 Skr; ⏰ Mitte April–Mitte Okt.; 🅿➡🛜; 🚌74) Hier schlafen die Gäste in traditionellen Holzhütten aus dem 15. Jh., die auf einer Anhöhe liegen und eine entsprechend schöne Aussicht bieten. Die Zimmer sind in tadellosem Zustand und modern eingerichtet, eine der Suiten hat sogar eine eigene Sauna. Gäste ohne eigenes Auto werden von den Gastgebern auf Wunsch vom Bahnhof abgeholt.

Stiftsgården Rättvik
HOTEL €€

(☎ 0248-79 78 17; www.stiftsgarden.org; Kyrkvägen 2; EZ/DZ mit Gemeinschaftsbad ab 530/930 Skr, mit eigenem Bad 760/1070 Skr) Die malerische Unterkunft am See ist eine kirchliche Einrichtung, dem geschäftigen Getriebe der Stadt angenehm entrückt und doch leicht zu Fuß zu erreichen. Fußwege und Freizeitmöglichkeiten befinden sich in der Nähe. Die Zimmer sind einfach, aber nett eingerichtet. Für hungrige Gäste gibt es ein Mittags- (90 Skr) und Abendbüfett (130 Skr). Kanus und Fahrräder werden verliehen.

Hotell Hantverksbyn
HOTEL €€

(☎ 0248-302 50; vidablick@hantverksbyn.se; Faluvägen; EZ/DZ ab 650/1150 Skr, Frühstück 75 Skr) Das Vidablick ist eine gute Wahl. In grasbewachsenen kleinen Häusern liegen ländlich schlichte Hotelzimmer, einige mit Blick auf den See. Das Hotel liegt hinter der OKQ8-Tankstelle an der Straße nach Leksand, etwa 3 km südlich der Stadt.

Das angeschlossene Restaurant (Mai bis Aug. geöffnet; Tagesgericht 89 Skr; Kaffee und Kuchen 35 Skr) hat einen kostenlosen WLAN-Zugang, Tische im Freien mit schöner Aussicht und veranstaltet donnerstags Tanzabende.

🍴 Essen & Ausgehen

Supermärkte und ein Systembolaget liegen an der Storgatan.

Frick's Konditori
CAFÉ €

(www.fricskonditori.se; Stora Torget; Sandwiches ab 45 Skr) Ein altmodisches Café mit einer ungezwungenen, familiären Atmosphäre. Im Frick gibt es Sandwiches, Quiches und Salate, die Spezialität des Hauses sind jedoch Kuchen und Gebäck. Es liegt gegen-

GRABHÜGEL DER WIKINGER AUF SOLLERÖN

15 km von Mora entfernt liegt die kleine Inselsiedlung Sollerön mit der größten und am besten erhaltenen Wikinger-Begräbnisstätte Dalarnas. Die Stätte umfasst Gräberfelder aus der Eisenzeit mit einer Zahl von vermutlich 50 bis 140 Gräbern sowie anderen Zeugnissen menschlicher Behausungen seit der Steinzeit. Natürlich gibt es auch ein Café, in dem Kaffee und Sandwiches serviert werden.

Ein Infoblatt hilft bei der Orientierung auf dem 3 km langen Weg zu den Grabhügeln und anderen Sehenswürdigkeiten (größtenteils für Rollstuhlfahrer zugänglich). Zu diesen gehört der Opferbrunnen, an dem vermutlich Opfergaben für die Mächtigen der nordischen Götterwelt, darunter die höchsten Götter Odin und Thor, dargebracht wurden. Eine Sage berichtet, der Brunnen trockne im Sommer nie aus und friere im Winter nie zu.

Diese nördliche Gegend am Siljansee war – so abgelegen und still sie heute wirkt – einst von großer Bedeutung für die Eisenerzeugung und von bäuerlichen Siedlungen belebt. Anfangs hielt man die Grabhügel für Hinterlassenschaften aus der Zeit dieser frühen landwirtschaftlichen Nutzung. Doch 1928 wurde ein Grab in einem der Hügel entdeckt, zehn weitere Gräber wurden freigelegt. Erst da wurde den Einheimischen die Bedeutung ihrer hügeligen Felder klar. Drei der Schwerter aus den Grabstätten werden heute im Antikenmuseum in Stockholm aufbewahrt.

Die Landschaft hat einen ganz eigenen Reiz, der auch ohne Begeisterung für alte Begräbnisstätten spürbar ist. Ein Café befindet sich in einem Gebäude des alten Siedlungsmuseums an der Seite eines Langbootes der Wikinger und neben einigen antiquierten bäuerlichen Gerätschaften. Vom Busbahnhof in Mora fahren Busse der Linie 107 zu den Grabhügeln (26 Skr, 40 Min., Mo–Sa regelmäßig).

über vom Bahnhof und ist ein sozialer Treffpunkt der Nachbarschaft.

Jöns
Andersgården   SCHWEDISCH, ITALIENISCH €€€
(☑ 0248-130 15; www.jonsandersgarden.se; Bygatan 4; Hauptgerichte 165–255 Skr; ☺ Ende Mai bis Aug. 17–22 Uhr; 🚌 74) Wer sich auf den Weg bergauf macht, wird von einem zauberhaften Restaurant empfangen, es gehört zum gleichnamigen Hotel. Gerichte wie Zitronenhuhn mit Gremolata-Kartoffeln, Cannelloni mit Meeresfrüchten, Lammbraten mit Kräutern und Parmesan auf Gnocchi lassen die Düfte Italiens durch dieses doch sehr schwedische Haus wehen.

☆ Unterhaltung

Dalhalla   KONZERTBÜHNE
(☑ 0455-61 97 00; www.dalhalla.se; Eintrittskarten 600–900 Skr) Dalhalla, ein alter Kalksteinbruch 7 km nördlich von Rättvik, verwandelt sich im Sommer in eine Freilichtbühne für Theateraufführungen und Konzerte. Die Akustik ist unglaublich gut und die Szenerie einzigartig.

Auf der Website erfährt man Näheres zu Spielplänen und Eintrittskarten (je nach Art der Aufführung sind die Preise unterschiedlich). Von Juli bis Oktober werden an aufführungsfreien Tagen Führungen (11, 13 und 14.30 Uhr, 125 Skr) durch das Theater angeboten.

ℹ Praktische Informationen

Bankfilialen findet man an der Storgatan.
Bibliothek (☑ 0248-701 95; Storgatan 2) Die Bibliothek ist dem Kulturhuset angeschlossen, es gibt einen kostenlosen Internetzugang.
Touristeninformation (☑ 0248-79 72 00; Riksvägen 40; ☺ Mo–Fr 9–18, Sa & So 10–16 Uhr) Am Bahnhof befindet sich die Touristeninformation mit Infomaterial zur Siljan-Region.

ℹ Anreise & Unterwegs vor Ort

Busse fahren vor dem Bahnhof ab. Die Buslinie 70 von Dalatrafik verkehrt regelmäßig zwischen Falun, Rättvik und Mora. Swebus Express unterhält mehrmals täglich Verbindungen von Stockholm nach Rättvik (219 Skr, 4 Std.). Mehrere direkt aus Stockholm kommende Intercity-Züge halten täglich in Rättvik (396 Skr, 3½ Std.), wenn nicht, steigt man in Borlänge um. Regionalzüge verkehren alle paar Stunden zwischen Rättvik und Mora (56 Skr, 25 Min.).

Mora
☑ 0250 / 3500 EW.

Mora ist untrennbar mit der schwedischen Seele verbunden. Der Legende nach kam Gustav Wasa 1520 dorthin, um den letzten

DALA-PFERDE

Was haben Bill Clinton, Elvis Presley und Bob Hope gemeinsam? Sie alle haben schon einmal ein schwedisches Dalahäst geschenkt bekommen. Die urbildhaften, geschnitzten Holzpferdchen, die in leuchtenden Farben bemalt und mit folkloristischen Blumen verziert werden, gelten vielen als Sinnbild Schwedens.

Aus dem 17. Jh. stammt ein erster schriftlicher Beleg, in dem ein Dalahäst erwähnt wird. Damals wetterte der Bischof von Västerås gegen „Kartenspiele, Würfel, Flöten, Puppen, hölzerne Pferde, Liebesballaden, schamlose Malereien", dennoch spricht vieles dafür, dass bereits in früherer Zeit Pferdchen geschnitzt wurden. Am Feuer zu sitzen und an Holz herumzuschnitzen war ein gebräuchlicher Zeitvertreib, das Pferd ein natürlich gegebenes Motiv – als Arbeitskamerad, Freund und Symbol der Kraft. Die bemalte Urform, die heute so vertraut wirkt, wurde 1939 bei der Weltausstellung in New York der Öffentlichkeit vorgestellt; seitdem sind die Pferdchen ein Lieblingssouvenir aller Schwedenreisenden.

Die bekanntesten Dala-Pferde stammen aus Nusnäs, einem Ort 10 km südöstlich von Mora. Die beiden größten Werkstätten sind **Nils Olsson Hemslöjd** (☑ 0250-372 00; www.nohemslojd.se; ⊙ Mo–Fr 8–16, Sa 10–16 Uhr) und **Grannas A Olsson Hemslöjd** (☑ 0250-372 50; www.grannas.com; ⊙ Mo–Fr 9–18, Sa & So 9–16 Uhr), dort können Besucher beim Schnitzen und Bemalen der Pferde zuschauen und nach Herzenslust einkaufen. Die Höhe der Tiere reicht von 3 bis 50 cm (Preise: 100 bis 3500 Skr).

Mit öffentliche Verkehrsmitteln ist Nusnäs nur eingeschränkt erreichbar: Die Buslinie 108 fährt regelmäßig von Mora dorthin, allerdings nur von Montag bis Freitag.

---

verzweifelten Versuch einer Rebellion gegen die dänische Herrschaft zu unternehmen, was die Menschen in Mora jedoch nicht sonderlich interessierte. Gustav musste sich daher seine Skier anschnallen und über die Grenze fliehen. Als er fort war, überlegten es sich die Bürger doch anders und schickten zwei Freiwillige, die Freisassen Engelbrekt und Lars, hinter Gustav her. Bei Sälen holten sie diesen schließlich ein und änderten so den Lauf der schwedischen Geschichte.

Die größte Langlaufveranstaltung Schwedens, der **Wasalauf** (Vasaloppet), erinnert an diesen historischen Wettlauf. Jedes Jahr am ersten Sonntag im März nehmen 15 000 Langläufer daran teil und laufen die 90 kräftezehrenden Kilometer in Mora ins Ziel. Im Sommer folgt der Fernwanderweg Vasaloppsleden der Strecke.

◉ Sehenswertes & Aktivitäten

Vasaloppsmuseet   MUSEUM
(☑ 0250-392 00; www.vasaloppet.se; Vasagatan; Erw./Kind 50/25 Skr; ⊙ Mo–Mi & Fr 8–16.30, Do 8–15 Uhr, tgl. 12–13 Uhr geschl.) Wer sich nicht für Skisport interessiert, wird dennoch vom hervorragenden Vasaloppsmuseet angenehm überrascht sein. Es lässt die Leidenschaft nachempfinden, die dem Wasalauf, dem weltweit bedeutendsten Großereignis

der Langlaufszene, entgegenbracht wird. Ein fantastisch knisternder Schwarzweißfilm zeigt flimmernd das erste Rennen, eine Ausstellung ist dem neunmaligen Sieger und zähen Burschen Nils „Mora-Nisse" Karlsson gewidmet, eine weitere zeigt Siegertrophäen. Draußen am Museum verläuft die Ziellinie des Wasalaufs.

Zornmuseet   MUSEUM
(☑ 0250-59 23 10; www.zorn.se; Vasagatan 36; Erw./Kind 60 Skr/frei; ⊙ Mitte Mai–Mitte Sept. Mo–Sa 9–17, So 11–17 Uhr, Sept.–Mitte Mai 12–16 Uhr) Das Museum zeigt viele der verehrten Porträts und charakteristischen Akte des berühmten Malers aus Mora. Anders Zorn (1860–1920) zählt zu den bedeutendsten Künstlern Schwedens. Seine impressionistischen Darstellungen des ländlichen schwedischen Lebens sind hier neben der Silbersammlung der Familie zu sehen.

Zorngården   HISTORISCHES BAUWERK
(☑ 0250-59 23 10; Vasagatan 36; Erw./Kind 90/40 Skr; ⊙ Eintritt nur mit Führung Mo–Sa 10–16, So 11–16 Uhr) Zorngården, das Wohnhaus der Familie Zorn, ist ein anschauliches Beispiel eines wohlhabenden Künstlerhauses und spiegelt die nationalromantischen Bestrebungen des Künstlers wider (vor allem in der nach Wikingerart gestalteten Eingangshalle). Eine Besichtigung ist im Rahmen einer Führung möglich (zur halben und

vollen Stunde). Näheres zu englischsprachigen Führungen erfährt man beim Kauf der Eintrittskarten (im Zornmuseet nebenan).

🛏 Schlafen

Mora Parken
CAMPINGPLATZ, HÜTTEN €

(☎ 0250-276 00; www.moraparken.se; Stellplätze 195 Skr, 2/4B-Hütten ab 495/645 Skr, Hotel EZ/DZ 995/1245 Skr; @) Die ungewöhnliche Ferienanlage mit Campingplatz und Hotel liegt 400 m nordwestlich der Kirche in angenehmer Nähe zum Wasser. Badestrand, Waschsalon, Küche, Minigolf, Fahrrad- und Kanuverleih sind nur einige der Annehmlichkeiten. Die verschiedenen Ferienhütten haben eine gute Ausstattung und verströmen viel ländlichen Charme. Die Loipe des Vasaloppet und der Siljansleden verlaufen durch das Gelände. Die Hotelzimmer (alle ebenerdig im Hauptgebäude gelegen) haben Holzfußböden und einen eleganten, modernen Look.

STF Hostel Mora
HOSTEL €

(☎ 0250-381 96; info@malkullan.se; Fredsgatan 6; B/EZ/DZ ab 210/370/520 Skr; ⊙ Check-In 8–10 & 17–19 Uhr; P 🐾😊📶) Das schlichte Hostel belegt gleich zwei Gebäude, die ein paar Querstraßen vom Vasaloppet-Museum entfernt liegen. Für die Gäste gibt es eine Küche und einfache, aber gemütliche Zimmer. Die Schlafsäle mit zumeist vier bis sechs Betten befinden sich in einem der Gebäude, die „Hotelzimmer" mit Fernseher im anderen. Ein Frühstück kostet 50 Skr und muss am Abend vorher bestellt werden. Es gibt WLAN und eine gratis zu benützende Sauna.

Mora Hotell & Spa
HOTEL €€

(☎ 0250-59 26 50; www.morahotell.se; Strandgatan 12; Zi. ab 1195Skr; P 🐾❄📶) Bereits 1830 gab es an dieser Stelle ein Hotel, doch der heutige Bau könnte nicht moderner sein und bietet alle Annehmlichkeiten, die von einer großen Hotelkette (Best Western) zu erwarten sind – und ein Plus an Persönlichkeit. In den Zimmern verbinden sich klare Linien, Holzfußböden und erdige Töne mit folkloristischen Akzenten in leuchtenden Farben. Ein Spa bietet den Gästen Dampfbäder, Whirlpools, Massagen und andere wohltuende Anwendungen.

🍴 Essen

Die Einkaufsstraße Kyrkogatan ist Fußgängerzone. Die Gelegenheiten zum Essengehen sind nicht zahlreich, doch dürfte bei der Auswahl an Bars und Cafés für jeden etwas dabei sein (es gibt hier allein drei Pizza-/Kebab-Imbisse). Selbstversorger finden einen ICA-Supermarkt und ein Systembolaget vor, die einander gegenüber an der Kyrkogatan liegen.

Mora Kaffestuga
CAFÉ €

(☎ 0250-100 82; Kyrkogatan 8; Mittagsangebote 85 Skr; ⊙ Mo–Fr 9–19, Sa 9–17, So 10–16 Uhr) Ein schnelles Mittagessen (z. B. einfache Salate, Quiches und Sandwiches) oder Kaffee und Kuchen können die Gäste des beliebten, stilvollen kleinen Cafés auch draußen im Garten genießen.

Helmers Konditori
CAFÉ €

(☎ 0250-100 11; http://helmers.se; Kyrkogatan 10; Sandwiches ab 47 Skr; ⊙ 8–19 Uhr) Das viel gelobte Café in der Haupteinkaufsstraße (Fußgängerzone) hat eine treue einheimische Fangemeinde. Die Fans kaufen hier Brot, Sandwiches und köstliches Gebäck aus der eigenen Bäckerei.

ℹ Praktische Informationen

Bibliothek (☎ 0250-267 79; Köpmannagatan) Ein kostenloser Internetzugang steht in der öffentlichen Bibliothek zur Verfügung.

Touristeninformation (☎ 0250-59 20 20; mora@siljan.se; Köpmannagatan 3A; ⊙ Mo–Fr 9–18, Sa & So 10–16 Uhr) In zentraler Lage gegenüber der Bibliothek.

ℹ Anreise & Unterwegs vor Ort

Der Flughafen Mora-Siljan liegt 6 km südwestlich an der Straße nach Malung. **Nextjet** (www.nextjet.se) fliegt an Werktagen dreimal (So 1-mal) zum Stockholmer Flughafen Arlanda (50 Min.).

Alle Busse von Dalatrafik (www.dalatrafik.se) halten am Busbahnhof in der Moragatan 23. Die Linie 70 fährt nach Rättvik und Falun, die Linien 103, 104, 105 und 245 starten Richtung Orsa. Täglich ein- oder zweimal fährt die Linie 170 nach Älvdalen, Särna, Idre und Grövelsjön an der norwegischen Grenze.

Mora ist für viele Züge der **SJ** (☎ 0771-75 75 75; www.sj.se) Endstation. Hier befindet sich außerdem die südliche Endstation der Inlandsbanan, die von Mitte Juni bis Mitte August Richtung Norden nach Gällivare fährt.

Der Hauptbahnhof liegt 1 km östlich von Mora. Der Bahnhof Mora Strand liegt zentraler, aber nicht alle Züge halten dort, daher sollte man besser einen Blick auf den Fahrplan werfen! Richtung Östersund fahren die Inlandsbanan (494 Skr, 6¼ Std., 1-mal tgl., nur Mitte Juni–Mitte Aug.) und die Buslinie 45 (269 Skr, 5¼ Std., 2-mal tgl.).

GRÖNKLITT BJÖRNPARK

Die pummelig-knuddeligen Bärenjungen sind die Stars im **Grönklitt Björnpark** (☎ 0250-462 00; www.orsabjornpark.se; Erw./Kind/ Fam. 240/160/680 Skr; ☉ Mitte Juni–Aug. 9–18 Uhr, im übrigen Jahr wechselnde Öffnungszeiten; 🅿; 🚌 103 oder 104, dann 118). Das Tierschutzgebiet liegt 16 km von Orsa entfernt.

Auch wenn gerade keine Bärenkinder draußen spielen, gibt es viel zu sehen: Luchse, Wölfe, Rotfüchse, Vielfraße und einen Schneeleoparden, die in der natürlichen Umgebung des Schutzgebietes viel Platz haben. Für die Tiere ist das ideal, aber es bedeutet auch, dass sie viele Stellen finden, wo sie sich verstecken können. Die besonders Scheuen unter den Parkbewohnern bekommen Besucher möglicherweise gar nicht zu Gesicht. Besucher kommen den Tieren am nächsten, wenn sie sich an den aushängenden Fütterungsplänen orientieren.

Im Sommer können Angebote wie Angeln, Kanufahren, Elch- oder Bibersafaris im Park gebucht werden. An bestimmten Tagen finden morgendliche Yogaübungen auf dem „Tigerberg" statt (Termine auf der Website). Es gibt Pläne, den Park auf das Doppelte seiner jetzigen Größe zu erweitern. Die Buslinie 118 führt von Mora über Orsa nach Grönklitt (an Werktagen 2-mal tägl.,So 1-mal).

Mit einem Mietwagen sind die schönsten Flecken der Region, vor allem im Nordwesten von Dalarna, einfach zu erreichen. Wer nicht so viel ausgeben will, kann bei **OKQ8** (☎ 139 58; Vasagatan 1) nachfragen. Fahrräder verleiht **Intersport** (☎ 59 39 39; Kyrkogatan 7).

Orsa & Grönklitt

☎ 0250 / 5300 EW.

Orsa, das 16 km nördlich von Mora liegt, bietet sich für einen Zwischenstopp auf dem Weg zur größten Attraktion der Region, dem großen Bärenpark weiter nördlich in Grönklitt, geradezu an. Im Winter ist das Umland von Grönklitt **Skigebiet** (Tagesskipass Erw./Kind 285/235 Skr; ☉ Dez.–März).

Orsa Camping (☎ 0250-462 00; www.orsagronklitt.se; Stellplätze ab 150 Skr, Hütten Woche ab 5400 Skr; 🛏) ist ein großer Campingplatz in schöner Lage am Seeufer. Die Preise variieren je nach Dauer des Aufenthaltes. Der Platz ist besonders für Familien gut geeignet: Mehrere Spielplätze, eine Wasserrutsche, Kanuverleih, Minigolf und ein Strand lassen bei Kindern keine Langeweile aufkommen. Eine weitere Möglichkeit ist das **STF Hostel** (☎ 0250-421 70; Gillevägen 3; EZ/DZ ab 350/550 Skr; 🅿☺; 🚌103).

Es gibt eine **Touristeninformation** (☎ 0250-55 25 50; orsa@siljan.se; ☉ Mo–Fr 9–18, Sa & So 10–16 Uhr) in Orsa. Eine Bank befindet sich drei Nebenstraßen weiter an der Dalagatan, in der Nähe liegen auch ein Lebensmittelladen und ein Systembolaget.

Die Buslinien 103 und 104 verkehren regelmäßig zwischen Mora und Orsa.

Sälen & Umgebung

☎ 0280 / 650 EW.

Sälen ist ein Dorf mit zwei Gesichtern. Im Sommer ist es das stille Paradies der Fischer, im Winter verwandelt es sich zum Zentrum eines der größten und nobelsten Wintersportgebiete ganz Schwedens. Es ist ein winziger Ort in der ursprünglichen Landschaft von Dalarna. Zu den sieben Skigebieten der Gegend kommen gute Möglichkeiten für sportliche Aktivitäten aller Art, z. B. Kanufahren, Ausritte und Wildtiersafaris (Auskünfte erteilt die Touristeninformation).

🏃 Aktivitäten

Das **Skigebiet** mit seinen Berghütten, Kneipen und Nachtclubs zieht sich über 20 km entlang der Straße, die durch die steilen Berge westlich von Sälen führt. Über 100 Lifte transportieren die Skifahrer zu den Pisten in allen Schwierigkeitsgraden. Hier liegt zwischen dem 15. November und Mitte April garantiert Schnee. Weitere Informationen bietet die Website www.skistar.com. Wer von Sälen aus 45 km nach Norden fährt, kann am **Näsfjället** billiger und entspannter Ski fahren.

Im Sommer verwandeln sich die Abfahrten in **Mountainbike-Parks**; im Skigebiet von **Lindvallen** (☎ 0771-84 00 00) dreht sich während der Sommersaison alles um diesen Sport. Gäste können am Lift und bei der Touristeninformation Helme und sonstige Ausrüstung mieten. Der Mountainbike-Park hat von Mitte Juni bis Ende August donnerstags bis sonntags geöffnet.

Auch **wandern** kann man in der Gegend im Sommer ganz gut, vor allem nördlich der Straße. Die Touristeninformation verkauft für 20 Skr eine Karte vom südlichen Abschnitt des Kungsleden.

🛏 Schlafen & Essen

Wintergäste sollten sich im Reisebüro oder bei der Touristeninformation nach Unterkünften erkundigen. **SkiStar** (☎ 0771-84 00 00; www.skistar.com) bietet Pauschalreisen an. Selbstversorger finden im Centrumhuset ein Systembolaget, gegenüber liegen Supermärkte.

Kläppen HOTEL €
(☎ 0280-96 200; www.klappen.se; Apartments Sommer/Winter ab 595/1300 Skr) Die luxuriösesten Ferienanlagen sind im Sommer manchmal überraschend günstig: So sind z. B. Apartments im Kläppen im Juli und August ein echtes Schnäppchen. Zum Preis eines Hostelzimmers bekommt man dort ein vollständig ausgestattetes Apartment mit kleiner Küche, Terrasse, Whirlpool und Zugang zum Swimmingpool.

Das Hotel organisiert geführte Kanutouren (Erw./Kind ab 280/220 Skr).

STF Vandrarhem Sälens HOSTEL €
(☎ 0280-820 40; info@salensvandrarhem.se; Gräsheden; B/EZ/DZ 180/310/460 Skr; P 🛜) Das rustikale Hostel liegt 27 km nördlich von Sälen und ist ein wunderbar abgelegenes Haus in einem friedlichen Naturschutzgebiet bei Gräsheden. Hier in der Nähe von Näsfjället findet man großartige Wanderwege. Der südliche Abschnitt des Fernwanderweges Kungsleden verläuft 2 km vom Hostel entfernt. Ein Frühstück kostet 70 Skr und muss im Voraus bestellt werden.

Bullans CAFÉ €
(Centrumhuset; Kaffee 22 Skr; *dagens ratt* 85 Skr; ⊙ Mo–Fr 7–17, Sa 8–15 Uhr) Das überraschend schicke Café befindet sich im Einkaufszentrum, das gleichzeitig der Mittelpunkt des Ortes ist. Die Bedienung ist sehr herzlich.

ℹ Praktische Informationen

Der erste Weg sollte zum Centrumhuset führen. Dort findet man eine Bank, eine Arztpraxis, eine Apotheke und alles sonst Notwendige. Gegenüber liegen Läden, die im Winter Skiausrüstungen und im Sommer Inline-Skates, Boote und Kanus verleihen.

Touristeninformation (☎ 0280-187 00; info@salen.se; Centrumhuset; ⊙ Mo–Fr 9–18 Uhr) Im Einkaufszentrum des Centrumhuset.

ℹ Anreise & Unterwegs vor Ort

In der Skisaison fährt die Buslinie 95 einmal am Tag die gesamte Strecke nach Mora über Sälen (außerhalb der Saison muss man in Lima umsteigen) ab. Im Winter umrundet der Skibus das gesamte Skigebiet (Inhaber eines Skipasses fahren kostenlos mit).

Idre & Grövelsjön
☎ 0253

Obwohl sie einen Teil des schwedischen Kernlandes bildet, wirkt die entlegene Gegend um Idre vollkommen weltfern – die schroffe Landschaft hat keine Ähnlichkeit mit dem übrigen lieblichen Dalarna. Die Bedingungen fürs Skifahren und Wandern sind hier hervorragend.

Das **Skizentrum Idre Fjäll** (☎ 0253-410 00; www.idrefjall.se; Tagesliftpässe Erw./Kind 400/300 Skr; ⊙ Nov.–April) liegt rund 9 km östlich von Idre und bietet drei Sessellifte, 29 Schlepplifte und 42 Abfahrtspisten – darunter elf „schwarze Pisten" und 60 km präparierte Loipen.

Die **Touristeninformation** (☎ 0253-200 00; info@idreturism.se; Framgårdsvägen 1; ⊙ Mo–Fr 10–17 Uhr) hält Broschüren, Ratschläge für Wanderungen und einen Internetzugang (15 Min. 20 Skr) bereit. Die Mitarbeiter buchen Unterkünfte und organisieren z. B. Hundeschlittenfahrten, Skitouren, Wanderungen, Canyoning, Bergtouren, Bootsfahrten, Elch- und Bibersafaris, Ausritte, Raftingtouren und Kanufahrten.

Grövelsjön findet man 38 km nordwestlich von Idre und nah an der norwegischen Grenze, am Rand des unberührten **Naturschutzgebietes Långfjällets**. Das 690 km² große Schutzgebiet ist für sein von Flechten bedecktes Heideland, seine Moränen und uralten Wälder berühmt. Rentierherden der südlichsten Gemeinde der Samen in Schweden durchstreifen das Gebiet.

Sörälvens Fiske Camping (☎ 0253-201 17; www.soralven-camping.com; Västanå 519; Stellplätze/Hütten 200/550 Skr) bietet eine gute Ausstattung rund um den Fischfang sowie gepflegte 4-Bett-Hütten in schöner Umgebung am Fluss. Der Campingplatz liegt direkt außerhalb von Idre, 2,5 km auf Grövelsjön zu, und ist gut ausgeschildert.

Das hervorragende **STF Fjällstation Grövelsjön** (☎ 0253-59 68 80; grovelsjon@stfturist.se; 2/4BZ ab 620/1200 Skr; ☻ Feb.–April & Mitte Juni–Sept.) in Grövelsjön bietet u. a. eine Küche, einen Wellnessbereich, einen Laden und einen Verleih für Outdoorausrüstung. Im Restaurant werden Frühstück, Mittag- und Abendessen serviert (Halb- oder Vollpension auf Anfrage).

Am nördlichen Ortsrand liegt das ansprechende **Restaurang Njalla** an der Hauptgeschäftsstraße (☏0253-204 11; www.idresamecentrum.se; Byvägen 30; Hauptgerichte 85–265 Skr; ☻Mo–Sa 10–15 Uhr), es pflegt die traditionelle Küche der Samen. Besonders sättigend ist ein deftiger Burger mit Renfleisch, empfehlenswert auch eine *renskav-spanna* mit aufgeschnittenem Renfleisch, knusprigen Bratkartoffeln und Preiselbeermarmelade. Empfehlenswert sind auch der Teller mit dreierlei Fleischsorten und das Mittagsbüfett.

Der Bus 170 von Dalatrafik pendelt zwischen Mora, Idre und Grövelsjön (von Mora aus 2¼ Std. nach Idre, 3¾ Std. nach Grövelsjön). Werktags fahren drei Busse bis Grövelsjön, am Wochenende sind es nur einer oder zwei.

Göteborg & der Südwesten

Gut essen

➧ Thörnströms Kök (S. 166)

➧ Brygghuset (S. 176)

➧ Albert Hotell (S. 184)

➧ Magasinet Härön (S. 173)

➧ Restaurang Sjöboden
(S. 186)

Schön
übernachten

➧ IQ Suites (S. 163)

➧ Resö Gamla Skola (S. 178)

➧ Utpost Hållö (S. 183)

➧ Stora Hotellet (S. 178)

➧ Salt & Sill (S. 173)

Auf nach Göteborg & in den Südwesten!

Schwedens Südwesten bietet jede Menge Abwechslung. An erster Stelle steht natürlich die zweitwichtigste Stadt: Göteborg mit ihren lebendigen Bars, Cafés und Museen und den aufregenden Vergnügungsparks. Südlich davon liegen Hallands Sandstrände, ausgezeichnet mit der Blauen Flagge und Schwedens Toprevier für Surfer aller Art. Västergötland bietet eine bunte Mischung von den postindustriellen Museen und den brodelnden Schleusen in Trollhättan bis zum Märchenschloss Läckö Slott in Lidköping.

Nördlich von Göteborg erstreckt sich die Küste von Bohuslän mit Myriaden von Inseln mit schroffen Klippen und liebenswerten Fischerdörfern. Yachten kreuzen zwischen unbewohnten Inselchen und Schären und mysteriöse Felsritzungen aus der Bronzezeit dokumentieren das reiche spirituelle Leben der frühen Bewohner. Weiter landeinwärts liegt Dalsland, das mit seinem Netz von Kanälen, Schleusen und kleinen Seen eine Herausforderung für Bootsfahrer ist.

Reisezeit
Göteborg

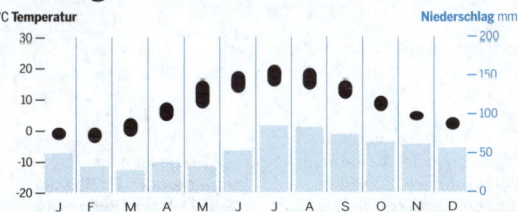

Juli & Aug. Die segelverrückten Schweden strömen nach Bohuslän. Göteborg feiert Festivals.

Mai & Sept. Eine ideale Zeit ohne die Touristenströme und zum ungestörten Dinieren.

Dez. & Jan. Seen und Kanäle sind zugefroren – perfekt zum Schlittschuhlaufen und Eisfischen.

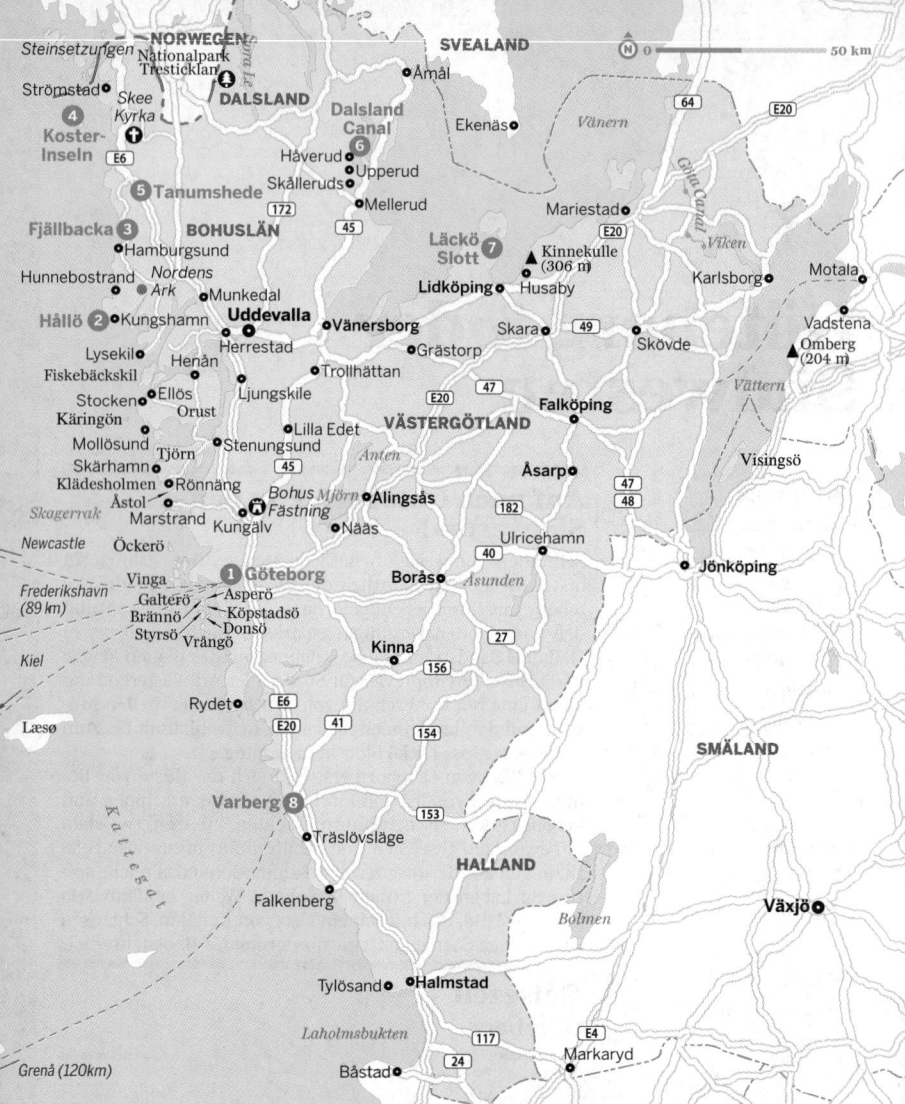

Highlights

1 Sich in der Achterbahn hinab stürzen, Subkultur erleben und erstklassige schwedische Küche in **Göteborg** (S. 153) probieren

2 Auf der Insel **Hållö** (S. 177), eine kurze Bootsfahrt von Smögen entfernt, Krabben und den Schären-Blick genießen

3 Ein Besuch im bezaubernden **Fjällbacka** (S. 177), Ingrid Bergmans Lieblingsort im Sommer

4 Eine Radtour rund um die **Kosterinseln** (S. 179)

5 Bronzezeitliche Kunst im Unesco-Weltkulturerbe in **Tanumshede** (S. 174), Bohuslän, entdecken

6 Mit Boot oder Kajak eine Tour auf dem **Dalslandkanal** (S. 180) unternehmen

7 Eine Opernaufführung auf dem Rasen von **Läckö Slott** (S. 185) nördlich von Lidköping erleben

8 In Apelviken surfen und in **Varberg** (S. 189) das Badehaus besuchen.

GÖTEBORG

📞 031 / 549 839 EW.

Die gesellige, entspannte Stadt Göteborg steht häufig im Schatten Stockholms, dabei hat sie für viele Besucher (und Einwohner) eine größere Attraktivität als die schnelllebige Hauptstadt. Einige der berühmtesten Schweden wurden in der weltoffenen Hafenstadt geboren, dazu gehören auch die Musikikonen José González und Soundtrack of Our Lives. Neoklassizistische Architektur ziert die Straßen, auf denen die Straßenbahnen entlangrumpeln, in den angesagten Cafés brummt das Leben und überall locken moderne Kunst und Architektur.

Von der Centralstationen am nördlichen Ende der Stadt führt die Östra Hamngatan mit ihren vielen Geschäften in südöstlicher Richtung über einen der wenigen, aus dem 17. Jh. stammenden Kanäle Göteborgs durch das üppige Grün des Kungsparken (Königspark) zu Göteborgs „Champs-Élysées", der von Boutiquen und erstklassigen Lokalen gesäumten „Avenyn".

Am Hafen findet sich alles, was mit Wasser zu tun hat – von Schiffen, Aquarien und Seefahrtsmuseen bis hin zu frischem Fisch. Westlich davon liegen die boomenden Viertel Vasastan, Haga und Linné. Hier wird Fairtrade-Mode entworfen, Künstler diskutieren beim Espresso und Straßenkünstler peppen triste Fassaden auf. Stockholm steht für den großen Wurf, aber viele der besten Ideen haben ihren Ursprung hier in dieser bodenständigen Stadt.

Geschichte

Die Festung Gamla Älvsborg, 3 km flussabwärts vom Zentrum, ist das älteste bedeutende Bauwerk in Göteborg und spielte in den Territorialkriegen des 17. Jhs. eine entscheidende Rolle. Die Schweden gründeten Göteborg 1621, um die halsabschneiderischen Steuern, die die Dänen von schwedischen Schiffen verlangten, zu umgehen.

Die Schweden fürchteten damals Angriffe der Dänen und beauftragten niederländische Fachleute, im Stadtzentrum ein Kanalsystem zur Verteidigung anzulegen. Die Arbeiter wohnten im Haga-Viertel, in dem heute das Leben wieder pulsiert; rund ein Fünftel der ursprünglichen Gebäude sind noch erhalten. Die meisten der ältesten Holzhäuser Göteborgs sind allerdings schon längst in Rauch aufgegangen – nicht weniger als neun Feuersbrünste haben die Stadt zwischen 1669 und 1804 heimgesucht.

Nachdem Schweden 1658 Skåne annektiert hatte, entwickelte sich Göteborg zum Handelszentrum. Ihre Blütezeit erlebte die Stadt im 18. Jh. als Handelsgesellschaften wie die Schwedische Ostindien-Kompanie durch den Handel mit Ostasien zu enormem Reichtum kamen. Zahlreiche prächtige Gebäude zeugen immer noch von dem Wohlstand, der damals erwirtschaftet wurde.

Der Schiffbau spielte eine wichtige Rolle für die Wirtschaft Göteborgs bis diese Branche in den 1980er-Jahren zusammenbrach. Heute bringen die Schwerindustrie (besonders die Volvo-Werke) und der Handel das Geld in den größten Hafen Skandinaviens.

👁 Sehenswertes

⭐ Liseberg

VERGNÜGUNGSPARK

(www.liseberg.se; Södra Vägen; 1-/2-Tagespass 415/595 Skr; ⏱ Juni–Mitte Aug. 11–23 Uhr; 🚻; 🚊 2, 4, 5, 6, 8, 10 Korsvägen) In Liseberg, Skandinaviens größtem Vergnügungspark, gibt es die unterschiedlichsten Attraktionen. Adrenalinstöße verursachen u. a. die ehrwürdige Holzachterbahn Balder, der äußerst rasante Kollege Kanonen, der in unter zwei Sekunden von 0 auf 75 km/h beschleunigt, AtmosFear, Europas höchstes (116 m) Fahrgeschäft mit freiem Fall und die größte neue Attraktion des Parks, die nervenaufreibende Achterbahn Helix, in der man nicht nur Schwerelosigkeit erlebt, sondern auch einen siebenfachen Looping. Ruhiger lässt es sich in einigen Karussells und Märchenschlössern angehen, außerdem gibt es eine Open-Air-Tanzfläche, Abenteuerspielplätze, Shows und Konzerte.

Tagespässe sind eine beliebte, günstige Option für alle, die viele Fahrgeschäfte ausprobieren möchten. Alternativ dazu kann man auch nur den Eintritt bezahlen – 90 Skr ab 90 cm Körpergröße (mit dem Göteborg-Pass erhält man freien Eintritt) – und dann für jede Fahrt Coupons lösen. Eine Fahrt kostet zwischen einem und vier Coupons (zu je 20 Skr). Die Öffnungszeiten variieren und stehen im Detail auf der Website.

Wer zwischen den Fahrten Hunger bekommt, kann sich hier auch gut stärken. Liseberg ist der weltweit erste Vergnügungspark, der ein erstklassiges, leckeres rein vegetarisch/veganes Büfett (138 Skr) im Green Room anbietet.

⭐ Röda Sten

KUNSTZENTRUM

(www.rodasten.com; Röda Sten 1; Erw./unter 21 Jahren 40 Skr/frei; ⏱ Di–So 12–17, Mi 12–19 Uhr; 🚊 3,

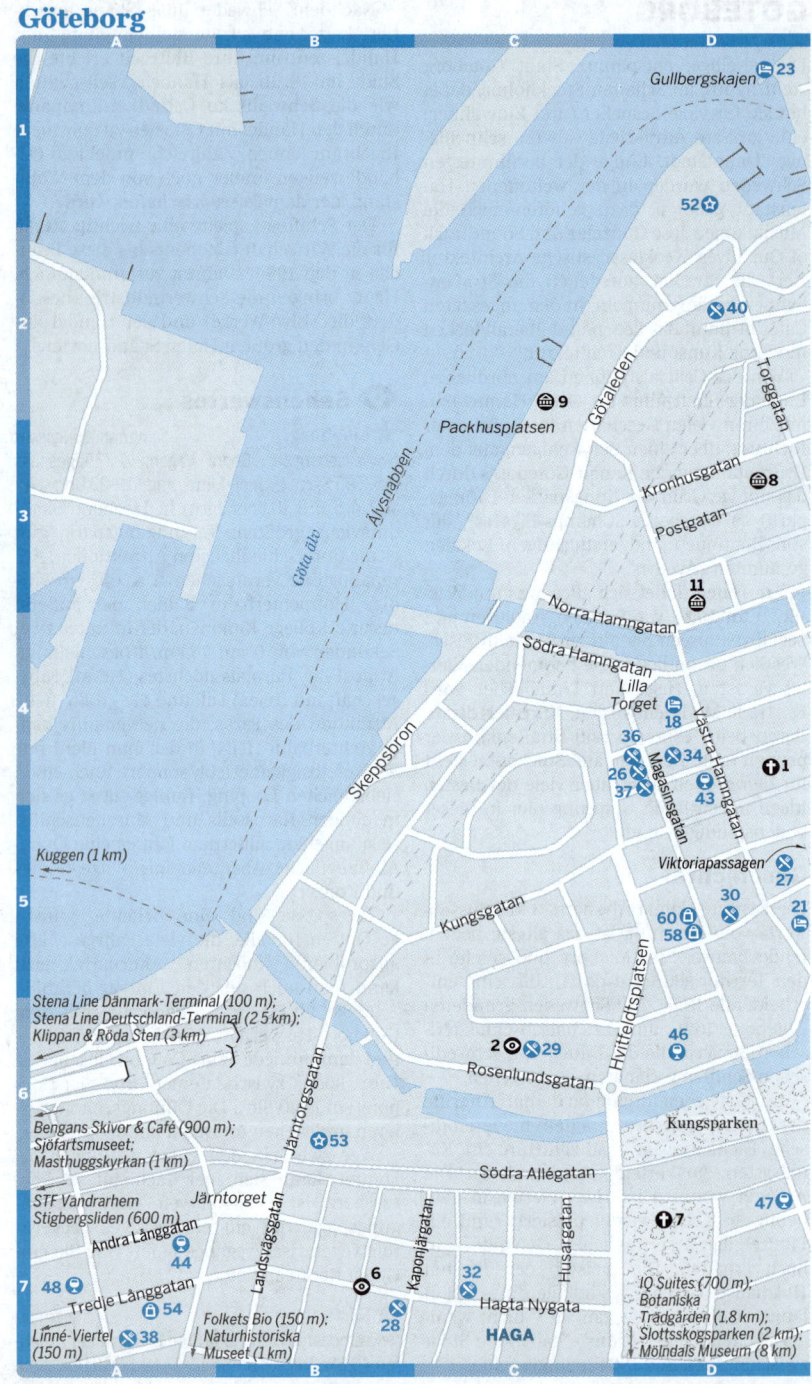

Gullbergskajen 🚌 23

52 ✦

✕ 40

Torggatan

Göteleden

Packhusplatsen 🏛 9

Kronhusgatan

🏛 8

Postgatan

11 🏛

Norra Hamngatan

Södra Hamngatan

Lilla Torget

18 🛏

36

26 ✕   34

37   Magasinsgatan

43   Vastra Hamngatan

♦ 1

Viktoriapassagen ✕ 27

30

60 🔒   21 🛏

58 🔒

Kungsgatan

Kuggen (1 km)

Skeppsbron

Älvsnabben

Göta älv

Hvitfeldtsplatsen

46 🛏

2 ◎ ✕ 29

Rosenlundsgatan

Kungsparken

Stena Line Dänmark-Terminal (100 m);
Stena Line Deutschland-Terminal (2,5 km);
Klippan & Röda Sten (3 km)

Södra Allégatan

Järntorgsgatan

♦ 7

✦ 53

Bengans Skivor & Café (900 m);
Sjöfartsmuseet;
Masthuggskyrkan (1 km)

Järntorget

STF Vandrarhem
Stigbergsliden (600 m)

Landsvägsgatan

Kaponjärgatan

Husargatan

47 🛏

Andra Långgatan

44

48 🔄   32

54   ✕ 28

Tredje Långgatan

◎ 6

Linné-Viertel ✕ 38
(150 m)

Folkets Bio (150 m);
Naturhistoriska
Museet (1 km)

Hagta Nygata

HAGA

IQ Suites (700 m);
Botaniska
Trädgården (1,8 km);
Slottsskogsparken (2 km);
Mölndals Museum (8 km)

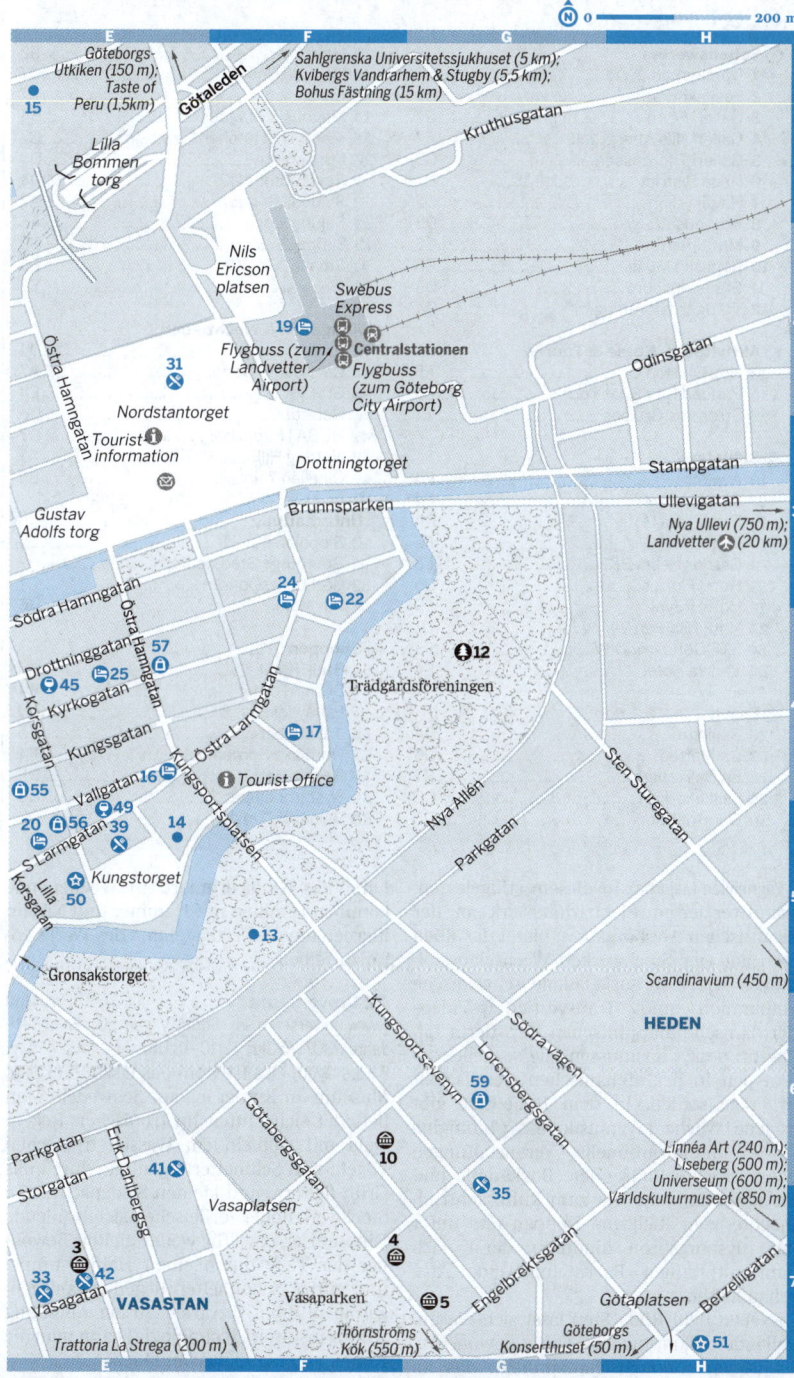

N 0 —————— 200 m

Göteborgs-
Utkiken (150 m);
Taste of
Peru (1,5km)

15

Götaleden

Sahlgrenska Universitetssjukhuset (5 km);
Kvibergs Vandrarhem & Stugby (5,5 km);
Bohus Fästning (15 km)

Lilla
Bommen
torg

Kruthusgatan

Nils
Ericson
platsen

Swebus
Express

Östra Hamngatan

19

Flygbuss (zum
Landvetter
Airport)

Centralstationen

Odinsgatan

31

Flygbuss
(zum Göteborg
City Airport)

Nordstantorget

Tourist
information

Drottningtorget

Stampgatan

Gustav
Adolfs torg

Brunnsparken

Ullevigatan

Nya Ullevi (750 m);
Landvetter ✈ (20 km)

Södra Hamngatan

Östra Hamngatan

24

22

12

Drottninggatan

57

45

25

Kyrkogatan

Trädgårdsföreningen

Kungsgatan

Östra Larmgatan

17

Kungsportsgatan

55

Vallgatan

16

Tourist Office

Korsgatan

20

56

49

39

14

Nya Allén

Sten Sturegatan

S Larmgatan

Parkgatan

Lilla Korsgatan

50

Kungstorget

13

Gronsakstorget

Scandinavium (450 m)

Kungsportsavenyn

Södra vägen

HEDEN

59

Lorensbergsgatan

Parkgatan

Erik Dahlbergsg

41

Götebergsgatan

Linnéa Art (240 m);
Liseberg (500 m);
Universeum (600 m);
Världskulturmuseet (850 m)

Storgatan

Vasaplatsen

10

35

Engelbrektsgatan

3

33

42

Vasagatan

VASASTAN

Vasaparken

4

5

Götaplatsen

Berzeligatan

51

Trattoria La Strega (200 m)

Thörnströms
Kök (550 m)

Göteborgs
Konserthuset (50 m)

Göteborg

9 Vagnhallen Majorna) In diesem stillgelegten, graffitiverzierten Elektrizitätswerk an der gigantischen Älvsborgsbron bietet das Röda Sten auf vier Stockwerken Wechselausstellungen wie z. B. ausgefallene schwedische Fotografien und Transvestie-Rap-Videos der dänisch-philippinischen Künstlerin Lillibeth Cuenca Rasmussen, die sexuelle Stereotypen in der afghanischen Gesellschaft in Frage stellen. In dem Indie-Café gibt es jede Woche Livemusik und Clubnights sowie unkonventionelle Veranstaltungen wie verrückte Radrennen, Boxkämpfe und Stand-up-Comedy. Wer zum Kulturzentrum möchte, geht Richtung Klippan und unter der Älvsborgsbron hindurch, dann nach dem rotbraunen Backsteingebäude Ausschau halten.

Neben dem Röda Sten lässt sich die unvollendete Skulptur *The Thing* bewundern. Es ist ein Gemeinschaftsprojekt, das an Lars Vilks' Nimis erinnert. Am Wochenende kommen Familien mit Hammer und Nägeln hierher, um die Fertigstellung des Werks voranzutreiben.

★ **Universeum**　　　　　MUSEUM
(www.universeum.se; Södra Vägen 50; Erw./3–16 Jahre 230/175 Skr; ☻10–18 Uhr; 🚻; 🚊2, 4, 5, 6, 8 Korsvägen) Das ist wohl das faszinierendste Museum für Kinder in ganz Schweden: Man befindet sich mitten im tropischen Regenwald mit tröpfelndem Wasser, tropischen Vögeln und Schmetterlingen, die durch das Grün flattern, und kleinen Seidenaffen. Ein Stockwerk höher zerfleischen sich brüllende Dinosaurier, eine Tür weiter gleiten Bewohner der Tiefe durch einen Haifischtunnel und giftige Schönheiten liegen zusammengerollt in ihren Terrarien. In der Abteilung „Natur inspiriert Technologie" kann man die Kinder an eine Klett-Wand kleben.

Wer dann noch nicht genug gesehen hat, besucht die interaktive Wissenschaftsausstellung mit einer breiten Palette an Themen wie Nanotechnologie oder Raumfahrt bis hin zum Abmischen von Musik.

Konstmuseet
MUSEUM
(www.konstmuseum.goteborg.se; Götaplatsen; Erw./unter 25 Jahren 40 Skr/frei; ⊙ Di & Do 11–18, Mi 11–20, Fr–So 11–17 Uhr; ♿; ☐ 4, 5, 7, 10 Berzeliigatan) Göteborgs führende Kunstsammlung zeigt Arbeiten von französischen Impressionisten, Rubens, Van Gogh, Rembrandt und Picasso; in der **Fürstenburg Galerie** hängen skandinavische Meister wie Bruno Liljefors, Edvard Munch, Anders Zorn und Carl Larsson.

Weitere Highlights sind der fantastische Skulpturensaal, das **Hasselblad Center** mit der alljährlich hier stattfindenden Ausstellung *New Nordic Photography* und wechselnden Ausstellungen zu nordischer Kunst aus jüngster Zeit.

Die Enthüllung des bronzenen **Poseidonbrunnens** vor dem Museum sorgte für einen Skandal unter den prüden Göteborgern. Sie fanden, Poseidon sei zu gut bestückt und forderten einschneidende Verkürzungsmaßnahmen.

Stadsmuseum
MUSEUM
(Stadtmuseum; www.stadsmuseum.goteborg.se; Norra Hamngatan 12; Erw./unter 25 Jahren 40 Skr/frei; ⊙ Di–So 10–17, Mi 10–20 Uhr; ♿; ☐ 1, 3, 4, 5, 6, 9 Brunnsparken) Im Stadsmuseum kann man die Überreste der *Äskekärrkeppet* be-

wundern, Schwedens einzigem erhaltenen Wikingerschiff; außerdem werden dort im stimmungsvollen Halbdunkel Silberschätze, Waffen und Schmuck aus der gleichen Zeit ausgestellt. Die Geschichte der Stadt von ihrer Planung bis zum 18. Jh. wird präsentiert, aufgepeppt mit Gegenständen aus der jeweiligen Zeit; dazu gehört auch eine beeindruckende Ausbeute an Porzellan aus Ostindien. Auch die Exponate zeitgenössischer Kunst und die Fotoausstellungen lohnen einen Besuch.

Sjöfartsmuseet
MUSEUM
(www.sjofartsmuseum.goteborg.se; Karl Johansgatan 1–3; Erw./unter 25 Jahren 40 Skr/frei; ⊙ Di–So 10–17, Mi 10–20 Uhr; ♿; ☐ 3, 9, 11 Stigbergstorget) Das Sjöfartsmuseet zeigt die maritime Vergangenheit der Stadt mit Hilfe einer unterhaltsamen Sammlung von Karten, Schiffsmodellen, Nachbauten der Matrosenunterkünfte und antiken Gegenständen. Besonders beeindruckend ist die große dunkle Halle, in der eine Sammlung von Galionsfiguren auf die Besucher herabblickt – manche majestätisch, manche nachdenklich und manche bösartig. Unter den maritimen Ausstellungsstücken befinden sich auch Schnitzereien aus Knochen sowie ein winziger Webstuhl in einer Flasche. Das angeschlossene **Aquarium** wimmelt von Nordseeschollen, Hummern und Wurzelmundquallen und im Becken mit tropischen Fischen schwimmt auch Nemo.

Auf dem Sjömanstornet (Seemannsturm) vor dem Museum steht die Statue einer trau-

---

ℹ️ **ERMÄSSIGUNGSKARTEN IN GÖTEBORG**

Göteborg City Card (www.goteborg.com/en/Do/Gothenburg-City-Card/; 24/48/72 Std. 355/495/655 Skr) Die Göteborg City Card lohnt sich für alle, die gerne ganz intensiv die Stadt kennenlernen möchten. Sie bietet kostenlosen Eintritt in die meisten Museen und den Vergnügungspark Liseberg, ermäßigte und kostenlose Stadtführungen, unbegrenzte Freifahrten mit den öffentlichen Verkehrsmitteln und kostenloses Parken in einer Stadt mit sehr engagierten Politessen.

Die Karte ist erhältlich bei allen Touristeninformationen, in Hotels, bei den Pressbyrån-Zeitschriftenläden und online unter www.goteborg.com.

Göteborgspaketet (http://butik.goteborg.com/en/package; Erw. ab 635 Skr) Göteborgspaketet ist ein Pauschalangebot von verschiedenen Hotels. Im Übernachtungspreis (DZ pro Pers. & Nacht ab 635 Skr) ist bereits die Göteborg City Card für die Aufenthaltsdauer eingeschlossen. Das Paket wird im Voraus online gebucht.

Museumskarte (Erw. 40 Skr) Wer mehr als eines der großen Museen besuchen will, sollte sich die Museumskarte anschaffen. Für nur 40 Skr gewährt sie freien Eintritt in Stadsmuseum, Konstmuseet, Röhsska Museet, Sjöfartsmuseet und Naturhistoriska Museet – sonst bezahlt man diesen Preis für nur ein einziges Museum. Die Karte ist ein Jahr lang gültig und in jedem der fünf Museen erhältlich.

BOHUS FÄSTNING

Bohus Fästning (📞 0303-23 93 03; www.bohusfastning.com; Erw./7–16 Jahre 75/35 Skr, keine Kreditkarten; ☺ Mai–Aug. 10–19 Uhr) Wie ein Klotz steht die massige Ruine Bohus Fästning, die nicht weniger als 14 Belagerungen überstanden hat, auf einer Insel im Nordre Älv bei Kungälv. Sie wurde 1308 vom norwegischen König erbaut, um die Südgrenze Norwegens zu schützen. Nach dem Frieden von Roskilde 1658 ging die Festung in schwedischen Besitz über.

Die Busse von Västtrafik Grön Express fahren alle 10 bis 15 Minuten von Göteborg nach Kungälv (30 Min.). Von der Haltestelle Eriksdal sind es noch 500 m Fußweg.

In der Festung kann man einen Blick in den dunklen Kerker werfen, der sich im runden Felsturm Fars Hatt befindet; hier wurden unglückliche Seelen wegen Hexerei und Ketzerei gefangen gehalten. Heute bietet sich von den Zinnen ein wunderbarer Ausblick.

ernden Frau – ein Mahnmal für die schwedischen Seeleute, die im Zweiten Weltkrieg gefallen sind.

Feskekörka
MARKT
(Rosenlundsgatan; ☺ Di–Do 9–17, Fr 9–18, Sa 10 bis 15 Uhr; 🚊 1, 3, 5, 6, 7, 9 Hagakyrkan) Dieser besondere Fischmarkt sieht aus wie eine Kirche. Gelegentlich ist auch mal ein Brautpaar zwischen den Fischen zu entdecken. Die haben sich nicht verlaufen, denn der Fischmarkt ist tatsächlich geweiht und kann auch zum Heiraten genutzt werden.

Maritiman
MUSEUM
(www.maritiman.se; Packhuskajen; Erw./5–15 Jahre 100/50 Skr; ☺ Juni–Aug. 11–18 Uhr; 🚻; 🚊 5, 10 Lilla Bommen) In der Nähe des Opernhauses liegt das größte schwimmende **Schiffsmuseum** der Welt. Es besteht aus 20 historischen Wasserfahrzeugen, darunter Fischerboote, ein Feuerschiff und ein Feuerlöschboot, die alle durch Stege miteinander verbunden sind. Wer in das 69 m lange U-Boot *Nordkaparen* hinunterklettert, erhält einen Einblick in die submarine Kriegführung. Im Labyrinth des 121 m langen Zerstörers *Småland*, der von 1952 bis 1979 im Dienst war, kauern Gestalten über krächzenden Funk-

geräten und die Kojen sehen aus, als hätte bis gerade jemand darin geschlafen – man erwartet fast in den dunklen, verschlungenen Gängen auf uniformierte Matrosen zu treffen …

Naturhistoriska Museet
MUSEUM
(Naturhistorisches Museum; www.gnm.se; Museivägen 10; Erw./unter 25 Jahren 40 Skr/frei; ☺ Di–So 11–17 Uhr; 🚻; 🚊 1, 2, 6 Linnéplatsen) Das Naturhistorische Museum beherbergt eine unglaubliche Anzahl ausgestopfter Wildtiere, von Bewohnern der Savannen mit Hörnern und Hufen bis zu den großen Katzen, die ausgestorbene Riesenseekuh, alle Arten von Vögeln und eingelegte Tiefseekreaturen. Eine Glanzleistung ist der weltweit einzige ausgestopfte Blauwal. Besucher durften in den Wal hineingehen bis ein verliebtes Paar dort in flagranti ertappt wurde. Heute hält der Weihnachtsmann dort in der Vorweihnachtszeit Hof.

Röhsska Museet
MUSEUM
(www.designmuseum.se; Vasagatan 37; Erw./unter 25 Jahren 40 Skr/frei; ☺ Di 12–20, Mi–Fr 12–17, Sa & So 11–17 Uhr; 🚊 3, 4, 5, 7, 10 Valand) Das einzige schwedische Kunst- und Designmuseum verschafft einen Überblick über die verschiedenen Stilrichtungen von 1851 bis zur Gegenwart. Die Ausstellungen stellen raffiniert Klassisches und Topaktuelles gegenüber – mit Möbeln von Josef Frank und Bruno Mathsson, Porzellan aus dem 18. Jh. und skandinavisch-coolen Kleiderständern. Dabei wird sichtbar, wie sich die Vorstellungen von Nützlichkeit und Schönheit in jeder Periode verändert haben. Die Wechselausstellungen zeigen gerne auch mal Unkonventionelles – zum Beispiel Porzellanentwürfe von Pablo Picasso.

Världskulturmuseet
MUSEUM
(Weltkulturmuseum; www.varldskulturmuseet.se; Södra Vägen 54; Erw./unter 19 Jahren 40 Skr/frei; ☺ Di–So 12–17 Uhr; 🚊 4, 5, 6, 7, 8 Korsvägen) In einem markanten Gebäude der Londoner Architekten Cécile Brisac und Edgar Gonzalez befindet sich das Världskulturmuseet. Es vereint Ethnografie, Kunst und Weltpolitik in eindringlichen Multimediaausstellungen. In jüngerer Zeit gab es Ausstellungen von brandaktuellen Fotografien afrikanischer Städte und eine Sonderausstellung über afrikanische Kunst.

Nya Älvsborgs Fästning
SCHLOSS
Die flache rote **Festung Elfsborg** an der Mündung des Göta Älv (Fluss) wurde im

17. Jh. zum Schutz gegen die marodierenden Dänen gebaut und musste sich im Zweiten Nordischen Krieg zu Beginn des 18. Jhs. noch einmal bewähren. Bei einer Führung besichtigt man die Kirche für die Truppen Karls XII., die Verliese, die Ausbruchsversuche durch das Wasser unmöglich machten, und den alten Turm.

Strömma (www.stromma.se) bietet von Mai bis Mitte August drei- bis viermal täglich Bootsausflüge und Führungen (Erw./6–11 Jahre 170/85 Skr) vom Hafen Lilla Bommen aus an.

Volvo Museum MUSEUM
(www.volvogroup.com; Arendal Skans; Erw./6–12 Jahre 60/25 Skr; ⊙ Di–Fr 10–17, Mi 10–18, Sa & So 11–16 Uhr) Das Museum ehrt eines der schwedischen Wahrzeichen. Hier wird alles gezeigt – vom ersten Auto des Unternehmens bis zu den neuesten Modellen. Auch das erste Düsentriebwerk für Flugzeuge der schwedischen Luftwaffe ist zu sehen.

Das Museum liegt etwa 8 km westlich des Stadtzentrums in Arendal. Passenderweise bräuchte man eigentlich ein Auto, um dort hinzukommen. Mit öffentlichen Verkehrsmitteln ist es komplizierter: Die Straßenbahnlinien 5 und 10 fahren zur Eketrågatan, dann geht's mit Bus 32 weiter bis Arendal Skans.

Trädgårdsföreningen PARK
(www.tradgardsforeningen.se; Nya Allén; ⊙ 7 bis 20 Uhr; 🚊 3, 4, 5, 7, 10 Kungsportsplatsen) Der 1842 angelegte Trädgårdsföreningen ist ein großer Stadtpark an der Nya Allén. Mit seiner üppigen Bepflanzung, den Blumen und den kleinen Cafés ist er auch ein beliebter Treffpunkt während der Mittagspause. Außerdem befindet sich hier das größte **Rosarium** Europas mit etwa 2500 verschiedenen Sorten. Das elegante **Palmenhaus** aus dem 19. Jh. (⊙ 10–20 Uhr) ist eine Miniaturausgabe des Londoner Crystal Palace und besteht aus fünf unterschiedlich temperierten Hallen. Besonders sehenswert sind die beeindruckende Kameliensammlung und die tropischen Seerosenblätter mit bis zu 2 m Durchmesser.

KVARNBYN: EIN KREATIVER VORORT

Der kleine, dynamische Ort Kvarnbyn, ein Stadtteil von Mölndal 8 km südlich von Göteborg, übt schon lange eine große Anziehungskraft auf Architekten, Designer und Künstler aus, die vor den hohen Mieten und der Hektik der Stadt hierher fliehen. Aus einer düsteren Landschaft mit tosenden Stromschnellen, alten Getreidemühlen und Fabriken (Mölndal bedeutet Mühlental) hat sich in den letzten Jahren ein dynamisches, noch wenig bekanntes kulturelles Zentrum entwickelt.

Kultureller Angelpunkt des Bezirks ist das interaktive **Mölndals Museum** (☑ 031- 431 34; www.museum.molndal.se; Kvarnbygatan 12; Eintritt frei; ⊙ Di–So 12–16 Uhr) GRATIS in einer ehemaligen Polizeistation. Mit seinen 10 000 Exponaten wirkt es fast wie ein riesiges Warenhaus. Die nostalgischen Ausstellungsstücke spannen einen Bogen vom Küchenkitsch bis zum Nachbau einer Arbeiterunterkunft aus den 1930er-Jahren und wecken bei vielen Leuten Erinnerungen an längst vergangene Zeiten. Die Besucher können sich auf Kleiderständer mit alter Mode stürzen, versteckte Schätze finden und sich im digitalen Katalog über einzelne Exponate informieren. Ein besonderes Highlight ist die ausgezeichnete Stuhlsammlung mit kunstvoll angefertigten Stühlen aus dem nahe gelegenen Ort Lindome, einem der traditionellen Möbelzentren des Landes. Es gibt gut durchdachte Wechselausstellungen (so erstreckte sich eine Ausstellung über Zirkus von der Kunst über die Hirnforschung bis hin zur Geschichte), ein Café bietet im Sommer Terrassenplätze direkt an den Stromschnellen. Das Museum verleiht tragbare Digitalführer (auf Schwedisch), die Besucher mit einer Mischung aus Anekdoten, Animation und Geräuschkulisse durch die Industrielandschaft Kvarnbyns führen.

In der Stadt finden jedes Jahr große Kulturereignisse statt. An einem Samstag Mitte bis Ende April öffnen am **Kvarnbydagen** (Kvarnbytag; www.kvarnbydagen.se) einheimische Künstler und Designer ihre Werkstätten für die Öffentlichkeit. Die **Kulturnatt** (Kulturnacht; www.mondal.se) im September ist ein nächtliches Spektakel mit offenen Studios und Kunstinstallationen sowie Tanz- und Musikperformances. Nähere Infos gibt es unter www.molndal.se, Kultur & Fritid (Kultur & Freizeit; auf Schwedisch).

Um von Göteborg nach Kvarnbyn zu gelangen, nimmt man den Zug Richtung Kungsbacka bis zur Haltestelle Mölndal und dann den Bus 756 oder 752 bis zum Museum.

ZEITGENÖSSISCHE KUNST & ARCHITEKTUR

Göteborg verfügt über ein überbordendes Potenzial an Fantasie und Kreativität. Bei jedem Besuch sind in der Stadt neue Kunstgalerien zu entdecken, die voll sind mit Werken vielversprechender Talente, und realisierte architektonische Höhenflüge schießen wie Pilze aus dem Boden. Zusätzlich zu den unten genannten Adressen sollte man unbedingt GöteborgsOperan (S. 167) besuchen.

Galleri Ferm (www.galleriferm.se; Karl Gustavsgatan 13; ◷ Mo–Do 11–18, Fr 11–17, Sa & So 12–15 Uhr; ◫ 1, 2, 3, 7, 10 Viktoriagatan) Immer für eine Überraschung gut. Hauptsächlich skandinavische Künstler wie Per Cederbank, Emil Olsson und Yrjö Edelmann, dazu kommen Werke von international anerkannten zeitgenössischen Künstlern.

Galleri Thomassen (www.gallerithomassen.se; Götabergsgatan 32; ◷ Di–Do 12–18, Fr–So 12–16 Uhr; ◫ 1, 2, 3, 7, 10 Vasaplatsen) In der Lilla Gallerriet werden aufstrebende Talente gezeigt sowie zeitgenössische Kunst ebenso aus ganz Skandinavien wie aus Berlin.

Galleri Nils Åberg (www.gallerinilsaberg.se; Götabergsgatan 24; ◷ Mi–Fr 12–18, Sa & So 11–16 Uhr; ◫ 1, 2, 3, 7, 10 Vasaplatsen) Werke von aufstrebenden, jungen skandinavischen Künstlern hängen neben etablierten zeitgenössischen Stücken von Künstlern wie Picasso und Joan Miró.

Göteborgs-Utkiken (Lilla Bommen torg 1; Erw./Kind 40/20 Skr; ◷ 11–16 Uhr; ◫ 6, 13 Nordstan) Der rot-weiße „Wolkenkratzer" Göteborgs-Utkiken hat auch den Spitznamen „Der Lippenstift" und bietet von seiner Spitze eine atemberaubende Aussicht über den Hafen.

Kuggen (Lindholmsplatsen) Auf der anderen Seite des Flusses befindet sich neben dem Science Park das aufregendste neue Gebäude der Stadt – der Inbegriff ökologischer Technik. Kuggen (Zahnrad) ähnelt einem leuchtend roten Kolosseum, allerdings besitzt es dreieckige Fenster, die das Tageslicht besonders gut ausnutzen, und eine Menge ökologischer Finessen wie eine adaptive Lüftung, Heizung und Kühlkreislauf sind interaktiv. Man erreicht das Gebäude mit der Älvsn Fähre von der Haltestelle Rosalund entlang Skeppsbron bis Lindholmspiren.

Botaniska Trädgården   GARTEN
(www.gotbot.se; Carl Skottsbergsgatan 22A; Eintritt freiwillig 20 Skr; ◷ 9 Uhr bis Sonnenuntergang; ◫ 1, 2, 6, 7, 10 Linnéplatsen) Besonders hoch schlagen Botanikerherzen im Botaniska Trädgården. Schwedens größter botanischer Garten kann mit etwa 16 000 Pflanzenarten aufwarten.

Masthuggskyrkan   KIRCHE
(Storebackegatan; ◷ Juni–Aug. tgl. 9–18 Uhr; ◫ 1, 3, 5, 6, 9 Stigbergstorget) Die Kirche zählt zu Göteborgs markantesten Gebäuden. Sie ist ein willkommener Orientierungspunkt für den Schiffsverkehr und gleichzeitig für Besucher ein Platz mit traumhafter Aussicht über die westliche Stadthälfte. Der Innenraum der 1914 fertiggestellten Kirche ähnelt einem kieloben liegenden Boot.

Haga-Viertel   STADTVIERTEL
Das älteste Stadtviertel Göteborgs wurde 1648 gegründet. In den 1960er- und 70er-Jahren war hier ein beliebter Hippietreff, mittlerweile befinden sich in den alten Gebäuden an den Pflasterstraßen nette Cafés, Secondhandshops und Boutiquen. In der Weihnachtszeit und an den Sommerwochenenden bauen einige Ladenbesitzer entlang der Haga Nygata zahlreiche Verkaufsstände auf und verwandeln das Viertel in einen riesengroßen Markt.

Linné-Viertel   STADTVIERTEL
Das Linné-Viertel hält an seinen schmuddeligen Wurzeln fest, besonders entlang der Långgatan-Straßen. Hier vermischen sich hippe Cafés, Ramschläden und smarte Boutiquen mit schäbigen Sexshops und unterschiedlichsten Lokalen.

Auch das ausgelassene **Andra-Långdagen-Straßenfest** ist hier beheimatet, das wilde eintägige Spektakel wird von Straßenhändlern und Fans organisiert. Die dröhnende Mischung aus DJ-Auftritten, Filmvorführungen, Barbecues, Kleidertauschbörsen und Breakdance-Wettbewerben findet jedes Jahr in der Zeit zwischen April und Juni statt. Die genauen Daten werden über Facebook bekannt gegeben.

Klippan-Viertel
HISTORISCHE STÄTTE

(🚋 3, 9 Vagnhallen Majorna) Früher ein lärmendes Industrieviertel (mit Glashütten, Gießereien, Brauereien und Salzhäusern) hat sich der Stadtteil Klippan zu einem attraktiven Kulturdenkmal gemausert. Zu sehen gibt es hier Seemannshütten aus dem 18. Jh., die Überreste der Festung Gamla Älvsborg (die von den Dänen 1619 verwüstet wurde), eine von dem Schotten David Carnegie gegründete Brauerei (heute ein Hotel) und die St.-Birgitta-Kapelle. Klippan befindet sich direkt hinter dem Oscarsleden, etwa 400 m östlich der Älvsborgsbron.

Kronhuset
HISTORISCHES BAUWERK

(Postgatan 6–8; 🚋 6, 13 Nordstan) Das Kronhuset, ein ehemaliges Arsenal, ist das älteste weltliche Gebäude der Stadt und wurde zwischen 1642 und 1654 im niederländischen Stil erbaut. Hier hielt Karl X. 1660 den verhängnisvollen *riksdag* (Reichstag) ab – der König starb, während das Parlament tagte. Im Kronhusbodarna, gegenüber im Innenhof des Kronhuset, sind Werkstätten, untergebracht, in denen Tonwaren, Glas, Textilien und Silberartikel hergestellt und verkauft werden; Außerdem befindet sich hier **Göteborgs Choklad & Karamellfabrik** (🕙 11 bis 17 Uhr); die hausgemachten Schokoladenkugeln führen selbst den standhaftesten Engel in die süße Versuchung.

Slottsskogsparken
PARK

(🕙 24 Std.; 🚋 1, 2, 6, 7, 10 Linnéplatsen) **GRATIS**
Der Slottsskogsparken ist ein riesiger Park mit Dutzenden von Wanderwegen. Zu den Attraktionen gehören außerdem der Kinderzoo **Barnens Zoo** sowie **Djurgårdarna**, ein Tierpark mit Nutztieren, Elchen, Hirschen und anderen pelzigen und gefiederten schwedischen Tieren.

Domkyrkan
KIRCHE

(Gustavi Dom; Västra Hamngatan; 🕙 Mo–Fr 8–18, Sa & So 10–16 Uhr; 🚋 1, 2, 5, 6, 9 Domkyrkan) Die elegante Domkyrkan wurde 1815 geweiht, die beiden Vorgängerbauten an dieser Stelle waren durch Stadtbrände zerstört worden. Wenngleich viele Elemente aus neuerer Zeit stammen, so sind auch ältere Teile wie eine Uhr aus dem 18. Jh. und Altaraufsätze erhalten.

Hagakyrkan
KIRCHE

(Haga Kyrkoplan; Haga Kyrkogata; 🕙 Mo–Do 11–15, Sa 11–13 Uhr; 🚋 2, 7, 10 Handelshögskolan) Im Park hinter der hübschen, aus dem 19. Jh. stammenden Hagakyrkan wurde dem schwedischen Nationalhelden Raoul Wallenberg ein einfaches, aber ergreifendes **Monument** errichtet. Wallenberg war eine Art nordischer Schindler und rettete im Zweiten Weltkrieg etwa 15 000 ungarischen Juden das Leben. Wallenberg selbst wurde 1945 von der russischen Regierung verhaftet, als Spion verurteilt und später hingerichtet.

👉 Geführte Touren

Paddan-Bootstouren
SCHIFF

(www.stromma.se; Erw./6–11 Jahre 160/72,50 Skr; 🕙 April–Okt.) Strömma veranstaltet 50-minütige Stadtrundfahrten auf Paddan-Schiffen vom Kungsportsplatsen aus, direkt gegenüber der Touristeninformation. Die Touren eignen sich gut, um einen ersten Eindruck von der Stadt zu gewinnen und sind kostenlos für Besitzer eines Göteborg-Passes.

Hop On Hop Off
BUS, SCHIFF

(www.stromma.se; Erw./6–11 Jahre 300/150 Skr) Strömma veranstaltet die Bus-Schiff-Kombitour Hop On Hop Off. Mit dem 24-Stunden-Ticket kann man die Doppeldeckerbusse zu allen Sehenswürdigkeiten der Stadt benutzen und außerdem mit den Schiffen durch die Kanäle fahren. Angeboten werden auch nur Bus- (Erw./Kind 185/90 Skr) oder Schiffstickets (160/80 Skr).

Strömma Cruises
SCHIFF

(Erw./6–11 Jahre 170/85 Skr) Die Tour zu Nya Älvsborgs Fästning startet von Anfang Mai bis August täglich am Lilla Bommen torg. Strömma veranstaltet u. a. auch Ausflugsfahrten durch die Schären (295 Skr) und eine vierstündige Tour rund um die Insel Hisingen (195 Skr).

✨ Feste & Events

Internationales Film Festival Göteborg
FILM

(www.giff.se) Eines der bedeutendsten Filmfestivals Skandinaviens, auf dem Filme von allen Kontinenten und jedes Genres gezeigt werden. Es findet normalerweise Ende Januar statt.

Metaltown
MUSIK

(www.metaltown.se) Metaltown ist eines der größten Metal-Festivals in Schweden. Es findet jedes Jahr an einem Wochenende im Juni statt und zieht so berühmte Bands wie Slipknot, Korn, Napalm Death und Motörhead an. Die Mehrheit der Besucher tritt ganz passend mit dickem schwarzen Eyeliner und spikeverzierter Kleidung an.

Clandestino Festival MUSIK

(www.clandestinofestival.org) Das mitreißende Weltmusikfestival findet im Juni statt.

Way Out West MUSIK

(www.wayoutwest.se) Bei diesem großen Musikfestival Anfang August treten Größen wie OutKast, Queens of the Stone Age, Röyksopp & Robin und Neneh Cherry auf.

🛏 Schlafen

Die meisten Hotels locken am Wochenende und im Sommer mit Sonderpreisen. Auf der Website www.goteborg.com findet man Pauschalangebote mit Hotel, Frühstück und Göteborg-Pass (ab 635 Skr) und www.goteborgsvandrarhem.se informiert über preiswerte Unterkünfte.

Die meisten Hotels befinden sich im Südwesten des Zentrums und sind ganzjährig geöffnet.

★ STF Göteborg City HOSTEL €

(☑ 031-756 98 00; www.svenskaturistforeningen. se; Drottninggatan 63–65; EZ/DZ ab 545/988 Skr; 🛜; 🚊 1, 4, 6, 9, 11 Brunnsparken) Brandneu und glänzend – das große, äußerst zentral gelegene Hostel bietet Industriedesign im Café- und Essbereich sowie in der Lounge und plüschigen Komfort auf jedem der individuell gestalteten Stockwerke. Alle Zimmer haben ein Bad, dicke Teppiche und bequeme Betten und – ganz selten – Bettwäsche und Handtücher werden gestellt.

Gerdur Helga B&B B&B €

(☑ 031-13 55 29; www.inomvallgraven.com; Södra Larmgatan 18; DZ/4BZ 800/1400 Skr; 🛜; 🚊 1, 3, 5, 6, 9, 11 Grönsakstorget) Das sehr zentral gelegene B&B besteht nur aus zwei Zimmern – einem Vierbettzimmer und einem Doppelzimmer – in einem geräumigen Apartment. Die Bettwäsche wird gestellt und die freundliche Besitzerin scheut keine Mühe. Die Gemeinschaftsräume werden mit den anderen Gästen und vier liebenswerten Katzen geteilt.

STF Vandrarhem Stigbergsliden HOSTEL €

(☑ 031-24 16 20; www.hostel-gothenburg. com; Stigbergsliden 10; B/EZ/DZ/FZ ab 185/475/675/875 Skr; ⊙ Rezeption 16–18 Uhr; 🛜🛜; 🚊 3, 9, 11 Stigbergstorget) Die Zimmer im Stigbergsliden sind fast klösterlich schlicht gehalten und knüpfen an die Tradition des Hauses aus dem 19. Jh. an, das damals ein Seefahrtsinstitut war. Das Personal ist ausgesprochen hilfsbereit und neben den üblichen Annehmlichkeiten (große Küche, Waschküche und Fernsehraum) gibt

es auch noch einen schönen, abgeschirmten Garten. Allerdings sind die Duschen nicht abschließbar.

STF Vandrarhem Slottsskogen HOSTEL €

(☑ 031-42 65 20; www.sov.nu; Vegagatan 21; Hostel B/EZ/DZ ab 195/395/540 Skr, Hotel EZ/DZ 620/940 Skr; 🅿🛜🛜; 🚊 1, 2, 6 Olivedalsgatan) Wie ein gutes Studentenwohnheim ist das große, freundliche Slottsskogen ein toller Ort, um Leute kennenzulernen. Die Ausstattung ist ausgezeichnet und bietet neben komfortablen Betten auch individuelle Leselampen, abschließbare Fächer unter den Betten, einen Schminktisch im Frauenschlafsaal und ausreichend Badezimmer. Ein weiterer Bonus ist die Nähe zum Vergnügungsviertel. Das angebotene Frühstücksbüfett (70 Skr) ist erstklassig.

Kvibergs Vandrarhem & Stugby HOSTEL €

(☑ 031-43 50 55; www.vandrarhem.com; Kvibergsvägen 5; Hostel DZ/3BZ/4BZ 585/720/900 Skr, Hotel DZ/3BZ/4BZ 850/1050/1140 Skr, 5-Pers. Hütte 1350 Skr; 🅿🛜🛜; 🚊 6, 7, 11 Kviberg) Dieses gediegene Sveriges Vandrarhem i Förening (SVIF) Hostel befindet sich einige Kilometer nordöstlich des Stadtzentrums und ist besonders interessant für Familien und Reisende, die eine ruhige Unterkunft mit vielen Annehmlichkeiten, wie Sauna und einem Außengelände mit Grillplatz, suchen. Die Hotelzimmer bieten Frühstück, Bettwäsche und eigene Bäder; die Schlafsäle haben das nicht. Die Hütten sind für Gruppen besonders zu empfehlen.

Änggårdens Bed & Breakfast B&B €

(☑ 070-554 47 60, 031-41 97 06; Änggårdsplatsen 1; EZ/DZ 650/800 Skr; 🛜; 🚊 1, 2, 6, 8, 10 Botaniska Trädgården) Gegenüber vom Stadtpark Slottsskogen und umgeben von viel Grün liegt das hübsche gelbe Steinhaus mit gastlicher Atmosphäre, vier kleinen, gemütlichen Zimmern (das größte Doppelzimmer hat auch ein eigenes Bad) und einem Garten zum Entspannen.

Linné Vandrarhem HOSTEL €

(☑ 031-12 10 60; www.linnehostel.com; Vegagatan 22; B/EZ/DZ 280/490/680 Skr; 🛜🛜; 🚊 1, 6, 7, 10 Prinsgatan) Die freundlichen Mitarbeiter tragen viel zum Wohlbefinden ihrer Gäste in diesem zentral gelegenen, gemütlichen Hostel bei. Wer außerhalb der Öffnungszeiten kommt, benötigt einen Code zum Öffnen der Tür. Im Sommer sollte man es unbedingt vermeiden, die fensterlosen Economy-Zimmer (sprich: Öfen) zu buchen.

Vanilla Hotel
BOUTIQUEHOTEL €€

(☑031-711 62 20; www.vaniljhotel.se; Kyrkogatan 38; EZ/DZ 1195/1345 Skr; P@❋; ☐1, 3, 5, 6, 9 Domkyrkan) Dieser nette kleine Zufluchtsort hat den einladenden Charme eines schwedischen Zuhauses. Die kleinen, hellen Zimmer sind zurückhaltend im skandinavischen Stil eingerichtet und bieten Holzdielen und -möbel, gestärkte Bettwäsche und makellose Bäder, werden aber im Sommer ziemlich warm. Zu empfehlen sind die Zimmer zum Garten hin, denn die Straße wird ab den frühen Morgenstunden recht laut. Am Wochenende gibt es günstige Sondertarife.

Hotel Flora
BOUTIQUEHOTEL €€

(☑031-13 86 16; www.hotelflora.se; Grönsakstorget 2; Z. ab 840 Skr; @❋; ☐1, 5, 6, 9, 10 Grönsakstorget) Das Flora ist bekannt für seine schicken, individuell gestalteten Zimmer in Schwarz-Weiß mit einigen leuchtenden Farbtupfern, Designerstühlen, Flachbildfernsehern und makellosen Bädern, allerdings werden Besucher mit großem Gepäck enttäuscht sein über die fehlenden Unterbringungsmöglichkeiten. Die Zimmer im oberen Stockwerk haben Klimaanlage, manche Zimmer bieten auch Flussblick. Die Zimmer zum schicken, terrassierten Hof sind eher für Nachtschwärmer geeignet als für Frühaufsteher.

Hotel Royal
HOTEL €€

(☑031-700 11 70; www.hotelroyal.nu; Drottninggatan 67; EZ/DZ ab 1165/1495 Skr; @❋; ☐1, 2, 5, 6, 9 Domkyrkan) Göteborgs ältestes Hotel (1852) hat sich beneidenswert gut gehalten. Der prächtige Eingangsbereich mit dem Jugendstil-Deckengemälde und der breiten Treppe wurde nicht verändert, dafür machen die eleganten individuell eingerichteten Zimmer mit Flachbildfernsehern und renovierten Bädern Zugeständnisse an das 21. Jh. Die Gäste bekommen hausgemachten Kuchen und ein exzellentes Frühstück. Auf der Website finden sich häufig günstige Angebote.

Aprikosen B&B
B&B €€

(☑031-41 40 50; www.aprikosenbab.se; Muraregatan 5; EZ/DZ/FZ 695/895/1295 Skr; P❋; ☐2 Brunnsparken) Das historische Gebäude aus den 1880er-Jahren, in dem sich das B&B befindet, bildet einen angenehmen Kontrast zu der modernen Einrichtung in den geräumigen Zimmern. Die sympathische Gastgeberin hilft gerne beim Kennenlernen der Stadt. Jedes Zimmer verfügt über einen Tee- und Kaffeekocher und das angebotene Frühstück ist ausgezeichnet.

Hotell Barken Viking
HOTEL €€

(☑031-63 58 00; www.barkenviking.com; Lilla Bommens torg 10; Zi. ab 1095 Skr; ❋; ☐5, 10 Lilla Bommen) Das *Barken Viking* ist ein eleganter Viermastsegler, der zu einem schicken Hotel umgebaut wurde. Die holzgetäfelten Zimmer sind gemütlich (sprich: klein), haben Bettwäsche im Hampton-Stil und sind für Reisende mit kleinem Gepäck entworfen. Matrosen trifft man hier allerdings keine; das Oberdeck ist für Besucher nicht zugänglich.

Sankt Sigfrid B&B
B&B €€

(☑0735-51 52 80; www.sanktas.se; Sankt Sigfrids Plan 7; EZ/DZ/3BZ/4BZ 650/870/1070/1270 Skr; P❋; ☐5 Sankt Sigfrids Plan) Das freundliche Gästehaus in einer ruhigen Gegend bietet alle Vorteile einer Unterkunft im Stadtzentrum, allerdings ohne die dort üblichen Zimmerpreise. Die Zimmer sind kuschelig, die Gäste dürfen die Küche benutzen und die Gastgeber sind sehr aufmerksam. Besonders günstig ist die Lage für den Besuch in Liseberg und das Nachtleben auf der Avenyn.

First Hotel G
HOTEL €€

(☑031-63 72 00; www.firsthotels.se; Nils Ericsonsplatsen 4; Zi./Suite ab 1098/1898 Skr; P❋❋; ☐1, 2, 3, 4, 9 Centralstationen) Zentraler könnte die Lage kaum sein, denn das Hotel befindet sich über dem Bahnhof. Die geräumigen Zimmer in diesem High-tech-Businesshotel sind schallisoliert und haben Holzdielen und außerordentlich bequeme Betten. Es gibt ein umfangreiches Frühstück und ein Spa zur Entspannung vor oder nach dem Stadtbummel. Bei einer Online-Buchung sind beträchtliche Ermäßigungen möglich.

Gothia Towers
HOTEL €€

(☑031-750 88 10; www.gothiatowers.com; Mässans Gata 24; Budget EZ/DZ ab 990/1090 Skr, EZ/DZ/Suite ab 1490/1590/2990 Skr; P@❋❋; ☐2, 4, 5, 6, 7 Korsvägen) Das 23-stöckige Gothia Towers thront direkt über Liseberg. Die Zimmer sind im nordisch-kühlen Stil gehalten und haben klare Linien. Im 18. und 21. Stock befinden sich die Suiten; außerdem gibt es „Gothia Limited"-Budgetzimmer. Alle Gäste haben Zugang zum luxuriösen Spa im dazugehörigen Hotel Upper House. Einen tollen Ausblick gibt es von der Sky Bar und vom Restaurant Heaven 23.

★IQ Suites
APARTMENT €€€

(☑031-760 80 40; www.iqsuites.com; Besvärsgatan 3; EZ/DZ 1500/1800 Skr; P❋; ☐2 Brunnsgatan) Die luxuriösen Hightech-Apartments im coolen Industrie-Design liegen in fußläufiger Entfernung zu den Hauptsehenswürdigkeiten. Die voll eingerichteten Miele-Küchen sind ein Segen für Selbstversorger und das kleinere der beiden Apartments bietet sogar eine eigene Sauna und einen Whirlpool – Verwöhnatmosphäre pur.

★ Dorsia Hotel BOUTIQUEHOTEL €€€

(☎ 031-790 10 00; www.dorsia.se; Trädgårdsgatan 6; EZ/DZ/Suite ab 1900/2500/5800 Skr; ❋ @ 🕾; 🚋 3, 4, 5, 7, 10 Kungsportsplatsen) Wenn es im Himmel ein Freudenhaus gäbe, würde es so aussehen wie dieses Hotel, dessen üppige, extravagante und altmodische Dekadenz mit topaktuellem Design kombiniert ist. Die Zimmer begeistern durch ihre schweren Samtvorhänge, durch die lila und purpurroten Farben und die opulenten Betten. Dicke Teppiche in den Fluren dämpfen die Geräusche der Schritte und die Bilder an den Wänden stammen aus der Privatsammlung des Besitzers.

Ein uniformierter Page begrüßt die Gäste an der Tür, die Lobby ähnelt mit ihrer Bestuhlung einem Theater und beim Betreten des neuen Speisesaals kommt die Vermutung auf, man sei versehentlich mitten in einem Film von Tim Burton gelandet.

★ Upper House BOUTIQUEHOTEL €€€

(☎ 031-708 82 00; www.upperhouse.se; Mässans Gata 24; P ❋ 🕾 ⛷; 🚋 2, 4, 5, 6, 7 Korsvägen) Eines der höchsten Hotels Schwedens, das luxuriöse Upper House, nimmt die obersten vier Stockwerke eines der Gothia Towers ein. Es ist im kühlen skandinavischen Stil eingerichtet, die Betten sind außerordentlich bequem und das hervorragende Spa bietet einen Hammam und im 19. Stock einen gläsernen Outdoor-Pool mit atemberaubendem Blick über die Stadt.

Avalon HOTEL €€€

(☎ 031-751 02 00; www.avalonhotel.se; Kungstorget 9; Zi. ab 1211 Skr; @ 🕾 ⛷; 🚋 3, 4, 5, 7, 10 Kungsportsplatsen) Die Zimmer im stilbewussten Avalon stecken voll aufregendem skandinavischen Design, leuchtenden Farben, üppiger Möblierung und Flachbildschirmen. Einige Zimmer haben sogar einen kleinen Whirlpool oder Fitnessgeräte zu bieten. Die hippe Restaurant-Bar ist ein beliebter Feierabendtreffpunkt, und es gibt sogar einen kleinen Pool auf der Dachterrasse.

Schattenseiten sind das recht unzuverlässige WLAN und der schlechte Service. Auf der Internetseite kann man auch günstigere Angebote finden.

Elite Plaza Hotel HOTEL €€€

(☎ 0771-78 87 89; www.elite.se; Västra Hamngatan 3; EZ/DZ ab 1400/1620 Skr; P @ 🕾; 🚋 1, 3, 5, 6, 9 Domkyrkan) Mit seinen Stuckdecken und den wunderbaren Mosaikböden scheint das Elite Plaza aus einer vergangenen Epoche zu stammen, bietet aber alle modernen Annehmlichkeiten. Die meisten Zimmer sind geräumig, das Frühstück ist reichlich (aber etwas chaotisch, wenn das Hotel voll belegt ist). Die Nähe zu einigen der besten Restaurants und Bars der Stadt ist ein Vorteil, aber auch ein Nachteil für alle, die einen leichten Schlaf haben.

✖ Essen

Göteborg hat Feinschmeckern eine ganze Menge zu bieten: Viele der hier arbeitenden Köche stehen an führender Stelle der schwedischen Slowfood-Bewegung, nicht weniger als vier Restaurants haben Michelin-Auszeichnungen. Aber es gibt glücklicherweise auch einfache und günstige Möglichkeiten, die besten Meeresfrüchte Schwedens und gute *husmanskost* (Hausmannskost) zu probieren.

Coole Cafés, ethnische Billigrestaurants und Gourmetküchen findet man in den Vierteln Vasastan, Haga und Linné – sie sind meist sogar günstiger als diejenigen auf der Touristenfalle Avenyn. Viele erstklassige Restaurants schließen zwischen Mitte Juli und Mitte August – wer also Haute Cuisine genießen möchte, sollte zu einer anderen Jahreszeit anreisen.

Im Einkaufszentrum Nordstan gibt es einen **Hemköp** Supermarkt (Östra Hamngatan; ⊙ Mo–Fr 8–21, Sa & So 10–20 Uhr; 🚋 5, 6, 9, 13 Nordstan).

Gourmet Korv WURST €

(www.gourmetkorv.se; Södra Larmgatan; Hauptgerichte 25–85 Skr; ⊙ Mo–Fr 10–18, Sa 10–16, So 10–15 Uhr; 🚋 1, 6, 9) Ein wahres Würstchenparadies für alle, die wirklich hungrig sind. Zur Auswahl stehen u. a. Currywurst, Bierwurst und der außerordentlich sättigende, vor Käse triefende Käsekrainer; dazu gibt es Brötchen oder Salat und Kartoffelpüree.

Beijing8 DIM SUM €

(www.beijing8.se; Magasinsgatan 3; Dim Sum ab 29 Skr; ⊙ Mo–Fr 11–21, Sa 12–22 Uhr; 🚋 1, 3, 5, 6, 9 Domkyrkan) Man nehme sechs einfallsreich gefüllte Klöße (Ente und Ingwer, Schwein und Shiitake, Zucchini und Aubergine, Huhn und Erdnüsse …), bereite sie auf vier unterschiedliche Arten zu, gebe noch etwas

Gemüse dazu, vier verschiedene Saucen, einige Desserts und ein paar Teesorten und man hat einen absoluten Renner.

En Deli i Haga
DELI €

(Haga Nygata 15; Salatbüfett ab 75 Skr; ⊘ Mo–Fr 8–19, Sa & So 10–17 Uhr; ⊠; ⊠ 1, 3, 5, 6, 9 Järntorget) Im En Deli werden tolle Salate im mediterranen Stil sowie Meze serviert, außerdem stehen gute Suppen und Sandwiches auf der Karte. Zur Abrundung gibt es vor Ort gebrautes Bier und Bio-Wein.

Taste of Peru
PERUANISCH €

(www.tasteofperu.se; Gustaf Dalénsgatan 2; Hauptgerichte 70–99 Skr; ⊘ Mo–Fr 11–18, Sa 11–16 Uhr; ⊠ 5, 6, 10, 13 Vågmästareplatsen) Das einzige peruanische Restaurant der Stadt, das sich im ersten Stock einer Markthalle befindet, lohnt einen kurzen Abstecher über den Fluss hinweg. Man sollte unbedingt Appetit für Ceviche mitbringen, die es hier in fünf verschiedenen Zubereitungsarten gibt. Die Tagesempfehlungen – *aji de gallina* (Huhn in einer cremigen gelben Sauce), *seco de carne* (gedünstetes Rindfleisch) und *arróz con mariscos* (Reis mit Meeresfrüchten) – sind alle einen Versuch wert.

Da Matteo
CAFÉ €

(www.damatteo.se; Vallgatan 5; Sandwiches & Salate 50–95 Skr; ⊘ Mo–Fr 8–19, Sa 9–17, So 10–17 Uhr; ⊠ 1, 3, 5, 6, 9 Domkyrkan) Ein perfekter Ort für eine Pause im Stadtzentrum und ein Mekka für Kaffeefans – hier gibt es teuflisch guten Espresso, köstliche Mini-*sfogliatelle* (neapolitanisches Gebäck), Sandwiches, Pizza und tolle Salate. Man kann auch draußen in der Sonne sitzen; eine Filiale befindet sich in den Viktoriapassagen.

Feskekörka
MARKT €

(www.feskekorka.se; Rosenlundsgatan; Salate 70 Skr; ⊘ Di–Do 9–17, Fr 9–18, Sa 10–15 Uhr; ⊠ 3, 5, 9, 11 Hagakyrkan) Die „Fischkirche" ist ein Markt, der sich allem verschrieben hat, was aus dem Meer kommt (außer Matrosen) – ein Paradies für Fans von Gravadlax, Sandwiches mit Krabben und Salat mit Meeresfrüchten. Ein idealer Ort zum Essen sind die Picknicktische vor der Halle.

Saluhall Briggen
MARKT €

(www.saluhallbriggen.se; Nordhemsgatan 28; Sandwiches 60 Skr; ⊘ Mo–Fr 9–18, Sa 9–15 Uhr; ⊠; ⊠ 1, 6, 7, 10 Prinsgatan) Die Markthalle quillt über von frischem Brot, Käse, Quiches, Meeresfrüchten und exotischen Leckereien. Sie liegt besonders günstig für die vielen Hostels der Umgebung.

Saluhallen
MARKT €

(Kungstorget; Sandwiches 60 Skr; ⊘ Mo–Fr 9–18, Sa 9–15 Uhr; ⊠; ⊠ 3, 4, 5, 7, 10 Kungsportsplatsen) Göteborgs zentraler Hauptmarkt bietet günstige Lokale, Delis, Bäckereien und Imbissstände. Hier lässt sich auch gut der Picknickkorb auffüllen.

★ Moon Thai Kitchen
THAI €€

(www.moonthai.se; Kristinelundsgatan 9; Hauptgerichte 129–298 Skr; ⊘ Mo–Fr 11–23, Sa & So 12–23 Uhr; ⊠ 4, 5, 7, 10) Die Besitzer haben das Lokal ganz nach dem üblichen Thailand-Klischee eingerichtet: Überall findet man *tuk-tuks*, Blumen und Bambus-Schnickschnack. Glücklicherweise ist das Essen authentisch. Auf der Speisekarte stehen so beliebte Gerichte wie *som tum* (scharfer Papayasalat) und das feurige rote Curry mit Garnelen verursacht Tränen der Freude.

Puta Madre
MEXIKANISCH €€

(⊠ 031-711 88 38; www.putamadre.se; Magasinsgatan 3; Hauptgerichte 179–262 Skr; ⊘ Mo–Do 18–24, Fr & Sa 17–2 Uhr; ⊠ 1, 3, 5, 6, 9 Domkyrkan) Diese Hommage an eine mexikanische Puffmutter überzeugt durch einfallsreiche Variationen klassischer mexikanischer Gerichte wie *chile en nogada* (gefüllte Chili), Fisch-Tacos, Enchiladas mit Shrimps und Jicama-Salat. Und wer wollte nicht schon immer seinen Freunden mit einer „Rostigen Puta" zuprosten?

Trattoria la Strega
ITALIENISCH €€

(⊠ 031-18 15 01; www.trattorialastrega.se; Aschebergsgatan 23B; Hauptgerichte 120–220 Skr; ⊘ Di–Fr ab 17, Sa & So ab 16 Uhr; ⊠; ⊠ 1, 2, 3, 7, 10 Vasaplatsen) Eine echte, rustikale Trattoria mitten in Göteborg – das La Strega hat eine kleine, aber feine Speisekarte mit regelmäßig wechselnden Gerichten, dazu gibt es Wein aus verschiedenen italienischen Regionen. Hier kann man Risotto mit schwarzen Trüffeln genießen, Buchweizennudeln mit Wirsing oder Entrecôte mit Kastanien-Ragout – aber unbedingt noch Platz für das Bio-Eis zum Dessert lassen!

Restaurant 2112
BURGER €€

(⊠ 031-787 58 12; Magasinsgatan; Burger 189–399 Skr; ⊘ 16–1, Sa ab 14 Uhr; ⊠ 1, 3, 5, 6, 9 Domkyrkan) Das Richtige für kultivierte Rocker und Metalfans – in diesem gehobenen Laden bekommt man nur Burger und Bier. Aber was für Burger! Die Meisterwerke reichen vom tollen „Smoke on the Water" mit der einzigartigen Jack Daniels Glasur bis zum feurigen „Hell Awaits"-Burger mit Habanero-Dressing. Und auch der hungrigste Esser wird vom 666 g schweren „Number of the Beast" satt.

Linnéa Art
(☑ 031-16 11 83; www.linneaartrestaurant.se; Södra Vägen 32; Hauptgerichte 149–325 Skr, 7-Gänge-Menü 1195 Skr; ☺ Bistro Mo–Sa 17–23 Uhr, Restaurant Di–Sa 18–23 Uhr; 🚋 2, 4, 5, 6, 7 Korsvägen) Im intimen Linnéa wird das Konzept „Essen als Kunst" ernst genommen. Klassische schwedische Gerichte werden in völlig neuer Form und in ungewohnten Kombinationen serviert. Und die Geschmacksknospen der Gäste genießen Gerichte wie Hummer mit geeisten Preiselbeeren. Auch das 7-Gänge-Menü ist ein kulinarisches Erlebnis.

Smaka
(www.smaka.se; Vasaplatsen 3; Hauptgerichte 130–225 Skr; ☺ ab 17 Uhr; 🚋 1, 2, 3, 7, 10 Vasaplatsen) Für erstklassige schwedische *husmanskost* wie die beliebten Fleischbällchen mit Kartoffelbrei und Preiselbeeren gibt es kaum eine bessere Adresse als diese nette, bodenständige Restaurant-Bar. Moderne schwedische Optionen sind vielleicht Seehecht mit Schweinebäckchen oder Lachstartar mit eingelegten Birnen.

Hemma Hos
(☑ 031-13 40 90; Haga Nygata 12; kleine Gerichte 69–159 Skr; ☺ 11.30–24 Uhr; 🚋 1, 3, 5, 6, 9 Hagakyrkan) Die Restaurant-Bar in Haga mit ihrer schicken schwarzen Theke und bequemen Tischen verströmt eine relaxte und zugleich großstädtische Atmosphäre. Die Auswahl an Kleinigkeiten ist außerordentlich lecker (langsam gegartes Schweinefleisch mit Apfel-Chutney oder Ziegenkäse mit Honig und Pinienkernen) und es gibt ein gutes Angebot an offenen Weinen.

Simba
(www.restaurangsimba.se; Sankt Eriksgatan 3; Hauptgerichte 139–285 Skr; ☺ Di–Do 16–22 Uhr, Fr & Sa bis spät; 🚋 5, 10 Lilla Bommen) Hier isst man Gerichte wie *domoda* (zartes Lamm mit Erdnussbutter) oder Springbock-Steak oder tunkt die letzten Reste des *wat* (Eintopf) mit *injera* (äthiopischer Pfannkuchen) auf – unter den aufmerksamen Blicken der Stammesmasken an den Wänden.

★ Thörnströms Kök
(☑ 031-16 20 66; www.thornstromskok.com; 3 Teknologgatan; Hauptgerichte 255–285 Skr, 4-/6-/9-Gänge-Menü 625/825/1125 Skr; ☺ Mo–Sa 18–1 Uhr; 🚋 7, 10 Kapellplatsen) Chefkoch Hå-

kan, der sich auf moderne skandinavische Küche spezialisiert hat, zeigt, dass er seinen Michelin-Stern zu Recht besitzt. Seine einfallsreiche Küche verwendet einheimische saisonale Produkte und wird spitzenmäßig präsentiert. Auf der Karte stehen u. a. Kalbsbries mit Haselnüssen oder geräucherter Barsch mit Rhabarber. Auf keinen Fall sollte man sich den sensationellen Schokoladenpudding mit Ziegenkäse-Eis entgehen lassen. Wem die Anzahl der Gänge zu opulent erscheint, kann auch à la carte essen.

Magnus & Magnus
(☑ 031-13 30 00; www.magnusmagnus.se; Magasinsgatan 8; 2-/3-Gänge-Menü 455/555 Skr; ☺ Mo–Sa ab 18 Uhr; 🚋 1, 2, 5, 6, 9 Domkyrkan) Das angesagte Magnus & Magnus bietet kreative, moderne europäische Gerichte, die in einem schicken Rahmen wunderbar präsentiert werden. Trotz seiner Popularität ist das Restaurant bodenständig geblieben, das Personal agiert angenehm zurückhaltend. Die Speisekarte weckt die Neugier mit der Nennung der Zutaten zu den Gerichten (Schweinebauch, Königskrabbe, Melone, Fetakäse) und im Sommer zieht der Innenhof Göteborgs Schickeria an.

Wasa Allé
(☑ 031-13 13 70; www.wasaalle.se; Vasagatan 24; Business Lunch ab 225 Skr, Hauptgerichte 195–225 Skr; ☺ Mo–Fr 11.30–14 & Di–Sa ab 18 Uhr; 📶; 🚋 1, 2, 3 Vasa Viktoriagatan) 🌿 Wasa Allé, das Spitzenrestaurant von Mats Nordström, versucht, nur Zutaten zu verarbeiten, die nicht länger als vier Stunden bis zum Restaurant unterwegs sind – und das das ganze Jahr über. Das Ergebnis ist modernes, bewusstes schwedisches Essen. Man hat die Wahl zwischen dem Mittagsbüfett (145 Skr), saisonalen Business-Lunch-Gerichten, sättigenden Klassikern (Schweinefleisch mit Kartoffelpuffern und Preiselbeeren) im angeschlossenen Wasa Basement und dem drei- bis siebengängigen Überraschungsmenü *stolen* (Stuhl) am Abend.

Koka
(☑ 031-701 79 79; www.restaurangkoka.se; Viktoriagatan 12C; 3-/5-/7-Gang-Menü 400/600/800 Skr; ☺ Mi–Sa ab 18 Uhr; 🚋 1, 2, 3, 7, 10 Vasaplatsen) Das stylische Koka unterscheidet sich durch sein schickes, modernes Design – helles Holz, schöne Tischdecken, stimmungsvolle Beleuchtung – und dem Bestreben, einfallsreiche Gerichte, zubereitet mit saisonalen Produkten der schwedischen Westküste, auf den Tisch zu bringen. So stehen auf der Kar-

te u. a. Makrelen mit Stachelbeeren, Schweinefleisch mit schwarzen Johannisbeeren und Kerbeleis.

Ausgehen & Nachtleben

Das schwedische Schankgesetz verlangt, dass Bars einen Restaurantbereich haben müssen, aber in den meisten Fällen verhält es sich genau umgekehrt. Auf der Kungsportsavenyn wimmelt es von Bier trinkenden Touristen, viel besser sind die folgenden Adressen.

Für die Clubs gilt ein Mindestalter zwischen 18 und 25 Jahren, viele verlangen je nach Programm Eintritt.

Barn   BAR
(www.thebarn.se; Kyrkogatan 11; Bier ab 50 Skr; ⊘ Mo–Sa 17 Uhr bis spät, So ab 14 Uhr; 🚋 1, 3, 5, 6, 9 Domkyrkan) 🍴 Wie der Name schon sagt, beherrschen hier raues Holz und Kupferhähne das Bild. Die Auswahl an Bier, Wein und Cocktails sorgt für gute Stimmung, genauso wie die fantastischen Burger.

Cafe Santo Domingo   BAR
(www.cafesantodomingo.se; Andra Långgatan 4; ⊘ 9 Uhr bis spät; 🚋 1, 3, 5, 6, 9 Järntorget) Café-Plattenladen: Tagsüber gibt's einen tollen Espresso, abends wird daraus eine Bar mit einer guten Auswahl an Bier und lauter Livemusik.

NOBA Nordic Bar   BAR
(www.noba.nu; Viktoriagatan 1A; Bier ab 52 Skr; ⊘ Mo–Do 16–1, Fr & Sa 16–3, So 17–1 Uhr; 🚋 1, 2, 3, 7, 10 Viktoriagatan) Die alten Landkarten von Skandinavien an den Wänden und der überdachte Innenhof mit Hockern aus Birkenstämmen passen zu den vielen skandinavischen Biersorten. Egal, was man bestellt – vom isländischen Freja bis zum dänischen K:rlek – es ist alles vorhanden. Am Wochenende sorgt der in Strömen fließende Whiskey für Stimmung.

Notting Hill   PUB
(www.nottinghill.se; Nordhemsgatan 19A; ⊘ Mo–Fr 16 Uhr bis spät, Sa & So 14 Uhr bis spät; 🚋 1, 3, 5, 6, 9 Järntorget) Nettes Lokal zwischen den Stadtteilen Haga und Linné mit einer beachtlichen Getränkeauswahl, typisch englischen und schwedischen Pub-Gerichten (Hackbällchen, Fish and Chips) und Fußball auf einer großen Leinwand.

Ölhallen 7:an   BIERHALLE
(Kungstorget 7; ⊘ 16 Uhr bis spät; 🚋 3, 4, 5, 7, 10 Kungsportsplatsen) Diese urige schwedische Bierhalle hat sich in den letzten 100 Jahren nicht groß verändert. Die gemütliche Atmosphäre und der freundliche Service locken eine interessante Mischung aus Bikern und Stammkunden an. Es gibt hier nichts zu essen, keinen Wein und keine überflüssigen Extras, nur Bier, aber davon eine richtig große Auswahl.

Nefertiti   CLUB
(www.nefertiti.se; Hvitfeldtsplatsen 6; Eintritt 120–220 Skr; 🚋 1, 5, 6, 9, 11 Grönsakstorget) Etwas unpassend nach der ägyptischen Königin Nofretete benannt – diese Göteborger Institution ist berühmt für lässigen Livejazz und -blues, aber auch für die Clubnächte mit Musik von Techno und Deep House bis zu Hip-Hop und Funk. Samstagnacht ist Soulnacht.

Greta's   SCHWULENCLUB
(🕾 031-13 69 49; Drottninggatan 35; ⊘ Fr & Sa 21–3 Uhr; 🚋 1, 3, 4, 5, 6, 9 Brunnsparken) Geschmückt mit Erinnerungsstücken an Greta Garbo – das Greta's ist der einzige Schwulenclub in Göteborg. Freitags und samstags gibt's hier aufwendige Tiki-Partys, DJs und anderen Spaß.

☆ Unterhaltung

Göteborgs Stadsteatern   THEATER
(🕾 031-708 71 00; www.stadsteatern.goteborg.se; Götaplatsen; Karten ab 110 Skr) Theaterinszenierungen auf Schwedisch.

Göteborgs Konserthuset   KLASSISCHE MUSIK
(Concert Hall; 🕾 031-726 53 10; www.gso.se; Götaplatsen; Karten 100–360 Skr; ⊘ im Sommer geschl.) Heimat des Göteborger Symphonieorchesters mit hervorragenden internationalen Gästen und tollen Konzerten.

GöteborgsOperan   OPER
(🕾 031-13 13 00; www.opera.se; Christina Nilssons Gata; Karten 50–650 Skr; 🚋 5, 10 Lilla Bommen) Das eindrucksvolle Glasgebäude mit geneigtem Dach am Hafen Lilla Bommen wurde vom Architekten Jan Izikowitz entworfen. Hier kommen auch Ballett und Opern zur Aufführung.

Pustervik   LIVEMUSIK, THEATER
(www.pustervikbaren.se; Järntorgsgatan 12; 🚋 1, 3, 5, 9, 11 Järntorget) Diese Kombination aus Bar im Erd- und Club im Obergeschoss lockt Kulturfreaks und Partylöwen gleichermaßen an. Auf die Bühne kommt eine breite Palette unabhängiger Theaterproduktionen und Livemusik (ob aufstrebende Sänger-Songschreiber oder Neneh Cherry), während bei

den Clubnights dann Hip-Hop, Soul und Rockmusik auf dem Programm stehen.

Nya Ullevi
STADION
(☎ 031-368 45 00; www.gotevent.se; Skånegatan) Im städtischen Stadion finden Rockkonzerte und Sportveranstaltungen statt.

Scandinavium
KONZERTHALLE
(☎ 031-368 4500; www.gotevent.se; Valhallagatan 1) Eine Konzerthalle in der Nähe des Nya Ullevi Stadions.

Biopalatset
KINO
(☎ 08-562 600 00; Kungstorget) Hier werden auf mehreren Leinwänden Mainstream-Filme gezeigt.

Folkets Bio
KINO
(☎ 031-42 88 10; www.hagabion.se; Linnégatan 21) Kino für Fans von Independent- und Experimentalfilmen.

🔒 Shoppen

DesignTorget
HAUSHALTSWAREN
(www.designtorget.se; Vallgatan 14; ☺ Mo–Fr 10 bis 19, Sa 10–17, So 12–16 Uhr; 🚊 1, 2, 5, 6, 9 Domkyrkan) Coole und erschwingliche Designerstücke in fröhlichen Farben für die Küche, Schmuck und mehr von etablierten und aufstrebenden skandinavischen Talenten.

Prickig Katt
BEKLEIDUNG
(www.prickigkatt.se; Magasinsgatan 17; ☺ Mo–Fr 11–18, Sa 11–16 Uhr; 🚊 1, 5, 6, 9, 11 Grönsakstorget) Die freche Getupfte Katze steckt ihre Angestellten in Retro-Klamotten und präsentiert eigenwillige Mode niederländischer, dänischer und schwedischer Marken, außerdem Kitsch, handgefertigte Hüte und Schmuck.

Velour by Nostalgi
BEKLEIDUNG
(www.velour.se; Magasinsgatan 19; ☺ Mo–Fr 11-18.30, Sa 11–17, So 12–16 Uhr; 🚊 1, 6, 9, 11 Domkyrkan) Neugestalteter Flagship-Store des einheimischen Labels. Angeboten wird schicke, stilbewusste Mode für beide Geschlechter.

Butik Kubik
BEKLEIDUNG
(www.butikkubik.se; Tredje Långgatan 8; ☺ Di–Fr 12–20, Sa 12–18 Uhr; 🚊 1, 6 Prinsgatan) Das Geschäft im Untergeschoss wird von zwei jungen Designern geführt, die bunte, geblümte einheimische Mode anbieten.

Bengans Skivor & Café
MUSIK
(☎ 031-14 33 00; www.bengans.se; Stigbergstorget 1; ☺ Mo–Fr 10–18.30, Sa 10–16, So 12–16 Uhr; 🚊 3, 9, 11 Stigbergstorget) Göteborgs größte Musikhandlung befindet sich in einem ehemali-

gen Kino, dekoriert mit Retro-Schildern und mit einem coolen Indie-Café.

Nordiska Kompaniet
KAUFHAUS
(www.nk.se; Östra Hamngatan 42; ☺ Mo–Fr 10–20, Sa 10–18, So 11–17 Uhr; 🚊 3, 4, 5, 7, 10 Kungsportsplatsen) Seit 1971 ist dieses ehrwürdige Kaufhaus eine lokale Institution. Auf vier Stockwerken findet man zwischen schwedischen und internationalen Designern Marken wie Tiger, RedGreen, NK Boutique und Mayla.

J. Lindeberg
BEKLEIDUNG
(www.jlindeberg.com; 17 Korsgatan; ☺ Mo–Fr 11–18, Sa 11–17 Uhr; 🚊 1, 6, 9, 11 Domkyrkan) Der bekannte Stockholmer Designer führt raffinierte Strickwaren, lässige Hemden und die perfekten Herbst-/Wintermäntel für den anspruchsvollen Herrn.

Fanny Michel
ACCESSOIRES
(www.fannymichel.se; Vallgatan 19; ☺ Mo–Fr 11–18, Sa 11–17, So 12–16 Uhr; 🚊 1, 6, 9, 11 Domkyrkan) Das Geschäft, das außerdem zwei weitere Filialen in Haga und den Viktoriapassagen besitzt, ist über und über vollgepackt mit Spitzen, Hüten, Tüchern und vielen weiteren Accessoires.

Shelta
SCHUHE
(☎ 031-24 28 56; www.shelta.eu; Andra Långgatan 21; ☺ Mo–Sa 11-18.30 Uhr; 🚊 3, 9, 11 Masthuggstorget) Hier gibt es Limited-Edition-Sneakers und andere angesagte Schuhe sowie Streetware bekannter, aber auch weniger bekannter Marken.

Systembolaget
GETRÄNKE
(Kungsportsavenyn 18; 🚊 3, 4, 5, 7, 10 Valand) Zentrale Filiale der Kette für alle alkoholischen Bedürfnisse.

ℹ️ Praktische Informationen

GELD

Banken mit Geldautomaten gibt es überall, auch im Einkaufszentrum Nordstan und auf der Kungsportsavenyn.

Forex (www.forex.se) Wechselstube mit Filialen am Centralstationen, Kungsportsavenyn 22, Kungsportsplatsen, Flughafen Landvetter und dem Einkaufszentrum Norstan.

INTERNETZUGANG

Sidewalk Express (www.sidewalkexpress. se; 25 Skr pro Std.) Computer von Sidewalk Express stehen in der Centralstation und im 7-Eleven-Shop am Vasaplatsen. Für den Zugang zieht man am Münzautomaten einen Bon und gibt dann den darauf angegebenen Benutzernamen und das Passwort ein.

MEDIZINISCHE VERSORGUNG

Medizinische Auskunft rund um die Uhr unter ☎1177.

Apotek Hjärtat (☎0771-45 04 50; Nils Eriksongatan; ⊙8–22 Uhr) Lange geöffnete Apotheke im Einkaufszentrum Nordstan.

Sahlgrenska Universitetssjukhuset (☎031-342 00 00; www.sahlgrenska.se; 🚋1) Großes Krankenhaus etwa 5 km nordöstlich des Zentrums, unweit der Endhaltestelle der Straßenbahnlinie 1.

NOTFALL

Polizei (☎077-114 14 00; Stampgatan 28) Zentral gelegene Polizeistation.

POST

Die meisten Dienstleistungen der Post werden von Kiosken, Zeitschriftenläden, Tankstellen und Supermärkten angeboten – zu erkennen am blau-gelben Postsymbol.

Postamt (Östra Hamngatan; ⊙Mo–Fr 7–19 Uhr) Hauptpost im Einkaufszentrum Nordstan.

TOURISTENINFORMATION

Cityguide Gothenburg (www.goteborg.com/en/Do/Artiklar/Mobileapp/) Informationen über die Sehenswürdigkeiten der Stadt, Veranstaltungen u. Ä.; auch als App für Android und iPhone erhältlich. Einen Stadtplan gibt es auch offline.

RFSL (☎031-13 83 00; www.rfsl.se/goteborg) Umfassende Informationen über die Schwulenszene der Stadt, Veranstaltungen u. Ä.

Touristeninformation (www.goteborg.com; Nils Eriksongatan; ⊙Mo–Fr 10–20, Sa 10–18, So 12–17 Uhr) Filiale im Einkaufszentrum Nordstan.

Touristeninformation (☎031-368 42 00; www.goteborg.com; Kungsportsplatsen 2; ⊙9.30–20 Uhr) Zentral gelegen und gut besucht mit einer umfassenden Auswahl an kostenlosen Broschüren und Stadtplänen.

ℹ An- & Weiterreise

Schließfächer fürs Gepäck (klein/groß bis zu 24 Std. 50/60 Skr) gibt es sowohl an der Centralstationen als auch am Fernbusbahnhof Nils Ericson Terminalen.

AUTO & MOTORRAD

Die Autobahn E6 verläuft in Nord-Süd-Richtung von Oslo nach Malmö und führt östlich am Stadtzentrum vorbei. An einem unübersichtlichen Autobahnkreuz zweigt die E20 nach Osten Richtung Stockholm ab.

Die internationalen Mietwagenfirmen **Avis** (www.avisworld.com), **Europcar** (www.europcar.com) und **Hertz** (www.hertz-europe.com)

sind mit eigenen Schaltern an den Flughäfen Göteborg Landvetter und City vertreten.

BUS

Västtrafik (☎0771-41 43 00; www.vasttrafik.se) und **Hallandstrafiken** (☎0771-33 10 30; www.hlt.se) sind die regionalen Transportunternehmen. Wer längere Zeit den Südwesten bereisen möchte, sollte sich nach Monatskarten oder der *sommarkort* erkundigen, die während der Sommerzeit (von Ende Juni bis Mitte August) günstige Fahrpreise bietet.

Der Busbahnhof Nils Ericson befindet sich neben dem Bahnhof. Der dortige Informationsstand von Västtrafik bietet Informationen und Fahrkarten für den öffentlichen Nahverkehr in der Stadt und in der ganzen Region Göteborg, Bohuslän und Västergötland.

Swebus Express (☎0771-21 82 18; www.swebusexpress.com) unterhält häufige Busverbindungen zu den meisten großen Städten; Fahrkarten im Vorverkauf sind sehr viel günstiger als Spontankäufe, sind allerdings nicht erstattungsfähig.

Zu den Zielen gehören:

➡ Kopenhagen (239 Skr, 4¾ bis 5 Std., 4-mal tgl.)

➡ Halmstad (109 Skr, 1¾ Std., 4- bis 5-mal tgl.)

➡ Helsingborg (139 Skr, 2¾ Std., 5- bis 8-mal tgl.)

➡ Stockholm (389 Skr, 6½ bis 7 Std., 4- bis 5-mal tgl.)

➡ Malmö (159 Skr, 3½ bis 4 Std., 5- bis 8-mal tgl.)

➡ Oslo (189 Skr, 3½ Std., 5- bis 10-mal tgl.)

FLUGZEUG

Der **Flughafen Göteborg Landvetter** (www.swedavia.se/landvetter), 25 km östlich der Stadt, ist der zweitgrößte Flughafen Schwedens. Von hier gibt es täglich bis zu 12 Direktflüge zu den Flughäfen Stockholm Arlanda und Stockholm Bromma (mit SAS, Malmö Aviation und Norwegian). Außerdem bestehen an den Wochentagen Verbindungen nach Umeå sowie mehrmals wöchentlich Flüge nach Borlänge, Falun, Visby und Sundsvall.

Innereuropäische Direktverbindungen gehen nach Amsterdam (KLM), Brüssel (SAS), Kopenhagen (SAS und Norwegian), Frankfurt (Lufthansa), Berlin (Air Berlin), Helsinki (Norwegian und SAS), London (British Airways und easyJet), Manchester (SAS), München (Lufthansa), Oslo (Norwegian) und Paris (Air France und SAS).

Vom **Göteborg City Airport** (www.goteborgairport.se), etwa 15 km nördlich der Stadt in Säve, starten auch Billigflieger wie Ryanair und Wizz Air, die u. a. London Stansted, Edinburgh, Paris, Malaga und Budapest anfliegen. Außerdem gibt es Inlandsflüge nach Visby mit der Fluggesellschaft Gotlandsflyg.

ℹ️ AUSFLUG ZU DEN SCHÄREN

Die Straßenbahnlinien 11 und 9 (nur im Sommer) fahren vom Stadtzentrum in Göteborg nach Saltholmen. Dort legen **Personenfähren (**www.styrsobolaget. se) zu 16 Zielen auf den verschiedenen Inseln ab (Marstrand gehört nicht dazu). Der Göteborg Pass ist hier gültig, man kann aber auch mit einer Fahrkarte (Erw. einfache Fahrt 25 Skr) zu einer Insel seiner Wahl fahren. Fahrräder können (bei ausreichend Platz) kostenlos mitgenommen werden, allerdings sind sie in der Straßenbahn nicht erlaubt.

Boote Richtung Asperö (9 Min.), Brännö (20 Min.) und Styrsö (30 Min.) verkehren zwischen 5.30 und 1 Uhr recht oft, am Wochenende allerdings seltener. Die Verbindungen zu den anderen Inseln sind eingeschränkter. Von Mitte Juni bis Mitte August fahren die Schiffe am häufigsten.

SCHIFF

Göteborg ist ein wichtiger Fährhafen mit mehreren Auto- und Personenfähren nach Dänemark und Deutschland.

Einen ganz besonderen Einblick in die Region bekommt man bei einer faszinierenden Schifffahrt auf dem Göta Kanal. Die Fahrt beginnt in Göteborg und führt dann durch die älteste Schleuse Schwedens, die 1607 in Lilla Edet eröffnet wurde. Weiter geht es durch die großen Seen Vänern und Vättern und die hügelige Landschaft von Östergötland bis nach Stockholm. **Stena Line (Dänemark)** (www.stenaline.se; 🚊 3, 9, 11 Masthuggstorget) Das Terminal der Stena Line Denmark Nähe Masthuggstorget liegt dem Stadtzentrum am nächsten. Von hier legen in der Hauptsaison ungefähr sechs Fähren täglich nach Frederikshavn ab (einfache Fahrt/hin & zurück ab 499/998 Skr). **Stena Line (Deutschland)** (www.stenaline. se; 🚊 3, 9 Jaegardorffsplatsen) Die Fähren nach Kiel (einfache Fahrt/hin & zurück ab 1699/2998 Skr) starten in der Nähe der Brücke Älvsborgsbron. Abfahrten sind täglich um 18.45 Uhr, die Überfahrt dauert 14 Stunden.

ZUG

Centralstationen ist der älteste Bahnhof Schwedens und steht unter Denkmalschutz; hier kommen alle Züge an und hier fahren alle Züge ab. Die wichtigsten Strecken im Westen verbinden Göteborg mit Karlstad, Stockholm, Malmö und Oslo. Im Osten verläuft die Hauptstrecke von Stockholm über Norrköping und Linköping nach Malmö. Die Fahrkarten sind online bei **Sveriges Järnväg** (SJ; www.sj.se) erhältlich oder direkt am Schalter im Bahnhof.

Zu den Zielen gehören:

➡ Kopenhagen (450 Skr, 3¾ Std., stündl.)
➡ Kalmar (192 Skr, 4 Std., 4-mal tgl.)
➡ Karlstad (172 Skr, 2½ Std., 7-mal tgl.)
➡ Luleå (763 Skr, 17½ Std., tgl.)
➡ Malmö (195 Skr, 2½ bis 3¼ Std.,stündl.)
➡ Oslo (299 Skr, 4 Std., 3-mal tgl.)
➡ Stockholm (419 Skr, 3 bis 5 Std., 1- bis 2-mal pro Std.)
➡ Västerås (405 Skr, 3¾ Std., 7-mal tgl.)
➡ Östersund (820 Skr, 12 Std., tgl.)

ℹ️ Unterwegs vor Ort

FAHRRAD

Radfahrer sollten bei der Touristeninformation nach der kostenlosen Karte *Cykelkarta Göteborg* fragen, auf der die empfehlenswertesten Strecken markiert sind.

Styr & Ställ (www.goteborgbikes.se; ½ Ställ 10/70 Skr) Göteborgs bequemes Stadtfahrrad-System. Ein 3-Tage-Pass (25 Skr) kann direkt an allen Dockingstationen in der Stadt erworben werden. Die erste halbe Stunde ist kostenlos, ideal für kurze Fahrten.

Cykelkungen (📞 031-18 43 00; www.cy-kelkungen.se; Chalmersgatan 19; 24 Std./3 Tage/1 Woche 200/400/700 Skr) Wer ein Fahrrad länger mieten möchte, ist hier an der richtigen Adresse.

VOM/ZUM FLUGHAFEN

Göteborgs Flughafen Landvetter befindet sich 25 km östlich der Stadt, der City Flughafen 17 km nördlich der Stadt. Ein Taxi von der Stadt zum Flughafen Landvetter oder City kostet bei Taxi Göteborg 405 bzw. 355 Skr.

Flygbuss (zum Flughafen Göteborg City) (www.flygbussarna.se; einfache Fahrt/hin & zurück 79/145 Skr) Flygbuss pendelt an Werktagen mindestens einmal stündlich zwischen 5.30 und 20.15 Uhr zwischen dem Nils Ericson Terminalen und dem Göteborg City Airport. Samstag fahren zwischen 6.30 und 20 Uhr sieben Busse, sonntags zwischen 8 und 19.30 Uhr sechs Busse. Die Busse ab dem Flughafen sind mit dem Flugplan abgestimmt. Bei Online-Buchung gibt es Ermäßigungen.

Flygbuss (zum Flughafen Landvetter) (📞 0771-51 51 52; einfache Fahrt/hin & zurück 99/185 Skr) Flygbuss fährt ab Nils Ericsons Terminalen zwischen 4.20 und 21 Uhr alle 15 bis 20 Minuten zum Flughafen und vom Flughafen zur Stadt zwischen 5 und 23.30 Uhr. Bei Online-Buchungen gibt es Rabatt.

Zum Västtrafik-Verbund (S. 169) der Stadt gehören Busse, Straßenbahnen und Fähren. Fahrkarten und Fahrpläne gibt es an den Västtrafik-Schaltern im Nils Ericson Terminalen, vor dem Bahnhof am Drottningtorget und am Brunnsparken.

Die bequemste Art Göteborg zu erkunden, ist mit der Straßenbahn. Die Linien 1 bis 13 mit dem zugeordneten Farbcode laufen in der Nähe vom Brunnsparken (einen Häuserblock vom Bahnhof entfernt) zusammen. Zwischen 5 Uhr und Mitternacht fahren die Straßenbahnen im Minutentakt; einige Linien verkehren freitags und samstags nach Mitternacht mit eingeschränktem Service.

Inhaber eines Göteborg-Passes fahren kostenlos, auch auf den Nachtlinien. Alle anderen zahlen pro Erw./Kind 25/19 Skr (45 Skr auf den Nachtlinien). Die Tages- und Dreitage-Tickets (an Västtrafik-Schaltern, 7-Eleven-Minimarkets oder Pressbyrån-Zeitungsläden) sind viel günstiger als für jede Fahrt ein neues Ticket zu kaufen. Ein 24-Stunden-Ticket (Dagkort) für die ganze Stadt kostet 80 Skr, für drei Tage 160 Skr.

Västtrafik bietet auch einen Regionalpass für 24 Stunden/drei Tage an (Erw. 235/470 Skr), der ohne Einschränkung in allen regionalen (*länstrafik*) Bussen, Zügen und auf Schiffen in der Region Göteborg, Bohuslän und Västergötland gilt.

TAXI

Taxi Göteborg (☑ 031-65 00 00; www.taxi-goteborg.se) gehört zu den größeren Taxiunternehmen der Stadt. Taxis stehen vor der Centralstationen, am Kungsportsplatsen und an der Kungsportsavenyn.

RUND UM GÖTEBORG

Südliche Schären

☑ 031 / 4400 EW.

Das autofreie südliche Schärenparadies ist nur einen Katzensprung vom geschäftigen Treiben Göteborgs entfernt. Trotz sommerlicher Besuchermassen gibt es immer irgendwo ein ruhiges Plätzchen zum Baden oder für ein Picknick.

Es gibt neun größere und unzählige kleinere Inseln. Die größte Insel, Styrsö, ist knapp 3 km lang, die Insel Brännö ist bei Übernachtungsgästen am beliebtesten.

Bei den Touristeninformationen und an den Schaltern von Västtrafik gibt's die englischsprachige Broschüre *Excursions in the Southern Archipelago* mit hervorragenden Informationen über die Inseln.

Brännö

Die Strände und die Open-Air-Disko sind die größten Attraktionen Brännös. Jeden Donnerstagabend findet am Pier von Husvik, 1 km vom Haupthafen in Rödsten entfernt, eine Tanzveranstaltung im Freien statt.

An der Kirche in der Mitte der Insel beginnt ein Radweg durch den Wald zur Westküste. Von dort kommt man in 15 Minuten zu Fuß über einen steinernen Damm zur Insel **Galterö** mit ihrer eigenartigen baumlosen Landschaft, den glatt geschliffenen Klippen, Teichen, verlassenen Sandstränden und gespenstischem Vogelgeschrei.

Im einfachen, freundlichen **Pensionat Bagge** (☑ 031-97 38 80; www.baggebranno.se; EZ/DZ/FZ 595/990/1295 Skr) etwa 1 km südlich vom Fähranleger können Gäste so richtig abschalten. Dem gleichen Besitzer gehört auch **Brännö Värdshus** (www.baggebranno. se; Husviksvägen; Hauptgerichte 185–255 Skr; ◷11–23 Uhr). Das gemütliche Restaurant mit Café und Bäckerei bietet ausgezeichnetes Essen, darunter auch die örtliche Spezialität *rödtunga* (Rotzunge). Im Sommer werden hier regelmäßig Livejazz- und Folkkonzerte veranstaltet.

Weitere Inseln

Gleich südlich von Brännö liegt **Köpstadsö**, eine kleine Insel mit einem idyllischen Dorf mit hübschen, bunten Häusern und engen Gassen. Am Hafen parken die hier üblichen Transportmittel – Schubkarren.

In der Mitte der Schären liegt die Insel **Styrsö**. Sie hat zwei Dörfer (Bratten und Tången, beide mit Fährhafen) und eine Geschichte als Schmugglernest.

Im Süden liegt die Insel **Vrångö** mit einem schönen Badestrand an der Westküste, etwa zehn Minuten zu Fuß von der Fähre entfernt. Die Nord- und die Südspitze gehören zu einem Naturschutzgebiet.

Die winzige Insel **Vinga**, 8 km westlich von Galterö, beeindruckt mit glatten Felsbuckeln sowie einem schönen Strand und hat außerdem seit dem 17. Jh. einen Leuchtturm. Der Dichter, Komponist und Maler Evert Taube wurde 1890 hier geboren – als Sohn des Leuchtturmwärters.

Marstrand

☑ 0303 / 1319 EW.

Dieser Inselfavorit der schwedischen Königsfamilie war früher ein Kurort und wirkt wie aus einer Tommy-Hilfiger-Werbung. Die Insel hat den beliebtesten *gästhamn* (Gästehafen) Schwedens und ist die Wochenendadresse für Jachtkapitäne.

Über der Stadt ragt die trutzige **Carltens Fästning** (www.carlsten.se; Erw./7–15 Jahre 80/40 Skr; ☉ Ende Juni–Ende Juli 11–18 Uhr, restlicher Juni & Aug. 11–16 Uhr) empor. Die Festung wurde in den 1660er-Jahren fertiggestellt, nachdem die Schweden Bohuslän erobert hatten. Für spätere Arbeiten wurden dann Strafgefangene eingesetzt. Vom Rundturm aus bietet sich ein fantastischer Blick über die Schärenlandschaft. Man kann aber auch einen Geheimgang erkunden und die Gefängniszellen in Augenschein nehmen, wo die Geschichte von Lasse Maja zu erfahren ist, einem Trickdieb, der in Frauenkleidung auftrat und hier als eine Art lokaler Robin Hood galt.

Die preiswerteste Unterkunft ist **Marstrands Varmbadhus Båtellet** (☎ 0303-600 10; www.båtellet.se; Kungsplan; B/DZ 300/750 Skr; @☎), ein privates Hostel, ausgestattet mit Pool und Sauna. Das Haus befindet sich vom Fähranleger aus rechts, ungefähr 400 m weiter am Ufer entlang.

Am Nordende des Hafens liegt das renovierte, aber überteuerte **Hotell Nautic** (☎ 0303-610 30; www.nautichotell.se; Långgatan 6; DZ/FZ 1600/1800 Skr; ☎) mit hellen, einfachen Zimmern; einige davon verfügen allerdings über einen Balkon mit tollem Blick aufs Meer.

Zum Essen bieten sich in Marstrand zahlreiche Lokale an, darunter die Jahrhunderte alte Institution **Bergs Konditori** (www.bergskonditori.com; Hamngatan 9; Sandwiches ab 69 Skr; ☉ Mai–Aug. 7–17 Uhr). Die am Hafen gelegene Bäckerei verkauft frisches Brot, Kuchen, Quiches und Sandwiches. Das beste Restaurant auf Marstrand ist **Johan's Krog** (☎ 0303-612 12; www.johanskrogmarstrand.se; Kungsgatan 12; Hauptgerichte 265–345 Skr; ☉ ab 18.30 Uhr). Hier bereitet Chefkoch Johan köstliche Leckereien wie z. B. Königskrabben mit eingelegten Möhren oder Entrecôte mit gebratenem Rindermark und Portwein-Soße zu.

Die **Touristeninformation** (☎ 0303-600 87; www.marstrand.se; Hamngatan 33; ☉ Mo–Fr 10–18, Sa & So 11–17 Uhr) befindet sich gegenüber vom Fährhafen.

Von Göteborg fährt der **Marstrands Expressen** (www.vasttraffik.se) direkt zur Personenfähre nach Marstrand (50 Min.). Die Fähre pendelt sogar im 15-Minuten-Takt zur Insel (25 Skr).

BOHUSLÄN

Dramatisch, ursprünglich und unwiderstehlich schön: Die Küste von Bohuslän gehört zu den bedeutenden Naturschätzen Schwedens. Die Landschaft ist eine großartige Mischung aus zerklüfteten Inseln und alten Fischerdörfern zwischen Himmel und Meer. Inselhüpfen ist ebenso ein Muss, wie sich auf den sonnenwarmen Felsen zu erholen oder die unwiderstehlichen Meeresfrüchte der Region zu genießen.

Küste von Bohuslän

Wer aus Göteborg Richtung Norden fährt, sollte in Stenungsund in der **Touristeninformation** (☎ 0303-833 27; www.bastkusten.se; Kulturhuset Fregattan; ☉ Mo–Fr 9–18, Sa 11–15 Uhr) vorbeischauen, dort gibt es Broschüren und Karten der Umgebung.

Die Verkehrsanbindung ist in der Regel gut – die Autobahn E6 führt von Göteborg Richtung Norden nach Oslo. Größere Ortschaften an der Strecke sind Stenungsund, Ljungskile, Herrestad, Munkedal und Tanumshede. Vorbei an Strömstad geht es dann Richtung Norwegen. Regionalbahnen verkehren häufig zwischen Göteborg und Strömstad und halten auch an den meisten der genannten Orte.

Tjörn & Umgebung

☎ 0304 / 15 050 EW.

Eine lange Brücke spannt sich von Stenungsund (auf dem schwedischen Festland) zur Insel Tjörn, die wegen ihrer atemberaubenden Landschaft und des neuen Aquarellmuseums eine besondere Anziehungskraft auf Künstler ausübt. Segler lieben sie, weil hier im August die **Tjörn Runt** (www.stss.se) stattfindet, eine der größten Regatten in Schweden.

Skärhamn und **Rönnäng** im Südwesten sind die größten Siedlungen der Insel. Die kleine **Touristeninformation** (☎ 0304-60 10 16; Södra Hamnen; ☉ Juni–Aug. Mo–Fr 12–17, Sa & So 11–15 Uhr) befindet sich in Skärhamn.

In Skärhamn befindet sich auch das ausgezeichnete **Nordiska Akvarellmuseet** (☎ 0304-60 00 80; www.akvarellmuseet.org; Södra Hamnen 6; Erw./unter 25 Jahre 80 Skr/frei; ☉ Mitte Mai–Mitte Sept. 11–18 Uhr), ein elegantes Haus am Wasser mit Wechselausstellung. Zu den ausgestellten Künstlern gehören u. a. Julie Nord, die in ihren Tuschezeichnungen eine dunklere, albtraumhaftere Alice im Wunderland zeigt, oder Lars Lerin mit seinen fesselnden Stadtansichten, die von innen zu leuchten scheinen. Die fünf supermodernen Würfel direkt über dem Wasser sind Gästehäuser für Künstler oder alle anderen, die einen ruhigen Zufluchtsort suchen (Künstler/Sonstige 500/1000 Skr). Und die legendären Fischgerichte im angeschlossenen Feinschmecker-Café/Restaurant **Vatten** (☑ 0304-67 00 87; www.restaurangvatten. com; Södra Hamnen 6; Mittagessen 160–180 Skr, abends 2-Gänge-Menü 245 Skr; ☺ Juli–Mitte Aug. ab 12 Uhr, sonst kürzere Öffnungszeiten) passen perfekt zur bezaubernden Inselkulisse.

Rönnängs Vandrarhem (☑ 0304-67 71 98; www.ronnangsvandrarhem.se; Nyponvägen 5; EZ/DZ 330/650 Skr; ℗ @), ein SVIF-Hostel in Rönnäng, liegt etwa 1 km von der Fähre entfernt und bietet nicht nur gute und geräumige Zimmer, eine ziemlich große Küche und eine gemütliche ländliche Atmosphäre, sondern auch eine schattige Terrasse für Grillfeste im Sommer.

Magasinet Härön (☑ 0304-66 40 20; www. magasinetharon.com; mittags 2-/3-Gänge-Menü 275/350 Skr, abends 5-Gang-Menü 595 Skr; ☺ Mitte Juni–Mitte Aug. 11.30–16 & ab 17 Uhr) am Nordwestende von Tjörn liegt das Sommerhaus des Göteborger Kochs Mats Nordström. Sein Restaurant liegt nur einen Steinwurf vom Meer entfernt in einem 1847 erbauten *magasinet* (Fischschuppen). Im Sommer wird es hier sehr voll. Hauptsächlich werden Fisch und Meeresfrüchte serviert – die Zubereitung erfolgt mit all der Sorgfalt, für die Norström auch im Wasa Allé (S. 166) bekannt ist. Von Kyrkesund aus kann man mit der Personenfähre anreisen.

Der Tjörn-Expressbus fährt an Wochentagen sechsmal täglich ab dem Busbahnhof in Göteborg nach Tjörn, unterwegs hält er in Skärhamn, Klädesholmen und Rönnäng. Die Buslinie 355 aus Stenungsund fährt über die Insel bis Rönnäng.

KLÄDESHOLMEN

Die „Heringsinsel" Klädesholmen, die über eine Brücke vom Süden Tjörns zugänglich ist, ist ein Mix aus roten und weißen Holzhäusern. Seit dem Verschwinden der Heringe hat die Gegend nicht mehr viel zu bieten. Die ehemals 30 Betriebe, die Hering verarbeitet haben, sind zu einer Handvoll geschrumpft. Wissenswertes über die anhaltende Liebe der Schweden zu ihrem Lieblingsfisch erfährt man im kleinen **Heringmuseum** (☑ 0304-67 33 08; Sillgränd 8; ☺ Juli–Mitte August 15–19 Uhr) `GRATIS`.

> ### ⓘ MIT ÖFFENTLICHEN VERKEHRSMITTELN AN DER KÜSTE ENTLANG
>
> Wer mit öffentlichen Verkehrsmitteln zu einigen abgelegeneren Inseln oder Orten an der Küste von Bohuslän reisen möchte, wird (besonders außerhalb der Hauptsaison) Schwierigkeiten bekommen. Die Gegend ist ideal für individuelle Reisen mit den eigenen zwei oder vier Rädern. Wer auf Busse und Schiffe angewiesen ist, sollte den Reiseplaner auf der Website von **Västtrafik** (www. vasttrafik.se) nutzen, um unnötig lange Umsteigezeiten zu vermeiden.

Das Uferrestaurant **Salt & Sill** (☑ 0304-67 34 80; www.saltosill.se; mittags Hauptgerichte 159–185 Skr, abends Hauptgerichte 195–335 Skr; ☺ Mai–Sept. & Dez., in der übrigen Zeit telefonisch erfragen) ist eines der besten Meeresfrüchte-Restaurants der Region (und das will hier etwas heißen!) mit einer häufig wechselnden, innovativen Speisekarte. Legendär ist die Heringsplatte mit sechs verschiedenen Variationen (159 Skr). Im Sommer werden mittags gegrillter Fisch oder gebratene Makrele mit Roggenbrotbröseln angeboten, abends ist die Karte anspruchsvoller. Mit dem kulinarischen Ruhm sind die Besitzer noch nicht zufrieden, sodass sie hier auch das erste **schwimmende Hotel** (☑ 0304-67 34 80; www.salt-osill.se; EZ/DZ 1790/2290 Skr; ☎) Schwedens eröffnet haben. In einer Reihe schlichter Würfel befinden sich 23 helle, freundliche, moderne Zimmer, die alle im Farbton des Krautes oder Gewürzes, nach dem sie benannt wurden, gestrichen sind. Und auch eine schwimmende Sauna gehört zur Ausstattung dazu.

Åstol

Das kleine Åstol sieht vom Meer her gesehen aus, als käme es direkt aus einem seltsamen Traum – ein winziger, kahler Felsklotz, auf dem strahlend weiße Häuser übereinander gestapelt zu sein scheinen. Die autofreien Straßen laden zum Bummeln ein, der Blick auf die anderen Inseln ist wunderschön und in **Åstols Rökeri** (www.astolsrokeri.se; Mittagessen ab 150 Skr, abends Hauptgerichte 179–245 Skr; ☺ April–Sept. 12–22 Uhr), einer Fischräucherei mit angeschlossenem Restaurant, werden Fischsuppe und selbst geräucherter Lachs serviert.

FELSRITZUNGEN ENTDECKEN

Die bronzezeitlichen Bewohner Bohusläns hatten noch keine geschriebene Sprache, aber sie waren eifrige Felsritzer und wie alle Menschen vor und nach ihnen besessen davon, der Nachwelt etwas zu hinterlassen und von ihrer Religion, ihren Bräuchen, Erfolgen und Tragödien zu berichten – sie taten das, indem sie Zeichnungen in den Fels ritzten. Viele dieser 3000 Jahre alten *hällristningar* (Felsritzungen) sind bis heute erhalten. In der Ebene von Tanum, bei Tanumshede, befinden sich besonders viele Ritzungen und das gesamte 45 km² große Gebiet wurde von der Unesco zum Weltkulturerbe erklärt. Zu der Zeit, als die Ritzungen gemacht wurden, lag dieses Gebiet viel näher am Wasser, denn der Meeresspiegel war 15 m höher.

Das interaktive **Vitlycke Museum** (☏ 0525-209 50; www.vitlyckemuseum.se; ⊙ Mitte April–Aug. tgl. 10–18 Uhr) GRATIS bietet eine ausgezeichnete Einführung in die Ritzungen, erläutert die Ursprünge, bietet Erklärungen über die Bedeutung jeder Ritzung und gibt Einblicke in das Alltagsleben der Urheber dieser Ritzungen. Für Kinder gibt es im Freigelände einen nachgebauten Bauernhof aus der Eisenzeit. Lohnenswerte Führungen (auf Englisch) finden während der Hauptsaison um 11.30 und 14.30 Uhr statt; außerdem werden längere Führungen zu bestimmten Themen angeboten. Wer die Felsritzungen auf einer Fahrradtour erkunden möchte, kann am Museum Räder mieten (100 Skr).

Vom Museum führt eine Reihe von Wegen durch den Kiefernwald zu den wichtigsten Ritzungen, im ganzen Gebiet gibt es aber noch weitaus mehr kleinere Fundstätten. Jenseits der Straße befindet sich der beeindruckende 22 m hohe Vitlycke-Fels, der als riesige „Leinwand" für 500 Ritzungen über Liebe, Kraft und Zauber dient. Hier finden sich einige der berühmtesten Felskunstwerke Schwedens, darunter die Liebenden – ein Brautpaar, eine gehörnte Gottheit in einem Streitwagen, ein Wal, eine trauernde Frau, ein Mann, der vor einer riesigen Schlange flüchtet und eine Fruchtbarkeitsgöttin.

Etwas weiter südlich liegt Aspeberget, hier befindet sich die größte Dichte an Ritzungen. Man erkennt, dass die Bronzezeit von zwei Themen beherrscht wurde: Schiffe und Gewalt in Gestalt von Männern mit mächtigen Äxten.

Richtung Küste liegt eine dritte große Fundstätte, Litsleby. Hier dominieren nautische Themen, aber die Boote werden von der riesigen Figur eines (sehr eindeutig männlichen) Gottes in den Hintergrund gedrängt, der einen Speer schwingt – wahrscheinlich Odin. Es sind auch Hunde zu entdecken, nackte Füße und Speerträger hoch zu Ross.

Man mag sich darüber wundern, dass alle Ritzungen rot sind – das liegt nicht daran, dass sich die rote Farbe über 3000 Jahre gehalten hat, sondern die heutigen Archäologen wollten, dass Besucher die Bilder besser erkennen können.

Das aufschlussreiche Buch *The Rock Carving Tour* (50 Skr), das nur im Bohusläns Museum erhältlich ist, enthält interessante Deutungen und detaillierte Lagepläne, die die besten Fundstellen in Bohuslän zeigen.

Wer mit öffentlichen Verkehrsmitteln nach Vitlycke möchte, nimmt von der Bushaltestelle Tanumshede die Buslinien 870 oder 945 bis Hoghem. Von dort sind es noch fünf bis zehn Minuten zu Fuß. Die Regionalbusse auf der Strecke Göteborg–Uddevalla–Strömstad halten in Tanumshede.

Åstol ist von Rönnäng aus mit der Fähre erreichbar (zwischen 5.30 und 23.30 Uhr 1- bis 2-mal stündl.).

Orust

☏ 0304 / 15 221 EW.

Orust die drittgrößte Insel Schwedens, bietet üppige Wälder und atemberaubend schöne Fischerdörfer. Die Bootsbauindustrie floriert – mehr als die Hälfte aller Segelschiffe in Schweden rollen hier vom Stapel. Über

eine Brücke ist Orust mit der südlichen Nachbarinsel Tjörn verbunden.

Orusts **Touristeninformation** (☏ 0304-33 44 94; www.orust.se; Kulturhuset Kajutan, Hamntorget; ⊙ Di–Fr 12–16, Sa 10–14 Uhr) befindet sich in Henån im selben Gebäude wie die örtliche Bücherei.

Bei Stocken im Westen der Insel, etwa 5 km von der größeren Stadt Ellös entfernt, gibt es ein ausgezeichnetes STF Hostel, **Tofta Gård** (☏ 0304-503 80; www.toftagard.se; EZ/DZ/3BZ 360/640/550 Skr; P ☏). Es wurde in einem alten Bauernhaus und dessen Nebengebäuden untergebracht. Die idyllische Landschaft lädt zum Wandern, Schwimmen und Kanufahren ein. In der Hauptsaison gibt es im Restaurant jeden Abend ein Büfett mit Tapas (245 Skr); außerdem bietet das Hostel einen Whirlpool.

MOLLÖSUND

Das hübsche Mollösund im Südwesten der Insel ist das älteste Fischerdorf an der Küste von Bohuslän. Der Hafen wie aus dem Bilderbuch und mehrere landschaftlich schöne Wanderwege machen das Glück perfekt.

Emma's Café, Grill & Vinbar (☑ 0304-211 75; www.cafeemma.com; Hamnvägen 4; Mittagessen 59–185 Skr, abends Hauptgerichte 139–215 Skr; ☺ Restaurant Juni–Mitte Aug. 11–24 Uhr) ist ein weiteres Restaurant in Bohuslän, das vom Göteborger Koch Mats Nordström mitbetrieben wird. Das rote Haus direkt am Hafen hat auch ein kleines einladendes Hostel (DZ ab 950 Skr). Im gemütlichen Café-Restaurant werden herzhafte Gerichte aus regionalen Biozutaten (zumeist Fisch) serviert: vom Krabbensandwich bis zur sensationellen Fischsuppe.

Mollösunds Wärdshus (☑ 0304-211 08; www.mwhus.se; Kyrkvägen 9; DZ ab 1295 Skr; ☺ Ostern–Dez.; ☎) ist ein gehobenes Gasthaus aus dem 19. Jh. Die zehn gut ausgestatteten Zimmer mit witzigen Tapeten werden von Ostern bis Dezember vermietet. Außerdem gibt es eine schöne, sonnige Terrasse, auf der man Wein sowie frischen Fisch und Meeresfrüchte aus der Region genießen kann. Hier bekommt man auch Informationen zum Inselhüpfen oder Adrenalin ausschüttenden RIB-Boottouren und das Personal heizt auf Wunsch gerne den Whirlpool an.

Die Buslinie 975 fährt an Wochentagen um 7.30 Uhr nach Henån, die Buslinie 372 verbindet Mollösund mit dem kleinen Ort Varekil (nur Montag bis Freitag). Der Bus von Orustexpressen fährt an Wochentagen mehrmals täglich direkt von Göteborg nach Henån; sonst muss man in Stenungsund oder Lysekil umsteigen.

Lysekil & Umgebung

☑ 0523 / 14 521 EW.

Mit dem Flair vergangener Größe mutet der Kurort Lysekil aus dem 19. Jahrhundert auf eigenartige Weise wie ein englisches Seebad an. Er verhätschelt seine Sommergäste viel weniger als andere Städte in Bohuslän, was jedoch durchaus etwas für sich hat.

EIN HAUCH VON WILDNIS

Nordens Ark (☑ 0523-795 90; www.nordensark.se; Åby säteri; Erw./5–17 Jahre 230/90 Skr; ☺ Mitte Juni–Mitte Aug. tgl. 10–19 Uhr, übrige Zeit kürzere Öffnungszeiten; ☑) Schneeleoparden, Wölfe und Luchse schleichen durch Nordens Ark, einen faszinierenden Safaripark 12 km nordöstlich von Smögen. Hier sind Tiere und Pflanzen aus Ländern zu sehen, die ähnliche klimatische Verhältnisse haben wie Schweden. Zusätzlich existiert ein Zuchtprogramm für vom Aussterben bedrohte Arten wie den Amur-Tiger und den Amur-Leoparden. Auf einem 3 km langen Spazierweg kann man einen Blick auf die wilden Tiere in ihren geräumigen Gehegen werfen; zusätzlich gibt es in der Hauptsaison auch Führungen (im Eintritt inbegriffen).

☉ Sehenswertes & Aktivitäten

Lysekil besitzt aus seiner Zeit als Kurort noch eine interessante Architektur, z. B. alte Badehütten und **Curmans villor** – Holzhäuser im romantischen „altnorwegischen" Stil am Meer. Carl Curman war der berühmte Badearzt, der seine Gäste davon überzeugen konnte, dass ein Bad im Meer bei Lysekil ein Allheilmittel sei. An der geschwungenen **Gamla Strandgatan** stehen hübsche bemalte Holzhäuser.

Havets Hus   AQUARIUM

(www.havetshus.se; Strandvägen 9; Erw./5–17 Jahre 110/60 Skr; ☺ Mitte Juni–Mitte Aug. 10–18 Uhr; ☑) Havets Hus ist ein ausgezeichnetes Aquarium und zeigt die Meeresfauna aus Gullmar, Schwedens einzigem richtigen Fjord, der bei Lysekil liegt. Alle Schönheiten des Meeres sind hier anzutreffen: Seewolf, Seehase, Angelfisch, schrullige Plattfische, Rochen und ätherische Quallen. Man kann in der Vergrößerung einem Haifisch-Embryo beim Wachsen zuschauen, kann durch einen Unterwassertunnel hindurchgehen und lernt eine Menge über die Geschichte der Piraten in der Region.

Stångehuvud Naturschutzgebiet   NATURSCHUTZGEBIET

An der äußersten Spitze der Halbinsel Stångenäs liegt das Naturschutzgebiet Stångehuvud mit einem Felsenstrand, an dem es einsame Badeplätze gibt und einen Aussichtsturm aus Holz. Ein Ort für einen lohnenden Stopp.

Fiskebäckskil INSEL

Die Personenfähre 847 (transportiert auch Fahrräder; 25 Skr) überquert den Gullmarnfjord etwa stündlich Richtung Fiskebäckskil, wo hübsche, gepflasterte Straßen und holzverkleidete Häuser warten. Der Innenraum der **Kirche** erinnert an ein kieloben treibendes Boot, dazu gibt es Votivschiffe und beeindruckende Decken- und Wandgemälde. Von Tjörn und der E4 führt auch eine Straße nach Fiskebäckskil.

Käringön INSEL

Diese malerische Insel bietet jede Menge guter Badeplätze, manche von ihnen haben sogar Flöße und Trampolin, um das Badevergnügen perfekt zu machen. Unzählige flache, breite Felsen machen Käringön zu einem idealen Ort für ein Picknick an einem schönen Sommertag. Die Fähre 381 verkehrt regelmäßig etwa stündlich ab Tuvesvik (an der Nordwestküste der Insel Orust); aktuelle Fahrpläne findet man im Internet (unter www.vasttrafik.se).

Seehundsafaris BOOTSAUSFLUG

(☏ 0523-66 81 61; Erw./5–17 Jahre 200/110 Skr; ☺ Juli–Mitte Aug. 13 Uhr) Die eineinhalbstündigen Safaris starten in der Nähe des Aquariums. Karten dafür sind im Havets Hus erhältlich.

🛏 Schlafen

Siviks Camping CAMPINGPLATZ €

(☏ 0523-61 15 28; www.sivikscamping.nu; Stellplatz 310 Skr; ☺ Ende April–Mitte Sept.; P) Siviks ist der am besten gelegene Campingplatz der Umgebung. Er liegt auf großen rosa Granitplatten an einem sandigen Strand 2 km nördlich der Stadt und ist besonders beliebt bei Wohnmobilreisenden.

Strand Vandrarhem & Hotell HOSTEL, HOTEL €€

(☏ 0523-797 51; www.strandflickorna.se; Strandvägen 1; Hostel B/EZ/DZ 350/850/950 Skr, Hotel EZ/DZ 1095/1440 Skr; P ☎) Das große, weitläufige Holzhaus befindet sich in der Nähe des Aquariums Havets Hus und erinnert an ein Haus aus den amerikanischen Südstaaten – fast sieht man die Gäste auf der Terrasse am Bourbon nippen. Die Zimmer sind sehr hübsch tapeziert und haben eigene Bäder, sogar die im Hostel; die Hotelzimmer (einige davon haben sogar Meerblick zu bieten) sind etwas vornehmer.

Strandflickorna Havshotell HOTEL €€

(☏ 0523-797 50; www.strandflickorna.se; Turistgatan 13; EZ/DZ ab 1295/1595 Skr; P ☎) Diese gehobenere Unterkunft steht unter gleicher Leitung wie das Strand Hotell. Das Haus aus der Jahrhundertwende wurde geschickt renoviert, die gemütlichen Zimmer sind nach verschiedenen nautischen/historischen Themen gestaltet, es gibt eine Sauna und einen Whirlpool mit Blick aufs Meer.

🍴 Essen

⭐ Brygghuset MEERESFRÜCHTE €€

(☏ 0523-222 22; www.brygghusetkrog.com; Fiskebäckskilsvägen 28; mittags Büfett 125 Skr, Hauptgerichte 205–305 Skr; ☺ 12–24 Uhr; P) Das bekannte Restaurant liegt gegenüber dem Fährhafen von Fiskebäckskil direkt am Meer. Es ist berühmt für seinen ausgezeichneten Fisch, der so frisch ist, dass er geradewegs aus dem Meer auf den Tisch gesprungen sein könnte. Mittags gibt es am Büfett Hering auf acht verschiedene Arten zubereitet oder auch Suppe mit Meeresfrüchten.

Pråmen MEERESFRÜCHTE €€

(☏ 0523-145 42; www.pramen.nu; Södra Hamnen; Hauptgerichte 158–255 Skr; ☺ 12–15.30 & ab 18 Uhr; ♿) Krebse, Muscheln, Garnelen, Heilbutt, Lachs: Alles, was im Meer schwimmt, krabbelt oder am Fels im Meer hängt, kommt in dieser beliebten schwimmenden Restaurant-Bar auf die Karte.

Old House Inn INTERNATIONAL €€

(www.theoldhouseinn.se; Kungsgatan 36; Hauptgerichte 129–189 Skr; ☺ 12 Uhr bis spätabends; ♿) Die Karte des idyllischen Restaurants auf dem kleinen Dorfplatz umfast die ganze Bandbreite von Pulled-Pork-Sandwiches bis hin zu Nudeln und für alle, die es süß lieben, lockt zum Nachtisch Panna Cotta mit Chili-Schokolade. Im Sommer gibt es abends meistens Livemusik.

ℹ Praktische Informationen

Touristeninformation (☏ 0525-130 50; Södra Hamngatan 6; ☺ Juli–Mitte Aug. Mo–Fr 9.30 bis 17, Sa & So 9.30–15 Uhr) Gibt Auskünfte über verschiedene Bootstouren, vom Inselhüpfen bis zu Angelausflügen.

ℹ An- & Weiterreise

Der Expressbus 840 und 841 fährt stündlich von Göteborg über Uddevalla nach Lysekil (148 Skr,

1 Std. 50 Min.). Man kann auch mit der Personenfähre ab Fiskebäckskil, direkt südlich von Lysekil, fahren (15 Min.).

Smögen

📞 0523 / 1329 EW.

Ein weiterer Küstenfavorit ist Smögen mit seiner geschäftigen Uferpromenade, den schiefen Fischerhütten und steilen Stufen, die in ein Labyrinth aus liebevoll restaurierten Häuschen und gepflegten Sommergärten führen.

An der bei der hippen Jugend beliebten **Smögenbryggan** (Promenade) gibt es in Hafennähe jede Menge Bars und Geschäfte; Ruhe und Frieden findet man dort nur ganz früh morgens und natürlich außerhalb der Saison. Zu einer kleinen **Fischauktion** (www.smogens-fiskauktion.com; Fiskhall; ⊙ Mo–Fr 8 Uhr, Do auch 16 Uhr) laden die Fischer im Hafen ihre superfrischen Garnelen, Hummer und Fische aus den Booten; größere Auktionen werden heutzutage allerdings online abgewickelt.

Vom Hafen Smögen fährt die **Hållö Färjan** (📞 0706-91 36 33; www.hallofarjan.se; Erw./ Kind unter 12 Jahren hin & zurück 90/45 Skr) im Sommer ab 9.30 Uhr etwa jede halbe Stunde zur nahe gelegenen Insel **Hållö**. Die glatt polierten Granitfelsen der Insel, die bizarren Höhlen und tiefen Spalten entstanden vor Tausenden von Jahren, in denen Gletscher die Insel geformt haben. Hoch oben thronen ein rot-weißer Leuchtturm aus dem 19. Jh. und eine kleine Kirche (für Besichtigungen im Hostel melden). Seeschwalben und andere Seevögel nisten in der Umgebung, kleine weiße Stiefmütterchen überziehen die Insel. Die unberührte, abgelegene Insel ist ein idealer Rückzugsort für alle, die das richtige Bohuslän kennenlernen wollen. Utpost Hållö (S. 183) heißt das tolle abgelegene Inselhostel.

Das zu SVIF gehörende **Makrillvikens Vandrarhem** (📞 0523-315 65; www.makrillviken. se; Makrillgatan; B/DZ 300/800 Skr; 🅿) befindet sich in einem ehemaligen Badehaus mit toller Aussicht auf die Inseln ist eine gute und beliebte Wahl für schmale Geldbeutel. Es liegt 500 m von der bevölkerten Uferpromenade entfernt und bietet seinen Gästen Badeplätze direkt vor dem Zimmer und eine alte Sauna am Meer. Und wer noch mehr Spaß im Wasser möchte, kann Kanus mieten. Unbedingt vorher reservieren!

Das **Hotel Smögens Havsbad** (📞 0523-66 84 50; www.smogenshavsbad.se; Hotellgatan 26; EZ/DZ ab 1095/1395 Skr; 🅿 📶 ✉) sieht von außen mit seinem wie angeklebt wirkenden Anbau ziemlich schrecklich aus, ist aber innen (Gott sei Dank) wirklich schön. Viele der hellen Zimmer im skandinavischen Stil haben Meerblick. Das hauseigene Restaurant bietet so köstlich zubereitete heimische Meeresfrüchte wie z. B. Seewolf mit Schaum von Miesmuscheln und sautierten neuen Kartoffeln.

Direkt oberhalb des Wassers befindet sich die freundliche **Hallo Bar** (Fiskhamnsgatan 32; Gerichte ab 79 Skr; ⊙ 11.30–22 Uhr), in der man kleine Gerichte mit Meeresfrüchten, köstlichen panierten Fisch mit Pommes sowie üppig belegte Krabbensandwiches essen kann. Der **Coffee Room** (Sillgatan; Bagels & Wraps 75–99 Skr; ⊙ Juni–Aug. tgl. 9–23 Uhr) ist wohl das netteste Café weit und breit. Wer gerne leckere Milkshakes, gefüllte Bagels und frische Wraps mag, is(s)t hier richtig. Ein Stück weiter auf der Uferpromenade locken die leckeren Gerüche vom Grill ins Lokal **Hamnen 4** (📞 0523-708 50; www.hamnen4. se; Sillgatan 14–16; Hauptgerichte 165–275 Skr; ⊙ Mo–Fr 18–3, Sa 12–3 Uhr). Fischliebhaber genießen hier Seelachs mit Miesmuscheln und Kabeljau in brauner Butter, Fleischfans kommen bei exzellent gebratenen Steaks und Hamburgern auf ihre Kosten. Die gut ausgestattete Bar stillt bis in die frühen Morgenstunden jeden Durst.

Die **Touristeninformation** (📞 0523-66 55 50; www.sotenasturism.se; Bäckevikstorget 5; ⊙ Mo–Fr 10–18, Sa & So 10–17 Uhr) befindet sich in Kungshamn. Im Sommer gibt es eine Zweigstelle am Parkplatz vom ICA Einkaufszentrum direkt an der Smögenbron.

Die Buslinie 841 verkehrt regelmäßig von Göteborg nach Torp, wo man in die Linie 860 nach Smögen umsteigen muss (175 Skr, 2¼ bis 2½ Std., 5-mal tgl.). Von Lysekil geht es mit der Buslinie 850 weiter mit Umsteigen in Hallinden in die Linie 860 (65 Skr, 1¼ Std., 5-mal tgl.).

Fjällbacka

📞 0525 / 859 EW.

Der Filmstar Ingrid Bergman verbrachte den Sommerurlaub immer in Fjällbacka (der Hauptplatz wurde auch nach ihr benannt), aber sicherlich war damals das Ufer noch nicht mit sonnenanbetenden Touristen verstopft und auf der Hauptstraße stauten sich an schönen Sommertagen noch nicht alte Chevys und Pontiacs. Trotzdem besitzt das kleine Städtchen mit seinen leuchtend

GÖTEBORG & DER SÜDWESTEN KÜSTE VON BOHUSLÄN

ABSTECHER

RESÖ

Die kleine Insel liegt 10 km südlich von Strömstad. Man erreicht sie auf einer reizvollen engen Straße, die sich durch die Wälder schlängelt und über mehrere Brücken führt. Der Hauptgrund für einen Besuch ist ein Aufenthalt im **Resö Gamla Skola** (☎ 0525-259 00; www. resogamlaskola.se; EZ/DZ 600/1000 Skr), dem wohl hübschesten der vielen günstigen Hotels an der Küste von Bohuslän. Das freundliche gelbe Haus ist eine ehemalige Schule (die alte Turnhalle im Obergeschoss ist noch zu erkennen) und vermittelt die Atmosphäre einer Unterkunft bei Freunden: Die gemütlichen Zimmer sind im maritimen Stil eingerichtet und für die Gäste stehen eine Bibliothek, eine große Küche und eine schöne Terrasse zur Verfügung. Das Frühstück ist genauso ausgezeichnet wie die Gastgeber.

bunten Häusern zwischen den steilen Klippen und dem Meer noch immer einen unglaublichen Charme.

Die **Touristeninformation** (☎ 0525-321 20; www.fjallbacka.com; Ingrid Bergmanstorg; ☺ Mitte Juni–Aug.) vermittelt Bootstouren zur beliebten Felseninsel Väderöarna.

Einen Häuserblock vom Ufer entfernt, führt eine steile Holztreppe zur Spitze des **Vetteberget-Kliffs**, das einen herrlichen Rundblick über den Ort, das Meer und die Schären bietet. Mehrere Wege laden zu längeren Spaziergängen über das Felsplateau ein. Von Juli bis Mitte August veranstaltet Vadero Express eineinhalbstündige Bootsausflüge, dazu gehört auch eine Tour zu den einheimischen **Seehundsbänken** (pro Pers. 375 Skr; 15 Uhr). Die Schiffe fahren am Ingrid Bergmanstorg ab.

Auf einer winzig kleinen Insel vor dem Hafen liegt das **Badholmens Vandrarhem** (☎ 0525-321 50; www.hamburgsundbokning.se; Zi./3BZ/4BZ 750/1050/1350 Skr; ☺ April–Okt.), das über einen Damm zu erreichen ist. Die vier einfachen Hütten mit Doppelstockbetten, die jeweils Namen von Tiefseekreaturen tragen, haben Blick aufs Meer; es gibt ein Café, einen Waschsalon, Sauna und Whirlpool für die Gäste. Hinter den Hütten kann man wunderbar in der Sonne liegen oder tauchen.

Das ziemlich skurrile **Stora Hotellet** (☎ 0525-310 60; www.storahotellet-fjallbacka.se; Galärbacken; EZ/DZ/Suite 1490/1990/2750 Skr; ◎) schickt seine Gäste auf eine reizvolle „Weltreise in 23 Zimmern". Ursprünglich gehörte das Haus einem Kapitän, der es mit exotischen Souvenirs dekorierte. Er nannte alle Zimmer nach seinen liebsten Häfen und Entdeckern (und Mädchen!) und jedes Zimmer erzählt deshalb auch eine ganz persönliche Geschichte. Zu den Extras gehören fünf Restaurants, deren kulinarisches Spektrum von der Tapasbar bis zum Feinschmeckerlokal reicht.

In unübertrefflicher Lage am Wasser liegt das **Bryggan Fjällbacka** (☎ 0525-310 60; www.storahotelletbrygan.se; Ingrid Bergmanstorg; mittags Hauptgerichte 125–150 Skr, abends Hauptgerichte 265–365 Skr; ☺ Café 11–22 Uhr, Restaurant ab 18.30 Uhr) mit zwei unterschiedlichen Möglichkeiten: Im legeren Bryggan Café & Bistro werden Krabbensandwiches, Salat und kaltes Bier angeboten, im exquisiten Restaurant Matilda stehen gegrillte Jakobsmuscheln und gebratenes Thunfischsteak auf der Karte.

Am besten erreicht man Fjällbacka von Göteborg aus mit der Buslinie 871 bis Håby und steigt dort in die Linie 875 um (175 Skr, insgesamt 2¼ Std., 2-mal tgl.). Man kann auch mit dem Zug bis zum Bahnhof Dingle und dann mit dem Bus 875 Richtung Hamburgsund bis Fjällbacka fahren (175 Skr, 2½ Std., 2- bis 3-mal tgl.).

Uddevalla

☎ 0522 / 31 212 EW.

Bohusläns Hauptstadt Uddevalla eignet sich gut als Umsteigeort, hat aber ansonsten nicht gerade viel zu bieten. Von hier verkehren die Züge nach Strömstad (120 Skr, 1¼ Std., 5-mal tgl.) und nach Göteborg (120 Skr, 1 Std. 10 Min., stündl.). **Swebus Express** (www.swebusexpress.com) fährt bis zu 6-mal täglich nach Oslo (169 Skr, 2½ Std.). Die Busse halten nicht im Stadtzentrum, sondern an der Bushaltestelle an der Autobahn E6.

Strömstad

☎ 0526 / 6288 EW.

Den lebhaften Fischereihafen, Kur- und Ferienort Strömstad schmücken reich verzierte Holzhäuser im Stil des benachbarten Norwegen. In der Gegend gibt es mehrere fantastische Überreste aus der Eisenzeit sowie einige sehr schöne **Sandstrände** bei Capri und Seläter. Schiffstouren führen von hier zu den westlichsten Inseln Schwedens, die bei Radfahrern und Schwimmern sehr beliebt sind.

◉ Sehenswertes & Aktivitäten

Schiffsteinsetzungen   ARCHÄOLOGISCHE STÄTTE
(⊘ 24 Std.) GRATIS Eine der größten und schönsten Schiffsteinsetzungen Schwedens (ein Oval aus Steinen in der Form eines Bootes) befindet sich 6 km nordöstlich von Strömstad. Insgesamt stehen hier 49 Steine; die Steine, die Vorder- und Hintersteven markieren, sind mehr als 3 m hoch. Experten datieren die Anlage auf die Zeit von 400 bis 600 n. Chr. Auf der anderen Sraßenseite liegt ein riesiges Gelände mit etwa 40 **eisenzeitlichen Gräbern**. Die Touristeninformation ist bei Bedarf bei der Anreise behilflich. Eine Alternative ist auch der wunderschöne Wanderweg vom Nordrand der Stadt bis hierher.

Kosterinseln   INSEL
(www.kosteroarna.com) Von Strömstads Nordhafen starten Ausflugsboote zu den traumhaften, bewaldeten Kosterinseln (hin & zurück Erw. 130 Skr). Die Boote verkehren von Juli bis Mitte August alle 30 Minuten, in der übrigen Zeit seltener. Das kleine Nordkoster ist hügelig und hat schöne Strände. Südkoster ist größer und flacher und deswegen besser zum Radfahren geeignet. Es gibt die Möglichkeit, Fahrräder auszuleihen, außerdem bietet die Insel zahlreiche Restaurants und zwei große Strände in Rörvik und Kilesand.

Skee Kyrka   KIRCHE
Die romanische Skeekirche, 6 km östlich von Strömstad, kann nur nach Absprache mit der Touristeninformation besichtigt werden. Sie besitzt ein Kirchenschiff aus dem 10. Jh., eine bemalte Holzdecke und ein ungewöhnliches Retabel aus dem 17. Jh. mit insgesamt 24 Skulpturen. Nicht weit davon befinden sich **eisenzeitliche Gräber**, ein kurioser **Glockenturm** und ein **Ganggrab** aus der Periode der mittleren Jungsteinzeit (ca. 3000 v. Chr.).

Strömstads Museum   MUSEUM
(www.stromstadsmuseum.se; Södra Hamngatan 26; ⊘ Di–Fr 10–13 & 14–16, Sa 11–14 Uhr) GRATIS Das Museum befindet sich in der Stadt in ei-

nem alten Kraftwerk. Die Ausstellung zeigt Fotografien der Umgebung und Exponate aus der Seefahrergeschichte.

Selin Charter Schiffstouren   BOOTSAUSFLUG
(www.selincharter.se; Ausflüge ab 200 Skr; ⊘ Juni–Aug.) Auf dem Programm stehen Ausflüge zum westlichsten Leuchtturm Schwedens Ursholmen und Seehundsafaris, außerdem Makrelenfischen (Juni) und Hummersafaris (Herbst). Die Touren starten am Südhafen von Strömstad.

🛏 Schlafen & Essen

Strömstad Camping   CAMPINGPLATZ €
(☎ 0526-611 21; www.stromstadcamping.se; Uddevallavägen; Stellplatz 340 Skr, 2-B-Hütten ab 540 Skr; ⊘ Mitte April–Aug.) Der Campingplatz ist in einem schönen, großen Park am Südrand des Ortes gelegen und vermietet auch schattige Hütten.

★ Emma's Bed and Breakfast   B&B €€
(☎ 0916-65 046; www.emmasbedandbreakfast. se; Kebal 2; EZ/DZ ab 700/1400 Skr; P 🛜) Das stattliche Gebäude aus dem Jahr 1734 liegt ruhig, inmitten von Bäumen, nur einen zehnminütigen Spaziergang vom Stadtzentrum entfernt. Die Zimmer sind groß und luftig und die nette Gastgeberin serviert morgens ein opulentes, leckeres skandinavisches Frühstück.

Heat   THAI, SUSHI €€
(www.heat.nu; Ångbåtskajen 6; Hauptgerichte 109–189 Skr; ⊘ Mo–Fr 11.30–23, Sa 12–23, So 13–23 Uhr) Das Restaurant am Hafen sorgt mit seinen scharfen thailändischen Currys für ordentlich Hitze. Normalerweise ist Skepsis bei Restaurants angebracht, die zwei völlig verschiedene Küchenrichtungen anbieten, aber hier sind die Sushi tatsächlich ebenso gut wie die thailändischen Spezialitäten. Die Samurai Sushi sind einen Versuch wert und für eine Gruppe lohnen sich die „Deluxe Sashimi" (399 Skr).

Rökeri i Strömstad   MEERESFRÜCHTE €€
(dnn.rokerietistromstad.se; Torksholmen; mittags Hauptgerichte 130–180 Skr, abends Hauptgerichte 209–359 Skr; ⊘ Di–Sa 12–17 Uhr, Fr & Sa auch abends) Im familiengeführten Restaurant am Hafen stehen mittags Fischsuppe auf der Karte, der Fang des Tages und Baguette mit Meeresfrüchten. Abends ist das Angebot raffinierter: Die Hausplatte ist eine absolute Köstlichkeit. Allerdings muss man manchmal sehr viel Geduld haben und lange warten, wenn das Restaurant gut besucht ist. In

ⓘ UNTERWEGS AUF DEM DALSLAND-KANAL

Der landschaftlich reizvolle Dalslandkanal durchquert die östliche Hälfte der Region Dalsland. Obwohl er nur 10 km lang ist, verbindet er eine Reihe von schmalen Seen zwischen dem Vänersee und Stora Le und erreicht so eine Gesamtlänge von 250 km, die im Sommer mit dem Boot oder dem Kajak befahren werden kann.

Wer selbst ein Boot steuern möchte, kann bei der Firma **Dalslands Kanal AB** (☎ 0530-447 50; www.dalslandscanal.se; pro Woche 14 999 Skr) ein Nimbus 2600 mieten und gemütlich durch die ruhige Landschaft schippern, nur unterbrochen von den zahlreichen Schleusen. Die Boote können nur wochenweise gemietet werden. Wer die Fahrt lieber als Passagier unternehmen möchte, kann auf der M/S Storholmen (S. 181) und der M/S Dalslandia (S. 181) kurze Touren auf dem Kanal unternehmen. Abfahrtsort ist Håverud.

Für alle, die gerne paddelnderweise die Einsamkeit genießen wollen, gibt es entlang des Kanals ein Netzwerk von zehn Stationen, an denen Kajaks und Kanus sowie die notwendige Ausrüstung verliehen werden. Wichtige Tipps für unterwegs gibt es hier auch. Eine der Stationen ist **Kajaklodge** (☎ 0531-125 40; www.kajaklodge.se; Bengtsfors; pro Tag ab 220 Skr), hier findet man auch eine Unterkunft. Wer eine richtige Herausforderung sucht, kann am **Dalsland Kanot Maraton** (www.kanotmaraton.se) teilnehmen – bei diesem Langstreckenrennen hetzen die Wettkampfteilnehmer mit ihren Kanus Mitte August über eine aufreibende Strecke von 55 km Länge.

der benachbarten Räucherei gibt es sehr guten Gravadlax fürs Picknick zu kaufen.

ⓘ Praktische Informationen

Touristeninformation (☎ 0526-623 30; www. stromstad.se; Ångbåtskajen 2; ⓧ Juni–Aug. Mo–Sa 9–20, So 10–19 Uhr) Direkt gegenüber der Anlegestelle zu den Kosterinseln.

ⓘ Anreise & Unterwegs vor Ort

Busse und Züge fahren am Bahnhof in der Nähe des südlichen Hafens ab. Die Buslinie 871 von **Västtrafik** (www.vasttrafik.) fährt nach Göteborg (170 Skr, 2¼ Std., 3- bis 4-mal tgl.). Direkte Züge fahren von Strömstad nach Göteborg (180 Skr, 2¼ bis 3 Std., 1- bis 2-mal stündl.).

Die Fähren von Color Line und Fjord Line verbinden Strömstad mit Sandefjord in Norwegen (2½ Std.).

DALSLAND

Der Norden von Dalsland ist eine beschauliche Mischung aus lang gestreckten Seen, verwunschenen Wäldern und ruhigen, kleinen Städtchen – und es wird aus gutem Grund als „Schweden in der Nussschale" bezeichnet.

Im Westen liegt das verschlafene **Dals-Ed**. Hier leben nur sieben Einwohner pro Quadratkilometer – also eine ideale Gegend für Outdoor-Fans. Vom Ort Ed lohnt sich beispielsweise eine Kanutour auf dem fjordähnlichen See Stora Le Richtung Norden bis

nach Norwegen, vorbei an Inseln und stillen Wäldern. Die etwa 400 kristallklaren Seen der Region laden zum Baden ein, Wanderer können kilometerlange einsame Wanderwege genießen – und im Spätsommer mit etwas Glück sogar Pilze oder Beeren entlang des Weges sammeln. Mehr Informationen dazu liefert **Canodal** (☎ 0534-618 03; www. canodal.com; Gamla Edsvägen 4; 2-Pers.-Kanus Tag/Woche 290/1375 Skr), dort gibt es auch die passende Ausrüstung zum Zelten in der freien Natur.

ⓘ An- & Weiterreise

Der Verkehrsknotenpunkt Mellerud liegt an der Eisenbahnstrecke Göteborg–Karlstad. Die Busse von Swebus Express auf der Strecke zwischen Göteborg und Karlstad halten hier einmal täglich (außer Samstag). Der Regionalbus 720 bedient Mellerud auf einer Ringlinie über Upperud, Håverud und Skållerud.

Håverud

☎ 0530

Eine faszinierende Konstruktion aus drei übereinander gebauten Verkehrswegen lässt sich in der kleinen Ortschaft Håverud bestaunen. Ein 32 m langer **Aquädukt** führt den Dalslandkanal über den Fluss, über den Aqädukt führt eine Eisenbahnbrücke und über dem Ganzen schwebt noch eine Straßenbrücke.

Rund um den Aquädukt tummeln sich die Besucher, sie spazieren am Kanal entlang oder sitzen mit einem Bier in der Sonne und beobachten das Wasser, das aus den Schleusen stürzt, während die Boote auf dem Kanal schippern. Im **Kanalmuséet** (Erw./unter 15 Jahren 30/frei; ☉ Juni–Aug. 10–18 Uhr) werden die Geschichte und die Geheimnisse des Kanals, der vom Ingenieur Nils Ericson entworfen und 1868 eingeweiht wurde, erzählt. Natürlich kann man auch mit dem Schiff fahren. Das Kanalschiff **M/S Storholmen** (☎0531-106 33; www.storholmen. com; Erw./7–12 Jahre 300/150 Skr) aus der Zeit der Jahrhundertwende fährt nach Långbron und Bengtsfors (einfach Erw./7–12 Jahre 300/150 Skr). Die Rückfahrt kann man mit der historischen **Dalslands-West Värmland Eisenbahn** (☎0531-106 33; www.dvvj.se; Erw./7–12 Jahre 360/180 Skr) unternehmen. Bahn und Schiff verkehren hauptsächlich von Ende Juni bis Ende August; Karten sind bei der Touristeninformation erhältlich.

Das Dalslands Center ist Hauptveranstaltungsort für das dreitägige Literaturfestival **Bokdagar i Dalsland** (www.bokdagari-dalsland. se), das jedes Jahr Ende Juli oder Anfang August veranstaltet wird und Lesungen, Seminare und Buchpräsentationen nordischer Autoren umfasst. Die **Touristeninformation** (☎0530-189 90; www.haverud-upperud.se; Dalslands Center; ☉ Juli–Mitte Aug. 10–19 Uhr), die hier auch untergebracht ist, beschafft Angelscheine und vermittelt Kanus.

Das **STF Hostel Håverud** (☎0530-302 75; Museivägen 3; B/EZ/DZ 195/275/390 Skr; Ⓟ🛜) könnte zwar mal einen neuen Anstrich gebrauchen, liegt aber dafür einmalig mit Blick auf den Kanal. Die Zimmer sind hübsch, können im Sommer aber sehr heiß werden. Von September bis April sollte vorher reserviert werden.

In einer alten Papiermühle befindet sich die zum Dalslands Center gehörende **Håfveruds Brasseri** (Dalslands Centre; Hauptgerichte 169–249 Skr; ☉ Juni & Juli tgl. 9–18 Uhr, Mai & Aug. nur Sa & So 9–18 Uhr). An schattigen Tischen an der Schleuse wird alles vom geräucherten Lachs mit neuen Kartoffeln bis zu Hamburgern serviert. In der angeschlossenen Räucherei kann man sich mit leckerem geräuchertem Fisch oder einem Krabbenbaguette versorgen (59 Skr).

Rund um Håverud

Etwa 3 km südlich des Aquädukts liegt **Upperud** mit dem gut konzipierten **Dalslands Museum & Konsthall** (☎0530-300 98; www.dalslandsmuseum.se; ☉ Juli–Mitte Aug. tgl. 11–18 Uhr) GRATIS. Die kompakte Sammlung umfasst regionale Kunst, Holzarbeiten (dazu gehört auch eine verstörte Holzkatze), Keramik, Eisenwaren und Silber aus Åmål, dazu gibt es nachdenklich stimmende Fotoausstellungen. Der kleine Skulpturenpark auf dem Gelände zeigt einen archaischen Holzturm des exzentrischen Künstlers Lars Vilks. Im Café Bonaparte (der Name erklärt sich durch Napoleons Nichte Christine, die hier gelebt hat) werden leckerer Kaffee und Snacks mit beruhigender Aussicht auf den See serviert.

Einige Kilometer weiter südlich in **Skållerud** steht eine schöne, leuchtend rote **Holzkirche** (☉ April–Okt. Sa & So 9–19 Uhr) aus dem 17. Jh. mit gut erhaltenen Gemälden und barocken Verzierungen.

Im stimmungsvollen **Naturschutzgebiet Högsbyn**, 8 km nördlich von Håverud bei Tisselskog, gibt es Wanderwege und einen Badeplatz am flachen Wasser. Am besten sind aber die beeindruckenden bronzezeitlichen **Felsritzungen** (*hällristningar*): 50 überwucherte Steinplatten mit Bildern von Tieren, Schiffen, Labyrinthen, Sonnensymbolen sowie Hand- und Fußabdrücken. Die **M/S Dalslandia** (☎070-665 96 03; www. dalslandia.com; Erw./Kind 6–12 Jahre 300/150 Skr; ☉ Juli–Mitte Aug. So 10.50 Uhr) macht hier auf ihrer sonntäglichen Fahrt zwischen Håverud und Bengtsfors eine 40-minütige Pause. Ausflüge an Wochentagen können telefonisch vereinbart werden.

VÄSTERGÖTLAND

In Västergötland befindet sich nicht nur Schwedens Filmhauptstadt Trollhäten, die Region bietet auch eine hübsche Mischung aus eleganten Herrenhäusern, königlichen Jagdrevieren und kulturellen Attraktionen. Schlösser- und Opernfans strömen im Juli zum Läckö Slott, es werden Touren auf dem Götakanal veranstaltet, die Wälder locken zur Elchbeobachtung, zum Beerensammeln oder einfach nur zum Wandern.

Vänersborg

☎0521 / 21.699 EW.

Vänersborg am südlichen Ausfluss des Vänersees wurde früher Klein-Paris genannt, wahrscheinlich von jemandem, der noch nie in Paris war. Was man hier auf jeden Fall erfährt, ist, wie sehr die königliche Familie die Elchjagd liebt.

Rund 8 km außerhalb der Stadt liegt das **Naturschutzgebiet Hunneberg & Hanneberg**, das aus zwei dramatisch zerklüfteten Hochebenen besteht. Seine tiefen Schluchten und der unberührte Wald sind ein idealer Unterschlupf für wilde Elche, deswegen ist die Gegend auch schon seit mehr als 100 Jahren als königliches Jagdrevier beliebt. Pazifisten können als Alternative 50 km Wanderwege genießen. Im königlichen Jagdmuseum **Kungajaktmuseet Älgens Berg** (www.algensberg.com; Erw./Kind 60/30 Skr; ⊙ 10–18 Uhr) erfahren Besucher alles, was sie schon immer über Elche wissen wollten. Das Museum veranstaltet auch **Elchsafaris** (📞 0521-135 09; Erw./5–16 Jahre 325/175 Skr; ⊙ Touren Juli & Aug. Mo–Do) für alle, die die Tiere aus der Nähe sehen wollen. Die Touren beginnen entweder am Bahnhof Trollhätten (18.30 Uhr) oder Vänersborg (18.45 Uhr); sie müssen im Voraus gebucht werden. Wer nach Hunneberg möchte, fährt mit der häufig verkehrenden Buslinie 62 ab dem Stadtplatz in Vänersborg nach Vägporten und geht dann 2 km bergauf.

Das Angebot an Restaurants ist im nahe gelegenen Trollhättan besser, eine Ausnahme ist aber das Restaurant (3-Gänge-Menü ab 350 Skr) im vornehmen **Ronnums Herrgård** (📞 0521-26 00 00; www.ronnums.se; Vargön; EZ/DZ/Suite ab 895/995/1650 Skr; 🅿 🛜). Das Herrenhaus inmitten eines großzügigen Parks diente schon als Unterkunft für Nicole Kidman während der Dreharbeiten zum Film *Dogville*. Hier kann man sein müdes Haupt in einer luxuriösen Umgebung mit Annehmlichkeiten wie iPad-Docks betten. Ein anderer Zufluchtsort ist das große alte Herrenhaus in der Nähe der Klippen von Hunneberg, in dem sich das **Hunnebergs Vandrarhem & Kursgård** (📞 0521-22 03 40; www.hunnebergsgard.se; Bergagårdsvägen 9B, Vargön; B/EZ 250/300 Skr; 🅿) befindet, ein großes, gut ausgestattetes SVIF Hostel. Die Buslinie 62 fährt ab dem Stadtplatz Richtung Vägporten, von dort sind es noch 500 m Fußweg.

Die hilfreiche **Touristeninformation** (📞 0521-135 09; www.visittrollhattanvanersborg.se; Järnvägsbacken 1C; ⊙ Mo–Fr 9–18, Sa & So 10–15 Uhr) befindet sich am Bahnhof. Die Regionalbusse 61, 62 und 65 fahren alle halbe Stunde vom Stadtplatz nach Trollhättan, von dort kann man weiterfahren nach Göteborg (89 Skr, 1½ Std.).

Stündlich verkehren SJ-Züge nach Göteborg (120 Skr, 50 Min.).

Trollhättan

📞 0520 / 46 457 EW.

In „Trollywood", wie Trollhättan auch gerne genannt wird, sitzt die schwedische Filmindustrie. Etliche einheimische, aber auch ausländische Streifen wurden hier gedreht, u. a. der für den Oskar nominierte Film *Jalla! Jalla!* (2000) des libanesisch-schwedischen Regisseurs Josef Fares und die Werke *Dancer in the Dark* (1999), *Dogville* (2002) und *Manderlay* (2005) des berühmten Dänen Lars von Trier. Die Stadt wirkt auch selbst wie eine surreale Filmkulisse: bedrohliche Lagerhäuser, nebelumwaberte Kanäle, tosende Wasserfälle und eine futuristische Seilbahn – all das gibt der Stadt eine bizarre, prickelnde Atmosphäre. Die Schleusen und Kanäle bildeten über Jahrhunderte das Herzstück der Stadt und Trollhättan hat aus seinem industriellen Erbe wirklich das Beste herausgeholt; die roten Backstein-Lagerhäuser beherbergen inzwischen beliebte Museen und bieten gelegentlich Raum für Kunstinstallationen.

✨ Feste & Events

Tage der Wasserfälle   MUSIK
(www.fallensdagar.se) Das laute dreitägige Fest findet Mitte Juli statt und bietet Livemusik, Zirkusvorstellungen, Feuerwerk und beeindruckende Wasserkunst.

⊚ Sehenswertes

Saab Bilmuseum   MUSEUM
(www.saab.com; Åkerssjövägen 10; Erw./4–19 Jahre 90/40 Skr; ⊙ 9–17 Uhr) Saab Bilmuseum ist für Autofans und Freunde schwedischen Designs ein Muss. Die in diesem Kaufhaus-Showroom ausgestellten glänzenden Saab Automodelle reichen vom ersten sensationellen Prototyp aus dem Jahr 1946 und dem Sonnet Super Sport, von dem in den Jahren zwischen 1955 und 1957 nur sechs Exemplare gebaut wurden, bis zum futuristischen Aero X – dem Bio-Kraftstoff Hybrid Konzept, das als weltweit erstes Auto mit Bioethanol fährt und überhaupt keine Emissionen produziert.

Naturwissenschaftszentrum Innovatum   MUSEUM
(www.innovatum.se; Erw./7–19 Jahre 90/50 Skr; ⊙ 9–17 Uhr) Das Naturwissenschaftszentrum

KERZEN AUF DEM WASSER

Sie balancieren auf den windgepeitschten Schären von Västra Götaland, leuchten an der südlichsten Spitze des Landes oder dienen als unerschütterliche Wächter an den sandigen Küsten Gotlands – die *fyr* (Leuchttürme) an Südschwedens Küste sind ebenso vielfältig wie beeindruckend.

Eine Übernachtung in einem südschwedischen Leuchtturm ist ein einmaliges Erlebnis, denn hier befindet man sich am Rande der Zivilisation inmitten einer unberührten und einmaligen Umgebung.

Utpost Hållö (☎0703-53 68 22; www.utposthallo.se; DZ/4BZ/FZ 1000/1300/1500 Skr; ⊕ Mitte Mai–Aug.) Das baumlose, felsige Hållö ist sehr einsam und rau. Die hübschen roten Hütten mit weißen Streifen von Utpost Hållö thronen nur 100 m vom Meer und Leuchtturm entfernt auf großen Granitplatten. Ein toller Ort, um Meer, Vögel und klaren blauen Himmel zu genießen. Die Fähren von Hållöfärjan fahren von Smögenbryggan hierher, die Schiffe von Hållöexpressen pendeln nach Kungshamn.

Stora Karlsö (☎0498-24 05 00; www.storakarlso.se; Hostel EZ/DZ 200/500 Skr, alter Leuchtturm Zi. ab 800 Skr; ⊕ Mai–Aug.) Auf der Insel Stora Karlsö vor der Küste Gotlands kann man in Zimmern wohnen, die noch mit den alten Möbeln des Leuchtturmwärters eingerichtet sind. Wer nicht kochen möchte, findet ein kleines Restaurant. Und es ist ein fantastischer Platz zur Vogelbeobachtung oder zum Fossiliensuchen. Zur Insel fährt zwei- bis dreimal täglich eine Fähre.

Smygehuk (☎0410-245 83; www.smygehukhostel.com; EZ/DZ/FZ 375/520/790 Skr; ⊕ Mitte Mai–Mitte Sept.) Im schiffförmigen Leuchtturm Smygehuk in Skåne befindet sich das südlichste Hostel Schwedens. Der Leuchtturm ist ungefähr eine Stunde von Malmö und nur einen kurzen Fußweg von den ausgezeichneten Fischräuchereien in Skåne entfernt.

Kullens Fyr (☎0705-82 23 72; www.kullensfyr.se; Erw./6–12 Jahre 30/15 Skr; ⊕ Mitte Juni bis Mitte Aug. 11–17 Uhr, Mitte Aug.–Nov. nur an Wochenenden) Wer nicht gerne im Leuchtturm übernachten möchte, kann dem wahrscheinlich ältesten Leuchtturm Skandinaviens einen Kurzbesuch abstatten. Auf der Halbinsel Kullaberg hat es schon seit mehr als 1000 Jahren immer eine Art Leuchtzeichen gegeben. Kullens Fyr besitzt auch die stärkste Reichweite, denn sein Licht weist sogar Schiffen den Weg, die 50 km entfernt auf dem Meer fahren.

Innovatum befindet sich direkt neben dem Saab Bilmuseum. Das fantastische Zentrum bietet alle Arten von interaktiven Experimenten für große und kleine Kinder – von seltsamen Skateboards zum Sitzen, Kreiseln, Wellenmaschinen und einer Maschine, mit deren Hilfe man einen Ball nur durch Gehirnströme bewegen kann, bis zu überdimensionierten Legosteinen für die Kleinen. Schade, dass Physik in der Schule nie so unterhaltsam war!

Galleri Nohab Smedja GALERIE
(☎0520-28 94 00; Åkerssjövägen 10; Eintritt variiert; ⊕Ausstellungen Juni–Aug. Mo–Fr 9–17 Uhr) Zum Innovatum gehört auch die Galleri Nohab Smedja, eine alte Schmiede, die heute für Wechselausstellungen genutzt wird und z. B. Kunstwerke von regionalen und internationalen Schmieden präsentiert. Die Galerie befindet sich gegenüber vom Museum direkt hinter der Touristeninformation.

Innovatum Linbana SEILBAHN
(pro Pers. 20 Skr; ⊕Mitte Juni–Aug. 9–17 Uhr) Die Innovatum Linbana bringt Besucher über den Kanal zur Wasserkraftabteilung, dabei bietet sich ein toller Blick über die Schleusen und Kanäle der Stadt. Wenn man drüben angekommen ist, geht's die Treppen hinunter zum Fluss, wo sich einer der ungewöhnlichsten Industriebauten Schwedens befindet: das mächtige **Wasserkraftwerk Olidan,** das Anfang des 20. Jhs. einen großen Teil des Stroms für das Land erzeugte.

Slussområde PARK
Ein Spaziergang Richtung Südwesten führt nach Slussområde, einer schönen Parkanlage am Wasser mit einem alten Schleusensystem. Hier warten Cafés und das **Kanal-**

museet, das nicht nur die Geschichte des Kanals, sondern auch mehr als 50 Schiffsmodelle zeigt.

Wasserfall
WASSERFALL

(☉ Juli & Aug. tgl. 15 Uhr, Mai, Juni & Sept. Sa 15 Uhr) Im Nordosten, unweit des Kraftwerks Hojum, sammeln sich nachmittags die Zuschauer auf der Brücke um einen mächtigen Wasserfall zu erleben. Normalerweise fließt das Wasser durch das Kraftwerk, aber zu bestimmten Zeiten werden die Schleusentore geöffnet und 300 000 l Wasser pro Sekunde donnern hindurch. Noch beeindruckender ist das Spektakel des nachts **beleuchteten Wasserfalls**, das normalerweise im Rahmen der Tage der Wasserfälle Mitte Juli veranstaltet wird.

👉 Geführte Touren

Kanaltouren
BOOTSAUSFLUG

(www.stromkarlen.se) Zwei- bis dreistündige Kanaltouren auf der M/S *Elfkungen* (Erw./unter 15 Jahren 220/60 Skr) starten um 12 Uhr an der Slussområde und um 12.30 Uhr am Pier hinter dem Scandic Swania Hotel (Storgatan 47) in Trollhättan. Karten sind an Bord erhältlich.

🛏 Schlafen & Essen

Gula Villan
HOSTEL €

(☎ 0520-129 60; www.svenskaturistforeningen.se; Tingvallavägen 12; B/EZ/DZ 190/270/380 Skr; Ⓟ) Das fröhliche STF Hostel in einer hübschen, alten, gelben Villa ist nur etwa 200 m vom Bahnhof entfernt. Die Wände sind recht dünn, aber die Stimmung ist gut, und die Gäste bekommen Frühstück und können Fahrräder mieten.

First Hotel Kung Oscar
HOTEL €€

(☎ 0520-470 470; www.kungoscar.se; Drottninggatan 17; EZ/DZ ab 614/702 Skr; Ⓟ📶) Komfortables, modernes Hotel für Geschäftsleute; es ist ganz in Dunkelgrau und Beige gehalten, mit einigen bunten Tupfen. Die Lage ist absolut zentral. Das üppige Frühstück und die Freundlichkeit des Personals machen die Unterkunft perfekt, aber Parkplätze sind Mangelware.

Strandgatan
EUROPÄISCH €

(www.strandgatan.com; Strandgatan 34; mittags Büfett 89 Skr; ☉ 10–23 Uhr; 📶📶) Trendiges Bistro am Kanal; die Auswahl auf der Karte reicht von gefüllten Panini, Quinoa-Salat und Säften bis zu Quiches, Fish and Chips, Muffins und gutem Kaffee.

⭐ Albert Hotell
SCHWEDISCH €€€

(☎ 0520-129 90; www.alberthotell.se; Strömsberg; abends 6-Gang-Menü 795 Skr; ☉ Mo–Fr Mittag- & Abendesssen, Sa Abendessen; Ⓟ) Die Kombination aus Restaurant und Hotel befindet sich in einer prächtigen Holzvilla aus dem 19. Jh. Zu den köstlichen, modernen nordischen Gerichten gehören z. B. Steak mit Rindermark oder Crème Brûlée mit gerösteter weißer Schokolade. Das Hotel bietet den Gästen 27 moderne Zimmer (EZ/DZ ab 795/995 Skr), außerdem eine romantische Suite (2900 Skr). Vom Zentrum Trollhättans sind es zehn Minuten Fußweg am Fluss entlang.

🍷 Ausgehen

Majo Bar
BAR

(www.majobar.se; Polhemsgatan 6; ☉ Mo–Sa 18–1 Uhr) Pulled-Pork, Chorizo vom Grill und Teller voll kaltem spanischem Schweinefleisch mit schwedischem Västerbottenpaj werden in dieser schicken Tapas-Bar serviert. Zu Trinken gibt es eine große Auswahl an Bier und Cocktails; an den Wochenenden legen regionale und internationale DJs Platten auf.

ℹ Praktische Informationen

Touristeninformation (☎ 0520-135 09; www. visit-trollhattanvanersborg.se; Åkerssjövägen 10; ☉ Mo–Fr 10–17, Sa & So 10–15 Uhr) Die Touristeninformation befindet sich etwa 1,5 km südlich des Stadtzentrums neben den Museen. Hier erhält man von Ende Juni bis Ende August die zweitägige *sommarkortet* (Tageskarte; ab 200 Skr), die auch für Fahrten mit der Seilbahn und den Eintritt in die Museen gilt. Auch den praktischen Führer *Guidebook to Trollhättan's Falls & Lock* mit Tourenvorschlägen für das labyrinthartige Industriegelände bekommt man normalerweise hier.

ℹ Anreise & Unterwegs vor Ort

Wer am Bahnhof in Trollhättan oder an der Busstation Drottningtorget ankommt, erreicht die Sehenswürdigkeiten auf einem kleinen Spaziergang auf der Drottninggatan Richtung Süden und dann rechts in den Åkerssjövägen oder man nimmt die Buslinie 21 – sie nimmt größtenteils denselben Weg.

Die Regionalbusse 61, 62 und 65 fahren von der Busstation Drottningtorget nach Vänersborg, die Buslinie 1 verbindet die Stadt mit Lidköping. Der Bahnhof befindet sich einige Häuserblocks nördlich des Stadtzentrums; von hier fahren mindestens stündlich Züge nach Göteborg (120 Skr, 38 Min.).

Lidköping

☎ 0510 / 25 644 EW.

Lidköping am Vänersee bietet keine wirklich umwerfenden Sehenswürdigkeiten und doch ist es absolut liebenswert. Den ansehnlichen Hauptplatz, Nya Stadens Torg, beherrscht das gedrungene alte Justizgebäude mit seinem Turm (eigentlich ein Nachbau; das Original ist 1960 niedergebrannt). Bereits viele Jahre zuvor (1849) war der größte Teil der Stadt einer Feuersbrunst zum Opfer gefallen. Um den Limtorget herum sind noch einige der hübschen Häuser aus dem 17. Jh. erhalten.

Viele der besten Sehenswürdigkeiten liegen ein ganzes Stück außerhalb.

⊙ Sehenswertes & Aktivitäten

★ Läckö Slott

SCHLOSS

(☎ 0510-103 20; www.lackoslott.se; Erw./unter 26 Jahren 80 Skr/frei; ⊙ Mitte Juni–Aug. tgl. 10 bis 18 Uhr) 23 km nördlich von Lidköping befindet sich Läckö Slott, das mit seinen Kuppeln, Türmen und verschnörkelten Stuckarbeiten ein ganz außergewöhnliches Beispiel schwedischer Barockarchitektur aus dem 17. Jh. ist. Bereits 1298 wurde hier ein Schloss errichtet, das vom späteren Hausherrn Graf Magnus Gabriel de la Gardie nach dem Erwerb 1615 umfassend saniert und umgebaut worden ist.

Im Eintrittspreis ist eine 40-minütige Führung inbegriffen. Von Mitte Juni bis Mitte August verkehrt die Buslinie 132 dreimal täglich von Lidköping zum Schloss (32 Skr, 50 Min.).

Das Schloss am See besitzt 240 Räume, der beeindruckendste davon ist der Königssaal: Dort hängen 13 Engel von der Decke und neun gewaltige Gemälde stellen Szenen aus dem Dreißigjährigen Krieg dar. Die meisten Räume sind mit Ausnahme der wunderbar bemalten Decken ziemlich schmucklos.

Führungen beginnen jeweils zur vollen Stunde und zeigen die interessantesten Räume, dazu gehören auch die Staats- und Privatgemächer, der Bankettsaal, in dem die 55-gängigen Menüs gereicht wurden, und der Saal mit dem doppelköpfigen deutschen Adler, der möglicherweise als Spott gegen den Feind gedacht war. Von Mitte Juni bis August finden täglich um 11.30, 13.30 und 15.30 Uhr englischsprachige Führungen statt. Küche, Verlies, Waffenkammer, Kapel-

le und der Schlossgarten mit Blick auf den See dürfen auch ohne Führung auf eigene Faust besichtigt werden. In den unteren Stockwerken befinden sich inzwischen Geschäfte und das stimmungsvolle Schlossrestaurant Fataburen, in dem Gemüse und Kräuter verarbeitet werden, die im Schlossgarten angebaut worden sind.

Im Juli und August finden im Schlosshof häufig klassische Konzerte und Opernaufführungen statt; Informationen darüber hat die Touristeninformation in Lidköping.

Vänermuseet

MUSEUM

(www.vanermuseet.se; Framnäsvägen 2; Erw./unter 18 Jahren 50 Skr/frei; ⊙ Mo–Fr 10–17, Sa & So 11 bis 16 Uhr) Das Vänermuseet beeindruckt mit einem 20 m³ großen Aquarium, das allen Arten von Wasserbewohnern aus dem gleichnamigen See eine Heimat gibt. Außerdem werden die Natur und die Kultur rund um den drittgrößten See Europas (5650 km²) gezeigt.

Husaby Kyrka

KIRCHE

(⊙ Mo–Fr 8–20, Sa & So 9–20 Uhr) Der Ort Husaby (15 km östlich von Lidköping gelegen) ist unauslöschlich mit der schwedischen Geschichte verbunden. König Olof Skötkonung, der erste christliche König Schwedens, wurde hier 1008 von dem englischen Missionar Sigfrid bekehrt und getauft. Die Kirche von Husaby stammt aus dem 12. Jh., aber das Fundament des ungewöhnlichen Turms mit den drei Spitzen stammt möglicherweise noch von einem älteren Holzbau. Im Innenraum sind mittelalterliche Gemälde sowie ein Taufbecken und ein Kreuz aus dem 13. Jh. zu finden und am nahe gelegenen St.-Sigfrids-Brunnen wurde König Olof getauft.

Kinnekulle

BERG

Der malerische „blühende Berg", Kinnekulle (306 m), 18 km nordöstlich von Lidköping gelegen, ist bekannt für seine ungewöhnlich vielfältige Geologie und die unterschiedlichsten Vegetationsformen. Hier stehen ausladende alte Eichen und seltene Tierarten wie der Kammmolch oder die Kurzfühlerschrecke sind hier anzutreffen. Neben etlichen kurzen Naturpfaden gibt es den 45 km langen Wanderweg Kinnekulle Vandringsled. Kartenmaterial und eine informative Broschüre sind bei der Touristeninformation erhältlich. Bummelzüge fahren nach Källby, Råbäck und Hällekis; von dort aus ist der Wanderweg zu erreichen.

🛏 Schlafen & Essen

STF Vandrarhem Lidköping
HOSTEL €

(☑ 0510-664 30; www.lidkopingsvandrarhem. com; Gamla Stadens Torg 4; B/EZ/DZ/3BZ 250/350/550/850 Skr; 🛜) Das große gelbe Hostel liegt nur wenige Minuten Fußweg vom Bahnhof entfernt in einer schattigen Ecke der Altstadt. Die Zimmer sind spartanisch, aber groß, die Badezimmer schlicht, aber tadellos. Die Gästeküche verlockt zu Kochorgien, während die Waschmaschine in der Waschküche arbeitet.

Krono Camping
CAMPINGPLATZ €

(☑ 0510-268 04; www.kronocamping.com; Läckögatan; Stellplatz 200 Skr, 2-Pers.-Hütte 500 Skr; 🛝) Der große, familienfreundliche Campingplatz liegt direkt am See, 1,5 km nordwestlich der Stadt an der Straße zum Läckö Slott. Er bietet jede Menge Annehmlichkeiten und Aktivitäten.

★ Hotell Läckö
HOTEL €€

(☑ 0510-230 00; www.hotellacko.se; Gamla Stadens Torg 5; EZ/DZ/3BZ/Suite 795/1095/1595/1895 Skr; 🛜) Der traditionelle Familienbetrieb ist die Nummer eins in der Stadt. Die geräumigen Zimmer haben hohe Decken, Massivholzmöbel und gestärkte Bettwäsche, das Frühstück wird auf feinem alten Porzellan serviert. Es gibt einen gemütlichen kleinen Leseraum mit bequemen Ledersesseln und Eigentümlichkeiten wie die kuriosen bunten Bettvorhänge an den Himmelbetten.

Naturum Vanerskargarden
HOTEL €€

(☑ 0510-48 46 60; www.naturum.lackslott.se; EZ/DZ/FZ 950/1490/1990 Skr; 🛜) 🏊 Wer träumt nicht einmal davon, von seinem Hotelzimmer auf ein Schloss am stillen See zu blicken? Hier kann der Traum Wirklichkeit werden: Die 15 schicken Zimmer über dem Naturum schweben praktisch über Läckö Slott und dem Vänersee. Das dazu gehörige Café ist berühmt und das Design des futuristischen Naturzentrums verleiht dem ökologischen Anspruch Glaubwürdigkeit.

Mellbygatans Ost & Delikatesser
SCHWEDISCH €

(☑ 0510-280 80; www.mellbygatansdelikatesser. com; Mellbygatan 10; Hauptgerichte 59–85 Skr; ⊙ Mo–Sa 10–15 & ab 18 Uhr; 🍽) Das hübsche Café mit Deli liegt nur einen Häuserblock vom Hauptplatz entfernt und erfreut schon seit Jahren die Einheimischen mit seinen frischen, abwechslungsreichen Gerichten.

Angeboten werden unter anderem Käse-Zucchini-Kuchen mit Zwiebelmarmelade, Pulled-Pork-Sandwiches oder Salat mit Räucherlachs.

★ Restaurang Sjöboden
MEERESFRÜCHTE €€

(☑ 0510-104 08; www.sjoboden.se; Spikens Fiskehamn; Mittagsbüfett 225 Skr, Hauptgerichte 175 bis 295 Skr; ⊙ Anfang Juni–Sept. 12–16 & 17–22 Uhr) 6 km südlich von Läckö Slott liegt der kleine Ort Spiken. Hier befindet sich am Hafen ein Restaurant, das eines der besten Büfetts an Schwedens Westküste bietet. Neben anderen Leckereien gbt es geräucherten Lachs auf unendlich viele Arten, Hering und geräucherte Lammschulter. Und auch die Abendkarte ist ein Schlaraffenland. Die Anreise ist mit der Buslinie 132 möglich.

Pirum
SCHWEDISCH €€

(☑ 0510-615 20; www.restaurangpirum.se; Skaragatan 7; Hauptgerichte 145–295 Skr; ⊙ Mo–Sa ab 17 Uhr; 🍷) Die Speisekarte im Restaurant-Weinbar Pirum mitten in Lidköping ist kurz, ansprechend und klassisch. Wild, Rinder-Carpaccio und Krabbensalat sind gut zubereitet, es gibt eine ausgewogene Mischung aus Fisch- und Fleischgerichten und als Dessert locken weiße Schokoladenmousse und Apfelkuchen. Weiße Tischdecken und flotter Service tragen zum Wohlgefühl bei.

ℹ Praktische Informationen

Touristeninformation (☑ 0510-200 20; www. lackokinnekulle.se; Nya Stadens Torg; ⊙ Mo–Fr 10–18, Sa 10–15, So 12–16 Uhr) Befindet sich im alten Justizgebäude am Hauptplatz.

ℹ Anreise & Unterwegs vor Ort

Stadt- und Regionalbusse halten am Nya Stadens Torg. Der Bahnhof liegt ganz zentral nahe der Rörstrandsgatan. Die Buslinie 1 verkehrt etwa stündlich zwischen Trollhättan und Lidköping. Wer ganz schnell nach Stockholm möchte (432 Skr, 3½ bis 4¼ Std.), fährt mit dem Bus nach Skövde und steigt dann in den Zug um. Ein direkter Zug nach Göteborg fährt 3-mal täglich (180 Skr, 1¾ Std.); man kann auch den Bus nach Trollhättan, Skövde oder Herrljunga nehmen und dort in den Zug nach Göteborg umsteigen.

HALLAND

See, Sonne und Surfen sind die Themen in Halland, dabei steigt während der Sommermonate die Bevölkerung an besonders schönen Stränden oft um das Dreifache an. Die

Halmstad

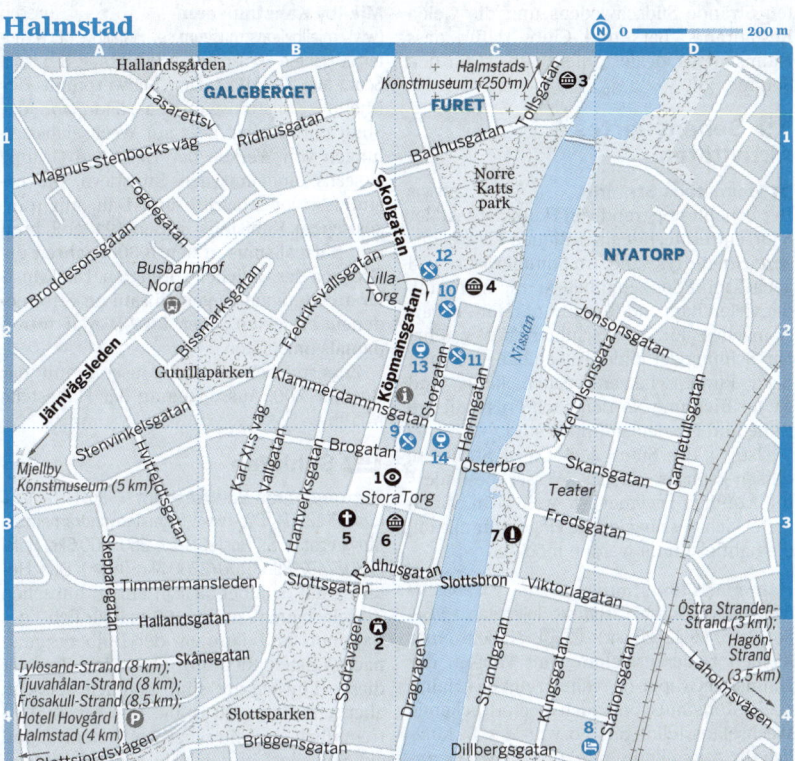

Halmstad

◉ Sehenswertes
1 Europa und derStier	B3
2 Halmstad Slott	B4
3 Halmstads Konstmuseum	C1
4 Norre Port	C2
5 St Nikolai Kyrka	B3
6 Tre Hjärtan	D3
7 Woman's Head	C3

🛏 Schlafen
8 Best Western Plus Grand Hotel	C4

✕ Essen
9 Indian Kitchen	C3
10 Pio & Co	C2
11 Skånska	C2
12 Spis & Deli	C2

◉ Ausgehen & Nachtleben
13 Bulls Pub	C2
14 Harrys	C3

langen weißen Sandstrände bei Tylösand und Varberg eignen sich perfekt zum Sonnenbaden, Schwimmen und für alle Arten von Wassersport. Wer vom Wasser hat, kann Museen und die beeindruckende Festung erkunden.

Halmstad

📱 035 / 58 577 EW.

Halmstad war bis 1645 dänisch und hatte als befestigte Grenzstadt große Bedeutung. Die heutigen Straßenzüge wurden vom dänischen König Christian IV. angelegt, nachdem ein Feuer 1619 die meisten Häuser (außer einiger Kaufmannshäuser an der Storgatan) ausradiert hatte. Der König verlieh der Stadt auch ihr Wappen. Noch immer ist ganz Halmstad von den drei Kronen und drei Herzen übersät.

Während die Stadt ein bisschen langweilig ist, sorgen die Nähe zu einigen der besten Strände Südschwedens und die vielen Restaurants, Bars und Clubs dafür, dass Halmstad als idealer Aufenthaltsort für den Sommer gilt.

👁 Sehenswertes & Aktivitäten

⭐ Halmstads Strände STRAND

Der beliebteste Strand von Halmstadt ist der 8 km entfernte, mit einer Blauen Flagge ausgezeichnete Tylösand. Im Sommer ist er voll gepackt mit Sonnenanbetern, die hier dank der vielen Bars und Restaurants ständig Party machen. Ein ausgeschilderter Weg führt zur Schmugglerhöhle Tjuvahålan, wo man nach Piratenschätzen suchen kann, und weiter Richtung Norden nach Frösakull, wo Ruhe und Frieden zu finden sind.

Östlich der Stadt liegt Östra Stranden, dessen ruhiges, flaches Wasser besonders für Familien geeignet ist; weiter im Süden bietet sich das abgelegene Hägon für alle an, die nahtlos braun werden möchten.

Halmstads Konstmuseum MUSEUM

(www.hallandskonstmuseum.se; Tollsgatan; ⊙ Di–So 12–16, Mi 12–20 Uhr) `GRATIS` Neben einer kleinen Dauerausstellung mit Werken der Halmstad Gruppe (s. rechts) zeigt das Halmstads Konstmuseum auch beeindruckende Wechselausstellungen. So wurde z. B. kürzlich die Ausstellung *Africa Is a Great Country* des bekannten Fotografen Jens Assur hier gezeigt.

Mittelalterliche Attraktionen HISTORISCHE STÄTTEN

Christian IV. ließ **Halmstad Slott** und die Stadtmauern errichten. Im 18. Jh. wurden die Stadtmauern niedergerissen, Teile wie das nördliche Stadttor **Norre Port** am nördlichen Ende der Storgatan blieben jedoch erhalten. Ein weiteres Bauwerk aus dem Mittelalter ist die hübsche Kirche **St. Nikolai Kyrka** (Kyrkogatan 4; ⊙ Juni–Aug. 8.30–18 Uhr, Sept.–Mai 8.30–15 Uhr) aus dem 14. Jh. und das Fachwerkhaus **Tre Hjärtan** am Stora Torg.

Halmstads Skulpturen SKULPTUREN

Auf dem Stora Torg, dem Hauptplatz, steht der von Carl Milles gestaltete Brunnen **Europa und der Stier** mit den charakteristischen muskulösen Wassermann mit etwas furchteinflößendem Gesichtsausdruck. Picassos **Frauenkopf** wurde unten am Fluss im Picassoparken in der Nähe der Strandgatan aufgestellt.

Mjellby Konstmuseum MUSEUM

(www.mjellbykonstmuseum.se; Mjällby; Erw./unter 20 Jahren 60 Skr/frei; ⊙ Juli & Aug 11–17 Uhr, Sept.–Juni 12–17 Uhr) Der Schwerpunkt des Mjellby Konstmuseum, das 5 km von der Stadt entfernt ist, liegt auf Wechselausstellungen von Werken der Halmstad Gruppe – sechs einheimischen Künstlern, die beeinflusst von Magritte und Dalí, mit französischem Kubismus in den 1920er-Jahren und Surrealismus in den 1930er-Jahren die Grenzen des Üblichen sprengten. Die Künstler arbeiteten auch gemeinsam an verschiedenen Projekten, aber ihre Werke waren damals umstritten.

Zu erreichen ist das Museum mit der Buslinie 300. Aussteigen an der Haltestelle Mjällby.

🛏 Schlafen

Kaptenshamn Vandrarhem HOSTEL, HOTEL €

(☎ 035-12 04 00; www.halmstadvandrarhem.se; Stuvaregatan 8; Hostel B/EZ 350/500 Skr, Hotel EZ/DZ/4BZ 850/1100/2200 Skr; P🖥) Das Hotel-Hostel befindet sich in einem hübschen Ziegelgebäude etwa 100 m südlich des Bahnhofs und dann auf der Dillbergsgatan nach Westen Richtung Fluss. Die Zimmer dieser Einrichtung sind ziemlich schlicht, aber geräumig und ruhig. Das Personal ist freundlich, und ein schattiger Innenhof und ein Spielplatz in der Nähe peppen die Unterkunft auf.

Hotell Hovgård i Halmstad HOTEL €€

(☎ 035-12 35 77; www.hovgard.se; Gamla Tylösandsvägen 102; EZ/DZ/3BZ 1190/1390/1990 Skr; P🖥) Nettes, familiengeführtes Hotel auf halber Strecke zwischen Halmstad und Tylösänd. Die Zimmer sind ganz in Cremetönen gehalten und haben schmiedeeiserne Betten, das Frühstücksbüfett ist ausgezeichnet und für die Gäste stehen sogar Fahrräder bereit, sodass sie vom Hotel zum Strand radeln können.

Best Western Plus Grand Hotel HOTEL €€

(☎ 035-280 81 00; www.grandhotel.nu; Stationsgatan 44; EZ/DZ 1095/1250 Skr; P🖥🍽) Gegenüber vom Bahnhof liegt das Hotel mit gepflegten Zimmern im traditionellen Stil, aber mit modernem Touch. Zum Hotel gehören auch ein nettes Restaurant und eine Bar.

Tylebäck RESORT €€

(☎ 035-19 18 00; www.tyleback.com; Kungsvägen 1; Stellplatz 250 Skr, Hostel EZ/DZ 750/950 Skr, Hotel EZ/DZ 1000/1400 Skr; P🖥) Das Tylebäck in angenehm ländlicher Umgebung bietet Unterkunft für jeden Geldbeutel – Camping, Hostel oder Hotel.

Hotel Tylösand
HOTEL €€

(☏ 035-305 00; www.tylosand.se; Tylöhusvägen; DZ inkl. Frühstück & Spa ab 795 Skr; P 🛜 🛁) Ideal für alle, die auf Strand, Nachtleben, Wellness, leckeres Frühstück und/oder Roxette stehen (Per Gessle ist Miteigentümer des Hotels). In dem großen, noblen Komplex am Strand gibt es ein tolles Spa und ein Foyer voller Kunstwerke. Negativpunkte: Es kann ziemlich laut werden, die Fenster lassen sich nur einen Spalt weit öffnen und wer Pech hat, landet im noch zu renovierenden Teil des Hotels.

✖ Essen

Die besten Möglichkeiten um essen zu gehen, befinden sich in Halmstad rund um die Fußgängerzone Storgatan. An Sommerabenden locken auch die Afterbeach-Partys in Tylösand.

Spis & Deli
DELI €

(www.spisdeli.se; Tyghusgatan 4; Hauptgerichte ab 79 Skr; ⏱ Mo–Fr 10–19, Sa 9–17, So 12–16 Uhr; ☏) Halb Naturkostladen, halb Delikatessengeschäft – Spis bietet nachhaltige Bio-Lebensmittel. Eine gute Adresse für alle Veganer und Vegetarier, die hier unter den Wraps, Salaten, fleischlosen Burgern und energiereichen Smoothies bestimmt fündig werden.

Skånska
BÄCKEREI €

(Storgatan 40; Sandwiches 59 Skr; ⏱ Mo–Fr 9–18, Sa 9–16, So 12–16 Uhr) Eine gute altmodische Bäckerei mit angeschlossenem Café. Außer dicken Sandwiches gibt es auch eine verführerische Auswahl an Kalorienbomben wie Schokolade und Torten.

★ Pio & Co
EUROPÄISCH €€

(☏ 035-21 06 69, Storgatan 37, Hauptgerichte 188–315 Skr; ⏱ ab 18 Uhr) Preisgekrönte teure Brasserie mit einem breiten Angebot an schwedischen und europäischen Gerichten wie Schweinefleisch aus Halland mit geröstetem Knoblauch und Kartoffelgratin, auf Holz gegrilltem Fisch und himmlische Gnocchi mit Pak Choi.

Indian Kitchen
INDISCH €€

(www.indiankitchenhalmstad.se; Nygatan 8; Hauptgerichte 85–145 Skr; ⏱ 11–22 Uhr; ☏) Authentisches indisches Restaurant, das sich auf nordindische Küche spezialisiert hat. Eine gute Wahl sind die Tagesspezialitäten. Besonders lecker schmecken das Fischcurry Goa und Acher-Lamm.

🍷 Ausgehen

Harrys
PUB

(☏ 035-10 55 95; Storgatan 22; ⏱ Mo–Do 17–24, Fr 17–2, Sa 12–2, So 16–23 Uhr) Amerikanisch angehauchter Pub mit einer großen Terrasse im Freien und Leckereien wie Pulled-Pork-Sandwiches, Falafel-Burger und kleinen Rippchen zum Bier.

Bulls Pub
PUB

(☏ 035-14 09 21; Bankgatan 5; ⏱ Mo–Do ab 17 Uhr, Fr & Sa 12–2, So 15–23 Uhr) Beliebte englische Bar in einer ehemaligen Feuerwache; am Wochenende gibt es Livemusik und kleinere Gerichte.

❶ Praktische Informationen

Touristeninformation (☏ 035-12 02 00; www.destinationhalmstad.se; Köpmansgatan 20; ⏱ Mo–Fr 10–19, Sa 10–17, So 10–14 Uhr) Gut sortierte Touristeninformation.

❶ An- & Weiterreise

Die regelmäßig fahrenden Züge nach Göteborg (206 Skr, 1¼ Std., 2-mal stündl.) und Malmö (159 Skr, 1½ bis 1¾ Std.) halten am **Bahnhof** (Stationsgatan) in Halmstad. Weitere Stopps sind in Helsingborg (128 Skr, 1 Std.) und Varberg (115 Skr, 32 Min.).

Die Busse von **Swebus Express** (www.swebusexpress.com) fahren ab dem **Hauptbusbahnhof** (Stationsgatan) nach Malmö (159 Skr, 2¼ Std., 6-mal tgl.), Helsingborg (89 Skr, 1 Std., 6-mal tgl.) und Göteborg (129 Skr, 1¾ Std., 7-mal tgl.).

❶ Unterwegs vor Ort

Die regionale Buslinie 10 von **Hallandstrafiken** (www.hallandstrafiken.se) verkehrt halbstündlich (abends stündlich) zu den Clubs und Stränden in Tylösand.

Varberg

☏ 0340 / 27 602 EW.

Der Badeort Varberg liegt in einem 60 km langen Gebiet mit wunderbaren, weißen Sandstränden und ist schon seit dem 19. Jh. beliebt. In den Sommermonaten verdreifacht sich die Einwohnerzahl. Alle Sehenswürdigkeiten des Ortes, die Restaurants und Hotels sind rund um die größte Sehenswürdigkeit – die Festung – angesiedelt.

⊙ Sehenswertes & Aktivitäten

Festung Varberg
SCHLOSS

(www.lansmuseet.varberg.se; Erw./unter 20 Jahren 120 Skr/frei; ☉ Mitte Juni–Mitte Aug. tgl. 10–18 Uhr) Die beeindruckende mittelalterliche Festung über dem Meer ist Varbergs Hauptattraktion. Im dazugehörigen Museum befindet sich der aus dem 14. Jh. stammende Bocksten-Mann, ein Mordopfer, das erdrosselt, gepfählt und ertränkt wurde. Seine Leiche wurde 1936 bei Åkulle aus dem Torfmoor geborgen; sein Gewand aus dem 14. Jh. ist die besterhaltene mittelalterliche Kleidung in Europa und sogar sein volles rotblondes Haar ist erhalten. Wer möchte, kann auch versuchen, das immer noch ungelöste Geheimnis um den Mord an König Karl XII. aufzuklären.

FKK-Strände
STRAND

Varberg besitzt drei FKK-Strände, die nur einen kurzen Spaziergang auf der Strandpromenade von der Festung entfernt sind. Wer allerdings weißen Sand erwartet, wird enttäuscht; die Strände bestehen hauptsächlich aus großen, glatten Felsen und bieten einen einfachen Zugang zum Wasser. Die Strände sind nach Geschlechtern getrennt: Die ersten beiden, Kärringhålan und Skarpe Nord, sind Frauen vorbehalten; der etwas weiter südlich liegende Goda Hopp ist der Strand für die Männer.

Naturschutzgebiet Getterön
NATURSCHUTZGEBIET

Das Naturschutzgebiet Getterön liegt nur 2 km nördlich der Stadt und ist bekannt für seine eindrucksvolle Vogelwelt (hauptsächlich Stelzvögel und Gänse).

Sendeanlage Grimeton
MUSEUM

(☎ 0340-67 41 90; www.grimeton.info; Grimeton; Erw./unter 18 Jahren 90 Skr/frei; ☉ Ende Juni–Aug. tgl. 10–17 Uhr) Die auf der Unesco-Liste des Weltkulturerbes stehende Sendeanlage Grimeton befindet sich etwa 10 km östlich von Varberg. Sie war zwischen den Weltkriegen Teil des transatlantischen Kommunikationsnetzes, heute ist sie weltweit die einzige erhaltene Langwellenanlage. Im Juni, Juli und August gibt es um 13 und 15 Uhr Führungen auf Englisch, die die Anlage erklären.

Kallbadhuset
SPA

(www.kallbadhuset.se; Otto Torels gata 7; Erw./unter 15 Jahren 65/30 Skr; ☉ tgl. 10–18 Uhr, Juni–Mitte Aug. Mi 10–20 Uhr) Das im maurischen Stil erbaute Badehaus steht auf Stelzen im Meer direkt nördlich der Festung. Wer genug vom Sonnenbaden neben gebräunten nordischen Körpern hat, kann direkt ins Meer springen. Die Abteilungen zum Bräunen (FKK ist hier die Norm) sind in separate Bereiche für Männer und Frauen geteilt, von denen Treppen direkt ins Wasser führen (vom Strand abgewandt).

Fahlén Surfshop
SURFEN, KITESURFEN

(www.fahlensurf.se; Birger Svenssons väg 38; ☉ Juni–Aug. Mo–Fr 10–18, Sa 10–14 Uhr) Der Surfshop liegt nur wenige Minuten Fußweg nördlich vom Bahnhof. Hier ist alles erhältlich, was man zum Surfen, Kitesurfen, Windsurfen und fürs Paddleboard benötigt. Außerdem werden auch Kurse angeboten. Ein zweistündiger Paddleboard-Kurs kostet 400 Skr, die achtstündige Einführung ins Kitesurfen schlägt mit 2000 Skr zu Buche.

Apelviken
SURFEN

Apelviken, 2 km südlich von Varberg gelegen, ist das beste Revier in ganz Schweden zum Wind- und Kitesurfen. Am südlichen Ende von Apelviken liegt das **Surfers Center** (☎ 0340-67 70 55; www.surferscenter.se; Surfboards pro Std./Tag 100/300 Skr, Windsurfen 150/500 Skr; ☉ 10–18 Uhr); hier kann man Boards mieten sowie von Ende Mai bis August Surf- und Windsurfkurse besuchen.

🛏 Schlafen & Essen

⭐ Fästningens Vandrarhem
HOSTEL €

(☎ 0340-868 28; www.fastningensvandrarhem. se; Varbergs fästning; EZ/DZ/3BZ/4BZ ab 300/600/1100/1440 Skr) Das SVIF Hostel befindet sich in der Festung Varberg und wer möchte, kann das Einzel- oder Doppelzimmer in einer Gefängniszelle buchen. Wem diese Erfahrung zu authentisch ist, der sollte nach einem der großen, hellen Zimmer in den Nebengebäuden fragen. Wunder über Wunder: Die Bettwäsche ist im Preis inbegriffen, ebenso wie das Frühstück (in der Hauptsaison).

Getteröns Camping
CAMPINGPLATZ €

(☎ 0340-168 85; www.getteronscamping.se; Stellplatz/Hütte ab 280/490 Skr; ☉ Mai–Mitte Sept.; 🅿) Der Platz liegt an einem Sandstrand auf der Halbinsel Getterön; die Stellplätze für Zelte liegen direkt neben den Wohnwagen und den Ferienhütten. In der Hauptsaison wird es sehr voll, dann werden auch die Hütten nur wochenweise vermietet (ab 2450 Skr).

⭐ Hotell Gästis

HOTEL €€€

(☑ 0340-180 50; www.hotellgastis.nu; Borgmästaregatan 1; EZ/DZ 1495/1750 Skr; P 🛜 ✈)
Dieses einmalige Hotel bietet jede Menge
schrulliger Besonderheiten. Dazu zählen
ein Fahrstuhlschacht im Pulp-Fiction-De-
sign und das Lenin-Bad im Keller (auch für
Nicht-Hotelgäste geöffnet). Das Badehaus
ist ein Nachbau aus einer St. Petersburger
Mädchenschule aus dem 19. Jh. und bietet
warme und kalte Becken, einen Massagebe-
reich und (ganz anachronistisch) einen riesigen, mit Kerzen beleuchteten Whirlpool.

Die gemütlichen Zimmer haben Regale
voller Bücher und das abendliche Büfett ist
im Preis inbegriffen.

Värdshuset i Varberg

SCHWEDISCH €€

(www.varbergsvardshus.com; Kungsgatan 14;
Hauptgerichte 149–215 Skr; ⊘ 11.30–22.30 Uhr;
🚗) Die Spezialität dieses ansprechenden,
zentral gelegenen Restaurants ist die „Plan-
ke": eine brutzelnde Platte mit Fisch oder
gegrilltem Fleisch, umgeben von Kartoffelbrei und Ofenkartoffeln. Salate, Banana
Split und die Terrasse zum Leute Beobachten sind weitere Pluspunkte.

⭐ Vin & Skafferi Hus No. 13 SCHWEDISCH €€€

(☑ 0340-835 94; www.hus13.se; Varbergs fästning;
Hauptgerichte 245–275 Skr; ⊘ Mi–Sa 11–14 & ab
18 Uhr) Die Weinbar mit Restaurant neben
der Festung bietet für 125 Skr ein tolles Mittagessen (frisch gebratene Makrele, Fleischbällchen). Abends gibt es Gerichte für Feinschmecker – Kalb mit Haselnüssen oder
Seehecht mit Rote Bete und Kapern. Von der
hübschen Terrasse kann man die Touristenströme zur *fästning* (Festung) betrachten.

ℹ️ Praktische Informationen

Touristeninformation (☑ 0340-868 00; www.
visitvarberg.se; Brunnparken; ⊘ Mo–Sa 10–19,
Do 10–21, So 11–16 Uhr) Gut ausgestattete
Touristeninformation im Stadtzentrum. Die
meisten wichtigen Einrichtungen befinden sich
in der Nähe.

ℹ️ Anreise & Unterwegs vor Ort

Die Fähren der **Stena Line** (www.stenaline.se;
Färjeläget Hamnen) pendeln zweimal täglich
(99 Skr, 4¼ Std.) zwischen Varberg und der
dänischen Stadt Grenå; der Fähranleger befindet
sich unweit des Stadtzentrums.

Vom **Bahnhof** (Östra Hamnvägen) fahren regelmäßig Züge nach Halmstad (115 Skr, 36 Min.,
2-mal stündl.), Göteborg (109 Skr, 45 Min., 2-mal
stündl.) und Malmö (246 Skr, 2½ Std., stündl.).

Malmö & der Süden

Gut essen

➡ Atmosfär (S. 202)

➡ Salt & Brygga (S. 202)

➡ Holy Greens (S. 225)

➡ Gärdens Café & Vedugn (S. 218)

➡ St Jakobs Stenugnsbageri (S. 208)

Schön übernachten

➡ Kivik Strand Logi & Café (S. 219)

➡ Mäster Johan Hotel (S. 201)

➡ Sekelgården Hotel (S. 215)

➡ Sjöbacka Gård (S. 219)

➡ Hotel Duxiana (S. 208)

Auf nach Malmö & in den Süden!

Die Provinz Skåne (Schonen) gehörte 1658 zu Dänemark, was sich bis heute an einigen Besonderheiten bemerkbar macht: am Dialekt (*skånska*), an den Fachwerkhäusern und an der Fahne, einem schwedischen gelben Kreuz auf rotem dänischem Grund. Kopenhagen liegt nur eine Brücke vom pulsierenden Malmö entfernt. Südlich von Malmö befindet sich eine Wikingersiedlung, etwas nördlich liegt das gelehrte Lund mit seinen vielen Studenten als das „schwedische Cambridge" bekannt. Töpfereien, Herrenhäuser und dramatische Klippen sprenkeln die Nordwestküste von Skåne, an der Südküste warten die mittelalterliche Vorzeigestadt Ystad und Relikte aus der Bronzezeit sowie die hübsche Landschaft um Österlen mit ihren Apfelgärten. Nordöstlich von Skåne erstreckt sich die Provinz Blekinge mit Seen, in denen sich viele Fische tummeln; hier war im 17. Jh. die Seemacht Schweden zu Hause. Die Krönung ist Karlskrona, eine Kleinstadt, die zum Unesco Weltkulturerbe zählt.

Reisezeit
Malmö

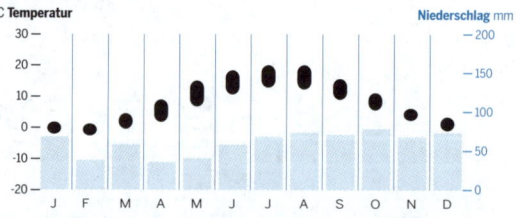

Juli & Aug. Die wärmsten Monate; die Touristen strömen an die Küste und zum Malmö Festival.

Mai & Sept. Kühl, klar und beschaulich; das Herbstwetter ist ideal für die Apfelernte und zum Wandern.

Nov.–Feb. Der Winter ist hier am mildesten, aber im Landesinneren ist es feucht und es schneit auch.

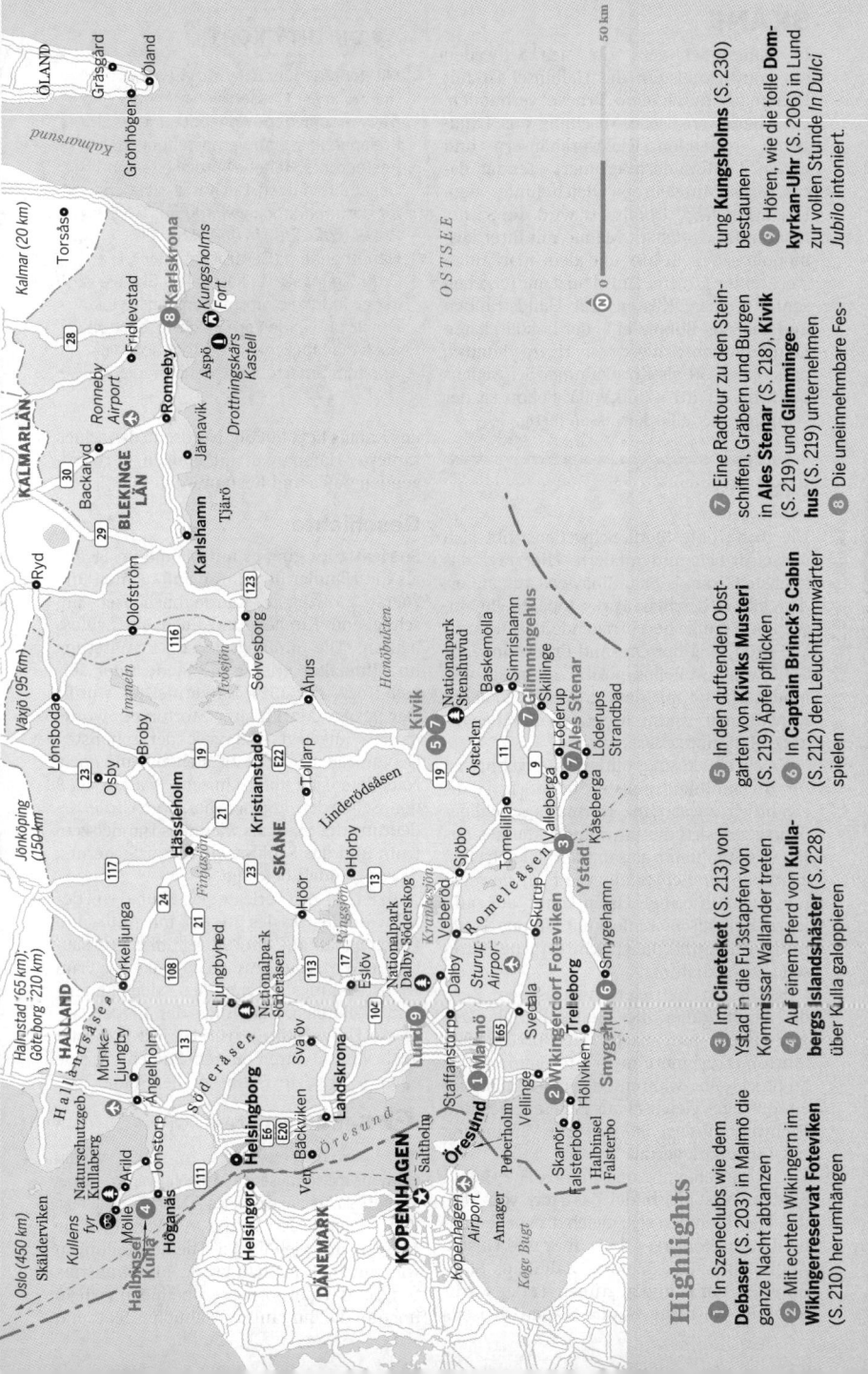

Highlights

1 In Szeneclubs wie dem **Debaser** (S. 203) in Malmö die ganze Nacht abtanzen

2 Mit echten Wikingern im **Wikingerreservat Foteviken** (S. 210) herumhängen

3 Im **Cineteket** (S. 213) von Ystad in die Fußstapfen von Kommissar Wallander treten

4 Auf einem Pferd von **Kullabergs Islandshäster** (S. 228) über Kulla galoppieren

5 In den duftenden Obstgärten von **Kiviks Musteri** (S. 219) Äpfel pflücken

6 In **Captain Brinck's Cabin** (S. 212) den Leuchtturmwärter spielen

7 Eine Radtour zu den Steinschiffen, Gräbern und Burgen in **Ales Stenar** (S. 218), **Kivik** (S. 219) und **Glimminge-hus** (S. 219) unternehmen

8 Die uneinnehmbare Festung **Kungsholms** (S. 230) bestaunen

9 Hören, wie die tolle **Dom-kyrkan-Uhr** (S. 206) in Lund zur vollen Stunde *In Dulci Jubilo* intoniert.

SKÅNE

In Skåne (Schonen) gibt sich Schweden am kontinentalsten; die Halbinsel ist mit Dänemark durch eine Brücke verbunden. Die charakteristische Mischung aus Landsitzen, reizenden Fachwerkhäusern und zarten Laubwäldern erinnert ständig daran, dass Mitteleuropa gleich hinter dem Horizont liegt. Dominiert wird die Szenerie von der Großstadt Malmö mit ihrer kosmopolitischen Kultur und dem markanten „verdrehten" Turm. Auf dem Land ergeben sanfte Felder, Küsten mit Sandstränden und stoische Burgen eine der bukolischsten Landschaften Schwedens. Hinzu kommt, dass Skåne oft als Kornkammer Schwedens bezeichnet wird – und voilà: Schon ist der skandinavische Leckerbissen fertig.

Malmö

📍 040 / 300 000 EW.

Die drittgrößte Stadt Schwedens gibt sich fortschrittlich und modern. Hier ragt das höchste Gebäude Skandinaviens auf, außerdem gibt es herrliche Parks, topaktuelle Museen und einige hervorragende Restaurants. Die Eröffnung der Öresund-Brücke im Jahr 2000 war zweifellos positiv, denn sie verbindet Malmö mit dem größeren, cooleren Kopenhagen, wodurch ein dynamisches urbanes Ballungsgebiet entstand.

Solch ein kosmopolitisches Ergebnis ist für die multikulturellste Stadt Schwedens eigentlich etwas ganz Normales – schließlich setzen sich die Einwohner Malmös aus 150 Nationalitäten zusammen. Hier treffen exotische Straßenstände, wie man sie sonst nur aus dem Nahen Osten kennt, auf raffinierte italienische Kaffeekultur, hippe Skateboard-Parks und die sprichwörtliche nordische Zurückhaltung.

Selbst im quirligen historischen Kern der Stadt klingt die multikulturelle Vergangenheit noch nach. Der Vorzeigeplatz Stortorget erinnert mehr an Hamburg als an Stockholm, während der nahe Lilla Torg ein quirliges Gewusel aus Straßencafés und Fachwerkhäusern ist, das die Verbindung mit Dänemark verrät.

Die von einem Kanal umflossene Gamla Staden (Altstadt) bildet das Herz von Malmö. Hier befinden sich gleich drei bedeutende Plätze: Stortorget, Lilla Torg und Gustav Adolfs Torg. Das Schloss, Malmöhus Slott, inmitten eines üppig grünen Parks wacht über die westliche Gamla Staden. Jenseits

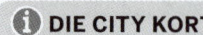

🛈 DIE CITY KORT

Mit der Malmöer **City Kort** (www.malmocity.se) lassen sich mehr als 600 verschiedene Angebote und Preisnachlässe für Veranstaltungen, Restaurants, Sehenswürdigkeiten und Geschäfte nutzen. Die Karte gilt auch für das mehrstöckige Parkhaus **Bagers Plats** (⏱ 24 Std.) in der Nähe vom Hauptbahnhof (Centralstationen). Die Ermäßigungskarte kostet 100 Skr; sie ist in der Touristeninformation und in vielen Hotels und Läden erhältlich. Es besteht auch die Möglichkeit, die City Kort als App fürs Smartphone herunterzuladen.

des Kanals liegt auf der Nordseite das schick sanierte Hafenareal mit einigen hervorragenden Cafés und Restaurants.

Geschichte

So richtig los ging es mit Malmö im 14. Jh., als die Händler der Hanse auftauchten und zuerst großzügige Kaufmannshäuser, anschließend Kirchen und auch ein Schloss bauten. Die umfangreichste Erweiterung im Mittelalter erlebte die Stadt unter Jörgen Kock, der 1524 Bürgermeister wurde. Der große Marktplatz, Stortorget, wurde damals angelegt und viele der schönsten Gebäude aus dem 16. Jh. stehen heute noch. Nachdem sich das dänische Malmö 1658 den Schweden ergeben hat, wuchs die Bedeutung der Stadt als wichtiges Handelszentrum und das Schloss wurde zur Sicherung dieses Handels befestigt.

In letzter Zeit verlegte sich Malmö von der Schwerindustrie des 20. Jhs. mit Auto- und Flugzeugbau auf umweltfreundlichere, sauberere Wirtschaftszweige, genau gesagt auf Dienstleistungsunternehmen, den Finanz- und IT-Bereich. Seit Ende der 1990er-Jahre die Universität gegründet wurde, leistet auch sie mit ihrer bunten Studentenszene einen Beitrag zur Definition der Stadt.

👁 Sehenswertes

⭐ **Malmö Museer**   MUSEUM
(www.malmo.se/museer; Malmöhusvägen; Erw./Kind 40 Skr/frei; Audioguides 20 Skr; ⏱ Juni–Aug. 10–16 Uhr, restl. Jahr kürzer; ♿) Verschiedene Museen mit vielfältigen Themenstellungen wie Kunst, Kunsthandwerk, Militärausrüstung und Transportwesen befinden sich in und um die Burganlage Malmöhus Slott und

bilden zusammen die Malmö Museer. In allen Museen finden sich Andenkenläden und Café-Restaurants; auch ist einiges geboten, um die Kleinen bei Laune zu halten, wie beispielsweise ein **Aquarium**. Einen Besuch lohnt die 2014 renovierte, abgedunkelte Halle, in der es vor Fledermäusen und Zitteraalen sowie einheimischem Getier wie Kabeljaus und Hechten nur so wimmelt.

Das **Malmö Konstmuseum** präsentiert eine sagenhafte Sammlung schwedischer Möbel und Kunsthandwerk, außerdem befindet sich hier die größte Sammlung nordischer Kunst des 20. Jhs. von ganz Skandinavien. Das **Stadsmuseum** (Stadtmuseum) kombiniert Ausstellungen zur Kulturgeschichte der Region mit weiteren interessanten Themen. Im **Rittersaal** sind allerlei Exponate aus dem Spätmittelalter und der Renaissance zu bewundern wie beispielsweise die Insignien des Hl.-Knut-Ordens. Der **Kanonenturm** im Nordwesten zeigt eine nostalgische Mischung aus alten Kanonen und glänzenden Rüstungen.

Nur ein kurzes Stück westlich von Malmöhus Slott beherbergt das **Teknikens och Sjöfartens Hus** (Technik- und Seefahrthaus) Flugzeuge, Fahrzeuge, eine von Pferden gezogene Tram, Dampfmaschinen sowie das beeindruckende U-Boot *U3*; es steht vor dem Hauptgebäude und ist begehbar. Das U-Boot lief 1943 in Karlskrona vom Stapel

und wurde im Jahr 1967 ausgemustert. In der oberen Etage zieht ein Experimentiersaal mit interaktiven Exponaten Kids jeden Alters in den Bann.

Im alten **Kommendanthuset** (Kommandantenhaus) im Zeughaus (Waffendepot) gegenüber der Burganlage sind regelmäßig Fotoausstellungen zu sehen.

★ Malmöhus Slott   BURG

GRATIS Durch die Verwendung von Backstein wirkten die funktionalistischen Gebäude aus den 1930er-Jahren ein bisschen wie Fabriken, doch das Malmöhus Slott tut sich mit seiner spannenden Geschichte hervor und beherbergt zudem die hervorragenden Malmö Museer.

Nachdem die Schweden 1648 die Halbinsel Skåne erobert hatten, unternahmen die Dänen 1677 einen vergeblichen Versuch, die Burg wieder in ihren Besitz zu bringen. Nach Wiederherstellung des Friedens verfiel das Gebäude; einen verheerenden Brand im Jahr 1870 überstanden nur das Hauptgebäude und zwei Wehrtürme; beide wurden 1930 restauriert.

Erik von Pommern errichtete hier 1436 die erste Festung, um die aufstrebende mittelalterliche Stadt und die Schifffahrt im Öresund zu kontrollieren. Die Burg wurde während eines Volksaufstands in Skåne zwischen 1534 und 1536 zerstört. Unmittelbar

SCHÖNE & UNGEWÖHNLICHE GEBÄUDE

Das nordwestliche Hafenareal beherbergt den **Turning Torso**, einen auffälligen Wolkenkratzer, der sich mit einer 90-Grad-Drehung gleichsam in den Himmel schraubt und mit 190 m das höchste Gebäude Schwedens ist. Entworfen wurde er von dem Spanier Santiago Calatrava.

Nostalgiker sollten dem Zentrum des Stortorget einen Besuch abstatten, um sich die Statue von König Karl X. Gustav anzuschauen, und dann (im Uhrzeigersinn ab der Nordwestecke) einen Blick auf die folgenden Bauwerke werfen: Das **Kockska Huset** (1524) ist ein stattliches Gebäude, das Bürgermeister Jörgen Kock für sich selbst errichten ließ; hier logierte Gustav Wasa, wenn er in der Stadt vorbeischaute. Die **Residenz des Provinzgouverneurs** präsentiert sich als prachtvolles, mit Stuck verziertes Meisterwerk aus dem 19. Jh. im Stil der Neurenaissance. Gleich nebenan wurde das ursprünglich 1546 errichtete **Rådhuset** (Rathaus) mehrfach umgestaltet. An der Südostecke des Platzes befindet sich die älteste Apotheke der Stadt, die **Apoteket Lejonet**, mit herrlichem Jugendstil-Interieur, geschnitzten Holzregalen, antiken Medizinfläschchen und einer verglasten Decke. Die 1571 gegründete Apotheke befand sich ursprünglich im **Rosenvingeskahuset** in der Västergatan.

Gleich bei der Östergatan beeindruckt das **St. Gertrud-Viertel** – 19 Gebäude aus dem 16. bis 19. Jh. mit der obligaten Mischung aus Gassen mit Kopfsteinpflaster, Restaurants und Bars. Auf der anderen Straßenseite steht das **Thottska Huset**, das älteste Fachwerkhaus (1558) von Malmö. Heute beherbergt es ein Restaurant – also ruhig mal reinschauen.

Malmö

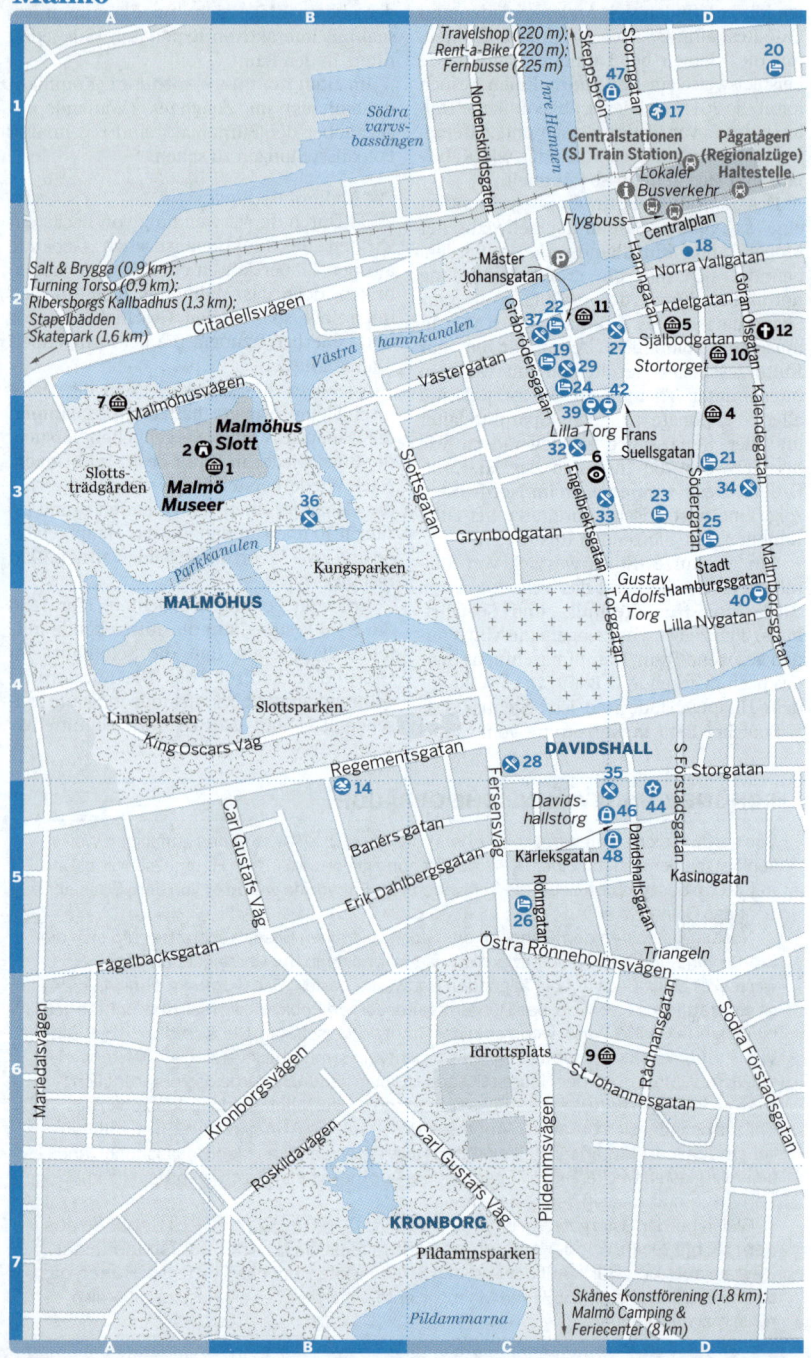

Travelshop (220 m);
Rent-a-Bike (220 m);
Fernbusse (225 m)

Skeppsbron

Stormgatan

20

47

17

Centralstationen
(SJ Train Station)

Pågatågen
(Regionalzüge)
Haltestelle

Lokaler
Busverkehr

Flygbuss

Centralplan

Södra
varvs-
bassängen

Nordenskiöldsgatan

Inre Hamnen

18

Norra Vallgatan

Salt & Brygga (0.9 km);
Turning Torso (0.9 km);
Ribersborgs Kallbadhus (1.3 km);
Stapelbädden
Skatepark (1,6 km)

Citadellsvägen

Västra hamnkanalen

Master
Johansgatan

Hamngatan

22

37

11

Adelgatan

Göran Olsdgatan

12

Grabrödersgatan

19

27

Själbodgatan

5

Stortorget

10

Malmöhusvägen

7

Västergatan

29

24

42

39

4

Malmöhus
Slott

Malmö
Museer

2

1

Lilla Torg

6

32

Frans
Suellsgatan

21

Slotts-
trädgården

Slottsgatan

36

33

23

34

25

Grynbodgatan

Engelbrektsgatan

Södergatan

Malmborgsgatan

Parkkanalen

Kungsparken

MALMÖHUS

Gustav
Adolfs
Torg

Stadt
Hamburgsgatan

Torggatan

Lilla Nygatan

40

Slottsparken

Linneplatsen

King Oscars Väg

Regementsgatan

Fersensväg

28

DAVIDSHALL

Storgatan

S Förstadsgatan

14

Davids-
hallstorg

35

46

44

Carl Gustafs Väg

Banérs gatan

Kärleksgatan

Davidshallsgatan

48

Kasinogatan

Erik Dahlbergsgatan

Rörmgatan

26

Fågelbacksgatan

Östra Rönneholmsvägen

Triangeln

Rådmansgatan

Södra Förstadsgatan

Mariedalsvägen

Kronborgsvägen

Carl Gustafs Väg

Pildammsvägen

Idrottsplats

9

St Johannesgatan

Roskildavägen

KRONBORG

Pildammsparken

Skånes Konstförening (1,8 km);
Malmö Camping &
Feriecenter (8 km)

Pildammarna

darauf ließ sie König Christian III. von Dänemark in einem furchtbaren Stilgemisch aus Spätgotik und Frührenaissance wieder aufbauen.

Der berühmteste Gefangene auf Malmöhus war der Earl of Bothwell. Er war der dritte Ehemann Maria Stuarts und musste aus Schottland fliehen, nachdem sie entthront worden war. Sobald er das europäische Festland erreicht hatte, wurde er von den Dänen festgenommen und bis zu seinem Tod 1578 gefangen gehalten.

★ Moderna Museet Malmö
MUSEUM

(www.modernamuseet.se; Gasverksgatan 22; Eintritt 70 Skr; ⊙ Di–So 11–18 Uhr) Die Architekten Tham & Videgård werteten das Rooseum, eine Turbinenhalle zur Stromerzeugung aus dem Jahr 1901, eindrucksvoll auf, indem sie einen modernen Anbau mit einer leuchtend orangeroten durchbrochenen Fassade ergänzten. Doch vom Gebäude abgesehen, lohnt auch das Museum einen Besuch. In der Dauerausstellung sind Werke moderner Meister wie Matisse, Dalí und Picasso zu bewundern.

Form/Design Center
KUNSTZENTRUM

(www.formdesigncenter.com; Lilla Torg 9; ⊙ Di–Sa 11–17, So 12–16 Uhr) GRATIS Das Form/Design Center präsentiert topaktuelles Design, Architektur und Kunst. Der zentrale Innenhof mit Kopfsteinpflaster ist noch ein Relikt aus dem späten Mittelalter, in den historischen Fachwerkhäusern sind nun Galerien und Boutiquen zu Hause, in denen coole skandinavische Kunst, Mode, Kunsthandwerk, Spielsachen und Haushaltsartikel verkauft werden. Wer Lust hat, kann es sich im Café mit einer Design-Zeitschrift gemütlich machen oder sich auch eine Radkarte mitnehmen, die einen von einem architektonischen oder Design-Highlight in Malmö zum nächsten führt.

Sankt Petri Kyrka
KIRCHE

(Göran Olsgatan; ⊙ 10–18 Uhr) GRATIS Dieses gotische Backsteingebäude ist die älteste Kirche von Malmö; sie wurde schon Anfang des 14. Jhs. errichtet. Protestantische Eiferer übertünchten im Jahr 1555 die mittelalterlichen Fresken; die originalen Wandmalereien in der **Krämarekapellet** konnten jedoch erfolgreich restauriert werden. Sehenswert sind das Altarbild aus dem Jahr 1611 und ein Votivschiff im südlichen Seitenschiff, das aller Toten gedenkt, die im Zweiten Weltkrieg im Meer ums Leben kamen.

Malmö

Malmö Konsthall
GALERIE

(www.konsthall.malmo.se; St Johannesgatan 7; ⏰11–17, Mi bis 21 Uhr) GRATIS Die Kunsthalle südlich vom Zentrum zählt zu den größten Ausstellungsflächen zeitgenössischer Kunst in Europa. Zu bestaunen sind Talente aus dem In- und Ausland. Das Museumscafé **Smak** (⏰040-50 50 35; www.smak.info; Hauptgerichte ab 80 Skr; ⏰11–17 Uhr) lädt am Wochenende zu einem tollen Brunch ein.

Malmö Chokladfabrik
MUSEUM

(Schokoladenmuseum; www.malmochokladfabrik. se; Möllevångsgatan 36; Erw./Kind 100/50 Skr; ⏰Mo–Fr 10–18, Sa bis 15 Uhr) ◢ Hier können die Besucher zuschauen, wie himmlische Schokoladenkreationen hergestellt werden, durch das Minimuseum bummeln und sich im nach Schokolade duftenden Café die fertigen Produkte einverleiben. Die Malmö Chokladfabrik stellt aus dem Jahr 1888 stellt berühmte Bio-Schokoladen her, die bereits mehrfach mit internationalen Schokoladen-

preisen ausgezeichnet wurden. Die Führungen dauern etwa eine Stunde, einschließlich einer audiovisuellen Präsentation; außerdem erhalten die Teilnehmer im Schoko-Laden eine Ermäßigung von zwanzig Prozent.

Skånes Konstförening
GALERIE

(⏰040-10 33 80; www.skaneskonst.se; Bragegatan 15, Eingang im Ystadvägen 22; ⏰Mi–Fr 14–18, Sa 13–16 Uhr, So während der jeweiligen Ausstellung) GRATIS Die Galerie hat sich aufstrebenden und noch weniger bekannten Künstlern verschrieben, die überwiegend aus Skandinavien kommen. Sie befindet sich 1 km südlich vom Möllevångstorget.

Folkets Park
VERGNÜGUNGSPARK, OUTDOOR

(www.malmofolketspark.se; Norra Parkgatan 2A; ⏰Park Mo–Fr 7–21, Sa & So 8–21, Juni–Aug. bis 22 Uhr, Attraktionen Mai–Mitte Aug. 12–19 Uhr, restl. Jahr weniger lang) GRATIS Der familienfreundliche Folkets Park bietet Ponyreiten, einen Rummelplatz, Minigolf, ein Planschbecken (das sich im Winter in eine Eislaufbahn verwandelt), ein Reptilienhaus und – uff, endlich sogar etwas für Erwachsene! – einen Biergarten. Der Eintritt ist frei, doch für einige der Attraktionen wird eine geringe Gebühr erhoben.

🏃 Aktivitäten

In der Touristeninformation ist die kostenlose Radkarte *Cykla i Malmö* erhältlich. Bei **Rent-a-Bike** (☎ 0707-49 94 22; www.travelshop. se; Carlsgatan 4; 150 Skr/24 Std.), unweit der Touristeninformation, und bei Rundan (s. rechts) kann man ein Fahrrad mieten.

Aq-va-kul   SCHWIMMEN
(☎ 040-30 05 40; www.aqvakul.se; Regementsgatan 24; Erw./Kind 80/30 Skr; ⊙ Mo, Mi & Do 9–20.30, Di 7–20.30, Fr 9–19.30, Sa & So 9–18 Uhr) Aq-va-kul ist ein Wasserpark mit einem beheizten Hallen- und Freibad, einer Wasserrutsche, Wellenmaschine, Sauna, Solarium sowie einem Türkischen Bad.

Ribersborgs Kallbadhus   SCHWIMMEN
(☎ 040-26 03 66; www.ribersborgskallbadhus.se; Erw./Kind 55 Skr/frei; ⊙ Mai–Sept. Mo, Di & Do 9–20, Mi bis 21, Fr–So bis 18 Uhr , restl. Jahr kürzer) Ribersborg ist ein einladender Sandstrand mit einer sich anschließenden Parklandschaft; er liegt rund 2 km westlich vom Stadtzentrum. Am Strand, genau gesagt am Ende des 200 m langen Stegs, befinden sich ein für Frauen und Männer getrenntes FKK-Salzwasserschwimmbecken und eine mit Holz beheizte **Sauna** aus dem Jahr 1898. Das Café ist auch nett.

City Boats Malmö   BOOTFAHREN
(☎ 0704-71 00 67; www.cityboats.se; Amiralsbron, Södra Promenaden; pro 30/60 Min. zu 90/150 Skr; ⊙ Mai–Aug. 11–19 Uhr) Wer die Kanäle von Malmö mit einem Tretboot erkunden möchte, sollte City Boats Malmö, gleich östlich vom Gustav Adolfs Torg, einen Besuch abstatten.

Stapelbädden Skatepark   SKATEBOARDPARK
(www.stpln.se; Stapelbäddsgatan 1) Wie wäre es mit einem Abstecher in diesen irren Großstadtdschungel in der Nähe vom Wolkenkratzer Turning Torso im nordwestlichen Hafenareal? Hier kann man zuschauen, wie die Skater – Einheimische und Gäste – dahingleiten, fliegen und sich gelegentlich aus schier schwindelerregenden Höhen stürzen. Die Website www.bryggeriet.org verrät Einzelheiten zur spannenden Skateboardszene der Stadt.

👉 Geführte Touren

Rundan   BOOTSAUSFLÜGE
(☎ 040-611 74 88; www.stromma.se; Erw./Kind 130/65 Skr; ⊙ Mai–Sept. 10.30–21 Uhr, in den restl. Monaten weniger Touren) Wer Malmö vom Wasser aus kennenlernen möchte, sollte bei Rundan, gegenüber vom Hauptbahnhof (Centralstationen) vorbeischauen. Von Mai bis September werden regelmäßig Bootsfahrten durch die Kanäle angeboten; sie dauern 50 Minuten. Mieträder stehen hier auch (170 Skr pro Tag) bereit.

Malmö Bike Tours   RADTOUREN
(☎ 0708-46 25 40; www.malmobiketours.se; 2-Std.-Tour 275 Skr, Leihgebühr Tag/Woche 150/650 Skr), Malmö Bike Tours veranstaltet zwei- und 3½-stündige Fahrradtouren durch die Stadt, bei denen die Teilnehmer alle bedeutenden Sehenswürdigkeiten, aber auch weniger bekannte Viertel kennenlernen. Gestartet wird am Stortorget. Wer lieber auf eigene Faust loszieht, kann hier auch ein Leihrad mieten.

MALMÖ & DER SÜDEN MALMÖ

DAS MEER ÜBERBRÜCKEN

Die im Jahr 2000 eröffnete **Öresund-Brücke** (www.oresundsbron.com; Motorrad/Auto/Minibus 225/440/880 Skr) ist die längste Auto- und Eisenbahnbrücke mit einer Schrägseilkonstruktion der Welt; von Lernacken (auf der schwedischen Seite unweit von Malmö) bis zur künstlichen Insel Peberholm (Pfefferinsel), südlich von Saltholm (Salzinsel) bringt sie es auf eine Länge von 7,8 km. Von dieser Insel führt dann ein 3 km langer Unterwassertunnel weiter, der nördlich vom Kopenhagener Flughafen endet.

Die einheimischen Pendler entrichten die Mautgebühr mit Hilfe eines elektronischen Senders, alle anderen Nutzer können mit der Kredit- oder Bankkarte, aber auch bar in Euro, dänischen oder schwedischen Kronen an den Mautstellen von Lernacken bezahlen.

Als Alternative bietet sich ein Pendlerzug nach Kopenhagen (105 Skr) an; man ist von Malmö nur 35 Minuten unterwegs – eine gute Ausrede, die hippe Hauptstadt von Dänemark zu erkunden, hat man also auch gleich.

Gebucht wird übers Internet, telefonisch oder über die Touristeninformation.

Malmö By Foot
STADTSPAZIERGANG

(☎0708-43 50 20; www.malmobyfoot.com; 1¼ Std.-Tour 80 Skr; ☺ Juli & Aug. 11 & 12.45 Uhr) Auf dem geführten Spaziergang lernen die Teilnehmer die Geschichte Malmös vom Mittelalter bis heute kennen. Die Touren finden zweimal täglich statt und beginnen an der Sankt Petri Kyrka. Buchen kann man übers Internet, telefonisch oder über die Touristeninformation.

🎉 Feste & Events

Malmö Festival
MUSIK

(www.malmofestivalen.se; ☺ Mitte Aug.) Malmös bedeutendster alljährlicher Event – mit im Schnitt an die 1,5 Mio. Besuchern – ist das einwöchige Malmö Festival. Zu den überwiegend kostenlosen Veranstaltungen zählen Theater, Tanz, Livemusik und ein Feuerwerk; und natürlich warten Imbissstände, an denen es nur so brutzelt.

Regnbågsfestivalen
SCHWULE & LESBEN

(☺ Ende Sept.) Das einwöchige Regnbågsfestivalen (Regenbogenfestival) ist das wichtigste Schwulenfest in Malmö. Geboten sind Unmengen Ausstellungen, Filme, Feten und eine Pride Parade. Wer Näheres wissen möchte, wendet sich an RFSL-Malmö (☎040-611 99 62; www.rfsl.se/malmo; Monbijougatan 15), das Schwulen- und Lesbenzentrum der Stadt.

🛌 Schlafen

Die Stadt verfügt über eine breite Palette an Unterkünften.

STF Vandrarhem Malmö City
HOSTEL €

(☎040-611 62 20; www.svenskaturistforeningen.se; Rönngatan 1; B/DZ ab 230/560 Skr; @🛜) Vom äußeren Eindruck sollte man sich nicht abschrecken lassen, denn das blitzsaubere Hostel mitten in der Innenstadt bietet eine helle, luftige Gemeinschaftsküche und einen Patio im Freien. Die Mitarbeiter sind engagiert und hilfsbereit.

Comfort Hotel Malmö
HOTEL €

(☎040-33 04 40; www.choice.se; Carlsgatan 10C; EZ/DZ 690/800 Skr; P@🛜) Wer ein intimes Hotel für einen Heiratsantrag sucht, ist hier eher fehl am Platz. Das Comfort Hotel mit seinen 293 Zimmern ist nämlich das größte Hotel der Stadt. Aber die ästhetisch aufgepeppten Zimmer sind hell, luftig und modern, riesige Schwarz-Weiß-Fotos (die irgendwie mit Musik zu tun haben) nehmen eine ganze Wand ein. Die Einrichtungen sind hervorragend, und sogar ein Fitnessraum ist vorhanden.

Das Unternehmen plant, im Zeitraum 2015/2016 drei weitere Hotels dieses Kalibers in Malmö zu bauen.

Scandic Hotel St Jörgen
HOTEL €

(☎040-693 46 00; www.scandichotels.com; Stora Nygatan 35; EZ/DZ 750/800 Skr; P@🛜) Das hippe, minimalistische Foyer reflektiert die modernen, gut ausgestatteten und geräumigen Zimmer dieser freundlichen, gehobenen Hotelkette. Die meisten Zimmer gehen auf den Gustav Adolfs Torg hinaus; das Bad ist mit einer Badewanne samt Duschvorrichtung ausgestattet. Es gibt auch einige sogenannte „Kajütenzimmer" ohne Fenster. Am preiswertesten kommt die Übernachtung mit einer Online-Buchung.

Malmö Camping & Feriecenter
CAMPINGPLATZ €

(☎040-15 51 65; www.firstcamp.se; Strandgatan 101; Zeltplatz 320 Skr, 2-Bett-Hütte 700 Skr; P) Von diesem Campingplatz am Strand bietet sich ein toller Blick auf die Öresund-Brücke. Er befindet sich rund 5 km südwestlich vom Stadtzentrum; vom Gustav Adolfs Torg fährt der Bus 4 (16 Skr) hin.

★ Hotel Duxiana
HOTEL €€

(☎040-607 70 00; www.malmo.hotelduxiana.com; Mäster Johansgatan 1; EZ/DZ/Suite ab 795/1090/2140 Skr; P@🛜) Das megahippe Hotel gleich beim Hauptbahnhof (Centralstationen) gelegen ist etwas für Leute mit Sinn für Design. Zu den edlen Stücken in geschmackvollem Weiß, Schwarz und Metallgrau gehören Bruno-Mattheson-Sofas und die gleichen himmlischen Betten, die auch im ersten 7-Sterne-Hotel der Welt in Dubai die Gäste verwöhnen. Die Einzelzimmer fallen relativ klein aus, sind aber gemütlich; in den dekadenten Junior-Suiten stehen Badewannen mit Klauenfüßen gegenüber vom Bett.

Astoria
HOTEL €€

(☎040-786 60; www.astoriahotel.se; Gråbrödersgatan 7; EZ/DZ ab 800/900 Skr; @🛜) Das ältere Hotel in Familienbesitz befindet sich nur ein kurzes Stück vom Hauptbahnhof entfernt – womit leidiges Koffergeschleppe entfällt. Die Zimmer sind geräumig, komfortabel und konservativ eingerichtet, sieht man einmal von den grell bunten Bildern ab. Der schattige Patio ist reizend.

Hotel Baltzar
HISTORISCHES HOTEL €€

(☑040-665 57 00; www.baltzarhotel.se; Södergatan 20; EZ/DZ Standard 590/855 Skr, Superior 950/1050 Skr; ❋☎) Das Hotel liegt mitten im Herzen der Stadt, ist aber dennoch erstaunlich ruhig. Es befindet sich in einem imposanten historischen Gebäude. Den öffentlich zugänglichen Einrichtungen würde ein bisschen Kosmetik mit Sicherheit nicht schaden, aber die Zimmer sind wunderschön. Die Superior-Zimmer sind extravagant mit edlen Antiquitäten, feinen Messingspiegeln und kostbaren Orientteppichen ausgestattet; die Standard-Zimmer geben sich einen Tick weniger luxuriös, sind aber ebenso geräumig.

Hotel Noble House
HOTEL €€

(Best Western; ☑040-664 30 00; www.hotelnoblehouse.se; Per Weijersgatan 6; EZ/DZ 995/1195 Skr; ❋☎) Den Zimmern fehlt vielleicht der besondere Wow-Effekt, aber sie sind enorm komfortabel und klassisch möbliert; es warten Parkettböden, geschmackvolle Tapeten und etwas kuriose Stofftiere auf dem Bett. Das Frühstück ist ein Gedicht; ganz offensichtlich hat ein einheimischer Starkoch einen gewissen Einfluss auf die Best Western-Büfett – was sich hier eindeutig bemerkbar macht.

★ Mäster Johan Hotel
HOTEL €€€

(☑040-664 64 00; www.masterjohan.se; Mäster Johansgatan 13; Zi./Suite ab 1290/1790 Skr; ❋☎) Gleich beim Lilla Torg befindet sich eine der nobelsten Herbergen Malmös, um das Haupt zu betten. Geboten sind geräumige Zimmer von dezenter Eleganz mit wunderschönem Eichenparkett und Textilien, die in Schneeweiß und Kobaltblau gehalten sind. Die Bäder protzen mit von Paloma Picasso entworfenen Fliesen, außerdem gibt es eine Sauna und ein Fitnessstudio. Das perfekte Frühstück wird im Hof mit Glasdach serviert.

 Essen

In Malmö besteht kein Mangel an kulinarischen Erlebnissen, ob nun vegane Kost in einer abgewirtschafteten Kneipe der linken Szene oder moderne nordische Küche in Designerambiente gefragt ist. Sogar an den Imbissständen im Hauptbahnhof kann man gut essen. Aber allein schon wegen der tollen Atmosphäre lohnt vor allem ein Besuch der Restaurants und Bars am Lilla Torg.

Der beste **Bauernmarkt** (☉Mo–Sa) findet am Möllevångstorget statt.

★ Lilla Kafferosteriet
CAFÉ €

(☑040-48 20 00; www.lillakafferosteriet.se; Baltzarsgatan 24; Sandwiches ab 35 Skr; ☉Mo–Fr 8–19, Sa 10–17, So 11–17 Uhr) Bevor man es sich an einem der Tische drinnen oder draußen im hübschen Patio gemütlich macht, sollte man noch eine kleine Erkundungsrunde durch die stimmungsvollen Räumlichkeiten drehen. In diesem Café wird der Kaffee wirklich ernst genommen – es werden nur frisch gemahlene Bohnen aus Fairtrade verwendet, dazu gibt es jede Menge süße und pikante Köstlichkeiten. Hier kriegt man einfach Lust, einmal eine Weile abzuhängen und zu pausieren.

Surf Shack
BURGER €

(☑0761-76 40 18; Västergatan 8; Burger ab 59 Skr; ☉Mo–Do 10.30–20, Fr–So bis 23 Uhr; ☑) In diesem Lokal im Stil eines typischen Surferschuppens können sich die Gäste über die Speisekarte mit Burgern vom Feinsten freuen; es gibt sogar eine Variante für Vegetarier mit Tofu und schwarzen Bohnen, zudem in Salatblätter gewickelte Burger ohne Brötchen und gesunde Extrazutaten wie Avocado, Feta und gegrillte Pilze. Dazu munden die angebotenen Sodas und Shakes, und wer vorhat, sein Surfbrett absaufen zu lassen, der nimmt die doppelte Schokolade und Erdnussbutter.

Slottsträdgårdens Kafé
CAFÉ €

(☑040-30 40 34; www.slottsstradgardenskafe.se; Grynbodgatan 9; Sandwiches ab 50 Skr; ☉April–Sept. 11–17 Uhr) Wie könnte man das sommerliche Malmö schöner genießen, als unter einem weißen Sonnenschirm in diesem malerischen Café, das sich mitten in Slottsträdgården versteckt. Hier kann man sich den Duft von Fenchel, Kräutern und Gebäck in die Nase steigen lassen, während man sich ein leckeres Sandwich oder ein Stück Rhabarberkuchen mit Streusel und Bio-Vanilleeis schmecken lässt.

Dolce Sicilia
EIS €

(☑040-611 31 10; www.dolcesicilia.se; Drottningtorget 6; Eis ab 27 Skr; ☉Mo 12–17, Di–So 11–19 Uhr) Wem der Sinn nach einem frischen italienischen Bioeis steht, sollte auf einen Sprung im Dolce Sicilia vorbeischauen. In der Eisdiele unter der Leitung von Sizilianern gibt es verschiedenste Geschmacksrichtungen – von Schoko mit Chili über Lakritze bis hin zu Waldbeere. In der Nähe vom Turning Torso, in der Västra Varvsgatan 37, befindet sich eine weitere Filiale.

Falafel No. 1
FALAFEL €

(☎ 040-84 41 22; www.falafel-n1.se; Österportsgatan 2; Falafel ab 35 Skr) Die Einwohner von Malmö sind so begeisterte Falafel-Esser, dass die beliebten Bällchen sogar in einem Song des bekannten einheimischen Rappers Timbuktu vorkommen. Das Falafel No. 1 (oder: Orient House) ist jedenfalls schon seit ewigen Zeiten der Renner. Interessant ist auch die Website **Alles über Falafel** (www.alltomfalafel.se) mit weiteren Informationen zu anderen Lokalen.

★ Atmosfär
SCHWEDISCH €€

(☎ 040-12 50 77; www.atmosfar.com; Fersensväg 4; Hauptgerichte ab 125 Skr; ⊙ Mo–Fr 11.30–23, Sa bis 2 Uhr) Das noble Restaurant im Viertel überrascht regelmäßig mit einer neuen Speisekarte, die sich an den Produkten der Jahreszeit orientiert. Auf den Tisch kommen stets aromatische, innovative Kombinationen wie Salate mit frischer Kapuzinerkresse oder auch Kalbfleisch mit Trüffeln, Erbsen und Meerrettich. Die Cocktails (105 Skr) sind ähnlich unwiderstehlich. Wie wäre es denn mit einem Holunderblüten-Fizz?

Salt & Brygga
SCHWEDISCH €€

(☎ 040-611 59 40; www.saltobrygga.se; Sundspromenaden 7; Hauptgerichte mittags ab 110 Skr, Hauptgerichte abends ab 145 Skr; ⊙ Mo–Fr 11–14 und 17–23, Sa 12.30–16 & 17–23 Uhr; ✍) ✎ Das schicke Slowfood-Restaurant mit beneidenswerter Aussicht auf die Öresund-Brücke und den kleinen Hafen serviert aktuelle schwedische Küche mit wahrlich bestem Gewissen. Alles hier ist „bio" (sogar die Uniform der Mitarbeiter), Abfälle werden in Biogas umgewandelt, und die Räumlichkeiten sind frei von allergieauslösenden Stoffen. Die Zutaten der Speisen orientieren sich streng an den Jahreszeiten, ihr Geschmack ist unverfälscht.

Johan P
MEERESFRÜCHTE €€

(☎ 040-97 18 18; www.johanp.nu; Hjulhamnsgatan 5; Hauptgerichte ab 175 Skr, Menü 375 Skr, *pintxos* 38 Skr; ⊙ Mo–Fr 11.30–23, Sa 12–23, So 13–22 Uhr) Das Restaurant befindet sich seit dem Jahr 2014 in neuen Räumlichkeiten, doch der Standard ist so hoch wie gewohnt. Das Johan P begeistert seine Gäste weiterhin mit superfrischen Meeresfrüchten. Sie können sich ihr Lieblingstier direkt an der Theke, die vom Stil her an einen Marktstand erinnert, aussuchen oder sich auch für das angebotene Menü entscheiden. Es gibt herrliche Fischcremesuppen, *moules meunière*

(Muscheln in Wein gekocht) und leckere gekühlte Meeresfrüchteplatten. Als Snack sind *pintxos* (baskische Tapas) wirklich eine sehr empfehlenswerte Alternative.

Izakaya Koi
ASIATISCH €€

(☎ 040-757 00; www.koi.se; Lilla Torg 5; Hauptgerichte ab 109 Skr; ⊙ Mo–Sa 18 Uhr bis frühmorgens) Das Koi an der quirligen Lilla Torget lockt mit hervorragenden Cocktails, köstlichem Sushi und anderen asiatisch angehauchten Leckerbissen unzählige Gäste an. Die Trendsetter von Malmös hipper Szene finden sich in der Lounge im Obergeschoss ein, mischen sich auf der Tanzfläche unters Volk oder hängen auf den weißen Ledersitzbänken herum und feiern schick gestylt oft bis in den Morgen hinein.

★ Bastard Restaurant
EUROPÄISCH €€€

(☎ 040-12 13 18; www.bastardrestaurant.se; Mäster Johansgatan 11; Hauptgerichte ab 200 Skr; ⊙ Di bis Do 17–24, Fr & Sa bis 2 Uhr) ✎ Das hippe Restaurant kommt einem Gastro-Pub so nahe, wie dies in Schweden überhaupt möglich ist. Die Mahlzeiten sind ebenso herzhaft wie ausgefallen – die Palette reicht von Gourmet-Fleischplatten bis zu Grillhühnchen mit Kruste für zwei oder Pizza mit Schnecken. Die Bar steht bei betuchten Einheimischen hoch im Kurs.

Mrs. Brown
SCHWEDISCH €€€

(☎ 040-97 22 50; www.mrsbrown.nu; Storgatan 26; Hauptgerichte ab 200 Skr; ⊙ Mo–Fr 12–15.30 und 17–22.30, Sa 18–22.30 Uhr; ✍) ✎ Das dezente kleine Mrs. Brown ist die Art Restaurant, die sich jeder in seinem Viertel erträumt. Aus der offenen Küche kommt moderne skandinavische Hausmannskost, die mit einheimischen Bioprodukten zubereitet wird, beispielsweise Grönland-Krabben in Chilisoße. Der Service ist aufmerksam, aber nicht aufdringlich; der Speiseraum präsentiert sich minimalistisch, ist aber dennoch behaglich und modisch.

Eine Speisekarte für Vegetarier gibt es hier auch.

Årstiderna i Kockska Huset
SCHWEDISCH €€€

(☎ 040-23 09 10; www.arstiderna.se; Frans Suellsgatan 3; Hauptgerichte 235–325 Skr; ⊙ Mo–Fr 11.30–24, Sa 17–24 Uhr) Dieses Nobelrestaurant serviert seine Speisen in den Kellergewölben des Kockska Huset. Das Essen ist schwedische Küche vom Feinsten, das Ambiente gibt sich klassisch mit frisch gestärkten weißen Tischdecken, und der Service überzeugt mit dezenter Professionalität.

Ausgehen & Nachtleben

Bars haben in Malmö im Allgemeinen bis etwa 1 Uhr offen, freitags und samstags oft auch noch länger. Die rappelvollen Bars rund um den Möllevångstorget locken in der Regel eher Studenten und ein alternatives Publikum an.

Die Lokale am Lilla Torg sind super, bieten einen aufmerksamen Service, im Sommer Tische im Freien (man muss allerdings oft warten), leckeres Essen und an Getränken so ziemlich die ganze Palette – von Weißwein aus Chile bis hin zu flippigen Cocktails.

Die Clubs haben im Allgemeinen bis etwa 1 Uhr geöffnet, freitags und samstags bis 3, 4 manche sogar bis 5 Uhr. Das Mindestalter liegt – je nach Lokalität – bei 20 bis 25 Jahren; den Ausweis sollte man deshalb unbedingt einstecken. Der Eintritt kostet in der Regel 100 Skr bis 200 Skr.

Victors COCKTAILBAR
(www.victors.se; Lilla Torg 1; ☺ Mo–Do 15–18.30, Fr & Sa 12–1 Uhr) Sagenhafte Cocktails am Lilla Torg, dazu Snacks zu später Stunde, die beim Zechen gut munden.

Drumbar BAR
(Lilla Torg 9; ☺ Mo–Do 16–23, Fr & Sa bis 1 Uhr) Beliebtes Pub im schottischen Stil mit einem hübschen Garten und traditioneller, legerer Atmosphäre.

Mello Yello BAR
(www.melloyello.se; Lilla Torg 1; ☺ Mo–Fr 15.30–1, Sa & So ab 12 Uhr) Die Bar am Lilla Torg mit quirligerm Flair verwöhnt ihre Gäste auch noch mit ganz leckeren Kleinigkeiten zum Essen. Wenn der Magen richtig knurrt, empfiehlt sich ein anständiger Burger.

Pickwick Pub PUB
(www.pickwickpub.se; Stadt Hamburgsgatan 12; ☺ Mo–Do 16–22.30, Fr & Sa bis 1.30, So bis 21.30 Uhr) Nettes, traditionelles Pub mit Chesterfield-Stühlen und einem gemütlichen Kamin.

Tempo Bar & Kök LOUNGE
(☏ 040-12 60 21; www.tempobarokok.se; Södra Skolgatan 30; ☺ Mo–Sa 17–1 Uhr) Eine funkige Lounge im Viertel, die vor allem gern von Studenten und Indie-Volk besucht wird; gelegentlich legen DJs auf.

Club Wonk SCHWUL
(☏ 040-23 93 03; www.wonk.se; Amiralsgatan 23; vor/nach Mitternacht 50/100 Skr; ☺ Sa 22.30

WAS NOCH?
Weitere Tipps, Empfehlungen und Kritiken finden sich auf der Website shop.lonelyplanet.com; dort lässt sich das Kapitel zu Kopenhagen aus dem Lonely Planet-Führer *Dänemark* gegen ein geringes Entgelt als Pdf-Datei herunterladen.

bis 5 Uhr) Dieser Club ist die beste Adresse in Malmö für schwule Partygänger. Es gibt hier drei Bars, zwei Tanzflächen und auch eine Karaoke-Lounge.

☆ **Unterhaltung**

Am besten holt man sich freitags das Lokalblatt *Sydsvenskan* mit dem Veranstaltungsmagazin *Dygnet Runt* (das neben Malmö auch Lund mit abdeckt); oder man wirft einfach einen Blick ins Internet (www.sydsvenskan.se). Auch das Wochenblatt *Nöjesguiden* (www.nojesguiden.se) sollte man durchsehen. Beide Publikationen sind auf Schwedisch, aber die Infos zu Clubs und Filmen sind dennoch verständlich. Eine andere Möglichkeit ist, mit einem der zahlreichen Züge nach Kopenhagen zu fahren – das Programm dort ist einfach gigatisch.

Debaser LIVEMUSIK
(www.debaser.se; Norra Parkgatan 2; ☺ April–Sept. Mi–So 19–3 Uhr; ☐ 5, 32 Malmö Folkets Park) Nach kurzzeitiger Schließung eröffnete das Debaser Mitte 2014 wieder seine Pforten für Liveauftritten und Clubpartys, die von Indie, Pop, Hip-Hop und Soul bis zu Elektronica und Rock wirklich alles bieten. Außerdem gehört noch eine umtriebige Bar-Lounge im Freien dazu, die auf den Folkets Park hinausgeht.

Kulturbolaget LIVEMUSIK
(www.kulturbolaget.se; Bergsgatan 18; ☺ unterschiedl.) Hier sind schon viele Musiker von Rang und Namen aufgetreten, aber selbst wenn niemand Livemusik spielt, ist das KB eine abgefahrene Bar und Nachtclub (in der Regel freitags und ssamstags).

Inkonst LIVEMUSIK
(www.inkonst.com; Bergsgatan 29; ☺ 23–3 Uhr) In diesem Kulturschuppen finden immer wieder tolle Clubnächte statt; die Musik ist vielseitig und reicht von Underground UK Grime und Garage bis hin zu Hip-Hop und

Rhythm & Blues. Auch Theater und Tanz-vorführungen werden hier gezeigt.

Filmstaden Malmö
KINO

(☏ 040-660 20 90; Storgatan 22) Hier flimmern Hollywood-Filme über die Leinwand.

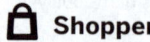 **Shoppen**

Momentan befinden sich die Hotspots für trendige Designer- und Nostalgieklamotten in den Straßen rund um den Davidshallstorg, südlich der Altstadt (Gamla Staden).

Tjallamalla
MODE

(☏ 040-791 90; www.tjallamalla.co; Davidshalls-gatan 15; ⊙ Di–Fr 10.30–18, Sa bis 16 Uhr) Stock-holms legendärer Lieferant für neue, auf-strebende Designer versorgt die einheimi-schen Trendsetter mit Kultlabels wie Stylein, Ida Sjöstedt und Diana Orving.

Love Street Vintage
NOSTALGISCHES

(Kärleksgatan 15; ⊙ Di–Fr 12–18, Sa bis 16 Uhr) Ein sagenhaftes Geschäft, das bis unter die De-cke vollgestopft ist mit Denim-Jacken, Boas, Taschen mit Glasperlen sowie Schmuck und Geschirr im Stil der 1950er-Jahre.

Malmö Modern
HAUSHALTSARTIKEL

(☏ 040-30 00 86; www.malmomodern.se; Skepps-bron 3; ⊙ Mo–Fr 11–18, Sa bis 15 Uhr) Skandina-visches Design hat wirklich das gewisse Et-was. Hier lohnt ein Blick auf die Haushalts-artikel, Stoffe, Uhren, Kleidung und alle möglichen eigenwilligen und nachdenklich stimmenden Staubfänger für die Regale zu Hause.

Formargruppen
KUNSTHANDWERK

(☏ 040-780 60; www.formargruppen.se; Engel-brektsgatan 8; ⊙ Mo–Fr 11–18, Sa bis 16 Uhr) In diesem zentral gelegenen Geschäft und Ga-lerie haben sich dynamische schwedische Künstler, Kunsthandwerker und Designer zu einem Kollektiv zusammengeschlossen.

ⓘ BUSPASS

Wer vorhat, in Malmö mit dem Bus herumzufahren, sollte in Erwägung ziehen, das **Timmarsbijett-Busticket** (65/165 Skr) für 24 oder 72 Stunden zu kaufen. Erhältlich ist dieser praktische Buspass in der Touristeninformation und in den Kundenzentren von Skå-netrafikens. Auch über die Skånetrafi-ken-App (S. 205) kann man das Ticket erstehen.

Erhältlich sind allerlei ausgefallene Objek-te – von Keramik und Töpferei bis hin zu Schmuck und Textilien.

ⓘ Praktische Informationen

GELD

Banken und Geldautomaten finden sich in der Södergatan.

MEDIZINISCHE VERSORGUNG

Der diensthabende Zahnarzt und Arzt sind unter 1177 erreichbar.

Apotek Gripen (☏ 0771-45 04 50; Bergsgatan 48; ⊙ 8–22 Uhr) Apotheke, die bis spätabends geöffnet hat.

NOTFÄLLE

Akutklinik (☏ 1813; Eingang 36, Södra Förstadsgatan 101) Notaufnahme im allgemei-nen Krankenhaus.

Polizei (☏ 040-114 14; Porslinsgatan 6)

TOURISTENINFORMATION

Malmö Airport Visitor Centre (www.mal moairport.se; Flughafen Sturup; ⊙ 8–18 Uhr, mit leichten Abweichungen den Ankunftszeiten der Flieger entsprechend) Hilfreiche Touristen-information, in der man auch Flygbuss-Tickets kaufen kann.

Touristeninformation (☏ 040-34 12 00; www. malmotown.com; Skånegårdsvägen 5; ⊙ Mo bis Fr 9–17, Sa & So 10–14.30 Uhr) An der E20, 800 m von der Mautstelle der Öresund-Brücke entfernt.

Touristeninformation (☏ 040-34 12 00; www. malmotown.com; Skeppsbron 2; ⊙ Mo–Fr 9–19, Sa & So 10–16 Uhr) Auf der anderen Seite vom Hauptbahnhof (Centralstationen).

Tourismus in Skåne (www.skane.com) Regi-onale Website mit Unmengen Informationen, Tipps, Landkarten und einem Buchungsservice.

ⓘ An- & Weiterreise

AUTO & MOTORRAD

Mehrere der größeren Mietwagenfirmen wie **Avis** (☏ 778 30, Flughafen 50 05 15; www.avis world.com; Stormgatan 6) und **Hertz** (☏ 040-33 07 70; www.hertz-europe.com; Jörgen Kocksga-tan 1B) haben eine Niederlassung am Flughafen Sturup sowie direkt gegenüber vom Hauptbahn-hof (Centralstationen).

Das Parken kommt in Malmö teuer: Im Allge-meinen beträgt die Gebühr ab 15 Skr pro Stunde oder 110 Skr pro Tag (24 Std.). Die meisten Ho-tels verlangen ebenfalls eine Parkgebühr.

Die Taxis stehen in Malmö im Ruf, den Fahr-gästen immer zu viel Geld abzuknöpfen; deshalb macht es Sinn, mit dem Fahrer vor dem Einstei-gen den Preis zu vereinbaren. Die Touristeninformation empfiehlt **Taxi Skåne** (🕿 040-33 03 30) und **Taxi 97** (🕿 040-97 97 97).

BUS

Lokal & Regional

Skånetrafiken (s. rechts) heißt der Betreiber von Skånes effizientem lokalem Bus- und Zugnetz (Letzteres bekannt unter Pågatågen).

Die Busse des Unternehmens verkehren in verschiedenen Zonen. Die einfache Fahrt innerhalb des Stadtgebiets von Malmö kostet 22 Skr. Aber Achtung: Es ist nicht möglich, im Bus einen Fahrschein zu kaufen – vom Flygbuss zum Flughafen abgesehen. Praktisch ist die mehrfach verwendbare **Jojo-Karte**, die in den Kundenzentren von Skånetrafiken im Hauptbahnhof oder bei Triangeln erhältlich ist; man lädt sie einfach mit dem Guthaben auf, das man vermutlich für die Busfahrten brauchen wird. Eine Alternative ist der Timmarsbijett-Buspass, den es für 24 oder 72 Stunden gibt.

Die meisten regionalen Fernbusse fahren am Busbahnhof in der Spårvägsgatan ab, ein paar auch vor dem Centralplan. Der Bus 146 ist nützlich, um zu den Fähren zu gelangen, die in Trelleborg (65 Skr, 40 Min.) ablegen; er verkehrt ein- bis zweimal pro Stunde. Der Bus 100 nach Falsterbo (65 Skr, 1 Std.) ist ebenso praktisch.

Fernbusse

Es gibt zwei Busbahnhöfe, von denen täglich Busse zu Zielen in Schweden und Europa abfahren. Der **Travelshop** (Malmö Buss & Resecenter; 🕿 33 05 70; www.travelshop.se; Carlsgatan 4A), nördlich vom Bahnhof , verkauft Fahrkarten verschiedener Unternehmen, so auch von **Swebus Express** (🕿 0771-21 82 18; www.swebus.se), dessen Busse zwei- bis viermal täglich direkt nach Stockholm (ab 539 Skr, 8½ Std.), viermal nach Jönköping (ab 239 Skr, 4½ Std.) und bis zu zehnmal täglich nach Göteborg (ab 139 Skr, 3–4 Std.) fahren; fünf Busse setzen dort die Fahrt nach Oslo (ab 219 Skr, 8 Std.) fort.

Der zweite Busbahnhof für den Fernverkehr, **Öresundterminalen** (🕿 040-59 09 00; www.oresundterminalen.se; Terminalgatan 10), lässt sich mit dem Bus 35 erreichen, der vom Hauptbahnhof nach Flansbjer (25 Skr, 30 Min.) fährt. Von hier bietet **Svenska Buss** (🕿 0771-67 67 67; www.svenskabuss.se) sechsmal wöchentlich eine Verbindung über Karlskrona nach Stockholm (420 Skr, 11 Std.).

Von Eurolines verkehren von hier ebenfalls Busse zu verschiedenen Städten in Europa.

Nach Kopenhagen und weiter sind Züge das praktischste Verkehrsmittel.

ZUM/VOM FLUGHAFEN

Flygbuss (www.flygbussarna.se) fährt wochentags etwa im 40-Minutentakt, samstags sechsmal und sonntags siebenmal vor dem Hauptbahnhof (Centralstationen) zum Flughafen Sturup (Erw./Kind 109/89 Sks einfache Fahrt). Ein Taxi sollte nicht mehr als 450 Skr kosten. Die Fahrkarte kann man im Bus kaufen, allerdings nur mit Kreditkarte. Erhältlich ist sie auch im Malmö Airport Visitor Center sowie am Kundenschalter im Hauptbahnhof (Centralstationen).

FLUGZEUG

Der **Flughafen Sturup** (🕿 010-109 45 00; www. swedavia.se) liegt 33 km südöstlich von Malmö. Hier finden sich das Malmö Airport Visitor Centre, Schließfächer (groß/klein 15/25 Skr für 24 Std.) sowie eine Wechselstube. **SAS** (🕿 0770-72 77 27; www.sas.se) fliegt täglich bis zu achtmal nonstop zum Stockholmer Flughafen Arlanda. **Malmö Aviation** (www.malmoaviation. se) fliegt sogar elfmal am Tag zum Stockholmer Flughafen Bromma (ab 410 Skr, 1 Std. und 5 Min.).

Züge fahren von Malmö direkt zum Hauptflughafen von Kopenhagen (105 Skr, 35 Min., 20-Minutentakt), der ein noch breiteres Angebot an Flügen bietet.

ZUG

Nahverkehrszüge (Pågatågen) von **Skånetrafiken** (www.skanetrafiken.se) verkehren regelmäßig nach Helsingborg (103 Skr, 1 Std.), Landskrona (84 Skr, 40 Min.), Lund (48 Skr, 15 Min.), Simrishamn (103 Skr, 1½ Std.), Ystad (84 Skr, 50 Min.) und zu anderen Orten auf der Halbinsel Skåne. Fahrräder dürfen zum halben Fahrpreis mitgeführt werden, allerdings nicht zur Hauptverkehrszeit, was aber wiederum nicht von Mitte Juni bis Mitte August gilt.

Von Malmö zum Hauptbahnhof von Kopenhagen fahren Züge im 20-Minutentakt (105 Skr, 35 Min.).

X2000-Züge (ab 342 Skr, 2½ Std.) und Regionalzüge (ab 235 Skr, 3¼ Std.) verkehren von/nach Göteborg. X2000-Züge (ab 750 Skr, 4½ Std., stündl.) und Intercitys (ab 795 Skr, 6½ Std., gelegentl.) bedienen die Strecke Stockholm–Malmö.

Im Hauptbahnhof (Centralstationen) finden sich Schließfächer; sie kosten 30 Skr bis 50 Skr für 24 Stunden.

Lund

🕿 046 / 105 300 EW.

Das gelehrte Lund gruppiert sich um einen bemerkenswerten Dom (mit einem Riesen in der Krypta und einer Zauberuhr) und ist eine stimmungsvolle Mischung aus Parks, mittelalterlichen Gebäuden und Bücherwürmern, die beim Lesen gern Kaffee trinken. In der Stadt geht es während des akademischen Jahrs dank der Unmengen

Lund

Studenten hoch her – im Sommer bummeln dann die Besucher durch die Kopfsteinpflasterstraßen und freuen sich über die Fülle an hochkarätigen Museen.

Lund ist Schwedens zweitälteste Stadt. Sie wurde um 1000 von den Dänen gegründet und war einst der Sitz des größten Erzbistums Europas. Zudem wurde hier auch der Tintenstrahldrucker erfunden ...

◉ Sehenswertes

Zahlreiche Galerien sowie einige kleine Museen zu ausgefalleneren Themen und Archive liegen über die ganze Stadt verstreut; viele sind verschiedenen Fakultäten der Universität angegliedert – einfach in der Touristeninformation nachfragen.

★ Domkyrkan   KIRCHE

(Kyrkogatan; ◉ Mo–Fr 8–18, Sa 9.30–17, So 9.30 bis 18 Uhr) GRATIS Lunds romanischer Dom, die Domkyrkan, bietet mit seinen Doppeltürmen einen herrlichen Anblick. Am besten stattet man ihm um 12 oder 15 Uhr (So und Feiertage) einen Besuch ab, wenn die fantastische astronomische Uhr *In Dulci Jubilo* erklingen lässt und sich dazu oben die Holzfiguren in Gang setzen. In der Krypta beeindrucken Finn, der Riese aus der Mythologie (der beim Bau des Doms mitgeholfen haben

soll), sowie ein Brunnen aus dem 16. Jh., der mit witzigen Szenen verziert ist.

★ Skissernas Museum   KUNSTZENTRUM

(Skizzenmuseum; ☎ 046-222 72 83; www.skissernasmuseum.se; Finngatan 2; Eintritt 50 Skr; ◉ Di–So 12–17, Mi bis 21 Uhr) Die Ausstellungsräume mit Gemälden und Skulpturen sind die reinste Orgie fürs Auge und garantieren somit einen nachhaltigen, intensiven Kunstgenuss. Mehrere Skulpturen und Installationen sind riesig, beispielsweise die 6 m große Plastik *Frauen am Meer* von Ivar Johnsson. Die ehemalige Privatsammlung umfasst Werke der größten Künstler der Welt wie Joan Miró, Henri Matisse, Raoul Dufy, Sonia Delaunay und Fernand Léger. Im Skulpturenpark beeindrucken Werke von Henry Moore. Anfang 2015 wurde eine Galerie mit mexikanischer Malerei fertiggestellt.

★ Kulturen   MUSEUM

(www.kulturen.com; Tegnerplatsen; Erw./Kind 90 Skr/frei; ◉ Mai–Aug. 10–17 Uhr, Sept.–April 12–16 Uhr; ♿) Das riesige, 1892 eröffnete Freilichtmuseum nimmt gleich zwei ganze Blocks ein. Unter den rund 30 Gebäuden findet sich so ziemlich alles – von armseligen Hütten aus Birkenborke bis hin zu prachtvollen Anwesen aus dem 17. Jh. Die Dauerausstellungen zeigen Lund im Mit-

Lund

telalter, nostalgische Spielsachen, Keramik, Silber und Glas – und vieles andere mehr. Es werden auch Führungen auf Englisch angeboten. Das beliebte Café im Freien ist von mehreren **Runensteinen** flankiert.

Historiska Museet   MUSEUM
(Historisches Museum; www.luhm.lu.se; Kraftstorg; Eintritt 50 Skr; ☺ Di–Fr 11–16, So 12–16 Uhr) Hinter dem Dom ist im Historischen Museum eine umfangreiche Sammlung von Artefakten aus der Vor-Wikingerzeit zu bestaunen, darunter ein 7000 Jahre altes Skelett. Zum Museum gehört das **Domkyrkomuseet**, das der Kirchengeschichte in dieser Region nachspürt. Die Säle mit unzähligen Statuen, die den gekreuzigten Christus zeigen, sind allerdings schon ziemlich gruselig.

Drottens Arkeologiska Museum   MUSEUM
(☎ 046-14 13 28; www.kulturen.com; Kattesund 6A; ☺ Mo–Do 9–18, Fr & Sa 10–18 Uhr) GRATIS Das unterirdische Drottens Arkeologiska Museum birgt die Fundamente einer Kirche aus dem 11. Jh. sowie eine gespenstische Sammlung von Skeletten, deren Krankheiten und Amputationen Rückschlüsse auf das Mittelalter ermöglichen. Der Zugang erfolgt durch das Restaurant Gattostretto.

Botanischer Garten   GÄRTEN
(☎ 046-222 73 20; www.botaniskatradgarden.se; Östra Vallgatan 20; ☺ 6–21.30 Uhr) GRATIS Der 8 ha große Botanische Garten östlich vom Zentrum zeigt rund 7000 Pflanzenarten und neun Klimazonen. Mit dazu gehören tropische **Treibhäuser** (Östra Valgatan 20; ☺ 11 bis 15 Uhr). GRATIS

Lundskonsthall   GALERIE
(www.lundskonsthall.se; Mårtenstorget 3; ☺ Mi, Fr, Sa & So 12–17, Di & Do bis 20 Uhr) GRATIS Diese Galerie für zeitgenössische Kunst präsentiert hochkarätige Ausstellungen. Zu bestaunen sind Installationen im Stil der Tate Modern in London und einige andere kreative Kunstformen.

Universitätsgebäude   UNIVERSITÄT
(Ecke Kyrkogatan & Paradisgatan) Das Hauptgebäude der Universität mit vier Sphingen als krönendem Abschluss, die die vier ursprünglichen Fakultäten repräsentieren, lohnt einen Blick.

Apoteket Svanen   HISTORISCHES GEBÄUDE
(Kyrkogatan 5) Ein Erlebnis ist diese ästhetisch restaurierte Apotheke gegenüber der Touristeninformation.

🛏 Schlafen

Die Touristeninforrmation vermittelt Privatquartiere ab 300 Skr pro Person, zuzüglich einer Buchungsgebühr von 50 Skr.

Winstrup Hostel   HOSTEL €
(☎ 0723-29 08 00 08; www.winstruphostel.se; Winstrupsgatan 3; B 275 Skr, Frühstück 65 Skr, Abendessen 75 Skr; ☎) Die Mehrbettzimmer hier sind echt pfiffig gestaltet, wodurch eine gewisse Privatsphäre gewährleistet ist. Die Betten sind nämlich eher als eine Art abgetrenntes „Schlaffach" zu bezeichnen; sie lassen sich über eine kurze Leiter erreichen. Das ganze Hostel wirkt modern und ist blitzblank.

Lilla Hotellet i Lund   HOTEL €€
(☎ 046-32 88 88; www.lillahotellet.com; Bankgatan 7; EZ/DZ 1350/1450 Skr; P ☎) Das anheimelnde Hotel befindet sich in einer ehemaligen Schuhfabrik. Geboten sind gemütliche Zim-

mer mit Patchwork-Tagesdecken und Tapeten mit Laura-Ashley-Mustern. Ein sonniger Hof und eine Gäste-Lounge gehören dazu. Freitags und samstags kommt die Übernachtung erheblich preiswerter.

Hotell Oskar
BOUTIQUEHOTEL €€

(☏ 046-18 80 85; www.hotelloskar.com; Bytaregatan 3; EZ/DZ 995/1195 Skr; @ 🖅) Das zentrale Hotel liegt etwas versteckt in einem kleinen Bürgerhaus aus dem 19. Jh. Die eleganten Zimmer lassen schickes skandinavisches Design sehen. Und gut ausgestattet mit einem DVD-Player, Wasserkocher und Stereoanlage sind sie auch. Hübsch ist der Garten hinter dem Haus. Das Café gleich nebenan ist praktisch, um sich einen Kaffee mit Kuchen zu gönnen.

Hotel Ahlström
HISTORISCHES HOTEL €€

(☏ 046-211 01 74; www.hotellahlstrom.se; Skomakaregatan 3; EZ/DZ mit Gemeinschaftsbad 670/850 Skr, Zi. mit Bad 1100 Skr; 🖅) Das älteste Hotel von Lund in einer ruhigen Straße im Zentrum ist ebenso nett wie erschwinglich. Die Zimmer (meist mit Gemeinschaftsbad) haben Parkettboden, coole weiße Wände und sind mit einem Waschbecken ausgestattet. Das Frühstück wird aufs Zimmer gebracht. Einen Minuspunkt gibt es allerdings auch: Viele Lonely Planet-Leser haben sich bereits über die miesen Abflüsse beschwert.

⭐ Hotel Duxiana
BOUTIQUEHOTEL €€€

(☏ 046-13 55 15; www.lundhotelduxiana.com; Sankt Petri Kyrkogatan 7; EZ/DZ 1695/1895 Skr; @ 🖅) Der eigentliche Hit ist, dass alle Zimmer dasselbe kosten, obwohl sie unterschiedlich luxuriös ausfallen. So weist das eine eine Privatsauna auf, ein anderes eine kleine Küche und wieder ein anderes bietet ein Wohnzimmer auf zwei Ebenen. Das Dekor ist schick und modern, und hinter dem Haus wartet die reinste Oase von einem Hof; ein Restaurant und eine Bar sind auch noch vorhanden.

Grand Hotel
HOTEL €€€

(☏ 046-280 61 00; www.grandilund.se; Bantorget 1; EZ/DZ 1275/1775 Skr; P @ 🖅) Das Grand Hotel ist die nobelste Herberge, die Lund zu bieten hat. Das Hotel öffnete 1899 seine Pforten und ist der reinste Ausbund an Lüstern und Blattgold. Die Zimmer fallen eher klein aus, sind aber prächtig mit Holzbetten, Perserteppichen und Tapeten mit Engelsmotiven gestaltet. An Extras können sich die Gäste über eine Sauna und ein feudales Speiseerlebnis im Restaurant Gambrinus freuen.

✖ Essen & Ausgehen

⭐ St Jakobs Stenugnsbageri
BÄCKEREI €

(☏ 046-13 70 60; www.stjakobs.se; Klostergatan 9; Backwaren 15–50 Skr; ⏱ Mo–Fr 8–18, Sa 8–16, So 11–15 Uhr) Das Wasser läuft einem beim Anblick der Steinofenbrote, Zimtbrötchen, zart schmelzenden Kokos-Zitronen-Zapfen und krossen Keksen im Munde zusammen. Im Sommer steht zwischen all den Köstlichkeiten meist noch eine gigantische Schale mit Erdbeeren, zu denen natürlich Sahne gereicht wird.

Saluhallen
MARKTHALLE €

(www.lundssaluhall.se; Mårtenstorget; Snacks ab 35 Skr; ⏱ Mo–Mi 10–18, Do & Fr bis 19, Sa 9.30 bis 15 Uhr) In dieser Markthalle mit moderaten Preisen gibt es Futter, bei dem einem das Wasser nur so im Mund zusammenläuft – von frischem Fisch und dampfender Pasta bis hin zu Thai-Gerichten, Grillspießen und Croissants. Im unlängst eröffneten Erweiterungsbau warten sechs zusätzliche Restaurants, was die Saluhallen zu einem noch attraktiveren kulinarischen Hotspot macht.

Café Ariman
CAFÉ €

(www.ariman.se; Kungsgatan 2B; Hauptgerichte ab 70 Skr; ⏱ Mo 11–24, Di, Mi & Do bis 1, Fr & Sa bis 3, So 15–23 Uhr; 🖉) Starken Kaffee und Köstliches zum Dazuessen wie Ciabattas, Salate und Burritos gibt es in diesem hippen, schummrigen Café mit Blick auf die Kathedrale, das bei Studenten aus der linken Szene hoch im Kurs steht. Und vorstellen kann man sich das alles dann so: Nasenringe, Dreadlocks und eine entspannte Partie Schach. Von September bis Mai heizen freitags und samstags DJs gehörig ein.

Govindas
VEGETARISCH €

(☏ 046-12 04 13; Bredgatan 28; Mittagessen 70 Skr; ⏱ Mo–Mi 11.30–15.30, Juli geschl.; 🖉) 🍃 Das Govindas in einem beschaulichen, begrünten Hof mit Kopfsteinpflaster ist bei Studenten, die ihre Kronen zusammenhalten müssen, und bei Gästen der Hit, die nach einem pikanten Curry oder einem coolen Raita-Dip lechzen. Einen Großteil der verwendeten Zutaten hat der reizende Eigentümer selbst biologisch angebaut.

Coffee Break
CAFÉ €

(☏ 046-211 21 00; www.coffeebreak.nu; Sankt Petri Kyrkogatan 3; Sandwiches ab 35 Skr; ⏱ Mo–Fr 8–20, Sa & So ab 9 Uhr; 🖅) Die kleinen Räume dieses Cafés wirken irgendwie klassisch und anheimelnd, außerdem gibt es hier noch einen schönen Garten mit vielen Blumen, geschmackvolle, fetzige Kunst aus der Region ziert die Wände, und auf der Speisekarte verlocken selbst gebackenes Teegebäck, Bagels, Ciabattas und Baguettes mit vielerlei Zutaten. Die Gäste können in Zeitschriften blättern, und zur Untermalung dudelt entspannte Musik. In diesem Café kann man es sich also einfach rundum gemütlich machen und relaxen.

Ved
SCHWEDISCH **€€**

(☑ 046-13 05 65; www.restaurangved.se; Mårtenstorget 3; Hauptgerichte ab 120 Skr; ☺ Mo–Mi 10–18, Sa 9.30–15, Do & Fr 10–19 Uhr; ☎) Diese stimmungsvoll beleuchtete Bar mit Restaurant öffnete 2014 ihre Pforten und wird derzeit noch erweitert. Serviert werden allein schon optisch ansprechende Teller mit schwedischen Fusionsgerichten. Die Teller weisen mit Absicht nur eine mittlere Größe auf und sind deshalb preiswerter, als so mancher erwarten würde. Das ganze Lokal brummt nur so vor urbanem Schick.

Klostergatans Vin & Delikatess
FRANZÖSISCH, FEINKOST **€€**

(☑ 046-14 14 83; www.klostergatan.se; Klostergatan 3; Hauptgerichte mittags ab 85 Skr, Hauptgerichte abends ab 125 Skr; ☺ Mo–Do 11–15 & 17–21, Fr bis 23.30, Sa 12–16 Uhr) Die Weinbar im französischen Stil mit einer Feinkostabteilung eignet sich perfekt, um mal schnell einen Happen zu essen, aber auch um am Tisch mit gestärkter weißer Tischdecke eine ganze Mahlzeit samt einem Glas Hauswein zu genießen. Die Speisekarte ist ganz eindeutig französisch inspiriert, wenngleich einheimische Zutaten verwendet werden. In der angrenzenden Bäckerei locken Kuchen, Kaffee und Sandwiches.

Gattostretto
ITALIENISCH **€€**

(www.gattostretto.se; Kattesund 6A; Mittagsgerichte 80 Skr, Hauptgerichte ab 139 Skr ; ☺ Mo–Sa 11.30–21 Uhr) Das luftige Café-Restaurant auf mittelalterlichen Ruinen hat einen zweiten Küchenchef, der aus Rom stammt, und im Lokal für einen Hauch *dolce vita* sorgt. So überrascht es nicht, dass man hier einen echten italienischen Espresso und ein Stück *torta rustica*, aber auch ein herzhaftes *ragù* oder eine dreifarbige Bruschetta bestellen kann.

Gambrinus
EUROPÄISCH **€€€**

(☑ 046-280 61 00; Bantorget 1; Hauptgerichte mittags/abends ab 125/235 Skr; ☺ 11.30–24 Uhr; ☎☑) Das Starangebot im Gourmettempel

des Grand Hotels ist das Lund-Menü mit kreativen Interpretationen regionaler Klassiker, die mit einheimischen Zutaten zubereitet werden. Spezialität ist Bries, wer lieber fleischlos isst, findet einige vegetarische Gerichte auf der Speisekarte.

☆ Unterhaltung

In der Touristeninformation ist der monatliche Veranstaltungskalender von Lund erhältlich, in dem alle Events verzeichnet sind.

SF Bio Filmstaden
KINO

(☑ 0856-26 00 00; Västra Mårtensgatan 12) Mainstream-Streifen.

ℹ Praktische Informationen

Banken, Geldautomaten und andere Dienstleistungsunternehmen befinden sich in der Hauptstraße (Stora Södergatan, die in die Kyrkogatan übergeht).

Über die **Universität** (www.lu.se; Sandgatan) kann man im Internet viel Wissenswertes nachlesen, unter www.lund.se finden sich Informationen zur Stadt.

Touristeninformation (☑ 046-35 50 40; www. lund.se; Botulfsgatan 1A; ☺ Mo–Fr 10–18, Sa bis 14 Uhr) Am südlichen Ende des Stortorget.

ℹ An- & Weiterreise

Flygbuss (☑ 0771-77 77 77; www.flygbussarna. se) verkehrt regelmäßig von/zum Flughafen Sturup von/nach Malmö (109 Skr).

Fernbusse fahren vor dem Bahnhof ab. Die meisten Busse von/nach Malmö nehmen die Route über Lund.

Mit dem Zug dauert es nur 15 Minuten von Lund nach Malmö; die Regionalzüge (Pågatågen; 48 Skr) verkehren häufig. Einige Züge fahren weiter nach Kopenhagen (135 Skr, 1 Std.). Weitere Direktverbindungen bestehen von Malmö nach Kristianstad und Karlskrona über Lund. Alle Fernzüge, die von Stockholm oder Göteborg nach Malmö verkehren, halten in Lund.

ℹ Unterwegs vor Ort

Die Stadtbusse von **Skånetrafiken** (☑ 0771-77 77 77) können mit der im Voraus bezahlten **Jojo-Karte** benutzt werden; erhältlich ist sie im Busbahnhof am Botulfsplatsen, westlich vom Mårtenstorget, in der Touristeninformation sowie in Pressbyrån-Läden. Wer ein Fahrrad mieten möchte, schaut bei **Godsmagasinet** (☑ 046-35 57 42; Bangatan; pro Tag/Woche 20/130 Skr; ☺ Mo–Fr 6.30–21.30 Uhr) vorbei, einer Fahrradgarage am äußersten nördlichen Ende des Bahnhofsgebäudes. Bei **Taxi Skåne** (☑ 046-33 03 30) kann man ein Taxi bestellen.

Halbinsel Falsterbo

☑ 040

Die flossenförmige Halbinsel 30 km südlich von Malmö lockt mit ihren Sandstränden Sonnenanbeter und mit ihrer stattlichen Anzahl an gefiederten Viechern Ornithologen an.

Zum Sightseeing-Programm gehören das Wikingerreservat und das ungewöhnliche Bernsteinmuseum.

Höllviken

◉ Sehenswertes

★ **Wikingerreservat**
Foteviken   HISTORISCHE STÄTTE
(☑ 040-33 08 00; www.fotevikensmuseum.se; Muselvägen 24, Höllviken; Erw./Kind 90/30 Skr; ☻ Juni–Aug. 10–16 Uhr, restl. Jahr kürzer; Ⓟ ⊞) Wer das Verschwinden der großen haarigen Männer in Langbooten betrauert, findet im faszinierenden Wikingerreservat Foteviken Trost, der anschaulichen Rekonstruktion eines Dorfes aus der späten Wikingerzeit. Rund 22 originalgetreu restaurierte Gebäude mit Reet- oder Grasdach wurden in der Nähe des Schauplatzes errichtet, wo im Jahr 1134 die Schlacht von Foteviken stattfand. Und was hier noch viel erstaunlicher ist: Die Dorfbewohner leben wirklich wie einst die alten Wikinger, d. h. sie verzichten auf die meisten modernen Errungenschaften und halten sich streng an die Traditionen, Gesetze und Religion – und zwar auch dann immer noch, wenn der letzte Tourist bereits gegangen ist.

Die Häuser, die es hier zu bestaunen gibt, gehören verschiedenen Ständen wie beispielsweise dem *jarl* (Befehlshaber der Streitwaffen), dem *juror* (Laienrichter) oder dem Schreiber. Das Haus des Häuptlings ist mit Holzdielen, Vlies und einem Wandteppich ausgestattet, auf dem die Schlacht von Foteviken anschaulich dargestellt ist. Sogar eine von Schilden gesäumte Große Halle (Thinghöll) und ein tödliches Kriegskatapult sind vorhanden, außerdem besteht die Möglichkeit, hübsches, von den Wikingern in Handarbeit hergestelltes Kunsthandwerk zu erstehen.

Jedes Jahr Ende Juni findet die Wikingerwoche statt, die in einem Wikingermarkt gipfelt, bei dem schneidige Krieger spielerisch ihre Kräfte messen.

Das Wikingerreservat befindet sich etwa700 m nördlich von Höllviken.

Bärnstensmuseum   MUSEUM
(Bernsteinmuseum; ☑ 040-45 45 04; www.brost. se; Södra Mariavägen 4, Höllviken; Erw./Kind 25/10 Skr; ☻ Mitte Mai–Ende Sept. 11–17 Uhr, restl. Jahr kürzer; Ⓟ) In den verschiedenen Objekten des Bernsteinmuseums kämpfen, paaren sich und fressen Insekten, die schon seit 40 Mio. Jahren im klebrigen Harz feststecken.

Das Museum liegt nicht weit vom südlichen Stadtrand von Höllviken entfernt, und zwar unmittelbar an der Straße nach Trelleborg.

ℹ Praktische Informationen

In dem Städtchen gibt es Banken und Supermärkte.

Touristeninformation (☑ 040-42 54 54; www.vellinge.se; Videholms Allé 1A, Höllviken; ☻ Mitte Juni–Mitte Aug. Mo–Fr 10–18, Sa & So bis 14 Uhr, restl. Jahr kürzer) Die wichtigste Touristeninformation in dieser Gegend befindet sich in demselben Gebäude wie die Bibliothek von Höllviken, gleich im Falsterbovägen.

Falsterbo & Skanör

Inoffiziell wird der lange, weiße Sandstrand von Falsterbo mit seinen bunten Strandhütten gern als die „schwedische Riviera" bezeichnet. Er ist bei Einheimischen ebenso beliebt wie bei Leuten, die in Malmö Urlaub machen; dass es hier so beschaulich zugeht, ist dem Verbot von Jet-Skis und Motorbooten zu verdanken.

Die hakenförmige Insel **Måkläppen** ist ein Naturschutzgebiet, das von März bis Oktober für Besucher komplett gesperrt ist.

◉ Sehenswertes & Aktivitäten

Falsterbo Museum   MUSEUM
(☑ 040-47 22 42; www.kulturbron.com/falster bomuseum.htm; Sjögatan; Erw./Kind 40/10 Skr; ☻ Mitte Juni–Aug. 10–18 Uhr) Das kleine Falsterbo Museum an der Südspitze der Halbinsel ist ein nettes Sammelsurium. Es gibt hier ein kleines Besucherzentrum (Naturum), nostalgische Geschäfte und Schmieden, Minen aus dem Zweiten Weltkrieg und die Relikte eines Bootes aus dem 13. Jh.

Falsterbo Fågelstation   VOGELBEOBACHTUNG
(☑ 040-47 06 88; www.falsterbofagelstation. se; Sjögatan; 1-stünd. geführte Touren pro Pers. 40 Skr; ☻ April, Mai & Aug.–Okt., nur nach voriger Buchung) Zu den Bewohnern von Måkläppen zählen Robben und mehr als 50 verschiedene Vogelarten, darunter Zwergsee-

schwalben, Seeregenpfeifer, die in Schweden selten zu finden sind, und Säbelschnäbler. Im Herbst legen hier eine bis drei Mio. Zugvögel eine Pause ein. Das Vogelobservatorium in der Nähe des Falsterbo Museums widmet sich dem Studium der gefiederten Besucher.

🛏 Schlafen & Essen

Ljungens Camping CAMPINGPLATZ €
(📞 040-47 06 88; www.ljungenscamping.mamut web.com; Strandbadsvägen; Zeltplatz mit/ohne Strom 250/210 Skr; ⊘ April–Sept.; 🅿) Dieser wirklich nette Campingplatz liegt ein paar Kilometer von Falsterbo entfernt; zu den Einrichtungen zählt ein Minigolfplatz.

Skanörs Gästgifvaregård HOTEL €€€
(📞 040-47 56 90; www.skanorsgastis.com; Mellangatan 13; Zi. 1895 Skr; 🅿🐾📶) Ein exquisites Hotel mit überbordendem Dekor und wirklich sehr komfortablen Zimmern, zu dem auch noch ein hervorragendes Restaurant gehört (in dem zudem Kochkurse angeboten werden).

Da Aldo ITALIENISCH €
(📞 040-47 40 26; www.aldo.se; Mellangatan 47; Eis ab 30 Skr, Piadine 65 Skr; ⊘ 8.30–22 Uhr) Hier in der Hauptstraße von Skanör zaubert Expat Aldo aus Kalabrien ein himmlisches *gelato*; dazu verwendet er ausschließlich italienische Zutaten und fügt keine Eier, Sahne oder Butter hinzu. Mittags verlocken ebenso authentische Speisen zu echt anständigen Preisen – von Frittata und Salaten bis hin zu *piadine* (italienische Sandwiches mit Fladenbrot) und gefüllten Auberginen. Und was den Kaffee betrifft … *buonissimo!*

⭐ Skanörs Fiskrögeri MEERESFRÜCHTE €€€
(📞 040-47 40 50; www.rogeriet.se; Skanörs Hamn; Hauptgerichte 218–393 Skr; ⊘ Restaurant Juni–Aug. Mo–Sa 12–23, So bis 22 Uhr, Feinkost 10–21 Uhr) Das Restaurant im Marineschick ist ein Muss für Fans von Fisch und Meeresfrüchten, wie seine Lage am Hafen und die weißen Kamine der Räucherkammer schon vermuten lassen. Die Fischsuppe ist vom Feinsten, und im zugehörigen Feinkostgeschäft kann man sich auch gleich noch mit Meeresfrüchten für ein Picknick am Strand eindecken.

ℹ An- & Weiterreise

Der Bus 100 (60 Skr, 1 Std., Mo–Sa 30-Minutentakt, So weniger häufig) verkehrt von Malmö nach Falsterbo und Skanör.

Trelleborg
📞 0410 / 41 000 EW.

Trelleborg ist das wichtigste Tor von Deutschland nach Schweden, und dementsprechend viele Fähren verkehren hier auch. Auf dem üblichen Touristenpfad liegt die Stadt allerdings nicht gerade. Wer hier nach Schweden einreist, sollte sich überlegen, nach Malmö oder Ystad weiterzufahren.

◉ Sehenswertes

Trelleborgen HISTORISCHE STÄTTE
(📞 0410-73 30 21; www.trelleborgen.se; Västra Vallgatan 6; Besucherzentrum Erw./Kind 30 Skr/ frei; ⊘ Juni–Aug. 10–16 Uhr, restl. Jahr Mo–Do 13–17 Uhr; 🅿🐾) GRATIS Die Trelleborgen ist eine Ringfestung der Wikinger aus dem 9. Jh., die 1988 bei der Bryggaregatan (ein Stück westlich vom Stadtzentrum) entdeckt wurde. Sie wurde nach dem gleichen Prinzip erbaut wie die dänischen Festungen derselben Epoche – was zeigt, welche Macht Harald Blauzahn einst auf sich vereinte. Ein Viertel der Eichenstammpalisaden und ein Holztor wurden rekonstruiert, ebenso ein Wikinger-Bauernhaus und ein mittelalterliches Gebäude innerhalb des Walls. Das **Besucherzentrum** vor Ort präsentiert Funde, die bei archäologischen Grabungen entdeckt wurden, darunter Wikingerschmuck, Utensilien zur Körperpflege und einen Schädel aus dem 10. Jh. v. Chr., der belegt, dass früher den Menschen die Zähne abgeschliffen wurden.

Trelleborgs Museum MUSEUM
(📞 0410-73 30 50; museum@trelleborg.se; Östergatan 58; Eintritt 30 Skr; ⊘ Di–So 12–16 Uhr) Das Museum gleich östlich vom Stadtzentrum deckt eine breite Palette an Themen ab; so beschäftigt es sich beispielsweise mit einer 7000 Jahre alten Siedlung, die in der Nähe gefunden wurde.

Axel Ebbe Konsthall GALERIE
(📞 0410-73 30 56; Hesekillegatan 1; Eintritt 30 Skr; ⊘ Mitte Juni–Aug. Mi–So 12–16 Uhr) Die Kunsthalle beim Stadtpark präsentiert Aktskulpturen des Skaniers Axel Ebbe (1868–1941). Als kleinen Vorgeschmack auf die Exponate kann man sich schon mal den Brunnen **Sjöormen** (wörtl.: Meeresungeheuer) am Storatorget anschauen.

🛏 Schlafen & Essen

Die Touristeninformation bucht auch Privatquartiere ab 300 Skr.

Night Stop

MOTEL €

(☎ 0410-410 70; www.hotelnightstop.com; Östergatan 59; EZ/DZ/3BZ 300/400/500 Skr; Ⓟ🕾) Das Motel mit funktionalen Zimmern und Gemeinschaftsbädern bietet die günstigsten Betten der Stadt. Es hat rund um die Uhr geöffnet, liegt etwa 500 m von der Fähre entfernt (nach dem Aussteigen rechts in die Hamngatan einbiegen) und schräg gegenüber vom Museum. Das Frühstück ist nicht inbegriffen, es kostet 50 Skr.

Hotel Duxiana Dannegården

HOTEL €€

(☎ 0410-481 80; www.dannegarden.se; Strandgatan 32; Zi. ab 1175 Skr; Ⓟ🖷🕾) Trelleborgs schönste Herberge, um selig zu schlummern, ist diese alte Kapitänsvilla. Sie wird mit selbstbewusster Diskretion von der Hotelkette Duxiana geführt. Die Zimmer zeugen von dezentem Luxus, das Frühstück ist üppig, und die Mitarbeiter sind angenehm. An zusätzlichen Extras verlocken ein renommiertes Restaurant, eine Sauna, ein Whirlpool sowie herrliche Gärten.

Vattentornet Café & Bistro

CAFÉ €

(☎ 0410-254 84; Stortorget 2; Sandwiches ab 35 Skr; 🕙 Mo–Do 9–18, Fr & Sa bis 20, So 11–16 Uhr) Im Erdgeschoss des sagenhaften, 58 m hohen Wasserturms (1912) sind Sandwiches, Kuchen und andere köstliche Snacks erhältlich. Am besten schnappt man sich einen Tisch im tollen Hof mit Wandmalereien, die zum Nachdenken anregen.

Restaurang & Pizzeria Istanbul

TÜRKISCH €

(☎ 0410-44 44 44; Algatan 30; Hauptgerichte ab 65 Skr; 🕙 11–23 Uhr) In diesem Lokal geht es hoch her. Geboten ist eine ellenlange Speisekarte, auf der Pasta, Pizza, Salate und Grillspieße stehen, aber auch teurere einheimische Fisch- und Fleischgerichte.

❶ Praktische Informationen

Banken und Geldautomaten finden sich in der Algatan.

Touristeninformation (☎ 0410-73 33 20; www.trelleborg.se/turism; Kontinentgatan 2; 🕙 Juni–Aug. Mo–Fr 9–18, Sa 10–18, So 10–17 Uhr, Sept.–Mai Mo–Fr 9–17 Uhr) Die Info liegt gegenüber vom Fähranleger.

❶ An- & Weiterreise

Der Bus 146 verkehrt so etwa im 30-Minutentakt vom Busbahnhof Trelleborg, 500 m landeinwärts vom Fähranleger, nach Malmö (60 Skr, 45 Min.). Der Bus 165 fährt von Montag bis Freitag (Sa 5-mal, So 4-mal) nach Lund (70 Skr, 1 Std. und 5 Min.).

Von Malmö bestehen ICE-Verbindungen über Trelleborg nach Berlin.

Fähren von **Stena Line** (www.stenaline.com) verkehren von Trelleborg nach Sassnitz (2-mal tgl. in jede Richtung, ab 190 Skr) und Rostock (2–3-mal tgl., ab 315 Skr). Fähren von **TT-Line** (☎ 0450-280 181; www.ttline.com) pendeln drei- bis viermal am Tag zwischen Trelleborg und Travemünde (ab 310 Skr) hin und her sowie nach Rostock (ab 450 Skr). Fahrkarten sind im Fährterminal erhältlich.

Smygehuk

☎ 0410

Die Geografie macht es möglich: Der winzige Ort Smygehuk an Schwedens südlichstem Punkt (55°20'3" nördlicher Breite) ist eine Art Touristenmagnet geworden, obwohl er nur wenige Attraktionen zu bieten hat.

◉ Sehenswertes

Köpmansmagasinet

GALERIE

Die Galerie in einem renovierten Lagerhaus aus dem 19. Jh. östlich vom Hafen zeigt Verkaufsausstellungen mit regionalem Kunsthandwerk und Kunst.

Lime Kiln

HISTORISCHE STÄTTE

Diese riesige Kalkbrennerei aus dem 19. Jh. liegt nicht weit von der Galerie Köpmansmagasinet entfernt; sie erinnert an die vergangenen Zeiten der Kalkindustrie, doch der Schornstein raucht schon seit dem Jahr 1954 nicht mehr.

Leuchtturm

LEUCHTTURM

Westlich vom Hafen macht es Spaß, den mittlerweile stillgelegten **Leuchtturm** (17 m) aus dem 19. Jh. zu erklimmen und dem winzigen Seefahrtsmuseum in **Captain Brinck's Cabin** (Spende gern gesehen; 🕙 Mitte Mai–Mitte Sept.) einen Besuch abzustatten. (Achtung: Die Öffnungszeiten des Leuchtturms variieren, denn er untersteht der Herbergsleitung.) Auf dem beschaulichen **Küstenweg** lässt sich die reiche Vogelwelt bestaunen.

🛏 Schlafen & Essen

STF Vandrarhem Smygehuk

HOSTEL €

(☎ 0410-245 83; www.smygehukhostel.com; EZ/DZ 375/520 Skr; 🕙 Mitte Mai–Mitte Sept.; Ⓟ) Das STF Vandrarhem Smygehuk ist ein gemütliches, gut ausgestattetes Hostel im ehemaligen Domizil des Leuchtturmwärters neben dem Leuchtturm. Außerhalb der Hochsaison sollte man im Voraus buchen.

Smyge Fisk Rökeri   MEERESFRÜCHTE €
(www.smygerokeri.se; Skepparevägen 3; Sandwiches ab 45 Skr; ⊘ Di–Fr 9–18, Sa & So 10–16 Uhr)
Wie die Sardinen sind die Gäste in diesen winzigen Laden gestopft. Die köstlichen Lachsbaguettes, die aus der Räucherkammer kommen, und die Langusten auf dunklem Brot sind das Gedränge jedoch absolut wert.

ℹ Praktische Informationen

Smygehuk Touristeninformation (☎ 0410-240 53; www.smygehuk.com; ⊘ Juli 10–19, Juni & Aug. bis 18 Uhr) Zu dieser Touristeninformation östlich vom Hafen gehört auch ein kleines Café. Beide Angebote sind in der Galerie Köpmansmagasinet untergebracht.

ℹ An- & Weiterreise

Der Bus, der von Trelleborg nach Ystad verkehrt, hält in Smygehuk.

Ystad

☑ 0411 / 28 000 EW.

Fachwerkhäuser, verwinkelte Gassen mit Kopfsteinpflaster, aber auch der unheimliche Klang des Horns von einem Nachtwächter verleihen der mittelalterlichen Marktstadt Ystad ihr so besonderes Flair. Fans des Schriftstellers Henning Mankell kennen sie als Handlungsort der Inspektor-Wallander-Krimis. Fans von Trommeln und Uniformen hingegen strömen Mitte August zur dreitägigen spektakulären **Militärparade** (www.ystadtattoo.se) in die Stadt.

Vom 17. bis Mitte des 19. Jhs. war Ystad Schwedens Fenster nach Europa. Neue Ideen und Erfindungen – Autos, Banken, Hotels – kamen hier als Erstes an. Heute legen in Ystad die Fähren nach Bornholm (Dänemark) und Polen ab. Aber von der Durchgangsatmosphäre des Hafens ist im restlichen Ystad nichts zu spüren: Ein paar Tage Aufenthalt bezaubern jeden Besucher.

MALMÖ & DER SÜDEN YSTAD

YSTAD UND KOMMISSAR WALLANDER

Wer gern Krimis liest, kennt mit Sicherheit den Namen Henning Mankell (geb. 1948), Autor einer Reihe von Bestsellern mit Kommissar Wallander als Hauptfigur. Die Bücher spielen in der kleinen, vermeintlich ach so friedlichen Stadt Ystad. Der mürrische Kommissar streift durch die mittelalterlichen Straßen und löst durch seine akribischen Ermittlungen grausame Mordfälle – was allerdings auf Kosten seines Privatlebens geht, das langsam und schmerzlich in die Brüche geht. Das erste Buch heißt *Mörder ohne Gesicht*, als Bestseller gilt jedoch Mankells vierter großer Wurf, *Der Mann, der lächelte*. Mankells spannende Geschichten wurden mittlerweile in beeindruckende 41 Sprachen übersetzt.

In den Jahren 2005 und 2006 wurden 13 Wallander-Filme in und um Ystad mit Krister Henriksson in der Hauptrolle gedreht. 2008 folgten weitere 13 Wallander-Filme, außerdem eine von der BBC in Auftrag gegebene Fernsehserie mit Kenneth Branagh als Kurt Wallander. 2014 entstanden in Ystad drei weitere Episoden mit Branagh.

Das interaktive Filmzentrum Cineteket (☎ 0411-57 70 57; www.ystad.se/cineteket; Elis Nilssons väg 8; Erw./Kind 150/100 Skr; ⊘ Mitte Juni–Aug. Mo–Do Sa & So 10–16 Uhr, restl. Jahr unterschiedl. Öffnungszeiten) veranstaltet montags bis donnerstags von 10 Uhr bis 16 Uhr sowie am Wochenende Führungen (Erw./Kind 150/100 Skr) durch die Ystad Studios gleich nebenan; zu sehen sind beispielsweise das Labor des Pathologen und Detektivs Leif Nyberg sowie die Wohnung von Kommissar Wallander.

Die Touristeninformation von Ystad hält einen kostenlosen Stadtplan bereit, in dem die verschiedenen Schauplätze verzeichnet sind. Sogar eine iPhone-App gibt es schon. Eine kuriosere Exkursion durch das Ystad von Wallander hat sich die freiwillige Feuerwehr einfallen lassen: Die 45-minütige Tour in einem alten Löschfahrzeug beginnt am Stortorget (Ende Juni–Mitte Aug., 13 Uhr, 70 Skr). Die Touristeninformation erteilt genauere Auskunft.

Mankell verbrachte einen Großteil seines Lebens in Maputo (Mosambik), wo er abwechselnd schrieb, eine Theatertruppe leitete und sich der Aids-Aufklärung widmete. Seine Frau Eva Bergman ist die Tochter des unlängst verstorbenen Filmregisseurs Ingmar Bergman.

Ystad

⊙ Sehenswertes

Schöne alte Fachwerkhäuser sind großzügig über die ganze Stadt verteilt, besonders viele gibt es jedoch in der Stora Östergatan zu bewundern. Die meisten Häuser datieren aus der zweiten Hälfte des 18. Jhs. Eine Ausnahme macht das sehenswerte **Pilgrändshuset** an der Ecke Pilgrand/Stora Östergatan: Es ist das älteste Fachwerkhaus ganz Skandinaviens aus dem Jahr 1480. Einen Blick lohnt auch die Fassade des wunderschönen **Änglahuset** in der Stora Norregatan, das um etwa 1630 datiert.

★ Sankta Maria Kyrka KIRCHE
(Stortorget; ⊙ Juni–Aug. 10–18 Uhr, Sept.–Mai bis 16 Uhr) **GRATIS** Zu den Attraktionen dieser Kirche gehört eine herrliche Barockkanzel aus dem 17. Jh. Und hier bläst auch der Nachtwächter sein berühmtes Horn.

Latinskolan, unmittelbar neben der Sankta Maria Kyrka gelegen, ist ein Backsteingebäude aus dem späten 15. Jh. mit der ältesten Schule, die sich in Skandinavien erhalten hat.

★ Klostret i Ystad MUSEUM
(www.klostret.ystad.se; St Petri Kyrkoplan; Erw./Kind 40 Skr/frei; ⊙ Di–Fr 12–17, Sa & So 12–16 Uhr) Das Klostret i Ystad, im Mittelalter das

Franziskanerkloster Gråbrödraklostret, präsentiert Textilien aus der Region und einige schöne Silberobjekte. Zum Kloster gehört die im 13. Jh. geweihte Sankt Petri Kyrkan mit rund 80 Grabsteinen aus dem 14. bis 18. Jh. In der Kirche werden heute Kunstausstellungen gezeigt.

Im Eintrittspreis inbegriffen ist auch das **Ystads Konstmuseum** (☎ 0411-57 72 85; www.konstmuseet.ystad.se; St Knuts Torg; ⊙ Juli–Mitte Aug. Mo–Fr 10–17, Sa & So 12–16 Uhr, Mitte Aug.–Juni Di–Fr 12–17, Sa & So 12–16 Uhr) **GRATIS**. Es befindet sich in demselben Gebäude wie die Touristeninformation. Zu bewundern gibt es hier eine edle Sammlung von Kunstwerken aus Südschweden und Dänemark, darunter Arbeiten des großen Per Kirkeby.

★ Per Helsas Gård KUNSTZENTRUM
(Besökaregränd 3; ⊙ Juni–Aug. 11–17 Uhr, restl. Jahr kürzer) Das Kunstzentrum befindet sich in einem der bekanntesten und herrlichsten Fachwerkhäuser der Stadt; es datiert um 1500 und gruppiert sich um einen Innenhof mit Kopfsteinpflaster. Den Hof säumen nun Kunstgalerien, Ateliers mit Kunsthandwerk und ein Café.

Charlotte Berlins Museum MUSEUM
(☎ 0411-188 66; Dammgatan 23; Erw./Kind 20 Skr/frei; ⊙ Juni–Aug. Mo–Fr 12–17, Sa & So 12–16 Uhr,

Ystad

Führungen stündl. ab 11 Uhr) Wer sich von interessanten Räumlichkeiten bezaubern lassen will, sollte dem Charlotte Berlins Museum einen Besuch abstatten. Es befindet sich in einem Wohnhaus der Mittelschicht aus dem späten 19. Jh.

🛏 Schlafen

Wer mit dem eigenen Auto unterwegs ist, kann sich eine Privatpension oder eine Hütte entlang der malerischen Küstenstraße zu beiden Seiten von Ystad suchen. Die Touristeninformation vermittelt auch Zimmer für etwa 600 bis 800 Skr pro Doppelzimmer.

★ Sekelgården Hotel   HOTEL €€
(📞0411 739 00; www.sekelgarden.se, Långgatan 18; EZ/DZ 995/1395 Skr; 🅿@🛜) Das romantische Hotel, ein Familienbetrieb, befindet sich in einem wunderschönen Fachwerkhaus (1793). Wer hier logiert, hat ein bisschen das Gefühl, beim wohlhabenden Cousin auf dem Lande zu wohnen. Die Zimmer gruppieren sich um einen reizenden Garten. Alle Zimmer sind individuell gestaltet; Jugendstiltapeten à la William Morris und Pastellfarben plus farbenfrohe Tagesdecken, Läufer und Stoffe charakterisieren jedoch alle Räumlichkeiten.

Hotell Klara   B&B €€
(📞0702-94 52 55; www.ystadhotell.se; Stickgatan 17; EZ/DZ 795/895 Skr; 🛜) Das B&B neben einem Spielplatz ist eine prima Wahl für Familien mit Kleinkindern. Das Fachwerkhaus steht in starkem Kontrast zu den zwölf modernen Zimmern und frisch renovierten Apartments samt gut ausgestatteter Kitchenette und kleinem Essplatz.

Hotel Tornvaktaren   HOTEL €€
(📞0411-79 59 95; Stora Östergatan 33; EZ/DZ 795/995 Skr; @🛜) Das einladende Hotel bietet nette, anheimelnde Zimmer mit bestickten Kissen, Orientteppichen und einem charmanten Sammelsurium an Möbeln, die nicht so recht zueinander passen wollen. Mit etwas Glück ist vielleicht gerade das Zimmer 8 frei; es hat einen Balkon, der auf die autofreie Hauptstraße hinausgeht. Die Gäste können es sich in einem Wohnzimmer, zu dem auch eine kleine Küche gehört, gemütlich machen. Und ein Innenhof ist auch vorhanden.

Hotell Bäckagården   GÄSTEHAUS €€
(📞0411-198 48; www.backagarden.nu; Dammgatan 36; EZ/DZ ab 695/995 Skr; 🛜) Das gemütliche Gästehaus verströmt eine anheimelnde, herzliche Atmosphäre. Es befindet sich in einem Privatdomizil aus dem 17. Jh., einen Block hinter der Touristeninformation. Im reizenden, von einer Mauer umgebenen Garten schmeckt das Frühstück in der Sonne besonders gut.

Hotell Continental   HISTORISCHES HOTEL €€€
(📞0411-137 00; www.hotelcontinental-ystad.se; Hamngatan 13; EZ/DZ 1490/1690 Skr; 🅿@🛜) Wo einst das alte Zollhaus stand, befindet sich heute das Continental, das angeblich älteste Hotel von ganz Schweden aus dem Jahr 1829. Es strotzt nur so vor Charme, was schon den Lüstern und der Marmortreppe im Foyer geschuldet ist. Die Zimmer sind dann eher im Business-Stil gehalten mit hellen Holzmöbeln, Parkettboden und schicken Bädern in Schiefergrau und Crème.

✖ Essen & Ausgehen

Die meisten preiswerten Lokale finden sich in der Stora Östergatan, der autofreien Hauptstraße.

Hos Morten   CAFÉ €
(📞0411-134 03; Gåsegränd; Hauptgerichte ab 75 Skr; ☺Mo–Fr 11–15, Sa bis 15, So 12.30–17 Uhr) Im sagenhaften Hos Morten taucht man gleichsam ins Lieblingscafé von Henning

DER NACHTWÄCHTER BLÄST INS HORN

Schon seit 1250 bläst ein Nachtwächter durch ein kleines Fenster in der Turmuhr der Sankta Maria Kyrka in Ystad sein Horn (alle 15 Min., 21.15–3 Uhr). Die Tradition wurde anscheinend eingeführt, um Brände zu vereiteln – ein gefährlicher Nebeneffekt der leicht entzündbaren Häuser mit Reetdach. Brach ein Feuer aus, blies der Nachtwächter wiederholt sein Horn – als Signal für die Einwohner, zum Brandort zu eilen und das Feuer zu löschen. Jedenfalls hatte der Nachtwächter eine wirklich wichtige Aufgabe. Wagte er es, im Dienst einzunicken, wurde er ohne Federlesen geköpft.

Mankells Kommissar Wallander ab. Auf den Tisch kommen kleinere Gerichte wie gefüllte Ofenkartoffeln, Focaccias und vielerlei Salate, die sich auf den Tellern nur so türmen. Dann greift man sich ein Buch aus den Regalen und macht es sich eine gute Weile gemütlich. Im Sommer ist der Hof aus dem 18. Jh. mit Kopfsteinpflaster wirklich eine Wonne, und zwar vor allem, wenn Livemusik gespielt wird.

Maltes Mackor SANDWICHES €
(☎ 0411-101 30; Stora Östergatan 12; Baguettes 60 Skr; ☺ 10–18, Sa bis 15 Uhr) Wenig Platz, viel und gute Auswahl – die Baguettes und Wraps werden hier ausschließlich mit frischen Zutaten aus der Region zubereitet. Und auch wenn die Lust auf Kaffee sich in Grenzen hält, sollte man sich unbedingt eine Tasse bestellen – er soll der beste in der ganzen Stadt sein.

Upperllerner EUROPÄISCH €
(www.uppellerner.se; Stortorget 11; Hauptgerichte ab 90 Skr; ☺ Mo–Fr 17–23, Sa & So 20 Uhr–open end) Die Ziegelwände in Kombination mit der subtilen Beleuchtung schaffen in diesem Speiselokal eine entspannte, rustikale Atmosphäre. Hier munden überwiegend Fleisch- und Fischgerichte, beispielsweise Klassiker wie Tartar vom Steak und eine gemischte Grillplatte, bei der es einen schier zerreißt. Nett sind auch die Tische auf der Terrasse mit Aussicht auf den Platz.

Store Thor INTERNATIONAL €€
(☎ 0411-185 10; www.storethor.se; Stortorget 1; Hauptgerichte ab 105 Skr, Tapas 39 Skr; ☺ Mo–Sa 11.30–16 & 17 Uhr–open end) Kurt Wallander bezeichnet in dem Film *Tödliche Fracht* das Store Thor als eines der besten Restaurants von Ystad; es befindet sich im klösterlich anmutenden Kellergewölbe des alten Rathauses (1572). Die Gäste können hier Tapas wie Peperoni mit Käse kosten oder sich einen Teller mit saftigem Fleisch vom Grill einverleiben; lecker und empfehlenswert ist auch der in Cognac marinierte Wildlachs mit Dillkartoffeln. Die Terrasse am Platz steht im Sommer bei den Nachteulen hoch im Kurs.

Bröderna M BISTRO €€
(☎ 0411-191 99; www.brodernam.se; Hamngatan 11; Hauptgerichte ab 175 Skr, Pizza ab 58 Skr; ☺ Mo–Fr 11.30–23, Sa & So ab 12 Uhr) Das legere, moderne Bröderna M serviert die beste Pizza in Ystad; die Auswahl reicht von klassischer Margherita bis hin zu krossen Varianten mit Prosciutto, Rucola und Pecorino. Als Hauptgerichte kommen solide Bistro-Gerichte auf den Tisch wie Steak in Rotweinsoße oder auch Fischsuppe.

Bryggeriet SCHWEDISCH €€
(☎ 0411-699 99; www.ystadbryggeriet.se; Långgatan 20; Hauptgerichte ab 125 Skr; ☺ Di–Fr 11.30–21, Sa bis 22, So bis 19 Uhr) Das einzigartige Bryggeriet ist ein fleischlastiges Restaurant-Pub in einer alten Brauerei. Im Hof kann man herrlich bei einer gut zubereiteten Mahlzeit und einem Ystad Färsköl abhängen, einem Bier, das vor Ort gebraut wird. Die Schokotrüffel mit Himbeersorbet sind kurz und bündig empfehlenswert.

☆ Unterhaltung

Ystads Teater THEATER
(☎ 0411-57 77 98; www.ystadsteater.se; Sjömansgatan 13; Entrittskarten etwa 300 Skr) Das außergewöhnliche Theater stammt schon aus dem Jahr 1894. Sein Repertoire umfasst Opern, Musicals, Tango- und Bigbandkonzerte. Führungen (meist auf Schwedisch) durch das Gebäude werden von Ende Juni bis August angeboten. Die Touristeninformation weiß Näheres.

ⓘ Praktische Informationen

Banken und andere Dienstleistungen finden sich in der Hamngatan.

Touristeninformation (☎ 0411-57 76 81; www.ystad.se; St Knuts Torg; ☺ Mitte Juni–Mitte Aug. Mo–Fr 9–19, Sa & So 10–18 Uhr; ☎) Direkt gegenüber vom Bahnhof; kostenloser Internetzugang.

❶ An- & Weiterreise

BUS

Busse fahren vor dem Bahnhof von Ystad ab. Der Bus 190 verkehrt wochentags 14-mal täglich, samstags sechsmal und sonntags zweimal von Ystad nach Trelleborg (72 Skr, 1 Std.) via Smygehuk. Der Direktbus über Löderup nach Simrishamn (54 Skr, 40 Min.) fährt im Sommer im Stundentakt.

Der Bus 5 von SkåneExpressen fährt nach Lund (96 Skr, 1¼ Std., wochentags stündl., am Wochenende unregelmäßig).

SCHIFF

Von **Unity Line** (☎ 0411-55 69 00; www.unityline.se; Erw. einfache Fahrt 386 Skr) und **Polferries** (☎ 040-12 17 00; www.polferries.se; Erw. einfache Fahrt 353 Skr) verkehren täglich Fähren auf der Strecke Ystad–Swinoujscie (Polen).

Faergen (www.faergen.dk; Erw. einfache Fahrt 240 Skr) betreibt häufig verkehrende Fähren und Katamarane auf der Route Ystad–Rønne (auf der dänischen Insel Bornholm gelegen).

ZUG

Pågatågen-Züge verkehren etwa stündlich (am Wochenende weniger oft) ab Malmö (84 Skr, 50 Min.). Weitere Regionalzüge fahren täglich nach Simrishamn (54 Skr, 40 Min.).

❶ Unterwegs vor Ort

Die lokalen Busse fahren vor der Touristeninformation ab. Wer ein Taxi benötigt, wendet sich an **Taxi Ystad** (☎ 720 00), ein Fahrrad kann man bei **Roslins Cykel** (www.roslinscykel.se; Norra Zinkgatan 2; pro Tag/Woche 65/325 Skr; ☺ ganzjährig Mo–Fr 9.30–18, Sa bis 15 Uhr, plus April–Aug. So 11–15 Uhr), mieten; der Laden befindet sich rund 3 km nordöstlich vom Zentrum.

Rund um Ystad

Löderups Strandbad

☎ 0411

Der Ferienort Löderups Strandbad an der Ostsee, 4 km östlich von Ales Stenar, bietet einen einladenden, langen weißen Sandstrand, an dem man sich perfekt entspannen kann (während der Schulferien allerdings nicht unbedingt ...).

Am Rand des Naturschutzgebiets Hagestad Nature liegt **Löderups Strandbads Camping** (☎ 0411-52 63 11; www.loderups strandbadscamping.se; Zeltplatz 200 Skr, Hütten ab 500 Skr; ☺ Mitte April–Sept.), ein hübscher Flecken zum Campen in einem Pinien-

wald gleich am Strand. Das Familienhotel **Löderups Strandbad Hotell** (☎ 0411-52 62 60; www.loderupsstrandbad.com; EZ/DZ 990/1290 Skr; 🅿 @ ≋) ist im Sommer sehr beliebt, denn es verfügt über eine Sauna, einen beheizten Pool im Freien und ein Restaurant. Hütten werden hier auch vermietet, die meisten davon bieten sogar Meerblick (in der Hochsaison nur wochenweise; 7900 Skr); und ein Rad kann man hier auch leihen. In der Nähe von Strandbad befindet sich an der Hauptstraße das hilfreiche **STF Vandrarhem Backåkra** (☎ 0411-52 60 80; www.backakra.se; B/EZ/DZ 250/360/500 Skr; ☺ Mitte Juni–Mitte Aug.; 🅿 @) mit einfachen, fröhlichen Zimmern und einem tollen Garten; bis zum Strand ist es bloß ein kurzes Stück zu Fuß.

Österlen

☎ 0414 / 19 400 EW.

Österlen – das ist sanftes Licht, wogende Weizenfelder, kleine Fischerdörfer und herrliche Apfelgärten. Hier geht alles einen verführerisch langsamen Gang: Radfahren ist die beste Methode, sich diesem Tempo anzupassen.

Simrishamn

Die Sommerurlauber schlendern gern am Hafen von Simrishamn herum und schlecken ein Eis, während sie auf die Fähre zur dänischen Insel Bornholm warten.

◉ Sehenswertes & Aktivitäten

Einen Blick lohnen die malerischen pastellfarbenen Häuser in der **Lilla Norregatan**, aber auch die **Sankt Nikolai Kyrka** gleich in der Nähe. Autonarren sollten dem **Autoseum** (☎ 0702-03 94 20; www.autoseum.se; Fabriksgatan 10; Erw./Kind 100/60 Skr; ☺ Juli–Aug. tgl. 11–17 Uhr, April–Juni, Sept. & Okt. Sa & So bis 17 Uhr) mit jeder Menge Oldtimern einen Besuch abstatten.

Die Gegend bietet sich bestens zum Radfahren an. Das Angebot an Routen ist groß und reicht von einem 66 km langen Rundkurs mit einigen kulinarischen Höhepunkten bis zum 136 km langen Österlen-Trail. In der Touristeninformation von Simrishamn sind kostenlose Radkarten erhältlich. **Österlenguiderna** (☎ 705 18 33 29; www.osterlen guiderna.se) verleiht Fahrräder, bietet jedoch auch organisierte Ausflüge an.

ALES STENAR

Ales Stenar (Führungen Erw./Kind 20/10 Skr; ⊘ 24 Std.) GRATIS ist ebenso geheimnisumwittert wie Stonehenge in England, allerdings längst nicht so kommerziell vermarktet. Das 67 m lange Oval aus Steinen in der Form eines Boots wurde vermutlich um 600 errichtet; die Gründe dafür sind unbekannt. Die wenigen Grabungen an dieser Stelle haben keinerlei Knochen zutage gefördert. Es besteht somit die Möglichkeit, dass es sich nicht um eine Grabstätte, sondern um eine Kultstätte mit einem integrierten Sonnenkalender handelt (das „Heck" und die „Hecksteine" weisen in die Richtung, wo im Mittsommer die Sonne untergeht bzw. zur Wintersonnenwende die Sonne aufgeht).

Das geheimnisvolle Schiff liegt mitten in einem aufgeschütteten Feld; es bietet sich ein irgendwie unheimlicher Rundblick von 360 Grad bis zum niedrigen Horizont. Im Sommer hält die winzige Touristeninformation an der Straße Informationen bereit und veranstaltet auch Führungen.

Ales Stenar liegt 19 km östlich von Ystad in Kåseberga; die Stätte ist frei zugänglich und kostet keinen Eintritt. Mit öffentlichen Verkehrsmitteln lässt sie sich allerdings nur recht schwer erreichen; im Sommer fährt von Ystad der Bus 392 hin. Ansonsten muss man mit dem Bus 570 von Ystad zur Kyrka (Kirche) von Valleberga fahren und von dort noch 5 km in Richtung Süden nach Kåseberga marschieren.

🛏 Schlafen & Essen

STF Vandrarhem Simrishamn
HOSTEL €

(☎ 0414-105 40; www.simrishamnsvandrarhem. se; Christian Barnekowsgatan 10C; EZ/DZ ab 400/500 Skr; ⊘ April–Mitte Nov.; P@🛜) Am besten besorgt man sich zuerst einmal einen Stadtplan. Dieses empfehlenswerte Hostel liegt nämlich recht versteckt in der Nähe vom Krankenhaus. Geboten sind anheimelnde, tiptop Quartiere mit Bad und TV in jedem Zimmer.

Maritim Krog & Hotell
BOUTIQUEHOTEL €€

(☎ 0414-41 13 60; www.maritim.nu; Hamngatan 31; EZ/DZ ab 1050/1450 Skr; P@🛜) Das alte blaue Gebäude beim Hafen beherbergt ein wunderschönes Boutiquehotel mit schickem Dekor, jeder Menge weißem Leinen und Meerblick. Zum Haus gehört auch ein feudales Restaurant (Hauptgerichte 170 bis 295 Skr), das sich auf frische Fischgerichte spezialisiert hat.

★ Gärdens Café & Vedugn
PIZZA €€

(☎ 0414-161 61; Storgatan 17; Pizza ab 120 Skr; ⊘ Mo–Sa 11–22, So 12–20 Uhr; 🚼) Was könnte schöner sein, als draußen auf der Terrasse mit einem Mini-Irrgarten, Unmengen Blumen und hübsch gekachelten Tischen Platz zu nehmen? In dem ehemaligen Café (die Zimtbrötchen sind noch immer gleich ausverkauft) schmeckt die krosse Pizza so sagenhaft authentisch wie in Neapel. Probieren sollte man auch die weiße Pizza, die mit Kartoffeln, karamellisierten Zwiebeln, Käse und Babyspinat belegt ist.

En Gaffel Kort
MODERN EUROPÄISCH €€€

(☎ 0414-44 80 70; www.engaffelkort.se; Storgatan 3; Hauptgerichte ab 240 Skr; ⊘ Mi–Sa 17–22 Uhr) Das noble Restaurant, in dem schicke Abendgarderobe durchaus angebracht ist, serviert fantastisch innovative Gerichte mit gerade so viel Firlefanz, dass sie sich von den anderen Mainstream-Lokalen in dieser hübschen autofreien Straße positiv abheben.

ℹ Praktische Informationen

Banken und andere Dienstleistungen finden sich in der Storgatan.

Touristeninformation (☎ 0414-81 98 00; www. visitystadosterlen.se; Varvsgatan 2; ⊘ Juli & Aug. Mo–Fr 9–19, Sa & So 10–18 Uhr, restl. Jahr Mo–Fr 9–17 Uhr) Hält Informationen zu ganz Österlen bereit.

ℹ Anreise & Unterwegs vor Ort

Der Bus 3 von SkåneExpressen verkehrt an Wochentagen stündlich (am Wochenende weniger häufig) vom Bahnhof Simrishamn nach Kristianstad (66 Skr, 1¼ Std.) via Kivik (22 Skr, 24 Min.). Der Bus 5 nach Lund (103 Skr, 1½ Std.) fährt wochentags bis zu zwölfmal täglich (am Wochenende bis zu 5-mal). Ein Direktbus verkehrt über Löderup (60 Skr, 1 Std.) dreimal täglich nach Ystad.

Regionalzüge fahren bis zu zwölfmal täglich von Simrishamn nach Ystad (54 Skr, 40 Min.); es besteht in Ystad Anschluss nach Malmö und Lund.

Wer ein Fahrrad mieten möchte, wird fündig im **Hotell Turistgården** (Storgatan 21; pro Tag erster/folgende Tage 100/70 Skr; ⊘ Mo–Sa) oder erkundigt sich in der Touristeninformation von Simrishamn.

Ein Taxi bestellt man bei **Taxi Österlen** (☏ 0414-177 77).

Glimmingehus & Skillinge

◎ Sehenswertes

Glimmingehus   BURG
(☏ 0414-186 20; Erw./Kind 60 Skr/frei; ☉ Juni–Mitte Aug. 10–18 Uhr, Mitte April–Mai & Mitte Aug.–Sept. 11–16 Uhr, Okt. & Anfang April Sa & So 12–16 Uhr; P) Das auffällige, fünfgeschossige Glimmingehus liegt an die 5 km landeinwärts. Es wurde Anfang 1500 erbaut und gilt als eine der best erhaltenen mittelalterlichen Burgen in ganz Schweden. An Besonderheiten beeindrucken hier der mächtige Burggraben, der die gesamte Anlage umgibt, sowie sage und schreibe elf hauseigene Gespenster!

Im Juli und August finden täglich um 15 Uhr Führungen auf Englisch statt (im restlichen Jahr weniger häufig). Im Sommer locken ein tolles Café sowie ein spannendes Programm mit mittelalterlichen Veranstaltungen und Aktivitäten. Genauere Auskünfte erteilt die Burg.

🛏 Schlafen

★ Sjöbacka Gård   B&B €€
(☏ 0414-310 66; www.sjobacka.se; EZ/DZ ab 764/864 Skr; P 🛜) Dieses feudale Quartier befindet sich auf dem Land, genau gesagt westlich von Skillinge, einem malerischen Fischerdorf in der Nähe der Burg Glimmingehus. Das B&B ist in einem stimmungsvollen skandinavischen Bauernhaus untergebracht – samt Kamin, Antiquitäten, jeder Menge gut bestückter Bücherregale und einem tollen Hof mit Kopfsteinpflaster, den Töpfe mit bunten Blumen und wohlriechenden Kräutern schmücken. In den Sommermonaten wird hier gelegentlich Livemusik gespielt.

❶ An- & Weiterreise

Der Bus 322 (54 Skr, 50 Min.) fährt bis zu viermal täglich auf der Strecke Skillinge–Ystad, allerdings nur von Mitte Juni bis Mitte August.

Kivik

Rosige Äpfel und düstere Grabkammern geben sich im ansonsten verschlafenen, beschaulichen Kivik (nördl. von Simrishamn) ein Stelldichein.

◎ Sehenswertes

★ Kiviks Musteri   OBSTGARTEN, MUSEUM
(☏ 0414-719 00; www.kiviks.se; ☉ Juni–Aug. 10–18 Uhr, restl. Jahr kürzer; P 🅱) GRATIS Das kommerzielle Unternehmen im großen Stil umfasst ein kleines Museum, ein weitläufiges Geschäft, in dem von Apfelsenf bis zu Apfelkuchen so ziemlich alles erhältlich ist, dazu einen Obstgarten mit vielerlei (mit erklärenden Etiketten versehenen) Bäumen, ein Restaurant und ein Café (unbedingt den Apfelstrudel mit Vanillesoße probieren!). Von 11 bis 15 Uhr besteht täglich die Möglichkeit, den Cidre zu verkosten (Reservierung nicht erforderlich); 40 Skr bis 70 Skr kostet der Spaß – je nachdem, ob auf der Liste auch noch ein Calvados steht. Eine Alternative ist, einen Abend lang allerlei Snacks (395 Skr) zu probieren.

Kiviksgraven   HISTORISCHE STÄTTE
(Kungagraven; ☏ 0414-703 37; Erw./Kind 25 Skr/frei; ☉ Mitte Mai–Aug. 10–18 Uhr; P) Kiviksgraven, das wohl größte Grab aus der Bronzezeit (um 1000 v. Chr.) in Schweden, galt lange als Stätte, in der Menschenopfer dargebracht wurden. Es handelt sich dabei um einen außergewöhnlichen schildartigen Erdhügel von rund 75 m Durchmesser, der einst eine Grabkammer und acht gravierte Steintafeln barg; was heute innen zu sehen ist, sind allerdings nur Kopien. Das Grab wurde im 18. Jh. geplündert.

Im der Stätte angeschlossenen Café gibt es süße Köstlichkeiten wie Himbeerkuchen mit köstlichen Streuseln.

🛏 Schlafen

STF Vandrarhem Hanöbris   HOSTEL, HOTEL €
(☏ 0414-700 50; www.hanobris.se; Eliselundsvägen 6; Zi. Hostel/Hotel ab 700/1000 Skr; ☉ April bis Okt.; P @ 🛜) Geboten sind saubere Zimmer in einem Tanzlokal aus dem 19. Jh., die allerdings arg ungeschickt modern aufgepeppt wurden. Teurere Hotelzimmer stehen hier auch zur Auswahl.

★ Kivik Strand Logi & Café   HOTEL, HOSTEL €€
(☏ 0414-711 95; www.kivikstrand.se; Tittutvägen; DZ Hostel/Hotel ab 880/980 Skr; ☉ April–Okt.; P 🛜) Das Hostel und B&B der Superlative befindet sich unten am Strand in einem akribisch restaurierten Schulhaus aus dem 19. Jh. und sieht mehr nach einem schicken Boutiquehotel als nach einem Backpacker-Schuppen aus, und das bedeutet: William-Morris-Jugendstiltapeten, rustikale

MALMÖ & DER SÜDEN ÖSTERLEN

Holzböden und auch mal die eine oder andere Antiquität. Die Gemeinschaftsküche ist hell und gut ausgestattet, und im zugehörigen Café wird ein ungewöhnlich guter Espresso serviert – und dazu mundet köstlich: Limettenkuchen!

Nationalpark Stenshuvud

Nur 3 km südlich von Kivik bezaubert dieser herrliche **Nationalpark** (www.stenshuvud. se) mit dichten Wäldern, Sumpfgebieten, Sandstränden und einer erhöhten Landspitze die Besucher. Zu den ungewöhnlicheren Bewohnern des Parks gehören Orchideen, Siebenschläfer und Laubfrösche. Von den vielen herrlichen Wanderwegen, die sich im Nationalpark anbieten, führt einer zur Ruine einer Bergfestung aus dem 6. Jh.

Der beliebte Fernwanderweg **Skåneleden** (www.skaneleden.org) verläuft ebenfalls durch den Park, entlang der Küste. Die schönste Teilstrecke führt von Vik nach Kivik (2–3 Std.).

Das **Naturum** (Besucherzentrum; ✆ 0414-708 82; ◷ Mitte Aug.–Sept. 11–16 Uhr, restl. Jahr kürzer) liegt 2,5 km von der Hauptstraße entfernt. Parkwärter veranstalten regelmäßig 1½-stündige Touren durch den Park (Erw./Kind 30/15 Skr), die das ganze Parkspektrum umfassen – von der Vogelwelt bis hin zum Leben in den Sümpfen. Führungen auf Englisch lassen sich nach vorheriger telefonischer Absprache arrangieren.

Kristianstad

✆ 044 / 77 250 EW.

Kristianstad (gesprochen: kri-*schan*-sta) ist eine hübsche Stadt mit eleganten Plätzen, einer noblen Kathedrale und diversen optisch eindrucksvollen Gebäuden aus dem 18. und 19. Jh.

Der dänische König Christian IV. gründete Kristianstad im Jahr 1614 per Dekret und bis heute gilt Kristianstad als die dänischste Stadt in Schweden. Die rechtwinkligen Straßenzüge folgen noch immer dem ursprünglichen Plan, wenn auch die Stadtmauern und Bastionen längst verschwunden sind (eine Ausnahme bildet **Bastionen Konungen**, wo die Befestigungsanlagen rekonstruiert wurden).

Kristianstad ist in Südschweden nicht nur ein wichtiger Verkehrsknotenpunkt und das Tor zur Südküste Skånes, sondern auch das administrative und politische Zentrum der Region.

◉ Sehenswertes

★ Trefaldighetskyrkan KIRCHE

(Västra Storgatan 6; ◷ 8–16 Uhr) GRATIS Die Dreifaltigkeitskirche ist eine der herrlichsten Renaissancekirchen Skandinaviens. Sie wurde 1628 vollendet, als die Provinz Skåne noch unter dänischer Herrschaft stand. Im lichtdurchfluteten Kirchenraum hat sich viel von der Originalausstattung erhalten, so z. B. die herrlich geschnitzten Kirchenbänke aus Eichenholz und die reich verzierte Kanzel aus Marmor und Alabaster.

Regionmuseet & Konsthall MUSEUM

(✆ 044-13 52 45; www.regionmuseet.se; Stora Torg; ◷ Juni–Aug. 11–17 Uhr, Sept.–Mai Di–So 11–17 Uhr, Sept.–Mai Di–So ab 12 Uhr) GRATIS Das ursprünglich als Schloss konzipierte Gebäude wurde schließlich als Waffenarsenal genutzt. Heute zeigt es Exponate zur Stadtgeschichte sowie Ausstellungen, die Kunst, Kunsthandwerk und Silberobjekte zum Thema haben. Im **Café Miro** (✆ 044-13 60 97; Sandwiches & Snacks 35–75 Skr) ✐ kommt hervorragendes Bioessen auf den Tisch – mit Kräutern und Blumen, die aus dem Garten des Eigentümers stammen.

Filmmuseet MUSEUM

(✆ 044-13 57 29; Östra Storgatan 53; ◷ Juli–Mitte Aug. Mo–Fr 12–17 Uhr, restl. Jahr nur So) GRATIS Die schwedische Filmproduktion nahm in Kristianstad ihren Anfang, und somit ist es nur angemessen, dass sich das einzige Filmmuseum des Landes in dieser Stadt befindet.

Tivoliparken PARK

Der Park am Fluss bietet sich an, um im Sommer einen schönen Abendspaziergang zu unternehmen oder um im Café am Wasser ein bisschen zu plaudern.

☞ Geführte Touren

Landskapet BOOTSAUSFLUG

(✆ 044-28 93 95; www.landskapet.se; Erw. 195/120 Skr; ◷ Mai–Sept.; ♿) Hier stehen dreistündige Ausflüge mit einem Safariboot durch das einzigartige Feuchtgebiet von Kristianstad auf dem Programm, aber auch so spezielle Exkursionen wie eine Gänsesafari. Buchen kann man telefonisch oder über die Website.

✸ Feste & Events

Kristianstadsdagarna KULTUR

(www.kristianstadsdagarna.nu) Das einwöchige Festival mit Musik, Tanz, Ausstellungen und

MALMÖ & DER SÜDEN KRISTIANSTAD

Kristianstad

wie sich Geschichte fortsetzen lässt. Die in zarten Pastelltönen gestrichenen Zimmer wirken ein bisschen fade, aber die Einrichtungen sind prima – sogar eine Sauna ist vorhanden.

First Hotel Christian IV HISTORISCHES HOTEL €€
(☎ 044-20 38 50; www.firsthotels.com; Västra Boulevarden 15; EZ/DZ 858/975 Skr; 🅿@🛜) Das Hotel mit Parkettboden und Stuckdecken wirkt wahrlich feudal, ist allerdings schon ein bisschen abgewohnt. Das wunderschöne Gebäude aus der Zeit um die Jahrhundertwende war früher eine Bank; und eines der Gewölbe ist bis heute ein wertvoller Ort: Die Rede ist von dem großen Weinkeller, der sich heute dort unten befindet.

Feinschmeckerevents findet alljährlich im Juli statt, und zwar überwiegend im Tivoliparken.

🛏 Schlafen

Billige Unterkünfte stehen in der Stadt leider nur begrenzt zur Verfügung.

★ Bäckaskog Slott HISTORISCHES HOTEL €€
(☎ 044-530 20; www.backaskogslott.se; Barumsvägen 255, Kiaby; EZ/DZ Cottage 450/700 Skr, Burg 1180/1600 Skr; 🅿@🛜) Die verträumte Burg liegt zwischen zwei Seen, 15 km nordöstlich von Kristianstad. Sie wurde Mitte des 13. Jhs. als Kloster errichtet und beeindruckt nun mit ihren unterschiedlichen Übernachtungsangeboten, die in den verschiedenen Gebäudetrakten sowie in Cottages im Hotelareal zur Auswahl stehen. Und ein Restaurant mit anständigen Preisen gehört auch dazu. Der Bus 558 (25 Skr, 20 Min.) fährt vom Busbahnhof in Kristianstad zur Haltestelle Arkelstorp gleich in der Nähe der Burg.

Best Western Hotel Anno 1937 HOTEL €€
(☎ 044-12 61 50; www.hotelanno.se; Västra Storgatan 17; EZ/DZ 1095/1345 Skr; 🅿🛜) Hier ein rustikaler Balken, dort eine Wand, die aus dem 17. Jh. stammt: Dieses Hotel gegenüber der Kathedrale beweist ein gutes Gespür,

✖ Essen & Ausgehen

Die Stadt kann mit einer breiten Palette an Restaurants und Cafés aufwarten.

Conditori Duvander SCHWEDISCH €
(☎ 044-21 94 18; www.conditoriduvander.se; Hesslegatan 6; Hauptgerichte ab 90 Skr; ⊙ Mo–Fr 7.30–19, Sa 10–20, So 10–17 Uhr) Dieses historische Restaurant mit Patisserie verströmt ein Belle-Époque-Flair, was den Marmorsäulen, Erkerfenstern, Kübeln mit Palmen und den klassischen Fliesen geschuldet ist. Ob man nun zu (Fairtrade) Kaffee und Kuchen kommt oder um eine Kleinigkeit zu Mittag zu essen – es gibt Salate, Wraps, Pasta sowie ein Tagesgericht – verlockend ist diese Konditorei allemal.

La Finestra Italiana ITALIENISCH €
(☎ 044-20 97 20; www.lafinestraitaliana.se; Vastra Storgatan 30; Pasta ab 70 Skr, Pizza ab 75 Skr;

Di–Fr 11–16, Sa & So bis 21 Uhr) Man sollte am besten nach der leuchtend gelben Markise Ausschau halten und dann gleich nach draußen auf die Terrasse gehen (natürlich nur, wenn das Wetter mitspielt), denn sonst läuft man Gefahr, drinnen am Tresen mit Barhockern von den Massen, die hier auf ihr Essen zum Mitnehmen warten, in eine Ecke abgedrängt zu werden. Die Pizzas und Pastagerichte schmecken authentisch, wenn man bedenkt, wie hoch im Norden man sich hier befindet. Und einen echt italienischen Espresso gibt es auch.

Kippers Källare MEDITERRAN €€
(044-10 62 00; www.kippers.se; Östra Storgatan 9; Hauptgerichte 145–265 Skr; Di–Sa 12–13 Uhr & 18–23 Uhr) Das Restaurant mit einem Kellergewölbe aus dem 17. Jh. ist im *White Guide*, der Gourmetbibel Schwedens, verzeichnet und sicher die malerischste Adresse in der ganzen Stadt. Ein Großteil der Speisekarte besteht aus Tapas, wie sie in Spanien üblich sind, aber es gibt auch handfeste Gerichte wie Spanferkel und Burger.

ℹ Praktische Informationen

Am Lilla Torg finden sich Banken und Geldautomaten.
Touristeninformation (044-13 53 35; www.kristianstad.se/turism; Stora Torg; Mitte Juni–Mitte Aug. Mo–Fr 10–19, Sa bis 15, So bis 14 Uhr, restl. Jahr Mo–Fr 10–17, Sa bis 14 Uhr)

ℹ Anreise & Unterwegs vor Ort

Busse fahren am **Busbahnhof** (Västra Boulevarden) ab. Von SkåneExpressen verkehren Busse häufig zu den folgenden Fahrtzielen: Bus 1 nach Malmö (103 Skr, 1½ Std.), Bus 2 nach Lund (103 Skr, 1½ Std.), Bus 3 nach Simrishamn (84 Skr, 1¼ Std.) und Bus 4 nach Ystad (78 Skr, 1½ Std.); die beiden letzteren Linien fahren am Wochenende nicht so häufig. **Svenska Buss** (www.svenskabuss.se) bietet Verbindungen nach Karlskrona (120 Skr, 1¾ Std.), Kalmar (330 Skr, 3 Std. und 25 Min.) und Stockholm (420 Skr, 9 Std. und 40 Min.).

Wer ein Mietauto braucht, setzt sich mit **Avis** (044-10 30 20; Östra Storgatan 10) in Verbindung.

Der Bahnhof liegt am entgegengesetzten Ende der Stadt vom Busbahnhof. Züge verkehren täglich nach Lund (103 Skr, 1 Std.) und Malmö (103 Skr, 1¼ Std.); viele fahren auch weiter nach Kopenhagen (200 Skr, 2 Std.). Es verkehren auch Züge nach Helsingborg (103 Skr, 1½ Std.).

Ein Taxi ruft man bei **TaxiKurir Kristianstad** (044-21 52 70).

Åhus

044 / 8980 EW.

Åhus (südöstlich von Kristianstad) verdankt seine Beliebtheit im Sommer dem langen **Sandstrand**. Die Gegend ist aber auch für ihre **Aale** bekannt. Die Aalküste zieht sich ab Åhus südwärts; hier kommen diese Fische in den Restaurants gekocht, gebraten, geräuchert, gegrillt oder im Strohbett gegart als Delikatesse auf den Teller. Im Herbst finden überall in der Gegend besuchenswerte Aalfeste statt.

Åhus ist der Stammsitz der **Wodka-Brennerei Absolut Vodka** (044-28 80 00; www.absolut.com; Köpmannagatan 29), in der täglich mehr als eine halbe Mio. Flaschen produziert werden. Von Ende Juni bis Ende August finden sechsmal täglich kostenlose Führungen statt. Eintrittskarten sind am Empfang des Unternehmens eine Stunde vor Führungsbeginn erhältlich. Es ist nicht möglich, Karten vorab zu reservieren, außerdem ist die Teilnehmerzahl pro Führung auf 19 Personen beschränkt.

Landskapet (www.landskapet.se) bietet von Ende Juni bis in die zweite Augusthälfte regelmäßig Bootsausflüge von Åhus nach Kristianstad an.

Ganz nah am Hafen liegt das **STF Vandrarhem Åhus** (044-24 85 35; www.cigarrkungenshus.se; Stavgatan 3; Hostel B/EZ/DZ 250/325/500 Skr, B&B pro Pers. ab 400 Skr; März–Nov.; P @), eine ganz ordentliche Jugendherberge mit B&B in einer ehemaligen Zigarrenfabrik aus dem 19. Jh.

In den zahlreichen Lokalen am Hafen kann man gut essen.

Die zentrale **Touristeninformation** (044-13 47 77; Järnvägsgatan 7; Mitte Juni bis Aug. Mo–Fr 10–19, Sa 9–17, So 10–14 Uhr, Mitte April–Sept. Mo–Fr 10–17 Uhr) ist gut mit Material bestückt und gern behilflich.

Der Bus 551 verkehrt mehrmals pro Stunde (am Wochenende nur etwa stündl.) auf der Strecke Kristianstad–Åhus (40 Skr, 30 Min.).

Helsingborg

042 / 129 000 EW.

Das Zentrum von Helsingborg zeichnet sich durch ein saniertes Hafengebiet, mondäne Restaurants, quirlige Pflasterstraßen und eine erhabene Burgruine aus. Die verschnörkelten Gebäude mit ihren Türmchen wirken wie ein neckischer Gruß in Richtung

Dänemark, das nur 4 km jenseits des Öresund liegt.

Verwundern tut das nicht: Wegen der strategischen Lage am Sund wurde Helsingborg in den zahlreichen schwedisch-dänischen Kriegen mit erschöpfender Regelmäßigkeit heiß umkämpft und schwer zerstört. 1709 sind die Dänen in Skåne eingefallen, wurden aber im folgenden Jahr in einer Schlacht vor Helsingborg endgültig besiegt. Man fragt sich, was wohl jene Armeen von den über 14 Mio. Passagieren pro Jahr halten würden, die heute den Sund mit routinierter Lässigkeit überqueren.

Sehenswertes

Stadtzentrum

Mehrere kleine, auf ausgefallenere Themen spezialisierte Museen – also beispielsweise Feuerwehr, Geschichte der Medizin, Sport, Schulen und militärische Verteidigung – sind über die ganze Stadt verstreut. Einzelheiten verrät die Touristeninformation.

★ Dunkers Kulturhus
MUSEUM

(www.dunkerskulturhus.se; Kungsgatan 11; Ausstellungen Erw./Kind 75 Skr/frei; ⏰ Mo–Fr 10–18, Do bis 20, Sa & So bis 17 Uhr) Das blendend weiße Dunkers Kulturhus liegt gleich nördlich vom Bahnhof. Es beherbergt die Haupttouristeninformation, ein interessantes Stadtmuseum, Ausstellungsflächen für Wechselausstellungen (beide Museen im Eintrittspreis enthalten) sowie einen Konzertsaal, ein urbanes Café und einen Andenkenladen, der vor Design nur so strotzt. Der dänische Architekt Kim Utzon, der das Gebäude entworfen hat, ist der Sohn von Jørn Utzon, von dem die berühmte Oper in Sydney stammt. Von hier macht ein Bummel am **Norra Hamnen** (Nordhafen) Spaß, wo sich in diesem recht erfolgreichen Sanierungsprojekt Wohnungen, Restaurants und Bars ein Stelldichein mit Jachten und aufgebrezelten Einheimischen geben.

★ Kärnan
RUINE

(Erw./Kind 40/20 Skr; ⏰ Juni–Aug. 10–18 Uhr, restl. Jahr Mo geschl.) Dramatische Treppen und Bogengänge führen vom Stortorget zum quadratischen Turm Kärnan (34 m) hinauf; mehr ist von der mittelalterlichen Burg nicht erhalten. Die Burg kam während des Dänisch-Schwedischen Krieges im 17. Jh. in den Besitz Schwedens und war nach Beendigung der Kampfhandlungen größtenteils

zerstört. 1894 wurde der Turm dann aus den Trümmern wieder aufgebaut. Von oben bietet sich ein toller Ausblick. Es gibt Überlegungen, hier eine dauerhafte Ausstellung zur Geschichte der Burg einzurichten.

Mariakyrkan
KIRCHE

(☏ 042-37 28 30; Mariatorget; ⏰ Mo–Fr 8–18, Sa & So 9–18 Uhr) GRATIS In der Altstadt beeindruckt die gotische Backsteinkirche Mariakyrkan aus dem 15. Jh. mit einem herrlichen Innenraum. Bemerkenswert sind ein Triptychon aus dem Jahr 1450 sowie die reich verzierte Renaissancekanzel.

Rådhuset
HISTORISCHES GEBÄUDE

(Rathaus; Stortorget; ⏰ Mo–Fr 9–13 Uhr) GRATIS Das imposante Rathaus wurde im Jahr 1897 im neugotischen Stil vollendet. Die Buntglasfenster zeigen Szenen aus der Geschichte Helsingborgs.

Fredriksdal & Sofiero

Nur 2 km nordöstlich vom Stadtzentrum lohnt das Viertel Fredriksdal einen Besuch. Mit dem Bus 8 kommt man hin; an der Haltestelle Zoégas aussteigen.

★ Fredriksdals Friluftsmuseum
MUSEUM

(www.fredriksdal.se; bei Hävertgatan; Mai–Sept. Erw./Kind 70 Skr/frei, Okt.–März frei; ⏰ Mai–Sept. 10–18 Uhr, restl. Jahr kürzer; P 🚌) Dieses Museum gilt als eines der besten Freilichtmuseen, die Schweden zu bieten hat. Es gruppiert sich um ein Herrenhaus aus dem 18. Jh. (nicht öffentl. zugänglich). Die Häuser und Geschäfte, die hier zu bestaunen sind, zierten einst die Straßen im Zentrum von Helsingborg; Stein für Stein wurden sie in den 1960er-Jahren hierher umgesiedelt. Doch zum Glück ist kein künstlicher Themenpark entstanden, das ganze Areal ist wirklich gelungen. Und die Besucher haben jede Menge Freiraum, um in den Kunst- und

Helsingborg

Kunsthandwerksateliers das eine oder andere Stück zu erstehen. Schön sind auch die Kräuter-, Rosen- und Gemüsegärten und das herrlich begrünte Grundstück.

In den wunderschönen botanischen Gärten wachsen Wildblumen. Das Sommerprogramm bietet verschiedenste Aktivitäten und Vorführungen im französischen Open-Air-Barocktheater. Zum Eingang des Museums an der Hävertgatan sind es gerade einmal 250 m zu Fuß von der Bushaltestelle Zoégas in der Ängelsholmsvägen.

Sofiero
GARTEN

(☎ 042-13 74 00; www.sofiero.se; Sofierovägen; Erw./Kind 100 Skr/frei; ☺ Park 10–18 Uhr, Palast & Orangerie 11–18 Uhr; ℗ ♿) Rund 5 km nördlich vom Stadtzentrum präsentiert sich Sofiero als eine imposante ehemalige Sommerresidenz mit einem von Rhododendren bestandenen Park – im Mai und Juni ist die Blütenpracht ein wunderschöner Anblick. Im Sommer finden hier auch hochkarätige

Konzerte statt von Größen wie beispielsweise Bob Dylan (2014). Der Bus 8 fährt heraus.

Tropikariet
ZOO

(☎ 042-13 00 35; www.tropikariet.com; Hävertgatan 21; Erw./Kind 110/55 Skr; ☺ Di–So 11–17 Uhr; ℗) Tropikariet ist eine Art Zoo mit einem Reptilienhaus, einem Aquarium sowie exotischen Kreaturen mit Fell, die in ihrem natürlichen Lebensraum nachempfundenen Gehegen leben.

🛏 Schlafen

Råå Vallar Camping
CAMPINGPLATZ €

(☎ 042-18 26 00; http://raavallar.nordiccamping.se; Kustgatan; Zeltplatz/Hütte 195/460 Skr; ℗ 🛜 ✉) Dieser tolle Campingplatz, rund 5 km südlich vom Zentrum am Öresund, bietet sich an, um das Zelt aufzuschlagen. Er ist riesig und gut ausgestattet, d. h. er verfügt über ein Geschäft, ein Café und einen Sandstrand. Vom Rathaus fährt der Bus 8 hin.

Helsingborg

★ Clarion Collection
Hotel Helsing
HOTEL €€

(☎ 042-37 18 00; www.choice.se; Stortorget 20; EZ/DZ 800/1050 Skr; 🅿@🛜) Das Hotel in einem eleganten Gebäude aus dem frühen 20. Jh. befindet sich am Fuß der Treppen zum Kärnan-Turm. Geboten sind noble Zimmer im Boutiquestil mit Fußbodenheizung, ein Spa sowie ein beliebtes Restaurant mit Nachtclub. Im Zimmerpreis ist das Abendbüfett inbegriffen – eine Standardvergünstigung der Clarion-Collection-Kette, die ein wirklich hervorragendes Preis-Leistungs-Verhältnis gewährleistet.

Wer es bei der Buchung schafft, ein Zimmer in der Südwestecke des Gebäudes zu ergattern, kann sich auch noch über die tolle Aussicht auf den Stortorget und weiter bis nach Dänemark freuen.

Hotel Maria
HOTEL €€

(☎ 042-24 99 40; www.hotelmaria.se; Mariagatan 8A; EZ/DZ ab 800/1050 Skr; 🅿@🛜) Das Hotel, das etwas versteckt hinter dem Olsons Skafferi Restaurant liegt, ist wirklich etwas ganz Besonderes. Jedes Zimmer ist individuell in einem anderen historischen Stil gestaltet, also beispielsweise in schwedischer Romantik, im Jugendstil oder im Diskostil der 1970er-Jahre. Die Betten sind himmlisch bequem, die Mitarbeiter sind freundlich, und unten wartet sogar noch eine Tapasbar.

Hotell Viking
HOTEL €€

(☎ 042-14 44 20; www.hotellviking.se; Fågelsångsgatan 1; EZ/DZ ab 940/1250 Skr; 🅿@🛜) Das hippe Hotel gibt sich schick und urban. Die Samtkissen, modernen Bücherregale und Messingkerzenleuchter in der Lobby machen von Anfang an klar, worauf sich die Gäste hier einstellen können. Die Zimmer sind ähnlich schick und stilvoll, weisen allerdings einen sehr unterschiedlichen Standard auf: Manche sind gerade mal handtuchgroß, die luxuriösesten haben sogar einen eigenen Whirlpool.

Hotell Linnéa
HOTEL €€

(☎ 042-37 24 00; www.hotell-linnea.se; Prästgatan 4; EZ/DZ 700/139 Skr 5; 🅿@🛜) Das absolut zentral gelegene Linnéa bietet einen hübschen kleinen Hof, in dem man die Sonnenstrahlen einfangen kann, und verfügt dazu noch über eine gemütliche Bibliothek. Die Zimmer mit Teppichboden wirken – mal milde ausgedrückt – etwas dröge, sind aber mit einer Minibar und einem Wasserkocher gut ausgestattet.

🍴 Essen

Helsingborg tut sich mit einer ansprechenden Auswahl an Restaurants und Cafés hervor, von denen sonntags allerdings recht viele geschlossen haben.

Wer einfach mal einen schnellen Snack zwischen die Zähne braucht, sollte im Knutpunkten-Komplex (S. 227) am Meer vorbeischauen.

★ Holy Greens
GESUNDES ESSEN €

(☎ 042-12 40 40; Nedre Långvinkelsgatan 7; Hauptgerichte ab 69 Skr; ⊙ Mo–Fr 7.30–18.30, Sa 11–16 Uhr; 🍴) 🌿 Das Schlüsselwort lautet: frisch. Die Gäste können sich aus den Salatkombinationen namens Asiatisches Grünzeug, Mexikanisches Grünzeug, Lachs & Avocado und Verrücktes Huhn die passende aussuchen und dann auch noch eines von zahlreichen Dressings wählen. Wer den Gesundheitsfaktor seines Essens noch zusätzlich aufmotzen möchte, bestellt sich dazu ein frisches Frucht-Smoothie mit so leckeren Zutaten wie Avocado, Brombeeren und Mango – in diesem Fall aber nicht in Kombination!

Koppi
CAFÉ €

(☎ 042-13 30 33; www.koppi.se; Norra Storgatan 16; Sandwiches/Salate 60/70 Skr; ⊗ Mo–Fr 9–18, Sa 10–17 Uhr) Das hippe Café mit einer hauseigenen Minirösterei ist die beste Adresse für eine Tasse Kaffee vom Feinsten. Die cleveren jungen Besitzer verkaufen ihre gerösteten Kaffeebohnen auch außer Haus und servieren dazu auch noch Köstlichkeiten zum Essen wie frische Salate und eine Gourmet-Ciabatta.

Globe Trotter
ASIATISCH €€

(☎ 042-37 18 00; Clarion Collection Hotel Helsing, Stortorget 20; Tapas 39 Skr, Hauptgerichte ab 100 Skr; ⊗ So–Do 17–22, Fr & Sa bis 1 Uhr; 🖥) Die optisch wirklich sagenhaft präsentierten asiatischen Tapas und auch die Hauptgerichte sind in Kombination mit der gedämpften Musik und der Terrasse, von der aus man das Volk am Stortorget beobachten kann, der Hit. Kein Wunder also, dass man am Wochenende hier kaum einen freien Tisch findet.

Ebbas Fik
CAFÉ €€

(www.ebbasfik.se; Bruksgatan 20; Hauptgerichte ab 115 Skr; ⊗ Mo–Fr 9–18, Sa bis 16 Uhr; 🖱) In diesem Kitsch-Café mit Musikbox (1 Skr), nostalgischem Zapfhahn und Burgern, die nach einem Rezept von Elvis zubereitet werden, schreibt man noch immer das Jahr 1955. Hier kann man auch gleich noch Nippes aus den 1950er-Jahren kaufen, beispielsweise alte Schallplatten oder Bücher von Enid Blyton auf Schwedisch. Auf der umfangreichen Speisekarte des Cafés stehen Sandwiches, Ofenkartoffeln, Coca-Cola mit Vanilleeis und amerikanisch angehauchte Applepie.

Pålsjö Krog
EUROPÄISCH €€

(☎ 042-14 97 30; www.palsjokrog.com; Drottninggatan 151; Hauptgerichte ab 190 Skr; ⊗ Mo–Fr 11.30–14.30 & 18–22, Sa & So ab 12 Uhr) Das schicke Restaurant befindet sich in der Nähe der Sommerresidenz Sofiero, rund 3 km nördlich vom Stadtzentrum im Viertel Pålsjö. Der tolle alte Gasthof am Meer wurde zu einem eleganten Restaurant umgestaltet. Von der sagenhaften Veranda bietet sich beim Essen ein toller Ausblick; es munden hier verschiedene Gerichte im Bistrostil wie Fischsuppe oder Pfeffersteak.

Olsons Skafferi
ITALIENISCH €€€

(☎ 042-14 07 80; www.olsonsskafferi.se; Mariagatan 6; Hauptgerichte ab 225 Skr; ⊗ Mo–Sa 11–17.30 & 19.30–23 Uhr) Das Olsons ist ein tolles kleines Lokal mit Tischen im Freien an einem autofreien Platz direkt vor der Mariakyrkan. Es ist zugleich ein italienisches Feinkostgeschäft und rustikales, nettes Café mit glitzernden Lüstern und einer Pasta, auf die selbst Bologna stolz sein könnte. Die Völlerei sollte man nach guter italienischer Manier auf alle Fälle mit einem Vino Santo und *cantuccini* (Mandelgebäck) beschließen.

Ausgehen & Nachtleben

In der Stadt gibt es mehrere gute Pubs und Kneipen.

Madame Mustache
BAR

(www.madamemoustache.se; Norra Storgatan 9; ⊗ Do–Sa 17–1.30 Uhr) Diese klassische Bar befindet sich in einem historischen Fachwerkgebäude. Die Räumlichkeiten sind mit schäbigen Möbeln, Regalen mit antiquarischen Büchern, musealen Radioapparaten und ähnlichem Krimskrams ausgestattet. Hört sich das dann doch zu angestaubt an? Dann nichts wie hinaus auf den Hof an der Straße mit einem blubbernden Brunnen in der Mitte.

Bara Vara
BAR

(☎ 042-24 52 52; www.baravara.eu; Fågelsångsgatan 2; ⊗ Di–Fr 11.30–14 & 17.30–1, Sa 18–1 Uhr; 🖥) Die schicke Bar mit ein paar Tischen im Freien tut sich mit buntem, fetzigen Dekor und einer tollen Weinkarte hervor. Das Bara Vara gilt gleichzeitig auch als ein renommiertes Restaurant.

Helsing
COCKTAILBAR

(www.helsingbar.se; Södra Storgatan 1; ⊗ Mo–Do 11–22, Fr & Sa bis 24 Uhr) Die schicke Bar bietet eine umfangreiche Auswahl an Cocktails und liegt ideal, um Leute zu beobachten.

Tivoli
CLUB

(www.thetivoli.nu; Kungsgatan 1; ⊗ Mi–Sa 23 Uhr bis open end) Der Nachtclub am Hafen ist ein Dauerbrenner. Er lockt Jungvolk an, das hier die Hufe schwingt. Und Livemusik wird gelegentlich auch gespielt.

Unterhaltung

Helsingborgs Stadsteater
THEATER

(☎ 042-10 68 10; www.helsingborgsstadsteater.se; Karl Johans gata 1) Im Stadttheater von Helsingborg werden regelmäßig Theaterstücke aufgeführt. Weitere Informationen und Eintrittskarten sind in der Touristeninformation erhältlich.

Konserthus
KLASSISCHE MUSIK

(☑ 042-10 42 70; www.helsingborgskonserthus.se; Drottninggatan 19) Hier tritt regelmäßig das Symphonieorchester von Helsingborg auf. Informationen und Eintrittskarten hält die Touristeninformation bereit.

❶ Praktische Informationen

Im **Knutpunkten-Komplex** (Drottninggatan) am Meer befinden sich Wechselstuben und Geldautomaten sowie Schließfächer, um das Gepäck aufzubewahren. Wer eine Bank braucht, wird am Stortorget fündig.

Touristeninformation (☑ 042-10 43 50; www.helsingborg.se; Kungsgatan 11; ⊙ Mo–Fr 10–18, Do bis 20, Sa & So bis 17 Uhr) Die gut bestückte Information mit zugehörigem Andenkenladen befindet sich praktischerweise im Dunkers Kulturhus-Museum.

❶ An- & Weiterreise

Die wichtigste Drehscheibe für sämtliche öffentliche Verkehrsmittel ist der Knutpunkten-Komplex am Meer.

BUS

Der Busbahnhof befindet sich im Erdgeschoss des Knutpunkten-Komplexes. Es verkehren hier überwiegend Regionalbusse von Skånetrafiken, jedoch auch Fernbusse von **Swebus Express** (☑ 0771-21 82 18; www.swebus.se).

Swebus fährt gen Norden nach Göteborg und weiter nach Oslo, in Richtung Süden nach Malmö. Das Unternehmen betreibt auch Busverbindungen in den Nordosten nach Stockholm, und zwar via Jönköping und Norrköping. Der Fahrpreis nach Stockholm beträgt etwa 539 Skr (7½ Std.), nach Göteborg 130 Skr (3 Std.) und nach Oslo 379 Skr (7 Std.).

SCHIFF

Im Knutpunkten-Komplex befindet sich das Fährterminal von **Scandlines** (☑ 042-18 61 00; www.scandlines.se), einem Unternehmen, das eine häufig verkehrende Autofähre nach Helsingør (einfache Fahrt, Auto bis 6 m, 420 Skr; keine Buchung ohne Fahrzeug) im Angebot hat.

ZUG

An den Bahnsteigen im Kellergeschoss des Knutpunkten-Komplexes fahren Züge von SJ, Pågatågen und Öresundståg täglich nach Stockholm (695 Skr, 5–7 Std.), Göteborg (285 Skr, 2½–3 Std.) und in die nicht weit entfernten Städte Lund (84 Skr, 25 Min.), Malmö (103 Skr, 40 Min.), Kristianstad (103 Skr, 1 Std. und 20 Min.) und Halmstad (125 Skr, 1 Std.), aber

auch nach Kopenhagen (Dänemark) und Oslo (Norwegen).

❶ Unterwegs vor Ort

Leihräder (pro Tag/Woche 120/550 Skr) gibt es im **Travelshop** (☑ 042-12 70 20; www.travelshop.se; Knutpunkten; ⊙ 9.30–19 Uhr), der sich im Busbahnhof des Knutpunkten-Komplexes befindet. Stadtbusse kosten 17 Skr und fahren am Rådhuset (Rathaus) ab. Wer einen Mietwagen braucht, wendet sich an **Avis** (☑ 042-15 70 80; www.avisworld.com; Angelholmsvagen 36), wer ein Taxi benötigt an **Taxi Helsingborg** (☑ 042-18 02 00).

Halbinsel Kulla
☑ 042

Die Nordwestküste von Skåne präsentiert sich als verführerische Mischung aus goldenem Licht, Künstlerateliers und verschlafenen Fischerdörfern – die perfekte Mischung, um ein paar entspannte Tage zu verbringen.

❶ An- & Weiterreise

Der Bus 220 verkehrt mindestens stündlich von Helsingborg nach Höganäs (48 Skr, 40 Min.). Von dort fährt der Bus 222 im Ein- bis Zweistundentakt nach Mölle (32 Skr, 20 Min.), der Bus 223 nach Arild (32 Skr, 20 Min.).

Höganäs

Die Kohlebergbaustadt Höganäs, 21 km nördlich von Helsingborg, fungiert als Tor zur Halbinsel Kulla, hat aber auch ein paar kulturelle Attraktionen zu bieten, die einen Zwischenstopp lohnen.

◉ Sehenswertes

Am besten nimmt man sich in der Touristeninformation in Höganäs (S. 228) den kostenlosen Führer mit, der die beeindruckenden Sehenswürdigkeiten vorstellt, die großzügig über die ganze Stadt verteilt liegen. Die beiden unterhaltsamsten Werke sind wohl eine Schweinefamilie am Storgatan und ein schwebender Hund in der Köpmansgatan.

★ Krapperups Slott
HISTORISCHES GEBÄUDE

(☑ 042-34 41 90; www.krapperup.se; Krapperups Kyrkovägen 13; ⊙ Garten ganzjähr., Café Mitte Juni bis Mitte Aug. tgl. 11–17 Uhr, restl. Jahr Sa & So 11–17 Uhr, Jan. geschl.; GRATIS) Das Herrenhaus ist eines der ältesten Anwesen Schwedens und beeindruckt zudem mit seinem herrlichen Garten. In die Fassade sind riesi-

KULLA HOCH ZU ROSS

Eine tolle Möglichkeit, die weiten Felder, Wälder und Küstenlandschaften der Halbinsel Kulla zu erkunden, bietet sich auf dem Rücken eines Pferdes. Es stehen einige Höfe zur Auswahl, die Ausritte von ein paar Stunden bis zu mehreren Tagen veranstalten. **Kullabergs Islandshäster** (☎ 042-33 52 44; www.kullabergsislandshastar.com) bietet 1½- und 2½-stündige Ausritte (500/650 Skr) an oder auch eine Exkursion hoch zu Ross samt Mittagessen nach Mölle (1050 Skr). **Hippo Tours** (☎ 042-88 04 66; www.hippotours.se) hat sich auf Luxuswochenenden (3500 Skr) spezialisiert, beispielsweise mit einer Übernachtung im historischen Boutiquehotel Rusthållargården (S. 229) im Bilderbuchdorf Arild. Auf beiden Reiterhöfen warten Islandponys mit sanfter Gangart.

ge weiße Sterne eingearbeitet, die das Wappen der Familie Gyllenstierna darstellen, die hier Jahrhunderte lang lebte. Einstündige Führungen durch das Gebäude (100 Skr; Ostern–Ende Juni & Mitte Sept.–Mitte Okt.) können per E-Mail unter kulturintendenten@krapperup.se gebucht werden.

Auf dem Gelände befinden sich auch eine Kunstgalerie und ein Regionalmuseum, ein Café und ein Andenkenladen.

In den umfunktionierten Stallungen findet alljährlich Anfang Juli eine Woche lang das Musikfestival **Musik i Kullabygden** (☎ Tickets 0771-70 70 70; www.musikikullabygd. se; ☉ Juli) statt. Zu den Darbietungen zählen Volksmusik, Jazz, klassische Musik und Oper.

Höganäs Saltglaserat　　　KUNSTZENTRUM
(☎ 042-32 76 55; www.hoganassaltglaserat.se; Bruksgatan 36; ☉ Juni–Aug Mo–Fr 10–18, Sa & So 11–16 Uhr, restl. Jahr Fr 10–16, Sa & So 11–15 Uhr; Ⓟ) Dies ist die berühmteste Keramikfabrik Schwedens, die bereits im Jahr 1835 gegründet wurde. Ihr absolutes Markenzeichen sind braune Töpfereiobjekte mit einer Salzglasur. Sie gelten als echtes Nationalsymbol. Der berühmte Höganäskrus (kleiner Krug) wird sogar im ersten Satz von August Strindbergs bekanntem Roman *Die Leute auf Hemsö* erwähnt.

Höganäs Museum & Konsthall　　MUSEUM
(☎ 042-34 13 35; www.hoganasmuseum.se; Polhemsgatan 1; Erw./Kind 50 Skr /frei; ☉ Di–So 13 bis 17 Uhr, Jan. geschl.) Kunstliebhaber sollten diesem faszinierernden Museum einen Besuch abstatten. Die Hauptattraktion dieser genialen Sammlung sind die witzigen, wunderbar menschlichen Skulpturen des Künstlers Åke Holm, eines Sohns der Stadt.

❶ Praktische Informationen

Höganäs Touristeninformation (☎ 042-33 77 74; www.hoganas.se; Centralgatan 20; ☉ Mitte Juni–Aug. Mo–Fr 9–18, Sa & So 10–14 Uhr, restl. Jahr kürzer) Diese kleine Touristeninformation bietet sich an, um sich über die Stadt und die ganze Region Kullabygden zu informieren.

Mölle & Umgebung

Touristisches Zentrum der Region ist das Bilderbuchdorf **Mölle** – mit einer wirklich „skandalträchtigen" Vergangenheit. Im 19. Jh. war es eines der ersten Seebäder, die gemeinsames Baden der Geschlechter anregten, allerdings sehr zum Horror des Landes … und zur großen Freude frivoler Berliner, die aus der deutschen Hauptstadt mit der Eisenbahn-Direktverbindung hierher strömten.

Eine neue Möglichkeit, die Umgebung von Mölle zu erkunden, bietet sich auf dem Rücken eines hübschen **Islandponys**, eines der sanftesten Reitpferde mit dem sachtesten Gang.

An die 5 km östlich von Mölle baut das Fischerdorf (mit Künstlerkolonie **Arild**) auf den Charme seiner kleinen pastellfarbenen Häuschen, des winzigen Hafens und auf den Zauber der Rosen, Malven, Schmetterlinge und Naturschutzgebiete am Meer.

Ein Hinweis noch: Die Quartiere in dieser Gegend kommen nicht gerade billig, und schnell ausgebucht sind sie auch.

◉ Sehenswertes & Aktivitäten

Naturschutzgebiet Kullaberg　　NATURSCHUTZGEBIET
(http://k.inventit.dk; Maut 40 Skr) Dieses herrliche Naturschutzgebiet nimmt die Spitze der Halbinsel Kulla ein und beherbergt den hellsten Leuchtturm Schwedens, den **Kullens fyr** (☎ 042-34 70 56; www.kullensfyr. se; Halbinsel Kulla; Erw./Kind 20/10 Skr; ☉ 11 bis 17 Uhr); sein Licht kann man sogar in 50 km Entfernung noch sehen. Das Naturschutzge-

biet bietet dramatische, ins Meer abstürzende Klippen, vom Wind gepeitschte Vegetation und sagenhafte Sonnenuntergänge. Eine reihe von **Wanderwegen** führt kreuz und quer durch die Landschaft zu alten Höhlen, Gezeitenbecken und abgeschiedenen Badeplätzen.

Die Website des Naturschutzgebiets ist praktisch, um sich über sämtliche angebotene Aktivitäten zu informieren.

Kullabergsguiderna
ABENTEUERSPORT
(☎ 073-988 10 77; www.kullabergsguiderna.se; Kullens fyr, Mölle; ⏰ Juli–Mitte Aug. tgl., restl. Jahr weniger häufig; ⚓) Dieses Unternehmen organisiert eine breite Palette an Aktivitäten. So kann man beispielsweise an einer einstündigen **Höhlenexpedition** (Erw./Kind 150/50 Skr) unter der Leitung eines erfahrenen Guides teilnehmen; man startet im Naturum (Besucherzentrum) im Naturschutzgebiet Kullaberg. Eine spannende Alternative ist **Abseilen** (200 Skr) an den Steilklippen.

Oder wie wäre es vielleicht mit einem Abstecher aufs Meer hinaus, genau gesagt mit einer **Tümmler-Safari** (Erw./Kind 395/265 Skr)?

Kullen Dyk
TAUCHEN
(☎ 0411-34 77 14; www.kullendyk.nu; Tauchgänge ab 600 Skr) Die hilfsbereiten Mitarbeiter von Kullen Dyk, 2 km südöstlich von Mölle (direkt neben dem Campingplatz First Camp Mölle), statten die Taucher mit Schwimmflossen aus – und dann geht es ab in die Tiefe.

🛏 Schlafen & Essen

First Camp Mölle
CAMPINGPLATZ €
(☎ 042-34 73 84; www.firstcamp.se/molle; Möllehässle; Zeltplatz mit Strom ab 275 Skr, 4-Pers.-Hütte ab 590 Skr; 🅿) Dieser nette Campingplatz ist eine gute Wahl. Er liegt 2 km südöstlich von Mölle. Man kann sich hier auch ein Fahrrad leihen, um die Umgebung zu erkunden (60 Skr pro Tag).

Strand Hotell
HOTEL €€
(☎ 042-34 61 00; www.strand-arild.se; Stora Vägen 42, Arild; DZ ab 1250 Ske; 🅿 @ 🛜) Das gepflegte Hotel im Bilderbuchort Arild verströmt viel nostalgischen Charme. Vier der eleganten Zimmer im alten Gebäude haben jeweils einen Balkon mit Meerblick; im modernen Anbau verfügen die langen, schmalen Zimmer alle über eine Terrasse mit Meerblick. Ein edles Restaurant gehört mit dazu.

⭐ Hotel Rusthållargården
HISTORISCHES HOTEL €€€
(☎ 042-34 65 30; www.rusthallargarden.com; Utsikten 1, Arild; DZ ab 1950 Skr; 🅿 @ 🛜 ♨) Dieses hübsche Hotel ist schon seit 1904 unter der Leitung von ein und derselben Familie. Es befindet sich in einem reizenden Bauernhof mit weiß-blauen Verzierungen, der aus dem Jahr 1675 datiert. Die Zimmer im Hauptgebäude sind gemütlich und malerisch – mit Blümchentapeten und Holzboden – und haben Meerblick. Auch ein Pool ist vorhanden, und das Frühstück mit überwiegend Bioprodukten schmeckt ganz hervorragend.

Grand Hotel Mölle
HOTEL €€€
(☎ 042-36 22 30; www.grand-molle.se; Bökebollsvägen 11, Mölle; EZ/DZ ab 1350/1790 Skr; 🅿 @ 🛜) Das feudale Hotel von verblichener Pracht thront majestätisch oberhalb von Mölle. Die Zimmer präsentieren sich als angenehme Mischung aus modernem skandinavischem Stil und maritimer Note. Wer so richtig über die Stränge schlagen will, gönnt sich ein Zimmer im Hauptgebäude mit Meerblick, Balkon und Whirlpool (DZ 3790 Skr). Ein

---

DURCHGEKNALLTE SKULPTUREN

Die Treibholzskulptur **Nimis** und ihr jüngeres Betonpendant **Arx** an einem Strand auf der Nordseite der Halbinsel Kulla erwecken den Eindruck von durchgeknallten Rumpelkammern. Sie wurden dort ohne Genehmigung von dem exzentrischen Künstler Lars Vilks geschaffen und gaben bereits Anlass zu mehreren Prozessen, die Vilks mit dem Provinzgericht ausfocht – ganz davon zu schweigen, dass Nimis und Arx mehrfach in Brand gesteckt und mit der Kettensäge attackiert wurden. 1996 gründete der ausgebuffte Vilks an dieser Stelle dann die Mininarion **Ladonia** (www.ladonia.org), wodurch er seine Werke in den Status von „Nationaldenkmälern" erhob, die somit unter Schutz stehen. Im Jahr 2011 fand die Krönung von Königin Carolyn I. statt. Wer sich gern um die ladonische Staatsbürgerschaft bewerben möchte (wie ganz offensichtlich 4000 Pakistanis), findet auf der Website die entsprechenden Informationen.

Gourmet-Restaurant darf natürlich hier nicht fehlen.

★ Flickorna Lundgren CAFÉ €

(☎042-34 60 44; www.fl-lundgren.se; Flickorna Lundgren pa Skäret, Skäretvägen 19; Gebäck ab 30 Skr; ☻Juni–Aug. 10–18 Uhr, Mitte Juli–Mitte Aug. bis 20 Uhr; Ⓟ) Das riesige, mit Recht berühmte Café in einem herrlichen Garten ist an der Hauptstraße ausgeschildert; es liegt zwischen Arild und Jonstorp. Am besten schnappt man sich einen großen Teller mit Gebäck und einen Kupferteekessel, um dann in einer Wolke von Blumenduft die Zeit zu vergessen. Da das Café wirklich überaus beliebt ist, sollte man sich im Juli und August seelisch auf jede Menge Leute einstellen.

Ellens Café i Ransvik CAFÉ €

(☎042-34 76 66; www.ransvik.se; Sandwiches ab 50 Skr; ☻11–17 Uhr) Das legere Café steht schon seit ewigen Zeiten hoch im Kurs. Es liegt an einem beliebten Badeplatz, rund 1 km hinter der Mautstelle Kullaberg. Jedenfalls kann man hier, bevor man sich von den Felsen ins Meer stürzt, ganz vergnüglich noch Sandwiches, Salate und den üppigen Rüblikuchen verdrücken.

Mölle Krukmakeri & Café CAFÉ €

(☎042-34 79 91; www.mollekrukmakeri.se; Mölle Hamnallé 9; Sandwiches ab 75 Skr; ☻Mitte Juni bis Ende Aug. Mi–So 10–18 Uhr, Ende Aug.–Mitte Juni Sa & So) Das gemütliche Café mit einer Keramikausstellung liegt nur ein kleines Stück oberhalb vom Hafen in Mölle; es wird von der Töpferin Lisa Wohlfart geführt. Hier kann man sich mit ihren schicken, modernen Objekten eindecken oder sich auch einfach die Hausmannskost schmecken lassen wie Tomaten-Spinat-Suppe oder Haselnuss-Zimt-Schnecken.

ℹ Praktische Informationen

Naturum (☎042-34 70 56; ☻Juni–Aug. tgl. 11–18 Uhr, restl. kürzer) Das Besucherzentrum im Naturschutzgebiet Kullaberg kann mit Informationen zu Flora und Fauna sowie zur Geologie aufwarten. Geführte Wanderungen lassen sich hier auch arrangieren.

BLEKINGE

Die Vergangenheit und die Gegenwart der Provinz Blekinge sind wegen der langen Küste und den geschützten Häfen eng mit dem Meer verbunden. Die Gegend war einst eine Trumpfkarte im Machtspiel um den Ostseezugang und von Schweden und Dänemark umkämpft. Ein Juwel ist heute die von der Unesco geschützte Marinestadt Karlskrona, die für ihre barocke Anlage berühmt ist. Die zweitgrößte Stadt der Region, Karlshamn, war der Ausgangshafen für Tausende Auswanderer, die sich im 19. Jh. nach Amerika aufmachten. Jenseits der Städte erstreckt sich eine geruhsame Landschaft mit fischreichen Flüssen und Seen, dunklen Wäldern und großartigen Schären, die geradezu zum gemächlichen Inselhopping einladen.

Karlskrona

☎0455 / 62 340 EW.

Dieser attraktive Militärstützpunkt wurde wegen seiner beeindruckenden Marinearchitektur aus dem 17. und 18. Jh. ins Weltkulturerbe der Unesco aufgenommen.

Karlskrona verdankt seine Entstehung der gescheiterten dänischen Invasion im Jahr 1679. König Karl XI. beschloss damals, dass ein Flottenstützpunkt im Süden zur besseren Kontrolle der Ostsee nötig sei. Nahezu umgehend wurde sie zur drittgrößten Stadt Schwedens. Ein Großteil der Stadt ist noch heute ein Militärstützpunkt. Besucher müssen daher für die Besichtigung vieler Sehenswürdigkeiten eine Führung in der Touristeninformation buchen.

◉ Sehenswertes & Aktivitäten

★Festungen HISTORISCHES GEBÄUDE

Der Star von Karlskrona ist das auf einer Insel gelegene **Kungsholms Fort** (Führungen Erw./unter 17 Jahre 210/50 Skr; ☻Juni–Aug. 10–14 Uhr); es wurde 1680 zur Verteidigung der Stadt errichtet. Die zweistündigen **Bootsausflüge** mit einem Führer (Erw./Kind 220 Skr /frei; ☻Mitte Juni–Aug. 10 Uhr) beginnen am Fisktorget, an der Touristeninformation oder am Marinemuseum. Fahrkarten müssen über die Touristeninformation im Voraus gebucht werden. Eine Alternative stellt das Boot von **Affärsverken** (www.affarsverken. se; Erw./Kind 90/50 Skr; ☻Juli & Aug.) dar; es legt im Juni, Juli und August am Fisktorget ab und umrundet das Fort (Erw./Kind 90/50 Skr); wer sich für diese Möglichkeit entscheidet, muss die Touristeninformation über die Teilnehme an diesem Ausflug in Kenntnis setzen.

Der Turm des Drottningskärs Kastell auf der Insel Aspö strotzt nur so vor Kanonen. Der britische Admiral Nelson bezeichnete ihn einmal als „uneinnehmbar". Zum Kastell fährt eine Äspoleden, eine kostenlose Autofähre, die im Juli und August bis zu zweimal stündlich in Handelshamnen, nördlich vom Marinemuseum, ablegt.

★ **Marinmuseum** MUSEUM
(www.marinmuseum.se; Stumholmen; Erw./Kind 100 Skr/frei; ⊙ Juni–Aug. 10–18 Uhr, restl. Jahr kürzer; P) Das markante Marinemuseum ist *das* Schifffahrtsmuseum von Schweden. Hier gibt es ein rekonstruiertes Geschützdeck aus Kriegszeiten, einen Saal voller fantastischer Galionsfiguren, Unmengen von Schiffsmodellen und sogar ein paar echte Schiffe zu bestaunen – beispielsweise das Minensuchboot HMS *Västervik* und Schwedens königliche Slup. Das **Restaurant** (Hauptgerichte ab 100 Skr) hier ist auch nett.

Blekinge Museum MUSEUM
(www.blekingemuseum.se; Fisktorget; Erw./Kind 60 Skr/frei; ⊙ Juni–Aug. 10–18 Uhr, restl. Jahr Di-So 12–17 Uhr) Das imposante Museum spürt der regionalen Fischerei nach, dem Schiffsbau und der Steinbruchindustrie. Am spannendsten ist Grevagården, ein beeindruckendes Wohngebäude aus dem 18. Jh., das vollgestopft ist mit nostalgischem Krimskrams – von Fächern und Mode bis hin zu bizarren Wachsmodellen von durch Syphilis entstellten Gesichtern. Die Krönung ist jedoch wohl der kleine Barockgarten und das einladende Café.

Museum Leonardo da Vinci Ideale MUSEUM
(Sammlung Kulenovic; www.museumldv.com; Stortorget 5; ⊙ Mo–Sa 10–18, So 11–18 Uhr) GRATIS Das Museum präsentiert die berühmte Privatsammlung Kulenovic mit zahlreichen originalen Kunstwerken. Mit dazu gehört ein tolles Café, in dem im Sommer Livemusik gespielt wird.

Stortorget PLATZ
Karlskronas riesiger Platz, der Stortorget, sollte ursprünglich den schönsten Plätzen Europas gleichkommen. Leider ging das Geld aus und so präsentiert er sich heute in einer komischen Mischung aus prächtigen architektonischen Gesten und bescheidenen Ersatzbauten. Dominiert wird der Platz vom Gerichtsgebäude sowie von der barocken **Fredrikskirche** (⊙ Mo–Fr 11–16, Sa 9.30–14 Uhr) GRATIS und der **Dreifaltigkeitskirche** (Trefaldighetskyrkan; ⊙ Mo–Fr 11–16, Sa

9.30–14 Uhr) GRATIS, die vom römischen Pantheon beeinflusst ist.

Amiralitetskyrkan KIRCHE
(Vallgatan 11; ⊙ Mo–Fr 11–16, Sa 9.30–14 Uhr) GRATIS Das gedrungene Gotteshaus ist die älteste Holzkirche Schwedens. Der herrliche Kirchenraum ist in Pastelltönen gehalten. Vor der Amiraliteskyrkan lüpft die Holzstatue **Alter Rosenbom** ihren Hut, wenn ein Besucher eine Spende gibt.

☞ **Geführte Touren**

Am besten sucht man sich einen sonnigen Nachmittag aus, um einen Ausflug durch den **Archipel** von Karlskrona mit nahezu 1000 Inseln zu unternehmen. Die dreistündige Exkursion kostet 150/70 Skr pro Erwachsenem/Kind. Buchen kann man sie in der Touristeninformation; über die Abfahrtszeiten informiert die Website von Affärsverken (S. 230), die auch weiterführende Informationen enthält.

Die Touristeninformation erteilt außerdem Auskünfte zu den zweistündigen **geführten Touren** durch die ehemalige Schiffswerft in Lindholmen sowie zu den Museumsführungen.

🛏 **Schlafen**

Dragsö Camping CAMPINGPLATZ €
(☎ 0455-153 54; www.dragso.se; Dragsövägen; Zeltplatz/DZ/2-Bett-Hütte ab 250/500/575 Skr; ⊙ April–Mitte Sept.; P) Der große, attraktive Campingplatz liegt 2,5 km nordwestlich der Stadt an einer malerischen Bucht. An Einrichtungen warten ein Fahrradverleih und ein Minigolfplatz, der Karlskrona thematisch aufgreift. Der Bus 7 hält 1 km vom Campingplatz entfernt.

STF Vandrarhem Trossö Karlskrona HOSTEL €
(☎ 0455-100 20; www.karlskronavandrarhem.se; Drottninggatan 39; B/EZ/DZ ab 160/280/370 Skr; 🛜) Das moderne, saubere und freundliche Hostel bietet seinen Gästen eine Waschküche, ein Fernsehzimmer, einen Hof hinter dem Haus, in dem die Kids herumtollen können, und praktische Parkplätze gleich gegenüber auf der anderen Straßenseite.

Hotell Aston HOTEL €€
(☎ 0455-194 70; www.hotellaston.se; Landbrogatan 1; EZ/DZ 795/995 Skr; P🛜) Das Hotel Aston im dritten Stock und sein Pendant, das **Hotell Conrad** (☎ 0455-36 32 00; www.hotelconrad.se; Västra Köpmansgatan 12; EZ/DZ

Karlskrona

750/895 Skr; 🛜), sind beide zentral gelegen und schick. Das Aston bietet geräumige Zimmer mit einfachen, modernen Möbeln (allerdings gilt es, zuznächst sechs Treppenabsätze zu erklimmen).

Das Conrad ist schicker und nimmt drei Gebäude ein; die Deko passt zu der Zeit, in der das Gebäude entstand: den 1970er- und 1980er-Jahren, angereichert mit einem Tick „Kultur" aus dem ausgehenden 18. Jh. In beiden Hotels kommt ein hervorragendes Frühstück auf den Tisch.

First Hotel Ja
HOTEL €€

(📞 0455-555 60; www.firsthotels.se; Borgmästaregatan 13; EZ/DZ 790/990 Skr; 🅿 @🛜) Die beste Adresse in Karlskrona, um feudal zu schlummern, bietet modische Zimmer mit gestreiften Tapeten und schönen dekorativen Stoffen. An Annehmlichkeiten warten auf die Gäste eine Sauna, ein Bar-Restaurant sowie ein umfangreiches Frühstücksbüfett, das im hübschen Atrium serviert wird. Es

gibt auch diverse dekorativere „Damenzimmer", die von der Hotelleitung ausschließlich Frauen vorbehalten sind.

Clarion Collection Hotel
Carlscrona
HOTEL €€

(📞 0455-36 15 00; www.hotelcarlscrona. se; Skeppsbrokajen; EZ/DZ inkl. Abendbüfett 1020/1275 Skr; 🅿🛜) Das Kettenhotel liegt praktisch in der Nähe des Bahnhofs. Die Bar präsentiert sich als interessante Kombination aus rustikalen alten Holzbalken und hipper Deko. Die geräumigen Zimmer sind in Marineblau und Grau gehalten und mit schönen Holzmöbeln ausgestattet.

✗ Essen & Ausgehen

Der ICA-Supermarkt und ein Systembolaget sind in der **Wachtmeister Galleria** (www. wachtmeistergalleria.se; Borgmästaregatan 13; 🕒 9–18 Uhr), einem Einkaufszentrum, untergebracht.

Karlskrona

Nya Skafferiet
FEINKOST €

(☏ 0455-171 78; www.nyaskafferiet.se; Rädhusgatan 9; Büffet 90 Skr; ⊙ Mo–Fr 9–18, Sa bis 15 Uhr) Das weltgewandte mediterrane Café befindet sich unmittelbar hinter dem Hauptplatz. Wirklich exquisit ist hier das Mittagsbüfett, aber es gibt auch eine gut sortierte Feinkostabteilung, in der eine Fülle von Käse, Wurst und Brot sowie hervorragender Kaffee erhältlich sind.

Glassiärens Glassbar
EIS €

(Stortorget 4; Waffel ab 25 Skr; ⊙ Mai–Sept. 9–18 Uhr) Die Menschenschlangen in dieser legendären Eisdiele entsprechen den gigantischen Portionen, die sich in der leckeren Waffel nur so türmen. Am besten nimmt man drei Sorten –natürlich nur wenn es der Magen hergibt. Ja, der Stoff, aus dem die Träume sind ...

Lennarths Konditori
BÄCKEREI €

(☏ 0455-31 03 32; Norra Kungsgatan 3; Kuchen ab 25 Skr; ⊙ Mo–Fr 8–18, Sa bis 15 Uhr) Diese Traditionsbäckerei mit einer irre tollen Retro-Tubus-Decke und gleich zwei Terrassen verlockt mit kalorienreichen Köstlichkeiten. Unbedingt probieren sollte man *munk* – eine gelungene Mischung aus Krapfen und Apfelstrudel.

Café Tre G
CAFÉ €

(☏ 0455-31 03 33; Landbrogatan 9; Snacks ab 75 Skr; ⊙ Mo–Fr 7–21, Sa & So 9–18 Uhr; ▦) Dieses Café bist bei allen Altersgruppen der Hit – von steifen Rentnern bis hin zu lässigen Hippietypen. Hier kann man sich mit Gerichten wie Ofenkartoffel, Quiche oder Nudelsalaten abfüllen, sich aber auch die feinen Pralinen, das köstliche Gebäck und

die Muffins vom Feinsten munden lassen. Es gibt hier übrigens auch eine Speisekarte mit Rohkost – beispielsweise Rote Beete-Burger und dergleichen. Auch die Kids können sich über eine große Auswahl freuen.

Montmartre
ITALIENISCH €

(Ronnebygatan 18; Pizza ab 75 Skr; Pasta ab 79 Skr; ⊙ Mo–Fr 16–23, Sa & So ab 13 Uhr) Das recht stimmungsvolle Montmartre erinnert mit seinen Vorhängen in Bordeauxrot, den mit Quasten versehenen Lampenschirmen und Ölgemälden an ein französisches Bistro. Die Speisekarte wagt einen großen Sprung über die Grenze: Es verlocken hervorragende Pastagerichte und sage und schreibe 36 verschiedene Pizzas – wenn nicht sogar noch mehr ...

Nivå
INTERNATIONAL €€

(☏ 0455-103 71; www.niva.nu; Norra Kungsgatan 3; Hauptgerichte ab 190 Skr; ⊙ Mo–Do 17–23, Fr 16–1, Sa 12–1 Uhr) Das Steakhaus beim Stortorget bietet eine Fülle von leichten Gerichten zu anständigen Preisen wie Nachos, Burger und Salate, aber auch herzhaftere Mahlzeiten vom Grill und ein paar Speisen für Vegetarier wie den köstlichen Haloumi-Burger. Das Nivå ist abends eine beliebte Bar, die bis mindestens 1 Uhr die Türen geöffnet hat.

Två Rum & Kök
EUROPÄISCH €€€

(☏ 0455-104 22; www.2rok.se; Södra Smedjegatan 3; Fondue mind. 2 Pers. 279 Skr, Hauptgerichte 200–298 Skr; ⊙ Mo–Sa 17–22.30 Uhr) Das Gourmetrestaurant bietet sich für ein feudales Abendessen an. Bekannt ist es vor allem für sein exquisites Fondue, aber es werden auch französische Küche und Grillspezialitäten serviert.

ℹ Praktische Informationen

Geldautomaten finden sich in der Wachtmeister Galleria am Borgmästeregatan.

Touristeninformation (☎ 0455-30 34 90; www.visitkarlskrona.se; Stortorget 2; ⊙ Juni bis Aug. 9–19 Uhr, restl. Jahr kürzer) Internetzugang und total hilfsbereite Mitarbeiter.

ℹ Anreise & Unterwegs vor Ort

Der **Flughafen Ronneby** (☎ 010-109 54 00; www.swedavia.com) liegt 33 km westlich von Karlskrona; der Flygbuss fährt vom Stortorget (Erw./Kind 90/45 Skr) hin. SAS fliegt täglich nach Stockholm-Arlanda, **Blekingeflyg** (☎ 0457-62 99 99; www.blekingeflyg.se) ein- bis viermal täglich nach Stockholm-Bromma (ab 495 Skr, 50 Min.).

Fähren von Stena Line (S. 385) verkehren nach Gdynia (Polen); sie fahren in Verkö ab, 10 km östlich von Karlskrona.

Der Busbahnhof und der Bahnhof befinden sich beide gleich nördlich vom Stadtzentrum Karlskronas. **Blekingetrafiken** (☎ 0455-569 00; www.blekingetrafiken.se) betreibt die öffentlichen Verkehrsmittel in die Region Blekinge.

Busse von **Svenska Buss** (www.svenskabuss. se) fahren täglich von Malmö nach Stockholm jeweils mit Zwischenstopp in Kristianstad (420 Skr, 2¼ Std.) und Karlskrona (420 Skr, 3½ Std.).

Direktzüge verkehren mindestens 13-mal täglich nach Karlshamn (85 Skr, 1 Std.) und Kristianstad (158 Skr, 2 Std.), und mindestens zehnmal nach Lund (22 Skr, 2 Std. und 40 Min.) und Malmö (221 Skr, 3 Std.).

Wer ein Taxi braucht, ruft bei **Zon Taxi** (☎ 0455-230 50; www.zontaxi.se) an.

Karlshamn

☎ 0454 / 31 000 EW.

Kein Mensch würde je annehmen, dass das beschauliche Karlshamn mit seinem malerischen Kopfsteinpflaster, den alten Holzhäusern und der Jugendstilarchitektur einst der reinste Sündenpfuhl war. Alkoholische Getränke, Tabak, Schnupftabak und Spielkarten wurden hier in großen Mengen hergestellt. Die Stadt war im 19. Jh. ein Schmugglerparadies. Aber sie war auch der Hafen, von dem aus die Schweden nach Amerika aufbrachen. Zum **Ostseefestival** (Östersjöfestivalen; www.ostersjofestivalen.se; ⊙ Juli), einem der größten – kostenlosen – Festivals, kommt alljährlich eine Viertelmillion Menschen, um die Musikgruppen und den Faschingsumzug mitzuerleben.

◉ Sehenswertes

Utvandrar-Monumentet   MONUMENT

Das ergreifende Monument gedenkt der Auswanderer, die das Land verließen, um nach Amerika zu gehen. Die Figuren sind Charaktere aus Vilhelm Mobergs klassischem Epos *Die Auswanderer*: Karl Oscar, der sich auf die neue Heimat freut, und Kristina, die auf ihr geliebtes Duvemåla zurückblickt.

Karlshamns Kulturkvarter   MUSEUM

(☎ 148 68; Vinkelgatan 8; Eintritt 20 Skr; ⊙ Juni bis Sept. Di–So 13–17 Uhr, restl. Jahr Mo–Fr 12–16 Uhr) Das interessante Kulturviertel-Museum vermittelt gute Eindrücke und Informationen über die Geschichte der Tabak- und Punschherstellung in Karlhamn. Sehenswert ist auch die Nachbildung der Spirituosenfabrik dieser Stadt mitsamt Fässern, Flaschen und Maschinen.

Zu den wunderschönen Gebäuden aus dem 18. Jh. gehören auch ein Herrschaftshaus und ein Kaufmannshaus: **Skottsbergska Gården** (Eintritt 20 Skr) und **Holländarhuset** (Holländerhaus).

🛏 Schlafen & Essen

Hotell Bode   HOTEL €

(☎ 0454-315 00; www.hotellbode.se; Fogdelyckeg 28; Zi. ab 750 Skr; 🛜) Das solide, zentral gelegene Hotel ist eine gute Wahl für Gäste, denen es nichts ausmacht, dass kein Lift vorhanden ist und dass sie die Dusche mit anderen teilen müssen (eine Toilette gehört jedoch zu jedem Zimmer). Die anheimelnden Zimmer sind geräumig und mit gemütlichen Sesseln, guter Beleuchtung und Grünpflanzen ausgestattet.

First Hotel Carlshamn   HOTEL €€

(☎ 0454-890 00; www.firsthotels.com; Varvsgatan 1; EZ/DZ 999/1099 Skr; 🅿@🛜) Die Zimmer sind blitzblank und gemütlich, stecken aber irgendwie in den 1980er-Jahren fest. Von den besten sieht man auf den Hafen. Weitere Pluspunkte des Hotels sind der Whirlpool, die Sauna und das Restaurant.

Taj Mahal   INDISCH €

(☎ 0454-156 78; www.karlshamntajmahal.se; Drottninggatan 75; Hauptgerichte ab 85 Skr; ⊙ Mo bis Sa 11–22, So 12–21 Uhr; 🍴) Das original indische Restaurant empfiehlt sich besonders für Leute, die nach ihrem Curry in der Eckkneipe lechzen. Jedenfalls gibt es hier sämtliche Standardgerichte; Vegetarier können eine fleischlose Variante wählen.

★ **Fiskstugan** MEERESFRÜCHTE €€
(Vägga Fiskhamn; ☑ 0454-190 35; www.delikatess rokeri.se; Sandwiches 54–79 Skr, Hauptgerichte ab 100 Skr; ☺ Mitte April–Mitte Sept. 11–20 Uhr) Das legere Meeresfrüchtelokal liegt südöstlich vom Stadtzentrum an einem malerischen kleinen Hafen und lässt sich zu Fuß im Rahmen eines 25-minütigen Spaziergangs erreichen. Die Gäste können sich ihre Gerichte am Tresen im Stil einer Feinkosttheke aussuchen, dann auf der Terrasse Platz nehmen und den unverstellten Meerblick genießen, während das Essen zubereitet wird.

Gourmet Grön BÜFETT €€
(☑ 0454-164 40; Östra Piren, Biblioteksgatan 6; Mittagsbüfett 95 Skr; ☺ Mo–Fr 11.30–15 Uhr; ☑)
🖝 Das prämierte Restaurant am Meer bietet ein sagenhaftes Büfett; der Hauptakzent liegt auf Bio- und vegetarischen Speisen. Hier munden die Ciabattas, Köstlichkeiten im Stil von Tapas, aber auch einfallsreiche, von der mediterranen Küche inspirierte Brotaufstriche.

ℹ Praktische Informationen

Die meisten Dienstleister finden sich in der Drottninggatan.

Touristeninformation (☑ 0454-812 03; www.karlshamn.se; Pirgatan 2; ☺ Mo–Fr 10–19 Uhr) Die freundlichen Mitarbeiter können mit nützlichen Informationen weiterhelfen und nehmen auch Buchungen vor.

ℹ An- & Weiterreise

Der Busbahnhof und der Bahnhof liegen im Nordosten der Stadt.

DFDS Seaways (www.dfdsseaways.se) verkehrt einmal täglich auf der Strecke von Karlshamn nach Klaipéda (Litauen; einfache Fahrt ab 650 Skr, 14 Std.).

Der Südosten & Gotland

Gut essen

➡ Surfers (S. 275)

➡ Bröd & Sovel (S. 254)

➡ Saltmagasinet (S. 263)

➡ Krakas Krog (S. 279)

➡ Café Berget (S. 244)

Schön übernachten

➡ Villa Sol (S. 266)

➡ Kosta Boda Art Hotel (S. 259)

➡ Hotell Västanå Slott (S. 249)

➡ Clarion Collection Hotel Packhuset (S. 256)

➡ Clarion Hotel Wisby (S. 274)

Auf nach Südostschweden & nach Gotland!

Der Südosten ist mit seinen alten Burgen, den Bilderbuch-städten und magischen Inseln das reinste Schatzkästchen. In Östergötland liegt am Vätternsee Vadstena, die Wir-kungsstätte der hl. Barbara. Hier beeindruckt ein wuchtiges Renaissanceschloss. Weiter südlich bezaubert Småland mit verträumten Wäldern, gut erhaltenen Städtchen und Schloss Kalmar. In Vimmerby steht das Geburtshaus von Astrid Lind-gren, im aromatisch duftenden Gränna locken Pfefferminz-stangen, und im Glasriket, dem „Glasreich", können Besucher in mehreren Glashütten versuchen, selbst Glas zu blasen.

Die Insel Öland beeindruckt mit Stränden, Windmühlen, Ringfestungen und bronzezeitlichen Begräbnisstätten.

Ein Juwel ist die Insel Gotland – ein spannendes Ka-leidoskop aus mit Runensteinen übersäten Landschaften, schönen mittelalterlichen Kirchen sowie der von einer Stadtmauer umgebenen Hansestadt Visby.

Reisezeit
Visby

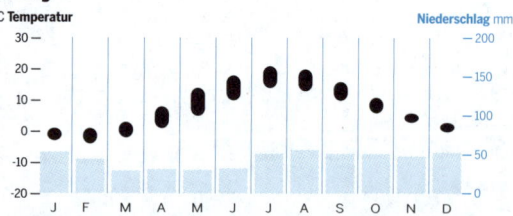

Juni–Aug. Warme Tage, Bootsaus-flüge durch die Kanäle und die Mittelalterwoche auf Gotland.

Mai & Sept. Das Wetter ist wech-selhafter, aber oft noch sommerlich; Unterkünfte sind leichter zu finden.

Dez. In Småland finden überall romantische Weihnachtsmärkte statt.

Highlights

❶ Die Schifffahrt auf dem Götakanal bei **Bergs Slussar** (S. 243)

❷ Eine Reise in die Kind-
heit: **Astrid Lindgrens Näs**
(S. 263) und **Astrid Lindgrens
Värld** (S. 263)

❸ Die schönen Glasobjekte
der Glashütte **Kosta Boda**
(S. 258) im Glasriket

❹ Die Gräberfelder von
Mysinge & Gettlinge (S. 269)

❺ Die vielen sehenswerten
Kirchen (S. 271) in Visby

❻ Das **Sancta Birgitta
Klostermuseet** (S. 245)

❼ Ein Besuch des Heimat-
museums **Fornminnesgården**
(S. 251) in Eksjö

❽ Ein Blick auf die Herstellung von Pfefferminzstangen
in **Grenna Polkagriskokeri**
(S. 249)

❾ Der traumhafte Park von
Schloss Solliden (S. 266)

❿ Ein Konzertbesuch in der
herrlich gelegenen **Sankta
Maria Kyrka** (S. 273)

ÖSTERGÖTLAND

Auf beiden Seiten des Götakanals, der sich quer durch die Region schlängelt, hat Östergötland viele Schätze zu bieten. Die größeren Orte am Kanal sind überwiegend Industriestädte aus dem 19. Jh. mit einigen eindrucksvollen postindustriellen Neuerungen.

Der Westen der Region, begrenzt vom ausgedehnten Vätternsee, verspricht den Genuss einer flachen und geschichtsträchtigen Landschaft. Dort befinden sich auch der großartigste Runenstein Schwedens und die sehenswerte mittelalterliche Stadt Vadstena.

Norrköping
📞 011 / 130 050 EW.

Voll Neid blicken die einstigen Industriestädte Europas auf Norrköping: Die Stadt hat ihre stillgelegten Fabriken und Kanäle gekonnt mit kulturellen und gastronomischen Treffs an den Wasserfällen und Schleusen wiederbelebt. Alte Straßenbahnen rattern durch Straßen, die von unterschiedlichsten Baustilen geprägt sind.

Etwa 35 km nordöstlich bietet der Tierpark Kolmården statt urbaner Innovation rund 750 Tiere aus allen Kontinenten, u. a. majestätische Sibirische Tiger.

Norrköpings Dasein als Industriestadt begann im 17. Jh. und entwickelte sich im 19. Jh. rasant, als Textilfabriken und -betriebe am Ufer des schnell fließenden Motala ström aus dem Boden schossen. Hier wurden einst 70 % der schwedischen Textilien hergestellt. Die letzte Fabrik wurde in den 1970er-Jahren geschlossen.

⊙ Sehenswertes & Aktivitäten

★ Industrilandskapet   HISTORISCHE STÄTTE
Norrköpings Hauptattraktion ist ein perfekt erhaltenes Industriegebiet nahe dem Fluss. Fußgängerwege und Brücken führen an prachtvollen Fabrikgebäuden vorbei und durch das ausgeklügelte Schleusen- und Kanalsystem der Stadt. Der tosendste Wasserfall ist der **Kungsfallet** nahe dem Inselchen Laxholmen. In dieser Gegend finden sich mehrere interessante Museen, die alle keinen Eintritt kosten.

Das **Arbetets Museum** (www.arbetetsmuseum.se; Laxholmen; ⊙ 11–17, Di 11 bis 20 Uhr) GRATIS dokumentiert das damalige Arbeitsleben. Das siebeneckige, 1917 vollendete Gebäude mit dem Spitznamen „Bügeleisen" ist

selbst ein Kunstwerk. Vom Restaurant im sechsten Stock bietet sich ein toller Blick.

Die Exponate im **Holmens Museum** (📞 011-12 89 92; ⊙ Di & Do 9–12.30 Uhr) beschäftigen sich mit der Geschichte der Papierfabrik von Louis de Geer, die im frühen 17. Jh. gegründet wurde.

Auf der anderen Seite der Brücke vermittelt das **Stadsmuseum** (Stadtmuseum; www.norrkoping.se/stadsmuseet; Holmbrogränd; ⊙ Di bis Fr 11–17, Do 11–20, Sa & So 12–17 Uhr) GRATIS die Industriegeschichte der Stadt anhand von funktionstüchtigen Maschinen; ein tolles Café und spannende Wechselausstellungen gibt es hier außerdem.

★ Konstmuseum   MUSEUM
(www.norrkoping.se/konstmuseet; Kristinaplatsen; ⊙ Juni–Aug. Di–So 12–16, Mi 12–20 Uhr) GRATIS Das Kunstmuseum beim Vasaparken hinterlässt in Norrköping den größten Eindruck. Die Sammlung umfasst bedeutende Werke schwedischer Künstler des 19. und frühen 20. Jhs. mit Werken u. a. von Carl Larsson, Isaac Grünewald, Sigrid Hjertén, Lena Cronqvist und Cecilia Edefalk. Zu sehen sind Kleinode des Modernismus und Kubismus, aber auch eine der größten Grafiksammlungen ganz Schwedens. Schön ist auch der Skulpturengarten mit eindrucksvollen Plastiken schwedischer Bildhauer.

★ Kolmården Djurpark   ZOO
(www.kolmarden.com; Erw./Kind 399/299 Skr; ⊙ Mitte Juni–Mitte Aug. 10–19 Uhr; 🅿) Dieser Zoo ist der größte in ganz Skandinavien; er beherbergt an die 750 Tiere aller Klimazonen und Kontinente. Es gibt einen Safaripark, eine Meeres- und eine Tigerwelt, dazu Delfinshows und ein separates, hervorragendes **Tropikarium** (📞 011-39 52 50; www.tropicarium.se; Erw./Kind 120/60 Skr; ⊙ Juli–Mitte Aug. tgl. 10–20 Uhr, Mai–Juni Mo–Fr 10–18 Uhr, restl. Jahr kürzer) mit einer beachtlichen Zahl an Spinnen, Haien, Alligatoren und Schlangen.

Wer den Zoo wirklich würdigen will, sollte für den Besuch einen ganzen Tag einplanen. Kolmården liegt 35 km nordöstlich von Norrköping auf der Nordseite der Bråviken-Bucht. Von Norrköping (80 Skr, 40 Min.) fahren die Buslinien 432 und 433 dorthin.

★ Louis de Geer
Konserthus   KULTURZENTRUM
(📞 011-15 50 30; www.louisdegeer.com; Dalsgatan 15) Das außergewöhnliche Konzerthaus mit 1300 Plätzen setzt einen modernen Akzent in die Flussszenerie. Es befindet sich in ei-

ner ehemaligen Papiermühle; die alten Balkone sind erhalten geblieben. Eine wirklich schöne Kulisse für Konzerte!

Felsritzungen aus der Bronzezeit
ARCHÄOLOGISCHE STÄTTE

Rund 2 km westlich der Stadt und unweit vom Fluss liegen beeindruckende Beispiele von Felsritzungen aus der Bronzezeit. Direkt daneben befindet sich das **Hällristningsmuseet** (☑ 011-16 55 45; www.ffin.se; Himmelstalund; ☺ Mai–Aug. Di 17.30–18.30, Sa & So 11–15 Uhr) `GRATIS`. Die prähistorische Stätte lässt sich im Rahmen eines halbstündigen Spaziergangs am Fluss entlang besuchen.

🛏 Schlafen

STF Vandrarhem Abborreberg
HOSTEL €

(☑ 011-31 93 44; www.abborreberg.se; B/EZ/DZ 250/300/500 Skr; ☺ April–Mitte Okt.; P; 🚌 116) Das gediegene Hostel liegt eindrucksvoll in einem Kiefernwald am Meer, nur 5 km östlich der Stadt. Hier kann man angenehm in Hütten, die verstreut im Park liegen, übernachten. Die dazugehörige Eisdiele ist bei großen und kleinen Schleckermäulern sehr beliebt. Buslinie 116 Richtung Lindö (35 Skr) nehmen.

⭐ Strand Hotell
BOUTIQUEHOTEL €€

(☑ 011-16 99 00; www.hotellstrand.se; Drottninggatan 2; EZ/DZ ab 995/1295 Skr, Apt. 2100 Skr; @ 🛜) Das Strand, ein wahres Juwel von einem Hotel im Herzen der Stadt, nimmt den ganzen zweiten Stock eines sagenhaften Gebäudes aus dem Jahr 1890 ein. Vom Hotel schaut man auf den Fluss Motala und die Drottninggattan. Das Hotel öffnete in den 1930er-Jahren seine Pforten; die schönen Möbel und Stoffe verleihen bestehenden Elementen wie alten Kristalllüstern und großen Erkerfenstern zusätzliche Eleganz.

Vor Kurzem wurden weitere 20 Zimmer sowie ein prächtiges Zwei-Zimmer-Apartment in Betrieb genommen.

Hotell Hörnan
HOTEL €€

(☑ 011-16 58 90; www.hotellhornan.com; Ecke Hörngatan & Sankt Persgatan; Zi. mit/ohne Bad 865/665 Skr; ❋ 🛜) Die geräumigen Zimmer wurden 2013 komplett renoviert und bieten nun ein hervorragendes Preis-Leis-

---

KVARTERET KNÄPPINGSBORG

Einige der besten Restaurants, Cafés und Geschäfte von Norrköping verstecken sich in diesem geschickt modernisierten Block mit Lagerhallen und Fabrikgebäuden, dem **Kvarteret Knäppingsborg** (www.knappingsborg.se). Hier kann man mit seiner Bestellung eigentlich gar nichts falsch machen. Am besten geht man mittwochs um 19 Uhr dorthin, denn dann wird Livemusik gespielt – alles von Blues bis Swing.

Das urbane **Fiskmagasinet** (☑ 011-13 45 60; www.fiskmagasinet.se; Skolgatan 1; Mittagessen 90 Skr, Hauptgerichte 135–285 Skr; ☺ Mo–Fr 11.30–14 & 17–22, Sa 12–22 Uhr) befindet sich in einer umfunktionierten Schnupftabakfabrik (*snus*) aus dem 19. Jh. Das Lokal ist eine nette Kombination aus einer intimen Bar und einem legeren, aber schicken Speiselokal, in dem moderne Gerichte mit Meeresfrüchten serviert werden.

Eine Alternative, die Freunde eines guten Käses begeistern wird, ist das **Norins** (www.norinsost.se; Storgatan 54; ☺ Mo–Fr 10–18, Sa 10–16 Uhr) gleich nebenan: Hier hat man die Qual der Wahl unter mehr als 200 verschiedenen Käsesorten.

Mimmi's Visthus (www.mimmisvisthus.se; Skolgatan 1B; Mittagessen 89 Skr; ☺ Mo–Fr 10–18, Sa 10–16, So 12–16 Uhr; 🗷) 🗷 ist ein Bio-Feinkostgeschäft, das mit köstlichen Wraps, Frittatas und Salaten die Hungrigen lockt.

Das **Bagarstugan** (☑ 011-470 20 20; Skolgatan 1A; Sandwiches 40–49 Skr, Salate 59–65 Skr; ☺ Mo–Mi 7.30–20, Sa 7.30–22 Uhr) ist eine schicke Bäckerei mit Bistro, die es gleich zweimal in der Stadt gibt. (Die Filiale befindet sich in der Knäppingsborgsgatan.) In beiden Geschäften sind frische Backwaren, Zimtbrötchen, Muffins und Rosinenbrötchen, aber auch leckere Salate und Sandwiches, erhältlich.

Norrköping

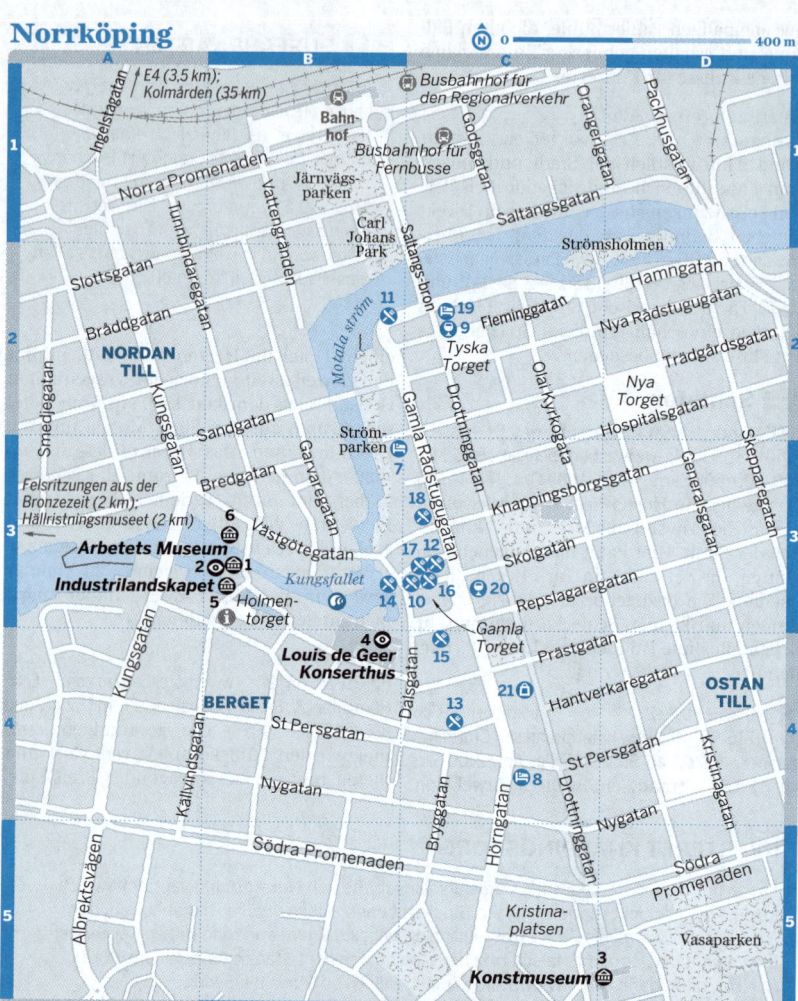

N 0 _____ 400 m

E4 (3,5 km);
Kolmården (35 km)

Busbahnhof für
den Regionalverkehr

Bahn-
hof

Busbahnhof für
Fernbusse

Järnvägs-
parken

Norra Promenaden

Carl
Johans
Park

Strömsholmen

Slottsgatan

Saltängsgatan

Bråddgatan

Hamngatan

**NORDAN
TILL**

11

19

9 Flemminggatan

Nya Rådstugugatan

Tyska
Torget

Trädgårdsgatan

Sandgatan

Nya
Torget

Bredgatan

Hospitalsgatan

Ström-
parken
7

18

Knappingsborgsgatan

6

Arbetets Museum

17 12

2 1

Skolgatan

Industrilandskapet

Kungsfallet

Holmen-
torget

14 10 16 20

5

Repslagaregatan

Gamla
Torget

Prästgatan

4
**Louis de Geer
Konserthus**

15

21

Hantverkaregatan

**OSTAN
TILL**

BERGET

13

St Persgatan

Nygatan

St Persgatan

Nygatan

Södra Promenaden

8

Södra
Promenaden

Kristina-
platsen

Vasaparken

3
Konstmuseum

Felsritzungen aus der
Bronzezeit (2 km);
Hällristningsmuseet (2 km)

---

tungs-Verhältnis. Die Parkettböden spiegeln nur so, es gibt gemütliche Sessel, bunte Läufer und scharlachrote Vorhänge, die mit der blendend weißen Tisch- und Bettwäsche einen interessanten Kontrast bilden und für ein modernes und komfortables Ambiente sorgen. Den Zimmerschlüssel bekommt man im Pub nebenan ausgehändigt.

Hotel Centric HOTEL €€

(☏ 011-12 90 30; www.centrichotel.se; Gamla Rådstugugatan 18; EZ/DZ 560/925 Skr; @ ⓢ) Das Centric ist das älteste Hotel in Norrköping

und liegt praktischerweise in der Nähe des Industrilandskapet. Die hellen und luftigen Zimmer sind geräumig, die Möbel solide und die Mitarbeiter herzlich.

Essen & Ausgehen

Jolla Choklad & Dessert DESSERTS €

(☏ 011-12 61 61; www.jolla.se; Prästgatan 3; ⏱ Mo-Mi 12–18, Do–Sa 10–18 Uhr) In diesem Schokoladenladen mit Café gibt es exquisites selbstgemachtes Eis und Schokolade. Besonders lecker ist das frische „Jolla" mit Cognac, Orange und Limette – die Sorte, nach der dieser Laden auch benannt ist.

Norrköping

⭐ **Bryggeriet** SCHWEDISCH €€

(☎ 011-10 30 20; www.gamlabrygg.se; Sandgatan 1; Hauptgerichte ab 196 Skr; ⊙ Mo–Fr 16–22, Sa & So bis 23 Uhr) Die Gäste des Restaurants (mit Bar) kommen auch wegen der traumhaften Lage am Wasser. Auf der Speisekarte stehen exquisit zubereitete Wildgerichte, beispielsweise Hirschfilet oder auch Wildschwein. Das Mittagessen ist weniger ausgefallen – es locken edle Burger und Pastagerichte. Das Ambiente ist elegant, entsprechend sollte man sich kleiden. Flip-Flops sind da nicht gerade die richtige Wahl.

Lagerqvist EUROPÄISCH €€

(☎ 011-10 07 40; www.restauranglagerqvist.se; Gamla Torget 4; Hauptgerichte 125–285 Skr; ⊙ Di–So 17–23 Uhr) Das beliebte Restaurant-Pub bietet im Sommer einen tollen Garten und für schlechtes Wetter ein behagliches Kellergewölbe. Spezialität des Hauses sind Fleischgerichte mit innovativen Beilagen wie grüne Bohnen mit Trüffelbutter. Es gibt aber auch Platten, die sich mehrere Gäste teilen können.

Pappa Grappa Bar & Trattoria ITALIENISCH €€

(www.pappagrappa.se; Gamla Rådstugugatan 26-28; Pizza ab 83 Skr, Hauptgerichte ab 165 Skr; ⊙ Mo–Fr 16–22, Sa 12 Uhr bis spätabends, So 12–21 Uhr, Pizzeria auch So 16–23 Uhr) Das Restaurant mit Gewölbedecke backt ausgezeichnete Holzofen-Pizza, ist aber auch für seine leckeren Antipasti bekannt.

Pub Wasa PUB

(☎ 011-18 26 05; Gamla Rådstugugatan; ⊙ Di–Sa 18–3 Uhr) Eine beliebte Kneipe, um gleich nach der Arbeit einen Drink zu bestellen.

Bishop's Arms PUB

(☎ 011-36 41 20; Tyska Torget 2; ⊙ Mo–Do 16–24, Fr 16–1, Sa 15–1, So 16–22 Uhr) Das Bishop's Arms im Grand Hotel ist ein gutes Pub im englischen Stil mit fantastischer Aussicht über den Fluss.

🛍 **Shoppen**

Zwischen der Drottninggatan und der Olai Kyrkogata liegen Einkaufszentren mit vielen Kettenläden, Supermärkten und einem **Systembolaget** (Drottninggatan 50B).

ℹ **Praktische Informationen**

Banken und Geldautomaten finden sich in der Drottninggatan.

Touristeninformation (☎ 011-15 50 00; www.norrkopping.se; Källvindsgatan 1; ⊙ Juli–Mitte Aug. tgl. 10–18 Uhr, restliches Jahr kürzer) Diese Touristeninformation veranstaltet im Sommer kostenlose einstündige Spaziergänge durch das Industriegebiet.

ℹ **An- & Weiterreise**

Der drittgrößte Flughafen Schwedens – **Stockholm Skavsta** (www.skavsta.se) – liegt 60 km entfernt. Und so kommt man hin: Man fährt mit dem Zug nach Nyköping und nimmt dann einen Stadtbus.

Zum **Flughafen Norrköping** (☎ 011-15 37 22; www.norrkopingflygplats.se) gibt es Direktflüge ab München, Kopenhagen und Helsinki.

Der Busbahnhof für Regionalbusse befindet sich neben dem Bahnhof. Fernbusse fahren am Terminal auf der anderen Straßenseite ab.

Swebus Express (www.swebus.se) bietet regelmäßige Busverbindungen nach Stockholm (149 Skr, 2¼ Std.) und Jönköping (219 Skr, 2½ Std.) sowie mehrmals täglich nach Göteborg (299 Skr, 5 Std.) und Kalmar (269 Skr, 4 Std.).

Norrköping liegt an der Hauptbahnlinie von Norden nach Süden. Züge von **Sveriges Järnväg** (SJ; www.sj.se) verkehren im Ein- bis Zwei-Stunden-Takt nach Stockholm (ab 230 Skr,

DER SÜDOSTEN & GOTLAND NORRKÖPING

1½ Std.) und Malmö (ab 370 Skr, 3¼ Std.). Züge fahren etwa stündlich in Richtung Norden nach Nyköping (ab 93 Skr, 1 Std.) und im 20-Minuten-Takt gen Süden nach Linköping (ab 84 Skr, 25 Min.).

❶ Unterwegs vor Ort

Die Hauptsehenswürdigkeiten – vom Zoo Kolmården einmal abgesehen – liegen in Laufweite vom Zentrum. Ein Taxi kann man bei **Norrköpings Taxi** (☑ 30 00 00) bestellen.

Linköping

☑ 013 / 145 000 EW.

Linköping ist für den mächtigen mittelalterlichen Dom bekannt und hält sich selbst für den etwas feineren Rivalen von Norrköping. Ihren Ruhm erlangte die Stadt durch das berüchtigte „Blutbad von Linköping". Nach der Schlacht von Stångebro (1598) wurden hier zahlreiche Soldaten der geschlagenen katholischen Armee des Königs Sigismund hingerichtet. Herzog Karl und seine protestantischen Truppen beherrschten in der Folge ganz Schweden.

Zwar ist Linköping heute eine recht moderne Industriestadt (der Autohersteller Saab ist der größte Arbeitgeber), aber sehenswerte Reste seiner Geschichte überdauerten in Kirchen, dem Schloss, Museen und den Gassen rund um die Hunnebergsgatan und Storgatan.

◉ Sehenswertes & Aktivitäten

★ Gamla Linköping & Valla Fritidsområde

HISTORISCHE STÄTTE

(www.gamlalinkoping.info; ℗ ♿) GRATIS Es zählt zu den größten der „bewohnten" Museumsdörfer Schwedens und liegt 2 km westlich der Stadt. Gamla Linköping ist eine tolle Kombination aus Kopfsteinpflastergassen, Gärten, die von Palisadenzäunen umgeben sind, und rund 90 Häusern aus dem 19. Jh. Die Buslinien 12 oder 19 (25 Skr) fahren zum Freilichtmuseum.

Gerade einmal 300 m durch den Wald sind es zum Valla Fritidsområde, einem Erholungsgebiet mit Haustieren, einem Kinderspielplatz, Minigolfanlage, kleinen Museen und nostalgischen Wohnhäusern.

Zu den Highlights von Gamla Linköping zählen rund ein Dutzend Museen, die sich mit jeweils unterschiedlichen Themen befassen. Die meisten verlangen keinen Eintritt, haben aber unterschiedliche Öffnungszei-

ten). Spannend sind auch die Kutschfahrten und der Besuch der kleinen Schokoladenfabrik. Ein Laden verkauft Kunsthandwerk.

Domkyrka

KIRCHE

(☺ 9–18 Uhr) GRATIS Der gewaltige Dom aus handbehauenen Kalksteinblöcken war im Mittelalter die größte und kostspieligste Kirche des Landes. Ihre Fundamente wurden um 1250 gelegt. Bis heute beeindrucken der 107 m hohe Turm und der weitläufige Kirchenraum. Dort ziehen die modernen Buntglasfenster die Blicke auf sich, eine Arbeit des berühmten britischen Buntglaskünstlers Brian Clarke (geb. 1953). Im Sommer finden donnerstags Orgelkonzerte statt.

Östergötlands Länsmuseum

GALERIE

(www.ostergotlandsmuseum.se; Vasavägen; Erw./Kind 70 Skr /frei; ☺ Di–So 11–16 Uhr) Das Museum zeigt eine ganz ansehnliche Sammlung europäischer Kunst, aber auch schwedische Arbeiten aus dem Mittelalter. Hier hängt beispielsweise Cranachs Gemälde *Der Sündenfall,* das eine wunderschöne lächelnde Eva im Garten Eden zeigt, die mit ihren Zehen spielt.

Sankt Lars Kyrka

KIRCHE

(Storgatan; ☺ Mo–So 11–16 Uhr) GRATIS Der Betonboden der Sankt Lars Kyrka wurde 1802 über die frühere mittelalterliche Krypta gelegt. Dienstags finden um 15 Uhr Führungen durch die Krypta statt, die so faszinierende Funde wie alte Grabsteine aus dem 11. Jh., das Skelett eines Jugendlichen (samt sichtbaren Spuren von einem Schlag auf den Schädel) und Fragmente bemalter Dachziegel der mittelalterlichen Kirche birgt.

Ekenäs Slott

BURG

(www.ekenasslott.se; Führungen Erw./Kind 80/40 Skr; ☺ Führungen zur vollen Std. 13–15 Uhr, Juli Di–So, Juni & Aug. Sa & So; ℗ r) Das von 1630 bis 1644 erbaute Schloss Ekenäs ist eines der schönsten erhaltenen Renaissanceschlösser Schwedens. Sehenswert sind drei sagenhafte Türme, der Burggraben und das Schlossmobiliar aus dem 17. bis 19. Jh. Ekenäs Slott liegt 20 km östlich von Linköping und ist nur mit dem eigenen Auto erreichbar.

Kinda Kanal

BOOTSAUSFLUG

Linköping hat ein eindrucksvolles eigenes Kanalsystem, den 90 km langen Kinda Kanal, der allerdings im Schatten des Götakanals steht. Der Kinda Kanal wurde 1871 in Betrieb genommen, von seinen 15 Schleusen ist eine die tiefste des Landes.

Auf den Gewässern finden allabendlich Schifffahrten sowie Ausflüge mit musikalischer Unterhaltung und Weinverkostung statt. Einfache Tagesausflüge werden von Ende Juni bis Anfang August angeboten, und zwar auf der **M/S Kind** (☎0141-23 33 70; www.kindakanal.se; Erw./Kind 375/185 Skr; ☺Mai bis Sept.): Das Motorschiff legt dienstags, donnerstags und samstags um 10 Uhr am Kai von Tullbron ab und schippert nach Rimforsa (Rückfahrt mit Bus oder Zug).

🛏 Schlafen

City Hotel & STF Vandrarhem
HOSTEL, HOTEL €

(☎013-35 90 00; www.lvh.se; Klostergatan 52A; Hostel EZ/DZ 585/649 Skr, Hotel EZ/DZ 690/1090 Skr; P@☎; 🚌30, 52, 59, 72, 78) Das hippe, moderne Hostel bietet auch hotelähnliche Zimmer, die meisten haben eine Küchenzeile. Die Zimmer im Hostel und Hotel ähneln sich: Alle sind mit Fernseher und eigenem Bad ausgestattet, im Hotelpreis allerdings das Frühstück und die Bettwäsche inbegriffen.

Park Hotel
HOTEL €€

(☎013-12 90 05; www.fawltytowers.se; Järnvägsgatan 6; EZ/DZ 1145/1345 Skr; P☎) Das Hotel wird gern als Schwedens „Fawlty Towers" bezeichnet, was natürlich wenig vertrauenerweckend ist, doch ganz so verrückt wie das Hotel in der gleichnamigen Fernsehserie (1975–1979) ist dieser Familienbetrieb dann doch keinesfalls äußerlich (ja, in der Rezeption hängen zwei Elchschädel!). Die öffentlich zugänglichen Bereiche bieten Lüster, Ölgemälde und Parkettböden, die Zimmer geben sich hingegen modern.

Nachmittags wird ein klassischer englischer Tee (195 Skr) gereicht; das herzhafte Frühstücksbüfett wird im netten Speisesaal des Hotels angerichtet. Das Park Hotel liegt in der Nähe des Bahnhofs.

Hotell du Nord
HISTORISCHES HOTEL €€

(☎013-12 98 95; www.hotelldunord.se; Repslagaregatan 5; EZ/DZ ab 680/850 Skr; P☎) Das Hotell du Nord gegenüber vom wunderschönen Järnvägsparken liegt entsprechend ruhig und grün. Das altroséfarbene Hauptgebäude aus dem 19. Jh. sieht wie ein Puppenhaus aus. Die Mitarbeiter sind freundlich, die Zimmer lichtdurchflutet und einladend (die im ästhetisch eher verunglückten Rückgebäude sind frisch renoviert und größer). Im Sommer können die Gäste gemütlich im Patio frühstücken.

Best Western Hotel Linköping
HOTEL €€

(☎013-79 27 52; www.hotellinkoping.se; Hantverkaregatan 1; EZ/DZ 895/103 Skr 5; P@☎) Das Hotel gleich beim Stora Torget liegt nur ein paar Minuten zu Fuß von den Hauptsehenswürdigkeiten der Stadt, den Restaurants und Geschäften entfernt. Die Zimmer in hellem Holz lassen leuchtendrote Stoffe sehen, haben ein großes Bad und einen Kühlschrank.

Das Frühstück ist üppig, später am Tag hat man die Wahl zwischen einem italienischen Café und einer spanisch angehauchten Tapasbar.

🍴 Essen & Ausgehen

Die meisten Lokale finden sich rund um den Hauptplatz oder in den Straßen in der Nähe, vor allem aber in der betriebsamen Ågatan.

BERGS SLUSSAR

Bergs Slussar, 12 km nordwestlich von Linköping, gilt als einer der landschaftlich schönsten Abschnitte des Götakanals: Die siebenstufige Schleusentreppe überwindet einen Höhenunterschied von insgesamt 19 m, was auf dem kurzen Abschnitt ziemlich viel ist!

Gleich in der Nähe steht die Ruine des **Vreta-Klosters:** Schwedens ältestes Kloster wurde 1120 von Benediktinermönchen gegründet. Es ist zwar durchaus einen Blick wert, interessanter ist jedoch die **Abteikirche** aus dem 13. Jh. direkt daneben.

Eine kleine **Touristeninformation** (☺Mai–Aug. 9.30–17 Uhr) befindet sich in demselben Gebäude wie das wunderschön gelegene **STF Vandrarhem** (☎013-603 30; www.bergsslussar.com/vandrarhem; Bergs Slussar; B 275 Skr; ☺Mai–Aug.) unweit der Schleusen. Neben Zimmern bietet es auch ein Café, Minigolf und einen Fahrradverleih. Es gibt natürlich noch weitere Cafés und Restaurants in der Gegend, beispielsweise das **Kanalkrogen** (Stenbordsvagen 10; Hauptgerichte 120 Skr; ☺Mo–Sa 11.30–18 Uhr) mit einer großen Auswahl an Gerichten und schönem Blick auf die Schleusen.

Von Linköping fahren regelmäßig die Buslinien 521 und 522 nach Bergs Slussar.

★ **Café Berget**   BÄCKEREI €

(www.cafeberget.com; Klostergatan 38; Kuchen ab 35 Skr; ⊙ Mo–Fr 10–18, Sa 10–16 Uhr) Zunächst geht es eine schmale Steintreppe hinauf, dann steht man auch schon auf einer sonnigen Terrasse mit vielen Blumen und Efeu, von der aus man in die reizende kleine Bäckerei gelangt. Das Café Berget verkauft die Klassiker der schwedischen Backkunst – Herzen mit Vanillecreme und Blaubeertörtchen –, aber auch Kaffee, Tee und Sandwiches. Alles wird in den liebevoll restaurierten Räumlichkeiten eines Gebäudes aus dem Jahr 1905 serviert.

Tropikhuset   CAFÉ €

(www.tropikhuset.nu; Trägårdsföreningen; Sandwiches ab 79 Skr; ⊙ Mo–Fr 9–18, Sa 10–17, So 11–17 Uhr; P ⏫) Am besten kauft man sich ein Stück Kuchen und lässt sich dann unter einer Palme im Treibhaus nieder, das einer Pyramide nachempfunden ist. Oder man macht es sich an einem der Tische im Freien gemütlich und genießt den schönen Blick auf den Park. Das Café liegt ein Stück südlich des Zentrums, der Parkplatz befindet sich gleich gegenüber auf der anderen Straßenseite.

Yellow Fellow   ASIATISCH €€

(☎ 913-12 22 26; Stora Torget 7; Hauptgerichte ab 100 Skr; ⊙ Mo–Do 11–23, Fr & Sa 11–1.30, So 9–21 Uhr) Das Thai-Restaurant am Hauptplatz ist eine willkommene Abwechslung von den allgegenwärtigen Cafés mit ihrem vergleichbaren Angebot. Hier bestellen die Gäste ein scharfes Curry und trinken ein kühles Bier dazu. Der verschwenderische Raum mit jeder Menge Palmwedeln ist den Besuch wert.

Stångs Magasin   SCHWEDISCH €€€

(www.stangsmagasin.se; Södra Stånggatan 1; Mittagessen 115 Skr, Hauptgerichte 145–505 Skr; ⊙ Ju-li & Aug. Mo–Fr 11.30–14, Di–Fr 18–24, Sa 17–24 Uhr; 🔊) Das elegante und prämierte Restaurant in einem 200 Jahre alten Lagerhaus in der Nähe der Docks am Kindakanal serviert klassische schwedische Küche mit kontinentalen Einflüssen. Heraus kommen Gerichte wie gefüllte Forelle mit Rote-Beete-Aioli. Die Weinkarte ist umfangreich, ein Sommelier ist bei der Auswahl behilflich.

❶ Praktische Informationen

Banken und andere Dienstleistungen finden sich rund um das Stora Torget.

Touristeninformation (☎ 013-190 0070; www.visitlinkoping.se; Storgatan 15; ⊙ Mo–Fr 10–18,

Sa 10–16, So 10–18 Uhr) Befindet sich gegenüber der Sankt Lars Kyrka.

❶ An- & Weiterreise

Der **Linköping City Airport** (☎ 013-18 10 30; www.linkopingcityairport.se) liegt nur 2 km östlich der Stadt. Einen Flughafenbus gibt es nicht; das Taxiunternehmen Taxibil (s. unten) verlangt etwa 160 Skr für die einfache Fahrt.

Regionale und städtische Busse von **Östgöta Trafiken** (☎ 0771-21 10 10; www.ostgotatrafiken. se) fahren am Busbahnhof gleich neben dem Eisenbahn-Bahnhof ab.

Bis zu fünf Expressbusse fahren täglich nach Vadstena (135 Skr, 1 Std.); zu anderen Zeiten muss man in Motala umsteigen.

Fernbusse fahren am Busbahnhof 500 m nordwestlich des Zugbahnhofs ab. Von **Swebus Express** (www.swebus.se) fahren Busse zehn- bis zwölfmal täglich nach Jönköping (169 Skr, 1½ Std.) und sieben- bis achtmal täglich nach Göteborg (289 Skr, 4 Std.) sowie in Richtung Norden nach Norrköping (59 Skr, 45 Min.).

Linköping liegt an der Hauptbahnlinie von Süden nach Norden. Regional- und Expresszüge verkehren etwa im Stundentakt nach Stockholm; Expresszüge bedienen Malmö. Regionalzüge fahren häufig Richtung Norden nach Norrköping (ab 84 Skr, 25 Min.).

❶ Unterwegs vor Ort

Die meisten Stadtbusse fahren am Hauptbahnhof (Centralstationen) ab. Wer ein Rad mieten möchte, wendet sich an **Cykelaventyr** (www.cykelaventyr.se; Linköping; Tag 165 Skr) mit Filialen in Borensberg (am Kanal, 10 km nördlich von Bergs Slussar) und Motala (15 km nördlich von Vadstena). Ein Taxi bestellt man bei **Taxibil** (☎ 013-14 60 00).

Vadstena

☎ 0143 / 7383 EW.

Das wunderschön am Vättersee gelegene Vadstena besitzt ein reiches Vermächtnis an kirchlichen wie auch an profanen Prachtbauten. Heute wetteifern die Abtei St. Birgitta und das Schloss von Gustav Wasa um die Aufmerksamkeit der Besucher. Die Stadt entstand dank der Gründung des Birgittinenklosters im 14. Jh.; 1400 verlieh Königin Margareta Vadstena das Stadtrecht.

Die stimmungsvolle Altstadt mit ihren hübschen kleinen Gassen mit Kopfsteinpflaster, reizenden kleinen Läden und Holzgebäuden stellt somit ein besonders schönes Ende eines Tagesausflugs entlang des Götakanals dar.

◉ Sehenswertes

Das alte **Rådhus** (Rathaus) am Stadtplatz wie auch der **Rödtornet** (Roter Turm; Sånggatan) sind sehenswerte Bauwerke aus dem Mittelalter.

★ Vadstena Slott   SCHLOSS
(www.vadstenadirect.se; Slottsvägen; Touren Erw./Kind 80/60 Skr; ◷ 11–16 Uhr, Juni–Anf. Aug. 11–18 Uhr) Das Schloss direkt am See gilt als eines der schönen Frührenaissancegebäude Skandinaviens. Es war ein Familienprojekt der ersten Wasa-Könige, deren düstere Porträts hier neben einer bescheidenen historischen Ausstellung zu sehen sind. Am interessantesten sind die stilecht möblierten Obergeschosse. Keinesfalls verpassen sollte man die Kapelle mit ihrem unglaublichen 17-fachen Echo.

Von Mitte Juli bis Mitte September werden Führungen (auf Englisch) angeboten; über die genauen Zeiten sollte man sich vorab telefonisch informieren.

★ Sancta Birgitta Klostermuseet   MUSEUM
(www.sanctabirgitta.com; Lasarettsgatan; Erw./Kind 60/30 Skr; ◷ Juli–Mitte Aug. 10.30–17 Uhr, Juni & restl. Aug. 11–16 Uhr) Das Sancta Birgitta Klostermuseet befindet sich im Bjälboättens Palats, einer Königlichen Residenz, die 1348 in ein Nonnenkloster umgewandelt wurde. Es erzählt die wechselvolle Lebensgeschichte der hl. Birgitta und ihrer heiligen wie auch sündhaften Kinder. Zu den Ausstellungsstücken gehört auch der Sarg, in dem Birgitta von Rom nach Schweden überführt wurde.

Klosterkyrkan   KIRCHE
(Abteikirche; ◷ Juli 9–20 Uhr, Juni & Aug. bis 19 Uhr) „Von schlichter Bauart, bescheiden und stark" wurde die dreischiffige, gotische Klosterkyrkan einer Vision der hl. Birgitta entsprechend errichtet. Nach der Weihe der aus blaugrauem Kalkstein errichteten Klosterkirche im Jahr 1430 avancierte Vadstena zum wichtigsten Wallfahrtsort des Landes. Innen beeindrucken die mittelalterlichen Skulpturen und gravierten Grabplatten sowie die schlichte, aber eindrucksvolle Gewölbedecke.

🛏 Schlafen

Hotelketten werden hier gar nicht aufgeführt – hübsch und individuell übernachten lautet nämlich die Losung in Vadstena. Da viele Unterkünfte sehr begehrt sind, sollte man möglichst früh vor der Anreise buchen.

Pensionat Solgården   B&B €
(☏ 0143-143 50; www.pensionatsolgarden.se; Strågatan 3; EZ/DZ ab 540/790 Skr; ◷ Mai–Sept.; 🅿🛜) Der Familienbetrieb befindet sich in einem klassischen historischen Holzhaus von 1905. Die Zimmer sind reizend gestaltet; manche haben ein eigenes Bad.

Alle Zimmer nehmen irgendwie Bezug auf Kunst oder einen Künstler. Entsprechend unterschiedlich fallen sie aus – und zwar nicht nur ein bisschen, sondern sehr stark! Am besten schaut man sich die Fotos auf der Website an, die bei der Auswahl des bevorzugten Zimmers hilfreich sind (Zimmer 25 ist besonders prächtig).

27ans Nattlogi   B&B €
(☏ 0143-134 47; www.27ansnattlogi.se; Storgatan 27; EZ/DZ ab 590/790 Skr; 🅿🛜) Holzböden, schöne Tapeten und frische Blumen verleihen den sechs Zimmern (einige mit Blick auf die alte Klosterkyrkan) ein anheimelndes, einladendes Flair. Die teureren Zimmer verfügen über ein eigenes Bad. Das Frühstück kostet 64 Skr extra.

Vadstena Klosterhotel   HISTORISCHES HOTEL €€
(☏ 0143-315 30; www.klosterhotel.se; Zi. ab 1475 Skr; 🅿@🛜) Geschichte und Luxus geben sich in diesem herrlich stimmungsvollen Hotel im alten Kloster der hl. Birgitta ein Stelldichein.

Die Bäder sind ein bisschen in die Jahre gekommen, doch die Zimmer im mittelalterlichen Stil sind eindrucksvoll, haben Lüster und hohe Holzbetten. Von den meisten Zimmern aus hat man Seeblick.

Das Hotel vermietet jedoch auch einfachere Zimmer mit Gemeinschaftsbad und Dusche im Cottage gleich in der Nähe (EZ/DZ 790/990 Skr).

🍴 Essen & Ausgehen

★ Restaurant Munkklostret   EUROPÄISCH €€
(☏ 0143-130 00; Hauptgerichte mittags ab 125 Skr, Hauptgerichte abends ab 169 Skr, ◷ Juni–Aug. tgl. 12–23 Uhr, restl. Jahr ab 18 Uhr; 🅿🛜) Das bildschöne Restaurant des Klosterhotels gilt als die beste Adresse der Stadt, um erlesen zu speisen. Saftige Steaks, Lamm-, Wild- und Fischgerichte je nach Saison, gewürzt mit Kräutern aus dem eigenen Klostergarten, werden stilvoll in den ehemaligen Schlafsälen der Mönche serviert.

Rojas   BISTRO €€
(☏ 0143-123 43; Storgatan 20; Hauptgerichte ab 115 Skr; ◷ So–Mo 10–22, Mi–Sa 10–23 Uhr) Das

Bistro ist ein gemütliches Sammelsurium im Stil der 1950er-Jahre mit Klappsofas und einer ausgefallenen Sammlung an Kunst und Antiquitäten. Die Terrasse liegt direkt am Platz. Auf der Speisekarte steht eine interessante Auswahl an Gerichten, darunter auch superleckere Tacos.

Rådhuskällaren INTERNATIONAL €€ (www.radhuskallaren.com; Rådhustorget; Hauptgerichte ab 150 Skr; ⊙ Mo–Di 12–22, Mi 12–23, Do & Fr 12–1, Sa 12–22 Uhr) Das freundliche Kellerrestaurant aus dem 15. Jh. unter dem Rathaus serviert einfache, aber sättigende Burger, Pasta und Fischgerichte. Im Sommer genießen die Gäste gerne ihren Drink an den Tischen im Freien.

🛍 Shoppen

Die Haupteinkaufsstraße der Stadt ist die Storgatan. Hier findet man eine gesunde Mischung aus Geschäften für den Bedarf der Einheimischen wie auch Läden, die auf Touristen ausgerichtet sind.

Wadstena Spetsar KUNST, KUNSTHANDWERK (0143-103 10; Storgatan 23; ⊙ Mo–Fr 10–18, Sa 10–16 Uhr) Das älteste Geschäft der Stadt verkauft edel bestickte Webwaren, deren Muster an die 200 Jahre alt sind.

❶ Praktische Informationen

Banken und andere Dienstleister finden sich östlich vom Schloss in der Storgatan sowie rund um den Stora Torget.

Touristeninformation (⎗ 0143-315 70; www. vadstena.se; ⊙ Juli tgl. 10–18 Uhr, Juni & Anf. Aug. Mo–Sa 10–18, So 10–16 Uhr, restl. Jahr Mo–Sa 10–14 Uhr) Die Touristeninformation hat ihre Räumlichkeiten im Rödtornet (Sånggatan). Hier bekommt man gute Informationen zu Stadtspaziergängen, Bootsausflügen und Festivals.

❶ Anreise & Unterwegs vor Ort

Nach Vadstena fahren nur Busse. Mit der Buslinie 610 kommt man nach Motala (dort hat man dann Anschluss zu Zügen nach Örebro), mit dem Bus 661 nach Mjölby (mit Anschluss zu Zügen nach Linköping und Stockholm).

Die Busse der Busgesellschaft **Blåklints Buss** (⎗ 0142-121 50; www.blaklintsbuss.se) fahren täglich dreimal vom Viking-Line-Terminal in Stockholm nach Vadstena (250 Skr).

Bei **Cykelaventyr** (www.cykelaventyr.se) in Borensberg (am Kanal, 10 km nördlich von Bergs Slussar) und in Motala (15 km nördlich von Vadstena) kann man ein Fahrrad mieten, die Leihgebühr pro Tag liegt bei 150 Skr.

Rund um Vadstena

Rök

Schwedens berühmtester Runenstein, der **Rökstenen** aus dem 9. Jh., steht unweit der Kirche von Rök (unweit der E4 an der Straße nach Heda und Alvastra). Der monumentale Gedenkstein für einen toten Sohn trägt die längste Runeninschrift der Welt. Die alten komplizierten Verse sind so mysteriös, dass sich Wissenschaftler auch heute noch über die Interpretation streiten. Die Freiluftausstellung und der Stein sind jederzeit zugänglich.

Busse fahren nicht dorthin, aber die schöne flache Landschaft um den Vättersee eignet sich geradezu ideal zum Radfahren.

Väversunda

Die aus Kalkstein gebaute romanische **Väversunda-Kirche** aus dem 12. Jh. liegt 15 km südwestlich von Vadsten. Das etwas schräg aussehende Bauwerk zeigt restaurierte Wandmalereien aus dem 13. Jh.

Das südlich von Vadstena liegende **Naturschutzgebiet Tåkern** (www.takern.se) zieht viele Vogelarten an; in der Nähe der Kirche steht ein Vogelbeobachtungsturm.

Der Tåkernsee ist 12 km lang und 8 km breit. Im Mai und Juni ist die Hauptbrutsaison, im Juni blühen in den ufernahen Wiesen die Orchideen. Die besten Stellen zum Beobachten der Vögel finden sich bei Glänås und Svälinge.

Auf Busse kann man hier lange warten, am besten ist es, selbst in die Pedale zu treten.

SMÅLAND

Småland ist eine Landschaft voll dichter Wälder, glitzernder Seen und kahler Moorgebiete. Historisch diente die Provinz als Puffer zwischen Schweden und Dänen. Vor allem an der Ost- und Südküste kam es zu Gerangel um Hoheitsansprüche. Småland ist in kleinere Regierungsbezirke *(län)* untergliedert: Jönköping im Nordwesten, Kronoberg im Südwesten und Kalmar im Osten.

Heute ist Småland vor allem für sein **Glasriket** (Glasreich) bekannt, ein spärlich besiedeltes Gebiet im mittleren Südosten, in dem einige Glashütten liegen.

Jönköping & Huskvarna

☑ 036 / 123 710 EW.

Wann immer ein Streichholz über Sandpapier schrappt, wäre ein Gedanke an Jönköping angebracht – den Geburtsort des Sicherheitszündholzes. Hier erfahren Besucher in einer restaurierten Streichholzfabrik mehr über diese so unterschätzte Erfindung.

Der Märchenillustrator John Bauer ließ sich von den tiefgrünen Wäldern rund um Jönköping zu großartig versponnenen Zeichnungen von Trollen, Rittern und Prinzessinnen inspirieren, seine Arbeiten sind im Stadtmuseum zu sehen.

◉ Sehenswertes & Aktivitäten

◉ Jönköping

Tändsticksmuseet MUSEUM
(☑ 036-10 55 43; www.matchmuseum.se; Tändsticksgränd 27; Erw./Kind 40 Skr/frei, Nov.–Feb. frei; �⊙ Juni–Aug. Mo–Fr 10–17, Sa & So 10–15 Uhr, restliches Jahr kürzer) Das Zündholzmuseum, das wohl einzige der Welt, ist in einer alten Zündholzfabrik untergebracht und informiert über diese praktische schwedische Erfindung. Und die Augen gehen den Besuchern dort wahrhaftig auf: Der Industriezweig basierte früher auf Kinderarbeit, die Arbeiter litten häufig unter einer grausigen Kiefernekrose. Außerdem lernt man hier, dass sich mittels Zündhölzern „die Erbschaft schneller einstellte" und sich „Abtreibungen einleiten ließen".

Radio Museum MUSEUM
(☑ 036-71 39 59; www.radiomuseet.com; Tändsticksgränd 16; Eintritt 20 Skr; ☉ Juni–Mitte Aug. Mo–Fr 10–17, Sa 10–14, So 11–15 Uhr, Mitte Aug.–Mai So & Mo geschl.) Das Radiomuseum in der Nähe des Tändsticksmuseet präsentiert über 1000 Radioapparate sowie themenbezogene Erinnerungsstücke.

Jönköpings Läns Museum MUSEUM
(☑ 036-30 18 00; www.jkpglm.se; Dag Hammarskjöld Plats 2; Erw./Kind 40 Skr/frei; ☉ Juli & Aug. Mo–Fr 12–19, Sa & So 11–15 Uhr, restl. Jahr kürzer) Die Ausstellungsstücke beschäftigen sich mit der Lokalgeschichte und der zeitgenössischen Kultur, doch der eigentliche Grund, diesem Museum einen Besuch abzustatten, sind die beklemmenden Fantasy-Werke des Künstlers, Illustrators und Malers John Bauer (1882–1918).

Bootsfahrten BOOTSAUSFLUG
(☑ 070-637 17 00; www.rederiabkind.se) Von Mai bis Oktober werden auf dem Vätternsee verschiedene Schiffsausflüge mit der M/S *Nya Skärgården* angeboten. So gibt es beispielsweise eine Fahrt inklusive Mittagsbüfett mit vielen Köstlichkeiten aus der Region (495 Skr). Andere Ausflüge zu etwa demselben Preis bieten eine Kombination aus Abendessen und Livemusik. Die Schiffe fahren am Hamnpiren (Hafenpier) ab; Buchungen nimmt die Touristeninformation entgegen. Es besteht aber auch die Möglichkeit, die Karte direkt beim Schiff zu kaufen.

◉ Huskvarna

Von Jönköping fährt Buslinie 1 ins 7 km entfernte Huskvarna (25 Skr).

Husqvarna Fabriksmuseum MUSEUM
(☑ 036-14 61 62; www.husqvarnamuseum.se; Hakarpsvägen 1; Erw./Kind 50/20 Skr; ☉ Mai–Sept. Mo–Fr 10–17, Sa & So 12–16 Uhr, restliches Jahr kürzer) Männer mit markigem Kinn gehen auf die Jagd, während ihre Frauen sich an die Nähmaschine setzen ... – das Fabrikmuseum entwirft ein lebendiges Bild der Welt der 1950er-Jahre.

Die Fabrik öffnete ihre Tore als Waffenmanufaktur, bis sie sich irgendwann auf Motorräder, Kettensägen, Küchenherde und Mikrowellen verlegte. Das Werksmuseum dokumentiert mit viel Atmosphäre den Aufstieg des Unternehmens und die aktuellen und ehemaligen hier hergestellten Produkte.

🛏 Schlafen

🛏 Jönköping

Elite Stora Hotellet HOTEL €€
(☑ 036-10 00 00; www.elite.se; Hotellplan; EZ/DZ 850/950 Skr; 🅿@🛜) Das Hotel am Hafen gilt als die Sensation in Jönköping. Die Zimmer sind schick und weisen entweder eine von Carl Larsson inspirierte Farbgebung in Pastell oder eine modernere Mischung aus Naturtönen und Schwarz-Weiß-Fotos auf.

Es gibt eine Sauna, einen Billardtisch, ein etwas abgehobenes Restaurant sowie einen Bankettsaal, in dem sich auch Blaublütige wohlfühlen würden.

City Hotel HOTEL €€
(☑ 036-71 92 80; www.cityhotel.se; Västra Storgatan 25; EZ/DZ ab 795/995 Skr; @🛜) Schmucklose, dröge Gänge führen zu hellen, sauberen und modernen Zimmern mit Flachbildfern-

sehern, gigantischen Fotos von Jönköping und ausgesprochen funktionalen Eichenmöbeln. Einige Zimmer des familiengeführten Mittelklassehotels bieten einen fantastischen Blick aufs Meer.

Grand Hotel
HOTEL €€

(☎ 036-71 96 00; www.grandhotel-jonkoping.se; Hovrättstorget; EZ/DZ 690/890 Skr; @ 🛜) Das anheimelnde, zentral gelegene Hotel in einem stattlichen Gebäude aus dem frühen 20. Jh. bietet günstige Standard- und Superior-Zimmer. Alle sind sauber und gemütlich eingerichtet, viele fallen groß aus, und manche gehen auf den Platz hinaus.

🛏 Huskvarna

STF Vandrarhem Huskvarna
HOSTEL €

(☎ 036-14 88 70; www.hhv.se; Odengatan 10; EZ/DZ pro Pers. 275/400 Skr; @ 🛜) Der Standard ist hoch in diesem recht großen Hostel, das ganzjährig geöffnet hat. Alle Zimmer sind blitzblank und haben Fernseher; das Frühstück kostet 65 Skr Aufpreis.

Neben Hostelzimmern im Hauptgebäude gibt es auch feudalere Hotelzimmer im Herrenhaus mit eigenem Bad. Die aktuellen Angebote finden sich auf der Website (auch auf Deutsch).

✕ Essen

Wem der Sinn nach dümpelnden Booten und leckeren Meeresfrüchten steht, sollte sich schnurstracks zum Hamnpiren, dem Pier am Hafen von Jönköping, aufmachen. Billigere Alternativen, den Hunger zu stillen, finden sich im Transport- und Einkaufszentrum Juneporten.

Kafé Braheparken
VEGAN €

(☎ 036-12 60 20; www.kafebraheparken.se; Kyrkogatan 16; Hauptgerichte 85 Skr; ⏱ Mo–Fr 11–19 Uhr; 🍴) 🌿 Hier gibt's wirklich leckere vegane Biogerichte und ein üppiges Mittagsbüfett mit Tofu, Hummus und mehr knackigem Grünzeug, als man überhaupt essen kann, zudem ein warmes Tagesgericht. Köstliche Strudel, Kuchen und Gebäck bieten sich als Nachtisch an.

Pescadores
MEERESFRÜCHTE €€

(www.pescadores.se; Svavelsticksgränd 23; Hauptgerichte ab 110 Skr; ⏱ Mi–Sa 16–23.30 Uhr, Sa & So kürzere Öffnungszeiten) Das Fisch- und Meeresfrüchtelokal, ein Familienbetrieb, befindet sich in einem kuriosen Backsteingebäude, das einst zum Zündholzimperium gehörte. Die beiden Eigentümer, Vater und

Sohn, waren früher hauptberuflich als Langustenfischer tätig und kennen sich somit in diesem Metier hervorragend aus. Auf der Speisekarte stehen alle Klassiker, von Fisch mit Pommes über eingelegten Lachs bis hin zur köstlichen Muschelsuppe.

Mäster Gudmunds Källare
EUROPÄISCH €€

(☎ 036-10 06 40; www.mastergudmund.se; Kapellgatan 2; Mittagsgerichte 75 Skr, Hauptgerichte 149–219 Skr; ⏱ Mo–Fr 11.30–14 & 18–22, Sa 12–22, So 12–Uhr, im Sommer So geschl.) Das renommierte Restaurant in einem Keller aus dem 17. Jh. beeindruckt mit herrlichen Gewölbedecken und Mittagsgerichten, die wirklich viel fürs Geld bieten. Am Abend werden als Hauptgerichte überwiegend Fleisch- und Fischspeisen der Region serviert, und zwar durchaus einmal mit französischem Touch.

ℹ Praktische Informationen

Banken finden sich in der Östra Storgatan. **Touristeninformation** (☎ 036-10 50 50; www.destinationjonkoping.se; ⏱ Mitte Juni–Mitte Aug. Mo–Fr 9.30–19, Sa & So 9.30–15 Uhr, das restliche Jahr kürzer) Sie befindet sich im Juneporten-Komplex am Bahnhof.

ℹ Anreise & Unterwegs vor Ort

Der **Flughafen Jönköping** (☎ 036-31 11 00; www.jonkopingairport.se) liegt rund 8 km südwestlich des Stadtzentrums. **SAS** (www.flysas.com) bietet wochentags mehrere Flüge von/nach Kopenhagen an. Die Buslinie 18 fährt zum Flughafen, ansonsten nimmt man ein Taxi, das rund 250 Skr kostet.

Die meisten Lokalbusse fahren gegenüber vom Juneporten-Komplex in der Västra Storgatan ab. Den Nahverkehr wickelt das Busunternehmen **Jönköpings Länstrafik** (www.jlt.se; Juneporten; ⏱ Mo–Fr 7.30–18 Uhr) ab; es hat ein Büro im Juneporten-Komplex, wo man Infos zum Fahrplan, Fahrkarten und Zeitkarten bekommt.

Der Busbahnhof für Fernbusse befindet sich direkt neben dem Bahnhof. Es verkehren mindestens achtmal täglich Busse von Swebus Express (S. 244) nach Göteborg (ab 89 Skr, 2 Std.) und Stockholm (ab Helsingborg 329 Skr, 4½ Std.), mindestens drei Busse fahren nach Helsingborg (ab 249 Skr, 3 Std.) und Malmö (ab 279 Skr, 4½ Std.) und zwei nach Karlstad (ab 299 Skr, 4 Std.). **Svenska Buss** (www.svenskabuss.se) bietet ebenfalls eine tägliche Verbindung auf der Strecke Göteborg–Stockholm an.

Jönköping liegt an einer regionalen Eisenbahnstrecke; man muss also entweder in Nässjö oder in Falköping umsteigen, um in eine größere Stadt zu gelangen. Zugfahrkarten kann man online bei **Tågkompaniet** (www.tagkompaniet.se) kaufen.

Taxi Jönköping (☑ 34 40 00; www.taxijonko-ping.se) heißt das örtliche Taxiunternehmen.

Gränna & Visingsö

☑ 0390

Das Einzige, was Gränna noch fehlt, sind ein paar Oompa-Loompa-Zwerge („Charlie und die Schokoladenfabrik" lassen grüßen). Zuckerduft hängt über dem ganzen Dorf und die Läden sind übervoll mit den ortstypischen rot-weiß gestreiften Zuckerstangen mit Pfefferminzgeschmack *(polkagris)*.

Der Ort wirkt ein wenig touristisch, aber durch seine steilen Sträßchen, die Lage am See und die tolle Polarausstellung lohnt sich dennoch der Besuch.

6 km westlich liegt mitten im See das idyllische Visingsö. Die Insel mit Schwedens größtem Eichenwald wird regelmäßig von Fähren angefahren und eignet sich ideal zum Radfahren oder Entspannen.

◉ Sehenswertes & Aktivitäten

◉ Gränna

Grenna Museum:
Andréexpedition Polarcenter MUSEUM
(www.grennamuseum.se; Erw./Kind 50/20 Skr; ☉ Mitte Mai–Aug. 10–18 Uhr, Sept.–Mitte Mai 10 bis 16 Uhr; P) Das Grenna Museum befindet sich im gleichen Gebäude wie die Touristeninformation. Das Andréexpedition Polarcenter beschreibt den fatalen Versuch Salomon August Andrées im Jahr 1897, mit einem Heißluftballon den Nordpol zu erreichen. Die Ausstellung geht unter die Haut, vor allem die ergreifenden Hinterlassenschaften der Expeditionsteilnehmer: rissige Lederstiefel, Taschentücher mit Monogramm, Glücksbringer und Senfpapier, um den eisigen Polarwind abzuhalten.

Grenna Polkagriskokeri KONFISERIE
(☑ 0390-100 39; www.polkagris.com; Brahegatan 39; ☉ Mo–Fr 8–21, Sa & So 9–20 Uhr) Verschiedene Süßwarenproduzenten in Gränna haben eine Küche, in der die Besucher zuschauen können, wie die rot-weißen Pfefferminzstangen *(polkagris)*, das Markenzeichen des Ortes, hergestellt werden.

Am bekanntesten ist aber wohl dieses Geschäft gegenüber der Touristeninformation, denn es verwendet die Originalrezepte aus dem 19. Jh. mit herrlich erfrischendem Geschmack. Und das bedeutet: Hier wird ausschließlich Zucker, Wasser, Essig und natürliches Pfefferminzöl verarbeitet.

Grenna Ballongresor BALLONFAHRTEN
(☑ 0390-305 25; www.flyg-ballong.nu; pro Pers. 2000 Skr) Hoch in den Himmel hinauf geht es bei einem malerischen Ausflug mit dem Heißluftballon, die Fahrt dauert eine Stunde.

◉ Visingsö

Visingsö kann mit einer **Kirche** aus dem 17. Jh., einem **Schloss** und einem duftenden **Kräutergarten** aufwarten. Durch die beschaulichen Wälder verläuft ein ausgedehntes Netz an Wander- und Fahrradwegen.

Die beiden wunderschönen Seen – Bunn und Ören – und die dunklen Wälder inspirierten den einheimischen Künstler John Bauer, immer wieder Wichtel und geheimnisvolle Wasserbecken zu malen, seine Werke werden im Läns Museum in Jönköping gezeigt (S. 247).

Im Sommer werden **Bootsausflüge** (☑ 070-791 78 10; www.trolska.se; Erw./Kind 180/90 Skr; ☺ Ausflüge Juni Sa & So 12.30 Uhr, Juli–Mitte Aug. tgl.) über die Seen angeboten. Sie beginnen am Bunnströms badplats, 2,5 km außerhalb von Gränna.

🛏 Schlafen & Essen

🛏 Gränna

Die Touristeninformation vermittelt Privatzimmer (140–250 Skr pro Person und Nacht plus 100 Skr Reservierungsgebühr). Wer mit herrlicher Seekulisse essen gehen will, findet entsprechende Lokale am Hafen (1,5 km), wo ein halbes Dutzend Restaurants alles von griechischer, französischer oder italienischer bis hin zu schwedischer Küche anbieten (die meisten haben allerdings nur im Sommer geöffnet).

Strandterrassens Vandrarhem HOSTEL €
(☑ 0390-418 40; www.strandterrassen.se; Hamnen; B 270 Skr; P🕾) Das Hostel bietet einfache, helle und saubere Zimmer in langen Holzhütten sowie ein Café.

★**Hotell Västanå Slott** HISTORISCHES HOTEL €€
(☑ 0390-107 00; www.vastanaslott.se; DZ ab 1490 Skr; ☺ Mai–Dez; P🕾) In diesem stattlichen Herrschaftshaus, 6 km südlich der Stadt, kann man sich herrlich erholen. Das Gebäude war im 17. Jh. in Besitz von Baron Per Brahe, heute präsentiert sich das Schloss im Stil des 18. Jhs. mit Lüstern, düsteren Öl-

DER GÖTAKANAL

Der Götakanal ist nicht nur eine Meisterleistung schwedischer Ingenieurskunst – Fahrten mit dem Boot auf dem Kanal oder mit dem Fahrrad am Ufer entlang zählen zu den schönsten Möglichkeiten, die herrliche Landschaft Gotlands auf sich wirken zu lassen.

Der Kanal verbindet die Nordsee mit der Ostsee und den beiden großen Seen, dem Vättern- und dem Vänernsee. Der Kanal ist insgesamt 190 km lang, davon sind jedoch nur 87 km von Menschenhand gebaut – der Rest besteht aus Flüssen und Seen. Der Götakanal wurde von 1802 bis 1832 von rund 60 000 Soldaten gebaut. Seitdem ist er ein bedeutender Transport- und Handelsweg zwischen Schwedens West- und Ostküste.

Der Kanal besteht aus zwei Abschnitten: Der Ostteil führt von Mem (südöstlich von Norrköping) nach Motala (nordöstlich von Vadstena am Vätternsee), der Westteil von Karlsborg (am gegenüberliegenden Ufer des Vätternsees) nach Sjötorp (am Vänernsee). Das Kanalsystem ist durch den Trollhättekanal in Västergötland mit dem Meer verbunden. An diesen Kanalabschnitten führen Treidelwege entlang, auf denen früher Pferde und Ochsen die Lasten zogen. Heute sind sie das Revier von Spaziergängern und Radfahrern, die in den vereinzelten Hostels am Kanal ihre Tour auch unterbrechen können.

Bootsausflüge bieten natürlich die schönste Möglichkeit, den Kanal kennenzulernen. In vier bis sechs Tagen lässt sich der Kanal in seiner vollen Länge von Stockholm bis Göteborg (oder in umgekehrter Richtung) erleben; unterwegs wird haltgemacht, um die Sehenswürdigkeiten am Weg zu besichtigen.

Kürzere und somit preiswertere Bootsausflüge auf Teilstücken des Kanals gibt es aber natürlich auch. Die Mitarbeiter aller Touristeninformation in der Region kennen sich aus. Sie geben auch gute Tipps, wo man Kanu fahren, Radtouren unternehmen und reiten kann. Eine Website mit guten Vorschlägen ist www.gotakanal.se.

gemälden und Rüstungen. Einige Zimmer haben sogar eine Kupferbadewanne.

Die umliegenden Wälder eignen sich ideal zum Wandern, auch ein Golfplatz befindet sich gleich nebenan.

Grännagården HOTEL €€

(☎ 0390-100 91; www.grannagarden.se; Hamnvägen 2; EZ/DZ 650/950 Skr; P ☎) Das Hotel mitten im Stadtzentrum befindet sich in einem attraktiven Gebäude aus dem 18. Jh. Die Zimmer haben aber mit der Zeit Schritt gehalten: Sie sind schick und modern eingerichtet und in modischen Grau- und Weißtönen gehalten.

Hotel Amalias Hus BOUTIQUEHOTEL €€€

(☎ 0390-413 23; www.amaliashus.se; EZ/DZ ab 1350/1690 Skr; P @ ☎) Das Hotel gehörte einst Amalia Eriksson, der Erfinderin von Grännas berühmten Pfefferminzstangen. Heute fehlt hier nicht viel, um alles als kitschig zu bezeichnen. Die Zimmer sind mit antiken Möbeln, altmodischen Tapeten und drapierten Spitzenvorhängen ausgestattet.

Fiket BÄCKEREI €

(☎ 0390-100 57; Brahegatan 57; Sandwiches ab 45 Skr; ☺ 8.30–20 Uhr) Die altmodische Konditorei mit alter Jukebox, Schachbrettboden und Wänden voller Schallplatten ist Grännas wunderbarstes Lokal. Leckere gegrillte Baguettes, Quiches, Salate und Gebäck verführen sowohl innen als auch auf dem luftigen Balkon.

Visingsö

STF Vandrarhem Visingsö HOSTEL, HOTEL €

(☎ 0390-401 91; www.visingso-vandrarhem.se; B/EZ/DZ pro Pers. 190/400/600 Skr, Frühstück 75 Skr; ☺ Mai–Okt.) Das Hostel und Hotel befindet sich in einem Eichenwald, rund 3 km vom Fähranleger entfernt. Es bietet hervorragende Einrichtungen und moderne, gemütliche Zimmer.

Restaurant Solbacken SCHWEDISCH €€

(☎ 0390-400 29; www.restaurang-solbacken.se; Hauptgerichte 90–220 Skr; ☺ Mai–Aug.) Auf der Speisekarte des quirligen Restaurants mit Pizzeria und Pub am Hafen von Visingsö findet sich vor allem Fisch aus der Region; er wird auf der Farm des Besitzers geräuchert. Die Küche wurde von Schwedens Label Krav als „biologisch und nachhaltig" zertifiziert.

ⓘ Praktische Informationen

In der Brahegatan, der Hauptstraße von Gränna, gibt es eine Bank und einen Geldautomaten.

Gränna Touristeninformation (☑ 036-10
38 60; www.destinationjonkoping.se; Grenna
Kulturgård, Brahegatan 38; ☺ Mitte Mai–Aug.
tgl. 10–18 Uhr, Sept.–Mitte Mai 10–16 Uhr) Im
gleichen Gebäude wie das Grenna Museum.

Visingsö Touristeninformation (☑ 036-10 38
89; www.visingso.net; ☺Mai–Aug. tgl. 10–17 Uhr,
restliches Jahr kürzer) Am Hafen. Hier kann man
auch ein Rad mieten (Std./Tag 50/80 Skr).

❶ Anreise & Unterwegs vor Ort

Der Regionalbus 101 fährt stündlich von Jönköping nach Gränna (75 Skr, 1 Std.). Bus 120
bietet von Montag bis Freitag mehrmals täglich
Anschluss von Gränna an die Haupteisenbahnstrecke in Tranås (75 Skr, 1 Std.).

Swebus Express (www.swebus.se) steuert
täglich Ziele wie Göteborg, Jönköping, Linköping, Norrköping und Stockholm an. Die Busse
halten 3 km außerhalb Grännas. Von dort fährt
Bus 121 in den Ort, zu Fuß sind es 30 Minuten.

Die **Fähre** von Gränna nach Visingsö (☑ 0390-
410 25) fährt im Sommer alle 30 Min., das rest-
liche Jahr seltener. Die Hin- und Rückfahrt für
Fußgänger kostet Erw./Kind 6–15 J. 50/25 Skr.
Der Preis für ein Fahrrad beträgt 30 Skr, für ein
Auto mit Fahrer 165 Skr.

Eksjö

☑ 0381 / 16 440 EW.

Eksjö ist eines der schönsten erhaltenen
Holzhausstädten Schwedens. 1856 legte
ein Feuer die Gegend südlich des Stora Torget in Schutt und Asche. Das abgebrannte
Gebiet wurde mit wunderschönen klassizistischen Gebäuden wiederaufgebaut. Die
Gebäude nördlich des Platzes stammen aus
dem 17. Jh. Beide Seiten begeistern die Besucher mit ihrem Wirrwarr aus bonbonfarbenen Häusern und blumengefüllten Gärten.

◉ Sehenswertes

★Eksjö Museum   MUSEUM
(☑ 0381-361 60; Österlånggatan 31; Eintritt 50 Skr;
☺ Juli & Aug. Mo–Fr 11–18, Sa & So 11–15 Uhr, das
restliche Jahr kürzer) Das preisgekrönte Eksjö
Museum erzählt die Stadtgeschichte ab dem
15. Jh. Die oberste Etage ist Albert Engström
(1869–1940) vorbehalten, der für seine witzigen, satirischen Cartoons berühmt ist. Eksjö
war einst als „Husarenstadt" bekannt; ihre
lange Militärtradition ist eines der Themen
des Museums.

In der Stadt findet Anfang August ein
Zapfenstreich (www.eksjotattoo.se) mit viel
militärischem Pomp und schönem Rahmen-
programm statt.

Fornminnesgården   MUSEUM
(☑ 0381-148 39; Arendt Byggmästares gatan 22;
Eintritt 20 Skr; ☺ Mitte Juni–Mitte Aug. Mo–Sa
12–15 Uhr) Die Gebäude aus dem 17. Jh. im
Heimatmuseum Fornminnesgården lohnen
einen Blick. Die Exponate dokumentieren
die Geschichte der Region ab der Steinzeit
bis in die Gegenwart.

Naturschutzgebiet
Skurugata   NATURSCHUTZGEBIET
Mittelpunkt des Naturschutzgebietes Skurugata, das 13 km nordöstlich von Eksjö
liegt, ist eine eigenartige, 800 m lange Fels-
schlucht. Sie ist bis zu 56 m tief, aber an
einigen Stellen lediglich 7 m breit. Früher
glaubte man, dass sich dort Trolle und Diebe
verbergen würden.

Vom Hügel **Skuruhatt** (337 m) in der
Nähe bietet sich ein großartiger Blick über
die Wälder. Die Anfahrt zur Schlucht ist nur
mit einem eigenen Fahrzeug möglich.

Höglandsleden   WANDERN
Auf dem gepflegten Höglandsleden, der
durch das Naturschutzgebiet Skurugata
führt, kann man unterwegs Beeren pflücken
oder einfach die stille Waldlandschaft auf
sich wirken lassen; die Touristeninformation hält Details zu diesem Wanderweg bereit.

🛏 Schlafen

STF Vandrarhem Eksjö   HOSTEL €
(☑ 0381-361 70; www.eksjovandrarhem.se; Österlånggatan 31; B/EZ/DZ 200/345/500 Skr; @ 🌐)
🖉 Das Hostel mitten im Herzen der Altstadt
ist in einem malerischen Holzgebäude untergebracht, um das Obergeschoss verläuft
eine Galerie. Die Rezeption befindet sich in
der Touristeninformation.

Eksjö Camping   CAMPINGPLATZ €
(☑ 0381-395 00; www.eksjocamping.se; Zeltplatz
195 Skr, 2-/4-Bett-Hütten ab 350/500 Skr; Ⓟ 🌐)
Dieser hübsche Fleck Erde am malerischen
Husnäsen, rund 1 km östlich der Stadt,
verfügt über ein Restaurant und ein Café,
außerdem einen Minigolfplatz. Neben Stell-
plätzen vermietet ein Hostel auch Betten im
Haus (B 300 Skr).

★Hotell Vaxblekaregården   B&B €€
(☑ 0381-140 40; www.vaxblekaregarden.com;
Arendt Byggmästares gata 8; EZ/DZ 995/1195 Skr;
Ⓟ @ 🌐) Das kleine Hotel in einer umgebau-
ten Wachsbleiche aus dem 17. Jh. vermietet
stilvolle, dezente Zimmer mit Holzböden,
von Carl Larsson inspirierten Tapeten und
schmiedeeisernen Bettgestellen. Im Hinter-

hof mit Liegestühlen gibt es samstags von Mitte Juni bis Mitte August Grillpartys und Livemusik.

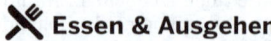 Essen & Ausgehen

Lennarts Konditori
KONDITOREI €

(☎ 0381-61 13 90; www.lennartskonditori.se; Stora Torget; Snacks ab 50 Skr; ☺ Mo–Fr 8–18, Sa 9–16, So 11–16 Uhr) In diese Traditionskonditorei von 1947 mit Terrasse und tollem Blick auf den Stora Torget sollten all jene einkehren, die Kuchen, Crêpes und Quiche lieben.

Lilla Caféet
CAFÉ €

(Norra Storgatan 24; Kuchen ab 25 Skr; ☺ Mo–Fr 8–18, Sa 9–15 Uhr) In diesem malerischen kleinen Laden in der Norra Storgatan locken herrliche Kuchen und frischer Kaffee.

Sunrise
MONGOLISCH €€

(☎ 0381-121 20; Norra Storgatan 19; Hauptgerichte 100 Skr; ☺ Di–So 12–23 Uhr) Das mongolische Grilllokal ist der Star, denn Fisch wird hier frisch auf einer gusseisernen Platte zubereitet. Dazu gibt es eine breite Auswahl an Saucen, insgesamt zwölf unterschiedliche! Ein Gericht für Vegetarier steht ebenfalls auf der Speisekarte.

ℹ Praktische Informationen

Die **Touristeninformation** (☎ 361 70; www. visiteksjo.se; Norra Storgatan 29; ☺ Juli–Mitte Aug. tgl. 8–20 Uhr, restl. Jahr Mo–Fr 10–18, Sa 10–14 Uhr) arrangiert Stadtspaziergänge mit einem Führer, der Englisch spricht (40 Skr), und verleiht Audioguides (45 Skr, beides Ende Juni bis Anf. Aug. Mo–Sa). Auch Leihräder werden hier vermietet (Tag/Woche 65/230 Skr).

ℹ Anreise & Unterwegs vor Ort

Der Busbahnhof und der Bahnhof liegen im südlichen Stadtgebiet. Die winzige *länståg* (Regionalbahn) verkehrt bis zu siebenmal täglich nach/von Jönköping. Stadtbusse fahren nach Nässjö (40 Skr, Mo–Fr stündl. bis 18 Uhr, dann weniger häufig, am Wochenende 3- bis 4-mal tgl.). Swebus Express fährt täglich von Jönköping nach Eksjö.

Växjö

☎ 0470 / 82 000 EW.

Die altehrwürdige Marktstadt Växjö (gesprochen: wäk-chu mit „ch" wie in „Bach") in Kronobergs *län* ist ein bedeutende Anlaufstelle für Amerikaner, die nach ihren schwedischen Wurzeln suchen. Die **Karl-Os-kar-Tage** (www.karloskardagarna.se; ☺ Mitte Au-

gust) erinnern an die Massenemigration im 19. Jh. aus dieser Gegend; zu diesem Anlass wird an diesen Tagen auch der schwedischstämmige „Amerikaner des Jahres" gewählt.

Das Glasmuseum der Stadt mit herrlichen Kunstwerken und viel Geschichte ist eine weitere Attraktion in Växjö.

☉ Sehenswertes & Aktivitäten

In der Touristeninformation kann man sich erkundigen, wann genau im Sommer die geführten **Stadtspaziergänge** (Di & Do 17.30 Uhr; 50 Skr) stattfinden.

★ Smålands Museum
MUSEUM

(www.kulturparkensmaland.se; Södra Järnvägsgatan 2; Erw./Kind 70 Skr/frei; ☺ Di–Fr 10–17, Sa & So 10–16 Uhr) Unter den vielfältigen Präsentationen des ältesten Provinzmuseums Schwedens ist die beeindruckende Ausstellung über die 500 Jahre alte Glasindustrie des Landes besonders lohnenswert.

Unter den gezeigten Objekten befinden sich mittelalterliche Kelche ebenso wie moderne Skulpturen. Sogar eine Sammlung von insgesamt 71 Käseglocken beherbergt das Museum – die schaffte es sogar ins Guinessbuch der Rekorde.

Ein tolles Café hilft gegen Hunger und Durst, der Besuch des Hauses der Emigranten gleich nebenan ist im Eintrittspreis inbegriffen.

Haus der Emigranten
MUSEUM

(Utvandrarnas Hus; www.utvandrarnashus.se; Vilhelm Mobergs gata 4; Erw./Kind 70 Skr /frei; ☺ Di bis Fr 10–17, Sa & So 10–16 Uhr) Das Museum zeigt fesselnde Exponate, die die Auswanderung von 1 Mio. Schweden nach Amerika (1850–1930) veranschaulichen. Zu sehen ist auch das rekonstruierte Büro des Schriftstellers Vilhelm Moberg sowie die Originalmanuskripte seiner berühmten Romane zum Thema Emigration.

Växjö Konsthall
MUSEUM

(☎ 0470-414 75; Västra Esplanaden 10; ☺ Di–Fr 12–18, Sa & So 12–16 Uhr) GRATIS Die Kunsthalle gegenüber der Bibliothek präsentiert zeitgenössische Werke von Künstlern aus dem In- und Ausland – von minimalistischen Keramiken bis hin zu Multimedia-Installationen ist wirklich alles dabei.

Domkyrkan
KIRCHE

(Linnégatan; ☺ 9–17 Uhr) Der Dom mit den ungewöhnlichen Zwillingstürmen wirkt wie eine Ode an Pippi Langstrumpf. Er wurde

Växjö

vom Blitz getroffen und wiederholt von Bränden zerstört – die letzte Renovierung war 1995 fällig. Innen beeindrucken ein schöner Altar aus dem 15. Jh. sowie eine eigenwillige zeitgenössische Skulptur von Erik Höglund. Unbedingt den in die Ostwand eingelassenen Runenstein der Wikinger anschauen!

Kronobergs Slott
SCHLOSS

(Erw./Kind 25 Skr/frei; ◷ 11–19, Fr & Sa 11–21 Uhr) Der Småländer Rebell Nils Dacke verbrachte Weihnachten 1542 im Schloss Kronoberg, von dem heute bloß noch eine Ruine erhalten ist. Das Schloss aus dem 14. Jh. liegt auf einer kleinen Insel im Helgasjön-See, rund 8 km nördlich der Stadt. Eine Fußgängerbrücke verbindet die Insel mit dem Ufer. **Schiffsausflüge** (☏ 0470-630-00; www.ryttmastaregarden.se; Erw./Kind 185/110 Skr; ◷ Juni–Sept. Mi, Sa & So) mit der S/S *Thor*, dem ältesten Dampfschiff Schwedens aus dem Jahr 1887, beginnen unterhalb der Ruinen. Von der Stadt fährt Bus 1B zum Kronobergs Slott.

🛏 Schlafen

Växjö Vandrarhem
HOSTEL €

(☏ 0470-630   70; www.vaxjovandrarhem.nu; Brandts väg 11, Evedal; B/EZ/DZ 200/450/550 Skr; ◷ Rezeption Juni–Aug. 17–20 Uhr; P @ 🛜) Das ehemalige, am See gelegene Kurhotel aus dem späten 18. Jh. liegt im Erholungsgebiet Evedal, 6 km nördlich vom Zentrum.

Alle Zimmer haben ein Waschbecken, es gibt eine große Gemeinschaftsküche, eine Waschküche sowie eine schöne Lounge unterm Dach. Fahrräder und Kanus können ausgeliehen werden.

Växjö

◎ Highlights

◎ Sehenswertes

🛏 Schlafen

✖ Essen

◎ Ausgehen & Nachtleben

★ B&B Södra Lycke
B&B €€

(☏ 0706-76 65 06; www.sodralycke.se; Hagagatan 10; EZ/DZ 500/800 Skr; P 🛜) Das hübsche B&B in einem stimmungsvollen Familiendomizil aus der Mitte des 19. Jhs. liegt in einem Wohnviertel. Vom Zentrum sind es etwa zehn Minuten zu Fuß über die Södra Järnvägsgatan (online auf dem Stadtplan nachschauen) in Richtung Südwesten. Vermietet werden drei Zimmer. Nett ist der Garten mit Gemüsebeet, wild wachsenden Blumen, einem Treibhaus und schwarzen Hennen.

Elite Stadshotellet
HOTEL €€

(☏ 0470-134 00; www.elite.se; Kungsgatan 6; EZ/DZ 850/1190 Skr; P @ 🛜) Das geschmackvoll renovierte Hotel direkt am Stortorget verbindet topmoderne Zimmer mit der Pracht eines Gebäudes aus dem 19. Jh. Die Einzelzimmer fallen nicht gerade geräumig aus, sind aber schick und komfortabel.

Für Durstige gibt es in einem englischen Pub ein kühles Bier vom Fass.

Clarion Collection Cardinal HOTEL €€

(📞 0470-72 28 00; www.choice.se; Bäckgatan 10; EZ/DZ 820/920 Skr; 🅿 @ 🛜) Einen Sprung in Sachen Qualität macht das zentral gelegene Cardinal. In den einfachen, aber schicken Zimmern liegen Orientteppiche, dazu kommt das eine oder andere antike Detail.

In einem kleinen Fitnesscenter können Gäste etwas für ihre Gesundheit tun, falls sie in der Bar oder dem Restaurant, in dem moderne nordische Küche serviert wird, über die Stränge geschlagen haben.

Und Achtung: Wie bei allen Hotels der Clarion Collection ist im Zimmerpreis nicht nur das Frühstück, sondern auch das Abendbüfett enthalten.

✗ Essen & Ausgehen

★ Bröd & Sovel BÄCKEREI €

(www.pmrestauranger.se; Storgatan 12; Sandwiches ab 55 Skr; ⊙ Mo–Fr 7.30–19, Sa 9–17, So 12–19 Uhr; 🅿) Die Bäckerei wurde von Schwedens renommierter Gourmetbibel, dem Restaurantführer *White Guide*, 2014 zur besten Bäckerei gekürt. Die Vielfalt an buttrigem Gebäck, Torten, frisch zubereiteten Sandwiches und selbst gemachten Süßigkeiten ist erschlagend. Und zuletzt ein kleiner Tipp: Unbedingt ein halbes Dutzend Macadamia-Nüsse mit Schokoladenüberzug mitnehmen – die meisten kommen eh bald zurück, um die Vorräte aufzustocken ...

Kafe de Luxe INTERNATIONAL €€

(📞 0470-74 04 09; Sandgärdsgatan 19; Hauptgerichte ab 155 Skr; ⊙ Mo–Do 11–24, Fr & Sa 11–2, So 10–1 Uhr; 🅿) Zu diesem urbanen Lokal mit Künstlerflair, Dekoration im Stil der 1950er- und 1960er-Jahre und toller Musik (am Wochenende Liveauftritte) gehört eine bonbonfarbene Eisdiele direkt nebenan, die das Ihre zur besonderen Atmosphäre beiträgt. Die Burger haben einen guten Ruf, was aber auch für die erlesene Abendkarte gilt, auf der französisch inspirierte Gerichte wie Entrecôte mit klassischer *béarnaise* sowie innovative Speisen für Vegetarier stehen. Wie wäre es mit Brennnessel-Gnocchi?

★ PM & Vänner SCHWEDISCH €€€

(📞 0470-70 04 44; www.pmrestauranger.se; Storgatan 22; Restaurant Degustationsmenü 995 Skr, Bistro Hauptgerichte 209–365 Skr; ⊙ Mo–Sa 11.30–1.30, plus Mi–Sa 18–22 Uhr) Das aufgestylte Bistro präsentiert sich mit schwarz-weiß gefliesten Böden und Rattanstühlen. Das PM & Vänner serviert moderne schwedische Küche mit globalem Einschlag. Die Produkte aus der Region kommen in Gerichten wie gegrilltem Kabeljau mit Sommer-Pfifferlingen oder auch Kalbfleisch aus Småland gut zur Geltung.

Unter dem gleichen Management steht die beliebte Cocktailbar **Terrassen** (www. pmrestauranger.se; Västergatan 10; ⊙ 18–24 Uhr) mit Lounge, hier wird mittwochs und donnerstags Livemusik gespielt.

ⓘ Praktische Informationen

In der Fußgängerzone Storgatan finden sich mehrere Banken und andere Dienstleister.
Touristeninformation (📞 0470-73 32 80; www.turism.vaxjo.se; Stortorget, Residencet; ⊙ Juni–Aug. Mo–Fr 9.30–18, Sa 10–14 Uhr) Direkt am Hauptplatz.

ⓘ An- & Weiterreise

Der **Flughafen Småland** (📞 0470-75 85 00; www.smalandairport.se) liegt 9 km nordwestlich von Växjö. **SAS** (📞 0770-72 77 27; www.flysas. com) bietet Direktflüge nach Stockholm an; **Fly Smaland** (📞 0900-20 71 720; www.flysmaland. com) fliegt nach Stockholm, Berlin und Visby, **Ryanair** (📞 0900-20 20 240; www.ryanair.com) nach Düsseldorf-Weeze.

Ein Flughafenbus (Flygbussen) bringt die Passagiere zu ihrem Flieger (25 Skr); die Alternative ist das **Taxi** (📞 135 00; ab 240 Skr).

Länstrafiken Kronoberg (📞 0470-72 75 50; www.lanstrafikenkron.se) ist für das regionale Busnetz zuständig. Es bietet täglich Busverbindungen nach Halmstad, Jönköping und Kosta. Fernbusse fahren neben dem Bahnhof ab. Von **Svenska Buss** (www.svenskabuss.se) fahren täglich ein bis zwei Busse nach Eksjö (250 Skr, 1½ Std.), Linköping (320 Skr, 3¼ Std.) und Stockholm (420 Skr, 6½ Std.).

Växjö wird von **SJ-Zügen** (www.sj.se) angefahren, die etwa stündlich die Strecke Alvesta (an der Hauptbahnlinie von Norden nach Süden; ab 50 Skr, 15 Min.) – Kalmar (146 Skr, 1¼ Std.) bedienen. Ein paar Züge fahren täglich direkt nach Karlskrona (163 Skr, 1½ Std.) und Malmö (ab 195 Skr).

Kalmar

📞 0480 / 64 000 EW.

Kalmar ist nicht nur eine hinreißend schöne Stadt, hier steht auch eines der spektaku-

Kalmar

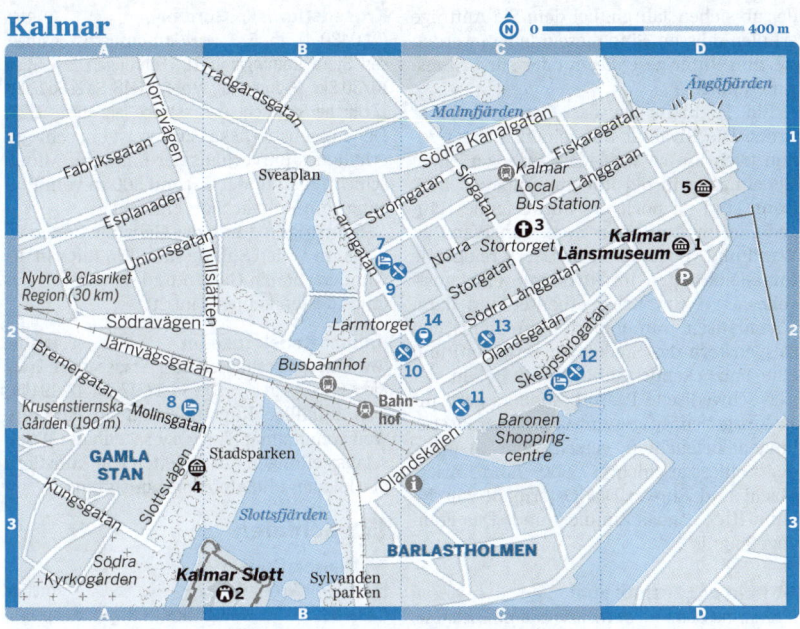

lärsten Schlösser Schwedens, dessen Innenräume noch großartiger sind als das turmbewehrte Äußere. Weitere Highlights der Stadt sind Schwedens größter Goldschatz – von der im 17. Jh. gesunkenen *Kronan* geborgen – und die kopfsteingepflasterten Straßen der Gamla Stan (Altstadt) westlich des Slottshotellet. Im Kalmarer Schloss wurde die Kalmarer Union von 1397 abgesegnet, die die Kronen von Schweden, Dänemark und Norwegen vereinte.

◉ Sehenswertes

★**Kalmar Slott** SCHLOSS
(www.kalmarslott.kalmar.se; Erw./Kind 120/100 Skr; ☺ Juli–Mitte Aug. tgl. 10–18 Uhr, das restliche Jahr über kürzer; 🔾) Türmchen wie aus dem Märchen, eine Zugbrücke, ein gruseliges Verlies und Geheimgänge ... Ja, Schloss Kalmar hat wirklich alles zu bieten, was ein anständiges Schloss so ausmacht. Das wuchtige Renaissancegebäude war einst das wichtigste Schloss Schwedens, dementsprechend stark wurde die Anlage befestigt. Die Innenausstattung zählt zu der am schönsten erhaltenen dieser Epoche.

Wer sich für Einzelheiten interessiert, kann sich einer **Führung** (☺ auf Englisch Juni–Mitte Aug. 11.30, 13.30 & 14.30 Uhr, Mitte Aug.–Anf. Okt. nur 11.30 Uhr) anschließen; sie

Kalmar

ist im Eintrittspreis inbegriffen. Im Sommer werden verschiedene Aktivitäten für Kinder angeboten, etwa in der Wasa-Werkstatt (wo sie basteln und malen können) oder beim Schlosskampf, einem Wettbewerb für Kinder ab sieben Jahren, bei dem Sie Aufträge erfüllen müssen. Sind diese erledigt, werden sie zum Ritter geschlagen oder zur Prinzessin ernannt.

Ein Highlight ist das **Gemach König Eriks**. Die Rivalität mit seinem Bruder Johan trieb ihn so weit, dass er sogar einen Geheimgang in der Toilette einbauen ließ! Dann sind da noch die umwerfende Hängedecke im **Goldenen Saal**, von Wand zu Wand und vom Boden zur Decke reichende Intarsienarbeiten im **Rutsalen**, ein kunstvolles **Bett** (im Krieg erbeutet und dann systematisch ramponiert, um dänischen Gespenstern das Spuken zu verleiden) und eine entzückende **Schlosskapelle,** in der sich schwedische Paare besonders gern ihr Jawort geben. Insgesamt vier Dauerausstellungen beleuchten verschiedene Aspekte der Schlossgeschichte: „800 Jahre Krieg, Macht und Ehre", „Das Ostermahl von Johann III.", „Agdas Zimmer" und „Das Frauengefängnis".

★ Kalmar Länsmuseum
MUSEUM

(Provinzmuseum; www.kalmarlansmuseum.se; Skeppsbrogatan; Erw./Kind 80 Skr/frei; ⊙ Mo–Fr 10–16, Mi 10–20, Sa & So 11–16 Uhr) Die Hauptattraktion der tollen Museums in einer alten, dampfbetriebenen Mühle am Hafen sind die Funde aus dem Flaggschiff *Kronan* (17. Jh.). Das Schiff explodierte und sank 1676 unmittelbar vor einer Schlacht, 800 Menschen kamen damals ums Leben. 1980 wurde das Schiff entdeckt, seitdem hat man über 30 000 wunderbar erhaltene Objekte geborgen, darunter einen spektakulären Goldschatz, Kleidung und Musikinstrumente.

Kalmar Sjöfartsmuseum
MUSEUM

(☑ 0480-158 75; www.kalmarsjofartsmuseum.se; Södra Långgatan 81; Erw./Kind 50/20 Skr; ⊙ Mitte Juni–Mitte Sept. tgl. 11–16 Uhr; 🚼) Das Museum zeigt eine exzentrische Sammlung, die sich rund um die Schifffahrt dreht – und das bedeutet: Schiffe in der Flasche, Nebelhörner und Objekte aus Knoten und den Panzern des Gürteltiers ...

Domkyrkan
KIRCHE

(Dom; www.kalmardomkyrka.se; Stortorget; ⊙ Mo–Fr 8.30–15.30, Mi 8.30–18.30, Sa & So 9–16 Uhr) Die barocke Domkyrkan wurde 1660 bis 1699 gebaut, nach einem Entwurf von Tessin, dem Lieblingsarchitekten von König Karl X. Gustav. Die Kirche birgt eine fantastische Kanzel aus dem 17. Jh. und einen sehenswerten Barockaltar.

Krusenstiernska Gården
GÄRTEN

(☑ 0480-41 15 52; www.krusenstiernskagarden. se; Stora Dammgatan 11; Führungen Erw./Kind 10/30 Skr; ⊙ Juni–Aug. Mo–Fr 11–18, Sa & So 12 bis 17 Uhr, Juli Sa geschl., das restliche Jahr kürzer) **GRATIS** Der Krusenstiernska Gården ist ein sehr gut erhaltenes Bürgerhaus der Kalmarer Mittelschicht, man findet es rund 500 m vom Eingang zum Kalmar Slott entfernt.

Führungen durch das Gebäude finden jeweils zur vollen Stunde statt. Ein Blick in die wunderschönen Gärten und der Besuch des Cafés kosten keinen Eintritt.

Kalmar Konstmuseum
MUSEUM

(www.kalmarkonstmuseum.se; Stadsparken; Erw./ Kind 50 Skr /frei; ⊙ Di–So 12–17, Mi 12–19 Uhr) Das auffällige Kunstmuseum im Park unweit vom Kalmar Slott zeigt sagenhafte Wechselausstellungen mit Arbeiten von Künstlern der lokalen und globalen Kunstszene.

🛏 Schlafen

★ Clarion Collection Hotel Packhuset
HOTEL €€

(☑ 0480-570 00; www.choicehotels.se; Skeppsbrogatan 26; EZ/DZ 1320/1420 Skr; 🅿 🛜) Das Thema Seefahrt reicht hier von Schiffskoffern und Koffern aus den 1950er-Jahren (die in die Einrichtung ebenso integriert sind wie die Barometer und anderen Messgeräte) bis hin zu grobkörnigen Schiff-Ahoi-Fotos und holzvertäfelten Zimmern. Es lohnt sich, um eines mit Meerblick zu bitten.

Das üppige Abendbüfett ist im Übernachtungspreis inbegriffen, ebenso die hausgemachten Kuchen, die nachmittags zum Tee gereicht werden.

Slottshotellet
HOTEL €€

(☑ 0480-882 60; www.slottshotellet.se; Slottsvägen 7; Zi./Suite ab 1395/1795 Skr, Dependance EZ/DZ 795/995 Skr; 🅿 @ 🛜) Das wunderbar romantische und gemütliche Hotel befindet sich in vier Gebäuden in grüner Umgebung in der Nähe des Schlosses. Die meisten Zimmer sind mit Antiquitäten möbliert und mit Stofftapeten, Kristalllüstern und Orientteppichen ausgestattet.

Auf der anderen Straßenseite bietet die Dependance günstige Unterkünfte in weißem minimalistischen Schwedenlook.

Kalmarsund Hotel
HOTEL €€

(Best Western; ☑ 0480-48 03 80; www.kalmar sundhotel.se; Fiskaregatan 5; EZ/DZ 1295/149 Skr 5; 🅿 @ 🛜) Die ordentlichen, mittelgroßen Zimmer sind in verschiedenen Erdtönen gestrichen und bieten viele Extras wie Wasserkocher, Föhn, Kühlschrank und die Möglichkeit, sich das passende Kopfkissen auszusuchen. Den Gästen steht eine Sauna zur Verfügung und es gibt ausreichend Parkplätze. Das Frühstücksbüfett hat 5-Sterne-Standard – mit knurrendem Magen muss hier keiner den Tisch verlassen.

✕ Essen & Ausgehen

Kalmar bietet leckeres Essen und eine abwechslungsreiche kulinarische Szene – je nach Wunsch mit Blick auf ein protziges Segelboot, auf das Schloss oder auf die vorbeiflanierenden Einheimischen und Gäste am Larmtorget.

Athena   GRIECHISCH €

(☑ 0480-280 88; Norra Långgatan 8; Hauptgerichte ab 90 Skr; ⊙ Mo–Do 11–22, Fr & Sa 11–23, So 13–21 Uhr) Kopien von Büsten, Statuen und Friesen wie auf der Akropolis schmücken die Gaststube dieses griechischen Restaurants, das durchaus auch etwas für Italien übrig hat – Pizza und Pasta stehen ebenfalls auf der Speisekarte. Aber die Stärken sind die Klassiker der griechischen Küche wie Moussaka oder *keftedes* (Fleischklöße).

Hamnkrogen   FRANZÖSISCH €€

(☑ 0480-41 10 20; Skeppsbrogatan 30; Hauptgerichte ab 120 Skr; ⊙ Mo–Fr 11.30–14, plus Sa 17 bis 21 Uhr) Das renommierte ehemalige Meeresfrüchterestaurant hat sich in eine exzellente, noble französische Brasserie verwandelt, auf deren Speisekarte nun Gerichte wie gedämpfte Muscheln, *bouillabaisse* und französische Zwiebelsuppe stehen.

Restaurang Källaren Kronan   SCHWEDISCH €€

(☑ 0480-41 14 00; www.kallarenkronan.com; Ölandsgatan 7; Hauptgerichte 135–275 Skr; ⊙ Di bis So 12–14 & 18–22 Uhr) Sechs Keller wurden so umgestaltet, dass sie nun ein hochkarätiges Speiseerlebnis garantieren. Die Mahlzeiten kommen in gemütlichen Gewölberäumen auf den Tisch. Sogar eine Speisekarte aus den 1660er-Jahren ist vorhanden, auf der Hauptgerichte wie in Wein gedünsteter Lachs mit Langusten und Wurzelgemüsen stehen. Ansonsten lockt noch eine Fülle von schwedischen Klassikern wie Fleischklößchen und Räucherlachs.

Da Ernesto   ITALIENISCH €€

(www.ernestokalmar.se; Larmtorget 4; Hauptgerichte ab 130 Skr; ⊙ Mo–Fr 17–23, Sa 12–24, So 13 bis 22 Uhr) Das italienische Café mit Restaurant und Bar wird von einem „echten" Neapoli-

taner geführt. Die Barsnacks, die umfangreiche Speisekarte (natürlich inklusive einer Pizza neapolitana) und die ganz ordentlichen Cocktails locken jede Menge Volk an.

Gröna Stugan   EUROPÄISCH €€€

(www.gronastuganikalmar.se; Larmgatan 1; Hauptgerichte 210–285 Skr; ⊙ Mo–Sa 17–23, So 17–21 Uhr) Dieses Juwel von Restaurant in einem nichtssagenden graugrünen Gebäude mit runden Fenstern, die an ein Schiff erinnern, serviert Gerichte, die auf dem Teller schon der reinste Augenschmaus sind und dann sogar noch besser schmecken. Unbedingt Platz für die Blaubeerpfannkuchen mit Himbeer-Pannacotta lassen!

Lilla Puben   PUB

(☑ 0480-42 24 22; Larmgatan 24; ⊙ Di–Sa 17–1 Uhr) Durst? In dieser Bar ist Regal für Regal gefüllt mit jeder erdenklichen Biersorte – 700 werden es ungefähr sein. Und dazu kommen noch 120 verschiedene Whiskeysorten! Dekadent.

❶ Praktische Informationen

Banken und andere Dienstleistungen finden sich in der Storgatan.

Touristeninformation (☑ 0480-41 77 00; www.kalmar.com; Ölandskajen 9; ⊙ Juni–Aug. Mo–Fr 9–21, Sa & So 10–17 Uhr, das restliche Jahr kürzer) Praktisch, um sich über die Region zu informieren.

❶ Anreise & Unterwegs vor Ort

Der **Flughafen Kalmar** (☑ 0480-45 90 00; www.kalmarairport.se) liegt 6 km westlich der Stadt. **SAS** (☑ 0770-72 77 27; www.flysas.com) fliegt mehrmals am Tag nach Stockholm-Arlanda. **Kalmarflyg** (www.kalmarflyg.se) nach Stockholm-Bromma und Prag. Seit März 2015 bietet Sparrow Aviation (www.sparrow.se) Flüge nach Berlin (4-mal wöchentl.) und Kristianstad an.

Der Flughafenbus Flygbuss (50 Skr) fährt vom Flughafen ins Zentrum von Kalmar. Ein Taxi vom/zum Flughafen kostet rund 150 Skr.

Etwa drei Busse des Unternehmens **Swebus Express** (☑ 0771-21 82 18; www.swebus.se) fahren täglich in Richtung Norden nach Norrköping (289 Skr, 4 Std.), bis zu drei Busse täglich gen Süden nach Karlskrona (69 Skr, 1¼ Std.) und Malmö (229 Skr, 4½ Std.) sowie zu weiteren Fahrzielen.

Svenska Buss (☑ 0771-67 67 67; www.svenskabuss.se) bietet ähnliche Routen und Preise.

SJ-Züge (S. 254) verkehren im Ein- bis Zwei-Stunden-Takt auf der Strecke Kalmar–Alvesta (ab 167 Skr, 1¼ Std.). In Alvesta bietet sich die

Möglichkeit, in die Hauptbahnlinie Stockholm–Malmö oder nach Göteborg umzusteigen. Züge nach Linköping verkehren bis zu neunmal am Tag (ab 333 Skr, 3 Std.), ebenfalls mit Anschluss nach Stockholm.

Mit **Taxi Kalmar** (☎ 44 44 44) kommt man bequem in der Stadt herum.

Glasriket

Das „Glasreich" (www.glasriket.se) ist mit seinen spannenden Glasbläsereien Schwedens drittgrößte Attraktion nach Stockholm und Göteborg. Es gibt mindestens elf Glashütten (Schilder mit *glasbruk* weisen auf sie hin), oft mit langer Tradition. Kosta z. B. wurde schon 1742 gegründet.

In der Region forschen auch etliche Amerikaner nach ihren Vorfahren, von denen viele Ende des 19. Jhs. von hier emigrierten.

Die Glashütten haben alle ähnliche Öffnungszeiten – normalerweise montags bis freitags von 10 bis 18 Uhr, samstags von 10 bis 16 Uhr und sonntags von 12 bis 16 Uhr. Ihre professionellen Glasdesigner produzieren teils außergewöhnliche avantgardistische Stücke, oft mit einer ordentlichen Prise schwedischem Humor. Die Fabrikläden gewähren tüchtige Rabatte auf Stücke zweiter Wahl (um die 30 bis 40 %). Größere Läden verschicken das Gekaufte auf Wunsch auch gleich in die Heimatländer der Kunden.

Der **Glasriket-Pass** (95 Skr) gewährt kostenlosen Eintritt in alle Glashütten und Museen, außerdem bekommt man Ermäßigung auf Einkäufe und *Hyttsill*-Partys (bei denen die Teilnehmer an langen Tischen traditionelle Gerichte verspeisen). Der Pass ist sein Geld wert, wenn jemand selbst einmal Glas blasen will, an einer *Hyttsill* -Party teilnehmen möchte oder das eine oder andere Stück kaufen will. Wer bloß ein bisschen stöbern will, kann sich die Ausgabe sparen.

ⓘ Anreise & Unterwegs vor Ort

Von den Hauptstrecken abgesehen sind Busverbindungen in dieser Gegend ziemliche Fehlanzeige. Am besten ist man mit dem eigenen Fahrzeug unterwegs (aber Vorsicht vor den Elchen). Die ungeteerten Landsträßchen eignen sich auch hervorragend für Radtouren von Glashütte zu Glashütte.

Hostels gibt es in der Region reichlich und zelten darf man fast überall, nur nicht in der Nähe des Militärgebiets an der Straße von Kosta nach Orrefors.

Kalmar Länstrafik betreibt nur im Zeitraum Mitte Juni bis Mitte August die Buslinie 139 mit Halt an einigen Glashütten. Sie verkehrt an Wochentagen viermal und samstags einmal von Nybro nach Orrefors und Måleräs. Zwischen Nybro und Orrefors gibt es eine ganzjährige Busverbindung (wochentags bis zu 9-mal). Nach Kosta fährt der normale Linienbus 218 von Växjö (2- bis 3-mal tgl.).

Busse und Züge verbinden Emmaboda mit Nybro und Kalmar (ungefähr im Stundentakt). Außerdem verkehren Züge nach Karlskrona, Växjö und Alvesta, von wo es Direktverbindungen nach Göteborg und Stockholm gibt.

Kosta

☎ 0478

In dieser kleinen Ortschaft nahm das Glasriket 1742 seinen Anfang – lang, lang ist's her.

◉ Sehenswertes & Aktivitäten

Kosta Boda   GLASHÜTTE

(☎ 0478-345 00; www.kostaboda.se; Stora vägen 96; ⊙ Geschäfte Mo–Fr 10–18, Sa & So 10–17 Uhr, Glasbläservorführung: Mo–Fr 9–15.30, Sa & So 10–16 Uhr, Galerie mit Ausstellung: Mo–Fr 10–17, Sa & So 10–16 Uhr; ℗) Der heutige Kosta-Boda-Komplex war eine der ersten Glashütten in Schweden, 1742 gegründet.

Busladungen von Besuchern rollen heran, um die Outlets zu stürmen. Touristisch ist das alles natürlich schon, aber das Kosta Boda Art Hotel, die Galerie mit ihren sehenswerten Ausstellungen, die Vorführung der Glasbläser und das tolle Café lohnen in Summe dann doch den Besuch. In den alten Fabrikanlagen finden immer wieder informative Glasbläservorführungen statt.

Grönåsens Älgpark   TIERRESERVAT

(☎ 0478-507 70; www.moosepark.net; Eintritt 60 Skr; ⊙ April–Mitte Sept. tgl. 10–18 Uhr, Mitte Sept.–Okt. 10–17 Uhr; ℗) Wer einen schönen, o-beinigen Elch aus nächster Nähe kennenlernen möchte, sollte dem größten Elchpark Schwedens einen Besuch abstatten; er liegt 3 km westlich von Kosta in Richtung Orrefors. Die sanften Riesen kann man im Rahmen eines 1,3 km langen Spaziergangs bestaunen, der durch ihr bewaldetes Gehege führt.

Irgendwie pervers ist es ja schon, aber es besteht hier auch die Möglichkeit, Elchwürstchen zu kaufen, die dann auf dem Grill landen. Aber vielleicht entscheidet sich so mancher dann ja doch lieber für die Baseball-Kappe aus Elchleder als Souvenir.

🛏 Schlafen & Essen

⭐ Kosta Boda Art Hotel   HOTEL
(📞 0487-348 30; www.kostabodaarthotel.com; Stora vägen 75; EZ/DZ 1100/2590 Skr; 🅿) Das Kosta Boda Art Hotel gilt mit Recht als die beste Adresse im Glasreich. Es präsentiert einfallsreiche Glasobjekte auf ungewöhnliche Weise – beispielsweise eine Designer-Glasbar. In jedem der 102 Zimmer beeindrucken Glasarbeiten und Textilien von Kosta-Boda-Künstlern. Auch wer nicht hier übernachtet, sollte sich zumindest das Mittagsbüfett im **Linnéa Art Restaurant** (www.kostabodaartho tel.com; Büfett 245 Skr; ⏱ 12–15.30 Uhr) des Hotels gönnen, bei dem einem schier das Wasser im Mund zusammenläuft.

Im Outlet befindet sich das **Kosta Boda Art Café**, in dem leckere Quiches und gegrillte Sandwiches (60 Skr) verkauft werden.

Nybro
📞 0481 / 19 640 EW.
Im beschaulichen Nybro stehen gleich zwei schöne Glashütten; das Städtchen war einst das Zentrum für die Produktion mundgeblasener (!) Glühbirnen.

Die **Touristeninformation** (📞 0481-450 85; www.nybro.se; Stadshusplan; ⏱ Mo–Fr 9–17, So 12–16 Uhr) befindet sich im Rathaus.

👁 Sehenswertes & Aktivitäten

Pukeberg   GLASHÜTTE
(www.pukeberg.se; Pukebergarnas väg; ⏱ Mo bis Fr 10–17, Sa 10–14, So 12–16 Uhr; 🅿) Von den beiden Glashütten in Nybro ist Pukeberg, gleich südöstlich vom Zentrum, aufgrund ihres Alters die interessantere – sie wurde 1871 gegründet.

Nybro   GLASHÜTTE
(www.nybro-glasbruk.se; Herkulesgatan; ⏱ Mo–Fr 10–17, Sa 10–15, So 11–14 Uhr; 🅿) Nybro ist eine kleine Glashütte, die sich auf eher kuriose Objekte spezialisiert hat – zum Beispiel Glasteller, die mit Elvis Presley verziert sind.

🛏 Schlafen

Joelskogens Camping   CAMPINGPLATZ €
(📞 0481-450 86; www.laget.se/nybroifcamping; Grönvägen 51; Zeltplatz/Hütte 170/370 Skr; ⏱ Mai–Mitte Sept.; 🅿 🏊) Allen, die gern zelten, sei dieser Campingplatz am See empfohlen. Er befindet sich nur ein kleines Stück vom Zentrum entfernt. Hier lassen sich auch kleine Hütten mieten.

Nybro Lågprishotell & Vandrarhem HOSTEL €
(📞 0481-109 32; www.nybrovandrarhem.se; Vasagatan 22; B/EZ/DZ 300/400/500 Skr, Hotel EZ/DZ 550/850 Skr; 🅿 🏊) Das STF-Hostel in der Nähe der Pukeberg-Glashütte ist sauber und gemütlich. In jeder Etage gibt es eine Küche und eine Sauna. Die exklusiveren Hotelzimmer bieten Kabelfernseher, normale Betten und ein eigenes Bad. Räder können ausgeliehen werden.

Orrefors
📞 0481
In der kleinen Ortschaft steht die wohl berühmteste Glashütte Schwedens.

👁 Sehenswertes & Aktivitäten

Orrefors   GLASHÜTTE
(www.orrefors.se; Stora vägen 96; ⏱ Mo–Fr 10–18, Sa & So 12–16 Uhr; 🅿) Die riesige Anlage von 1898 beherbergt eine Fabrik und ein großes Geschäft mit Zustellservice. Das topschicke Museum mit Galerie präsentiert bemerkenswerte Glasobjekte von 1910 bis heute. Das **Kristallbaren** (Sandwiches 60 Skr; ⏱ Mo–Fr 9–18, Sa 9–15 Uhr) ist eine schicke Bar mit Café.

🛏 Schlafen & Essen

Orrefors Bed & Breakfast   B&B €
(📞 0481-301 30; www.bnb.nu; Silversparregatan 17; EZ/DZ 550/650 Skr; ⏱ Juni–Aug.; 🅿 🏊) Das B&B in einem ästhetisch gelungen renovier-

---

NICHT VERSÄUMEN

HEIMATMUSEUM MADESJÖ

Madesjö Hembygdsgård (Eintritt 50 Skr; ⏱ Mitte Mai–Mitte Sept. tgl. 13–17 Uhr; 🅿) Nachgezählt hat wohl niemand, aber in diesem faszinierenden Heimatmuseum in einem 214 m langen Holzgebäude werden über 7000 Objekte (und es werden immer mehr!) ausgestellt. Das Museum befindet sich in den ehemaligen Ställen der Dorfkirche von Nybro. Verschiedene Tafeln illustrieren die Sozialgeschichte der Region in den letzten 100 Jahren. Bei den Puppen wird so mancher ins Schmunzeln kommen, sie wirken echt ulkig. Die Exponate reichen von Särgen bis hin zu einem sagenhaften (Eis)Fahrrad.

Honig und Mehl, die vor Ort hergestellt werden, kann man hier auch kaufen.

ten Häuschen aus dem 19. Jh. bietet einfache, aber gemütliche Zimmer und Gemeinschaftseinrichtungen. Die netten Besitzer veranstalten im Sommer kurze Kurse in Glasbläserei (3 Std., 350 Skr) in der **Riksglasskolan** (Nationale Glasschule; ☑ 0481-302 64; www.riksglasskolan.se) gleich in der Nähe.

Orrefors Värdshus SCHWEDISCH €

(☑ 0481-300 59; Hauptgerichte 95 Skr; ☉ Mo–Sa 11.30–16 Uhr; ℗) Der Gasthof im Areal der Fabrik von Orrefors serviert leckeres Mittagessen; der Schwerpunkt liegt dabei auf Produkten aus der Region.

Weitere Glashütten

☑ 0481

Nicht verpassen sollte man die Glashütte in Gullaskruv, rund 6 km nordwestlich von Orrefors. Hier kreiert der in Uruguay geborene Künstler **Carlos R. Pebaqué** (☑ 0481-321 17; www.carlosartglass.com; Glasblasarvärgen 6, Gullaskruv; ☉ Mo–Fr 11–18, Sa bis 17, So 11–16 Uhr) außergewöhnliche Glasvasen in seinem eigenen Glasofen.

Die große, beliebte **Mats-Jonasson-Fabrik** (☑ 0481-314 00; www.matsjonasson.com; Industrigatan 20, Målerås; ☉ Mo–Fr 10–18, Sa 10 bis 16, So 11–16 Uhr), 8 km weiter nordwestlich in Målerås, zeigt Arbeiten des berühmten Glasbläsers, der vor allem mit seiner kunstvollen Glasmalerei von sich reden macht. Ein Restaurant, in dem man nach dem Einkauf Kräfte tanken kann, ist vorhanden.

Etwa 1 km südöstlich von Gullaskruv liegt in beschaulicher, ländlicher Umgebung das **Hälleberga Bed & Breakfast** (☑ 0481-320 21; www.halleberga.se; Hälleberga 108; EZ/DZ inkl. Frühstück 350/650 Skr; ℗), eine ehemalige Jugendherberge, die in ein B&B umgewandelt wurde. Die Zimmer verfügen alle über ein Waschbecken; die Bettwäsche ist im Preis inbegriffen.

Oskarshamn

☑ 0491 / 26 300 EW.

Oskarshamn ist praktisch, denn von hier aus verkehren regelmäßig Schiffe nach Gotland. Ein paar Sehenswürdigkeiten helfen, die Zeit bis zum Ablegen zu überbrücken.

◉ Sehenswertes

Döderhultarmuseet MUSEUM

(☑ 0491-880 40; Erw./Kind 60 Skr /frei; ☉ Juni–Aug. Mo–Fr 9–18, Sa & So 10–16 Uhr, restliches Jahr Mo–Fr 9–18, Sa 10–14 Uhr) Im Obergeschoss des Kulturzentrums Kulturhuset zeigt das Döderhultarmuseet rund 200 Arbeiten des einheimischen Künstlers Axel Petersson „Döderhultarn" (1868–1925), der in Form von lebhaften, witzigen Holzschnitzereien allerlei lokale Charaktere festgehalten hat.

Das **Söfartsmuseet** (ebenfalls im Obergeschoss, identische Öffnungzeiten) präsentiert Exponate zur Seefahrt der Region. Der Eintrittspreis gilt für beide Museen.

Nationalpark
Blå Jungfrun NATURSCHUTZGEBIET

Die Blaue Jungfrau (Blå Jungfrun), eine 1 km lange Granitinsel, wird auch „Hexenberg", genannt, weil sich hier laut Überlieferung die Hexen an Ostern zum Rendezvous mit dem Teufel versammeln. Die Insel ist ein Naturschutzgebiet mit fantastischer Szenerie, knorrigen Bäumen, Schneehasen, Vögeln und dem seltsamen Steinlabyrinth **Trojeborg**.

Von Mitte Juni bis August legt die **M/S Solkust** (www.solkustturer.se; Erw./Kind 250/125 Skr; ☉ Mitte Juni–Aug.) bis zu fünfmal wöchentlich am Brädholmskajen ab (in der Regel jedoch *nicht* Mo und Di). Der Kai liegt ganz vorne im Hafen von Oskarshamn. Die Fahrgäste können dann 3½ Std. lang die Insel erkunden, eine ausgeschilderte Wanderung ist 3,5 km lang. Am besten online buchen oder mit der Touristeninformation Kontakt aufnehmen.

🛏 Schlafen & Essen

Besonders tolle Speiselokale gibt es hier nicht, aber ein paar angenehme Restaurants sind auf jeden Fall zu empfehlen.

Vandrarhemmet Oscar HOSTEL €

(☑ 0491-158 00; www.forumoskarshamn.com; Södra Långgatan 15–17; Hostel B/EZ/DZ 180/305/410 Skr, Hotel EZ/DZ 790/1060 Skr; ℗@🤏) Das blitzblanke Hotel mit Hostel ist eine angenehme Wahl im günstigen Segment. Die Zimmer haben alle Fernseher, Ventilator und ein eigenes Bad. Nur die Gemeinschaftsküche für Selbstversorger erinnert daran, dass das Vandrarhemmet Oscar auch ein Hostel ist.

Steakhouse Oscar STEAK €€

(☑ 0491-772 28; www.steakhouseoscar.se; Östra Torggatan 2; Hauptgerichte ab 195 Skr; ☉ Mo–Fr 11.30–14, Di–Fr 17–24, Sa 15–24 Uhr) Leute, die gutes Fleisch zu schätzen wissen, strömen in dieses Restaurant mit seiner großen Auswahl an Fleischgerichten wie Rib-Eye Steak, Schweinelende oder Rinderfilet. Mittags

Västervik

N 0 — 200 m

Stora Strömmen

Lilla Strömmen

Slottsholmen

12
Västerviks Museum
3

Smugglaregränd

Aspagården
10
Östra Kyrkogatan
5
Västra Kyrkogatan
Storgatan
11
Kvarngatan
8 9
Skärgårds Fähr-terminal
Skeppsbron

Stadts-parken
2 St Petri Kyrka
Kvarngatan
4
Båtmansgatan
6

Bahn-hof
7
Busbahnhof für Fernbusse

Slottsholmsvägen

Västervik

⊙ Highlights
1 Aspagården A3
2 St Petri Kyrka A3
3 Västerviks Museum B1

◎ Sehenswertes
4 Båtmansstugorna B3
5 St Gertruds Kyrkan A3

🛏 Schlafen
6 Akrells i Båtmansgränd B4
7 Hotel Fängelset B4
8 Västerviks Stadshotell B3

✖ Essen
9 Dolce e Salato B3
10 Guldkant A3
11 Restaurang Smugglaren B3
12 Saltmagasinet B1

ℹ An- & Weiterreise

Schiffe nach Visby fahren am Fährhafen Gotland in der Nähe des mittlerweile stillgelegten Bahnhofs ab, und zwar im Winter täglich und im Sommer zweimal am Tag.

Die **Fähre** M/S *Solsund* (www.olandsfarjan.se) nach Byxelkrok auf Öland (Erw./Kind 150/100 Skr) legt im Sommer zweimal täglich am Fährhafen Skeppsbron ab.

Alle Fernbusse halten am zentral gelegenen Busbahnhof.

Die Regionalbusse von **KLT** (www.klt.se) verkehren bis zu sechsmal täglich von Oskarshamn nach Kalmar (64 Skr, 1½ Std.).

Von Swebus Express halten täglich viermal Busse auf der Strecke Stockholm–Kalmar in Oskarshamn.

Der nächstgelegene Bahnhof befindet sich in Berga, 25 km westlich der Stadt. Hier halten Züge aus Linköping und Nässjö. Lokalbusse bringen Fahrgäste von Berga nach Oskarshamn.

Västervik

☎ 0490 / 36 460 E.W.

Västervik ist ein quirliger, malerischer Urlaubsort am Meer mit hübschen Kopfsteinpflasterstraßen, niedrigen Fischerhäuschen, einem lebendigen Nachtleben, Sandstränden gleich östlich der Stadt und 5000 Inseln unmittelbar vor der Haustür. Der Ort wurde in früheren Jahren von den Dänen überfallen, vom 17. bis 19. Jh. entwickelte er sich dann zu einer bedeutenden Werft.

Das **VisFestivalen** (www.visfestivalen.se; ☉ Mitte Juli), Västerviks berühmtes Folk-Festival, findet alljährlich im Sommer statt.

wird immer ein Menü zu 99 Skr angeboten. Was auf den Tisch kommt, schmeckt gut – na ja, Vegetariern wohl nicht unbedingt.

Pub Kråkan   PUB
(☎ 0491-770 84; www.krakan.se; Kungsgatan 2; Hauptgerichte ab 100 Skr; ☉ Di–Fr 12–23, Sa & So 12–24 Uhr; ☎) Das älteste Pub der Stadt hat eine angenehm einladende Atmosphäre und bietet eine tolle Auswahl an Bieren vom Fass und Whiskey. Auf den Tisch kommen die üblichen Kneipengerichte wie beispielsweise Burger (und manchmal sogar auch ein Curry).

ℹ Praktische Informationen

Im Einkaufszentrum Flanaden stehen mehrere Geldautomaten.

Touristeninformation (☎ 0491-770 72; www.oskarshamn.se; Hantverksgatan 3; ☉ Mo–Fr 9–18, Sa & So 10–15 Uhr) Die hilfreiche Touristeninformation hält jede Menge Infos zur Stadt und Region bereit.

⊙ Sehenswertes & Aktivitäten

★ Historische Gebäude

HISTORISCHE GEBÄUDE

Die Touristeninformation hält eine Broschüre mit einem Stadtspaziergang bereit, der zu den schönsten alten Gebäuden des Ortes führt. Die **St. Petri Kyrka** (Östra Kyrkogatan 67) präsentiert sich als dramatisches Konglomerat von Türmchen und Strebepfeilern; die beschaulichere **St. Gertruds Kyrkan** (Västra Kyrkogatan) datiert aus dem Jahr 1433 und hat im Lauf der Zeit schon viele Blitzschläge und Aufstände überstanden. In der Nähe steht das älteste Holzhaus der Stadt aus dem 17. Jh.: **Aspagården** (Västra Kyrkogatan 9). Weitere schöne Gebäude aus den 1740er-Jahren sind die ehemaligen Hütten der Fährschiffer in **Båtmansstugorna** (Båtmansgatan) – die reinste Bilderbuchidylle!

★ Västerviks Museum

MUSEUM

(☎ 049-211 77; www.vasterviksmuseum.se; Kulbacken; Erw./Kind 50 Skr/frei; ☉ Juni–Aug. Mo–Fr 11–16, Sa & So 13–16 Uhr, restl. Jahr Sa geschl.) Die Exponate in diesem Museum gleich nördlich der Touristeninformation spüren der Stadtgeschichte nach.

Hier steht auch **Unos Torn**, ein 18 m hoher Aussichtsturm, von dem sich ein schöner Blick auf die Inseln bietet.

Bootsausflüge in die Inselwelt

BOOTSAUSFLUG

(☎ 070-265 09 01; www.vasterviksskargardsturer.se; hin & zurück Erw./Kind 200/100 Skr; ☉ Mitte Juni–Ende Aug.) Boote in die Inselwelt stechen von Mitte Juni bis Mitte August täglich von Skeppsbron in See. Die Fahrkarten kann man direkt am Kiosk am Skärgårdsterminalen-Pier kaufen, in der Touristeninformation oder auch über die Website.

Wer gern einen ganzen Tag lang die Schäreninseln erkunden möchte, kann sich auf der Insel **Hasselö** bei **Handelsboa** oder bei **Hasselö Sand** ein Fahrrad leihen.

Es werden auch Bootsausflüge angeboten, bei denen die Teilnehmer an Bord eine Mahlzeit mit Krabben bekommen – der Völlerei sind keine Grenzen gesetzt. Außerdem stehen Ausflüge mit dem Segelschiff, Tauchexkursionen, Fahrten mit dem Schnellboot und diverse Boottaxis zur Auswahl.

🛏 Schlafen

Da die Stadt im Sommer aus allen Nähten platzt, sollte man sein Quartier unbedingt frühzeitig buchen.

Akrells i Båtmansgränd

HISTORISCHES HOTEL €

(☎ 0490-194 03; Strömsgatan 42; Cottage pro Pers. 400 Skr) Ein bisschen angegammelt sind sie ja schon, aber in einer der Fischerhütten aus dem 18. Jh. zu übernachten hat dennoch seinen Reiz, denn sie stehen in der stimmungsvollen Altstadt. In den meisten Hütten können bis zu vier Personen nächtigen, eine eigene Küche gehört meistens dazu. Das Badezimmer müssen sich die Gäste jedoch teilen.

Västerviks Stadshotell

HISTORISCHES HOTEL €€

(Best Western; ☎ 0490-820 00; www.stadshotellet.nu; Storgatan 3; EZ/DZ 1050/1350 Skr; P @ 🛜) Nach den umfangreichen Renovierungsarbeiten im Jahr 2014 hat das elegante, zentral gelegene Hotel – nun unter der Regie von Best Western – jetzt ein Stockwerk mehr. Die Zimmer sind geräumig und modern, außerdem gibt es eine Sauna, einen Whirlpool und ein Fitnesscenter. Das Frühstücksbüfett fällt besonders üppig aus.

Hotel Fängelset

HOTEL €€

(☎ 076-136 89 66; www.hotellfangelset.se; Fängelsetorget 1; EZ ohne Bad 570 Skr, DZ mit/ohne Bad 990/690 Skr; P @ 🛜) Das Hotel befindet sich in einem prachtvollen Gebäude – dem ehemaligen Gefängnis (bis 2007). Und so ein bisschen kaserniert fühlt man sich hier denn auch, denn die Zimmer sind in den alten Zellen untergebracht, sogar die Gitterstäbe an den Fenstern wurden belassen. Viel Platz ist jedenfalls nicht, auch nicht in den Doppelzimmern, deren Bäder ebenfalls die Größe einer Zelle aufweisen.

Doch der Kuriositäten ist längst nicht genug: Vor Ort befindet sich eine Minibrauerei, die Craft-Biere herstellt – die Ergebnisse können die Gäste in der Bar probieren.

🍴 Essen & Ausgehen

Die Fastfood-Spezialität von Västervik sind Pommes, Kartoffelpüree und Garnelensalat (25 Skr); an den Kiosken am Meer lässt sich die örtliche Spezialität überall bestellen. Am Fiskaretorget am Wasser gibt es viele Restaurant-Bars mit beliebten Sommerterrassen.

Guldkant

INTERNATIONAL €€

(☎ 0490-216 00; www.restaurangguldkant.se; Grönsakstorget 6; Hauptgerichte ab 185 Skr, Menü 80 Skr; ☉ Mo–Do 10–22, Fr & Sa 10–14 Uhr, So 12–22 Uhr) Eine Bar, eine Delikatessenabteilung, ein Restaurant und eine tolle Terrasse am Wasser mit wohl dem schönsten Blick auf Västervik … Nun gut, innen ist die altmodische Einrichtung eher ein Desaster, aber das Essen – von Thai-Curry bis zu schwedischen Fleischklößen – ist gut gekocht und lecker. Das Mittagessen bietet viel fürs Geld, denn Salat und Kaffee sind im Preis inbegriffen.

Dolce e Salato ITALIENISCH €€

(☎ 0490-368 85; www.dolceesalato.se; Strömsgatan 7; Hauptgerichte 115 Skr; ⏰ Mo–Do 11.30–15.30, Fr & Sa 11.30–22 Uhr; 🐾) Das Dolce e Salato ist das beste italienische Restaurant der Stadt – kein Wunder, es gehört schließlich auch einem Italiener, der den Laden höchstpersönlich schmeißt. Die Pastagerichte sind schon etwas Besonderes, aber das Eis ist noch einmal eine Klasse besser: Es wird vor Ort gemacht, wie es eben nur Italiener können …

⭐ Saltmagasinet SCHWEDISCH €€€

(www.saltmagasinet.se; Kulbaken; Hauptgerichte 250–345 Skr; ⏰ Mittagessen 11.30–15 Uhr, Abendessen Mo–Sa 11.30–17 Uhr) 🍴 Das Restaurant befindet sich auf demselben Hügel wie Unos Torn und ist für seine tolle Aussicht bekannt. Es wurde vier Jahre in Folge vom *White Guide,* der schwedischen Gourmetbibel, zum besten Lokal der Stadt gewählt. Außerdem zählt es zu den zehn besten Restaurants Schwedens hinsichtlich der Verarbeitung von Zutaten aus biologischem Anbau und fairem Handel. Ob Räucherfisch, Rote-Beete-Suppe oder Lamm – alles ist vortrefflich zubereitet und zudem noch schön präsentiert. Zum Lokal gehört eine hervorragende Bäckerei im gleichen Gebäude.

Restaurang Smugglaren EUROPÄISCH €€€

(☎ 0490-213 22; www.smugglaren.se; Smugglaregränd 1; Hauptgerichte 250–345 Skr; ⏰ Mo–Sa ab 18 Uhr) Das Restaurant in einem anheimelnden Holzhaus liegt etwas versteckt in einer Gasse des Strandvägen. Hier werden klassische schwedische Gerichte einfallsreich aufgepeppt. Auf den Tisch kommen dann Kreationen wie Rindfleisch mit Preiselbeeren oder Lachs-Tournedos. Modellschiffe, Paraffinlampen und durchaus auch ein Elchkopf tragen zum exzentrischen Flair bei.

ℹ Praktische Informationen

Västervik Touristeninformation (☎ 0490-875 20; www.vastervik.com; ⏰ Mai–Ende Juni Mo bis Fr 10–18, Sa 10–14 Uhr, restliches Jahr kürzer)

ℹ An- & Weiterreise

Fernbusse halten vor dem Bahnhof am Ostrand der Innenstadt. Züge verkehren auf der Strecke Västervik–Linköping bis zu zehnmal am Tag (150 Skr, 1¾ Std.). Busverbindungen gibt es täglich alle 60 bis 90 Min. nach Vimmerby (90 Skr, 1 Std.) sowie im Zwei-Stunden-Takt nach Oskarshamn (98 Skr, 1 Std.) und Kalmar (105 Skr, 2¾ Std.).

Svenska Buss fährt viermal wöchentlich nach Stockholm, Kalmar, Karlskrona und Malmö. Swebus Express verkehrt auf der Strecke Västervik–Vimmerby–Eksjö–Jönköping–Göteborg.

Vimmerby

☎ 0492 / 15 600 EW.

Vimmerby ist der Geburtsort von Astrid Lindgren und beherbergt eine der Lieblingsattraktionen Schwedens, einen Freizeitpark zum Thema Pippi Langstrumpf. Fast alles in der Stadt dreht sich um das stärkste Mädchen der Welt – ein Entkommen ist hier kaum möglich!

⊙ Sehenswertes & Aktivitäten

Astrid Lindgrens Värld VERGNÜGUNGSPARK

(☎ 0492-798 00; www.alv.se; Erw./Kind/Fam. 395/280/1295 Skr; ⏰ Juni–Aug. tgl. 10–18 Uhr, Sept. Sa & So 10–17 Uhr; P) Kleinere Kinder und Fans von Pippi Langstrumpf sollten die Astrid Lindgrens Värld am nördlichen Stadtrand unbedingt besuchen. Schauspielerinnen, die wie Pippi angezogen sind – samt Rattenschwänzen, die der Schwerkraft trotzen –, singen und tanzen sich durch die 100 Gebäude und Kulissen, die aus den Büchern bekannt sind. In der Nebensaison fallen die Preise, allerdings gibt es dann auch weniger Aktivitäten und Theatervorstellungen. Der Themenpark liegt nur 15 Minuten zu Fuß vom Stadtzentrum Vimmerbys entfernt.

Zum Areal gehören ein Restaurant mit vernünftigen Preisen, ein Fastfood-Imbiss sowie diverse Cafés. Eingefleischte Fans können auf dem angrenzenden Campingplatz übernachten.

Astrid Lindgrens Näs MUSEUM

(☎ Führungen 0492-76 94 00; www.astridlindgrensnas.se; Prästgården 24; Erw./Kind 120 Skr/frei, Führungen Erw./Kind 95/50 Skr; ⏰ Mitte Juni–Ende Aug. 10–18 Uhr, restl. Jahr kürzer; P) Gleich in der Nähe von Astrid Lindgrens Värld befindet sich Astrid Lindgrens Näs, ein faszinierendes Kulturzentrum auf dem Bauernhof, in dem Astrid Lindgren aufgewachsen ist. Eine Dauerausstellung informiert über das Leben der Schriftstellerin, Wechselausstellungen beschäftigen sich mit Astrid Lindgrens Geschichten und ihrem Vermächtnis.

Das eigentliche Highlight ist jedoch die halbstündige **Führung** (Erw./Kind 95/50 Skr; ☺ im Sommer tgl., das restliche Jahr nur nach Vereinbarung) durch das originalgetreu restaurierte Elternhaus der Schriftstellerin. Wann genau sie stattfindet, lässt sich am besten durch einen Telefonanruf abklären.

Die Führer erwecken jedenfalls das Haus durch unterhaltsame Anekdoten zu neuem Leben, über die man anschließend bei einem anständigen Kaffee und einem Buch im Café oder Andenkenladen des Kulturzentrums noch lange nachsinnen kann.

Seit 2014 sind die herrlichen Gärten öffentlich zugänglich. Wer dann langsam genug von roten Pippi-Langstrumpf-Zöpfen hat, sollte die Storgatan hinunterbummeln, um sich die malerischen Holzhäuser aus dem 18. und 19. Jh. anzuschauen.

🛏 Schlafen & Essen

In der Stadt besteht kein Mangel an Unterkünften, die oft in Kombination mit dem Besuch der Themenparks angeboten werden. Die Touristeninformation weiß Details.

Vimmerby Vandrarhem
HOSTEL €
(☎ 0492-100 20; www.vimmerbyvandrarhem.nu; Järnvägsallén 2; Zi. ab 520 Skr; Ⓟ @) Das fröhliche Hostel in einem schönen Holzgebäude liegt direkt neben dem Bahnhof. Im Angebot sind auch teurere Doppelzimmer mit „normalen" Betten (keine Stockbetten). Einen Garten und einen Grill gibt's hier ebenfalls.

Campingplatz
CAMPINGPLATZ €
(☎ 0492-798 00; www.alv.se; Astrid Lindgrens Värld; Zeltplatz/4-Bett-Hütte ab 380/1795 Skr; ☺ Mitte Mai–Aug.; Ⓟ) Wer den Themenpark besucht, findet diese Zeltplätze und Hütten direkt vor Ort sicher praktisch.

Vimmerby Stadshotell
HOTEL €€
(Best Western; ☎ 0492-121 00; www.vimmerby stadshotell.se; Stora Torget 9; EZ/DZ 1195/1395 Skr; Ⓟ @) Das leuchtend rosa Gebäude am Hauptplatz lässt sich gar nicht übersehen. Die Zimmer sind nicht so toll, wie die Fassade vermuten lässt, aber gemütlich sind sie durchaus und auch mit einer Minibar und Kabelfernsehen ausgestattet. Das Personal ist freundlich und das Hotelrestaurant serviert Speisen, die in dieser Stadt sicher zu den besseren zählen.

Konditori Brödstugan
BÄCKEREI €
(☎ 0492-104 21; Storgatan 42; Mahlzeiten etwa 65 Skr; ☺ Mo–Fr 8–17, Sa 8–14 Uhr) Diese quirlige Bäckerei mit Café bietet eine breite Auswahl an Quiches, Salaten, Ofenkartoffeln und warmen Gerichten.

ℹ Praktische Informationen

Touristeninformation (☎ 0492-310 10; www.vimmerbyturistbyra.se; Rådhuset 1, Stångågatan 29; ☺ Ende Juni–Mitte Aug. tgl. 9–20 Uhr, Anfang Juni & Ende Aug. Mo–Fr 9–18, Sa & So 9–14 Uhr, restl. Jahr kürzer) Vimmerbys hilfreiche Touristeninformation liegt direkt am Stora Torget.

ℹ An- & Weiterreise

Alle Busse und Züge fahren am Reisezentrum (Resecentrum) ab; es befindet sich ein Stück unterhalb vom Stora Torget, bergab an der Kirche vorbei. Swebus Express fährt nach Eksjö, Jönköping und Göteborg sowie in der Gegenrichtung nach Västervik (79 Skr, 1¼ Std.).

Svenska Buss verkehrt täglich auf der Strecke Stockholm–Linköping und Vimmerby.

Südlich von Vimmerby fahren die Busse weiter nach Oskarshamn und Åseda bzw. nach Kalmar und Nybro.

Züge verkehren mehrmals täglich gen Süden nach Kalmar und gen Norden nach Linköping.

ÖLAND

☎ 0485 / 25 000 EW.

Öland ist von alten Holzwindmühlen buchstäblich übersät, als wäre es ein Wahnbild des Don Quichotte. Aber Mitte des 18. Jhs. standen die Mühlen für Reichtum und Macht. Sie waren Statussymbole für jeden ehrgeizigen Mann mit Neigung zu Höherem und Todesstoß für etliche Eichenwälder Ölands. Heute stehen noch etwa 400 von ihnen, viele liebevoll restauriert von einheimischen Windmühlenvereinen.

Die Insel ist mit 137 km Länge und 16 km Breite Schwedens kleinste Provinz. Das einstige königliche Jagdrevier ist heute ein beliebtes Sommerferienziel der Schweden. Selbst die königliche Familie besitzt hier ein Sommerhaus. Jährlich besuchen um die 2 Mio. Menschen die Insel, die meisten kommen im Juli. Rund 90 % strömen zum Baden und Faulenzen an die goldenen Strände in der Nordhälfte der Insel. Hinter den Stränden locken Märchenwälder zu verträumten Spaziergängen.

Die gesamte Südhälfte Ölands südlich von Färjestaden wurde zum Weltkulturerbe der Unesco erklärt. Der Grund ist die einzigartige Agrarlandschaft, die seit der Steinzeit ununterbrochen besiedelt und bewirtschaf-

Öland

N 0 ▬▬▬▬ 20 km

Öland

Ölands Skördefest (www.skordefest.nu; ⊙ Ende Sept.), ein dreitägiges Erntefest, ist das größte seiner Art in Schweden.

❶ Praktische Informationen

Eine Brücke führt von Kalmar auf die Insel gleich nördlich von Färjestaden hinüber, wo sich eine gut ausgestattete **Touristeninformation** (☎ 485-89 000; www.olandsturist.se; ⊙ Juli bis Mitte Aug. Mo–Fr 9–19, Sa 9–18, So 9–17 Uhr) im Träffpunkt Öland befindet. Die Mitarbeiter buchen Unterkünfte auf der Insel (zuzüglich einer Buchungsgebühr von 195 Skr) und organisieren Pauschalangebote wie Aufenthalte mit Radtouren, Wellness oder auch kulinarischen Höhepunkten. Eine kleine Ausstellung zu Geschichte und Natur der Insel gibt es hier ebenfalls zu sehen.

Eine weitere kleinere Touristeninformation befindet sich in Borgholm an der Westküste.

tet wird und von Runensteinen und Grabsteinhaufen überzogen ist.

Es gibt erstaunlich wenige Hotels, dafür aber zahllose Privatzimmer (über die Touristeninformation zu buchen), über 25 Campingplätze und mindestens ein Dutzend Hostels (Reservierung empfohlen). Campen zwischen Mittsommer und Mitte August kann bis zu 300 Skr pro Platz kosten.

Die Einheimischen betrachten die Insel gern als die Provence Schwedens, so erklären sich auch die unzähligen Bauernmärkte und die vielen Wanderungen, die mit kulinarischen Genüssen in Verbindung stehen.

ℹ Anreise & Unterwegs vor Ort

BUS

Busse von **Silverlinjen** (www.silverlinjen.se) verkehren zweimal täglich direkt von Öland nach Stockholm (Erw./Kind 320/220 Skr, 6½ Std.) mit Zwischenstopp in Kalmar; eine Reservierung ist unbedingt erforderlich.

Busse von **KLT** (www.klt.se) verbinden alle wichtigen Orte auf der Insel mit Kalmar; sie verkehren im Ein- bis Zwei-Stunden-Takt nach Borgholm (56 Skr, 1 Std.) und Mörbylånga (40 Skr, 1 Std.). Einige wenige Busse (z. B. der Bus 106) fahren täglich nach Byxelkrok und Grankullavik (beide 96 Skr, etwa 2¼ Std.) in den äußersten Norden der Insel. Die Verbindungen in den Süden sind dürftig, wobei es von Mai bis August etwas besser aussieht.

FAHRRAD

Die Brücke, die von Öland nach Kalmar führt, hat keinen separaten Radweg – also gut aufpassen! Im Sommer sind Fahrräder wegen des hohen Verkehrsaufkommens generell auf der Brücke verboten – der kostenlose Cykelbuss oder die Cykelfärje transportiert dann die Radfahrer auf die andere Seite (etwa stündlich, in der Touristeninformation von Kalmar nachfragen).

Wer über Öland strampeln will, sollte einen Blick auf die Website von **Cykla på Öland** (www.cyklapaoland.se) werfen – sie stellt Radtouren vor und gibt weitere praktische Tipps.

SCHIFF

Von Mitte Juni bis Mitte August fährt die **M/S Solsund** (www.olandsfarjan.se) zweimal täglich von Byxelkrok (im Nordwesten von Öland) nach Oskarshamn (auf dem Festland, 60 km nördl. von Kalmar). Die einfache Fahrt kostet pro Erw./Kind 7–16 Jahre 150/100 Skr, ein Auto mit bis zu fünf Passagieren 600 Skr; Fahrräder werden generell gratis befördert.

Borgholm & Umgebung

Borgholm, die „Hauptstadt" von Öland, ist der betriebsamste Ort mit einem netten Zentrum und einem Netz an autofreien Straßen, die von Geschäften und Restaurants gesäumt werden; im Hochsommer wird es hier oft brechend voll. Die beeindruckendste Sehenswürdigkeit ist die gewaltige Schlossruine am Stadtrand.

◉ Sehenswertes

★ Sollidens Slott   SCHLOSS

(www.sollidensslott.se; Erw./Kind 75/45 Skr; ⏰ Mitte Mai–Mitte Sept. 11–18 Uhr) Das berühmteste „Sommerhaus" Schwedens liegt 2,5 km südlich des Stadtzentrums von Borgholm und wird von der schwedischen Königsfamilie bis heute genutzt. Die ungewöhnlich schönen Gärten sind öffentlich zugänglich und einen Spaziergang wirklich wert.

Das idyllische Café bietet sich an, um nach dem Besuch des Gartens eine nette Pause einzulegen.

★ Borgholms Slott   SCHLOSS

(www.borgholmsslott.se; Erw./Kind 70/40 Skr; ⏰ Juni–Aug. 10–18 Uhr) Die größte Schlossruine Nordeuropas, Schloss Borgholm, ragt im Süden der Stadt auf. Der monumentale Kalksteinbau ging im 18. Jh. in Flammen auf und wurde anschließend aufgelassen, nachdem er noch eine Weile eine Färberei beherbergt hatte. Innen befindet sich ein tolles Museum, gleich in der Nähe liegt ein Naturschutzgebiet. Im Sommer finden hier regelmäßig Konzerte statt.

VIDA Museum & Konsthall   MUSEUM

(☎ 0485-774 40; www.vidamuseum.com; Erw./Kind 50 Skr/frei; ⏰ Juli–Anf. Aug. tgl. 10–18 Uhr, restliches Jahr kürzer; Ⓟ) Das VIDA Museum & Konsthall ist ein auffälliges, modernes Museum mit Kunstgalerie in Halltorp, das etwa 9 km südlich von Borgholm liegt. Die schönsten Säle widmen sich zwei der renommiertesten Glasdesigner Schwedens.

Gärdslösa Kyrka   KIRCHE

(⏰ Mitte Mai–Mitte Sept. tgl. 11–17 Uhr) GRATIS Die Kirche an der Ostküste, rund 13 km südöstlich von Borgholm, gilt als die am schönsten erhaltene mittelalterliche Kirche (1138) auf der ganzen Insel Öland.

🛏 Schlafen

Die Touristeninformation ist bei der Suche nach einem Privatquartier in Borgholm und Umgebung behilflich.

★ Villa Sol   B&B €

(☎ 0485-56 25 52; www.villasol.nu; Slottsgatan 30; EZ/DZ mit Bad ab 450/800 Skr; ☎) Die sonnengelbe Fassade stimmt schon auf dieses reizende B&B ein, das sich in einer ruhigen Wohnstraße unweit von Borgholms Zentrum befindet. Die Zimmer im Haupthaus teilen sich zwei Gemeinschaftsbäder, eine voll ausgestattete Küche im Cottagestil und ein anheimelndes Wohnzimmer mit Büchern und Brettspielen. Die unwesentlich teureren Gartenzimmer befinden sich in separaten Chalets, die auf einen Garten mit vielen Blumen hinausgehen.

Ebbas Vandrarhem & Trädgårdscafé

HOSTEL €

(☎ 0485-103 73; www.ebbas.se; Storgatan 12; B/EZ/DZ 300/375/580 Skr; ⊙ Mai–Sept.; 🛜) Am besten hält man einfach Ausschau nach dem nostalgischen Morris Minor 1000 aus den 1950er-Jahren, der vor dem Haus parkt. Fünf der zitronengelben Zimmer gehen auf den wunderschönen Garten mit Rosenbeeten hinaus, vier auf die betriebsame Hauptstraße des Ortes. Eine Küche für Selbstversorger ist ebenfalls vorhanden.

Aber die Gäste können natürlich auch einfach unten im Café vorbeischauen, wo im Sommer gute warme und kalte Speisen (Mittagessen 100 Skr) bis 21 Uhr serviert werden.

Hotell Borgholm

HOTEL €€€

(☎ 0485-770 60; www.hotellborgholm.com; Trädgårdsgatan 15-19; EZ/DZ 1335/1535 Skr; ❄ @ 🛜) Kühle Grautöne, auffällige Wandgestaltung, Kiefernholzböden und schicke, funktionale Möbel sorgen in diesem urbanen Hotel für einen stilvollen Schlaf. Die Zimmer sind geräumig, die im obersten Stockwerk (1885 Skr) besonders schick. Da die Besitzerin Karin Fransson zu Schwedens Spitzenköchen zählt, läuft in diesem Restaurant (Degustationsmenü 1075 Skr) ohne frühzeitige Tischreservierung kaum etwas.

🍴 Essen & Ausgehen

Nya Conditoriet

BÄCKEREI €

(Storgatan 28; ⊙ Mo–Fr 8–17, Sa 8–15 Uhr) Die betriebsame altmodische Bäckerei mit Café in Borgholm serviert leckere Sandwiches und Gebäck.

Robinson Crusoe

EUROPÄISCH €€

(www.robinsoncrusoe.se; Hamnvägen; Mittagsbüfett 130 Skr, Hauptgerichte ab 150 Skr; ⊙ April–Sept. 12–22 Uhr) Hier können es sich die Gäste auf den dunkelroten Sofas auf der Terrasse gemütlich machen, um einen Cocktail zu schlürfen oder einen wirklich hervorragenden Kaffee zu trinken – oder sich am Büfett schadlos zu halten, das täglich aufgebaut wird. Das Ambiente ist einfach himmlisch: Das Restaurant liegt direkt am Hafen, in dem idyllisch die Boote dümpeln.

ℹ Praktische Informationen

Touristeninformation (☎ 0485-890 00; Storgatan 1; ⊙ Juli Mo–Fr 9–18, Sa 9–17, So 10–16 Uhr, Ende Mai–Juni Mo–Fr 9–18, Sa 10–16 Uhr, restl. Jahr kürzer) Sie befindet sich in der Storgatan in Borgholm, und zwar an dem Ende, wo auch der Jachthafen liegt.

Der Norden von Öland

Der Norden der Insel beeindruckt mit einer wilden Schönheit. Hier liegen auch die tollsten Strände.

◎ Sehenswertes

Die stimmungsvolle **Källa kyrka** an einem kleinen Hafen etwa 36 km nordöstlich von Borgholm (abseits der Straße 136) ist ein schönes Beispiel für Ölands mittelalterliche Wehrkirchen. Die zerbrochenen **Runensteine** in der Kirche zeigen ein christliches Kreuz, das aus einem heidnischen Lebensbaum wächst.

Grankullavik ganz im äußersten Norden bietet Sandstrände und ist im Sommer überlaufen, **Lyckesand** zählt zu den besten Stränden der Insel. Die alten, durch den starken Wind krumm gewachsenen Bäume und die alten Grabhügel und Steinsetzungen im nahe gelegenen **Naturschutzgebiet Trollskogen** (Wald der Trolle) lohnen den Besuch. Auf der äußersten Nordwestspitze liegt das wunderschöne **Naturschutzgebiet Neptuni Åkrar**, bekannt für den im Frühsommer üppig blau blühenden Gewöhnlichen Natternkopf.

Sandvikskvarn

HISTORISCHES GEBÄUDE

(www.sandvikskvarn.se; Erw./Kind 20 Skr /frei; ⊙ Mai–Sept. tgl. 12–20 Uhr, Mitte Juni–Mitte Aug. 12–22 Uhr; ℙ) In Sandvik an der Westküste, rund 30 km nördlich von Borgholm, beeindruckt diese Holländerwindmühle; sie ist die größte Windmühle Nordeuropas und eine der größten der Welt. Im Sommer können die Besucher die sieben Stockwerke hochsteigen, um dann von oben den herrlichen Blick hinüber zum Festland zu genießen.

Im rustikalen Restaurant kommen Spezialitäten aus der Region auf den Tisch, beispielsweise *lufsa* (Kartoffelpuffer mit Schweinefleisch; 75 Skr). Gleich nebenan befindet sich eine Pizzeria (Pizza ab 80 Skr).

🛏 Schlafen & Essen

Neptuni Camping

CAMPINGPLATZ

(☎ 0485-284 95; www.neptunicamping.se; Småskogsvägen; Zeltplatz 200 Skr, Hütten ab 400 Skr; ℙ) Der Campingplatz gleich nördlich von Löttorp mit Rasenflächen wirkt wild und verfügt über gute Einrichtungen.

Kaffestugan

CAFÉ €

(☎ 0485-221 27; www.kaffestuganiboda.se; Böda; Sandwiches 45–50 Skr; ⊙ Juni–Aug. tgl. 7–18 Uhr,

Mai–Sept. Fr–So 8–17 Uhr) Das Café in der Hauptstraße des winzigen Böda röstet seinen eigenen Fair-Trade-Kaffee. Aus der Backstube kommen viele Leckereien – von köstlichen Obstkuchen und Torten bis hin zu Biobrot und würzigen Lavendel-Schoko-Keksen.

Lammet & Grisen SCHWEDISCH €€
(☎ 0485-203 50; www.lammet.nu; Löttorp; Büfett 395 Skr; ⏰ ab 16.30 Uhr; P ♿) In diesem besonders familienfreundlichen Restaurant, nur 10 km südlich von Böda, werden All-you-can-eat-Abende veranstaltet, bei denen komplette Lämmer und Schweine am Spieß gebraten werden – untermalt von Livemusik.

Das Zentrum von Öland

Festungen, ein Zoo und ein Bauerndorf sind die größten Attraktionen im mittleren Teil der Insel. Der größte Ort ist Färjestaden (Fährenstadt) mit Banken, Dienstleistern und einem Systembolaget. Durch die Brücke hat der Ort zwar seinen Daseinszweck verloren, dafür versucht man nun, die historische Anlegestelle neu zu beleben.

⊙ Sehenswertes & Aktivitäten

Gråborg, die größte eisenzeitliche Ringfestung Schwedens, stammt aus der Zeit, als das Römische Reich zu zerfallen begann. Ihre monumentalen Wälle haben einen Umfang von 640 m, auch wenn ein Großteil des Mauerwerks später als Baumaterial geplündert wurde. Nach der Aufgabe der Festung erwachte sie um 1200 wieder zum Leben, als die benachbarte **St.-Knuts-Kapelle** (heute eine Ruine) gebaut wurde. Die Gråborg-Anlage liegt rund 8 km östlich von Färjestaden und ist nur mit dem eigenen Fahrzeug zu erreichen.

Die weitläufige **Festung Ismantorp** mit Resten von 88 Häusern und neun geheimnisvollen Toren liegt tief im Wald, und zwar etwa 20 km nordöstlich von Ölands Djurpark. Man fährt in nördlicher Richtung nach Rälla und biegt dann rechts in die Högsrumsvägen ab; auf dieser Straße geht es dann rund 10 km weiter, bis schließlich die Festungsruine erreicht ist. Die unberührte Festungsruine lässt erkennen, dass die winzigen Hütten des Dorfes einst von einem Mauerring umgeben waren.

Eketorp (S. 269) im Süden von Öland präsentiert sich als fantasievolle Rekonstruktion vergleichbarer Ruinen. Das Areal südlich der Straße von Ekerum nach Långlöt kann jederzeit besichtigt werden.

Ein 17 km langer **Wanderweg** führt von Gråborg zur Festung Ismantorp.

Himmelsberga MUSEUM
(☎ 0485-56 10 22; www.himmelsbergamuseum.com; Himmelsberga; Erw./Kind 80/60 Skr; ⏰ Juni bis Mitte Aug. tgl. 11–17.30 Uhr, restliches Jahr kürzer) Himmelsberga gilt als das beste Freilichtmuseum auf Öland. Es handelt sich dabei im Grunde um ein traditionelles Fischerdorf an der Ostküste bei Långlöt mit malerischen Häuschen, die voll möbliert sind. In den Futterkrippen liegt Heu, und an der Tür stehen die Pantoffeln. Alles wirkt so überzeugend und echt, dass man schwören könnte, die Bewohner seien bloß mal kurz für einen Moment weggegangen.

Ein hübsches Café und eine moderne Kunstgalerie lohnen ebenfalls den Besuch.

Ölands Djurpark ZOO
(☎ 0485-392 22; www.olandsdjurpark.com; Färjestaden; Eintritt 350 Skr; ⏰ Mitte Mai–Mitte Aug. tgl. 10–17 Uhr, April–Mitte Mai & Mitte Aug.–Okt. 11–16 Uhr; P) Die Besucher erwartet ein kombinierter Tierpark, Vergnügungspark und Wasserpark. Kinder unter 1 m bezahlen keinen Eintritt.

🛏 Schlafen & Essen

STF Vandrarhem Ölands Skogsby HOSTEL
(☎ 0485-383 95; www.vandrarhskogsby.se; EZ/DZ pro Pers. 180/320 Skr; ⏰ Mitte April–Sept.; P @ 🛜) Das nette STF-Hostel behauptet von sich, das älteste in ganz Schweden zu sein – es stammt aus dem Jahr 1934. Das alte Holzhaus findet man 3 km südöstlich von Färjestaden. Bus 103 (30 Skr), der auf der Strecke Färjestaden–Mörbylånga verkehrt, kommt mindestens fünfmal am Tag dort vorbei.

Gärdby Kafe CAFÉ €
(☎ 0485-330 06; Gärdby; Snacks ab 50 Skr; ⏰ Mo–Fr 10–17, Sa & So 10–16 Uhr) Ein Abstecher in dieses Café lohnt sich. Es datiert aus den 1920er-Jahren und verströmt mit seinen blendend weißen, markanten Gaststuben viel Charme. Schön ist aber auch der weitläufige Garten mit verwitterten Skulpturen und ein paar Tischen und Stühlen, die darin verstreut herumstehen. Hier bekommt man köstliche Snacks, traditionelle Süßigkeiten, vor Ort hergestellte Delikatessen und einen sehr leckeren Kaffee.

Die kleinen Häuschen draußen wurden in Läden umfunktioniert, die nun Kleidung und geschmackvolle Haushaltsartikel verkaufen. Für Kinder gibt es ein Spielhaus.

Der Süden von Öland

Die Südhälfte der Insel zählt zum Weltkulturerbe der Unesco. Ihre baumlose und gespenstisch schöne Kalksteinlandschaft ist mit vielen Erinnerungen an menschliche Siedlungen und Kämpfe übersät. Von Straßendörfern, eisenzeitlichen Festungen und Gräbern mal abgesehen, ist die Gegend aber auch ein Naturparadies.

◉ Sehenswertes & Aktivitäten

★ Eketorp   ARCHÄOLOGISCHE STÄTTE

(www.eketorp.se; Erw./Kind 120/80 Skr; ⊙ Mai-Juni & Ende Aug. tgl. 11–17 Uhr, Juli–Mitte Aug. tgl. 10.30–18 Uhr; P 🚻) Wer sich nicht vorstellen kann, wie eine Ringfestung in ihren besten Tagen ausgesehen haben könnte, sollte Eketorp einen Besuch abstatten. Die Stätte wurde zum Teil rekonstruiert, um zu vermitteln, wie im Mittelalter typische Wehrdörfer ausgesehen haben könnten. Den Kindern gefallen die frei herumlaufenden Schweine; ein besonderer Spaß ist die Festung jedoch an den Mittelaltertagen – einfach anrufen und nachfragen, wann es wieder so weit ist.

Ausgrabungen haben über 26 000 Artefakte zutage gefördert, darunter 3 t menschliche Gebeine; einige der Funde werden im kleinen **Museum** ausgestellt. Von Ende Juni bis Ende August finden täglich Gratisführungen auf Englisch statt (11.15, 13.15 und 14.15 Uhr). Die Festung liegt 6 km nordöstlich von Grönhogen; von Mörbylånga fahren mehrere Busse dorthin, aber nur im Sommer.

Stora Alvaret   NATURSCHUTZGEBIET

Vögel, Insekten und Blumen bevölkern die markante Kalksteinebene Stora Alvaret. Vögel lassen sich am besten im Mai und Juni beobachten; um diese Zeit stehen auch die Sonnenröschen und seltenen Orchideen in voller Blütenpracht. Die Ebene nimmt einen Großteil des Binnenlands von Süd-Öland ein; von Mörbylånga und Degerhamn verlaufen Straßen quer hindurch.

Mysinge und Gettlinge   ARCHÄOLOGISCHE STÄTTE

Die alten Gräberfelder **Mysinge** und **Gettlinge** erstrecken sich kilometerweit auf dem Hügelrücken entlang der Hauptstraße von Mörbylånga nach Degerhamn. Zu sehen sind Begräbnisstätten und stehende Steine aus der Steinzeit bis zur späten Eisenzeit. Das größte Einzelmonument ist **Mysinge Hög**, ein Hügelgrab aus der Bronzezeit 4 km östlich von Mörbylånga, von dem sich ein toller Blick über fast die gesamte archäologische Stätte bietet, die zum Kulturerbe zählt.

Gräsgårds Fiskehamn   HAFEN

An der Ostküste, etwa 5 km nördlich von Eketorp, präsentiert sich Gräsgårds Fiskehamn als reizender Fischerhafen. Ein kleines Stück weiter in Richtung Norden befinden sich in **Seby** ein Runenstein aus dem 11. Jh. und in **Segerstad** Monolithen, Steinkreise und über 200 Gräber.

Ölands südlichster Punkt   WAHRZEICHEN

Der südlichste Punkt von Öland besteht aus endlos weitem Himmel, Meer und mit Felsen übersäten Weiden – ein wirklich beeindruckender Anblick! Das fast komplett vom Meer umrahmte Naturschutzgebiet steht mit Recht bei Vogelliebhabern hoch im Kurs.

Interessant sind das kostenlose **Naturum** (Besucherzentrum; ☎ 0485-66 12 00; www.ottenby.se; ⊙ Juli–Mitte Aug. tgl. 10–18 Uhr, Mai, Juni & Mitte Aug.–Sept. 11–17 Uhr, April, Okt. & Nov. 11–16 Uhr, März Fr–So 11–16 Uhr) GRATIS mit einem tollen Café-Restaurant und dem mit 42 m höchsten Leuchtturm Skandinaviens. Der **Långe Jan** (Erw./Kind 30/10 Skr) kann bestiegen werden.

🛏 Schlafen & Essen

In Mörbylånga gibt es Supermärkte.

Gammalsbygårdens Gästgiveri   B&B €€

(☎ 0485-66 30 51; www.gammalsbygarden.se; EZ/DZ 700/900 Skr; ⊙ Weihnachten bis Ostern geschl.; P @) Das Bauernhaus auf dem Land befindet sich an der unglaublich schönen Südostküste, 5 km nördlich von Eketorp. Die Lounge wirkt wie aus dem Bilderbuch, auch die fröhlichen Zimmer mit weiß getünchten Wänden und behaglicher Fußbodenheizung können sich sehen lassen. Einige der Doppelzimmer haben einen Balkon. Im Restaurant kommen Fisch, Reh, Lamm und himmlische Nachspeisen auf den Tisch. Ohne rechtzeitige Reservierung geht hier gar nichts.

Mörby Vandrarhem & Lågprishotell   HOSTEL €

(☎ 0485-493 93; www.morbyhotell.se; Bruksgatan; Hostel EZ/DZ 350/550 Skr, Hotel EZ/DZ

Gotland

Gotland  0 ━━━━ 30 km

650/850 Skr; Mai–Aug.; P@🛜🅿) Die Unterkunft im kleinen Mörbylånga bietet Zimmer, die eine Mischung aus Hostel und Hotel sind. Das große anonyme Gebäude wirkt ein bisschen wie ein Krankenhaus, bietet jedoch einen Pool und jede Menge Platz, außerdem befinden sich gleich in der Nähe ein Park und Strände. Für Ausflüge können Leihräder gemietet werden.

Restaurang & Pizzeria Linda   PIZZA €

(0485-410 79; Torget; Pizza ab70 Skr; Mo–Do 11.30–20, Fr 11.30–21, Sa 12–21, So 12–20 Uhr) Das Lokal am (eher bescheidenen) Hauptplatz von Mörbylånga bietet eine gemütliche Gaststube in Backstein, eine von Blumen gesäumte Terrasse sowie Tische auf dem Rasen hinter dem Haus. Auf den leckeren Pizzas türmen sich die Zutaten.

GOTLAND

0498

Das grandiose Gotland hat viel, womit sich gut angeben lässt: eine Hauptstadt, die zum Weltkulturerbe der Unesco gehört, Wälder voller Trüffel, erlesene Speiselokale, talentierte Kunsthandwerker und mehr Sonnenstunden als jeder andere Ort in Schweden.

Zudem ist dies eine der geschichtsträchtigsten Regionen des ganzen Landes – mit über 100 mittelalterlichen Kirchen und unzähligen prähistorischen Stätten.

Die Insel liegt etwa auf halbem Weg zwischen Schweden und Lettland, in der Mitte der Ostsee und ungefähr gleich weit von den Festlandshäfen Nynäshamn und Oskarshamn entfernt.

Vor ihrer Nordostspitze liegt die Insel Fårö, berühmt als Wohnort des schwedischen Starregisseurs Ingmar Bergman.

38 km weiter nördlich befindet sich die als Nationalpark geschützte Insel Gotska Sandön und vor der Westküste liegen die Inselchen Stora Karlsö und Lilla Karlsö.

Informationen über Gotland gibt es reichlich. Die Websites www.gotland.net und www.guteinfo.com bieten einen guten ersten Überblick.

ℹ️ An- & Weiterreise

FLUGZEUG

Die preisgünstigere regionale Fluglinie **Gotlands Flyg** (22 22 22; www.gotlandsflyg. se) bietet regelmäßig Flüge von Visby nach Stockholm-Bromma (1-mal bis 8-mal tgl.) und verkehrt täglich (Juni–Sept.) auf der Route Visby–Malmö. Ein Flugticket nach Stockholm oder Malmö kostet ab 346 Skr (einfach); Frühbucher erhalten eine Ermäßigung, auch kann man sich nach Stand-by-Preisen erkundigen.

Eine weitere Billigfluglinie ist **NextJet** (0771-90 00 90; www.nextjet.se); sie wickelt täglich zwei bis drei Flüge von Stockholm-Arlanda nach Visby (Juni–Sept.) ab. Das Ticket kostet ab 445 Skr (einfach).

Beliebte Flugziele, die allerdings nur im Sommer angeflogen werden, sind Göteborg, Hamburg, Oslo und Helsingfors (Helsinki).

Der **Flughafen** der Insel (26 31 00) liegt 4 km nordöstlich von Visby. Ein Taxi vom/zum Flughafen kostet etwa 180 Skr; im Sommer verkehrt auch ein Flughafenbus.

SCHIFF

Auf den Strecken Visby–Nynäshamn und Oskarshamn fahren ganzjährig Fähren von **Destination Gotland** (0771-22 33 00; www. destinationgotland.se). In Nynäshamn legen sie ein- bis sechsmal täglich ab (Fahrzeit etwa 3 Std.), von Oskarshamn nur ein- bis zweimal am Tag in beide Richtungen (Fahrzeit 3–4 Std.).

Fähren von **Gotlandsbåten** (www.gotlandsbaten.se) fahren täglich (Juni–Aug.) von Västervik nach Visby (ab 250 Skr, etwa 3 Std.).

Die einfache Fahrkarte für Erwachsene kostet ab 260 Skr. Von Mitte Juni bis Mitte August gestaltet sich das Tarifsystem erheblich kompli-

DER SÜDOSTEN & GOTLAND GOTLAND

DIE INSEL DER KIRCHEN

Gotland wirbt für sich mit der höchsten Konzentration an mittelalterlichen Kirchen in ganz Nordeuropa. 92 Gotteshäuser stehen in den Dörfern um Visby; und über 70 sind noch mit mittelalterlichen Fresken ausgeschmückt, einige sogar mit extrem seltenen mittelalterlichen Buntglasfenstern. Allein in Visby gibt es ein Dutzend Kirchenruinen und einen Dom, der wie aus dem Märchen anmutet.

In den meisten Dörfern wurde zwischen Anfang des 12. Jhs. und Mitte des 14. Jhs. eine Kirche erbaut – in diesen 250 Jahren erlebte Gotland seine Blütezeit als Handelszentrum. Nach 1350 ließen Krieg und Wirren den Geldstrom versiegen, und die Tradition fand ein Ende. Es ist schon fast eine Ironie des Schicksals, dass ausgerechnet besagter Geldmangel der Insel eine Art Stillstand in Sachen Kirchenbau bescherte: Alte Kirchen wurden nicht zerstört, neue bis 1960 nicht erbaut. Somit sind sämtliche alte Kirchen noch in Betrieb, und die vielen mittelalterlichen Dörfer weiterhin lebendige Gemeinden.

Die meisten Kirchen sind von Mitte Mai bis Ende August täglich von 9 bis 18 Uhr geöffnet. Bei manchen Kirchen steckt sogar vor dem 15. Mai schon ein alter Schlüssel im Schloss, manchmal liegt er auch oben auf dem Türstock versteckt. Die englische Broschüre *The Churches in the Diocese of Visby* ist in Touristeninformationen erhältlich; sie bietet eine Landkarte, in der sämtliche Kirchen auf der Insel verzeichnet sind, informiert über die historischen Hintergründe und enthält ein provokantes, zum Nachdenken anregendes Zitat von Bischof Sven-Bernhard Fast, der da sagte: „Sie können 700 Jahre Stille hören, wenn Sie auf einer Kirchenbank unter dem Gewölbe dieser mittelalterlichen Kirche Platz nehmen ..."

zierter; generell sind dann einige der Nacht- und Abendfähren sowie die Schiffe, die ganz früh am Morgen ablegen, preiswerter.

Der Transport des Fahrrads schlägt mit 50 Skr zu Buche, ein Auto kostet ab 345 Skr, doch auch hier gilt im Hochsommer ein gestaffeltes Preissystem und es empfiehlt sich, frühzeitig vor Reiseantritt zu buchen.

ℹ Unterwegs vor Ort

Gotland verfügt über gut 1200 km an Straßen, die in der Regel durch Bilderbuchlandschaften von einem Dorf zum anderen führen. Hier mit dem Fahrrad herumzukurven ist ein himmlisches Vergnügen; mehrere Unternehmen in Visby bieten Leihräder an. Der Waldgürtel südlich und östlich von Visby ist praktisch für Leute, die mit dem Zelt unterwegs sind und wild campen wollen; die Gesetze sind liberal.

Viele Reisebüros und Fahrradverleiher auf der Insel vermieten auch Campingausrüstung. In Visby kann man sich bei **Gotlands Cykeluthyrning** (☏ 0498-21 41 33; www.gotlandscykeluthyrning.com; Skeppsbron 2) am Hafen ein Fahrrad ab 100 Skr/24 Std. leihen. Auch Zelte (Tag/ Woche 100/500 Skr) werden vermietet; zur Auswahl steht zudem ein Camping-Pauschalangebot (Tag 340 Skr, Woche 1500 Skr): Es besteht aus zwei Fahrrädern, einem Zelt, einem Campingkocher und zwei Schlafmatten.

Kollektiv Trafiken (☏ 0498-21 41 12; www.gotland.se) betreibt Busse, die von Dorf zu Dorf in alle Ecken der Insel fahren. Die nützlichsten

Routen mit bis zu sieben Verbindungen pro Tag fahren im äußersten Süden von Visby nach Burgsvik, im Norden von Visby nach Fårösund (mit Anschlussbus auf Fårö) sowie von Visby nach Klintehamn. Die einfache Fahrt sollte für die weitestmögliche Entfernung nicht mehr als 75 Skr kosten (für das Fahrrad sind allerdings weitere 40 Skr fällig); für echte Gotlandfans ist die Monatskarte zu 740 Skr eine interessante Alternative.

Einige Unternehmen und Tankstellen vermieten Autos. Bei **Avis** (☏ 21 98 10; www.avisworld. com; Donners Plats 2) in der Innenstadt von Visby oder **Europcar** (☏ 21 50 10; www.europcar.com; Visby flygplats) am Flughafen kostet ein Leihwagen ab 700 Skr pro Tag.

Visby

22 593 EW.

Die mittelalterliche Hafenstadt Visby allein lohnt schon die Reise nach Gotland. Innerhalb der wuchtigen Stadtmauern warten verwinkelte Straßen mit Kopfsteinpflaster, Holzhäuschen wie aus dem Märchenbuch, stimmungsvolle Kirchenruinen und steile Hügel, von denen sich ein toller Blick auf die Ostsee bietet. Essen und Trinken werden ebenfalls großgeschrieben, das kulinarische Angebot ist vom Feinsten. Und der wunderschöne Botanische Garten ist eine Oase der Ruhe, was besonders in der Hochsaison so

Visby

manchem ruhebedürftigen Besucher sehr gelegen kommt.

Visby steht heute auf der Liste des Weltkulturerbes der Unesco und wird zwischen Mitte Juni und Mitte August von Touristen förmlich überrannt. Wichtig zu wissen: In der Altstadt dürfen keine Autos fahren.

Der Höhepunkt der Saison ist für viele die alljährlich stattfindende Mittelalterwoche **Medeltidsveckan** (www.medeltidsveckan. com; Aug.) in der ersten oder zweiten Augustwoche mit kostümierten Teilnehmern, Aufführungen, Kunsthandwerk, Märkten und viel Mittelalterflair. Während der Mit-

telalterwoche gibt es praktisch keine Unterkünfte, es sei denn, man hat früh reserviert.

Sehenswertes & Aktivitäten

Visbys wirtschaftliche Blütezeit waren das 13. und 14. Jh., aus dieser Zeit stammt auch ihr Beiname „Regina Maris" – Königin des Meeres. Ihr Reichtum spiegelt sich in ihren Kirchen und der Stadtbefestigung. Die Stadt mit ihrer Mauer aus dem 13. Jh. samt 40 Türmen ist ein erhabener Anblick – der sich besonders schön genießen lässt, wenn man Visby einmal zu Fuß umrundet (3,5 km).

Visby

Aber man sollte auch Zeit für den Besuch des Botanischen Gartens einplanen sowie für die schmalen Straßen und reizenden Gassen ein Stück weiter südlich. Am besten besorgt man sich einen Stadtplan und die englischsprachige Broschüre *Welcome to World Heritage Visby*, die einen mit viel Infos durch die Stadt geleiten.

Die Touristeninformation organisiert kostenlose zweistündige Stadtführungen (Juni–Ende Aug. tgl. 11 Uhr), die vor der Touristeninformation beginnen. Es ist nicht nötig zu reservieren.

⭐ **Mittelalterliche Kirchen** KIRCHE
Die von den Franziskanern 1233 gegründete **St. Karins Kyrka** (Stora Torget) ist eine der beeindruckendsten mittelalterlichen Kirchen Visbys mit einem wunderschönen gotischen Innenraum. Eine weitere Ruine ist die prächtige **St. Nicolai Kyrka**, die 1230 von Dominikanermönchen erbaut wurde.

Die Ruine der **Helge And Kyrka** (Heiliggeistkirche) ist das einzige achteckige Gotteshaus in ganz Schweden. Es wurde 1200 erbaut, möglicherweise vom Bischof von Riga. Nach einem Brand im Jahr 1611 stürzte das Dach ein.

⭐ **Sankta Maria Kyrka** KIRCHE
(Mariendom; www.visbydf.se; Norra Kyrkogatan 2; ☺ Juli & Aug. 9–21 Uhr, sonst 9–17 Uhr) Die imposanten Kirchenruinen von Visby bilden einen interessanten Kontrast zur stoischen Sankta Maria Kyrka. Der Mariendom wurde Ende des 12. Jhs./Anfang des 13. Jhs. erbaut

und dann im Lauf der Jahre grundlegend umgestaltet; die kapriziösen Türme werden von Barockkuppeln gekrönt. Innen sollte man die herrlichen Buntglasfernster, die gravierten Bodenplatten und die kunstvoll geschnitzten Altaraufsätze auf sich wirken lassen. Im Dom finden im Sommer beschauliche **Musikkonzerte** statt. Die Website der Touristeninformation kennt die Details.

⭐ **Gotlands Museum** MUSEUM
(www.gotlandsmuseum.se; Strandgatan 14; Erw./Kind 100/80 Skr; ☺10–18 Uhr) Das Museum ist eines der beeindruckendsten Regionalmuseen in ganz Schweden. Zu den Attraktionen zählen sagenhafte Bildsteine aus der Vorwikingerzeit (8. Jh.), menschliche Skelette aus Grabkammern sowie mittelalterliche Holzfiguren. Die eigentliche Hauptattraktion ist jedoch der legendäre Spillinger Schatz, mit 70 kg der größte Silberschatz der Welt.

Im Eintrittspreis inbegriffen ist das **Konstmuseum** (☎0498-29 27 75; Sankt Hansgatan 21; Erw./unter 20 Jahren/Senior 50 Skr/frei/40 Skr; ☺Di–So 12–16 Uhr, zu Mittsommer geschl.) gleich in der Nähe. Es zeigt eine kleine Dauerausstellung, die sich überwiegend auf Kunstwerke aus dem 19. Jh. und 20. Jh. konzentriert, plus Wechselausstellungen, in deren Mittelpunkt oft zeitgenössische Künstler der Region stehen. Das Museum ist perfekt konzipiert, Erklärungen gibt es auf Schwedisch und Englisch. Hier erfährt man alles über den Schwarzen Tod, der 1350 auf der Insel wütete, über die altnordische Religion der Wikinger und eine erstaunliche

DER SÜDOSTEN & GOTLAND VISBY

Entdeckung in Nordgotland im Jahr 1999: Auf einem Bauernhof wurden Unmengen Silber gefunden.

🛏 Schlafen

Wisby Jernvägshotellet
HOSTEL €

(📞0498-20 33 00; www.gtsab.se; Adelsgatan 9; 2-/4-Bett Zi. ab 495/595 Skr; ⊙ganzjährig; 🛜) Das Hostel wird von denselben Leuten geführt, die auch das Hotel Villa Borgen gleich nebenan leiten und ist eine hervorragende Wahl im günstigen Segment. Die gepflegten Zimmer fallen geräumiger aus als in so manch anderem beengten Hostel in dieser Gegend. Die Küche mit Speiseraum ist luftig und hell und hat auch eine Terrasse.

Fängelse Vandrarhem
HOSTEL €

(📞0498-20 60 50; www.visbyfangelse.se; Skeppsbron 1; B/EZ/DZ ab 300/400/500 Skr; 🛜) Das Hostel bietet das ganze Jahr über Betten, die sich in den kleinen, umfunktionierten Zellen eines alten Gefängnisses befinden. Es liegt praktisch zwischen dem Fähranleger und den Restaurants am Hafen, im Sommer lockt zudem eine einladende Terrassenbar. Die Rezeption ist von 9 bis 14 Uhr besetzt; wer außerhalb dieser Zeit ankommt, sollte vorher anrufen.

Einen Blick lohnen die historischen Poster mit den Verbrechen, für die man in Schweden in der Mitte des 19. Jhs. ins Gefängnis geworfen werden konnte: „Lärm, unerlaubtes Baden und Kleidung wie eine Osterhexe ...!"

Hotel St. Clemens
HOTEL €€

(📞0498-21 90 00; www.clemenshotell.se; Smedjegatan 3; Zi. ab 1295–1450 Skr; Suite ab 2195 Skr; P🛜🐾) Das Hotel, ein Familienbetrieb, liegt an der Südostecke des Botanischen Gartens und somit nur einen Steinwurf von der mit Wein überwucherten Ruine der gespenstischen St. Clemens Kyrka entfernt. Es nimmt fünf historische Gebäude ein und hat zwei Gärten; in den Zimmern dominiert sommerliches Blümchendekor.

Hotel Stenugnen
HOTEL €€

(📞0498-21 02 11; www.stenugnen.nu; Korsgatan 6; EZ/DZ 950/1250 Skr, Nebengebäude 999 Skr; P🛜) In diesem einladenden kleinen Hotel mit hellen, weiß getünchten Zimmern haben die Gäste das Gefühl, auf einer Jacht zu übernachten. Das Stenugnen liegt gleichsam oben auf der mittelalterlichen Stadtmauer. An Regentagen werden die Kids mit allerlei Unterhaltungsangeboten bei Laune gehalten, das selbst gebackene Brot schmeckt einfach köstlich. Die preiswerteren Doppelzimmer im Nebengebäude haben Gemeinschaftsbäder.

Visby Logi & Vandrarhem
HOSTEL €€

(📞0498-52 20 55; www.visbylogi.se; Hästgatan 14 & Sankt Hansgatan 31; Zi. ab 950 Skr; 🛜) Das Minihostel in zwei historischen Häusern – eines aus dem 16. Jh., das andere aus dem 17. Jh. – befindet sich in der Sankt Hansgatan bzw. in der Hästgatan.

Die einfachen Zimmer sind in Weiß- und Grautönen gehalten; zum Haus in der Hästgatan gehört außerdem noch ein eher rustikaler Hof.

Hotel Villa Borgen
BOUTIQUEHOTEL €€

(📞0498-20 33 00; www.gtsab.se; Adelsgatan 11; EZ/DZ/Apt. 1050/1195/200 Skr; @🛜) Das Hotel bietet attraktive Zimmer mit Bergen von weißer Bett- und Tischwäsche, zartgrauen Wänden und leuchtend roten Kissen. Die Zimmer gruppieren sich um einen hübschen, ruhigen Hof; das persönliche Frühstückszimmer mit Flügeltüren und Buntglas trägt das seine zur Atmosphäre bei. Für Selbstversorger gibt es ein Apartment, in dem sechs Personen übernachten können.

Almedalens B&B
B&B €€

(📞0498-771 30 09; www.almedalens.se; Tage Cervinsgata 3B; EZ/DZ 800/1000 Skr; 🛜) Die lichtdurchfluteten Zimmer teilen sich ein großes Wohnzimmer in der Mitte und eine kleine, gut ausgestattete Küchenzeile. Das traditionelle, helle skandinavische Holz sorgt für einen modernen Look. Die Gäste dürfen den hübschen Garten benutzen.

Die Besitzer führen auch das Café im Erdgeschoss, das sich für einen leckeren Snack zur Mittagszeit anbietet.

Värdshuset Lindgården
HOTEL €€

(📞0498-21 87 00; www.lindgarden.com; Strandgatan 26; EZ/DZ 1250/1450 Skr; @) Das Hotel liegt zentral. Die Zimmer gehen auf einen beschaulichen Garten neben einem beliebten Restaurant hinaus. Im Sommer können die Gäste bei musikalischer Untermalung im romantischen Hof speisen.

Hamnhotellet
HOTEL €€

(📞0498-20 12 50; www.visbyhamnhotell.se; Färjeleden 3; EZ/DZ inkl. Frühstück 1400/1500 Skr; P@) Das Hotel in der Nähe des Fährhafens bietet saubere, komfortable Zimmer und ein ordentliches Frühstücksbüfett. Die preiswerteren Zimmer im Anbau (etwa 300 Skr billiger) sind in Ordnung und haben sogar ein eigenes Bad und Fernseher.

⭐ Clarion Hotel Wisby
HOTEL €€€

(📋 0498-25 75 00; www.clarionwisby.com; Strandgatan 6; EZ/DZ ab 1870/2170 Skr; 🅿 @ 🛜 ☃) Das luxuriöse Hotel, ein Wahrzeichen der Stadt, ist die nobelste Adresse in Visby. Mittelalterliche Gewölbedecken und glänzende Kerzenleuchter bilden einen interessanten Kontrast zu den modernen Möbeln. Der sagenhafte Pool (samt mittelalterlicher Säule) liegt in dem umfunktionierten Lagerhaus eines Kaufmanns. Einen Blick lohnt die Kapelle aus dem 11. Jh. gleich im Eingangsbereich.

✕ Essen & Ausgehen

Visby hat mehr Restaurants pro Einwohner als irgendeine andere schwedische Stadt. Die meisten drängen sich rund um die Plätze der Altstadt, an der Adelsgatan oder am Hafen. Egal wohin der Hunger einen treibt, auf jeden Fall sollte man die Inselspezialität *saffranspankaka* (Safranpfannkuchen mit Beeren und Sahne) probieren. Die gibt es in fast allen Cafés in Visby und anderswo auf der Insel, meist für etwa 60 Skr.

Wer gerne isst, sollte sich in der Touristeninformation die Karte *Regional Culinary Heritage* mitnehmen; darin sind viele Traditionsrestaurants, Bäckereien und Bauernläden der Insel verzeichnet. Auch die Website www.culinary-heritage.com enthält viele kulinarische Tipps.

Visby Crêperie & Logi
CRÊPERIE €

(www.creperielogi.se; Wallérs plats; Galettes ab 98 Skr, Crêpes ab 45 Skr; ⊙ Mai–Aug. Mo–Sa 11–24, So 11–16 Uhr, restliches Jahr kürzer; 🖊 🏠) Das relativ preiswerte, fröhliche Ecklokal ist der Hit bei den heimischen Künstlern. Hier kommen leckere pikante Galettes und süße Crêpes auf den Tisch – die Auswahl reicht von Kombinationen aus würzigem Lamm, Ziege, Honig, Ruccola und Mandeln bis hin zu einer verführerischen Schokoladenkomposition, die mit weißen Schokostückchen und Eis verfeinert ist. Dazu passt ein Cidre – zehn Sorten stehen zur Auswahl.

Gula Café
CAFÉ €

(Tranhusgatan 2; Kuchen ab 45 Skr; ⊙ 12–17 Uhr) Hier können die Gäste im reizenden Garten Platz nehmen – umgeben von Töpfen mit Blumen und Kräutern, Schmetterlingen und Vogelgezwitscher. Die hausgemachten Kuchen sind sagenhaft; das Gleiche gilt für die regionale Spezialität *saffranspankaka*

(55 Skr). Es gibt hier auch frisch zubereitete Sandwiches.

Skafferiet
SCHWEDISCH €

(www.skafferietvisby.se; Adelsgatan 38; Sandwiches ab 85 Skr; ⊙ Mo–Fr 11–17, Sa 10–18, So 12–16 Uhr; 🖊) Das legere Lokal mit Holzböden und gemütlicher Atmosphäre bietet sich zum Mittagessen an. Hier bestellt man leckere Sandwiches, hausgemachte Suppen, verschiedene Salate sowie köstlichen Kuchen und Gebäck. Hinter dem Haus liegt ein hübscher Garten.

⭐ Surfers
ASIATISCH €€

(📋 0498-21 18 00; www.surfersvisby.se; Södra Kyrkogatan 1; Gerichte 80 Skr; ⊙ 17–2 Uhr) Das Restaurant ist nicht einfach ein weiterer ganz normaler Chinese im Ausland. Spezialität des Hauses ist Fingerfood aus Sichuan, das sich mehrere Gäste teilen können. Die Auswahl reicht von chinesischen Teigklößen bis zu traditionellem, zweimal gekochtem Schweinefleisch. Die Gerichte sind sehr schön scharf – womit man bei der zweiten Spezialität des Hauses angelangt ist: pfiffigen Cocktails (ab 100 Skr) aus frischem Obst und Saft – ein Elixir für die Gesundheit.

Vinäger
RESTAURANT €€

(📋 0498-21 11 68; www.vinager.se; Hästgatan 34; Tapas 65 Skr, Hauptgerichte ab 135 Skr; ⊙ 11–17 & 18–22 Uhr) In dieser hippen Café-Bar in coolem Ethnoschick liegt der Hauptakzent auf frischen Zutaten, ob es sich nun um Kürbis-Ravioli, Paprikasalat oder um den himmlisch leckeren Rüblikuchen handelt.

Die Resto-Bar im Freien poliert den Wow-Faktor mit ihrer weißen, glamourösen Lounge weiter auf; hier lassen sich die supersüffigen Cocktails genießen.

Bakfickan
MEERESFRÜCHTE €€

(www.bakfickan-visby.nu; Stora Torget; Mittagsgerichte 95 Skr, Hauptgerichte 139–235 Skr) Weiß gefliste Wände, lustige Lichterketten und ausgelassene Gäste kennzeichnen dieses Lokal, das von Feinschmeckern sehr geschätzt wird. Zu den Highlights an Fisch und Meeresfrüchten zählen *toast skagen* (Toast mit Garnelen, Dill und Mayo), marinierter Hering auf Gotland-Brot und die Fischsuppe des Hauses. Köstlich!

Bolaget
FRANZÖSISCH €€

(www.gamlabolaget.se; Stora Torget 16; Hauptgerichte 179–229 Skr; ⊙ 13–2 Uhr) Man nehme einen aufgelassenen Systembolaget-Laden, lösche das „System" aus dem Schriftzug und erfinde den Schuppen neu als quirliges Szenelokal im Stil eines französischen Bistros – wie wäre es mit Froschschenkeln?

Die Mitarbeiter sind nett, und die Tische an der Bar draußen am Platz im Sommer die perfekte Location für eine coole Pause und das Beobachten der Passanten.

Donners Brunn
EUROPÄISCH €€€

(Donners plats; ☎0498-27 10 90; www.donners brunn.se; Hauptgerichte 260–325 Skr) Das alteingesessene Restaurant gilt als die beste Adresse für eine erlesene Luxusmahlzeit. Serviert wird eine Mischung aus schwedischen und internationalen Speisen. Im Sommer bietet sich die Bar im Freien an, um ein gemütliches Bier oder einen perfekt gemixten Cocktail zu trinken – mit Aussicht auf den Donners plats.

Gutekällaren
BIERKNEIPE

(www.gutekallaren.com; Stora Torget; ☉Juni–Sept. 22–2 Uhr) Das Restaurant mit Bar hat seine Tische auf verschiedenen Ebenen verteilt stehen – vom Keller bis zu den Balkonen ganz oben. Außerdem gibt es hier einen Nachtclub, der bei den Feierwütigen im Sommer hoch im Kurs steht.

DIE SCHÖNSTEN STRÄNDE GOTLANDS

➡ **Snäck** Ein paar Kilometer nördlich von Visby mit seichtem Wasser und guter Infrastruktur. Der Strand ist beliebt bei Familien und eignet sich auch prima für die Fossiliensuche.

➡ **Tofta Strand** Er liegt 18 km südlich von Visby. Familien lieben ihn wegen seines seichten Wassers, in dem die Kleinen gefahrlos herumplantschen können.

➡ **Sundersandviken** Eine unberührte Bucht mit Sandstrand und guter Infrastruktur im äußersten Nordosten der Insel Fårö.

➡ **Holmhällar** Im äußersten Südosten inmitten von herrlicher Landschaft und Raukar-Formationen.

➡ **Ljugarn** Der schöne Sandstrand des Ferienortes an der Ostküste hat sich auf Familien eingestellt. Im August sollte man den Sonntag meiden, dann kommen viele einheimische Familien.

🛍 Shoppen

Gotlandssmychken
KUNST, KUNSTHANDQWERK

(☎0706-15 88 85; www.gotlandssmychken.se; Strandgatan 32; ☉Mo–Fr 10–19, Sa 10–13 Uhr) Vor 43 Mio. Jahren war Gotland von tropischem Meer und Korallenriffen bedeckt – mit dem Ergebnis, dass es heute für Fossilienjäger das reinste Paradies ist. Das kleine Geschäft hat sich auf Schmuck aus Fossilien spezialisiert. Die Fossilienausstellung ist faszinierend. Der Besitzer organisiert auch Ausflüge, bei denen Fossilien gesucht werden (200 Skr pro Pers.), sie dauern rund drei Stunden.

Gotländsk Konst & Form
KUNST, KUNSTHANDWERK

(☎0498-21 03 49; Wallérs plats 5; ☉Mo–Fr 10–19, Sa 10–2 Uhr) Coole Kunst und Kunsthandwerk aus der Region stehen im Mittelpunkt dieser Kunsthandwerker-Kooperative. Das Angebot reicht von Textilien und Garn bis hin zu Keramik, Töpferei, Schmuck, filigranen Glasobjekten und Gemälden.

Bröderna Wikströms
ESSEN

(Wallérs plats; ☉Mo–Sa 10–18, So 10–16 Uhr) Ein sagenhaft „duftendes" Käsegeschäft mit Unmengen einheimischer Sorten aus Gotland. Außerdem sind hier Delikatessen wie Eingemachtes aus *salmbärssylt* (einer Beerenart, die nur auf Gotland wächst) erhältlich.

Kränku
TEE

(☎0498-21 74 81; Sankt Hansplan 4; ☉Mo–Fr 10–18, Sa 10–16 Uhr) Teefanatiker kommen wegen der einheimischen Teemischungen, die auch gleich ein gediegenes Mitbringsel sind.

ℹ Praktische Informationen

Touristeninformation (☎0498-20 17 00; www.gotland.info; Donners plats; ☉Sommer 8–19 Uhr, das restliche Jahr Mo–Fr 8–16, Sa & So 10–16 Uhr) Die Touristeninformation befindet sich am Donners plats.

Rund um Visby

Im Umkreis von gut 10 km um Visby gibt es nicht viel mehr als Wald und Ackerland. Auf dem Weg nach Nordosten bietet sich ein Besuch der bemerkenswerten **Kirche von Bro** an. Sie birgt mehrere Bildsteine aus dem 5. Jh. in der Südwand des Oratoriums, wunderschöne Skulpturen und Fresken im Innenraum.

Wer auf der Straße 143 nach Ljugarn unterwegs ist, sollte unbedingt einen Zwischenstopp beim **Roma Kloster** (☎0498-501

23; Führungen pro Gruppe 800 Skr; ☺ Mai–Sept. tgl. 10–18 Uhr, sonst kürzere Öffnungszeiten) GRATIS einplanen und die Ruine des Zisterzienserklosters aus dem 12. Jh. besichtigen; es liegt etwa 1 km von der Hauptstraße entfernt.

Im Sommer werden hier Theateraufführungen veranstaltet (ab 250 Skr; Karten in der Touristeninformation von Visby oder online unter www.romateatern.se). Das Herrenhaus aus dem 18. Jh. lohnt ebenfalls einen Besuch.

In **Dalhem**, 6 km nordöstlich des Zisterzienserklosters, steht eine große Kirche mit sehenswerten Buntglasfenstern aus dem 14. Jh. (die ältesten auf Gotland) und herrlichen (allerdings restaurierten) Wand- und Deckengemälden. Man achte auf die Waagschalen für Gut und Böse.

In Dalhem gibt es ein Museum und eine historische **Dampfeisenbahn** (www.gotlandstaget.se; Erw./Kind 50/30 Skr; ☺ Juli–Anfang Aug. Mi, Do & Sa 11.15–15.45 Uhr, Juni & restlicher Aug. nur So).

Der Ort Klintehamn bietet eine gute Auswahl an Dienstleistungen. Am Hafen besteht die Möglichkeit, ein Passagierschiff zur Insel **Stora Karlsö** (www.storakarlso.se) mit ihrem Naturschutzgebiet zu nehmen; es verkehrt von Mai bis Anfang September ein- bis dreimal täglich (Erw./6–15 Jahre hin & zurück 345/155 Skr, 30 Min.).

Die abgelegene Insel ist der Lebensraum einer vielfältigen Vogelwelt, darunter Tausende Trottellummen und Tordalken, aber auch den *maculinea arion*, ein großer blauer Schmetterling, trifft man hier an. Man kann die Insel im Rahmen eines Tagesausflugs (mit 3½ Std. Aufenthalt) besuchen, aber auch dort übernachten.

Das **STF Stora Karlsö** (☎ 0498-24 04 50; www.storakarlso.se; Hostel Zi. 500 Skr, Strandhaus DZ 845 Skr; ☺ Mai–Aug.), ein einfaches STF-Hostel auf Stora Kalsö, ist genau das Richtige für den, der Wert auf Ruhe und Abgeschiedenheit legt. Die Gäste können aber auch in einem Strandhaus in der Nähe des alten Leuchtturms schlafen. Eine Naturausstellung und ein Museum verraten alles über laufende Forschungsprojekte, für die Pause zwischendurch bieten sich ein Restaurant und ein Café an. Die Besitzer organisieren regelmäßig Exkursionen zur Vogelbeobachtung sowie Spaziergänge zu wild wachsenden Orchideen. Beide Angebote sollte man rechtzeitig buchen.

In Klintehamn bietet das reizende **Warfsholm** (☎ 0498-24 00 10; www.warfsholm.

se; Zeltplätze 100 Skr, EZ/DZ ab 490/690 Skr; ☺ Hotel Mai–Sept., Apt./Cottage ganzjährig; P ✱ @ 🛜), das seit 2014 unter neuer Leitung steht, verschiedene Unterkünfte plus eine tolle Lage am Wasser, ein angenehmes Restaurant und eine gemütliche Bar. Die Zimmer liegen im stimmungsvollen Haupthaus aus dem 19. Jh., auf dem Gelände stehen aber auch Apartments und Cottages zur Auswahl. Das ehemalige Hostel wird nun nur noch an Gruppen vermietet.

Wer sich rundum verwöhnen lassen möchte, findet ebenfalls in Klintehamn Gotlands neueste Nobelherberge: das **Djupvik Hotel** (☎ 0498-24 42 72; www.djupvikhotel.com; Eksta Bopparve; Zi. inkl. Frühstück ab 2390 Skr; P ✱ @ 🛜 🖼).

Der Norden von Gotland, Furillen & Fårö

Was könnte schöner sein, als mit dem Fahrrad nach Fårö zu fahren und dabei die herrliche Gegend so richtig auf sich wirken zu lassen? Auf Radwegen geht es über dieses wunderschöne, windgepeitschte Insel. Ein **Informationszentrum** (☎ 0498-22 40 22; www.faroframtid.se; Fårö ☺ Juli & Aug. tgl. 10–17 Uhr, Mai–Mitte Juni & Sept. Fr–So 10–17 Uhr) mit Internetzugang befindet sich in der Ortschaft Fårö.

Die **Grotte** (☎ 0498-27 30 50; www.lummelundagrottan.se; Erw./Kind 130/70 Skr; ☺ Mai–Sept.) südlich von Lummelunda ist die größte der Insel. Da die Temperatur hier gerade einmal bei frischen 8 °C liegt, sollte man sich etwas Warmes anziehen. Die imposanten *Raukar* (Kalksteinformationen) im nahen **Lickershamn** sind 12 m hoch; unbedingt nach der **Jungfru** (ausgeschildert) Ausschau halten, um die sich eine gruselige Legende von Hexen, Unken und Schlangen rankt.

Im **Bungemuseet** (☎ 0498-22 10 18; www.bungemuseet.se; Erw./Kind unter 16 Jahren 100 Skr/frei; ☺ Juli–Mitte Aug. tgl. 11–18 Uhr, Juni & Ende Aug. 10–17 Uhr, Sept. 11–16 Uhr), einem Freilichtmuseum mit Häusern aus dem 17. bis 19. Jh., Bildervasen aus dem Jahr 800 und einem historischen Erlebnisspielplatz werden Besucher auf eine Reise in die Vergangenheit mitgenommen. Das Museum befindet sich in der Nähe der Nordostspitze von Gotland, rund 1 km südlich vom Fähranleger nach Fårö. Auf der anderen Straßenseite wartet ein nettes Café mit hervorragenden Safran-Pfannkuchen.

BERGMAN-WOCHE

Die wilde, geheimnisvolle Landschaft von Fårö vergisst so schnell niemand – wie jeder, der einmal hier war, gern bezeugen wird. Die winzige Insel gleich nördlich der Nordspitze Gotlands beeindruckte den legendären schwedischen Regisseur Ingmar Bergman (1918–2007) nachhaltig. Er stattete 1960 Fårö erstmals einen Besuch ab, als er nach Schauplätzen für *Wie in einem Spiegel* Ausschau hielt. Bergman lebte und arbeitete dann 40 Jahre auf Fårö, drehte hier sieben Filme und liegt nun auf der Insel begraben.

Seit 2004 findet auf Fårö die **Bergman-Woche** (www.bergmanveckan.se) statt, die das Leben und Werk Bergmans würdigt und gleichzeitig zum Treff all jener avanciert ist, die Bergmans Leidenschaft für den Film teilen. Der Event umfasst die Präsentation von Bergman-Filmen, aber auch einige Premieren, Gastredner (wie unlängst die Filmemacher Jan Troell, Ang Lee, Bille August und Noah Baumbach), Seminare sowie Exkursionen zu den Drehorten auf der Insel.

Das **Bergmancenter** (www.bergmancenter.se; ⊙ Sommer 10–18 Uhr, Mai & Sept. 12–16 Uhr) eröffnete 2014 und veranstaltet seitdem Ausstellungen, Lesungen, Workshops und Filmvorführungen, außerdem beherbergt es eine Bibliothek und ein Café. Das Zentrum stellt seinen Besuchern einen persönlichen Bergman-Führer zur Verfügung (Std. 125 Skr); interessant ist jedoch auch die Bergman-Bussafari (im Juli & Aug. jeden zweiten Sa 15–17 Uhr, 325 Skr, oder während der Bergman-Woche Ende Juni 17.30–21 Uhr, 495 Skr).

Jannike Åhlund, eine der Veranstalterinnen der Bergman-Woche, die den Künstler persönlich kannte, charakterisiert den Regisseur als neugierig, von rascher Auffassungsgabe und mit einem herrlichen Sinn für Humor, aber auch als kindisch und dem Klatsch zugetan. Ihre beiden Lieblingsfilme von Bergman sind *Herbstsonate* und *Wilde Erdbeeren*.

Wer Fårö wirklich kennenlernen möchte, sollte sich an folgende Tipps von Jannike Åhlund halten: einen Spaziergang am herrlich wilden Norsta-Aura-Strand unternehmen, sich ein Fahrrad mieten und damit über die 7 km lange Rauk-Straße zu den bizarren Kalksteinformationen fahren und sie sich aus der Nähe anschauen, in der **Crêperie Tati** (Friggars; Snacks ab 35 Skr) zu Mittag einkehren, im **Kutens Bensin** (www.kuten.se; Broskogs) die Erinnerungsstücke aus den 1950er-Jahren bestaunen, sich im Sommer am Freitag- oder Samstagabend ein Rockabilly-Konzert anhören oder auf einem **Islandpony** (☑ 70 690 0432, 22 14 44; fia@faroislandshastar.se) ausreiten.

Die häufig fahrende Fähre nach **Fårö** ist für Autos, Personen und Fahrräder gratis. Auf der Insel, auf der einst Ingmar Bergman lebte, gibt es grandiose Raukar-Formationen. Wer kann, sollte die Sonnenuntergang bei **Langhammarshammaren** beobachten. An der Ostspitze der Insel sind die Felsen am Leuchtturm von Fårö voller Fossilien. Ganz im Süden in **Ryssnäs** liegen britische Soldaten beerdigt, die im Krimkrieg gekämpft haben. Die Schilder am Straßenrand sollten unbedingt beachtet werden, da die Gegend noch immer als Militärübungsplatz genutzt wird.

Südlich von hier war das kleine Eiland Furillen bis vor Kurzem nur Ornithologen bekannt, was der großen Population an Wasser- und Stelzvögeln geschuldet ist. Heute sind ein umweltfreundliches Hotel und ein Top-Restaurant die wichtigsten Publikumsmagneten.

🛏 Schlafen & Essen

Lummelunda Hostel
HOSTEL **€**

(☑ 0498-27 30 43; www.lummelundavandrarhem.se; Lummelunda; Zi. mit Gemeinschaftsbad 500 Skr, Hütten mit Gemeinschaftsbad/eigenem Bad 700/900 Skr; ⊙ Mai–Sept.; P) Die rustikale Unterkunft bietet verschiedene Doppelzimmer im Hauptgebäude, aber auch Hütten – von sehr einfachen Quartieren (Bad und Küche im Haupthaus) bis hin zu voll ausgestatteten Häuschen mit kleiner Terrasse.

Tjauls Gård
B&B **€€**

(☑ 0736-15 57 53; www.tjaulsgard.se; Lummelunda Tjauls 188; Zi. inkl. Frühstück 995 Skr; P 🛜) Das gemütliche Bauernhaus ist eine tolle Unterkunft mit Whirlpool und den Möglichkeiten zum Ausreiten, Fahrradfahren (Leihräder) oder Motorradfahrten auf dem Gelände – die Eigentümer sind begeisterte Biker. Die Zimmer sind geräumig und komfortabel.

Fabriken Furillen HOTEL €€€
(☎ 0498-22 30 40; www.furillen.com; Lärbro; Zi. ab 2145 Skr; ☺ Juni–Sept.; 🅿🌸📶♿) 🏄 Das außergewöhnliche Hotel in einer ehemaligen Kalksteinfabrik kombiniert ruppiges Industrieambiente mit hochkarätigem skandinavischem Design. Sogar Eremitenhütten können gemietet werden, wenn jemand wirklich seine Ruhe haben will – samt handgemachten Hästens-Betten und einem Exemplar von Thoreaus *Leben in den Wäldern*. Das **Restaurant** (Hauptgerichte ab 295 Skr) besticht mit Michelin-Starkoch-Standard; es werden ausschließlich Zutaten und Produkte aus der Region verwendet.

Lickershamnskrogen SCHWEDISCH €€
(☎ 0498-27 24 25; www.lickershamnskrogen.se; Hauptgerichte 159–295 Skr; ☺ Mai–Aug. 8–21 Uhr) Das Lokal liegt am Ausgangspunkt des Jungfru-Wanderwegs in Lickershamn und serviert schwedische und mediterrane Gerichte sowie Tapas; in einer Hütte wird geräucherter Fisch verkauft.

Nationalpark Gotska Sandön

Die 37 km² große abgelegene Insel **Gotska Sandön** (www.gotskandon.se) ist eine ungewöhnliche Insel mit Leuchttürmen an drei Ecken, einer Kirche und einer 30 km langen Küste mit Stränden, Sanddünen und Kiefernwald. Über die ganze Insel zieht sich ein Netz an lohnenswerten Wanderwegen.

Es gibt ein **Hostel** (☎ 0498-24 04 50; info@ resestugan.se; Zi. ab 500 Skr; ☺ Mitte Mai–Anf. Sept.) mit einfachen Einrichtungen; sämtlicher Proviant muss mitgebracht werden.

Boote (☎ 0498-24 04 50; ☺ Mitte Mai–Anf. Sept.) fahren zur Betriebszeit drei- bis viermal wöchentlich von Fårösund nach Nynäshamn (hin & zurück von Fårösund/Nynäshamn 895/1095 Skr).

Der Osten von Gotland

An Relikten aus grauer Vorzeit beeindrucken hier eine Schiffsetzung aus der Bronzezeit, das **Tjelvars grav** (es liegt 1,5 km westlich der Straße Nr. 146 auf gleicher Höhe wie Visby) und die stehenden Steine in der Landschaft ringsum.

Die **Gothem-Kirche** zählt zu den imposantesten Gotteshäusern von Gotland; das Kirchenschiff ist mit Friesen geschmückt, die in die Zeit um 1300 datiert werden.

Torsburgen, 9 km nördlich von Ljugarn, ist eine zum Teil mit einer Mauer umgebene Bergfestung – die größte Skandinaviens; ihr unregelmäßiger Umfang bringt es auf eine stolze Länge von 5 km.

Ljugarn ist ein kleiner Ferienort am Meer. Sagenhafte Raukar-Formationen bietet das **Naturschutzgebiet Folhammar,** 2 km nördlich. Südwestlich von Ljugarn und dem Dorf Alskog lässt die imposante **Garde-Kirche** vier außergewöhnliche mittelalterliche Friedhofstore sehen sowie einen mittelalterlichen Schlüssel in der Tür, der auf dem Kopf steht. Das Originaldach des Gotteshauses aus dem 12. Jh. ist noch erhalten.

Rund 20 km nördlich von Ljugarn liegt im Weiler Kräklingbo **Leonettes Konst & Keramik** (☎ 0498-533 40; www.leonette.com; Hajdeby). Hier lebt der kalifornische Auswanderer Dan Leonette und schafft seine bekannte, eigenwillige Keramik und Kunst. Er arbeitet mit Techniken wie der japanischen Raku-Brennung und Schmauchbrand. Im Sommer kann man dem Meister zuschauen, wie er seine Objekte brennt (genaue Uhrzeit telefonisch erfragen).

Workshops werden bei ausreichender Nachfrage angeboten.

Eine **Trüffelsuch-Safari** (www.tryffelsafari. se; ☺ Okt. & Nov.) in dieser Gegend bietet Feinschmeckern die einzigartige Gelegenheit, mehr über diese besondere Delikatesse und einheimische Produkte im Allgemeinen zu erfahren. Auf der Website stehen Pauschalangebote, z. B. ein 5-Sterne-Abendessen (mit Trüffeln, was sonst) mit Übernachtung.

🛏 Schlafen & Essen

Im Dorf Ljugarn gibt es einen Konsum-Supermarkt; einige feudale Speiselokale befinden sich in der Umgebung.

TF Hostel Ljugarn HOSTEL €
(☎ 0498-49 31 84; ljugarn@gotlandsturist.se; B ab 200 Skr; ☺ Mitte Mai–Aug.) Das Hotel am östlichen Ortsende von Ljugarn liegt hübsch am Wasser.

Bruna Dörren PIZZA €
(☎ 0498-49 32 89; www.brunadorren.nu; Strandvägen 5, Ljugarn; Pizza ab 70 Skr, Hauptgerichte 95 bis 189 Skr; ☺ Mai–Aug. 12–22 Uhr; 🅿) Ein legeres Restaurant mit Pizzeria am Strand, zu dem ein weitläufiger Hof gehört.

⭐ **Krakas Krog** SCHWEDISCH €€€
(☎ 0498-530 62; www.krakas.se; Kräklings 223, Katthammarsvik; Hauptgerichte 280–325 Skr;

⊙ Anf. Juni–Sept. Mi–So 16–22 Uhr) Die Besitzer vom Krakas Krog legen Wert darauf, dass alle ihre Zutaten von den Feldern, aus den Wäldern und aus dem Meer von Gotland kommen – die Froschschenkel stammen beispielsweise einfach aus dem eigenen Garten. Die Mahlzeiten werden auf der Terrasse serviert oder im kleinen Speiseraum. Die Speisekarte strotzt nur so von Delikatessen aus der Region: Dort stehen Köstlichkeiten wie Eier mit Morcheln und Roter Beete, Truthahn in Trüffelbrühe oder baltischer Steinbutt mit Salbeibutter.

Smakrike Krog & Logi   SCHWEDISCH €€€
(☎ 0498-49 33 71; www.smakrike.se; Claudelins väg 1, Ljugarn; Hauptgerichte 245–345 Skr; ⊙ Mitte Juni–Aug. 12–16 & 17.30–22 Uhr; ℗ 🛜) 🍴 Die Mahlzeiten im Smakrike Krog fangen das Wesen eines typisch schwedischen Sommers ein. Die Speisekarte des Restaurants richtet sich nach dem saisonalen Angebot. Die reizenden Besitzer führen auch das schicke B&B im Obergeschoss (EZ/DZ 1650/1995 Skr).

Der Süden von Gotland

Unterwegs in den Süden lohnt ein Zwischenstopp in **Lojsta**, um die tiefsten Seen Gotlands, die Relikte einer frühmittelalterlichen Festung und eine attraktive Kirche anzuschauen. **Hemse** ist ein Handelszentrum mit guter Infrastruktur (wie Supermärkten, Banken und einer Bäckerei). Etwa 10 km südlich begeistert die Kirche von **Hablingbo** mit gleich drei prächtig verzierten Portalen, einem Votivschiff, gravierten Bodenplatten und Runensteinen.

Das **STF Vandrarhem Hablingbo** (☎ 0498-48 71 61; www.gutevin.se; Hablingbo; B 280 Skr; ⊙ Mai–Sept.; @) in einem Backsteingebäude neben dem Gute Vingård, Gotlands einzigem kommerziellen Weingut, hat auch ein gutes Restaurant.

Maria's Hästeri (www.mariashasteri.se; Grötlingbo Skradarve 209; pro Pers. ab 400 Skr; ⊙ Juni–Sept.), 9 km südlich in Grötlingbo (nochmals 10 km südlich von Hablingbo), ist ein nettes Gestüt, das Ausritte organisiert –

von einer Stunde bis zu einem ganzen Tag inkl. Mittagessen.

In Björklunda, 10 km weiter südlich, erinnert das **B&B Björklunda** (☎ 0498-49 71 90; www.bjorklundabb.se; Hostel EZ/4BZ 300/500 Skr; B&B EZ/DZ 500/1000 Skr, 2-/4-Bett-Apt. 1500/1900 Skr; ℗) mit seinen weiß getünchten Gebäuden und den blauen Verzierungen ein bisschen an eine griechische Villa. Die Möblierung und die Dekoration sind etwas in die Jahre gekommen, aber sauber und gemütlich sind die Zimmer immer noch. Doppelzimmer, Zimmer im Hotelstil mit Gemeinschaftseinrichtungen sowie Apartments stehen zur Auswahl. Ein Restaurant ist ebenfalls vorhanden, außerdem der „Rockpub", in dem am Wochenende Bands Livemusik spielen.

Der kleine Ort **Burgsvik**, ein Stück weiter im Süden, ist ein weiteres Geschäftszentrum. Gleich im Norden der Ortschaft beeindruckt die **Öja-Kirche** aus dem Jahr 1232 mit dem höchsten Kirchturm (67 m) von Gotland. Sehenswert sind die Kruzifix sowie die erstaunlich detailreichen Wand- und Deckengemälde. Einen Blick lohnen auch die mit Inschriften versehenen Steinplatten unter einer Überdachung vor dem Friedhof.

Rund 7 km südlich von Burgsvik befindet sich im alten Pfarrhaus (prästgård) von Vamlingbo an der Straße 142 das **Museum Lars Jonsson** (☎ 0498-20 26 91; www.larsjonsson.se; Erw./unter 18 Jahren 40 Skr/frei; ⊙ Mai–Mitte Sept. tgl.11–17 Uhr, im restlichen Jahr die Öffnungszeiten telefonisch erfragen). Hier hängen detailreiche Gemälde und Aquarelle des schwedischen Künstlers Lars Jonsson, der für die Darstellung der Vogelwelt Gotlands und der Küstenlandschaften bekannt ist. Zum Museum gehören ein Café, in dem es herrlich nach Zimt duftet, ein Naturum und ein beschaulicher Garten.

An der Ostküste bei Ronehamn liegt ein riesiger Grabhügel aus der späten Bronzezeit, der **Uggarderojr**. Spuren einer Siedlung finden sich gleich in der Nähe. Der Grabhügel diente einst Seefahrern als Orientierungshilfe, liegt heute jedoch weit im Landesinneren aufgrund der Landhebung nach der Eiszeit.

Östersund & Bottnischer Meerbusen

Gut essen

➡ Hemmagastronomi (S. 307)

➡ Fäviken Magasinet (S. 288)

➡ Innefickan Restaurang & Bar (S. 286)

➡ Matildas (S. 294)

➡ Lörruden (S. 295)

➡ Havvi i Glen (S. 288)

Schön übernachten

➡ Treehotel (S. 301)

➡ Hulkoffgården (S. 306)

➡ Stora Hotellet Umeå (S. 303)

➡ STF Tänndalen/ Skarvruets Fjällhotel (S. 290)

➡ Copperhill Mountain Lodge (S. 288)

Auf nach Östersund & zum Bottnischen Meerbusen!

Der Norden des Landes bietet alles: endlose unberührte Wälder mit zahlreichen Gelegenheiten, Elchen, Rentieren und Bären zu begegnen, und hervorragende Möglichkeiten zum Wandern. Die schroffen Berge bieten im Winter zudem die besten Bedingungen zum Skifahren und im Sommer zum Mountainbiken, aber auch sonst kann man hier auf vielerlei Art sportlich aktiv sein.

Doch auch die Segnungen der Zivilisaton sind nicht weit entfernt: Östersund wirbt mit einem eigenen Seeungeheuer. In den Studentenstädten Gävle, Umeå und Luleå locken ausgelassene Feste und gute Museen. Deutlich ruhiger geht es in den hübschen Küstenstädten zu. Sie bieten viele historische Sehenswürdigkeiten und mittelalterliche Kirchen. In den winzigen Fischerdörfern gibt es überall den frischen Fang des Tages zu probieren oder auf den Inseln die „Spezialität" *surströmming* (vergorener Hering in Dosen).

Reisezeit
Sundsvall

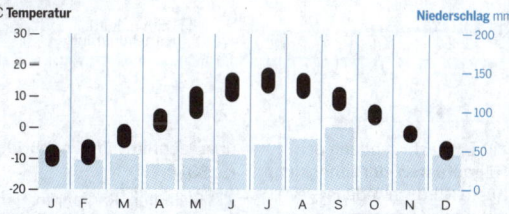

°C Temperatur — Niederschlag mm

März & April Es liegt noch viel Schnee im Norden des Landes; die Tage werden länger und wärmer.

Juli Der Juli ist die beste Zeit, um bei angenehmen Temperaturen zu wandern oder zum Inselhüpfen.

August (letzte Woche) Auf den kleinen Inseln vor der Höga Kusten genüsslich Krebse essen.

Highlights

1 Eine Fahrt entlang der **Höga Kusten**, der schönsten Küste Nordschwedens – evtl. mit einer Kostprobe des *Surströmming* (S. 298)

2 Die lebhafte Universitätsstadt **Umeå** mit Museen und Skulpturenpark (S. 301)

3 In einem Raumschiff, Vogelnest oder Spiegelwürfel übernachten – im **Treehotel** (S. 301)

4 Skilaufen, Radfahren, Rafting und Zorbing in **Åre** (S. 287)

5 Eine Fahrt auf dem **Kustvägen** (S. 295) in der reizvollen Landschaft an der bottnischen Küste

6 Beim Seeungeheuer in **Östersund** (S. 283)

7 Feuer und Flamme für den Gävlebocken – in **Gävle** (S. 291)

8 **Luleå** (S. 305), die größte Kirchstadt Schwedens

9 Eine Wanderung in der Wildnis von **Tänndalen** (S. 289)

JÄMTLAND

Östersund

🏛 063 / 44 327 EW.

Östersund liegt am eindrucksvollen Storsjön („großer See") und ist die größte Stadt der Region. Der See ist die Heimat des berühmten Pendants zum Ungeheuer von Loch Ness, dem Storsjöodjuret. Am schönsten präsentiert sich die Stadt bei Sonnenuntergang beim Bummel über die Fußgängerbrücke zur benachbarten Insel Frösön: Dann wirkt die Silhouette des lebenslustigen Ortes geradezu unwiderstehlich. Östersund ist reich an Sehenswürdigkeiten, doch es lädt vor allem zum Entspannen ein. Im Sommer strömen die Bewohner in die Terrassenbars und Cafés am See oder schlendern gemütlich durch die Einkaufsstraßen der fußgängerfreundlichen Innenstadt.

◉ Sehenswertes & Aktivitäten

⭐ **Jamtli**   MUSEUM

(www.jamtli.com; Erw./unter 18 Jahren 250 Skr/ frei; ⊙ 11–17 Uhr; ♿) Das Museum Jamtli, 1 km nördlich des Stadtzentrums, besteht aus zwei Teilen. Der eine ist ein Freilichtmuseum mit täuschend echt rekonstruierten Holzhäusern. Dort entführen engagierte Museumsführer in Kostümen aus dem 19. Jh. in die Vergangenheit.

Ein besonderer Anziehungspunkt des zweiten Museumsteils sind die **Bildteppiche von Överhogdal**, die ältesten ihrer Art in ganz Europa – christliche Zeugnisse aus der Wikingerzeit (um 1100), auf denen Tiere, Menschen, Schiffe und Wohnhäuser dargestellt sind.

Eine faszinierende Ausstellung ist dem Seeungeheuer Storsjöodjuret gewidmet. Präsentiert werden aufgezeichnete Berichte von Augenzeugen, die dem Ungeheuer begegnet sind, Fanggeräte und ein konservierter Embryo des Untiers.

Draußen führen Spazierwege an einer Bäckerei, einer Schmiede, einer Waldarbeiterhütte und einem Bauernhaus aus dem 18. Jh. vorüber. Die Besucher dürfen sich selbst an landwirtschaftlichen Tätigkeiten wie Melken, Backen oder Baumfällen versuchen. Kinder können Bekanntschaft mit den verschiedenen Bauernhoftieren machen, sich auf dem Spielplatz richtig austoben oder eine Fahrt in einer Kindereisenbahn unternehmen.

ABSEITS DER ÜBLICHEN PFADE

FELSZEICHNUNGEN VON GLÖSA

Felsritzungen aus der Steinzeit

(Alsensjönsee; ⊙ 24 Std., Souvenirshop & Führungen Juli & Aug. Di–So 11–16 Uhr) Der kleine Ort Glösa, 40 km nordwestlich von Östersund am See Alsensjön gelegen, besitzt Felszeichnungen aus der Steinzeit, die zu den schönsten in ganz Schweden zählen. Die Ritzungen auf Felsplatten an einem Bach stellen vor allem Elche in großer Zahl dar und stammen aus der Zeit um 5000 v. Chr. Neben einer hervorragend rekonstruierten Steinzeithütte sind auch Nachbildungen von Skiern, Schneeschuhen, einem Schlitten und einem Boot aus Elchleder zu sehen.

Am besten ist die Stätte mit dem eigenen Auto zu erreichen. Die Anbindung mit öffentlichen Verkehrsmitteln ist schlecht.

Frösön   INSEL

Groß und friedlich liegt die Insel Frösön am Ende der Fußgängerbrücke, die von der Stadtmitte Östersunds hinüberführt und für Fußgänger und Autofahrer vom Strand Badhusparken zugänglich ist. Die Insel ist nach Frö, einer nordischen Fruchtbarkeitsgottheit, benannt, die von den Wikingern, die ursprünglich auf der Insel siedelten, verehrt wurde.

Am Ende der Fußgängerbrücke, vor dem Landstingshuset beim Konsum-Supermarkt, steht der nördlichste **Runenstein** Schwedens, er dient dem Gedenken an die Ankunft des Austmaður (oder „Östman") um 1050, der als erster Missionar Jämtland christianisierte.

Frösöns Kyrka   KIRCHE

(⊙ 8–20 Uhr; 🚌 3) 5 km westlich der Innenstadt von Östersund steht die restaurierte Frösöns Kyrka aus dem späten 12. Jh. mit einem auffallenden, vom Hauptbau getrennten Glockenturm. Sie wurde an einer heiligen Stätte des altnordischen Göttergeschlechts der Asen (*œsir*) erbaut und ist bei Hochzeitspaaren zu Mittsommer sehr beliebt. Busse der Linie 3 halten bei der Kirche.

Exercishallen Norr   KUNSTGALERIE

(Infanterigatan 30; ⊙ Do–So 12–16 Uhr) GRATIS Das sehenswerte Museum der zeitgenössi-

Östersund

⌄N 0 ▬▬ 100 m

Fröson (500 m);
Åre Östersund ✈ (11 km)

Jamtli
(900 m)

Frösöbron

Brogränd

Exercishallen
Norr (500 m)

Färjemansgatan

Östersund
Västra

📞1

Stortorget

Samuel
Permansgata

Sjötorget

9 ✕

STF Ledkrysset
Hostel (160 m)

Biblioteksgatan

2
◎

6

Postgränd

Radhusgatan

❶

Abfahrt der
Schiffe

Hamngatan

Storgatan

Prästgatan

Kyrkgatan

Gustav III
Torg

10

Busbahnhof

Thoméegränd

Strandgatan

5

7 ✕

Tullgatan

Brunnsgränd

Gränsgatan

Bangårdsgatan

Ringvägen

P

Bahn
hof

Storsjön

Östersund

◎ **Sehenswertes**
　1 Badhusparken...................................A1
　2 Storsjöhyttan A2

🛏 **Schlafen**
　3 Clarion Grand Östersund....................B1
　4 Hotel Emma.......................................B2
　5 Hotel Jämteborg A3

✕ **Essen**
　6 Innefickan Restaurang & Bar B2
　7 Lilla Siam..B3
　8 Sir Winston B1
　9 Törners Konditori A2

🍸 **Ausgehen & Nachtleben**
　10 Jazzkoket...B3

Badhusparken   STRAND

(www.vinterparken.se; ☺Mobile Sauna & Heißwasserzuber Mitte Jan.–Mitte März Di & Do 6–20 Uhr) Der Strandpark, ein Lieblingsplatz der Stadtbewohner, lädt zum Sonnenbaden oder zu einem beherzten Eintauchen ins kühle Wasser ein. Im Winter verwandelt sich der See in die größte Eislaufbahn Schwedens (Schlittschuhe können hier ausgeliehen werden; pro Tag 160 Skr), zum Eisbaden wird weiter südlich des Strandes extra ein Loch ins Eis geschnitten; wenige Schritte entfernt steht zur anschließenden Rettung die **mobile Sauna mit Heißwasserzuber** (140 Skr) bereit.

✨ Feste & Events

Storsjöyran   MUSIK

(www.storsjoyran.se) Das gigantische, laute, drei Tage dauernde Musikfestival Storsjöyran geht jedes Jahr Ende Juli/Anfang August in der Innenstadt über die Bühne. Zahlreiche einheimische und internationale Künstler, von The Prodigy bis Blondie, sind dann zu Gast. 55 000 Besucher strömen alljährlich zu diesem Ereignis in die Stadt.

🛏 Schlafen

Während des Storsjöyran-Festivals sind vor allem günstige Unterkünfte ziemlich schnell ausgebucht.

STF Ledkrysset Hostel   HOSTEL €

(📞 063-10 33 10; www.ostersundledkrysset.se; Biblioteksgatan 25; B/EZ/DZ 170/300/460 Skr; 📶 🎮) Das gut geführte, zentral gelegene Hostel ist in einem alten Feuerwehrhaus untergebracht und die beste Wahl für Reisende mit kleinem Budget.

schen Kunst befindet sich am Rand der E14 gegenüber dem Jamtli-Museum. Es ist ein weitläufiger Ausstellungsraum mit einem ambitionierten und weitgefassten Kunstverständnis, in dem immer wieder ausgefallene Werke zu sehen sind, darunter Installationen, Malereien, Skulpturen, Fotografien und Klangkunstwerke.

Storsjöhyttan   GLASBLÄSEREI

(www.storsjohyttan.com; Sjötorget; ☺Mo–Do 10–19 Uhr, Fr bis 16 Uhr, Sa 11–15 Uhr) Im ersten Écono-Museum (nach dem aus Kanada stammenden Konzept der *Économusées*) in Schweden können Besucher drei Meistern der Glasbläserkunst dabei zuschauen, wie sie die zähe, glühend heiße Glasmasse in hinreißend kreative Formen verwandeln. Verschiedene Techniken des Glasbläserhandwerks und die Geschichte des Glases werden vorgestellt. Besucher können auch Kostbarkeiten aus Glas als Souvenir mit nach Hause nehmen.

★ Hotel Emma
HOTEL €€

(☎ 063-51 78 40; www.hotelemma.com; Prästgatan 31; EZ/DZ 950/1095 Skr; 🅿 🛜) Die individuell gestalteten Zimmer des einmalig zentral gelegenen Hotels sind auf zwei Etagen an krummen Korridoren verteilt. Bequeme Lehnstühle und imposante Kachelöfen setzen gemütliche Akzente. Einige Zimmer haben Verandatüren zum Innenhof. Die Auswahl zum Frühstück ist hervorragend. Die Rezeption ist nicht immer besetzt, wer also weiß, dass er möglicherweise früher oder später eintreffen wird, sollte rechtzeitig vorher anrufen.

Hotel Jämteborg
HOTEL €€

(☎ 063-51 01 01; www.jamteborg.se; Storgatan 54; Hostel DZ/3BZ 590/840 Skr, B&B EZ/DZ/3BZ 590/690/890 Skr, Hotel EZ/DZ ab 1065/1250 Skr; 🅿 🛜) Das Hotel Jämteborg bietet Unterkünfte in jeder gewünschten Kategorie und Preisklasse: Hostel-Betten, B&B- oder Hotelzimmer in mehreren, nebeneinanderliegenden Gebäuden. Die freundlichen Hotelzimmer weichen mit ihrer Farbgestaltung in Crème und kräftigem Rot von der Regel, die sonst überall in schwedischen Hotels zu gelten scheint, ab („nur Erdtöne!").

Clarion Grand Östersund
HOTEL €€

(☎ 063-55 60 00; www.clarionostersund.se; Prästgatan 16; EZ/DZ ab 960/1060 Skr; 🅿 🛜 🏊) Das luxuriöseste Hotel in Östersund besitzt auch ein ausgezeichnetes Restaurant mit einer raffinierten nordschwedisch und international ausgerichteten Küche. In die Zimmer der gehobenen Kategorie treten die Gäste über eigene Marmorflure ein.

✖ Essen & Ausgehen

Törners Konditori
CAFÉ €

(www.tornerskonditori.se; Storgatan 24; Sandwiches 60–70 Skr; ⊙ Mo–Fr 7.30–19, Sa 9–17, So 11–17 Uhr; ✐) In dieser großen *konditori* im Stil einer Cafeteria ist scheinbar ständig die ganze Stadt zu Gast. Zum Angebot gehören verschiedene Kuchen (35 Skr), gehaltvolle Sandwiches – z. B. belegtes Brot mit Garnelen oder geröstetes Baguette mit Barbecue-Schweinefleisch – sowie Salate und tägliche Mittagsangebote wie Gulasch oder Hähnchencurry.

Sir Winston
SCHWEDISCH €€

(☎ 063-10 68 00; www.sirwinston.se; Prästgatan 19; Hauptgerichte 169–269 Skr; ⊙ Mo–Fr 11–14, tgl. 16–24 Uhr) Obwohl es nach einem britischen Premierminister benannt und nach dem Vorbild eines Pubs gestaltet ist, schöpft die Speisekarte des Sir Winston aus vielfältigen geografischen Quellen. So gibt es auf der Karte z. B. eine Bouillabaisse oder Gerichte, in denen sich regionale Zutaten zum „Geschmack Jämtlands" verbinden. Die Bierauswahl umspannt hingegen gleich die

---

STORSJÖODJURET – DAS SEEUNGEHEUER

Eine erschreckende Vorstellung ... du sitzt in der Abenddämmerung am Storsjön und bemerkst plötzlich, wie ein dunkler Schatten aus dem Wasser aufsteigt. Könnten es die leise plätschernden Bugwellen eines vorüberfahrenden Bootes sein? Vielleicht ein Paar schwimmende Elche? Wer weiß das schon. Oder ... könnte es das drachenartige Haupt des **Storsjöodjuret** (www.storsjoodjuret.com) sein – jenes Seeungeheuers, das sich irgendwo in den dunklen Wassern des 91 m tiefen Storsjön verbirgt?

Von Erscheinungen des Storsjöodjuret – dem einzigen Ungeheuer dieser Art in Schweden – wurde bereits 1635 in einer Volkssage berichtet, die von einem seltsamen Tier mit schlangenartigem Leib handelt. Der Runenstein von Frösön stellt tatsächlich ein schlangenähnliches Wesen dar. Das Seeungeheuer beschäftigte die Anwohner derart, dass 1894 im Auftrag König Oskars II. die Verfolgung des Untiers aufgenommen wurde. Norwegische Walfänger, die neben anderen mit der Aufgabe betraut waren, kehrten jedoch unverrichteter Dinge zurück. Es hatte den Anschein, als wollte sich das Ungeheuer des Storsjön von dem Schweinekadaver, der als Köder diente, nicht locken lassen. Jeden Sommer tauchen neue Gerüchte über Beobachtungen auf. Schließlich wurde das Untier 1986 als „gefährdete Art" unter Naturschutz gestellt, ein Status, der ihm aber 2005 bereits wieder aberkannt wurde.

Bei der Touristeninformation von Östersund können die beliebten Fahrten auf dem Dampfschiff **S/S Thomée** von 1875 (Erw./Kind 120/60 Skr; ⊙ Touren Juni–Anfang Sept. Di–So) gebucht werden. Auf einer zweistündigen Fahrt können die Mitfahrenden nach dem Ungetüm des Störsjön Ausschau halten.

ganze Welt: vom Red Stripe über Newcastle Brown Ale und Sol bis hin zum Bärnsten aus heimischer Brauerei.

Lilla Siam
THAI €€

(www.lillasiam.com; Prästgatan 54A; Mittagessen 95 Skr, Hauptgerichte 149–169 Skr; ⊙ Mo–Fr 11–21, Sa ab 12, So 16–18 Uhr; 🖉) Ein ziemlich authentisches Thai-Restaurant mit einem guten Mittagsbüfett und einer umfangreichen Abendkarte mit klassischen thailändischen Wok-, Nudel- und Curry-Gerichten.

★ Inneﬁckan Restaurang & Bar
FUSION €€€

(🖉 063-12 90 99; www.inneﬁckan.se; Postgränd 11; Hauptgerichte 210–295 Skr; ⊙ Di–Sa 17 Uhr bis spätabends) In einem behaglichen Kellerambiente mit rohen Ziegelsteinwänden und zeitgenössischen Kunstwerken entfaltet sich in der kurzgefassten Speisekarte (nur 13 Gerichte) ein großes Maß an Kreativität. Das Carpaccio vom Wasabi-Rind mit Koriander ist hervorragend, das Kalbfleisch mit Pfifferlingen und Kürbispüree wird auf den Punkt gegart, und selbst schlichter Rhabarber verwandelt sich unter den kundigen Händen der Köche in etwas Außergewöhnliches.

Jazzkoket
PUB

(🖉 063-10 15 75; www.jazzkoket.se; Prästgatan 44; ⊙ Mo–Fr 7.30–10, Di–Sa 17–1 Uhr) Das Jazzkoket hat viele Gesichter: Am Morgen ist es eine geschäftige Bäckerei mit Frühstückscafé, nach Arbeitstagen eine lässige Kneipe, um einen Absacker zu trinken, an Wochenendabenden herrscht ein ausgelassenes Partygetümmel, wenn die Wände vom live gespielten Jazz und Rock dröhnen. Die Speisekarte ist von wechselhafter Qualität, doch die Platten mit Aufschnitt und Käse von regionalen Erzeugern sind eine gute Wahl.

ⓘ Praktische Informationen

Touristeninformation (🖉 063-14 40 01; www.visitostersund.se; Rådhusgatan 44; ⊙ Mo–Fr 9–17, Sa & So 10–15 Uhr) Die Touristeninformation befindet sich gegenüber dem Rathaus und bietet kostenlosen Internetzugang.

ⓘ Anreise & Unterwegs vor Ort

BUS

Die Buslinie 45 führt tgl. (Abfahrt 7.15 Uhr) in nördlicher Richtung von Östersund nach Gällivare (507 Skr, 11¼ Std.) über Arvidsjaur (440 Skr, 7 Std.) und Jokkmokk (507 Skr, 9½ Std.) sowie in südlicher Richtung nach Mora (269 Skr, 5¼ Std., 2-mal tgl.).

FLUGZEUG

Flughafen Åre Östersund (🖉 063-19 30 00; www.swedavia.se/ostersund) Der Flughafen Åre Östersund liegt auf der Insel Frösön, 11 km westlich des Stadtzentrums. Der Flughafenbus (Erw./Kind 80/30 Skr) fährt regelmäßig vom Busbahnhof Östersund zum Flughafen – in Abstimmung auf die Ankunftszeiten der Stockholm-Flüge. Zu den Zielflughäfen gehören neben Stockholm auch Göteborg, Luleå, Umeå und Malmö.

NICHT VERSÄUMEN

EXTREMSPORT IN ÅRE

Im Sommer und Winter können sich Extremsportler in Åre sportlichen Herausforderungen stellen und die Grenzen ihrer Leistungsfähigkeit erproben.

JoPe Fors & Fjäll (🖉 0647-314 65; www.jope.se) Anspruchsvolles Wildwasser-Rafting und Bergtouren im Sommer, Eisklettern und Heliskiing im Winter. Der Veranstalter wurde mit dem Gütesiegel „Nature's Best" ausgezeichnet.

Åre Mountainboard (🖉 0707-60 74 70; www.aremountainboard.se) Mountainboard-Fahren – eine Art Snowboard auf Rädern.

Camp Åre (🖉 0647-525 25; www.campare.se) Schneemobilsafaris mit Führung, Eisfahrten, Hundeschlittenfahrten, Ziplines und vieles andere.

Åre Sleddog Adventures (🖉 0647-303 81; www.aresleddog.se; Grimsta 135) Fahrten im Hundeschlitten von zweistündigen Touren (850 Skr) bis hin zu Ausflügen von sieben Tagen Dauer mit Übernachtungen in Hütten (14 400 Skr).

Skysport (🖉 0647-511 85; www.skysport.se; Årevägen 173B) Tandem-Gleitschirmfliegen und Drachenfliegen.

Åre Hillcart (🖉 0707-60 74 70; www.arehillcart.se) Hillcarting – wie Go-Kart-Fahren, nur endlos bergab – je nach Jahreszeit auf Gras oder Schnee!

INLANDSBANAN

Inlandsbanan (Inlandsbahn; www.inlandsbanan.se; ⊘ Ende Juni–Mitte Aug., eingeschränkter Fahrplan bis Ende Sept.) Die 1000 km lange Strecke der Inlandsbanan zwischen Gällivare und Mora ist heute eine Museumseisenbahnstrecke, die von privaten Betreibern unterhalten wird. Befahren wird sie von Schienenbussen (*rälsbuss*) und Dampfzügen. Ein Zug fährt täglich von Östersund in südlicher Richtung nach Mora , ein weiterer fährt nordwärts nach Gällivare. Die Durchschnittsgeschwindigkeit liegt bei 50 km/h, sodass es möglich ist, auf diesen Touren den Norden Schwedens auf eine wunderbar entspannte Art zu erleben.

Die Fahrten werden von Reiseleitern begleitet, die den Fahrgästen Erläuterungen geben, wobei Haltepunkte an kulturell interessanten und besonders malerischen Orten vorgesehen sind (die Fahrpläne werden aus diesem Grund nur annähernd eingehalten).

Es ist z. B. möglich, eine einfache Fahrt von Östersund nach Gällivare zu buchen und an jedem gewünschten Haltepunkt entlang der Strecke auszusteigen, die Gebühr für eine Sitzplatzreservierung (30 Skr) bleibt jedoch in jedem Fall gleich. Eine **Inlandsbanan-Card** (1795 Skr) ist 14 Tage lang für unbegrenzte Fahrten auf der Strecke gültig.

Näheres zur Geschichte der schwedischen Inlandsbanan vermittelt das Inlandsbanemuseet (S. 314).

ZUG

Im Sommer fährt ein Zug der Inlandsbanan tgl. um 7.05 Uhr in Richtung Norden nach Gällivare (1194 Skr, 14½ Std.) über Arvidsjaur (728 Skr, 9 Std.) und Jokkmokk (993 Skr, 12½ Std.). Züge der Inlandsbanan fahren außerdem in Richtung Süden nach Mora (494 Skr, 6 Std., 1-mal tgl. um 7.45 Uhr). Zwei SJ-Züge fahren täglich nach Stockholm (670 Skr, 5 Std.) über Uppsala, bis zu 6-mal tgl. fahren SJ-Züge in westlicher Richtung nach Åre (181 Skr, 1¼ Std.).

Åre

♩ 0647 / 1417 EW.

Wunderbar in einem Gebirgstal am Ufer des Åresjön liegt der Ort Åre, das beliebteste **Wintersportgebiet** Schwedens: 30 000 Gäste strömen alljährlich in der Skisaison von Dezember bis Mai hierher, um die Freuden des Winters aktiv zu genießen.

Im Juli finden in Åre das **Åre Bike Festival** (www.arebikefestival.com) und die **Åre Extreme Challenge** (www.areextremechallenge.se) statt, deren Namen aus gutem Grund gewählt wurden. Die Athleten treten in diversen Lauf-, Kanu- und Radrennwettkämpfen gegeneinander um den Titel an.

Neben den beliebten und bekannten traditionellen Sportarten gibt es sowohl in den Sommer- als auch in den Wintermonaten eine überraschende Fülle von Angeboten für Aktivitäten in den Bergen. Es lohnt sich, das ein oder andere einfach einmal auszuprobieren und die Bergwelt von einer anderen Seite kennenzulernen.

◉ Sehenswertes & Aktivitäten

★**Kabinbanan**   SEILBAHN, AUSSICHTSPUNKT
(Erw./Kind 150/110 Skr; ⊘ Ende Juni–Ende Sept. tgl. 10–16 Uhr) Die einzige Gondelbahn Skandinaviens führt fast bis zum Gipfel des Åreskutan hinauf. Eine Fahrt in der Kabinenbahn lohnt sich allein wegen der eindrucksvollen Aussicht. Die Talstation liegt beim Marktplatz von Åre; in sieben Minuten befördert die Kabinenbahn ihre Gäste zu einer Aussichtsplattform (in 1274 m Höhe), wo sich das teuerste Café von Åre befindet.

★**Åre Bike Park**   MOUNTAINBIKE-FAHREN
(www.arebikepark.com) Im Sommer werden die Hänge des Åreskutan zu einem riesigen Abenteuerspielplatz der Mountainbike-Sportler. Der Åre Bike Park bietet rund 30 Strecken mit einer Gesamtlänge von 40 km – die Schwierigkeitsgrade der Strecken für Anfänger bis Extremsportler entsprechen denen von Skipisten. In den Seilbahnen Kabinbanan und Bergbanan sowie in den Sesselliften VM6:an und Hummelliften können auch Fahrräder auf den Berg mitgenommen werden.

Wandern   WANDERN
Beliebte kurze Wanderungen sind u. a. der halbstündige Aufstieg zum Gipfel des Åreskutan von der Aussichtsplattform der Kabinbana und die zweistündige Wanderung von der Bergstation in den Ort hinunter. In der Touristeninformation liegen Broschü-

WILDNIS-KÜCHE

Den unzugänglichen Bergen von Jämtland und Härjedalen ist es zu verdanken, dass es in den Küchen schwedischer Restaurants zu einer neuen Hinwendung zur Natur gekommen ist. Um jedoch eine Kostprobe davon zu bekommen, muss man sie in ihrer Abgeschiedenheit aufspüren…

Fäviken Magasinet (0647-401 77; www.favikenmagasinet.se; Probiermenü 1750 Skr; Di–Sa 19 Uhr bis spätabends) Magnus Nillson, Küchenchef des Stellar, ist in diesem intimen Bergrestaurant mit zwölf Sitzplätzen zu seinen ländlichen Wurzeln zurückgekehrt. Die Alchimie seiner Kochkunst beruht auf streng traditionellen Methoden, saisonal wechselnde Erzeugnisse aus Jämtland haltbar zu machen, wie z. B. Trocknen, Einlegen und Einsalzen. Ein mehrgängiges Menü kann sich aus einem Carpaccio vom Elch mit Mark und Hummer mit Hagebuttenaromen zusammensetzen. Das Restaurant liegt am Rand der E14, 15 km östlich von Åre. Gäste sollten rechtzeitig einen Tisch reservieren.

Havvi i Glen (070-600 64 76; www.havviiglen.se; Glen 530; Hauptgerichte 165–265 Skr, Probiermenüs 595–1095 Skr; Anfang Juli–Ende Aug. Mo, Di, Do, Fr & So 12–17, Mi & Sa bis 21 Uhr) Im Havvi i Glen wird die Fahne der Slowfood-Bewegung von Sápmi mit Stolz hochgehalten. Hier werden Gäste in den kulinarischen Reichtum der Samen eingeführt. Auf der saisonal wechselnden Speisekarte dominieren Wild, Pilze und Beeren. Die Gäste erwartet z. B. dünn geschnittenes Rentiersteak mit Heidelbeerchutney, geräucherter Saibling mit Sanddorn oder Moltebeerensorbet mit kandiertem Engelwurz. Auf der Website wird der Anfahrtsweg zum Restaurant beschrieben.

ren und Karten mit Einzelheiten zu den abwechslungsreichen Wanderungen bereit.

Westlich von Åre ist ebenfalls ein hervorragendes Wandergebiet. Ein Netz von STF-Hütten und Lodges ermöglicht auch mehrtägige Wanderungen von Hütte zu Hütte, vor allem rund um das Gebirgsmassiv Sylarna, eines der schönsten Gebiete für Bergwanderer und Bergsteiger in Schweden.

Åreskutan
SKIFAHREN

(www.skistar.com/are; 1-Tages-Skipass 425 Skr) Das Skigebiet am Åreskutan (1420 m) bietet 45 Skilifte, 100 Pisten und Skiabfahrten mit bis zu 1000 m Höhenunterschied, darunter eine 6,5 km lange Piste, die für alle Stufen des Könnens geeignet ist. Die Skisaison dauert zwar von Dezember bis Mitte April, doch die Skibedingungen sind ab Anfang Februar, wenn die Tage wieder länger werden, am besten.

Åre Bikes
MOUNTAINBIKEN

(0647-500 96; www.arebikes.se; Årevägen 138; Juni–Sept. 9.30–17 Uhr) Verleiht Mountainbikes und Schutzausrüstung und veranstaltet geführte Mountainbike-Touren.

Schlafen

Die verfügbaren Unterkünfte sind im Winter schnell vergeben, also besser schon weit im Voraus planen.

STF Åre Torg
HOSTEL €

(0647-515 90; www.svenskaturistforeningen.se/aretorg; Kabinbanevägen 22b; B/EZ/DZ 295/540/690 Skr;) Das große, renovierte Hostel liegt direkt am Marktplatz. Als Zimmer stehen völlig identische, fensterlose Würfel mit jeweils vier Betten aus poliertem dunklem Holz zur Verfügung. Sie werden von innen belüftet. Alle Zimmer sind auf einen riesigen Gemeinschaftsraum hin ausgerichtet. In einer Art Innenhof stehen Esstische vor jedem Zimmer, in einem Café werden den ganzen Tag leichte Gerichte serviert. Die Gästeküche und die Badezimmer sind makellos.

Fjällgården
HOTEL €€

(0647-145 00; www.fjallgarden.se; EZ/DZ ab 745/1390 Skr;) Eine Kombination aus Sportzentrum und hoch gelegenem Hotel. Zu den angebotenen Sportarten zählen Angeln, Mountainbiken, Golf, Reiten, Paddeln und das Erlebnis, an einer Zipline über das Tal zu fliegen. Die eleganten Zimmer sind groß und ausgesprochen hell. Der Einrichtungsstil erinnert an „Landhaus" und Après-Ski. Die eleganten Suiten können mit frei stehenden Badewannen aufwarten.

⭐ Copperhill Mountain Lodge
LODGE €€€

(0647-143 00; Åre Björnen; Zi. ab 2400 Skr;) Ein wunderschönes Bauwerk aus Holz und Stein mit Akzenten aus Kupfer. Die Lodge bietet von ihrem hohen Bergstandort einen wunderschönen Blick auf Åre. Die Kategorien der eleganten, modern gestalteten Zimmer sind nach Edelmetallen benannt. So sind z. B. die Gold-Suiten mit einer Playstation 3 ausgestattet. In einem Spa werden Massagen, Mineralbäder und andere Anwendungen angeboten. Für das Abendmenü mit drei Gängen nach der Saison (395 Skr) lohnt sich der Mehrpreis.

✖ Essen & Ausgehen

Åre Bageri
BÄCKEREI, SCHWEDISCH €€

(www.arebageri.se; Årevägen 55; Hauptgerichte 165–235 Skr; ⏱ 7–16 & 17–22 Uhr; 🖉) In diesem großen Bio-Café mit Steinofenbäckerei wird ein enormes Frühstücksbüfett mit unbegrenzter Auswahl für 89 Skr (7–10.30 Uhr) sowie hervorragender Kaffee, Gebäck und riesige Sandwiches angeboten. Abends gibt es im Restaurant in der oberen Etage das Beste aus der regionalen Küche Norrlands.

Broken
AMERIKANISCH €€

(www.broken-are.com; Torggränd 4; Hauptgerichte 115–196 Skr; ⏱ 12–23 Uhr) In der Nähe des Marktplatzes ist das Restaurant im amerikanischen Stil. Es ist die Lieblingsadresse aller hungrigen Rad- und Skisportler, die hier ihre Kalorienreserven mit Philadelphia-Cheesesteaks, Fajitas in Übergröße, Spare Ribs und Riesenhamburgern auffüllen. Zum Abschluss eine Frozen Margarita.

Vinbaren Åre
BAR

(www.vinbaren-are.com; Stationsvägen; ⏱ Nov.–April 16 Uhr bis spät abends) Die große Weinkarte umspannt die ganze Welt. Gäste müssen früh eintreffen, um einen Sitzplatz zu bekommen; abends besetzt die große Schar der Skisportler den Raum bis zum letzten Platz. Die Tapas sind unwiderstehlich: Zur Auswahl stehen Fisch-Tacos, Käsefondue, Barbecue-Schweinefleisch und Mini-Burger.

❶ Praktische Informationen

Touristeninformation (☎ 0647-163 21; www.visitare.se; St Olafsväg 35; ⏱ Mo–Fr 10–18, Sa & So bis 15 Uhr) In der öffentlichen Bibliothek, die sich im Bahnhofsgebäude befindet. Vielfältige Informationen zur Region, u. a. Wanderkarten und Broschüren zu Outdoor-Aktivitäten.

❶ An- & Weiterreise

Von Åre fahren Züge in östlicher Richtung nach Östersund (181 Skr, 1¼ Std., 6-mal tgl.) und Nachtzüge nach Stockholm (845 Skr, 10¼ Std.,

Abfahrt tgl. 20.12 Uhr). Nach Trondheim in Norwegen fahren Züge (220 Skr, 2½ Std., 2-mal tgl.) von Storlien (125 Skr, 45 Min., 2-mal tgl.) ab.

Storlien & Umgebung
☎ 0647

Storlien, ein winziges Dorf an der norwegischen Grenze, ist ein kleiner Skiferienort und Ausgangspunkt des südlichen Teils des Wanderweges Kungsleden (S. 290).

Die Bedingungen zum **Wandern** sind hervorragend, insbesondere führt eine mehrtägige Wanderroute in südlicher Richtung nach Tänndalen und passiert den südlichsten Gletscher Schwedens, der am Helagsfjället liegt.

Storvallens Fjällgården (☎ 0647-700 58; www.storliensfjallgard.se; Vackerlidsvägen 9; B/EZ/DZ 180/390/400 Skr), abseits der E14, etwa 4,5 km östlich von Storlien in Storvalen gelegen, bietet Wanderern hochwertige Unterkünfte in Form von komfortablen Schlafsälen und Zimmern sowie behagliche holzgetäfelte Gemeinschaftsräume, Gästeküchen, Saunas und viele Tipps für Wanderungen. Neben der reichhaltigen Auswahl zum Frühstück werden in einem Restaurant gehaltvolle Steaks, Clubsandwiches oder kräftige Fischsuppen serviert, damit die Wanderer wieder neue Kräfte sammeln können.

Von Storlien fahren Züge in östlicher Richtung nach Åre (125 Skr, 45 Min., 2-mal tgl.) und westlich ins norwegische Trondheim (135 Skr, 1½ Std., 2-mal tgl.).

HÄRJEDALEN

Funäsdalen & Umgebung
☎ 0684 / 980 EW.

Funäsdalen ist ein kleines Bergdorf, das sich lang gestreckt an einer Dorfstraße entlangzieht. Das Dorf entstand hier, weil die Straße im Winter, wenn die Umgebung ein halbes Jahr lang im Schnee versinkt, die einzige Stelle ist, die befahrbar bleibt. Dorf und Umland, wo eindrucksvollen Gipfel des Funäsdalsberget überragt, sind bei Wanderern, Skifahrern und anderen Natur- und Sportbegeisterten beliebt. Außerhalb von Funäsdalen führt die Rte 84 bergauf zum kleinen, malerischen Ort **Tänndalen**, einem noch schöneren Ziel für Wanderer. Die höchst gelegene Straße Schwedens führt weiter Richtung Norden in das von Bergen umgebene wunderschöne Dörfchen Ljungdalen, ebenfalls ein lohnenswertes Ziel.

⊙ Sehenswertes & Aktivitäten

Härjedalens Fjällmuseum   MUSEUM
(www.fjallmuseet.se; Rörovägen 30; Erw./Kind 100 Skr/frei; ⊘ Mitte Juni–Ende Sept. 11–17 Uhr; ♿) Die Ausstellungen im Härjedalens Fjällmuseum informieren über die südlichen Gemeinden der Samen, die auch heute noch mit ihren Rentierherden aus den nahen Dörfern Mittådalen und Brändåsen über das Weideland ziehen. Auch über die Bauern und Bergarbeiter, die hier Siedlungen gegründet haben, gibt es eine Ausstellung. Für Kinder wurde ein Spielplatz mit einem geheimen Tunnel errichtet, im Freilichtmuseum des angrenzenden Fornminnesparken sind typische Gebäude des 19. Jhs. zu besichtigen.

Felsmalereien   ARCHÄOLOGISCHE STÄTTE
Die bemerkenswert gut erhaltenen, 4000 Jahre alten Felsmalereien (*hällmålningar*) stellen Rentiere und andere Wildtiere dar. Sie befinden sich in der Nähe des kleinen Dorfes Messlingen auf der einsamen Hochebene von Flatruet zwischen Funäsdalen und Ljungdalen. In Mittådalen führt eine Abzweigung nach rechts auf Messlingen zu, dann geht der Weg nach Ruvallen in östlicher Richtung weiter, schließlich verweist dort ein Hinweisschild auf einen 6 km langen Fußweg. Die Buslinie 621 verbindet Funäsdalen mit Messlingen (67 Skr, 35 Min., 3-mal tgl.).

Route 535   LANDSCHAFT
Eine schmale, serpentinenartige, 100 km lange Straße verbindet Ljungdalen und Åsarna und führt durch eine Berglandschaft, die zu den entlegensten in Schweden gehört; der Reiz der Landschaft liegt nicht nur in ihrer weltfernen Abgeschiedenheit, sondern auch in einer wilden Ursprünglichkeit (mit Ausnahme einiger winziger Dörfer, die am Weg liegen). Es ist eine wunderschöne Strecke für eine Autofahrt, sie wird aber auch von der Buslinie 613 (204 Skr, 1¾ Std.) befahren, die beide Orte verbindet.

★ Südlicher Kungsleden   WANDERN
Tänndalen ist der Ausgangspunkt für den **südlichen Kungsleden**, der in nördlicher Richtung nach Storlien führt. 20 km von Tänndalen entfernt berührt der Wanderweg die Skipisten von **Ramundberget**, danach steigt der Weg an und führt auf den südlichsten Gletscher Schwedens zu, der am **Helagsfjället** (1797 m), der höchsten Erhebung der Region, liegt.

Vom Helagsfjället führt eine 50 km lange, anspruchsvolle Etappe des Wanderweges durch ein Bergland nach Storlien. Auf dem Weg liegen die von STF betriebenen *fjällstationes* Sylarna und Blåhammaren. Als Alternative führt ein Weg nach Ljungdalen (18 km) hinunter, von wo die Buslinie 613 nach Östersund führt.

⌨ Schlafen & Essen

★ STF Tänndalen/Skarvruets Fjällhotel   HOTEL, HOSTEL €
(☑ 0684-221 11; www.skarvruet.com; Skarvruvägen 20; B/EZ/DZ im Hostel 300/350/600 Skr, EZ/DZ im Hotel 595/1190 Skr; ℙ) Das Berghotel mit Hostel in steiler Hanglage in Tänndalen erfüllt seine Rolle perfekt: ausgestopfte Hirschköpfe und Kaminfeuer in der behaglichen Lounge-Bar sowie wundervoll gemütliche Plaids in den anheimelnden Zimmern. Das Hostel besteht aus mehreren Holzhäusern mit überwältigendem Blick über das Tal auf die dahinter aufragenden Berge. Busse der Linie 623 fahren in Funäsdalen ab.

Funäsdalen Berg & Hotell   HOTEL €
(☑ 0684-214 30; www.hotell-funasdalen.se; B/DZ ab 245/575 Skr; ℙ 🛜 🍽) Die beste Wahl in Funäsdalen: ein großes, modernes Hotel mit ansprechenden Zimmern in drei unterschiedlichen Ausstattungsvarianten sowie Hostel-Unterkünften mit Blick auf den See. Das Haus ist ganzjährig geöffnet und hat ein gutes Restaurant (das tägliche Mittagsbüfett zieht auch viele Einheimische an) und einen Wellness-Bereich. Im Winter sind mindestens drei Übernachtungen zu buchen.

STF Vandrarhem Ljungdalen   HOSTEL €
(☑ 070-210 48 73; www.svenskaturistforeningen.se; B/DZ 185/500 Skr; 🍽) Im Hostel von Ljungdalen finden Reisende mit kleinem Budget ein gutes Unterkommen in zumeist kleinen Schlafsälen. Eine Gästeküche, Sauna und Swimmingpool stehen ebenfalls zur Verfügung.

STF Sylarna   LODGE €€
(☑ 010-190 23 60; www.svenskaturistforeningen.se; Stellplätze/B/DZ/4BZ 90/150/1120/1620 Skr; ⊘ Mitte Feb.–April & Ende Juni–Ende Sept.; 🍽) Eine attraktive Berg-Lodge mit Sauna, Lebensmittelladen und Ausrüstungsverleih. Die Schlafsäle sind eher für die Gäste

geeignet, denen es nichts ausmacht, mit 19 anderen Personen in einem Raum zu übernachten.

STF Blåhammaren LODGE €€
(☎010-190 23 60; www.stfblahammaren.com; B/DZ/4BZ 295/1000/1500 Skr; ☺Mitte Feb.–Ende April & Ende Juni–Ende Sept.; 🐾) Die höchstgelegene Berg-Lodge in Schweden (1080 m) bietet eine Sauna, von der aus die Gäste eine hinreißende Aussicht genießen können.

❶ Praktische Informationen

Touristeninformation (☎0684-155 80; www.funasdalen.se; Rörosvägen 30; ☺10–18 Uhr) Die Touristeninformation im Fjällmuseum von Funäsdalen hilft mit Empfehlungen zu sportlichen Aktivitäten und arrangiert Sportausflüge aller Art.

❶ Anreise & Unterwegs vor Ort

Härjedalingen (www.harjedalingen.se) unterhält an mehreren Wochentagen Busverbindungen zwischen Stockholm und Funäsdalen (469 Skr, 8¾ Std.). Von Funäsdalen führt die örtliche Buslinie 623 nach Tänndalen (33 Skr, 10 Min., 1- bis 3-mal tgl. außer So). Die Buslinie 613 verkehrt zwischen Ljungdalen und Åsarna (204 Skr, 1¾ Std., tgl. außer Sa), von wo man mit der Buslinie 164 nach Östersund (155 Skr, 1½ Std., 5-mal tgl.) oder mit einem Zug der Inlandsbanan weiterfahren kann. Die Buslinie 164 führt von Funäsdalen über Åsarna nach Östersund (269 Skr, 3½ Std., 1- oder 2-mal tgl.).

BOTTNISCHER MEERBUSEN

Gävle

☎026 / 71 033 EW.

Gävle ist eine lebendige Universitätsstadt, die bereits im späten 19. Jh., als Bauholz und Eisen aus der Region exportiert wurden, ein florierender Wirtschaftsstandort war. Gävle wurde 1446 gegründet und gilt offiziell als älteste Stadt Norrlands, allerdings ist vom ursprünglichen Stadtbild nach einem verheerenden Brand von 1869 nur noch wenig erhalten geblieben. Eine lebhafte Restaurantszene und viele Sehenswürdigkeiten innerhalb und außerhalb der Stadt machen Gävle für Besucher mit den unterschiedlichsten Interessen – Strandgänger, Freunde (oder Feinde) des *Gävlebocken*, Whisky-Connaisseure und Liebhaber von Eisenbahnen – zu einem lohnenden und interessanten Ziel, an dem es sich angenehm einige Tage verweilen lässt.

◎ Sehenswertes & Aktivitäten

★ Sveriges Järnvägsmuseet MUSEUM
(Schwedisches Eisenbahnmuseum; www.jarnvagsmuseum.se; Rälsgatan 1; Erw./unter 19 Jahren 100/60 Skr; ☺Juni–Aug. 10–17 Uhr; P🚻) Das hervorragende Museum im ehemaligen Lokomotivschuppen von Gävle stellt die Eisenbahngeschichte Schwedens in Form von sinnlich erfahrbaren Ausstellungsstücken dar. Neben zahlreichen alten Lokomotiven und Waggons, in die die Besucher einsteigen dürfen (z. B. ein Reisewagen König Karls XV. von 1859), gibt es umfangreiche Sammlungen von Miniatureisenbahnen, einen X2000-Simulator, Spielzeugeisenbahnen und eine kleine Bimmelbahn im Freien für Kinder.

Das Museum liegt am südlichen Ende der Muréngatan, von dort führt ein Radweg zum Museum.

Länsmuseum Gävleborg MUSEUM
(www.lansmuseetgavleborg.se; Södra Strandgatan 20; ☺Di–Fr 11–18, Sa & So 12–16 Uhr) GRATIS Das Länsmuseum Gävleborg, das Provinzmuseum, birgt wunderschön gestaltete Ausstellungen zur Kultur der Region von der Vorgeschichte über die Blütezeit (Mitte des 19. Jhs.) bis in die Gegenwart. Zu sehen sind rekonstruierte Wohnräume und Ladenfronten, die Lebensgeschichten historischer Persönlichkeiten der Stadt, außerdem multimediale Präsentationen. Die hervorragende **Kunstgalerie Rettig** nimmt die oberen beiden Stockwerke ein und zeigt eine der bedeutendsten Sammlungen schwedischer Kunstwerke, sie umfasst Klassizismus, Hyperrealismus und Postmoderne. Eine eigene Abteilung ist den Göteborger Koloristen gewidmet.

Mackmyra Svensk Whisky & Whiskyby DESTILLERIE
(☎026-54 18 80; www.mackmyra.se; Kolonnvägen 2; ☺ganzjährig 12–20 Uhr, Touren Juni bis Aug.) Das Unternehmen Mackmyra Svensk Whisky wurde 1999 als erste Destillerie für Malt-Whisky in Skandinavien gegründet, Die Destillerie befindet sich in einem historischen Werksgebäude (*bruk*), 10 km westlich von Gävle. Whisky-Proben (4395 Skr) werden angeboten, die im Voraus auf der Website gebucht werden müssen. Zu Mack-

myra gehört auch die Whiskyby-Destillerie mit Aussichtsturm. Sie liegt im Westen von Gävle am Rand der E4 und kann auch separat besichtigt werden (10–17 Uhr).

Gamla Gefle HISTORISCHE STÄTTE
Ein verheerendes Feuer vernichtete 1869 die meisten der bunten Holzhäuser des alten Stadtkerns. Eine kleine, wackelige verworrene Häusergruppe, die den Brand unbeschadet überstanden hat, ist als Gamla Gefle, südlich des heutigen Stadtzentrums, erhalten geblieben.

Sveriges Fängelse Museum MUSEUM
(Schwedisches Gefängnismuseum; Hamiltongatan 3; Erw./Stud. 80/40 Skr; ⊙ Mi–So 12–16 Uhr, tgl. Juli & Aug.) Hier tauchen Besucher in eine Welt der unterirdischen Verliese, altertümlichen Folterinstrumente, fensterlosen Sträflingszellen und bildhaften Darstellungen von liederlichen Weibern und männlichen Missetätern ein – das Haus war eines der ersten Zuchthäuser Schwedens.

Furuvik FREIZEITPARK
(www.furuvik.se; Erw./3- bis 12-Jährige 199/169 Skr; ⊙ Mitte Juni–Mitte Aug. 10–19 Uhr; 🚻) Im Sommer strömen Familien vor allem am Wochenende in großer Zahl in den Freizeitpark Furuvik, wo insbesondere die Kinder bei den vielfältigen Attraktionen: Achterbahnen, dem Vergnügungsbad Aqua Jungle mit Wasserrutschen und einem Tierpark Spaß und Abwechslung finden.

Furuvik liegt 12 km südöstlich von Gävle; ein Regionalzug hält an der Haltestelle Furuvik (7 Min., alle 2 Std.).

Limön INSEL
(Schifffahrten Erw./Kind Hinfahrt 50/30 Skr) Von Ende Mai bis Ende August führen 45-minütige **Schifffahrten** (bis zu dreimal tgl.) auf der M/S *Queen Silvia* von Södra Skeppsbron zur Insel Limön hinüber, sie gehört zu einer umliegenden Inselgruppe. Bei einem Ausflug auf die Insel können ein **Naturwanderpfad** und mehrere Waldwanderwe-

Gävle

ge erkundet werden, außerdem kann man hier ein **Massengrab** mit einem **Denkmal** besuchen, das den Seeleuten eines Schiffes gewidmet ist, das um 1800 vor der Küste untergegangen war.

Joe Hillgården   MUSEUM

(www.joehill.se; Nedre Bergsgatan 28; ☺ Juni–Aug. 10–15 Uhr) GRATIS Eines der Häuser von Gamla Gefle ist das Geburtshaus des US-amerikanischen Gewerkschafters und Liedermachers Joe Hill und heute ein Museum. Hill wurde zu Unrecht eines Mordes beschuldigt und 1915 in Utah hingerichtet. Einige seiner Folksongs sind unter den Einwohnern der Region noch heute bekannt.

Heliga Trefaldighets Kyrka   KIRCHE

(Kaplansgatan; ☺ Mo–Fr 10–15 Uhr) Im Innern der ältesten Kirche von Gävle befinden sich ein Runenstein aus dem 11. Jh. und eindrucksvolle Holzschnitzarbeiten – es sind Werke des deutschen Holzbildhauers Ewardt Friis.

🛏 Schlafen

Hotelzimmer werden in der Regel montags bis freitags weit im Voraus an Pendler von und nach Stockholm vergeben. Die Zimmerpreise sind an Wochenenden günstiger.

Gefle Vandrarhem   HOSTEL €

(☎ 026-62 17 45; www.geflevandrarhem.se; Södra Rådmansgatan 1; B/EZ/DZ 240/410/580 Skr; ☺ Mitte Jan.–Anfang Dez.) Das ruhige Hostel

liegt an einem blumenbepflanzten Innenhof in einem der hübschen alten Holzhäuser von Gamla Gefle und ist mit einer guten Gästeküche ausgestattet. Das Haus ist bei Reisenden aller Altersgruppen beliebt. Das Personal ist liebenswürdig. Das Frühstücksbüfett kostet 70 Skr.

Hotel Aveny   HOTEL €

(☎ 026-615 590; www.hotelaveny.eu; Södra Kungsgatan 31; EZ/DZ ab 430/640 Skr; P ☎) Das preiswerte Hotel auf der südlichen Seite des Flusses ist ein Familienunternehmen. Die Zimmer sind in Erdtönen gehalten, dazu gehören miniaturhaft kleine Badezimmer und eine recht gute Frühstücksauswahl. Auf der Website werden Ermäßigungen angeboten.

Elite Grand Hotel Gävle   HOTEL €€

(☎ 026-400 73 00; www.elite.se; Kyrkogatan 28; EZ/DZ ab 729/999 Skr; P ☎) Das wunderschön restaurierte Jugendstilhotel hat viele Vorzüge, nicht zuletzt eine einmalig zentrale Lage und eine helle, zeitgemäße Ausstattung. Gäste mit leichtem Schlaf sollten sich für ein ruhiges Zimmer mit Blick auf den Fluss entscheiden.

Järnvägshotellet   HOTEL €€

(☎ 026-12 09 90; www.jarnvagshotellet.nu; Centralplan 3; EZ/DZ inkl. Frühstück 525/695 Skr; P ☎) Auf der dem Bahnhof gegenüberliegenden Seite des Marktplatzes befindet sich das kleine Hotel, ein Familienunternehmen, in einem historischen Gebäude. Die individuell eingerichteten Zimmer und das reichhaltige Frühstück sprechen vor allem Reisende an, die mit der Bahn unterwegs sind. Die Zahl der Gäste, die sich jeweils ein Badezimmer teilen, ist angenehm klein.

Scandic-CH   HOTEL €€

(☎ 026-495 84 00; www.scandic-hotels.se; Nygatan 45; EZ/DZ ab 864/961 Skr; P ✳ ☎) Das Hotel ist auf Geschäftsreisende ausgerichtet. Seine Förmlichkeit wird durch die Freundlichkeit der Mitarbeiter und kleine Extras, z. B. Leihfahrräder für Gäste, ausgeglichen. Die Zimmer sind etwas nüchtern im Stil eines schwedischen Möbelhauses eingerichtet, Flachbildfernseher und Bilder mit Naturmotiven zieren die Wände.

✖ Essen

Cafe Pazzo   ITALIENISCH €

(www.pazzo.se; Drottninggatan 6; Hauptgerichte 89–119 Skr; ☺ 11–21 Uhr) Ein Café im „Bistro-Stil", das eher wie eine Kantine wirkt. Zum Ausgleich haben die Köche ein gutes

Händchen für Pizza- und Pastagerichte. Die Portionen sind großzügig bemessen; es gibt auch leichtere Speisen (Focaccia, Salate, warme Sandwich-Gerichte).

★ Matildas
FUSION €€

(www.matildas.nu; Timmermansgatan 23; ⊗ Di–Sa 17 Uhr bis spätabends) Die Speisekarte dieses kleinen, eleganten Bistros ist kurz und bündig und wechselt mit den Jahreszeiten. Die Aromen der Gerichte sind fein aufeinander abgestimmt, der Präsentation wird viel Aufmerksamkeit gewidmet, und das Ambiente ist entspannt. Gäste können wunderbare Hummer-Tacos, Champagner-Austern, knusprigen Schweinebraten und Blutwurst mit Preiselbeeren genießen. Das Bier aus eigener Brauerei, von den liebenswürdigen Wirten eigenhändig serviert, ist angenehm süffig.

Bistro Nord
FUSION €€

(✆ 026-10 91 01; www.bistronord.se; Centralplan 1; Hauptgerichte 195–285 Skr; ⊗ Mo–Sa 16 Uhr bis spätabends; ✍) Das Bistro Nord liegt versteckt in Bahnhofsnähe und hat einen bescheidenen Eingang, hinter dem sich ein überraschend eleganter, moderner Innenraum verbirgt. Die Küche ist gleichermaßen zeitgemäß. Pizza mit Pfifferlingen und Spinatrisotto gewinnen die Herzen von Vegetariern, Fleischliebhaber werden den Gerichten mit Kalbsleber und Lamm nicht widerstehen können. Die Bedienung ist herzlich und gewandt, die Auswahl an Weinen (zu angemessenen Preisen) ist beeindruckend.

Church Street Saloon
TEX-MEX €€

(✆ 026-12 62 11; Kyrkogatan 11; Hauptgerichte 190 bis 513 Skr; ⊗ Mo–Fr 17–24, Sa 12–1 Uhr; ✍) Eine große einheimische Gästeschar schätzt dieses Restaurant, das mit viel Cowboy-Kitsch wie ein Western-Saloon aufgemacht ist, wegen seiner guten Tex-Mex-Küche. Die Teller mit Steaks (z. B. ein 900 g schweres Ribeye-Steak), Enchiladas, Spare Ribs, Buffalo-Wings und Macho-Nachos haben die Größe von Servierplatten. Ausreichend Hunger sollten die Gäste des Hauses also mitbringen. An Wochenendabenden (nach 22 Uhr) schwingen Bardamen ihre Röcke und tanzen Can-Can auf dem Tisch.

Ausgehen

Bishop's Arms
PUB

(www.bishopsarms.com/Gavle/Presentation; Södra Kungsgatan 7; ⊗ Mo–Fr 16–24, Sa 13–1, So 16–22 Uhr) Es wirkt ein bisschen so, als wäre man in einem Antiquitätenladen zu Gast, doch es gibt hier die größte Auswahl an Bieren in der Stadt, darunter Sorten aus kleinen Braumanufakturen. Ein weiterer Pluspunkt ist das ruhige, gesprächsfreundliche Ambiente.

Coffee Lounge
CAFÉ

(www.coffee-lounge.se; Nygatan 21; ⊗ 9–17 Uhr) Ein helles, fröhliches Café, in dem gefüllte Bagels und Sandwiches sowie Kaffeespezialitäten serviert werden. Besonders gut ist ein starker Kaffee mit der Konsistenz von flüssiger Lava.

ⓘ Praktische Informationen

Touristeninformation (✆ 026-17 71 17; www.visitgavle.se; Drottninggatan 22; ⊗ Mo–Fr 10–19, Sa bis 16 Uhr, So 12–16 Uhr) Bei der Hauptgeschäftsstraße.

ⓘ An- & Weiterreise

BUS

Reisebusse fahren auf der Rückseite des Bahnhofs ab. Zur Abfahrt der Busse von Ybuss nimmt man ein Busstaxi vom Bahnhof nach Gävlebro. **Ybuss** (www.ybuss.se) betreibt täglich Reisebusse nach Sundsvall (240 Skr, 2¾–3¼ Std., 3- bis 6-mal tgl.) und Umeå (390 Skr, 6½–7½ Std., 3-mal tgl.). Reisebusse von **SGS Bussen** (www.sgsbussen.nu) fahren nach Stockholm (150 Skr, 2 Std., 5- bis 7-mal tgl.).

ZUG

Von Gävle fahren mehrmals täglich Züge nach Stockholm (247 Skr, 1½–2¼ Std.) über Uppsala (97 Skr, 45 Min.–1¼ Std.) und Sundsvall (112 Skr, 2¼ Std., etwa stündl.), ein oder zwei Züge fahren über Luleå (691 Skr, 11¼ Std., tgl.) nach Kiruna (763 Skr, 14¼ Std., 2-mal tgl.) und drei Züge nach Östersund (232 Skr, 3½ Std.).

Hudiksvall

✆ 0650 / 15 015 EW.

Eigentlich ist es ein Wunder, dass die kleine Stadt Hudiksvall überhaupt noch steht! Sie hat nicht nur zahlreiche Brände, sondern auch einen heftigen Angriff russischer Armeen (1721) überstanden. Die Fassade der **Jacobs Kyrka** (⊗ 10–16 Uhr) südwestlich des Stadtzentrums zeigt noch Spuren des Bombardements durch russische Kanonenkugeln. Der hübsche Hafen der Stadt, der von roten Lagerhäusern der Fischer (*Möljen*) eingerahmt wird, hat ein altertümliches Flair, das er mit dem eindrucksvollen **Fiskarstan** teilt. Die „Fischerstadt" erstreckt

ABSTECHER

KUSTVÄGEN

Zwischen Hudiksvall und Sundsvall verläuft der 75 km lange **Kustvägen** (www.kust vagen.se). Diese Küstenstraße ist eine landschaftlich wesentlich reizvollere Alternative zur parallel verlaufenden Straße E4. Schmal, kurvenreich und weitgehend unbefahren schlängelt sich der Kustvägen durch Wälder und an einsamen Stränden und winzigen Fischerdörfern vorüber.

Autofahrer, die von Hudiksvall kommen, biegen bei Jättendal in die Küstenstraße ein und folgen ihrem kurvigen Verlauf bis zur Abfahrt nach **Sörfjärden**. Am nördlichen Ende des Strandes folgt ein hinreißender Wanderweg den Konturen der bewaldeten Halbinsel. Weiter nördlich zweigt eine schmale Straße in östlicher Richtung nach **Oxsand** ab, nahe am Ort findet man schöne Badestellen. Auf dem Weg führt eine weitere Abzweigung nach **Galtströms Bruk** mit einer Miniatureisenbahn für Kinder und dem kleinen, aber schönen **Strand Vitsand**. Ein Spaziergang durch den Wald führt dorthin, flache Felsen am Wasser bieten sich für ein Sonnenbad an.

Weiter nördlich führt die Fahrt nach **Skåtan**, einem bildhübschen Dorf mit einem kleinen Jachthafen, und **Skatans Cafe & Krog** (www.skatanscafe.se; Hauptgerichte ab 125 Skr; ☉ Juni–Ende Aug. 11–21 Uhr), wo es hauptsächlich köstliche Spezialitäten aus dem Meer gibt. Im oberen Stockwerk befinden sich bootsförmige Zimmer mit Matrosenstreifen für die Gäste, die länger bleiben möchten. Am nördlichen Ende des Kustvägen erreicht man eine Gabelung; die östliche Abzweigung führt nach Lörruden, die westliche zurück zur E4 über Njurundabommen. Das gleichnamige **Restaurant** (☎ 060-370 98; www.sillmans.se; Hauptgerichte 165–275 Skr) von Lörruden liegt, von roten Fischerhäuschen umgeben, direkt am Wasser und hat treue Stammgäste aus Sundsvall, die es der Leidenschaft des Küchenchefs für regional erzeugte Zutaten verdankt. Gerichte wie der gehaltvolle Fischeintopf und die Meeresfrüchtelasagne sind hervorragend, der Barsch mit Pfifferlingen und Trüffelpüree ist schlicht überirdisch gut.

sich entlang der Hamngatan und setzt sich aus teilweise restaurierten Handelshöfen mit eleganten Holzverkleidungen und Winterquartieren der Fischer zusammen. Sie geht auf das frühe 19. Jh. zurück.

Eine Häuserzeile vom Hafenufer entfernt liegt das **Hälsinglands Museum** (www.hal singlandsmuseum.se; Storgatan 31; ☉ Mo & Sa 12–16, Di–Fr 10–16 Uhr) GRATIS. Besonders sehenswert sind die gespenstisch beleuchtete Kirchenkunst aus dem Mittelalter, der Runenstein von Malsta aus der Zeit um 1000 v. Chr., der eine Inschrift in Hälsinge-Runen trägt, und eine Ausstellung zum frühen Kubismus. Die Arbeiten wurden von den schwedischen Malern John Sten und Dick Beer angefertigt.

In der Stadtmitte von Hudik ist das etwas verwitterte **First Hotell Statt** (☎ 0650-150 60; www.firsthotels.se; Storgatan 36; Zi. ab 798 Skr; P ✳ ☎ ☂) die beste Wahl. In diesem Hotel (das sich scheinbar unverändert über die Zeiten erhalten hat) hielten die reichen Holzbarone des 19. Jhs. Festgelage ab. Zu Feiern moderner Art finden sich die Gäste der zum Hotel gehörenden Bar O'Leary's zusammen. 4 km östlich von Hudik liegt der große

Wohnwagenpark **Malnbadens Camping & STF Hudiksvall** (☎ 0650-132 60; www.malnba denscamping.com; Linsänkevägen 15; Stellplätze ab 160 Skr, EZ/DZ/4BZ 345/410/795 Skr; P ☎) am See. Die Stellplätze sind von Bäumen beschattet. Es gibt ein Hostel mit schlichten Holzhütten. Ein Verleih von Kanus ist vorhanden. Am See gibt es auch ein recht gutes Restaurant. Das Gelände ist am leichtesten mit dem eigenen Auto erreichbar.

Am Hafenufer befindet sich **Hot Chilli** (www.hotchilli.se; Hamngatan 5; Hauptgerichte 79 bis 158 Skr; ☉ Mo–Fr 11–20, Sa & So 12–20 Uhr; ☎), das Restaurant ist auf Wok- und Nudelgerichte nach chinesischer/thailändischer Art spezialisiert, während die Speisekarte von **Sigges Bistro & Bar** (☎ 0650-333 33; Hamngatan 6; Hauptgerichte ab 115–269 Skr; ☉ 17 Uhr bis spätabends) eine Vielfalt unterschiedlichster Gerichte zeigt, z. B. eine Heringsplatte mit allen dazugehörigen Beilagen, hausgemachte Cheeseburger oder Caesar's Salad. An Wochenenden verwandelt sich die Bar in einen kleinen Nachtclub.

Die **Touristeninformation** (☎ 0650-191 00; www.hudiksvall.se/turism; Storgatan 33; ☉ Mo–Fr 10–16 Uhr) ist neben dem Museum.

❶ An- & Weiterreise

Der **Busbahnhof** liegt neben dem Hauptbahnhof am Hafen. **Ybuss** (☑ 060-17 19 60; www.ybuss.se) betreibt Busverbindungen nach Gävle (140 Skr, 1½–2 Std., 2- bis 3-mal tgl.), Stockholm über Uppsala (275 Skr, 3¾–5 Std., 2- bis 3-mal tgl.) und Umeå (320 Skr, 5¼ Std., tgl.).

Züge fahren nach Sundsvall (195 Skr, 50 Min., 7-mal tgl.), Gävle (195 Skr, 1¼ Std., stündl.) und Stockholm (373 Skr, 2¾ Std., 7- bis 10-mal tgl.).

Sundsvall

☑ 060 / 50 7112 EW.

Als Sundsvall 1888 bis auf die Grundmauern niederbrannte (nachdem ein Funke vom Selånger-Dampfschiff die Brauerei der Stadt in Flammen gesetzt hatte), fassten die Stadtherren den Beschluss, die alten Holzhäuser dieses Mal aus Stein wiederaufzubauen und zwischen ihnen breite Avenuen anzulegen. Auf einmal unterschied sich Sundsvall von all den anderen Orten am Bottnischen Meerbusen, die im Vergleich dazu wie arme Provinznester erschienen. Durch diese Maßnahmen wurden ärmere Bewohner (darunter auch die Bauarbeiter, die Sundsvall wiederaufgebaut hatten) an die Randbezirke der Stadt verdrängt, während Reichtum und Macht sich in der attraktiven Stadtmitte konzentrierten.

Die Anziehungskraft von Sundsvall geht heute weniger von einzelnen Sehenswürdigkeiten, als vielmehr von der weltoffenen Atmosphäre der Stadt aus, wodurch sie sich von anderen Orten am Bottnischen Meerbusen unterscheidet. Es gibt nicht nur breite Boulevards, die sich leicht zu Fuß durchschreiten lassen, sondern auch hervorragende Restaurants.

◉ Sehenswertes & Aktivitäten

★ Kulturmagasinet   MUSEUM
(www.sunsvall.se/kulturmagasinet; Sjögatan; ⊙ Mo–Do 10–19, Fr bis 18, Sa & So 11–16 Uhr) GRATIS In Hafennähe befindet sich das Kulturmagasinet, bestehend aus mehreren prächtig restaurierten, alten Speicherhäusern, in denen heute die Bibliothek und das **Sundsvall Museum** untergebracht sind. Das Museum zeigt fesselnde Ausstellungen zur Stadtgeschichte, Naturkunde und Geologie.

Im oberen Stockwerk widmet sich eine Dauerausstellung schwedischen Künstlern des 20. Jhs. Unter den erstklassig kuralierten Wechselausstellungen waren vor Kur-

zem auch freizügige Fotografien von wunderschönen, alternden Varietétänzerinnen zu sehen.

Norra Berget   LANDMARKE
(www.norraberget.se) Auf der Höhe von Norra Berget (150 m) steht ein **Aussichtsturm** aus dem 19. Jh., von dem sich ein weiter Rundblick über die Stadt eröffnet, die zwischen dem Meer und den umliegenden Bergen eingebettet liegt. Zum benachbarten Freilichtmuseum (11–17 Uhr geöffnet, Eintritt 25 Skr) mit mehreren sehenswerten Holzhäusern gehört das **Norra Bergets Hantverksmuseum**, wo Besucher lernen können, das typische *Tunnbröd* (ein dünnes, weiches Fladenbrot) der Gegend zu backen. Im Juli reifen in der Umgebung Heidelbeeren in Massen heran. Die Busse, die zum Norra Berget fahren, halten auch beim Freilichtmuseum an.

Alnö Gamla Kyrka   KIRCHE
(⊙ Mitte Juni–Mitte Aug. 12–18 Uhr) Die prächtige Kirche, in der sich Baustile des 12. und 15. Jhs. mischen, steht 2 km nördlich der Brücke (bei Vi) auf Alnö, der großen Insel östlich von Sundsvall. An den oberen Mauern und der Decke sind Gemälde vollständig erhalten geblieben, die vermutlich von einem Schüler Albertus Pictors (um 1440 im hessischen Immenhausen geboren) stammen. Noch schöner ist das geschnitzte **Taufbecken** aus dem späten 11. Jh. in der neuen Kirche auf der anderen Straßenseite. Der obere Teil verbindet christliche Symbole mit denen der Wikinger, die wilden Tiere weiter unten verkörpern den Teufel. Die Buslinie 1 fährt bis Vi (2- bis 3-mal stündl.), von dort ist es noch ein kurzer Fußweg.

🛏 Schlafen

STF Sundsvall City   HOSTEL €
(☑ 060-12 60 90; www.sundsvallcityhostel.se; Sjöga-tan 11; EZ/DZ/3BZ/4BZ im Hostel 400/500/720/920 Skr, EZ/DZ im Hotel 500/595 Skr; ℗🛜) Ein freundliches, aber etwas anonymes Hostel in zentraler Lage. Die Zimmer sind sparsam möbliert, haben jedoch viel Licht und eigene Bäder. Den Gästen stehen eine Sauna und eine vollständig ausgestattete Küche zur Verfügung. Die Rezeption ist während des ganzen Tages besetzt – eine Seltenheit bei Unterkünften der preiswerten Kategorie. In den Hotelzimmern sind Bettwäsche und Frühstück inklusive, im Übrigen sind sie wie Hostel-Zimmer ausgestattet.

Lilla Hotellet HOTEL €

(☑ 060-61 35 87; Rådhusgatan 15; EZ/DZ 695/795 Skr) In einem Steingebäude, das als historisches Denkmal ausgewiesen ist (es entstand im Jahr nach der großen Feuersbrunst), hat sich das kleine Familienunternehmen in schöner Lage eingerichtet. Die Atmosphäre ist freundlich, es gibt acht geräumige Zimmer mit hohen Decken, Kachelöfen und weiteren interessanten architektonischen Details.

Elite Hotel Knaust HOTEL €€

(☑ 060-608 00 00; www.elite.se; Storgatan 13; EZ/DZ ab 990/1290 Skr; P 🛜) In einem prächtigen Bauwerk aus dem 19. Jh. an der Fußgängerzone von Sundsvall befindet sich das noble Hotel mit viel altertümlichem Charme. Außer einer wunderschönen Lobby mit einem (vielfach fotografierten) Marmortreppenaufgang gibt es in einem klassisch skandinavischen Stil eingerichtete Zimmer mit hohen Decken. Das Frühstücksbüfett ist ausgezeichnet. Der Zugang zum Internet (WLAN) ist hier leider immer noch nicht kostenlos.

Best Western Hotel Baltic HOTEL €€

(☑ 060-14 04 40; www.baltichotell.com; Sjögatan 5; EZ/DZ ab 690/1090 Skr; P 🛜) Helle, moderne Zimmer befinden sich in einem historischen Gebäude aus der Zeit um 1880, in der Nähe des Kulturmagasinet am Wasser gelegen. Das Hotel ist besonders für Alleinreisende eine gute Wahl.

✕ Essen & Ausgehen

Tant Anci & Fröcken Sara CAFÉ €

(Bankgatan 15; Hauptgerichte 85–115 Skr; ⏲ Mo bis Do 10–22, Fr bis 20, Sa 11–17 Uhr; 🅿) 🍴 Suppen und Salate in riesigen Schüsseln sind die Spezialitäten dieses netten Bio-Cafés, in dem man außerdem gehaltvolle Sandwiches, gewaltige Pastaportionen und Gebäck bekommen kann.

★ Udda Tapas Bar TAPAS €

(☑ 073-098 66 07; http://uddatapasbar.wordpress.com; Esplanaden 17; Tapas 40–75 Skr; ⏲ Mo–Do 17–23, Fr & Sa bis 2 Uhr) An Sommerabenden ist die Dachterrasse dieser charmanten Bar der beste Ort, um z. B. Venusmuscheln mit Zitronengras, geräuchertes Ren mit Dijon-Senf, Lamm-Tacos oder Rübengemüse mit Honig und Feta zu einem Glas Wein oder Bier aus regionaler Brauerei zu genießen. An Wochenenden wird die Stimmung durch DJs aufgeheizt.

7 Kryddor SCHWEDISCH €€

(www.7kryddor.com; Trädgårdsgatan 25; Hauptgerichte mittags 95–125 Skr, Hauptgerichte abends 165–235 Skr; ⏲ Mo–Do 11–14, Fr 11–14 & 17–23, Sa & So 17–23 Uhr; 🅿) Die orientalische Küche gibt hier den Ton an: Neben Platten mit Mezze gibt es Hummus, Saksuka und gegrillte Gemüse, um vegetarische Gäste zu überzeugen, während überzeugte Fleischliebhaber mit hervorragenden Kebabs, Köfte und Grillgerichten zufriedengestellt werden.

Invito Ristorante Italiano ITALIENISCH €€€

(☑ 060-15 39 00; www.invitobar.se; Storgatan 6–8; 3-/6-/9-gängiges Menü 450/675/849 Skr; ⏲ Mo–Fr 11–14 & 17–23, Sa 17–2 Uhr) Die Verschmelzung der italienischen mit der nordschwedischen Küche gelingt hier auf wunderbare Weise, ebenso ansprechend sind die eigenwillige Zusammenstellung der Zutaten, z. B. Blauschimmelkäse mit Moltebeeren, und Klassiker wie Hummerrisotto. Der Sommelier des Hauses kennt sich in seinem Fachgebiet aus, und die Mittagsgerichte an Werktagen (90 Skr) sind unglaublich preiswert. Der einzige Nachteil: Die Bedienung ist in diesem noblen Restaurant so hochnäsig, dass es fast schon herablassend wirkt.

Oscar Matsal & Bar BAR

(www.oscarmatsal.se; Bankgatan 11; ⏲ Mo–Do 17–23, Fr & Sa bis 3 Uhr) Die angesagteste Bar der Stadt, in einem Retro-Stil eingerichtet, ist nebenbei auch ein anspruchsvolles Bistro und ein Nachtclub, wo die Gäste bei Cocktails sitzen und die neuesten Livebands hören können.

ⓘ Praktische Informationen

Touristeninformation (☑ 060-658 58 00; www.visitsundsvall.se; Stora Torget; ⏲ Mo–Fr 11–19, Sa 10–16, So 12–16 Uhr) Im Stadhus.

ⓘ An- & Weiterreise

BUS

Busse fahren vom Busbahnhof Sundsvall unweit des Kulturmagasinet ab. Busse von Ybuss (S. 294) fahren nach Gävle (240 Skr, 2¾–3¾ Std., bis zu 6-mal tgl.) und Stockholm (300 Skr, 4½–6 Std., bis zu 6-mal tgl.) Die Buslinien 10 und 100 von Länstrafiken Västerbotten steuern Umeå (310 Skr, 5¼ Std., bis zu 5-mal tgl.) und andere Küstenorte an.

FLUGZEUG

Flughafen Sundsvall-Timrå (☑ 070-522 03 12; www.sdlairport.se) Der Flughafen Sundsvall-Timrå liegt 21 km nördlich von Sundsvall.

Angeboten werden Flugverbindungen nach Göteborg, Luleå, Stockholm und Visby, Letztere allerdings nur im Sommer.

ZUG

Züge fahren in westlicher Richtung nach Östersund (266 Skr, 2½ Std., bis zu 8-mal tgl.) und südlich nach Gävle (265 Skr, 2¼ Std., stündl.) und Stockholm (373 Skr, 3½–5 Std., bis zu 8-mal tgl.). Der Bahnhof liegt östlich des Stadtzentrums an der Landsvagsalen, einer Verlängerung der Köpmangatan.

Härnösand

0611 / 17 556 EW.

Härnösand ist aus einem Handelsplatz der Vorwikingerzeit auf der Insel Härnön hervorgegangen. Gleich dreimal ging der Ort in der Zeit um 1700 vollständig in Flammen auf: Einmal wurden betrunkene Kirchgänger versehentlich zu Brandstiftern, ein anderes Mal spielten Schuljungen mit dem Feuer, ein drittes Mal (1721) wurde der Ort von russischen Kosaken niedergebrannt. Der Marktplatz (Storatorget) von Härnösand wird von schönen klassizistischen Gebäuden aus dem 18. Jh. gesäumt, der hübsche Hafen füllt sich im Juli, wenn das maritime Erbe von Härnösand gefeiert wird, mit zahlreichen Yachten.

Im **Länsmuseet Västernorrland** (www.mur-berget.se; 11–16 Uhr) GRATIS werden historische Fotografien und Kunsthandwerk der Samen in einer Dauerausstellungen präsentiert, gleichermaßen interessant sind die wechselnden Ausstellungen, die sich z. B. mit einer Studie über Hexenkunst und andere dunkle Mächte in Schweden oder imposante Brauttrachten und -kleider im Wandel der Zeit befassen.

Das angrenzende Freilichtmuseum **Murberget** (www.murberget.se; Varvsallén; 11 bis 16 Uhr) GRATIS ist das zweitgrößte seiner Art in Schweden und umfasst rund 80 Holzgebäude aus Ångermanland seit dem 18. Jh. Unter den traditionellen Bauernhäusern, einem Gasthaus, einer Schmiede, Kirche und Schule, die im 19. Jh. in der typischen Bauart dieser Gegend von Norrland entstanden sind, findet man auch das Haus Rysstugan, das einzige Gebäude, das von der Verwüstung durch marodierende Kosaken verschont wurde. Die Museen sind auf einem 30-minütigen Spaziergang vom Stadtzentrum oder mit den Buslinien 2 oder 52 zu erreichen. Die Busse fahren an der Nybrogatan beim Rådhuset ab.

Direkt gegenüber der Kirche steht ein restauriertes Holzbauwerk von 1844; heute ist das Hostel **STF Mitti Härnösand** (0611-243 00; www.mittiharnosand.com; Franzengatan 14 ; B/EZ/DZ im Hostel ab 150/300/400 Skr, EZ/DZ im Hotel ab 545/695 Skr; Rezeption 8–10 & 15–17 Uhr; P) untergebracht. Die Ausstattung ist moderner als im zweiten Gebäude des Hostels an der Köpmangatan 7 (wo sich die Rezeption befindet). Bei den Hotelzimmern, in denen Bettwäsche, Handtücher und Frühstück inbegriffen sind, handelt es sich ansonsten um Hostel-Zimmer. Eine anspruchsvollere Unterkunft findet man im **First Hotel Stadt** (0611-55 44 40; www.firsthotels.se; Skeppsbron 9; EZ/DZ ab 840/1040 Skr; P) mit einer schönen Lage am Hafen und skandinavisch-modern ausgestatteten Zimmern.

Der Inhaber des **Kanal Café & Restaurang** (www.kanalcafeet.se; Storgatan 18; Hauptgerichte 109–249 Skr; 11–22 Uhr) hat sich eine treue einheimische Gästeschar erworben, die heiß geräucherten Lachs mit hausgemachter Mayonnaise, Pfeffersteak nach „Fidel-Castro-Art" und Tapas-Platten für zwei zu schätzen wissen. In einem Holzbau, der die Atmosphäre des 19. Jhs. stimmungsvoll bewahrt, befindet sich das Restaurant **Vägg i Vägg** (0611-247 45; www.vaggivagg.com; Brunnshusgatan 1; Hauptgerichte 175–235 Skr; Di–Sa 18 Uhr bis spätabends), dessen Gäste überwiegend fleischliche Genüsse lieben. Das Angebot reicht von hausgemachten Hamburgern mit Speck und scharfen Jalapeño-Chilis bis hin zu meisterhaft zubereiteten Steaks und schwedischen Tapas-Kombinationen.

Die **Touristeninformation** (0611-881 40; www.harnosand.se; Storatorget 2; Juni–Aug. Mo–Fr 9–18, Sa & So 10–15 Uhr) liegt am Marktplatz, dort sind Reiseführer zur Höga Kusten zu kaufen.

Die Buslinien 100 und 201 fahren nach Sundsvall (94 Skr, 45 Min., etwa stündl.), die Buslinien 100 und 10 fahren nach Umeå (263 Skr, 3–4¼ Std., 6-mal tgl.). Die Busse von Ybuss befahren täglich die Strecke nach Gävle (285 Skr, 3¾ Std., bis zu 6-mal tgl.) und nach Stockholm (349 Skr, 5½–7 Std., bis zu 6-mal tgl.).

Höga Kusten

0613

Die spektakuläre Hängebrücke **Höga Kustenbron** überquert den Fluss Ångerman und braucht einen Vergleich mit San Franciscos Golden Gate Bridge nicht zu scheuen. Mit 1867 m ist sie eine der längsten Brücken der Welt. Wer sie überquert, findet sich in einer Landschaft wieder, die zu den dramatischsten der schwedischen Küste gehört. Das Geheimnis der außergewöhnlichen Schönheit der Höga Kusten („Hohe Küste") klingt in ihrem Namen an: Nirgendwo sonst findet man in Küstennähe eine Gebirgslandschaft dieser Art vor: Felsklippen – die höchsten des Landes – fallen senkrecht zum Meer ab, dazu kommen Seen, Fjorde und Dutzende stiller Inseln, die von dichtem Fichten- und Kiefernwald bedeckt sind. Die Region ist als geografisch einzigartiges Gebiet anerkannt und zählt seit 2000 zum Weltnaturerbe der Unesco.

Der Rückzug der Gletscher und die damit einhergehende Anhebung der Wasserlinie (die sich auch heute noch mit 8 mm pro Jahr fortsetzt) haben diese überwältigende Landschaft geschaffen. Die Höga Kusten beginnt nördlich von Härnösand und erstreckt sich bis Örnsköldsvik. Sie ist eine wunderbare Landschaft für reizvolle Fahrten auf engen, kurvenreichen Straßen, aber ohne einen Besuch auf den beschaulichen Inseln ist die Höga Kusten nicht vollständig.

ⓘ Praktische Informationen

Touristeninformation (☑ 0613-504 80; www.hogakusten.com; ⊙ Juni–Aug. 10–18 Uhr) Im Hotell Höga Kusten nördlich der Hängebrücke Höga Kustenbron. Bietet eine detaillierte Wanderkarte mit landschaftlich schönen Nebenwegen sowie Schiffsfahrpläne und Handbücher zum Hochküstenwanderweg Höga Kusten an.

Naturum (☑ 0613-700 200; www.naturmhogekusten.se; ⊙ Ende Juni–Mitte Aug. 9–19 Uhr) Naturum liegt am Rand der E4 nördlich des Dorfes Docksta. Es zeigt Ausstellungen zur Entstehung der Höga Kusten und hält Informationsmaterial zur Region bereit. Bergsteiger können vier Wanderrouten der **Via Ferrata** mit unterschiedlichen Schwierigkeitsgraden (www.viaferrata.se; ab 350 Skr pro Pers.) an den Hängen des **Skuleberget** (285 m) in Angriff nehmen. Die Routen beginnen hinter dem Besucherzentrum (Mai–Oktober).

Högbonden

Högbonden, eine kleine Insel vor der südlichen Höga Kusten, liegt nur 15 Minuten per Boot von den Dörfern Bönhamn und Barsta entfernt. Das Inselchen besitzt einen berühmten, 100 Jahre alten Leuchtturm – das einzige Bauwerk hier – am höchsten Punkt

ⓘ UNTERWEGS AN DER HÖGA KUSTEN

Ausschließlich mit öffentlichen Verkehrsmitteln ist die Höga Kusten schwierig zu erkunden. Die drei Hauptinseln sind nur im Sommer auf Bus- und Bootsfahrten zu erreichen; die Planung solcher Fahrten mit Hilfe von Bus- und Schiffsfahrplänen ist mühsam. Nur wenige der abgelegenen Fischerorte an der Küste werden von Bussen angesteuert; das Weiterkommen wird durch ein eigenes Auto immens erleichtert. Das gilt natürlich nicht für Wanderer, die den Höga Kusten Leden (S. 300) bewältigen wollen …

des Felsplateaus, das über der Baumgrenze aufragt. Eine schmale Schlucht durchschneidet die Insel, ihre schroffen Klippen laden zu Erkundungsgängen ein. Die einzige Möglichkeit eines Aufenthaltes ist ein Tagesausflug mit eigenem Proviant – das einzige Hostel und Café auf Högbonden sind geschlossen worden.

Ulvön

☑ 0660

Die größte Insel des Archipels vor der Höga Kusten ist Ulvön. Die Insel ist bekannt für ihre **Regatta** (14.–18. Juli) und die Herstellung des *surströmming*. Zu kaufen ist das „geruchsintensive" oder – je nach Geschmack – köstliche Erzeugnis in den Läden von Ulvöhamn, dem kleinen Hauptort der Insel. Ein Fahrradweg führt durch das malerische Fischerdorf mit traditionellen rot-weißen Holzhäusern, die im Sommer in einem Meer von Hibiskusblüten versinken, und an einer winzigen **Kapelle** aus dem 17. Jh. vorüber, die mit farbenfrohen Wandmalereien verziert ist. Der Radweg führt weiter zum denkmalgeschützten Fischerdorf **Sandviken** aus dem 17. Jh., das im Norden der Insel liegt.

Wer über Nacht bleiben möchte, findet im eleganten **Ulvö Skärrgårdshotell** (☑ 0660-22 40 09; www.ulvohotell.se; Hamngatan 1; DZ 2190 Skr) eine angenehm am Kai gelegene Unterkunft; in der Küche des vorzüglichen Restaurants werden regionale, je nach Saison wechselnde Zutaten verarbeitet. Eine preiswertere Unterkunft bietet das **Hostel** (☑ 0522-291 80; www.ulvon.se; Ulvövägen; EZ/DZ/3BZ 460/600/900 Skr; ⊙ April–Sept.; ◉☎)

DER HOCHKÜSTENWEG

Der **Höga Kusten Leden** (Hochküstenweg) ist 129 km lang und folgt der gesamten Länge der Höga Kusten, indem er am nördlichen Ende der Höga Kustenbron beginnt und am Gipfel des Varvsberget endet (der Berg erhebt sich über Örnsköldsvik). Der Wanderweg ist in 13 Etappen mit jeweils 15 bis 24 km Länge geteilt. Am Ende jeder Etappe finden sich Unterkünfte, meistens sind es einfache Hütten. Busse halten entlang der E4 an beiden Enden des Wanderweges sowie in den Dörfern Lappuden, Ullånger, Skoved, Skule Naturum und Köpmanholmen, die in etwa den Anfangs- und Endpunkten der einzelnen Sektionen entsprechen. Der Wanderweg ist gut markiert, trotzdem sind detaillierte Handbücher und Karten nützlich. Sie sind bei den Touristeninformationen in Härnösand (S. 298) erhältlich.

Unterwegs muss man ab und zu klettern (leicht), andere Abschnitte sind wegen des steilen, rauen Untergrunds anspruchsvoll. Für ausreichend Proviant und genügend Trinkwasser sollte gesorgt werden.

Die Wanderung führt durch Küstenlandschaften, die zu den schönsten Schwedens gehören: Felsküsten, Sandbuchten und grünes Land, dichter Nadelwald und tiefe Schluchten wechseln sich ab. Zu Letzgenannten zählt auch die 200 m tiefe **Slåtterdalskrevan** im **Nationalpark Skuleskogen**, durch den ein Teil des Wanderweges führt. Der 26 km² große Nationalpark zwischen Docksta und Köpmanholmen ist eine Weltnaturbestätte der Unesco und verdankt seinen Titel seiner vielfältigen Fauna und Flora: Im Park leben Luchse, Rehe, Nerze und andere scheue Säugetiere sowie alle vier in Schweden heimischen Federwildarten: Birkhuhn und Moorschneehuhn, Auer- und Haselhuhn.

Eine empfehlenswerte Unterbrechung während der Wanderung liegt nördlich von Docksta, auf dem Weg nach Norrgällsta (1,4 km). Dort führt eine **Kabinenbahn** (100 Skr pro Pers.; ⊙ Juni–Aug. 10–17 Uhr) zum Gipfel des Skuleberget, der einen schönen Weitblick bietet. Eine sehenswerte Attraktion ist auch die **Skuleberget-Höhle** – sie diente früher Banditen als Versteck. Andere lohnende Umwege führen u. a. zum **Wasserfall Dalsjöfallet** (1,5 km vom Hauptwanderweg entfernt), einem Wasserfall auf halbem Weg zwischen den Bergen Skuleberget und Gyltberget, und zum kristallklaren **Balestjärn.** Der See liegt inmitten einer kleinen Halbinsel im Norden von Köpmanholmen.

---

mit einer schönen Aussicht und einer Gästeküche. Es liegt auf einer Anhöhe hinter der kleinen Kapelle.

Einer der Großerzeuger des *surströmming* von Ulvön, Ruben Madsen, führt auch das blumengeschmückte **Cafe Måsen** (Hauptgerichte 75–145 Skr; ⊙ Juni–Aug. 10–18 Uhr), in dem Kuchen, Sandwiches und leichte Gerichte serviert werden. Wer sich für einen *Surströmming*-Teller entscheidet, wird vom Meister persönlich in die korrekte Art, die regionale Delikatesse zu verzehren, eingeführt.

Trysunda

Auf der kleinen Insel liegt das gleichnamige Dorf, das mit netten Fischerhäuschen an einer kleinen hufeisenförmigen Bucht liegt. Trysunda besitzt eine hübsche **Holzkapelle**, sie wurde 1655 gebaut und ist die älteste an der bottnischen Küste. Außerdem gibt es verschwiegene Badestellen, die auf Fußwegen durch den Wald erreichbar

sind. Am Wasser kann man sich auf einem der flachen Felsen niederlassen oder weiter zur Sandbucht bei Björnviken auf der östlichen Seite der Insel gehen. Die ganze Insel lässt sich leicht in einer oder zwei Stunden umrunden. Übernachtungen sind im **Trysunda Gästhamn** (☎ 0660-430 38; EZ/DZ Skr270/550; ⊙ Mai–Sept.) möglich. Die Pension in einem roten Haus am Meer bietet zwei ziemlich kleine Doppelzimmer und eine Gästeküche an. Wer von der Küche keinen Gebrauch machen will, kann im Dorfladen geräucherten Fisch kaufen, dort gibt es auch kostenloses Kartenmaterial zur Insel.

❶ Anreise & Unterwegs vor Ort

BUS

Die meisten Abfahrtstellen der Boote sind mit öffentlichen Verkehrsmitteln erreichbar. Busse fahren an Wochenenden unregelmäßig. Die Buslinien 10 und 100 von Länstrafiken Västerbotten verkehren (mind. 6-mal tgl.) zwischen Härnösand und Örnsköldsvik mit Halt in Ullånger,

TREEHOTEL

Ein Raumschiff, das hoch oben in der Luft schwebt. Ein Spiegelkubus, der das Sonnenlicht und die Zweige von Bäumen widerspiegelt. Ein gigantisches Vogelnest ... Aus sechs individuell gestalteten Baumzimmern setzt sich das **Treehotel** (070-572 77 52, 0928-104 03; www.treehotel.se; Route 97; Zi. 4700–7200 Skr) zusammen. Die rätselhafteste und aufsehenerregendste Unterkunft in ganz Schweden liegt am Rand der Route 97 mitten in einem unberührten Wald. Zur Ausstattung gehören Saunas und Bäder zur Entspannung nach langen Wandertagen, Kajaktouren oder Hundeschlittenfahrten.

Das Treehotel wurde 2010, angeregt durch den Dokumentarfilm *Die Baumfreunde* von Jonas Selberg Augustsen, gegründet. Die einzigartigen Wohnräume gehen auf Entwürfe von führenden schwedischen Architekten zurück, wie z. B. Tham & Videgård und Bertil Harström. Auf eine minimale Beeinträchtigung der Umwelt und eine ökologisch verträgliche Bauweise wurde dabei besonderen Wert gelegt. Die Toiletten sind kleine Wunderwerke. Eine Frage stellt sich dennoch: Warum ist der „Blaue Kegel" rot?

Führungen durch die architektonische Wunderwelt werden an Wochenenden um 13 Uhr (150 Skr) und zu anderen Zeiten nach vorheriger Absprache angeboten. Wer nicht im Treehotel selbst zu Gast ist, kann im angenehm altertümlichen, an der Straße gelegenen **Britta's Pensionat** (DZ 750 Skr) übernachten und an Werktagen ein köstliches Mittagsbüfett (11–15 Uhr) im hübschen Café (Anfang Juli bis Ende August geöffnet) des Hauses genießen; auf Anfrage werden Abendmenüs mit drei Gängen zubereitet.

Docksta und Bjästa. Von Örnsköldsvik fährt die Buslinie 421 nach Köpmanholmen über Bjästa (59 Skr, 40 Min., bis zu 9-mal tgl.). Die Dörfer Bönhamn und Barsta sind nicht mit öffentlichen Verkehrsmitteln erreichbar.

SCHIFF/FÄHRE

M/S Ronja (www.hkship.se; Hinfahrt/hin & zurück 100/150 Skr) Die Fähre nach Högbonden legt von Barsta ab: Ende Juni bis Mitte August täglich um 9.30, 11.30, 14.30 und 17.30 Uhr mit Rückfahrt um 10.15, 12.15, 15.15 und 18.15 Uhr. Die Fährverbindung Bönhamn–Högbonden wird mit Hinfahrt um 10, 12, 15 und 18 Uhr und Rückfahrt um 9.30, 11.30, 14.30 und 17.30 Uhr betrieben. Von Anfang Mai bis Ende Juni und Mitte August bis Anfang Oktober gelten für Fahrten von Barsta eingeschränkte Fahrpläne.

MF Ulvön & MF Minerva (070-651 92 65; www.ornskolvikshamn.se; hin & zurück Erw./ 6 bis 19 Jahre 150/90 Skr) Von Mitte Juni bis Mitte August legen Fähren von Köpmanholmen nach Ulvöhamn ab (Erw./6 bis 19 Jahre 150/90 Skr hin & zurück, 1½ Std., 6-mal tgl.), drei Fährverbindungen führen über Trysunda (Erw./6 bis 19 Jahre 120/80 Skr, 30 Min.). Von Ende Mai bis Mitte Juni und Mitte August bis Mitte September gelten eingeschränkte Fahrpläne für Fahrten nach Ulvöhamn (2-mal tgl.) und Trysunda (1- bis 2-mal tgl.). Beide Fahrtziele werden im übrigen Jahr täglich angesteuert.

M/S Kusttrafik (0613-105 50; www.hkship. se) Die Fähre nach Ulvön legt in Ullånger ab und fährt über Docksta nach Ulvöhamn: von Juni bis August täglich um 9.30 Uhr mit Rückkehr von Ulvöhamn um 15 Uhr.

Umeå

 090 / 115 473 EW.

Wer längere Zeit im kargen, menschenleeren Norden verbracht hat, findet in der pulsierenden Universitätsstadt Umeå mit rund 30 000 Studenten eine quirlige Urbanität als vollkommenen Kontrast. Seitdem die Stadt 2014 mit dem Titel einer europäischen Kulturhauptstadt ausgezeichnet wurde, setzt sie sich mit Museen und anderen kulturellen Stätten, als Schaufenster der nordischen und der Kultur der Samen dienen, selbstbewusst in Szene.

Umeå ist auch – dank einer aktiven Metal- und Straight-Edge-Musikszene – weithin als die „metallischste" Stadt Schwedens bekannt. Die legendäre Hardcore-Punkband Refused wurde hier gegründet, und im Folkets Hus wird Anfang Februar das jährliche Metal-Festival **House of Metal** (www.houseof metal.se) veranstaltet – selbstverständlich in der dunkelsten Zeit des Jahres.

Sehenswertes & Aktivitäten

⭐ **Västerbottens Museum**   MUSEUM
(www.vbm.se; Gammliavägen; 10–17, Mi bis 21 Uhr) GRATIS Der Mittelpunkt des Museumskomplexes Gammlia ist das hervorragende Västerbottens Museum. Es zeichnet die Geschichte der Provinz von der Vorgeschichte bis zur Gegenwart nach. Zu den Ausstellungen gehört u. a. eine große Samm-

Umeå

Umeå

◉ Sehenswertes
1 Guitars – The Museum C2

🛏 Schlafen
2 Hotel Aveny C1
3 Hotell Dragonen B1
4 STF Vandrarhem Umeå B2
5 Stora Hotellet Umeå............................. B2

✕ Essen
6 Gandhi C1
7 Rex Bar och Grill B2
8 Rost Mat & Kaffe C2

🍸 Ausgehen & Nachtleben
9 Allstar B2
10 Pipes of Scotland C1

lung zum Thema Skifahren im Wandel der Zeit – darin wird der mit 5400 Jahren älteste Ski der Welt gezeigt –, und eine Präsentation von Felskunst und schamanischen Symbolen der Samen. Unter den wechselnden Ausstellungen ist eine fotografische Porträtserie einer einzelnen Familie über mehrere Jahrzehnte hinweg besonders berührend; die Fotografien stammen von der lettischen Fotografin Inta Ruka. Die Buslinien 2 oder 7 führen nach Gammlia.

Bildmuséet
KUNSTGALERIE

(www.bildmuseet.umu.se; Östra Strandgatan 30B; ⊙ Di 11–20, Mi–So bis 18 Uhr) An seiner neuen Stätte neben der Akademie der schönen Künste von Umeå zeigt das Museum Werke der modernen Kunst, die mit den neuesten technischen Möglichkeiten präsentiert wer-

den, darunter *Right is Wrong* – vier Dekaden zeitgenössischer Kunst in China – und *A Cry from the Expanses* von Carola Granh, eine faszinierende Klanginstallation, die sich mit der Präsenz der Samen im nördlichen Schweden auseinandersetzt. Busse der Linien 1, 5, 6, und 8 fahren zur Galerie.

Umedalens Skulpturpark
SKULPTURENPARK

(www.umedalenskulptur.se; Umedalen; ⊙ 24 Std.) Der Standort auf dem weitläufigen Gelände des früheren psychiatrischen Krankenhauses von Umeå ist vielleicht nicht schlecht gewählt. In dem modernen Skulpturenpark werden u. a. Arbeiten von Anthony Gormley und Sean Henry gezeigt. Die Art der Werke reicht von der geisterhaften Klanginstallation *„Neue Perspektive"* von Lin Peng über die humorvollen *„Augenbänke"* von Louise Bourgeois bis hin zum verwirrenden *„Ohne Titel"* von Carina Gunnars – das Werk besteht aus acht halb im Boden vergrabenen Badewannen. Mit einem Bus der Linien 1 und 61 fährt man bis zur Haltestelle Löftets Gränd.

Friluftsmuséet
MUSEUM

(Gammliavägen; ⊙ 10–17 Uhr) GRATIS Das historische Museumsdorf ist Teil des Museumskomplexes Gammlia. Es zeigt eine alte Kirche, eine Räucherkate, eine Windmühle, ein Torhaus aus dem 17. Jh. und traditionelle Behausungen der Samen. In Trachten der damaligen Zeit gekleidet demonstrieren Mitarbeiter des Museums, wie das traditionelle ländliche Leben einst vonstatten ging. Die Besucher können selbst zum Bäckerlehrling werden und das typische *Tunnbröd* (ein dünnes Fladenbrot) der Gegend backen.

Für Kinder werden auch Fahrten in Pferdewagen angeboten.

Guitars – The Museum   MUSEUM
(www.guitarsthemuseum.com; Vasagatan 18–20; Erw./Stud. 125/90 Skr; ⊗ Mo–Fr 11–18, Sa & So bis 16 Uhr) Liebhaber origineller Gitarren sind in diesem Museum genau richtig – die riesige Sammlung antiquarischer Gitarren ist das Ergebnis einer lebenslangen Begeisterung und Sammelleidenschaft zweier Brüder. Das Modell Les Paul Standard von 1959 ist das gleiche, auf dem Keith Richards das Riff in *It's All Over Now* spielte. Hier ist auch eine Gibson Flying V zu sehen, genau das Modell, das durch ZZ Top berühmt wurde.

Älgens Hus   TIERFARM
(☏ 0932-500 00; www.algenshus.se; Västernyliden 23; Erw./Kind 120/60 Skr; ⊗ Mitte Juni–Mitte Aug. Di–So 12–18 Uhr; ⊕) Die Elchfarm liegt 70 km westlich von Umeå an der Route 92 nahe Bjurholm und ermöglicht es den Besuchern, dem (zahmen) König des Waldes hautnah zu begegnen. Ein Museum vermittelt alles Wissenswerte über Elche und in einer angeschlossenen kleinen Molkerei wird der äußerst seltene Käse aus Elchmilch hergestellt; zu einem Preis von 3000 Skr pro Kilo ist er der teuerste Käse, den man je probieren wird! Und nicht vergessen, zum Besuch auf der Farm Bananen mitzubringen: Die Elche sind wild danach.

Fiske och Sjöfartsmuseum   MUSEUM
(Gammliavägen; ⊗ Mitte Juni–Mitte Aug. 12–17 Uhr) GRATIS Das kleine Seefahrtsmuseum ist vor allem maritimen Themen gewidmet – es gehört zum Museumskomplex Gammlia. Der Schwerpunkt liegt auf der Geschichte der Robbenjagd in der Arktis. Mehrere Fischerboote gehören zur Ausstellung, außerdem ist ein Schleppkahn ausgestellt, der früher den Fluss Ume befuhr.

🛌 Schlafen

STF Vandrarhem Umeå   HOSTEL €
(☏ 090-77 16 50; www.umeavandrarhem.com; Västra Esplanaden 10; B/EZ/DZ ab 170/300/500 Skr; @ 🛰 🛏) Ein reger Betrieb herrscht in diesem Hostel. Die Zimmer sind von unterschiedlicher Qualität: Mit etwas Glück bekommt man ein Bett in einem der neueren Zimmer, andernfalls gibt es nur ziemlich schlicht eingerichtete Schlafsäle mit Etagenbetten. Das Haus ist in einem Wohngebiet am Rand des Stadtzentrums wunderschön gelegen, die Ausstattung mit Küche und Waschsalon ist für Selbstversorger besonders praktisch. Die

Rezeption ist allerdings nur zu bestimmten Zeiten besetzt.

⭐ Stora Hotellet Umeå   BOUTIQUEHOTEL €€
(☏ 090-77 88 70; www.storahotelletumea.se; Storgatan 46; EZ/DZ/Suite ab 1000/1150/6000 Skr; 🅿 🛰) Die gedämpften Farben und die vornehme, altertümliche Möblierung sind liebenswürdig und vermitteln das Gefühl, auf einem Luxusschiff zu reisen. Es gibt sechs Zimmerkategorien. Selbst in der bescheidenen Kategorie „Aberglaube" sind die schmalen Doppelbetten von einem Luxus, von dem Seeleute nicht zu träumen wagen, in der Kategorie „Leidenschaft" wird eine noch noblere Ausstattung mit Samtsofas und nach Geschlechtern getrennten Duschbädern geboten.

Hotel Aveny   HOTEL €€
(☏ 090-13 41 00; Rådhusesplanaden 14; Zi./Suite ab 1285/2885 Skr; 🅿 🛰) ⚐ Das Hotel Aveny wird seiner Auszeichnung mit dem Öko-Siegel des „grünen Schlüssels" absolut gerecht; zugleich wird hier ein spielerischer Umgang mit technischen Einrichtungselementen gepflegt: Alles leuchtet in den Farben des Neonregenbogens. Die Zimmer sind modern und komfortabel, in den Suiten gibt es Badewannen und Regenduschen. Ein schottisches Pub und ein italienisches Restaurant sind nette Zugaben.

Hotell Dragonen   HOTEL €€
(☏ 090-12 58 00; www.hotelldragonen.se; Västra Norrlandsgatan 5; EZ/DZ 595/850 Skr; 🛰) Das Hotel hat kompakte, moderne Zimmer mit Farbakzenten in Lindgrün und eine angenehme Lage am Rand des Stadtzentrums von Umeå. Eine kostenlose morgendliche Sauna ist eine Wohltat für Wintergäste.

🍴 Essen & Ausgehen

Rost Mat & Kaffe   CAFÉ €
(www.rostmatochkaffe.se; Skolgatan 62; Hauptgerichte 83–98 Skr; ⊗ Mo–Fr 11–20, Sa & So 12–17 Uhr; ⊕) Frische, fantasievoll zubereitete Salate, mittägliche Tagesgerichte mit mediterranen Anklängen, einer der besten Kaffees der Stadt und köstliche Kuchen erwarten die Gäste in diesem beliebten vegetarischen Café.

Vita Björn   SCHWEDISCH €€
(www.vitabjorn.se; Kajen 12; Hauptgerichte 129 bis 285 Skr; ⊗ Mai–Sept. 13–21.30 Uhr; ⊕) Die Gäste lassen sich auf dem Sonnendeck dieses Bootsrestaurants nieder und wählen aus einer locker zusammengestellten internatio-

nalen Speisekarte etwa Caesar's Salad, vegetarische Burger, gebackenen Lachs und Rinderfilet oder sie entscheiden sich für einen einfachen, leckeren schwedischen Klassiker: frischen Brathering.

Gandhi INDISCH €€
(www.gandhi.se; Rådhusesplanaden 17B; Hauptgerichte ab 135–235 Skr; ⏰ Mo–Sa 11–23, So 15 bis 21 Uhr; 🖉) Das ansprechende Restaurant im Untergeschoss lockt Gäste mit den Düften von Tandoori-Riesengarnelen, Lamm-*Nawabi* und *Paneer* (Frischkäse) mit Mango-Masala. Tandoori-Gerichte sind die Spezialität des Hauses, auch für Vegetarier wird gut gesorgt.

Rex Bar och Grill INTERNATIONAL €€€
(☎ 090-70 60 50; www.rexbar.com; Rådhustorget; Hauptgerichte 175–315 Skr; ⏰ Mo–Do 11–14 & 17–23, Fr & Sa 11–2 Uhr) Das beliebte Bistro verbindet die Küche Nordschwedens mit einem internationalen Brasserie-Stil – ein überzeugender Kontrast der Aromen. Zur Auswahl stehen eine nördliche (Zwergmaränenkaviar, geräucherter Saibling und Steak vom Ren), eine mediterrane (Iberico-Schinken oder gegrillte Zucchini mit Morcheln) oder eine amerikanische Speisekarte (z. B. ein Wochenend-Brunch mit Pfannkuchen und Speck). An Wochenendabenden geht es hoch her und so sollte am besten ein Tisch reserviert werden.

Pipes of Scotland PUB
(www.pipesofscotland.se; Västra Norrlandsgatan 17; ⏰ Di–Sa 17 Uhr bis spätabends) Das charmante Pub gibt sich schottisch. Hier können Gäste einen Schluck Whisky nehmen und dazu aus einer wenig schottischen Speisekarte Nachos, Barbecue-Rindfleisch oder vegetarische Burger auswählen.

Allstar SPORTBAR
(www.allstarbar.se; Kungsgatan 50A; ⏰ Mo–Do 15–23, Fr & Sa 12–2, So 14–22 Uhr) Diese Filiale einer Sportbarkette im amerikanischen Stil ist ständig bis auf den letzten Platz besetzt, vor allem von Sportfans, die auf dem Großbildschirm die aktuellsten Spiele mitverfolgen wollen.

❶ Praktische Informationen

Touristeninformation (☎ 090-16 16 16; www.visitumea.se; Renmarkstorget 15; ⏰ Mo–Fr 9–19, Sa 10–16, So 12–16 Uhr) An einem der zentralen Plätze gelegen.

❶ Anreise & Unterwegs vor Ort

BUS
Der Busbahnhof für Fernreisebusse liegt dem Zugbahnhof direkt gegenüber. Ybuss betreibt Busverbindungen in südlicher Richtung nach Gävle (435 Skr, 6½–7½ Std., 2-mal tgl.) und Stockholm (430 Skr, 9¼–10 Std., 2-mal tgl.) mit Halt in allen Küstenorten.

Die Buslinien 20 und 100 führen entlang der Küste hinauf nach Haparanda (356 Skr, 6½–7¾ Std., bis zu 6-mal tgl.) mit Halt in Luleå (310 Skr, 4–5 Std.) und Skellefteå (177 Skr, 2–2½ Std.).

Städtische Busse fahren vom Vasaplan an der Skolgatan ab.

FLUG
Flughafen Umeå (www.swedavia.se/umea) Der Flughafen liegt 5 km südlich des Stadtzentrums. Flüge werden täglich von SAS und Norwegian zu den Flughäfen Arlanda und Bromma in Stockholm angeboten, Flüge von Malmö Aviation gehen nach Göteborg und Stockholm und von Direktflyg nach Östersund. Flughafenbusse verbinden den Flughafen mit dem Stadtzentrum (40 Skr, 20 Min.).

SCHIFF/FÄHRE
RG Line (www.directferries.co.uk/rg_line.htm) betreibt ein- bis zweimal täglich Fährverbindungen zwischen Umeå und Vaasa/Finnland (Hinfahrt 349 Skr, 4 Std., So–Fr) mit Abfahrt in Holmsund, 20 km südlich von Umeå.

ZUG
Von Umeå fahren Züge nach Stockholm (5-mal tgl.), darunter zwei Nachtzüge (804 Skr, 9 Std.), weitere Züge fahren in nördlicher Richtung nach Luleå (295 Skr, 5–5½ Std., 2-mal tgl.) mit Halt in Boden, dort gibt es Anschlusszüge nach Kiruna (647 Skr, 7½–8½ Std., 2-mal tgl.) und Narvik (Norwegen; 452 Skr, 11 Std., tgl.).

Skellefteå
☎ 0910 / 71 641 EW.

Die Kirchstadt (*kyrkstad*) Skellefteå entstand 1845; das Stadtbild wird von der eindrucksvollen **Bonnstan** (Brännavägen), einer „Bauernstadt" mit 392 verwitterten Holzhäusern an mehreren stillen Straßen geprägt. In einer Kirchstadt konnten früher die von weither angereisten Kirchgänger übernachten. Die Häuser der Bauernstadt stehen unter Denkmalschutz und dürfen nicht saniert werden. Obwohl es in den Häusern keinen elektrischen Strom oder fließendes Wasser gibt, werden viele von ihnen von Einheimischen als Sommerhäuser genutzt.

NICHT VERSÄUMEN

INSELGRUPPE VON LULEÅ

Der ausgedehnte Archipel setzt sich aus rund 1700 kleineren und größeren Inseln zusammen, die meisten von ihnen sind unbewohnt und bieten Möglichkeiten wie Nacktbaden, Beerensammeln, wildes Zelten ... Die größeren Inseln, mit typischen rot-weißen Sommerhäusern gesprenkelt, sind im Sommer mit Linienfähren von Luleå aus zu erreichen. Touristische Einrichtungen sind auf den Inseln kaum vorhanden, die meisten Inselbesucher sind Tagesgäste. Hier die Top-Five der Inselgruppe:

➡ **Sandön**, die größte ständig bewohnte Insel, ist am leichtesten von Luleå aus zu erreichen, sie besitzt einen schönen Strand in der **Bucht von Klubbviken** und einen Wanderweg, der durch Kiefernmoore führt.

➡ Das Wahrzeichen von **Junkön** ist eine Windmühle aus dem 16. Jh. Im Sommer kommen Fischer zum Herings- und Maränenfang hierher.

➡ Neben den zahlreichen Vogelarten, die auf **Rödkallen** brüten, ist die südlichste der größeren Inseln für einen Leuchtturm von 1872 berühmt. Er wurde ein Jahrhundert später in den Ruhestand versetzt und zum Denkmal ernannt.

➡ **Kluntarna** ist eine Insel, die alles hat: Ferienhäuser und alle landschaftlichen Merkmale, die auf den anderen Inseln nur vereinzelt vorkommen – Kiefernwälder, Brutkolonien von Seevögeln und Fischerdörfer.

➡ **Brändöskär** ist eine herbe Schönheit: Die Insel liegt am äußersten Rand des Archipels und ist Wind und Wetter schutzlos ausgesetzt.

Regelmäßig verkehren Boote von Södra Hammen in Luleå ab Ende Juni bis Mitte August, eingeschränkte Fahrtzeiten gelten bis Mitte September; auf der Website sind die **Fahrpläne** (www.bottenvicken.se) nachzulesen. Die Fahrpreise liegen bei 60 Skr nach Klubbviken, 430 Skr nach Rödkallen und 110 Skr zu allen übrigen Inseln.

Mittelpunkt der Bonnstan ist die eindrucksvolle, strahlend weiße **Landskyrka** (Kyrkvägen; ⊙10–16 Uhr), ein klassizistischer Bau aus dem 19. Jh. Im Innern befindet sich die **Jungfrau von Skellefteå** aus dem 13. Jh., auf der rechten Seite hinter dem Altar; sie ist aus Walnussholz geschnitzt – eine Seltenheit unter den mittelalterlichen Bildwerken der Kirche. In der Nähe liegt der Nordanå-Park am Fluss. Hier befindet sich u. a. das **Museum Anna Nordlander** (http://man.skelleftea.org; ⊙Di 10–19, Do–So bis 16 Uhr) GRATIS, dessen Ausstellungen moderner Kunst, z. B. die kürzlich gezeigte Ausstellung *Herstory*: Installationen und Malereien von Moncia Sjöö, eigenwillige, überraschende Blickwinkel zeigen.

Gegenüber der Kirche liegt das Anwesen **Stiftsgården** (☏0910-72 57 00; www.stiftsgarden.se; Brännvägen 25; EZ/DZ im Hostel ab 290/480 Skr, EZ/DZ im Hotel ab 950/1200 Skr; Ⓟ), ein Hotel mit dem STF-Hostel von Skellefteå. Die schachtelartigen, kleinen, weiß gekalkten Hostel-Zimmer sind einfach, aber zweckmäßig, die Hotelzimmer sind ganz in Crèmetönen und hellem Holz gehalten. Hinter der gelben Fassade des herrschaftlichen Hauses verbirgt sich ein ausgezeichnetes Gourmetrestaurant (Hauptgerichte 169 bis 269 Skr). Im Stadtzentrum werden die Gäste des Restaurants **Nygatan 57** (www.nygatan57.se; Nygatan 57; Hauptgerichte mittags 99–110 Skr, Hauptgerichte abends 175–295 Skr; ⊙Mo–Fr 11–13.30, Mo–Sa 17–22 Uhr) zur Mittagszeit mit einer Bouillabaisse oder hausgemachten Burgern verwöhnt, an den Abenden werden pikante Pasteten mit Ziegenkäse oder Heilbutt und heiß geräuchertes Schweinefleisch serviert.

Die **Touristeninformation** (☏0910-73 60 20; www.skelleftea.se; Trädgårdsgatan 7; ⊙Mo–Fr 10–18, Sa bis 15, So 12–15 Uhr) befindet sich an der Ecke der Fußgängerzone Nygatan und dem Marktplatz.

Die Busse der Linien 20 und 100 fahren nach Luleå (158 Skr, 2½ Std., 5- bis 8-mal tgl.) und nach Umeå (177 Skr, 2–2½ Std., 6-mal tgl.).

Luleå

☏0920 / 46 607 EW.

Luleå ist die Hauptstadt von Norrbotten, sie wurde 1621 gegründet. Erst im späten

19. Jh. erlebte die Stadt eine Blütezeit durch den Bau der Malmbanan-Eisenbahn, mit deren Hilfe Eisenerz vom Bottnischen Meerbusen nach Narvik in Norwegen transportiert wurde. 1649 wurde das Stadtzentrum der ursprünglichen Gammelstad an seine heutige Position verlegt, Grund war der fallende Meeresspiegel (8 mm pro Jahr), der sich durch die nacheiszeitliche Hebung der Landmasse erklärt.

Luleå ist eine junge Universitätsstadt und ein bedeutender Hightech-Standort, besitzt darüber hinaus eine anspruchsvolle Restaurantszene und viel maritimes Flair durch eine der Küste vorgelagerte reizvolle Inselgruppe und eine glitzernde Bucht mit einem Jachthafen.

◉ Sehenswertes

★ Gammelstad HISTORISCHE STÄTTE

(☏ 0920-45 70 10; www.lulea.se/gammelstad) GRATIS Die größte Kirchstadt Schwedens gehört zum Weltkulturerbe der Unesco. Im Mittelalter war Gammelstad die bedeutendste Stadt im nördlichen Schweden. Der Steinbau der **Nederluleå-Kirche** von 1492 birgt ein erstaunlich prachtvolles Retabel und eine wunderbar reich verzierte Kanzel. 424 Holzhäuser (in denen die frühen Kirchgänger nach ihrer langen Anreise übernachteten) und sechs Stallbauten blieben bis heute erhalten.

Stadtrundgänge mit Führung (70 Skr) beginnen bei der Touristeninformation von Gammelstad, sie finden von Mitte Juni bis Mitte August um 10, 11, 13 und 15 Uhr statt.

Busse der Linie 9 fahren ungefähr stündlich von Luleå ab; die nächstgelegene Haltestelle ist Kyrkbyn.

An die Kirchstadt grenzt das Freilichtmuseum **Hägnan** (11–17 Uhr geöffnet), der Nachbau eines Dorfes aus dem 19. Jh. Kostümierte Museumsführer und Schauspieler füllen die Gassen mit Leben. Es gibt einen nostalgischen Bonbonladen, eine Bäckerei und eine Schmiede, wo Besucher bei der Arbeit mithelfen dürfen.

Norrbottens Museum MUSEUM

(www.norrbottensmuseum.nu; Storgatan 2; ⊙ Mo bis Fr 10–16, Sa & So 12–16 Uhr; ♿ GRATIS Neben umfangreichen Ausstellungen zur Geschichte von Norrbotten birgt das Norrbottens Museum eine Abteilung, die für sich allein sehenswert ist. Sie ist den Samen gewidmet und umfasst eine Sammlung von Fotografien und Werkzeugen sowie Dioramen, in denen das von der traditionellen Rentierhaltung geprägte Leben der Samen veranschaulicht wird. Kinder können es sich in einem Nomadenzelt gemütlich machen, auch die Nachbildung eines Spielzimmers aus dem 19. Jh. wird ihnen gefallen.

Teknikens Hus MUSEUM

(www.teknikenshus.se; University Campus; Erw./ unter 4 Jahren 70 Skr/frei; ⊙ Mitte Juni–Aug. 10–16 Uhr; ♿; 🚌 4, 5) Neugierige Geister aller Altersgruppen lieben diesen gigantischen, lehrreichen Spielplatz namens Teknikens Hus. Das Technikmuseum liegt auf dem Universitätscampus, 4 km nördlich der Stadt. Die Ausstellungen informieren über alles von der Heißluftballon- und Raumfahrt bis hin zum Nordlicht. Die Buslinien 4 und 5 halten in der Nähe (Universitetsentrén).

🛏 Schlafen

Citysleep HOSTEL €

(☏ 0920-420 002; www.citysleep.se; Skeppsbrogatan 18; B 450 Skr) Die einzige Hostel-Unterkunft in der Innenstadt von Luleå ist zugleich die anonymste ihrer Art: Bei der

---

NICHT VERSÄUMEN

HULKOFFGÅRDEN

Das luxuriöse **Hulkoffgården B&B** (☏ 0922-320 15; www.hulkoff.se; EZ/DZ 650/1100 Skr; 🅿) befindet sich in einem gelben Bauernhaus, 35 km nördlich von Haparanda an der Route 99, inmitten einer Landschaft, die sich nicht friedlicher denken lässt. Die Gastgeberinnen sind von einer einladenden Herzlichkeit und das Restaurant des Hauses ist das Beste der Gegend. Einfallsreich werden nordschwedische Spezialitäten aus Bioerzeugnissen der Region zubereitet. Das Essen muss im Voraus bestellt werden.

15 km nördlich von Haparanda lohnt sich ein Zwischenstopp in reizvoller Landschaft: Hier findet man die **Stromschnellen von Kukkolaforsen**, wo der Fluss Torneälv mit sprühenden weißen Schaumkronen bedeckt ist. Im Sommer postieren sich Einheimische hier auf wackeligen Stegen und fischen Maränen, wozu sie, wie im Mittelalter, Kescher verwenden.

Online-Buchung erhalten die Gäste einen Türcode (es gibt keine Rezeption), mit dem sie nüchterne Räume mit Etagenbetten öffnen. Fenster sind nicht vorhanden, stattdessen gibt es eine gute Innenraumbelüftung, außerdem eine große Gästeküche.

Elite Luleå
HOTEL €€

(☎ 0920-27 40 00; www.lulea.elite.se; Storgatan 15; EZ/DZ ab 790/990 Skr; Ⓟ❋⛾) Das Elite ist eines der vornehmsten Hotels von Luleå. Es ist schon über 100 Jahre alt und besitzt klassisch eingerichtete und wunderschön renovierte Zimmer. Die Bäder sind aus italienischem Marmor, in den nobleren Suiten außerdem mit Whirlpools ausgestattet. An den Wochenenden gibt es Preisermäßigungen, das Frühstücksbüfett ist umfangreich.

Hotell Aveny
HOTEL €€

(☎ 0920-22 18 20; www.hotellaveny.com; Hermelinsgatan 10; EZ/DZ 825/950 Skr; Ⓟ⛾) Das eigenwillig-gemütliche Hotel hat individuell gestaltete Zimmer, die Flure sind in der Art von Avenuen und Einkaufsstraßen aufgemacht (daher der Name). Die Rezeption ist nicht immer geöffnet; Gäste sollten sich nach einem Zugangscode erkundigen. An Wochenenden sind die Preise günstiger.

★ Clarion Sense
HOTEL €€€

(☎ 0920-45 04 50; www.clarionsense.se; Skeppsbrogatan 34; EZ/DZ/Suite ab 2360/2760/7900 Skr; ⛶) Die Hotelszene von Luleå hat ein neues Glanzstück in Gestalt des einmalig zentral gelegenen und ultramodernen Clarion Sense. Das Hotel ist beim Jetset der Geschäftsreisenden (und bei allen, die sich gern verwöhnen lassen) beliebt. Es bietet großzügig proportionierte Zimmer, die ganz in klassischen Dunkelgrau- und Crèmetönen mit einigen kräftigeren Farbtupfern gestaltet sind. Ein Fitness-Zentrum mit Panoramablick, Spa und Pool runden die Ausstattung ab.

✖ Essen & Ausgehen

Roasters
CAFÉ €

(Storgatan 43; Hauptgerichte ab 70 Skr; ⓧ Mo–Sa 10–24, So 12–19 Uhr) Ein gleichbleibend beliebtes Café, in dem einer der besten Kaffees der Stadt sowie Salate, Sandwiches und mittägliche Tagesangebote serviert werden. Gegen Abend kommen Berufstätige hier gern auf einen Absacker vorbei.

★ Hemmagastronomi
FUSION €€

(www.hemmagastronomi.se; Norra Strandgatan 1; Tapas ab 75 Skr; ⓧ Mo–Fr 8–23, Sa bis 1 Uhr) Bäckerei, Feinkostgeschäft, Bar oder Bistro?

Das Hemmagastronomi hat viele Facetten, und alle sind köstlich. Die Gäste kommen zu einem geruhsamen Frühstück, einem leichten Mittagsgericht oder einem romantischen Abendessen zu zweit bei gedämpftem Licht hierher. Tapas und Platten mit Meeresfrüchten werden von einer umfassenden Weinkarte ergänzt.

Baan Thai
THAI €€

(Kungsgatan 22; Hauptgerichte 130–250 Skr; ✍) Viel dunkles Holz, goldene Buddhafiguren und zahlreiche einheimische Gäste zeichnen dieses Thai-Restaurant an der Hauptgeschäftsstraße aus. Besonders gut ist z. B. *chu chi pla* (frittiertes Fisch-Curry), wer sich eine typisch thailändische Feuerschärfe wünscht, kann bei der Bedienung um Zugaben bitten.

Kitchen & Table
FUSION €€

(www.kitchenandtable.se; Skeppsbrogatan 34; Hauptgerichte 169–295 Skr; ⓧ 12–24 Uhr) Die kühnen Kreationen des Küchenchefs, wie z. B. Carpaccio mit koreanischem Kimchi-Gemüse und Nashi-Birnen oder Ceviche mit Jakobsmuscheln und Kokosnuss, ergeben meistens gelungene Kontraste. Ansprechend sind auch das schöne Ambiente des Raumes (riesengroße Fenster umrahmen einen weiten Blick auf die Bucht) sowie die nicht gerade klassischen Cocktails.

Cook's Krog
SCHWEDISCH €€€

(☎ 0920-20 10 25; www.cookskrog.se; Storgatan 17; Hauptgerichte 195–339 Skr, Norrland 4-gängiges Probiermenü 695 Skr; ⓧ Mo–Sa 18 Uhr bis spätabends) Das Restaurant ist immer noch die Spitzenadresse in Luleå, wenn es um Steak, Ren und andere fleischhaltige Spezialitäten der Region Norrbotten geht. Etwas Besonderes ist das 4 Gänge-Menü, das den kulinarischen Reichtum der Region präsentieren soll: Maränen, Carpaccio vom Elch, Rentiersteak mit Preiselbeeren und mit Moltebeeren veredeltes Schokoladenfondant.

Bishop's Arms
PUB

(Storgatan 15; ⓧ 16 Uhr bis spätabends) Das auf englisch gemachte Pub mit Nischen voller Bücher ist eine der beliebtesten Adressen in Luleå. Whiskyliebhaber können unter rund 200 Sorten wählen.

ⓘ Praktische Informationen

Touristeninformation (☎ 0920-45 70 00; www.visitlulea.se; Skeppsbrogatan 17; ⓧ Mo–Fr 10–19, Sa & So bis 16 Uhr) Die Touristeninformation befindet sich im Kulturens Hus.

❶ Anreise & Unterwegs vor Ort

BUS

Die Buslinien 20 und 100 führen in nördlicher Richtung nach Haparanda (178 Skr, 2½ Std., bis zu 10-mal tgl.) und südlich nach Umeå (310 Skr, 4–5 Std., 7-mal tgl.) mit Halt in allen Küstenorten. Die Buslinie 44 verbindet Luleå mit Gällivare (311 Skr, 3½–4½ Std.) und Jokkmokk (237 Skr, 3 Std.), die Busse fahren bis zu 5-mal tgl.

FLUGZEUG

Flughafen Luleå (☏ 010-109 48 00; www. swedavia.se/lulea) Der Flughafen liegt 10 km südwestlich des Stadtzentrums. Flüge von SAS und Norwegian gehen täglich nach Stockholm, Direktflyg bietet Flüge nach Kiruna, Sundsvall, Umeå und Östersund an. Die Buslinie 4 verbindet den Flughafen mit dem Stadtzentrum.

ZUG

Zwei Nachtzüge fahren nach Stockholm (829 Skr, 14–15 Std.) über Gävle (829 Skr, 11¾–12½ Std.) und Uppsala (829 Skr, 14 Std.), es gibt täglich zwei Zugverbindungen von Luleå nach Narvik (Norwegen; 477 Skr, 7¼–8¼ Std.) über Kiruna (292 Skr, 3¾–4¼ Std., 4-mal tgl.) und Abisko (457 Skr, 5½–6½ Std.).

Haparanda

☏ 0922 / 4856 EW.

Haparanda wurde 1821 als Ersatz für das verloren gegangene Tornio gegründet (die bedeutende Handelsstadt fiel 1809 dem finnisch-russischen Gebiet zu). Als Schweden und Finnland der EU beitraten, vereinten sich die beiden Städte zu einer Zwillingsstadt. Dabei hat es den Anschein, als habe Schweden den Kürzeren gezogen: Im Stadtgebiet von Tornio befinden sich die Kunstgalerien, die Stadt hat ein pulsierendes Nachtleben ... Was aber blieb auf der Seite Haparandas übrig? Das weltgrößte IKEA-Möbelhaus.

Haparanda besitzt ein weiteres Wahrzeichen: Die **Haparanda Kyrka** an der Östra Kyrkogatan entstand 1963 und gewann in der Folge eine Auszeichnung als hässlichste Kirche Schwedens.

Das weitläufige Hotel **Haparanda Vandrarhem** (☏ 0922-611 71; www.haparandavandrarhem.se; Strandgatan 26; B/EZ/DZ 200/325/480 Skr; P) ist ein Glücksfall für preisbewusste Reisende, während das **Cape East** (☏ 0922-80 07 90; www.capeeast.se; Sundholmen; P ☒) das entgegengesetzte Ende des Spektrums bedient. Es wirbt mit der größten Sauna der Welt und einem Gourmetrestaurant. Zum Zeitpunkt der Recherchen fanden Renovierungsarbeiten statt, voraussichtlich wird das Haus im September 2015 wiedereröffnet.

Das bereits genannte Möbelhaus von **IKEA** (Norrskensvägen 5; Hauptgerichte ab 25 Skr; ⏱ 10–19 Uhr) hat ein Restaurant, das zu den besseren von Haparanda zählt; schwedische Klassiker wie Fleischbällchen mit Kartoffelpüree sind preiswert (25 Skr) zu bekommen.

Die Hauptstelle der **Touristeninformation** (☏ 0922-262 00; www.haparandatornio.com; Krannigatan 5; ⏱ Mo–Fr 8–19, Sa 7–15, So 10–16 Uhr) ist für beide Orte, Haparanda und Tornio, zuständig und hat Räume beim neuen Busbahnhof, am Ende der Straße von IKEA, bezogen.

Die Buslinien 20 und 100 führen in südlicher Richtung nach Luleå (178 Skr, 2½ Std., bis zu 10-mal tgl.) und nach Umeå (356 Skr, 6½–7¾ Std., bis zu 6-mal tgl.), die Buslinie 53 verbindet Haparanda mit Kiruna (395 Skr, 6 Std., 2-mal tgl. außer Sa).

Lappland & der hohe Norden

Spaß im Norden

➡ Icehotel (S. 327)

➡ Lights Over Lapland (S. 329)

➡ Snöfestivalen (S. 324)

➡ Jokkmokk Guiderna (S. 319)

➡ Lapland Lodge (S. 315)

Kultur der Samen

➡ Nutti Sami Siida (S. 324)

➡ Båtsuoj Sami Camp (S. 317)

➡ Atoklimpen (S. 313)

➡ Ájtte Museum (S. 318)

➡ Risfjells Sameslöjd (S. 311)

Auf nach Lappland & in den hohen Norden!

Lappland ist Europas letzte wahre Wildnis. Imposante Berge, riesige Wälder und unzählige Seen lassen Besucher zu Entdeckern werden. Die unberührten Naturgebiete sind auch die Heimat der Samen, überall trifft man auf Rentierherden. Besucher können hier im hohen Norden in die jahrhundertealten Traditionen der Rentierhirten eintauchen.

Wer in Nordschweden unterwegs ist, verfällt oft in einen ungewohnten Rhythmus. Die menschenleeren Wegstrecken zwischen den Städten sind häufig extrem einsam, sieht man einmal von den Rentierherden ab. Hier in Lappland sind auch die Naturphänomene am ausgeprägtesten zu sehen: Im Sommer sorgt die Mitternachtssonne rund um die Uhr für Tageslicht, im Winter beeindrucken die Farbspiele der Nordlichter. In den kälteren Monaten verwandelt sich Lappland in eine weiße Wildnis. Für bunte Farbtupfer sorgen die leuchtend bunten Wintermärkte der Samen.

Reisezeit

Kiruna

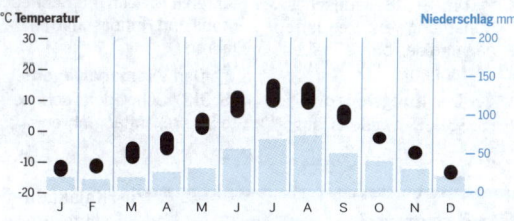

Jan. & Feb. Schneefestival in Kiruna, samischer Wintermarkt in Jokkmokk und die Nordlichter.

März & April Wärmere, längere Tage – ideal für Schneemobil-, Hundeschlitten- und Eisfahren.

Juli & Aug. Auf zu den Nationalparks in den wärmsten und trockensten Monaten des Jahres.

Trerriksröset
Karesuando
NORDMEER
Narvik
Riksgränsen
Abisko
Torneträsk
45
Nationalpark
Abisko
Jukkasjärvi
1
Kungsleden 3
Lapporten
Vittangi
Torealven
Kebnekaise
(2106 m)
6
Kiruna
Svappavaara
Nationalpark
Sarek
Nikkaluokta
Nationalpark
Stora Sjöfallet
Nationalpark
Padjelanta
Malmberget
Pajala
E8
Akkajaure
Lulep
Gierkav
(1139 m)
8 Gällivare
Padjelantaleden
Dundret (821 m)
Kvikkjokk
Porjus
Nationalpark
Muddus
Kungsleden
2
Jokkmokk
E10
Jockfall
Polarkreis
95
NORRBOTTEN
Mo i Rana
Vindelfjällens
(Natur-
schutzgb.)
Pieljekaise
Hornavan
HAPARANDA
Overuman
Nationalpark
Pieljekaise
7 Arjeplog
Storforsen
Klippen
Ammarnäs
Gammelstad
Joesjö
Hemavan
Bátsuoj
Sami-Camp
Luleå
Atoklimpen
(1006m)
Tärnaby
Slagnäs
4 Arvidsjaur
Umnäs
Slussfors
Sorsele
95
Vildmarksvägen
E12
45
Klimpfjäll
5 Marsfjället
(1589 m)
Storuman
E4
Bottnischer
Meerbusen
E6
Skellefteå
Vildmarksvägen
(Rte 342)
Vilhelmina
Lycksele
VÄSTERBOTTEN
NORWEGEN
Strömsund
Dorotea
Åsele
Nationalpark
Björnlandet
JÄMTLAND
90
Umeå (10 km)

Highlights

1 Im **Icehotel** (S. 327), wohnen, dem spektakulären Eispalast in Jukkasjärvi

2 Beim **Jokkmokk Winter Markt** (S. 318) samisches Kunsthandwerk, Rentierrennen und das bunte Treiben bestaunen

3 Den **Kungsleden** (S. 331), Schwedens längs-

ten Wanderweg, in Angriff nehmen

4 Bei **Arvidsjaur** (S. 315) auf gefrorenen Seen Autofahren und auch mit Schneemobil und Hundeschlitten fahren

5 Den **Vildmarksvägen** (S. 312), Schwedens schönste Straße, entlangfahren

6 Von **Nikkaluokta** (S. 326) mit dem Hubschrauber über arktische Tundra und Berge fliegen

7 Im **Silvermuseet** (S. 317) in Arjeplog samische Silberwaren anschauen

8 Bei einer Führung durch die **Minen** (S. 322) von Gällivare unter Tage gehen

Strömsund

0670 / 3589 EW.

Strömsund an der E45 nördlich von Östersund ist Startpunkt des Vildmarksvägen (Rte 342, S. 312) und das erste nennenswerte Städtchen – ein Zwei-Straßen-Städtchen inmitten ausgedehnter Wasserläufe, die bei

Kajakfahrern sehr beliebt sind. Wer hier seine Reise unterbrechen möchte, findet im **Hotel Nordica** (0670-61 10 00; www.hotelnordica.se; Ramselevägen 6; Zi. 599 Skr; P) Standardzimmer in ruhigen Beigetönen vor, während das mit Geweihen dekorierte Restaurant für einen Boxenstopp gut geeignet ist. Die **Touristeninformation** (www.stromsund.se; Ramselevägen 6; ⊙ Mo–Fr 9–12 & 13–16 Uhr) im Hotel hält ein paar Infos zum Vildmarksvägen bereit.

Die Buslinie 45 fährt hier täglich auf der Route Gällivare–Jokkmokk–Arvidsjaur–Storuman–Östersund vorbei.

Vilhelmina
☑ 0940 / 3657 EW.

Die Hauptattraktion im ruhigen, kleinen Vilhelmina, das im Herzen der Jagd- und Angelregion Lapplands liegt, ist die restaurierte **Kyrkstaden** (Storgatan) (Kirchstadt), deren gut 30 Cottages jetzt das Hostel der Stadt bilden, das von der **Touristeninformation** (☑ 0940-398 86; www.vilhelmina.se; Tingsgatan 1; ⊙ 8–19 Uhr) betrieben wird. Im **Risfjells Sameslöjd** (☑ 0940-152 05; www.sameslojd.se; Storgatan 8; ⊙ Mo–Fr 10–17.30, Sa & So bis 16 Uhr) (gegenüber dem Museum von Vilhelmina) kann man sich beim Kunsthandwerker-Ehepaar Sven-Åke und Doris Risfjell gut mit Leder- und Holzarbeiten oder einem Messer eindecken. Sie erklären den Unterschied zwischen nord- und südsamischem *duodji* (Kunsthandwerk) – sie selbst sind Südsamen – und zeigen Besuchern Beispiele alter *duodji* in ihrem kleinen Museum.

Als Unterkunft gibt es das charmante **Lilla Hotel** (☑ 0940-150 59; www.lillahotellet.vilhelmina.com; Granvägen 1; EZ/DZ 675/880 Skr) mit seinen hell tapezierten Wänden, einer Fülle von Blumen und umwerfendem Wellnessbereich im Untergeschoss.

Martin Bergmans Fisk (☑ 0940-250 90; E45 & Vildmarksvägen; Hauptgerichte 110–159 Skr; ⊙ Mo–Fr 9–17.30, Sa 10–17 Uhr), etwas nördlich der Stadt, ist für seinen Lachs, der auf drei verschiedene Arten geräuchert wird, berühmt. Das **Wilhelmina** (☑ 0940-554 20; www.hotellwilhelmina.se; Volgsjövägen 16; Hauptgerichte 90–285 Skr; ⊙ Mo–Fr 10.30–21, Sa bis 20, So bis 19 Uhr) hingegen serviert gehobene nordschwedische Spezialitäten und Pastagerichte.

Die Buslinie 45 fährt täglich auf der Route Gällivare–Jokkmokk–Arvidsjaur–Sorsele–Östersund durch den Ort.

Storuman
☑ 0951 / 2207 EW.

Auch wenn der Ortsname an einen Bösewicht aus *Herr der Ringe* erinnert, so geht es in Storuman mehr darum, aus Wasserkraft Strom zu gewinnen, als Chaos und Schrecken im Hobbitland zu verbreiten. Das Ein-Straßen-Städtchen liegt am 2000 km langen **Blåvägen** (Blauer Weg; www.blavagen.nu), der sich bis zur norwegischen Atlantikküste erstreckt. Eine Sehenswürdigkeit Storumans ist das Gebäude des **alten Bahnhofshotels**, das innen prachtvoll mit Holz verkleidet ist.

Für einen Zwischenstopp entlang der E45 bietet sich das fröhliche, gelbe **Hotell Luspen** (☑ 0951-333 80; www.hotelluspen.se; Järnvägsgatan 13; Hostel EZ/DZ 380/480 Skr, Hotel EZ/DZ 750/850 Skr) am Bahnhof an. Es hat Hotelzimmer mit Bad im Angebot sowie einfachere, billigere Hostelzimmer; das Frühstück kostet 50 Skr. Das beste Esslokal der Stadt ist das **Toppen** (☑ 0951-777 00; www.hotelltoppen.se; Blåvägen 238; Hauptgerichte 145–235 Skr; ⊙ Mo–Fr 11–19.30, Sa bis 18.30, So bis 17.30 Uhr), dessen Speisekarte, wen wundert's, viele Wildgerichte enthält. Außerdem gibt es ein preiswertes Mittagsbüfett.

Die Buslinie 45 fährt täglich die Strecke Gällivare–Jokkmokk–Arvidsjaur–Sorsele-Storuman–Östersund entlang. Außerdem fahren Busse westlich nach Tärnaby (169 Skr, 1¾ Std., 5-mal tgl.) und östlich nach Umeå (265 Skr, 3½ Std., 3-mal tgl.), während die Busse von **Lapplandspilen** (☑ 0940-150 40; www.lapplandspilen.se) zweimal die Woche (donnerstags und sonntags) via Storuman von Hemavan nach Stockholm fahren (680 Skr, 11¾ Std.). Im Sommer halten hier auch **Züge der Inlandsbanan**.

Tärnaby & Hemavan
☑ 0954 / 704 EW.

Tärnaby, ein lang gezogenes Straßendorf am Ufer des Gäutansees, ist der Geburtsort von Ingemar Stenmark, dem berühmten Ski-Doppelolympiasieger. Hemavan, sein kleineres Gegenstück 18 km weiter nördlich, bildet den südlichen Anfang des 500 km langen Kungsleden Wanderwegs, der durch das Vindelfjällens Naturschutzgebiet führt, und beide Dörfer sind beliebte Reiseziele für Frischluftfanatiker.

Man kann hier ausgezeichnet wandern und Ski fahren, sogar heilige Berge erkunden, auf dem Mountainbike durch Matsch und Geröll steile Abhänge hinunterbrettern oder aber gerußam mit dem Fahrrad die Seen umrunden – es hängt einfach von den Interessen der Besucher und der Stimmung der Wettergötter ab.

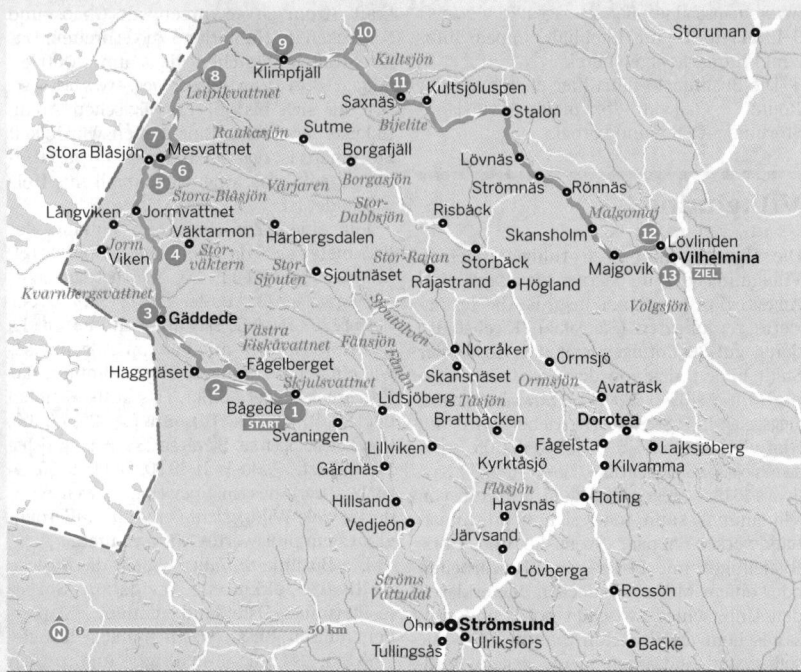

Autotour
Der Vildmarksvägen

START STRÖMSUND
ZIEL VILHELMINA
LÄNGE/DAUER 370 KM, 8–10 STUNDEN

In Strömsund beginnt eine der spektakulärsten Autostraßen Schwedens. Der Vildmarksvägen (Wildnisstraße; Rte 342) verläuft zunächst nordwestlich in Richtung Berge, bevor er sich der norwegischen Grenze nähert und sich dann zur E45 zurückschlängelt.

Von Strömsund fährt man zunächst durch ein Waldgebiet und kann an einem der vielen Seen halten. Nach 92 km gen Nordwesten kommt etwas südlich von ➊ **Bågede** die Möglichkeit zu einem Abstecher. Ein felsiger Weg führt zum 43 m hohen ➋ **Hällsingsåfallet**, einem mächtigen Wasserfall, der sich in eine 800 m lange Schlucht ergießt. Unweit der norwegischen Grenze, nochmals 40 km westlich, liegt ➌ **Gäddede**, das einzige Dorf mit einer Tankstelle. An der Touristeninformation Gäddede lassen sich Erkundungstouren in die ➐ **Korallgrotan** (Korallengrotte) buchen. Die längste Höhle Schwedens liegt 11 km nördlich von ➎ **Stora Blåsjön**, einem See 50 km nördlich von Gäddede.

Vor dem See kann man zum ➍ **Mountain Moose Park** abbiegen, wo man Elche beobachten kann. Etwas hinter dem See führt eine kleine Straße nach ➏ **Ankarede**, das ein traditioneller Versammlungsort der Samen ist. Sie treffen sich an der Kapelle, um ihre Mittsommerfestivitäten zu begehen.

Jenseits des Dorfs Stora Blåsjon steigt die Rte 345 zur ➑ **Stekkenjokk Hochebene** hoch, bevor die Straße dann zum Dorf ➒ **Klimpfjäll** wieder hinabführt (die Teilstrecke ist von Oktober bis Anfang Juni gesperrt). Eine Abzweigung 13 km östlich führt zu einer samischen Dorfkirche (18. Jh.). in ➓ **Fatmomakke**, wo sich auch traditionelle samische *kåtor* (Holzgebäude) und Blockhütten befinden. 20 km weiter östlich erreicht man das Anglerparadies ⑪ **Saxnäs**. Nach weiteren 89 km kommt die Kreuzung Vildmarksvägen/ E45. Wer früh genug hier ist, kann noch in der ⑫ **Martin Bergmans Fisk** Fischräucherei etwas essen, bevor es die letzten 3 km südlich nach ⑬ **Vilhelmina** geht.

⊙ Sehenswertes & Aktivitäten

★ Atoklimpen
BERG

Der Atoklimpen (1006 m), ein monolithischer, karger Berg rund 35 km westlich von Tärnaby, wird seit Jahrhunderten von den Sami als heilig betrachtet. Spuren von Opferstätten und Zeltsiedlungen mit Feuerstellen, die bis ins 15. Jh. zurückreichen, liegen in der ganzen Gegend verstreut. Ein 3 km langer Weg führt zum Gipfel.

In der Nähe des Parkplatzes (an der Straße 1116) stehen eine Torfhütte und ein kleines Häuschen. Beide wurden in den frühen 1920er-Jahren von einem samischen Paar erbaut – zu einer Zeit, als die Regierung es den Samen per Gesetz verboten hatte, feste Behausungen zu errichten. Der anschließende Streit um das Häuschen trug mit dazu bei, dass das Gesetz 1928 geändert wurde.

Laxfjället
WANDERN

Eine Wanderung auf den Laxfjället (820 m) bietet hervorragende Ausblicke auf die umliegenden Seen und Berge. Es gibt vier Wege, von denen der steilste und kürzeste der 2 km lange Pfad ist, der von Tärnaby Fjällby aus unterhalb des Skilifts verläuft (hin & zurück zwei bis drei Stunden). Oben angelangt posieren Besucher für ein Erinnerungsfoto am instabil scheinenden Laxfjäll-Stein, bei dem es aussieht, als ob er jederzeit herunterstürzen könnte.

Laisaleden Trail
WANDERN

Dieser spektakuläre aber nicht zu anspruchsvolle, 9 km lange Wanderweg (vier bis sechs Stunden) beginnt am Drottningsleden (Königinnenweg) und bietet wunderbare Ausblicke auf norwegische Gipfel, bevor es hinab zum Naturum in Hemavan geht. Einfach der Beschilderung zu einem Abzweig 15 km nördlich der Tärnaby Touristinformation an der Hauptstraße folgen. Wer einen steileren Anstieg möchte, wandert von Hemavan aus in umgekehrter Richtung.

Hemavan Bike Park
MOUNTAINBIKING

(☑ 0954-305 00; www.bikepark.nu; Tageskarte Erw./Kind 210/170 Skr; ⊙ Juli–Sept. tgl. 10–17 Uhr) Wenn es wärmer wird, verwandeln sich Hemavans Skihänge in eine Extrem-Spielwiese für Mountainbiker. Das Netzwerk von Trails hat verschiedene Schwierigkeitsstufen von grün (Anfängerhügel) bis schwarz (eine schroffe, steile, holprige Abfahrt; für Profis) und erstreckt sich über insgesamt fünf Hänge. Ein Sessellift etwa 2 km nördlich der Ortsmitte von Hemavan befördert Fahrräder auf den Berg herauf.

Skigebiete
SKIFAHREN, SNOWBOARDEN

(www.hemavantarnaby.se; Tagesskipass 350 Skr) Tärnaby und Hemavan bieten ordentliche Skiabfahrten und die Tagesskipässe gelten für beide Skigebiete. Beide bieten eine gute Mischung an verschiedenen Schwierigkeitsgraden, allerdings ist Tärnaby weitläufiger und biete jede Menge Nachtskifahren an. Erfahrene Skifahrer, denen das noch nicht anspruchsvoll genug ist, können auch abseits der Piste fahren oder an der Touristeninformation Heli-Skitouren buchen.

Wer mehr auf Snowboardfahren, Sprünge und Kunststücke steht, hat in der Region auch zwei Funparks zur Auswahl.

BikeNorth
MOUNTAINBIKING

(☑ 070-347 82 69; www.bikenorth.se; pro Tag 750 Skr) Dieser Profi-Fahrradverleih in Hemavan stattet Kunden mit robusten Mountainbikes mit Vollfederung aus und stellt dazu noch Schutzausrüstung. Helibiking-Touren mit unterschiedlichen Schwierigkeitsgraden sind auch im Angebot.

🛏 Schlafen & Essen

STF Hostel Hemavan
HOSTEL €

(☑ 0954-300 02; www.svenskaturistforeningen. se/hemavan; EZ/DZ ab 330/430 Skr; P ⊛ ⊠ ⊛ 🐾) Ein weitläufiger Hostelkomplex, der bei Wanderern sehr beliebt ist. Die unterschiedlichen Wohnblocks haben alle eine eigene Küche. Zwar sind die Zimmer unscheinbar und langweilig, die Ausstattung (Cafeteria, Schwimmbad, Kletterwand, lebhafte Bar im Obergeschoss des Hauptgebäudes) ist hingegen erstklassig.

STF Vandrarhem Tärnaby/ Åkerlundska Gården
HOSTEL €

(☑ 0954-104 21; www.svenskaturistforeningen.se; Östra Strandvägen 16; B/EZ/DZ 195/350/470 Skr; ⊙ Jan. Mai & Mitte Juni–Mitte Sept.; P) Gemütliches Hostel mit umwerfendem Ausblick über das Tal und ausgezeichneter Einrichtung für Selbstversorger. Wer keine Lust auf Kochen hat, findet im Restaurant des Tärnaby Fjällhotells (wo sich die Hostelrezeption befindet) leckeres Essen.

Tärnaby Fjällhotell
HOTEL €€

(☑ 0954-104 20; www.tarnabyfjallhotell.com; Östra Strandvägen 16; EZ/DZ ab 940/1700 Skr) Dieses ansprechende Skihotel liegt unweit der Hauptstraße. Die Zimmer sind hell und bequem, mit netten Extras wie Leselampen.

Die Super G Zimmer bieten mehr Platz für die Ausrüstung. Das Restaurant im Stil eines Jagdsitzes legt großen Wert auf regionale Produkte der Saison, und die Sauna bietet ein herrliches Rundumpanorama auf die umliegenden Berge.

ⓘ Praktische Informationen

Touristeninformation (☑ 0954-104 50; www.hemavantarnaby.se; Strandvägen 1; ⊙ Mo–Fr 8.30–19, Sa & So 10–18 Uhr) Liegt am Blåvägen (Blauer Weg), der durch das Dorf führt. Hier gibt es nützliche Broschüren zu Wander- und Fahrradrouten.

Vindelfjallen Naturum (☑ 0954-380 23; www.vindelfjallen.se; ⊙ 9–18 Uhr) Das Naturum liegt neben Hemavans Zugang zum Kungsleden (S. 331) und präsentiert Exponate zur örtlichen Flora und Fauna. Die Mitarbeiter informieren über Trekkingtouren und Tageswanderungen.

ⓘ An- & Weiterreise

Die Länstrafiken Buslinie 45 fährt nach Mora (5½ Std., 2- bis 4-mal tgl.). Die Linien 31, 319 und 320 fahren westlich von Tärnaby nach Hemavan (41 Skr, 36 Min., bis zu 6-mal tgl.) und südöstlich nach Umeå (265 Skr, 5¼ Std., 2- bis 3-mal tgl.).

Sorsele & Ammarnäs

☑ 0952 / 1277 EW.
Eisenbahnfans sollten in Sorsele Halt machen, um sich das **Inlandsbanamuseet** (Stationsgatan 19; Erw./Kind 30 Skr/frei; ⊙ Mo–Fr 9–18, Sa & So 10–17 Uhr) im Bahnhofsgebäude anzuschauen, das die Geschichte der Bahn-

fahrt darstellt. Obwohl selbst offiziell neutral, erlaubte Schweden deutschen Truppen während des Zweiten Weltkriegs, mit der Inlandsbanan-Strecke Nachschub zu verschiedenen Teilen des besetzten Norwegens zu transportieren. Die **Touristeninformation** (☑ 0952-140 90; www.sorsele.se; Stationsgatan 19; ⊙ Mo–Fr 9–18, Sa & So 10–17 Uhr) daneben kann Angellizenzen und Ausflüge zum Fliegenfischen arrangieren.

Das Sorsele River Hotel (☑ 0952-121 50; www.sorseleriverhotel.se; Hotellgatan 2; EZ/DZ 995/1295 Skr; P 🖥) ist ein schicker Laden mit cremefarbenen Gardinen und hochwertigem Bettzeug. Was für Reisende auf der Durchfahrt aber noch wichtiger ist – es bietet an Werktagen mittags und abends ein ausgezeichnetes Büfett (85/140 Skr) mit wunderbarem Tagesgerichten an. Besonders zu empfehlen: *palt* (Blutpfannkuchen).

Von Sorsele führt die Rte 363 zum winzigen Ammarnäs. Es liegt geschützt in einem Flusstal, das von den Ammarfjället-Bergen umgeben ist, und seit Jahrhunderten von samischen Hirten aufgesucht wird. Auch heute noch lebt ein Drittel der Samen von der Rentierhaltung. Wanderer können den wildesten Teil des Kungsleden (S. 331) von hier aus in Angriff nehmen oder zu einfacheren Tagestouren aufbrechen, wie dem 8 km langen Ausflug auf den Gipfel des Kaissats (984 m), der in Stora Tjulträsk am westlichen Ende des Dorfs beginnt.

Die einzige Unterkunft im Dorf ist **Ammarnäsgården** (☑ 0952-600 03; www.ammarnasgarden.se; Tjulträskvägen 1; Hostel EZ/DZ 250/440 Skr, Hotel EZ/DZ 595/795 Skr; P 🖥),

---

DEM POLARLICHT AUF DER SPUR

Die außerirdischen Farbspiele der Aurora Borealis, die nach der römischen Göttin der Morgenröte und dem griechischen Namen für den Nordwind benannt ist, beflügeln seit Jahrhunderten die Fantasie der Menschen im Norden wie auch die der Besucher gleichermaßen. Das himmlische Phänomen der farbigen Streifen im Himmel – von gelbgrün bis violett, weiß und rot – entsteht, wenn elektrisch geladene Sonnenwindteilchen in den oberen Schichten der Erdatmosphäre auf Luftmoleküle treffen. Im Norden Schwedens lässt sich das Polarlicht zwischen Oktober und März beobachten.

Besucher sollten nicht erwarten, das Polarlicht jeden Tag zu sehen; es hängt alles von den Wetterbedingungen ab, und wenn es bewölkt ist, ist nichts zu sehen. Einer der besten Orte in Lappland, um die Aurora Borealis zu sehen, ist die Abisko Aurora Sky Station (S. 328). Sie liegt abseits der Lichtverschmutzung der Stadt und profitiert enorm vom trockenen Klima vor Ort.

Nutti Sami Siida (S. 324), das Icehotel (S. 327) sowie die meisten Tourenanbieter in Kiruna, Abisko und anderswo in Lappland organisieren Polarlichttouren, oftmals in Kombination mit anderen Outdoor-Aktivitäten, während Lights Over Lapland (S. 329) einem beibringt, wie man dieses extraterrestrische Leuchten als Foto für die Ewigkeit einfängt.

WINTERSPASS

Arvidsjaur erwacht im Winter so richtig zum Leben. Was die PS-reicheren Aktivitäten angeht, so flitzen Schneemobile entlang der ca. 600 km an Schneemobilstrecken rund um die Stadt, Husky-Gespanne befördern Passagiere durch den Schnee, und Fahrenthusiasten kämpfen mit dem Lenkrad ihrer BMWs, Audis oder Porsches, während sie spezielle Eisbahnen auf gefrorenen Seen entlangbrettern. Die folgenden Betreiber können Besuchern den entsprechenden Schneekitzel ermöglichen:

Lapland Lodge (☑0960-137 20; www.laplandlodge.se; Östra Kyrkogatan 18; 3 Std. Eisfahren 5900 Skr) Dieser Rundumanbieter tut sich mit Arctic Car Experience (ACE) zusammen, um Eisfahren (drei bis sechs Stunden) in einem Audi TT Quattro anzubieten, sowie mit Snowmobile Outdoor Adventures um Gäste auf halbtägige Safaris (1490 Skr), Polarnachttouren (1390 Skr) und zweistündige Ausflüge für Anfänger (790 Skr) zu schicken.

Nymånen (☑070-625 40 32; www.nymanen.com) Mit einem der größten Züchter sibirischer Huskys in Lappland auf Hundeschlittenfahrten gehen, von Nature's Best als umweltfreundlich zertifiziert.

Super Safari (☑0960-104 57; www.supersafari.info; Idrottsgatan 9A; 2-std. Touren 950 Skr) Geführte Schneemobiltouren.

Wildact Adventure Tours (☑0960-160 52; www.wildact.ch; Storberg 4) Befinden sich 22 km südwestlich von Arvidsjaur an der Rte 94 (Abzweig Richtung Hedberg). Hier können Besucher, wie bei Jack London, ein eigenes Husky-Gespann lenken, als Passagier mitfahren oder einfach mal eine halbe Stunde das Hundeschlittenfahren probieren. Ferner sind Skitouren und Übernachtungen sowohl im selbst gebauten Iglu als auch in der gemütlichen Lodge (Doppelzimmer 940 Skr) im Angebot.

ein modernes Hotel mit angeschlossener Jugendherberge in traumhafter Lage. Im Untergeschoss befinden sich eine Sauna und ein Schwimmbad, und das Hotelrestaurant (Juni bis Oktober geöffnet) serviert neben internationaler Küche auch Rentiergulasch, Fisch aus den Flüssen der Gegend sowie Elchburger.

Die **Touristeninformation** (☑0952-600 00; www.ammarnas.nu; Ammarnäsgården; ⊙ Mitte Juni–Mitte Sept. 9–17 Uhr) an der Hauptstraße organisiert im Sommer Ausritte auf Islandponys und im Winter Hundeschlitten- und Schneemobilfahrten.

Sorsele wird täglich von der Buslinie 45 auf der Strecke Gällivare–Östersund angefahren, während die Linie 341 von Sorsele nach Ammarnäs fährt (115 Skr, 1¼–1¾ Std. 1- bis 3-mal tgl.).

Arvidsjaur

☑0960 / 6529 EW.

Für Besucher, die von einer der anderen Städte entlang der E45 hierher reisen, erscheint Arvidsjaur mit seiner geschäftigen Hauptstraße geradezu wie eine lebhafte Metropole. Vor mehreren Jahrhunderten als samische Markt- und Versammlungsstätte

gegründet, wohnen in Arvidsjaur nun zwei Dutzend samische Familien, die ihren Lebensunterhalt auch heute noch mit der Rentierhaltung bestreiten.

Von Dezember bis April suchen Dutzende Testfahrer verschiedener Autofirmen den Ort heim, um ihre schnellen Autos auf den gefrorenen Seen bis ans Limit zu testen.

⊙ Sehenswertes & Aktivitäten

★**Lappstaden**   HISTORISCHES GEBÄUDE
(Lappstadsgatan; Führungen 50 Skr; ⊙ Führungen Mitte Juni–Mitte Aug. 18 Uhr) GRATIS Die erste Kirche in Arvidsjaur wurde 1607 erbaut. Gesetze zum Kirchenbesuch (von Priestern gefordert und von der Monarchie durchgesetzt) zwangen die nomadischen Samen, ein gewisses Maß an Zeit auf der Kirchenbank zu verbringen. Um diese Kirchenbesuche praktikabel zu machen, bauten sie kleine, quadratische Häuschen mit pyramidenförmigen Dächern (*gåhties*) zum Übernachten. Achtzig *gåhties* sind hier erhalten geblieben und stehen gegenüber der modernen Kirche auf der anderen Seite des Storgatan.

Am letzten Wochenende im August findet alljährlich in Lappstaden das **Stor-**

stämningshelgen statt, eine Mischung aus Festessen und Feier sowie Versammlung der Samen.

Dampfzug   ZUGFAHRTEN
(Erw./Kind 220 Skr/free) Im Zeitraum von Mitte Juli bis Mitte August fährt ein extrem beliebter Dampfzug aus den 1930er-Jahren am Freitag- und Samstagabend nach Slagnäs (Hinfahrt 17.45 Uhr, Rückfahrt ca. 22 Uhr). Auf dem Weg legt der Zug am Strand von Storavan einen Zwischenhalt ein: Dann stehen Baden und Grillen auf dem Programm.

Outdoor Lapland   SCHNEESPORT
(☎ 070-260 05 37; www.laplandraftingcafe.se) Bietet Kanu- und Kajakfahrten an. Außerdem im Sommer geführte Wanderungen durch die unberührte Wildnis und im Winter Schneemobilsafaris und Skitouren.

🛏 Schlafen & Essen

Silver Cross 45   HOSTEL €
(☎ 070-644 28 62; www.silvercross45.se; Fjällströmsvägen 16; EZ/DZ/3BZ/FZ 300/500/550/600 Skr; P 🛜) Dieses familienfreundliche Hostel, das gleichzeitig als Galerie für Glaskunst dient, ist mit gemütlichen, holzverkleideten Zimmern ausgestattet. Es gibt nur Gemeinschaftsbäder. Eher ungewöhnlich für diese Preisklasse ist die Tatsache, dass man für das Bettzeug nicht bezahlen muss, dass es einen Jacuzzi gibt und dass jedes Zimmer (mit Ausnahme der rustikalsten Option, einem samischen Tipi) einen Fernseher mit DVD-Spieler hat.

⭐ Lapland Lodge   B&B, HOTEL €€
(☎ 0960-137 20; www.laplandlodge.se; Östra Kyrkogatan 18; B&B EZ/DZ/FZ 690/850/950 Skr, Hotel EZ/DZ 1490/1890 Skr; P 🛜) Dieses gastfreundliche B&B neben der Kirche hat ganz unterschiedliche Zimmer (manche mit Bad) im Angebot. Das hübsche gelbe Haus bietet modernen Komfort in historischem Ambiente (zur Dekoration gehören alte Holzskier, Geweihe und Schneeschuhe). Im neuen Hotelanbau haben alle Zimmer ein eigenes Bad. Auch Außenwhirlpool und -sauna stehen den Gästen zur Verfügung, und im Winter werden Schneemobilfahrten, Eisfahren und Hundeschlittenausflüge angeboten.

Hotell Laponia   HOTEL €€
(☎ 0960-555 00; www.hotell-laponia.se; Storgatan 45; EZ/DZ/Suite 1190/1290/1990 Skr; P 🛜🏊) Arvidsjaurs einziges Hotel ist innen in dunklem Holz gehalten und wird im Winter von Testfahrern für Mercedes, BMW

oder Porsche bevölkert, die ihre Autos auf dem Eis testen. Zum Essen gehen bietet es sich auch an – das Restaurant mit Bar serviert werktags ein ausgezeichnetes Büfett (85 Skr) – und es gibt einen Wellnessbereich.

Hans På Hörnet   CAFÉ €
(Storgatan 21; Hauptgerichte ab 59 Skr; ⏱ Mo–Sa 10–17 Uhr) Hierher kommen viele Einheimische; es gibt günstige Mittagsgerichte (Salate, Sandwiches und Pasteten).

Afrodite   GRIECHISCH €€
(Storgatan 10; Hauptgerichte 75–199 Skr; ⏱ 11–22 Uhr) Die Liebesgöttin lockt ihre Gäste mit „griechisch inspirierten" Gerichten an, daher nicht wundern, wenn in diesem etwa mediterran eingerichteten Lokal Souvlaki vom Huhn neben Rentiergerichten auf der Karte steht.

Laponiakåtan   BARBECUE €€
(www.hotell-laponia.se; Storgatan; Hauptgerichte 145–325 Skr; ⏱ Mitte Juni–Sept. Mo–Fr 16–22, Sa & So 12–22 Uhr) Diese riesige Samenhütte am Seeufer gehört zum Hotell Laponia und hält absolut ihr Versprechen, ein „Barbecue mit Ausblick" zu liefern. Bis auf ein einziges Zugeständnis für Vegetarier (Gnocchi) zieht dieses Lokal mit seinen Burgern, den Hickory Spare Ribs in Troll-Portionsgrößen und zarten Rentiersteaks anspruchsvolle Fleischfans an. Außerhalb der Sommersaison wird im Hotel gespeist.

ℹ Praktische Informationen

Touristeninformation (☎ 0960-175 00; www.arvidsjaur.se; Östra Skolgatan 18C; ⏱ Juni–Aug. Mo–Fr 9.30–18, Sa & So 12–16.30 Uhr.

ℹ Unterwegs vor Ort

BUS
Der Busbahnhof liegt am Västlundavägen, in der Stadtmitte hinter dem großen Konsum-Supermarkt. Zu den viel frequentierten Busrouten zählen die Linie 45 Richtung Süden nach Östersund (440 Skr, 7¼ Std., tgl.) und gen Norden nach Gällivare (311 Skr, 3¾ Std., tgl.) via Jokkmokk (215 Skr, 2¼ Std.) sowie die tägliche Linie 104 nach Arjeplog (130 Skr, 1 Std.).

FLUGZEUG
Vom Flughafen Arvidsjaur (☎ 0960-173 80; www.ajr.nu), der 11 km östlich der Ortsmitte liegt, fliegt **Nextjet** (www.nextjet.se) mehrmals täglich nach Stockholm Arlanda. Im Winter landen jede Woche mehrere Flieger von **Air Berlin** (www.airberlin.com) aus Frankfurt, Hannover, München und Stuttgart.

ZUG

Im Sommer und Herbst fahren täglich Züge der Inlandsbanan von Arvidsjaur nach Östersund (728 Skr, 8¼ Std.), Gällivare (420 Skr, 5¾ Std.) und Jokkmokk (265 Skr, 3½ Std.).

Arjeplog

📍 0961 / 3161 EW.

Arjeplog (Árjepluovve auf Samisch), ein samischer Ort, der nur aus einer Straße besteht, liegt 85 km nordwestlich von Arvidsjaur am Silvervägen (E95; Silberweg). Umgeben von 8700 Seen – alle Einheimischen haben ihren eigenen Lieblingssee – fühlen sich Angler hier wie im Paradies.

Arjeplogs Hauptanziehungspunkt ist das ausgezeichnete **Silvermuseet** (Silbermuseum; www.silvermuseet.se; Torget; Erw./Kind 80 Skr/frei; ⊙ Mo–Fr 10–12 & 13–18, Sa 10–14 Uhr), das in einer ehemaligen Schule für Nomadenkinder untergebracht ist. Herzstück des Museums ist die riesige Sammlung an samischen Silbergegenständen, die größte ihrer Art. Zu den Exponaten zählen Gürtelschnallen, verzierte Löffel und Kelche sowie Trachtenkrägen, die traditionell von Mutter zu Tochter weitergegeben wurden. Zu sehen sind auch ein *dássko*, eine spezielle Tasche zur Aufbewahrung eines Silberlöffels, die die Samen des Südens bevorzugen, Schamanentrommeln und 2000 Jahre alte Skier, die von samischen Jägern verwendet wurden. Andere Teile der Ausstellung erzählen die Geschichte der Stadt und ihrer wichtigsten Industriezweige – Silberbergbau und Holzwirtschaft – und veranschaulichen die Heilkunde der Samen, indem sie einheimische Pflanzen und deren traditionelle Verwendung zeigen. Das Kino im Untergeschoss zeigt eine interessante, kommentierte Diashow, die den Besuchern das Leben in Arjeplog während seiner harten Jahreszeiten anschaulich näher bringt.

Zentral gelegen ist das renovierte **Hotel Lyktan** (📍 0961-612 10; www.hotellyktanarjeplog.se; Lugnetvägen 4 ; EZ/DZ 730/900 Skr; 🅿🖥), das seinen Standard verbessert hat und jetzt attraktive Doppelzimmer mit glänzenden Holzböden und dezentem Einsatz von Farbakzenten bietet. Sauna, Dampfkabine und Whirlpool sind nur ein paar der neuen Annehmlichkeiten.

Der einzige Lichtblick im eher farblosen Angebot an Essgelegenheiten ist das Restaurant, das zum Hotel **Kraja** (📍 0961-315 00; www.silverhatten.se; Hauptgerichte 149–269 Skr)

BÅTSUOJ SAMI CAMP

Båtsuoj Sami Camp (📍 0960-65 10 26; www.batsuoj.se; kurze Tour/lange Tour/Übernachtung 290/600/1100 Skr) Wer sich ein Bild vom Leben der Waldsamen machen möchte, kann dies in Båtsuoj tun, wo Tom und Lotta Svensson ihre traditionelle Erwerbsquelle als Rentierhirten noch in Vollzeit ausüben. Besucher können hier zusehen, wie Rentiere mit Lassos eingefangen werden oder sich auf Rentierfellen in einer *kåta* (typische Blockhütte der Waldsamen) zur Nacht betten, etwas über die schamanische Religion lernen, gegrilltes Rentierfleisch essen und einen Kaffee trinken, der über einem Holzfeuer gekocht wurde. Eine Reservierung ist erforderlich.

Das Sami Camp liegt an der E45, unweit des Dorfs Gasa bzw. 17 km nördlich des Dorfs Slagnäs.

gehört. Dieses Allzweckhotel mit Campingplatz steht auf seiner eigenen kleinen Halbinsel etwas westlich der Ortschaft und verbindet einen schönen Seeblick mit großartiger regionaler Küche. Zu empfehlen sind die Elchburger oder das Rentiersteak mit Morchelsoße.

Die hilfreiche **Touristeninformation** (📍 0961-145 00; www.polcirkeln.nu; Torget 1; ⊙ Mo–Fr 10–12 & 13–17, Sa 10–14 Uhr) im Silvermuseet bietet viele wissenswerte Informationen zur Region.

Die Buslinien 26 und 17 fahren Arvidsjaur (130 Skr, 1 Std., 1- bis 2-mal tgl.) und Skellefteå (252 Skr, 3 ¼ Std., tgl. außer sonntags) an. Die Linie 104 fährt westlich nach Jakkvikk (105 Skr, 1¼ Std., tgl. außer samstags).

Jokkmokk

📍 0971 / 5170 EW.

Als Hauptstadt der samischen Kultur und größtes Kunsthandwerkszentrum Lapplands beherbergt Jokkmokk (Samisch für „Flussbett") nicht nur das bedeutendste Museum über das Volk der Samen, sondern veranstaltet auch den wunderbaren Wintermarkt, eine riesige, alljährlich stattfindende Zusammenkunft der Samen. Etwas nördlich vom Polarkreis gelegen, hat das beschauliche Jokkmokk als einzige Stadt Schwedens eine Bildungsinstitution, in der Rentier-

WINTERMARKT IN JOKKMOKK

Wer im Winter hierher reist, sollte den samischen **Jokkmokk Wintermarkt** (www. jokkmokksmarknad.com) nicht verpassen. Er findet alljährlich am ersten Wochenende im Februar (Do–Sa) statt. Der Markt ist der älteste und größte seiner Art und zieht jedes Jahr etwa 30 000 Besucher an. Hier bietet sich für samische Händler eine gute Gelegenheit, Kontakt zu knüpfen und alte Freunde wiederzusehen. Besucher hingegen haben die Qual der Wahl angesichts der riesigen Auswahl an samischem *duodji* (Kunsthandwerk) und können das fröhliche Gewusel der Rentierrennen auf dem gefrorene Talvatissjön hinter dem Hotel Jokkmokk betrachten.

Veranstaltet wird der Markt seit 1605, als König Karl XI. die Einführung von Märkten anordnete, um auf diese Weise die Steuereinnahmen zu erhöhen, den christlichen Glauben zu verbreiten und größere Kontrolle über die nomadischen Samen ausüben zu können. Dem Wintermarkt geht direkt der mehrtägige, kleinere Historische Markt voraus, der aus Volksmusik, Theaterstücken, Paraden, Regionalfilmen, Fotoausstellungen, kulinarischen Angeboten und Vorträgen zu verschiedenen Aspekten des samischen Lebens besteht. Es ist die spannendste Zeit, um Jokkmokk zu besuchen – aber bei bis zu -40 °C auch die kälteste (also warm anziehen!).

haltung, Kunsthandwerk und Ökologie auf Samisch gelehrt werden. Jokkmokk ist zudem der Ausgangspunkt für Ausflüge in gleich vier Nationalparks, die zusammen einen Teil des Unesco-Welterbegebietes **Laponia** (www.laponia.nu) bilden. Von hier aus lassen sich das ganze Jahr über verschiedenste Outdooraktivitäten unternehmen.

◉ Sehenswertes & Aktivitäten

★ Ájtte Museum
MUSEUM

(www.ajtte.com; Kyrkogatan 3; Erw./Kind 80/40 Skr; ⊘ 9–18 Uhr) Dieses anschauliche Museum bietet von allen Museen Schwedens die umfassendste Einführung in die Kultur der Samen. Besucher folgen den „Speichen" die vom zentralen Raum aus nach außen führen. Jede Speiche behandelt ein anderes Thema – von Volkstracht über Silberwaren, samische Märchenkreaturen und etwa 400 Jahre alte, bemalte Schamanentrommeln bis hin zu Nachbauten früherer Opferstätten und einem Diagramm, das die Nutzung und Bedeutung der verschiedenen Teile der Rentiereingeweide erläutert. Die wunderschön präsentierte Sammlung an traditionellem Silberschmuck zeigt u. a. Silberkragen, die von samischen Frauen nach langer Pause inzwischen wieder häufiger getragen werden.

Eine ganze Abteilung widmet sich der in Lappland weit verbreiteten Gewinnung von elektrischem Strom durch Wasserkraft und den Konsequenzen, die diese Art der Wassernutzung für das samische Volk und ihr Land hat. Außerdem enthält die Tierausstellung einige beeindruckende, allerdings ausgestopfte Säugetiere und Vögel aus der schwedischen Arktis.

★ Sameslöjdstiftelsen
Sami Duodji
GALERIE

(www.sameslojdstiftelsen.se; Porjusvägen 4; ⊘ Mo–Fr 10–17 Uhr) In dieser zentral gelegenen Kombination aus Galerie und Kunsthandwerkszentrum kann man sich auf einen Schlag mit verschiedensten authentischen Produkten samischer Herstellung in Topqualität eindecken – von Lederarbeiten, Bekleidung in samischen Farben oder Silberschmuck bis hin zu Holzschnitzereien mit eingearbeitetem Rentierknochen oder samischen Messern in Scheiden aus Rentiergeweih. Der Großteil der hier ausgestellten Exponate kann auch käuflich erworben werden.

Für mehr Infos zu samischem Kunsthandwerk siehe S. 370.

Lappkyrkan
KIRCHE

(Storgatan; ⊘ 8–16 Uhr) Die achteckige rote Holzkirche wurde 1976 im Stil der Vorgängerkirche aus dem Jahr 1753 erbaut, die abgebrannt war. Die Farben der traditionellen Tracht der Samen dienten als Inspiration für die Farbwahl in der Kirche, und das Design greift die traditionelle samische Bauweise auf. Früher wurden im Winter zwischen den Sparren die Särge der Verstorbenen aufbewahrt, bis im Frühjahr nach der Schneeschmelze wieder Gräber ausgehoben werden konnten.

Jokkmokks Fjällträdgård BOTANISCHER GARTEN
(www.ajtte.com; Lappstavägen; Erw./Kind 30 Skr/
frei, mit Ajtté-Museumskarte Eintritt frei; ⊙Mitte
Juni–Mitte August Mo–Fr 11–17, Sa & So 12–17 Uhr)
Dieser attraktive botanische Garten, der
zum **Ajtté Museum** gehört, präsentiert
regionale Pflanzen, darunter Gletscherhahnenfuß, Moorkönig und Weißen Silberwurz
sowie Pflanzen, die die Samen traditionell
als Heilpflanzen nutzen. Ein ausgeschilderter Weg führt vom Museum hierhin.

☞ Geführte Touren

Jokkmokk Guiderna KANUFAHREN, SCHNEESPORT
(☑0971-122 20, 070-684 22 20; www.jokkmokkguiderna.com) 🛶 Kanuverleih sowie Kanu- und
Wandertouren bei einem Nature's Best Ökotourismusanbieter. Die mehrtägigen Hundeschlittenausflüge im Sarek Nationalpark im
Winter sind ebenfalls ausgezeichnet.

Årrenjarka Fjällby SCHNEESPORT
(☑0971-230 18; www.arrenjarka.com) Wer seinen eigenen Hundeschlitten steuern, auf
einem Hundeschlitten bei Kvikkjokk den
Nordlichtern nachjagen und in rustikalen
Hütten in der Wildnis übernachten möchte,
ist hier richtig.

🛏 Schlafen & Essen

Für das Wochenende des Wintermarkts im
Februar sollte man sehr früh eine Unterkunft buchen oder einplanen, von einer der
Nachbarstädte herzupendeln.

STF Vandrarhem Åsgård HOSTEL €
(☑0971-55 977; www.svenskaturistforeningen.se;
Åsgatan 20; B/EZ/DZ ab 250/300/600 Skr; @🛜)
Dieses STF Hostel in Familienhand hat eine
wunderschöne Lage in einer grünen Rasen- und Baumlandschaft und liegt unweit
der Touristeninformation. Das fröhliche,
knarrende alte Holzhaus hat zahlreiche
Etagenbetten, kompakte Privatzimmer, Gästeküche, Fernsehzimmer sowie eine Sauna
im Untergeschoss (30 Skr pro Pers.) im Angebot. Die Wände sind ein bisschen dünn, da
kommt es einem schon mal vor, als ob man
sich mit den Nachbarn das Bett teilt.

Hotel Jokkmokk HOTEL €€
(☑0971-777 00; www.hoteljokkmokk.se; Solgatan 45; EZ/DZ 935/1130 Skr; 🅿🛜) Jokkmokks
schönstes Hotel mit Blick auf den hübschen
Talvatissee bietet moderne, wenn auch wenig individuelle Zimmer, eine umwerfende,
gefliese Sauna im Untergeschoss und eine
weitere am See (für das erfrischende Bad im

Eisloch im Winter). Das große Restaurant,
das die Form einer samischen *kåta* (Hütte)
hat, serviert kulinarisch passende Gerichte
wie Elchfilet und geräuchertes Rentier mit
Wacholderbeersoße.

Hotell Gästis HOTEL €€
(☑0971-100 12; www.hotell-gastis.com; Herrevägen 1; EZ/DZ/3BZ ab 950/1195/1300 Skr; 🅿)
Nettes, zentral gelegenes Hotel. Mahlzeiten
werden im hoteleigenen Restaurant serviert,
das die Form einer samischen *kåta* hat.

★Ájtte Museum Restaurant SWEDISCH €€
(www.restaurangattje.se; Kyrkogatan 3; Hauptgerichte 95–140 Skr; ⊙12–16 Uhr) In diesem samischen Restaurant können Gäste ihre Kenntnisse über die regionale Tierwelt dadurch
vertiefen, dass sie das Fleisch einiger dieser
Tiere probieren – von *suovas* (geräuchertem
und gepökeltem Rentierfleisch) bis zu Rentiersteak und Raufußhuhn mit heimischen
Beeren. Unter der Woche gibt es ein Mittagsbüfett mit schwedischer Hausmannskost.

Manchmal finden hier auch Joik-Abende
und Veranstaltungen rund um die samische
Erzählkunst statt.

Café Glasskas CAFÉ €€
(Porjusvägen 7; Hauptgerichte 165–295 Skr; ⊙Mo
bis Fr 16–22 Uhr) Dieses gastfreundliche Café
gilt bei Einheimischen und Besuchern als
kulinarischer Geheimtipp. Die kurze Karte
erfreut mit regionalen Wild- und Fischgerichten (wie etwa Elchburger, gegrillter arktischer Saibling und Rentiersteak mit allem
Drum und Dran).

Thai Muang Isaan THAI €€
(Porjusvägen 4; Hauptgerichte 120–140 Skr;
⊙Mo–Fr 11–20, Sa 12–20 Uhr; 🍴) Dieses zentral gelegene, authentische Thairestaurant
schließt mit seiner gewürzreichen Kost eine
kulinarische Lücke im örtlichen Angebot. Es
serviert Nudel-, Reis- und Pfannengerichte,
aber es sind vor allem die Currygerichte, die
besonders toll sind.

🔒 Shoppen

Jokkmokk ist der beste Ort in Schweden,
um die samischen Produkte zu erwerben,
die man immer schon mal haben wollte,
seien es zeitgenössische Mode, Messer, Silberschmuck oder vieles mehr.

ℹ Praktische Informationen

Touristeninformation (☑0971-222 50; www.
turism.jokkmokk.se; Stortorget 4; ⊙Di–Sa

10–18, So 12–15 Uhr) Hält zahlreiche Broschüren und Informationen zu Aktivitäten und Ausflügen in der Gegend bereit.

❶ An- & Weiterreise

BUS

Der Busbahnhof befindet sich am Klockarvägen. Von hier fährt die Linie 45 täglich von Jokkmokk via Arvidsjaur (215 Skr, 2 ¼ Std.) nach Östersund (507 Skr, 9¾ Std.), während die Linie 44 in nordöstlicher Richtung via Gällivare (142 Skr, 1½ Std., 5-mal tgl.) Luleå (237 Skr, 2¾ Std., 1- oder 2-mal tgl.) anfährt.

ZUG

Züge der Inlandsbanan fahren nur im Sommer und dann täglich um 9.17 Uhr gen Süden via Arvidsjaur (129 Skr, 3¾ Std.) nach Östersund (993 Skr, 12 Std.) und um 19.34 Uhr nördlich nach Gällivare (154 Skr, 2¼ Std.).

Rund um Jokkmokk

Nationalpark Padjelanta

Padjelanta ist mit einer Fläche von 1984 km2 der größte Nationalpark Schwedens. Sein Name stammt von *Badjelánnda*, dem samischen Wort für „höheres Land", ab, und der Park besteht passenderweise aus einer weitläufigen Hochebene, die zwei riesige Seen einschließt: Vastenjávvre und Virihávvre.

Der hügelige, 139 km lange Wanderweg **Padjelantaleden** lässt sich gut in sieben bis zehn Tagen erwandern (in der *Fjällkartan BD10* und der *Fjällkartan BD7* ist er verzeichnet). Am nördlichen Ende (am Akkajauresee) kann man an einer der beiden STF Hütten, Vaisaluokta bzw. Áhkká, starten (ab Áhkká ist der Weg einfacher). STF betreibt

auch die Hütten in Såmmarlappa, Tarrekaise und Njunjes am südlichen Ende des Wegs sowie das Kvikkjokk Hostel, während die anderen von samischen Dörfern betrieben werden. Die meisten Hütten verkaufen auch Proviant.

Um zum nördlichen Ende des Wanderwegs zu gelangen, nimmt man zunächst die Buslinie 93 von Gällivare nach Ritsem (198 Skr, 3¼ Std., 1-mal tgl., Mitte Juni bis Mitte September) und dann die STF-Fähre (1- bis 2-mal tgl., Ende Juni bis Mitte Sept.) nach Vaisaluokta und Änonjálmme, 1,5 km nördlich der STF-Hütte Áhkká. Infos zu den Bootsverbindungen vom Ende des Padjelantaleden nach Kvikkjokk (1- bis 3-mal tgl., Ende Juni bis Mitte September) gibt es bei **Båttraffik i Kvikkjokk** (☎ 070-205 31 93; www.battraffikikvikkjokk.com).

Fiskflyg (☎ 072-512 77 70; www.fiskflyg.se) bietet von Ende Juni bis Ende August täglich einen Hubschrauberflug von Kvikkjokk (12.45 Uhr) zum Padjelanta Weg an, der an den STFK-Berghütten Njunjes, Tarrekaise und Sommarlappa Halt macht. Außerdem gibt es zweimal täglich einen Taxiflug von Ritsem nach Staloluokta (Ritsem ab 7.30/15 Uhr, Staloluokta ab 8/15.30 Uhr; 1100 Skr).

Kvikkjokk

Das winzige Kvikkjokk (*Huhttán* auf Samisch), ca. 100 km westlich von Jokkmokk, liegt auf dem Wanderweg Kungsleden und dem Padjelantaleden und ist ein idealer Ausgangspunkt für den Besuch des Nationalparks Sarek.

Von Kvikkjokk aus bieten sich gleich mehrere Tageswanderungen an, darunter der Aufstieg zum Snjerak (809 m; hin &

WELTKULTURERBE LAPONIA

Das riesige **Weltkulturerbegebiet Laponia** (www.laponia.nu) erstreckt sich über etwa 9400 km² und besteht aus den Bergen, Wäldern und Feuchtgebieten der Nationalparks Padjelanta, Sarek, Stora Sjöfallet und Muddus. Ungewöhnlich für ein Unesco-Weltkulturerbegebiet wurde es sowohl für seinen Kultur- als auch für seinen Naturreichtum ausgezeichnet.

Laponia, seit dem Jahr 1996 auf der Unesco-Liste verzeichnet, umfasst uralte Rentierweidegebiete der Berg- und Waldsamen, deren sieben Siedlungen und Herden (ca. 50 000 Rentieren) sich hier befinden. Die Samen führen weiterhin ein relativ traditionelles Leben und folgen den Rentieren bei ihren jahreszeitlichen Wanderungen. Die Bergsamen überwintern in den Wäldern, wo die Herden Flechten fressen, und ziehen im Sommer mit den Tieren in die Berge, während die Waldsamen ihren Herden das ganze Jahr hindurch die Wälder folgen.

DIE MITTERNACHTSSONNE

Nordschwedens spektakulärste Attraktionen sind seine Naturphänomene. Im Sommer geht die Sonne nördlich des Polarkreises wochenlang nicht unter. Und auch noch etwas südlich des Polarkreises bekommt man die Mitternachtssonne zu sehen (Arvidsjaur ist ist der südlichste Ort in Schweden, wo dies der Fall ist). Grund ist die Brechung des Sonnenlichts in der Atmosphäre. Die Mitternachtssonne lässt sich an den folgenden Tagen in diesen Orten sehen:

STADT	MITTERNACHTSSONNE
Arvidsjaur, Haparanda	20./21. Juni
Arjeplog	12./13. Juni bis 28./29. Juli
Jokkmokk	8./9. Juni bis 2./3. Juli
Gällivare	4./5. Juni bis 6./7. Juli
Kiruna	28./29. Mai bis 11./12. Juli
Karesuando	26./27. Mai bis 15./16. Juli
Treriksröset	22./23. Mai bis 17./18. Juli

LAPPLAND & DER HOHE NORDEN GÄLLIVARE

zurück 3 Std.) und ein steilerer Weg hinauf auf den Prinskullen (749 m; hin & zurück 3 Std.). Einfach der Beschilderung zum Parkplatz oben auf der Anhöhe folgen, dort startet der Weg. Wer stattdessen geradeaus bis zum Ende der Straße weitergeht, kommt zu einem weiteren Parkplatz und der **STF Kvikkjokk Fjällstation** (☑ 0971-210 22; www.svenskaturistforeningen.se/kvikkjokk; B/EZ/DZ 295/610/815 Skr; ☉ Mitte Feb.–Mai & Mitte Juni bis Okt.), einer hübschen Bergstation am Ufer eines schäumenden Flusses. Das Restaurant tischt schwedische Klassiker auf, und es gibt komplett ausgestattete Gästeküchen.

Für Infos zu öffentlichen Verkehrsmitteln siehe S. 330 und S. 320.

Nationalparks Sarek & Stora Sjöfallet

Erfahrene und gut ausgerüstete Wanderer kommen im **Sarek Nationalpark**, der nach dem Sarektjåhkkå (2098 m) benannt ist, voll auf ihre Kosten. Schroffe Gipfel und riesige Gletscher gibt es hier zuhauf, und die Tierwelt des Parks ist mit Bären, Vielfraßen und Luchsen besonders vielfältig. Der anspruchsvollste Teil des Kungsleden Wanderwegs (S. 331) führt durch den Park. Es gibt keinerlei Anlagen für Touristen, die Hauptwege sind oft ausgewaschen oder in schlechtem Zustand, man muss Flüsse überqueren und das unberechenbare Wetter erschwert das Fortkommen in diesem extremen Terrain.

Im Norden grenzt der bergige und dicht bewaldete **Nationalpark Stora Sjöfallet** (www.storasjofallet.com) an den Nationalpark Sarek. Herzstück dieses Parks sind der Gipfel Áhkká (2105 m) – auch als die „Kö-

nigin von Lappland" bekannt, sowie zehn Gletscher. Der Kungsleden streift kurz die südöstliche Ecke des Sarek und verläuft dann durch Stora Sjöfallet. Am östlichen Ende des Parks bringt eine STF-Fähre Besucher über den See Stora Lulevatten zur **STF Saltoluokta Fjällstation** (☑ 0973-410 10; www.svenskaturistforeningen.se/saltoluokta; B/DZ/VBZ 325/1295/1580 Skr; ☉ März, April & Mitte Juni–Mitte Sept.). Das Berghostel besteht aus einem Haupthaus aus Holz und fünf umliegenden Gästehäusern. Das hauseigene Restaurant serviert ausgezeichnete nordschwedische Küche. Besuchern werden verschiedene geführte Ausflüge in die Wildnis angeboten, darunter Kajakfahrten und eine Wanderung auf den **Lulep Gierkav** (1139 m), von dem aus sich eine wunderbare Aussicht auf die beiden Parks genießen lässt.

Gällivare

☑ 0970 / 18 425 EW.

Gällivare (Váhtjer auf Samisch) und sein nördliches Gegenstück Malmberget liegen beide inmitten von Wäldern und werden vom kargen Berg Dundret überragt. Nach Kiruna ist Malmberget (wörtlich Erzberg) das zweitgrößte Erzbergwerk Schwedens. Und wie in Kiruna droht der Wirtschaftszweig, der die Region am Leben erhält, allerdings gleichzeitig der Stadt (ganz wörtlich) den Boden unter den Füßen wegzureißen. Man hat daher begonnen, Gebäude sukzessive auf festeres Gelände zu versetzen. Die Hauptattraktionen in Gällivare drehen sich alle um das Erz, und selbst wenn man sich nicht in das unterirdische Zwielicht begibt, so reicht doch ein Besuch in Malmberget

SÁPMI BESUCHEN

Visit Sápmi (☎ 070-688 15 77, 070-346 56 06; www.visitsapmi.com; Östra Kyrkallén 2) Diese Initiative des **Schwedischen Reichsverbands der Samen** wurde 2010 gegründet. Ihr Schwerpunkt liegt auf nachhaltigem Ökotourismus. Ihr Ziel ist es, wichtigster Ansprechpartner für alle Besucher Schwedens zu werden, die sich für das Leben der Samen interessieren – sei es durch Besuche bei Rentierhirten, die Teilnahme an einer *yoik* (traditionelles Gesangstreffen) oder dem Kauf von *duodji* (zertifiziertes Kunsthandwerk) von den besten samischen Künstlern.

Visit Sápmi möchte mit allen Samen Schwedens in Kontakt treten, die in diesem Bereich unternehmerisch tätig sind, um ihrerseits entsprechende Kontakte zu Touristen zu vermitteln. Außerdem vergibt Visit Sápmi das Sápmi-Experience-Qualitätssiegel an Betreiber, die ihren Standards bezüglich Nachhaltigkeit entsprechen. Mittelfristiges Ziel ist es, mit samischen Kunsthandwerkern, Touranbietern, Musikern, Köchen und Hirten aus dem ganzen Sápmi-Gebiet zusammenzukommen, also grenzüberschreitend auch aus Norwegen, Finnland und Russland.

---

aus, um düstere Stimmung zu erzeugen. Viele der Häuser sind bereits aufgrund ihrer zu erwartenden baldigen Zerstörung verlassen worden.

Der starke Einfluss der Samen in Gällivare zeigt sich in den Denkmälern der Stadt: Die Bronzestatue im Park neben der Kirche, die der heimische Bildhauer Berto Marklund geschaffen hat, heißt *Tre seitar* (*seite* ist ein samischer Gott der Natur) und symbolisiert die vorchristliche samische Religion.

⊙ Sehenswertes & Aktivitäten

★ LKAB Erzbergwerk   MINE
(Eintritt 340 Skr; ⊙ Führungen tgl. 9.30 Uhr tgl.) In Malmberget können sich Besucher unter Tage begeben, um die gigantischen, lauten Fahrzeuge zu bestaunen, die dort unten in der Dunkelheit zum Einsatz kommen. Die Touristeninformation bietet von Mitte Juni bis Mitte August täglich um 9.30 Uhr Führungen an. Nachmittags bleibt dann Zeit für einen Besuch der Aitik Kupfermine.

Aitik Kupfermine   MINE
(Eintritt 340 Skr) Die Kupfermine Aitik ist der größte Tagebau Schwedens, hier werden pro Jahr 18 Mio. t Kupfererz gefördert. Der Blick auf die Mine vom höchsten Punkt der Serpentinen ist besonders beeindruckend. Die Touristeninformation bietet von Mitte Juni bis Anfang August montags, mittwochs und freitags um 14 Uhr Führungen an.

Gällivare Museum   MUSEUM
(☎ 0970-186 92; Storgatan 16; ⊙ Mitte Juni–Aug. Mo–Fr 10–15.30, Sa 11–14 Uhr) GRATIS Themen

sind u. a. die Arbeiter, die die Bahnlinie verlegt haben, die Kultur der Samen und die frühen Siedler, außerdem wird eine Sammlung an Artefakten aus der Region gezeigt. Inzwischen befindet sich hier auch das berühmte Moskitomuseum, das früher in einem benachbarten Sumpfgebiet stand.

Mitternachtssonnentour   FÜHRUNG
(hin & zurück 200 Skr) Dundret (823 m) ist ein Naturschutzgebiet mit ausgezeichnetem Ausblick auf Stadt, Malmberget und die Aitik Kupfermine. Außerdem ist er ein sehr beliebter Punkt, um sich die Mitternachtssonne anzusehen. Die Touristeninformation organisiert spezielle Taxitransfers (Anfang Juni bis Mitte Juli 23 Uhr, Mitte Juli bis Anfang Juli 22 Uhr) ab Bahnhof, und der Preis schließt Eis und Waffeln im Gipfelcafé ein.

🛏 Schlafen & Essen

Gällivare Camping   CAMPINGPLATZ €
(☎ 0970-100 10; www.gellivarecamping.com; Kvarkbacksvägen 2; Zeltplatz 170 Skr, B/EZ 220/270 Skr, 2-/4-Bett-Hütten 650/900 Skr; 🛜) Dieser ganzjährig geöffnete Campingplatz teilt sich seine wunderschöne Lage am Fluss mit dem *hembygdsområde*, einem alten Kotten. Die Blockhütten ähneln eher kleinen Wohnungen und haben eine ausgezeichnete, moderne Ausstattung. Camper und Hostelgäste können eine Sauna nutzen.

Stay In   HOSTEL €
(☎ 070-216 69 65; Lasaretsgatan 3; EZ/DZ 350/650 Skr; 🛜) Dieser weitläufige Komplex, der gegenüber dem (Bus)Bahnhof liegt, sieht zwar ein bisschen behördlich aus, ist

aber sauber, funktional und super zentral. Für Selbstverpfleger ist das Stay In ideal – es gibt mehrere voll ausgestattete Küchen sowie Fernsehzimmer, die sich die Gäste mit dem Personal des örtlichen Krankenhauses teilen, die hier langfristiger wohnen. Vorabreservierung ist nötig, um einen Zugangscode zu erhalten.

Grand Hotel Lapland
HOTEL €€
(☏ 0970-77 22 90; www.grandhotellapland.se; Lasarettsgatan 1; EZ/DZ ab 850/1077 Skr; P 🛜 ☁ 🐾) Dieses moderne Hotel liegt direkt gegenüber dem Bahnhof und wendet sich insbesondere an Geschäftsreisende. Das Grand Hotel Lapland wurde erst kürzlich umgebaut und komplett renoviert. Ein neuer Fitnessbereich, Schwimmbad und Steakhaus vervollständigen jetzt die luftigen, bequemen Zimmer. Das **Vassara Pub** im Erdgeschoss serviert Spezialitäten der Region, z. B. Rentier, arktischer Saibling und Moltebeeren-Tiramisu.

Sofias Kök
SCHWEDISCH €
(Storgatan 19; Hauptgerichte ab 70 Skr; ⊗ Mo–Fr 8–1, Sa & So 10.30–2 Uhr) Hier kommen auch Einheimische hin, sei es zum Frühstücken oder für schwedische Klassiker wie dicke Erbsensuppe. Abends schlürft man sein Bier mit den örtlichen Kneipengängern.

Nittaya Thai
THAI €€
(www.nittayathaicatering.se; Storgatan 21B; Hauptgerichte 110–120 Skr; ⊗ Mo 10–14, Di–Fr bis 21, Sa & So 13–21 Uhr; 🖉) Authentische Thaiküche in attraktivem Ambiente. Das wechselnde Mittagsbüfett unter der Woche (85 Skr) erfreut die Massen, aber wir empfehlen vor allem die Curry- und Pfannengerichte.

❶ Praktische Informationen

Touristeninformation (☏ 0970-166 60; www.gellivarelapland.se; Central Plan 4; ⊗ Juni–Aug. tgl. 7–22 Uhr, Rest des Jahres Mo–Fr 9–17 Uhr) Im Bahnhof. Organisiert Bergwerksführungen und Mitternachtssonnentouren. Gepäckaufbewahrung.

❶ An- & Weiterreise

BUS

Regionalbusse fahren am Bahnhof ab. Die Linie 1 nach Malmberget fährt genau gegenüber der Kirche in Gällivare ab.

Die Linie 45 fährt täglich via Jokkmokk (die gleiche Strecke fährt auch die Linie 44, 142 Skr, 1½ hours, 3-mal tgl.) und Arvidsjaur (311 Skr, 3¾ Std., tgl.) nach Östersund (483 Skr, 11 Std.), während die Buslinien 44 und 10 via Kiruna (178 Skr, 1¾–2 Std.) Luleå (311 tgl., 3½–4¾ Std., 2 tgl.) ansteuern.

ZUG

Die Inlandsbanan fährt in südliche Richtung via Jokkmokk (154 Skr, 2 Std.) und Arvidsjaur (420 Skr, 6 Std.) nach Östersund (507 Skr, 11¼ Std., 1-mal tgl. um 9.15 Uhr). Außerdem gibt es Richtung Westen einen Zug via Kiruna (133 Skr, 1–1¼ Std., 5-mal tgl.) und Abisko (229 Skr, 3–3½ Std., 2-mal tgl.) nach Narvik (360 Skr, 4¾–5¼ Std., 2-mal tgl.) und den Zug nach Luleå (247 Skr, 2½–3 Std., 5-mal tgl.) im Osten.

Nationalpark Muddus

Der 500 km² große Nationalpark Muddus besteht größtenteils aus unberührtem Wald und liegt rund 20 km nördlich von Jokkmokk an der E45. Der Zugang erfolgt von seinem südlichen Ende via dem Dorf Skaite (bei Liggadammen abfahren oder aussteigen). Das sanfte auf- und absteigende Terrain eignet sich insbesondere für Wanderanfänger. In regelmäßigen Abständen liegen Hütten entlang der zwei 24 bzw. 44 km langen Rundwege. Sie beginnen und enden beide in Skaite und schließen die attraktiven Muddus-Wasserfälle ein. Der Park beheimatet eine reichhaltige Tierwelt, u. a. Singschwäne, Luchse, Elche und Bären. Außerhalb der Saison, die von April bis September geht, gibt es die Schlüssel für die Hütten bei der Touristeninformation in entweder Jokkmokk (S. 317) oder Gällivare (S. 321).

Kiruna

☏ 0980 / 22 944 EW.
Die Bewohner von Kiruna (*Giron* auf Samisch) machen ihrem Spitznamen (die „Kein-Problem-Leute") alle Ehre, da sie von der Nachricht unberührt zu sein scheinen, dass ihre Stadt kurz davor steht, in einer riesigen Bergwerksgrube zu versinken. Es ist geplant, die gesamte Stadt innerhalb von 20 Jahren ein paar Kilometer nordwestlich – oder vielleicht auch nach Osten – zu versetzen. Der Stadtkern soll 2016 als Erstes verlegt werden. Ein Modell der Stadt, das in der Touristeninformation zu finden ist, zeigt, wie alles geplant ist.

Kiruna ist von den Bergbauaktivitäten gezeichnet und somit nicht unbedingt eine ästhetisch wertvolle Stadt, aber es ist ein gastfreundlicher Ort mit der höchsten Dichte an Unterkünften und Restaurants im nord-westlichsten Zipfel Schwedens. Seine Nähe zu großen unberührten Landschaften, die erwandert werden können, das kultige Eis-hotel und die Vielfalt an Winteraktivitäten machen es jedoch zu einer ausgezeichneten Ausgangsbasis.

◉ Sehenswertes & Aktivitäten

LKAB Iron-Ore Mine
MINE

(Erw./Stud. 295/195 Skr) Kiruna gibt es nur, weil sich hier in einem etwa 4 km langen Flöz das weltweit größte Eisenerzvorkom-men befindet. Abgebaut wird es derzeit 914 m unter der Erdoberfläche. Besucher, die hier unter Tage gehen möchten, wer-den mit dem Bus zur InfoMine gebracht. In diesem abgetrennten Abschnitt eines Bergwerktunnels hören Besucher beein-druckende Statistiken und sehen die unbe-schreiblich großen Bergbaumaschinen wie etwa den Erzbrecher, mit dem das Gestein zertrümmert wird. Führungen beginnen von Juni bis August täglich an der Touris-teninformation.

Kiruna Kyrka
KIRCHE

(Gruvvägen 2; ◷ 11–17 Uhr) Kiruna kyrka, die im Stile einer riesigen samischen *kåta* (Hütte) erbaut wurde, sieht inmitten einer Schneelandschaft besonders hübsch aus (2001 wurde sie zum schönsten Gebäude Schwedens gewählt).

Stadshus
GEBÄUDE

(Rathaus; Hjalmar Lundbohmsvägen; ◷ Mo–Fr 9–17 Uhr) GRATIS Noch ein Wahrzeichen von Kiruna, das den Preis für das schönste öf-fentliche Gebäude in Schweden erhalten hat (1964). Das Stadhus, das aufgrund sei-nes Uhrturms sehr ins Auge sticht, beher-bergt eine kleine Kunstsammlung und eine kuriose Ausstellung von samischem Kunst-handwerk.

Kiruna Guidetur
SCHNEESPORT, OUTDOORAKTIVITÄT

(☎ 0980-811 10; www.kirunaguidetur.com; Vän-ortsgatan 8) Diese beliebten Allrounder orga-nisieren eine Vielzahl an Aktivitäten, seien es Übernachtungen im selbst gebauten Iglu, Schneemobilsafaris und Skilanglaufausflü-ge im Winter oder mehrtägige Mountain-biketouren, Rafting und Quadbikefahren im Sommer.

Active Lapland
SCHNEESPORT

(☎ 076-104 55 08; www.activelapland.com; Sol-backsvägen 22) Dieser erfahrene Betreiber

bietet zweistündige Hundeschlittenfahrten (1050 Skr), Fahrten bei Polarlicht und Ab-holung am Flughafen mit dem Hundeschlit-ten (5200 Skr) an. Wer möchte, kann auch selbst einmal einen Hundeschlitten lenken (3200 Skr).

☞ Geführte Touren

Nutti Sami Siida
KULTURTOUR, ABENTEUERTOUR

(☎ 0980-213 29; www.nutti.se) ✎ Dieser Spe-zialist für nachhaltigen samischen Öko-tourismus mit Nature's-Best-Zertifikat (das Tourenanbieter erhalten, die bestimmte Ökostandards einhalten), organisiert Besu-che im Ráidu Sami Camp, um Rentierhirten zu treffen (1880 Skr), Ausflüge mit dem Ren-tierschlitten (ab 2750 Skr), Polarlichttouren (2700 Skr) sowie viertägige Lapplandtouren, bei denen verschiedene Aktivitäten wie etwa Hundeschlittenfahren auf dem Programm stehen (9450 Skr).

✪ Feste & Events

Snöfestivalen
KUNST, KULTUR

(Kiruna Snow Festival; www.snofestivalen.com) Hauptfokus des Schneefestivals, das in der letzten Januarwoche stattfindet, sind Schneeskulpturen. Diese Tradition begann im Jahr 1985 als ein Schneeskulpturenwett-bewerb zum Thema Weltraum abgehalten wurde. Damals sollte der Start einer Rakete *(Viking)* gefeiert werden, die vom nahe ge-legenen Startgelände Esrange abgeschossen worden war. Inzwischen zieht der Wettbe-werb Künstler aus der ganzen Welt an, die wunderschöne und zunehmend aufwendige Gestalten formen. Außerdem gibt es Ren-tierschlittenrennen.

🛏 Schlafen

STF Vandrarhem & Hotell City
HOSTEL, HOTEL €€

(☎ 0980-666 55; www.kirunahostel.com; Berg-mästaregatan 7; B/EZ/DZ ab 250/450/500 Skr, Hotel EZ/DZ/3BZ 750/850/1100 Skr; ⓟ🕾) In dieser Allzweckkombination aus Hotel und Hostel dominieren in den modernen Hotel-zimmern und in den gemütlichen Schlaf-sälen glänzendes Rot und Weiß. Sauna-benutzung und Frühstück kosten für Hos-telgäste extra, aber es gibt auch praktische Gästeküchen.

★ Hotel Arctic Eden
BOUTIQUEHOTEL €€

(☎ 0980-611 86; www.hotelarcticeden.se; Förare-gatan 18; EZ/DZ 900/1200 Skr; ⓟ🕾🖂) In Ki-runas wohl luxuriösester Unterkunft sind

Kiruna

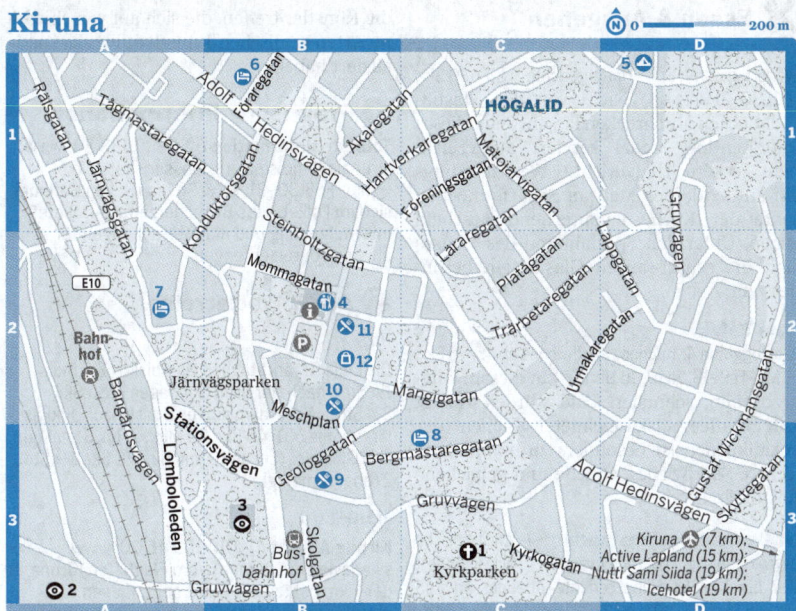

die Zimmer eine schicke Kombination aus samischem Einrichtungsstil und moderner Technologie. Außerdem gibt es einen edlen Wellnessbereich mit Innenpool, und die freundlichen Mitarbeiter organisieren gerne alle möglichen Arten von Outdooraktivitäten. Das Frühstück kann sich wirklich sehen lassen, und in das hoteleigene Restaurant Arctic Thai & Grill strömen jeden Tag Gäste auf der Suche nach scharf gewürzten Speisen.

Camp Ripan　　　CAMPINGPLATZ, HOTEL €€
(☏ 0980-630 00; www.ripan.se; Campingvägen 5; Zeltplatz 150 Skr, Blockhütten ab 1100 Skr; P 🛜 ♨) Dieser große und gut ausgestattete Campingplatz bietet zusätzlich zu Wohnwagen- und Zeltplätzen auch Chalets mit Hotelstandard sowie schicke Zimmer mit Kunst in samischem Stil. In den Wintermonaten können Gäste auch in einem Iglu nächtigen – sozusagen eine billigere Version des Icehotel – und sich am nächsten Morgen mit einem heißen Getränk aus Preiselbeeren und einem belebendem Saunagang wieder aufwärmen.

Hotel Vinterpalatset　　　HOTEL €€
(☏ 0980-677 70; www.vinterpalatset.se; Järnvägsgatan 18; EZ/DZ mit Frühstück 990/1530 Skr; P @) Das Haus mit hübschen, geräumigen

Kiruna

◎ Sehenswertes
1　Kiruna Kyrka C3
2　Eisenerzgrube LKAB A3
3　Stadshus B3

✈ Aktivitäten, Kurse & Touren
4　Kiruna Guidetur B2

🛏 Schlafen
5　Camp Ripan D1
6　Hotel Arctic Eden B1
7　Hotel Vinterpalatset A2
8　STF Vandrarhem & Hotell City C3

✕ Essen
9　Café Safari B3
　　Camp Ripan Restaurang .... (s. 5)
10　Landströms Kök & Bar D2
11　Thai Kitchen B2

🛍 Shoppen
12　Ateljé Nord B2

und individuell eingerichteten Zimmern liegt unweit des Bahnhofs. Zwar ist dieser altehrwürdige Holzbau von 1904 – trotz seines Namens – kein Palast, dafür aber eines der ältesten Gebäude in Kiruna. Zum dekadenten Frühstück gehören gebeizter Lachs und Wildbraten.

✖ Essen & Ausgehen

Thai Kitchen
THAI €

(Vänortsgatan 8; Hauptgerichte 80–130 Skr; ⊙ 11.30–21 Uhr; ✍) Nicht von den Plastiktischdecken abschrecken lassen, denn dieses unprätentiöse Lokal serviert ausgezeichnete, leckere Thaigerichte. Wer allerdings ein authentisches Maß an Schärfe möchte, sollte der Küche entsprechend Bescheid geben. Unter den Spezialitäten des Hauses sind die scharf-sauren Glasnudeln besonders gut.

Café Safari
CAFÉ €

(Geologgatan 4; Kuchen/Sandwiches ab 45/75 Skr; ⊙ Mo–Fr 9–18, Sa 10–16 Uhr; ✍) In diesem langgezogenen, schmalen Café werden richtig guter Kaffee, ausgezeichneter Kuchen (der Pekankuchen ist besonders zu empfehlen), leckere Sandwiches, Quiche und gebackene Kartoffeln serviert.

★ Camp Ripan Restaurang
SCHWEDISCH €€

(www.ripan.se; Campingvägen; Mittagsbüfett 100 bis 125 Skr, Hauptgerichte Abendessen 245 bis 355 Skr; ⊙ 11–14 & 18–22 Uhr; ✍) Das Mittagsbüfett wartet ungewöhnlicherweise mit richtig vielen vegetarischen Speisen auf, aber der besondere Knüller ist die Karte mit samisch-inspirierten Gerichten, die auf regionalen Produkten der Saison basieren. Beim bloßen Gedanken an ein schönes Rentiersteak mit Speck und Preiselbeersoße, Elchragout mit Barbecuesoße und Rhabarber mit Lakritzbaiser kann einem schon das Wasser im Munde zusammenlaufen. Das Restaurant befindet sich, man glaubt es kaum, an einem örtlichen Campingplatz.

Landströms Kök & Bar
SCHWEDISCH €€

(✆ 0980-133 55; www.landstroms.net; Föreningsgatan 11; Hauptgerichte 165–280 Skr; ⊙ Mo–Do 18–23, Fr & Sa bis 1 Uhr) Man nehme ein elegantes, einfarbiges Interieur, serviere Köstlichkeiten wie Rentiersteak, Haloumiburger, Lammkarree und Langustensandwich zusammen mit einer kleinen, aber feinen Weinkarte und Biersorten aus aller Welt – und schon hat man die Zutaten für ein äußerst erfolgreiches Bistro, das immer gut besucht ist.

🛍 Shoppen

Ateljé Nord
KUNSTHANDWERK

(www.ateljenord.com; Lars Janssonsgatan 23; ⊙ Mo–Fr 12–18, Sa 10–15 Uhr) Dieses Geschäft wird von einer Kunsthandwerkskooperative betrieben. Hier können die Kunden zudem die Künstler treffen, die sich auf verschiedene Arten samischen Kunsthandwerks spezialisiert haben.

❶ Praktische Informationen

Touristeninformation (✆ 0980-188 80; www.kirunalapland.se; Lars Janssonsgatan 17; ⊙ Mo–Fr 8.30–21, Sa & So bis 18 Uhr) Befindet sich im Folkets Hus Besucherzentrum. Bietet Internetzugang und nimmt Buchungen für diverse Touren entgegen.

❶ An- & Weiterreise

BUS

Die Linie 91 fährt täglich via Abisko (175 Skr, 1¼ Std.) nach Narvik in Norwegen (280 Skr, 2¾ Std.). Außerdem gibt es Busse nach Jukkasjärvi (Linie 501, 40 Skr, 30 Min., 2- bis 6-mal tgl.) und Gällivare (Linien 10 und 52, 178 Skr, 1¾ Std., 2- oder 3-mal tgl.).

FLUGZEUG

Kiruna Airport (✆ 010-109 46 00; www.swedavia.com/kiruna) Vom Flughafen Kiruna, der 7 km östlich der Stadt liegt, fliegen SAS und Norwegian nach Stockholm (2- bis 3-mal tgl.), außerdem gibt es pro Woche mehrere Flüge nach Luleå und Gällivare. Der Flughafenbus (eine Strecke 100 Skr) passt die Stockholm-Flugzeuge ab und pendelt in der Hauptsaison zwischen Touristeninformation und Flughafen.

ZUG

Um 15.46 Uhr fährt täglich ein Nachtzug via Uppsala (960 Skr, 16¾ Std.) nach Stockholm (960 Skr, 17½ Std.). Weitere Ziele sind u. a. Narvik in Norwegen (227 Skr, 3½–3¾ Std., 2-mal tgl.), via Abisko (119 Skr, 1½–2 Std.), Luleå (281 Skr, 4¼ Std., 5-mal tgl.) und Gällivare (133 Skr, 1¼ Std., 5-mal tgl.).

Nikkaluokta & Kebnekaise

Das winzige Nikkaluokta liegt 66 km westlich von Kiruna und ist eine der Zugangsmöglichkeiten zum Kungsleden. Außerdem ist es das Standquartier für alle, die Schwedens höchstes Berg, den Kebnekaise (2106 m), hinaufwandern oder -klettern wollen. Bei guter Sicht ist der Ausblick auf die umliegenden Gipfel und Gletscher grandios. Für andere Transportmöglichkeiten s. S. 330.

Im Juli und August ist der ausgewiesene Weg über die Westseite zumeist schneefrei und man benötigt keine technische Ausstattung, um den südlichen Gipfel zu erreichen (eine Strecke sechs bis acht Stunden). Ein wesentlich kürzerer Weg, der jedoch viel steiler und auch schwieriger zu erkennen ist, windet die Ostseite hoch und überquert den Björling Gletscher, wobei Seil, Eisaxt, Steigeisen und ein Bergführer erforderlich sind (eine Strecke 12 bis 14 Stunden).

Geführte Wanderungen und Eisklettern können an der **STF Kebnekaise Fjälstation** (✆ 0980-550 00; www.svenskaturistforeningen.se/kebnekaise; B/DZ/4BZ 420/1550/2100 Skr; ☺ Mitte Feb.–Anfang Mai & Mitte Juni–Mitte Sept.) gebucht werden. Diese große, hübsche Berg-Lodge liegt geschützt am Fuß des Bergs Kebnekaise. Aufgrund der Lage am beliebtem Anfangspunkt für den Kungsleden betreibt die Lodge einen Laden, in dem Ausrüstung gekauft oder gemietet werden kann, außerdem gibt es eine Sauna und ein ausgezeichnetes Restaurant,

das Gerichte aus regionalen Produkten serviert. Der älteste Teil der Lodge, der mit Kaminen und urigen Schlafsälen ausgestattet ist, stammt aus dem Jahr 1907. Es wird nie ein Gast abgewiesen, denn in den großen, rustikalen Schlafsälen findet sich immer ein Plätzchen. Im Winter lassen sich hier Polarlichter gut beobachten; für die Anreise sind dann Schneemobil oder Rentierschlitten das Transportmittel der Wahl.

Jukkasjärvi

✆ 0980 / 548 EW.

Das Icehotel hat dieses Straßendörfchen weltberühmt gemacht.

In Jukkasjärvi befindet sich außerdem die **Jukkasjärvi kyrka** (Marknadsvägen; ☺ 9 bis 18 Uhr), die älteste Kirche Lapplands (1608).

ICEHOTEL

In Winter, von Dezember an, beginnt das **Icehotel** (✆ 0980-668 00; www.icehotel.com; Marnadsvägen 63; EZ/DZ/Suite ab 2300/3200/5300 Skr, Blockhütte ab 1900 Skr; Ⓟ) auf scheinbar natürliche Weise aus Eisblöcken vom Tornefluss zu entstehen. Währenddessen zieht es internationale Künstler aus der ganzen Welt hierher, um die Eisskulpturen zu schaffen, die aus den eisigen Zimmern Kunstwerke machen. Neben der Erfahrung, im größten Iglu der Welt zu übernachten, wird aktiven Reisenden hier noch viel mehr geboten, nicht zuletzt ganzjährig auch warme Unterkünfte.

Von bescheidenen Anfängen 1989 als kleiner Iglu, der ursprünglich von Yngve Bergqvist als Kunstgalerie gebaut wurde, hat sich das Icehotel inzwischen zu einem Gebäude mit einer Eingangshalle und einem von Eisskulpturen gesäumten Hauptflur, der mit elektrischem Licht beleuchtet wird, gemausert. Von hier aus führen kleinere Flure zu den 67 Suiten. Die Betten bestehen aus festem Schnee, auf dem Rentierfelle liegen. Die Gäste schlafen in Schlafsäcken, die das schwedische Militär beim Polarüberlebenstraining verwendet. Warm ist einem daher auf jeden Fall, auch wenn die Zimmertemperatur nur −5 °C beträgt (im Winter ist das übrigens eine ganz ordentliche Temperatur, schließlich fällt diese außerhalb des Hotels schon mal auf −30 °C!).

In der Nähe der Rezeption gibt es geheizte Badezimmer, die Gäste lassen ihre Wertsachen und den Großteil ihres Gepäcks in Schließfächern, damit nichts einfriert. Tipp: am besten die eigene Bekleidung nachts in den Schlafsack stopfen – sonst ist am nächsten Morgen alles steif wie ein Brett. Morgens gibt es ein heißes Getränk zum Aufwärmen und einen Saunagang. Die Gäste verbringen nur eine Nacht im eigentlichen Icehotel (für die meisten ist es mehr eine Erfahrung denn gemütliche Unterkunft), daher bietet das Hotel nebenbei auch warme Unterkünfte: Rund um den gefrorenen Monolithen liegen verstreut 30 Aurorahäuser – Bungalows, die in modernem skandinavischen Stil eingerichtet sind und Oberlichter besitzen, durch die man die Nordlichter beobachten kann.

Dieser eigens erbaute „Iglu" hat auch eine **Eiskirche**, die bei Brautpaaren beliebt ist (und der Wendung „kalte Füße kriegen" eine ganz neue Bedeutung gibt!). Außerhalb der Wintersaison bietet das Hotel Touren „Von Fluss zu Fluss" (150 Skr) an, die Besuchern einen Eindruck vermitteln, wie Jahr für Jahr dieses einzigartige Hotel neu entsteht.

Zu den Winterabenteuern zählen Schneemobilsafaris, Skifahren, Eisangeln, Hundeschlittenfahrten (sogar die Abholung vom Flughafen per Hundeschlitten ist möglich!), Führungen zur Kultur der Samen und Polarlichtexkursionen. In den Sommermonaten sind Wandern, Rafting, Paddelbordfahren, Kanufahren, Angeln und Geländebuggytouren mit Rangern im Angebot.

Das bunt bemalte Altarbild des Künstlers aus Uppsala Bror Hjorth aus Teakholz zeigt Szenen aus dem Leben des Erweckungspredigers Lars Levi Laestadius. In der Mitte der Orgel aus Birke oberhalb des Eingangs hängt eine Schamanentrommel. Die Orgel selbst hat drei Klänge: Vogelgesang, Trommel und Rentierhufe.

Unweit der Kirche liegt **Nutti Sámi Siida** (☏ 0980-213 19; www.nutti.se; Marknadsvägen 84; Erw./Kind 150/75 Skr; ⊙ Mitte Juni–Mitte Aug. 10–17 Uhr, Führungen 10.30 & 16 Uhr), ein Rentierhof, den Besucher mit einem samischen Führer besichtigen können, um etwas über Rentierhaltung und die Kultur der Samen zu erfahren. Hier kann man auch geführte Touren buchen, ausgezeichnetes samisches *duodji* (zertifiziertes Kunsthandwerk) erwerben und Übernachtungen in der benachbarten **Reindeer Lodge** (☏ 0980-213 29; www.nutti.se; Hütten 600 Skr) ✎ buchen. Die Lodge besteht aus fünf gemütlichen Zwei-Personen-Blockhütten, die im Wald 3 km außerhalb von Jukkasjärvi stehen und alle eine holzbefeuerte Sauna und voll ausgestattete Küchenhütte besitzen. Im Winter eignet sich die entlegene Lage gut, um das Polarlicht zu beobachten, und in einem kleinen, holzverkleideten Speiseraum werden Elch, Rentier und arktischer Saibling serviert.

Außerhalb der Wintersaison gibt es zwar nur eine Option, um essen zu gehen, nämlich das **Old Homestead** (Marknadsvägen; Mittagskarte Hauptgerichte 75–135 Skr, Abendkarte Hauptgerichte ab 175 Skr; ⊙ 8–22 Uhr) am Fluss, aber die ist gut: Mittags gibt es Brote mit Norrbotten-Käse und Honig oder Hackbällchen und am Abend eine Speisekarte mit vielen Wildgerichten.

Die Gaumenfreuden des **Icehotel Restaurant** (☏ 0980-66 800; www.icehotel.se; Marknadsvägen; Hauptgerichte 175–355 Skr, Menüs 595–1395 Skr; ⊙ Dez.–April 11.30–14.30 & 18–22 Uhr; ✎) kann man nur im Winter genießen. Es ist schon außergewöhnlich, von Eistellern (aus dem Flusswasser des Torne) zu speisen. Darüber hinaus kreiert Chefkoch Daniel Palmqvist exquisite Gerichte der Fusionküche wie etwa Rentiersteak mit Shiitakepilzen oder dekadent anmutendes Schokoladensoufflée mit Moltebeerenpüree.

In der ersten und besten **Icebar** (www. icehotel.com; Marknadsvägen; ⊙ Dez.–April 13–1 Uhr) ganz in der Nähe können Gäste – umgeben von Eismöbeln – auch Cocktails auf Wodkabasis oder Champagner aus Eisgläsern schlürfen.

Der Bus der Linie 501 pendelt zwischen Kiruna und Jukkasjärvi (40 Skr, 30 Min., bis zu 6-mal tgl.).

Abisko

☏ 0980

Der leichte Zugang zu traumhaften Landschaften macht einen Besuch in Abisko (*Ábeskovvu* auf Samisch) zum Highlight jeder Lapplandreise. Der 75 km2 große **Nationalpark Abisko** beginnt am Südufer des wunderschönen Sees Torneträsk. Umrahmt wird er vom beeindruckenden Profil des Lapporten, einem Trogtal, das als legendäre Pforte nach Lappland gilt. Die Gegend ist die trockenste Region Schwedens, wodurch die Wandersaison relativ lang ist.

Abisko hat zwei Bahnstationen – die Haltestelle Östra liegt genau in der Mitte des winzigen Dörfchens, während sich die Abisko Turiststation auf der anderen Straßenseite der STF Lodge befindet.

⊙ Sehenswertes & Aktivitäten

Aurora Sky Station AUSSICHTSPUNKT
(www.auroraskystation.se; Polarlicht 595 Skr, Mitternachtssonne Erw./Kind hin & zurück 220/110 Skr; ⊙ Dez.–März 20–24 Uhr, Mitte Juni–Mitte Juli Di, Do & Sa 9.30–16 & 22–1 Uhr) Von der anderen Straßenseite gegenüber der STF Turiststation bringt ein Sessellift Besucher hinauf auf den Nuolja (1169 m), wo die Aussichtsplattform des Panorama Cafés, das zur Aurora Sky Station gehört, eine monumentale Aussicht bietet – vorausgesetzt, man hat keine Höhenangst. Im Sommer lässt sich von hier aus hervorragend die Mitternachtssonne bewundern, im Winter das Polarlicht. Besucher können im Rahmen einer Führung (590 Skr) hochfahren und ein Drei-Gänge-Menü mit Ausblick genießen (1605 Skr).

Wanderungen WANDERN
Wandern ist die Hauptaktivität im Abisko Nationalpark. Dabei hilft das hiesige Mikroklima, wodurch dies einer der trockensten Flecken Schwedens ist. Es gibt Wege mit ganz unterschiedlicher Länge und Schwierigkeit. Auch wenn die meisten Besucher hierher kommen, um einen Teil des 450 km langen Kungsleden in Angriff zu nehmen (oder auch den ganzen), so gibt es doch auch jede Menge kürzere Wegstrecken.

Bevor es losgeht, sollte man sich die *Fjällkartan BD6* oder den *Calazo Kungsleden* besorgen; beide Karten gibt es in den STF Hütten und im Naturum.

Zu den ausgezeichneten Tageswanderungen zählen eine 8 km lange Wanderung zu den Kårsa-Wasserfällen über den Ábeskoeatnu-Fluss und dann entlang dem linken Abzweig des ausgeschilderten Kårsavagge-Wegs (*Gorsavággi* auf Samisch) durch Birken- und Kiefernwälder sowie eine großartige 14 km lange Wanderung (Dauer: hin und zurück etwa 4 Std.) entlang des Naturwegs Paddus, vorbei an einer STF-Rekonstruktion eines traditionellen Samencamps bis hin zur Báddosdievvá, einer ehemaligen samischen Opferstätte mit tollen Ausblicken auf Lapporten und den See Torneträsk.

Mögliche längere Wandertouren sind ein Ausflug zum Gorsajökeln (Gletscher) mit Übernachtung in der STF-Hütte im Herzen des Kårsavagge-Tals (*Gorsavággi*) westlich von Abisko (15 km einfach) und der 39 km lange Rallarvägen (Bahnarbeiterweg) nach Riksgränsen, der parallel zur Bahnlinie verläuft und zu Beginn des 20. Jhs. von den Arbeitern genutzt wurde, die die Bahnstrecke verlegten.

Von Rallarvägen aus bietet sich der schöne Abstecher (hin & zurück 10 km) zu den riesigen Felsen und beeindruckenden Felsformationen des Kärkevagge-Tals (*Gearggevággi*) von Låktatjåkka aus an (eine kurze Bahn- oder Busfahrt von Abisko). Am Ende des Tals liegt Trollsjön (*Rissájaurre*), der „Schwefelsee", dessen klares, blaues Wasser nach der Farbe brennenden Schwefels benannt ist.

👉 Geführte Touren

Lights Over Lapland
GEFÜHRTE TOUR

(☎0760-754 300; www.lightsoverlapland.com; 3-std. Fotografierausflüge 1195 Skr, 4-tägige Ausflüge 18 500 Skr) Wer immer schon davon geträumt hat, das Polarlicht mit der Kamera einzufangen, hat hier die Möglichkeit, sich vom Profi-Fotografen Chad Blakley Tipps zu holen. Die angebotenen Ausflüge reichen von nächtlichen Fotografierexkursionen, die an der STF Abisko starten, bis hin zu viertägigen Expeditionen, die Hundeschlittenfahren, Gourmetmahlzeiten, Besuche im Eishotel und Übernachtungen im STF Abisko einschließen.

🛏 Schlafen & Essen

Abisko Fjällturer
HOSTEL €

(☎980-401 03; www.abisko.net; B/DZ ab 225/600 Skr; Ⓟ) Dieses Hostel besteht aus zwei Gebäuden und begeistert Rucksacktouristen mit bequemen Doppelbetten bzw. breiten Stockbetten in den Schlafsälen, Gemeinschaftsküchen und einer wunderbaren Holzsauna. Die Brüder Tomas und Andreas halten ein großes Team an Schlittenhunden; die Hundeschlittenausflüge (ab 1200 Skr) und Polarlichttouren (ab 600 Skr) im Winter sollte man sich nicht entgehen lassen. Die Bahnlinie 150 m östlich vom Abisko Östra Bahnhof überqueren.

STF Abisko Turiststation & Abisko Mountain Lodge
HOSTEL €€

(☎0980-402 00; www.abisko.nu; Hostel B/2BZ 295/885 Skr, Hotel DZ 1540 Skr; ⊙ganzjährig; Ⓟ)

ABSEITS DER ÜBLICHEN PFADE

DREILÄNDERECK TRERIKSRÖSET

Treriksröset ist der Ort, wo Schweden, Norwegen und Finnland aufeinandertreffen, er liegt 100 km nordwestlich von Karesuando.

Wer mit dem Auto unterwegs ist, überquert in Karesuando die Brücke zum finnischen Kaaresuvanto und folgt dann der E8 nordwestlich nach **Kilpisjärvi** (110 km). Als Alternative gibt es den Bus, der täglich von Kaaresuvanto (1¾ Std., 1 mal tgl. um 14.35 Uhr sowie von Juni bis Mitte September ein weiterer Bus um 16.25 Uhr) abfährt, und man wandert dann einen Waldweg entlang (11 km), der von der Nordseite des Dorfs zum kleinen **Goldjärvisee** führt, wo eine gelbe „Glocke" aus Beton die Stelle markiert.

Die Wanderung lässt sich auf 3 km pro Weg verkürzen, wenn man mit der **M/S Malla** (☎358-400 66 93 92) von Kilpisjärvi nach Koltaluokta, einer alten samischen Siedlung, schippert (45 Min., 28 € hin & zurück, Ende Juni bis Anfang August, 10, 14 und 18 Uhr finnische Zeit). Das Boot fährt, wenn sich mindestens vier Passagiere finden, und legt für zwei Stunden in Koltaluokta an.

Die aktuellen Busfahrpläne lassen sich auf www.matkahuolto.fi nachsehen – und nicht vergessen, dass Finnland eine Zeitverschiebung (+ 1 Std.) gegenüber Schweden hat!

Dieser Komplex mit 300 Betten und Blick auf den Torneträsksee steht bei Wanderern hoch im Kurs. Die Schlafsäle, Blockhütten und Privatzimmer sind zwar etwas überteuert, aber die Nachfrage nach den ausgezeichneten Annehmlichkeiten ist groß: Gästeküchen, eine Sauna im Untergeschoss, ein Proviantladen und ein ausgezeichnetes Restaurant, in dem man sich nach einer langen Wanderung ein üppiges Drei-Gänge-Menü genehmigen kann (395 Skr). Geführte Tageswanderungen, Höhlenwanderungen und Führungen sind von hier aus ebenfalls möglich.

ⓘ Praktische Informationen

Naturum (☎ 0980-788 60; www.lansstyrelsen.se; ☉ Anfang Juli–Sept. & Feb.–April Di–Sa 9–18) Dieses Infobüro neben der STF Abisko Turiststation verkauft detailliertes Kartenmaterial und Broschüren und hält umfangreiches Infomaterial zum Kungsleden bereit.

ⓘ An- & Weiterreise

Busse und Züge halten in Abisko Östra (Hauptdorf) und an der Abisko Turiststation, dem Startpunkt des Kungsleden. Die Stationen liegen nur fünf Minuten auseinander. Die Buslinie 91 fährt östlich nach Kiruna (175 Skr, 1¼ Std., 2-mal tgl.) und westlich nach Narvik in Norwegen (185 Skr, 1½ Std., 1-mal tgl.).

Die Bahn fährt nach Kiruna (119 Skr, 1¼ Std., 2-mal tgl.) und Narvik (116, 1¾ Std., 2-mal tgl.).

Riksgränsen

Dieser kleine Skiort direkt an der Grenze zu Norwegen liegt 400 km nördlich des Polarkreises. Riksgränsen ist der einzige Ort in Schweden, wo es im Mittsommer möglich ist, auf Skiern nach Norwegen und zurück zu fahren. Der **Riksgränsen** (☎ 0980-400 80; www.riksgransen.nu; Riksgränsvägen 15; DZ/3BZ/Suite ab 3290/4690/9900 Skr; ☉ Mitte Feb. bis Mittsommer) Ferienkomplex ist bei Skifahrern außerordentlich beliebt; der luxuriöse Wellnesskomplex, zu dem die Außen-Whirlpools mit Blick auf den Vassijauresee gehören, eignet sich hervorragend zur Entspannung nach dem Skifahren. Skiausrüstung kann ab 350 Skr pro Tag geliehen werden und Tagesliftpässe fangen ca. 400 Skr an. Entzückende Zimmer in der kleineren **Meteorologen Ski Lodge** (www.riksgransen.se; Riksgränsvägen; EZ/DZ 1790/3290 Skr) nebenan sind ganzjährig erhältlich und die lebhafte Bar zieht Partygänger an, während das **STF Hostel Riksgränsen** (☎ 0980-430 88; www.riksgransen.se; Riksgränsvägen 4; DZ/3BZ 890/1190 Skr), etwas talabwärts, den Selbstverpflegern sehr gelegen kommt.

ⓘ AUF DEM KUNGSLEDEN WANDERN

Die beliebteren Zugangspunkte des Kungsleden sind relativ gut zu erreichen. Wer eine entlegenere Stelle des Wanderwegs ansteuert, ist ggf. auf die eingeschränkten (und außerhalb der Hauptsaison kaum vorhandenen) Busverbindungen angewiesen.

Häufig halten **Züge** in Abisko auf ihrer Fahrt von Kiruna nach Narvik in Norwegen. Die Inlandsbanan hält im Sommer in Jokkmokk.

Folgende **Busse** fahren zu Startpunkten entlang des Kungsleden:

➡ Linie 92 von Kiruna nach Nikkaluokta (110 Skr, 1¼ Std., 2-mal tgl.)

➡ Linie 93 von Gällivare nach Ritsem via Kebnats und Vakkotavare (198 Skr, 3¼ Std., 1-mal tgl.)

➡ Linie 47 von Jokkmokk nach Kvikkjokk (178 Skr, 2¾ Std., tgl.)

➡ Linie 104 von Arjeplog nach Jäkkvik (105 Skr, 1¼ Std., werktags 1-mal tgl.)

➡ Linie 341 von Sorsele nach Ammarnäs (115 Skr, 1¼-1¾ Std., 1- bis 3-mal tgl.)

➡ Linie 31 von Umeå nach Hemavan via Tärnaby (261 Skr, 6 Std., 1- bis 3-mal tgl.)

Kallax Flyg Hubschrauer (☎ 0980-810 00; www.kallaxflyg.se; Erw./2–11 Jahre 850/500 Skr) fliegt Wanderer zwischen Nikkaluokta und Kebnekaise hin und her – von Ende Juni bis Ende August zweimal täglich (9 und 17 Uhr) und dann bis Ende September einmal täglich (9 Uhr). Fiskflyg (S. 320) betreibt Hubschrauberflüge ab Kvikkjokk und zwischen Ritsem und Staloluokta. Es ist auch möglich, sich an einem bestimmten Punkt in der Wildnis absetzen zu lassen.

Züge und die Busse der Linie 91 halten in Riksgränsen auf dem Rückweg von Kiruna nach Narvik.

Kungsleden

Der Kungsleden (Königsweg) ist Schwedens wichtigste Wander- und Skiroute und verläuft über insgesamt 500 km von Abisko im Norden bis nach Hemavan im Süden. Er führt dabei durch samisches Rentiergebiet, eine spektakuläre bergige Wildnis, zu der Schwedens höchster Berg Kebnekaise (2106 m) gehört und in die Wälder, Seen und Flüsse Abwechslung bringen.

Die Route teilt sich in fünf einfache oder mittelschwere Abschnitte. **STF Berghütten** (B 370 Skr, Zeltplatz 85 Skr; ☺ Mitte Feb.–Anfang Mai & Ende Juni–Mitte Sept.), jede mit einem Hüttenwart, finden sich entlang der Strecke im Abstand von 10 bis 20 km (die Belegung erfolgt nach dem Prinzip: wer zuerst kommt, mahlt zuerst). Außerdem gibt es noch vier STF Berg-Lodges und zwei Hostels entlang des Wegs. Elf der sechzehn Berghütten verkaufen Proviant (also muss man den Rucksack nicht mit Lebensmitteln überfrachten), und es gibt Gästeküchen. Wanderer müssen aber einen eigenen Schlafsack mitbringen, und es gibt keinen Strom. Die Etappe zwischen Kvikkjokk und Ammarnäs wird nicht von STF abgedeckt; Wanderer müssen entweder in Privatunterkünften in den Dörfern übernachten oder wild zelten.

Ohne Schutzmittel gegen Insekten geht es hier im Sommer nicht, es sei denn man möchte als wanderndes Moskitobüfett die-

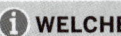

WELCHE KARTE?

Wenn man sich mit Kartenmaterial für die verschiedenen Abschnitte des Kungsleden ausstatten möchte, hat man die Wahl zwischen der detailreichen Fjällkartan (www.lantmeteriet.se; 1:100 000) oder der Calazo (www.calazo.se) Reihe. Fjällkartan-Karten decken ein etwas größeres Gebiet rund um den Kungsleden ab und sind einseitig bedruckt, während die Calazo-Karten doppelseitig bedruckt und wasserabweisend sind.

Die besten Karten für die einzelnen Abschnitte des Kungsleden sind die folgenden:

➜ **Von Abisko bis Kebnekaise**: *Fjällkartan BD6* oder *Calazo Kungsleden*

➜ **Von Kebnekaise bis Saltoluokta**: *Fjällkartan BD8* oder *Calazo Kebnekaisefjällen*

➜ **Von Saltoluokta bis Kvikkjokk**: *Fjällkartan BD10* oder *Calazo Sarek & Padjelanta*

➜ **Von Kvikkjokk bis Ammarnäs**: *Fjällkartan BD14* (Norden) und *BD16* (Süden) oder *Calazo Kvikkjokk-Ammarnäs*

➜ **Von Ammarnäs nach Hemavan**: *Fjällkartan AC2* oder *Calazo Ammarnäs-Hemavan*

KUNGSLEDEN IM WINTER

Der Kungsleden kann auch im Winter in Angriff genommen werden, entweder auf Langlaufskiern oder mit Schneeschuhen. Der Weg ist mit roten 'X'-Markierungen gut ausgewiesen. Allerdings ist es schon eine Herausforderung, da die meisten Unterkünfte (mit Ausnahme der ganzjährig geöffneten STF-Unterkünfte in Abisko, Hemmavan und Ammarnäs) zwischen Ende September und Mitte Februar geschlossen haben und Tourengänger somit ganz auf sich allein gestellt sind. Allerdings gibt es bei allen Unterkünften entlang des Wegs im Winter einen unverschlossenen Raum als potenzielle Notfallunterkunft.

nen, außerdem sollte man auf wechselhaftes Wetter vorbereitet sein.

Von Abisko nach Kebnekaise

Von Abisko sind es 86 km bis zur Kebnekaise Fjällstation (ca. 5 Tage) und 105 km bis Nikkaluokta, wenn man den Weg bei Kebnekaise verlässt (ca. 5 Tage).

Dieser beliebteste Teil des Kungsleden führt durch die dichte Vegetation des Nationalparks Abisko und verläuft größtenteils im Tal. Holzstege führen über sumpfige Stellen, Brücken überspannen die Bäche. Höchster Punkt ist der Tjäkta-Pass (1150 m) mit Ausblick über das Tjäktavagge-Tal.

Es existieren fünf STF-Hütten entlang des Wegs: Abiskojaure (mit wunderbarer Lage am See), Alesjaure (mit Sauna und großartigem Blick vom Bergrücken), Tjäktja (vor dem Tjäktja Pass), Sälka und Singi. Der STF betreibt ferner Berg-Lodges in Abisko (S. 329) und **Kebnekaise**

(☎ 0980-550 00; kebnekaise@stfturist.se; B 310 Skr, EZ/DZ ab 810/1080 Skr; ☉ März-April & Mitte Juni–Mitte Sept.).

Von Kebnekaise bis Saltoluokta

Dieser Abschnitt ist ab der Kebnekaise Fjällstation 52 km (3 bis 4 Tage) lang, von Singi nach Saltoluokta sind es 38 km.

Südlich von Singi, etwa 14 km von Kebnekaise entfernt, verläuft dieses ruhigere Teilstück des Wanderwegs durch stille Täler und Buchenwälder. Wanderer müssen die 1 km Strecke über den Teusajauresee selbst hinüber rudern und dann das karge Hochplateau überqueren, bevor der Weg durch einen lichten Eichenwald nach Vakkotavare hinabführt.

Mit dem Bus kommen Wanderer von Vakkotavare zum Kai in Kebnats, wo eine STF-Fähre über den Langassee zur Saltoluokta Fjällstation übersetzt. STF betreibt in Saltoluokta (S. 321) eine Berg-Lodge sowie vier Hütten entlang des Wegs in Singi, Kaitumjaure, Teusajaure und Vakkotavare.

Von Saltoluokta bis Kvikkjokk

Dieser Abschnitt ist 73 km lang (ca. 4 Tage). Von Saltoluokta aus steigt der Weg lange und relativ steil bis Sitojaure (6 Std.), an, von wo der Hüttenwart einen Fährservice über den See anbietet. Anschließend folgt ein sumpfiges Stück, das aber auch Holzstege enthält. In Aktse (eine ausgezeichnete Ausgangsbasis für Ausflüge in den Sarek Nationalpark) am Ufer des Laitauresees angekommen, erwartet Wanderer ein Panoramablick auf die karge Bergwelt, bevor es im Ruderboot über den See geht und der Weg durch Fichtenwälder nach Kvikkjokk führt.

STF betreibt eine Berg-Lodge in Kvikkjokk (S. 321) und Hütten in Sitojaure, Aktse und Pårte.

Von Kvikkjokk bis Ammarnäs

Dies ist der wildeste und schwierigste Teil des Parks und nur erfahrenen Wanderern zu empfehlen. Er zieht sich über gut 157 km hin, was in etwa acht bis zehn Wandertagen entspricht. Man sollte besser sein eigenes Zelt mitbringen, da es nur wenige Unterkünfte an der Strecke gibt.

Der Weg beginnt mit einer Bootsfahrt von Kvikkjokk über den See Saggat. Dann geht es zu Fuß weiter nach Tsielejåkk, von dort sind es weitere 55 km bis zur nächsten Hüt-

te bei Vuonatjviken. Dann müssen der See Riebnesjaure und anschließend ein weiterer See von Hornavan zum Dorf Jäkkvikk überquert werden, von dort führt der Weg durch den Nationalpark Pieljekaise. Von Jakkvikk aus sind es nur 8 km bis zur nächsten Hütte, anschließend folgt ein Zwischenhalt im Dorf Adolfström und die Überquerung des Sees Iraft, bevor es zu den Blockhütten in Sjnultje geht. Hier teilt sich der Weg: Die Wanderer können eine direkte, 34 km lange Route nach Ammarnäs wählen oder einen 24 km langen Abstecher nach Rävfallet unternehmen, von dort sind es zusätzliche 20 km bis Ammarnäs.

Privatunterkünfte finden sich in Tsielejåkk, Vuonatjviken, Jäkkvikk, Pieljekaise, Adolfström, Sjnultje, Rävfallet und Ammarnäs (S. 314).

Von Ammarnäs bis Hemavan

Dieses Teilstück ist 78 km lang, und man sollte vier Tage für die Wanderung einkalkulieren. Die Hauptstrecke des südlichen Teils des Kungsleden führt durch das Schutzgebiet Vindelfjällens. Dieser Trail ist der leichteste der fünf Abschnitte, fast schon ein Spaziergang durch Buchenwälder und Feuchtgebiete und über sanfte Anhöhen. Es gibt nur einen langen, steilen Anstieg (8 km) durch den Buchenwald zwischen Ammarnäs und Aigert. Dafür wartet oben, wie zur Belohnung, ein beeindruckender Wasserfall.

Um nach Syter zu kommen, müssen Wanderer mit Hilfe mehrerer Brücken ein Feuchtgebiet überqueren, wobei sich in der Hütte am Tärnasjösee eine Saunapause einlegen lässt. Es lohnt sich, von der Syter Hütte aus den Syter (1768 m) zu besteigen. Beim Abstieg Richtung Hemavan ist der Ausblick auf die norwegischen Okstindarnas Gletscher besonders spektakulär.

Das STF betreibt ein Hostel in Hemavan (S. 313) sowie fünf entlang des Wegs in Aigert, Serve, Tärnasjö, Syter und Viterskalet.

Karesuando
☎ 0981 / 303 EW.

Das kleine Karesuando (Gárasavvon in Sami) ist das nördlichste Kirchdorf Schwedens und so fühlt es sich hier auch an: total entlegen und einsam. Diese Gemeinde samischer Rentierhirten geht in einer Romantik von Extremen auf: Von Ende Mai bis Mitte Juli scheint hier die Mitternachtssonne, dafür gehen die Temperaturen im Winter bis auf –50 °C zurück. Karesuandos Eindruck als Grenzstadt spiegelt sich in den vier Sprachen wider, die die Einheimischen (manchmal alle auf einmal) sprechen: Schwedisch, Finnisch, Nordsamisch und Norwegisch.

In Karesuando steht Schwedens nördlichste **Kirche** (⊙ Mitte Juni–Aug. 10–14 & 15–18 Uhr), die 1816 erbaut wurde. Die hölzerne Altargruppe zeigt den einheimischen Erweckungsprediger Lars Levi Laestadius. Das **Vita Huset** (geführte Touren 25 Skr; ⊙ Mo–Fr 7–15 Uhr) ganz in der Nähe enthält berührende Fotos, die zeigen, wie finnische Zivilisten 1944 vor den deutschen Streitkräften flohen, die sich im Rückzug befanden; viele der Flüchtlinge wurden von der Dorfbewohnerin Olga Raattamaa mit dem Ruderboot an das sichere Flussufer auf der anderen Seite gebracht. Westlich der Touristeninformation steht die **Laestadius Pörte** (⊙ 24 Std.), die kompakte Blockhütte, in der – eigentlich unvorstellbar – Lars Levi Laestadius, seine Frau und ihre 14 Kinder von 1826 bis 1849 lebten.

Zum Zeitpunkt der Recherche hatten sowohl Hostel als auch Hotel zugemacht. Die Alternativen sind: a) neben dem Fluss – und mit den Moskitos – auf dem Campingplatz **Karesuando Camping** (☑ 070-605 11 24, 0981-201 39; www.karesuandokamping.blogspot.com; Laestadiusvägen 153; Campingplatz/Blockhütte 140/500 Skr; ⊙ Juni–Aug.) sein Zelt aufschlagen, b) über die Brücke zum marginal lebhafteren finnischen Ort Kaaresuvanto gehen oder c) sich im **Arctic Lunch & Grill** (Hauptgerichte 45–75 Skr; ⊙ 11–18 Uhr) einen Burger oder ein asiatisches Pfannengericht gönnen und sich dann nach Süden gen Kiruna oder entlang der wunderbar menschenleeren E400, die der finnischen Grenze folgt, in östliche Richtung nach Pajala begeben.

Die **Touristeninformation** (☑ 0981-202 05; www.karesuando.se; ⊙ Mo–Fr 10–17 Uhr) befindet sich neben der Brücke nach Finnland.

Die Buslinie 50 fährt einmal täglich um 6.40 Uhr von Karesuando nach Kiruna (237 Skr, 3 Std.).

Pajala

☑ 0978 / 1958 EW.

Das winzige Flussdorf Pajala ist durch den beliebten schwedischen Roman und Film *Popular Music* so richtig bekannt geworden. Es ist tief in der Kultur des Torne-Tals verwurzelt und die Einheimischen sprechen Tornedalsfinska (Torne-Tal-Finnisch).

Auf dem **Pajala Markt** (eine Woche im Juli), den über 40 000 Personen jedes Jahr besuchen, werden ausgezeichnete, handgemachte samische Messer, Taschen aus Rentierleder, Räucherfisch und vieles mehr feilgeboten.

Über der **Touristeninformation** (☑ 0978-100 15; www.pajalaturism.bd.se; ⊙ Mo–Fr 8–16 Uhr) thront ein riesiger Bartkauz aus Holz, das Wahrzeichen der Stadt. In der Nähe steht eine der weltweit größten runden **Sonnenuhren**.

In Flussnähe befindet sich das **Laestadius Pörtet** (www.laestadius friends.se; Laestadiusvagen 36; Eintritt 65 Skr; ⊙ Mitte Juni–Mitte Aug. 10–18 Uhr). Hier wohnte der Erweckungsprediger Lars Levi Laestadius von 1849 bis zu seinem Tod. Das Haus enthält eine informative Ausstellung über sein Leben und Wirken.

Das zentral gelegene **Snickarbacken Lägenhetshotell** (☑ 0978-100 70; www.snickar backen.se; Kirunavägen; EZ/DZ 790/990 Skr, 2-Pers. Apt 890 Skr; 🅿🛜) bietet vollständig ausgestattete Wohnungen, einfache Zimmer sowie ein gutes Abendbüfett (Mo–Fr). Das **Thai Dan Sai** (www.thaidanssai.se; Medborgarvägen 3; Hauptgerichte 89 Skr; ⊙ Di–Do 11–21, Fr bis 2, Sa 16–2 Uhr), das auf die riesige Sonnenuhr blickt, hat unter den Einheimischen viele Fans, die die würzigen Gerichte aus der Heimat der Betreiberin, dem Norden Thailands, sehr schätzen.

Die Buslinie 55 fährt nach Luleå (281 Skr, 3½ Std., 1- bis 2-mal tgl.), die Linie 53 fährt östlich nach Haparanda (248 Skr, 3–3½ Std., 1- bis 3-mal tgl.) und westlich nach Kiruna (248 Skr, 2¾–3 Std., werktags 2-mal tgl.).

Schweden verstehen

Schweden aktuell

Als wohlhabendes und friedliches Land scheint Schweden den Stürmen dieser Zeit noch unbeschadet zu trotzen. Natürlich spürt man auch hier gelegentlich Spannungen, seien sie nun wirtschaftlicher oder politischer Natur. Insgesamt aber bekommt man als Schweden-Besucher den Eindruck vermittelt, dass die Gesellschaft hier mit ihrer Ordnung sehr zufrieden ist. Vieles ist einfach *lagom* – das bedeutet: nicht zu viel und nicht zu wenig, sondern genau das rechte Maß. Das Wort bezeichnet durchaus ein schwedisches Idealbild. Die Umsetzung gelingt nicht immer perfekt, aber doch erstaunlich gut.

Top-Filme

Das siebente Siegel (1957) Bei einem Schachspiel lässt Ingmar Bergman den Menschen gegen den Tod antreten.

So finster die Nacht (2008) Tomas Alfredsons eisige Variation über das Vampir-Genre ist spürbar in Norrland angesiedelt.

Zusammen (2000) Lukas Moodyssons Film spielt in einer schwedischen Kommune des Jahres 1975.

Ich bin neugierig – gelb (1967) Vilgot Sjömans bahnbrechende politische Satire über die Emanzipation eines jungen Mädchens.

Songs from the Second Floor (2000) Roy Anderssons düstere Meditation über den gegenwärtigen Zustand der Menschheit.

Top-Bücher

Gösta Berling (1891) Der Romanerstling der Literaturnobelpreisträgerin Selma Lagerlöf.

Die Millenium-Trilogie: Verblendung – Verdammnis – Vergebung (2009) Stieg Larssons Millennium-Trilogie war ein echter Welterfolg.

Mörder ohne Gesicht (1997) Henning Mankells erster Kriminalroman mit Kurt Wallander.

Tomas Tranströmer Der schwedische Lyriker (1931–2015) wurde 2011 mit dem Nobelpreis für Literatur geehrt.

Zeichen des Wandels

Trotz einer langen Phase von Kontinuität zeichnet sich in Schwedens Wirtschaft und in der politischen Stimmung ein Wandel ab; langjährige Überzeugungen werden hinterfragt. Jahrzehntelang hat die politische Linke Schweden als Muster eines Wohlfahrtsstaates gepriesen, als erfolgreiches Experiment, an dem die Welt sich ein Beispiel nehmen könne. In gewisser Hinsicht trifft das noch zu. Dennoch musste sich auch Schweden an die Welt von heute anpassen, sowohl in wirtschaftlicher als auch sozialpolitischer Hinsicht: Das hat dazu geführt, dass auf der Fassade erste Risse sichtbar werden.

Die Sozialdemokraten stellten fast 85 Jahre lang meistens die Regierungsmehrheit und haben das Land tief geprägt – und mit einem Wohlfahrtsstaat beschenkt. Die Vormachtstellung dieser Partei beginnt zu bröckeln. Der erste Schlag erfolgte 2006: Damals verlor die sieggewohnte Partei ihre Mehrheit im schwedischen Parlament. Das neue Wahlbündnis aus vier bürgerlichen Parteien – Gemäßigter Sammlungspartei, Liberaler Volkspartei, Christdemokraten und Zentrumspartei, die sogenannte Allianz – errang die Mehrheit der Sitze. Der erste Ministerpräsident Fredrik Reinfeldt stellte die Arbeitsmarktpolitik ins Zentrum seiner Tätigkeit. Reinfeldts Regierung senkte die Steuern und kürzte einige staatliche Leistungen in der Hoffnung, die Wirtschaft anzukurbeln und die Arbeitslosenzahlen zu senken. Die Wahl 2010 bescherte den Sozialdemokraten das schlechteste Ergebnis seit 1921: Sie erhielten nur noch knapp über 30 % der Abgeordnetenmandate. Die Allianz gewann 173 von 349 Sitzen, sodass Reinfeldt im Amt bestätigt wurde. Allerdings besserte sich die Arbeitslosigkeit nicht im erhofften Umfang, und bereits 2012 hatten die Sozialdemokraten sich in den Umfragen wieder erholt. Bei den Wahlen in 2014 gelang es Reinfeldt dann auch nicht, sein Amt zu verteidigen; stattdessen übernahm der Sozialdemokrat Stefan Löfven in einer Koalition mit den Grünen die Rolle des Regierungschefs. Überraschend war das Ergebnis der rechtsnationalistischen Schwedischen Demokraten, die ihren Stimmenanteil verdoppeln konnten und nun die drittstärkste Fraktion stellen. Das dürfte für Spannungen sorgen, da alle anderen Parteien eine Zusammenarbeit mit dieser Gruppierung ausgeschlossen haben.

Schweden & die Einwanderer

Nur 9,72 Millionen Menschen leben im drittgrößten Land Westeuropas, folglich ist die Bevölkerungsdichte eine der niedrigsten in Europa. Die meisten Menschen leben in den großen Städten Stockholm, Göteborg, Malmö und Uppsala. Das Innere von Norrland ist dagegen besonders dünn besiedelt. Im Nordosten, bei Torneälven, lebt eine mit 30 000 Menschen recht beachtliche finnischsprachige Minderheit.

Soziale Werte wie die Gleichheit der Geschlechter und Ethnien, die Rechte homosexueller Minderheiten, Pressefreiheit und freie Meinungsäußerung, Transparenz der Regierungsgeschäfte, Umweltschutz und Arbeitnehmerrechte sind tief in der schwedischen Kultur verankert. Doch während immer mehr Zuwanderer ins Land kamen, war in jüngster Zeit auch eine Zunahme ethnischer und religiöser Spannungen zu verzeichnen. Gegenwärtig sind rund 15 % der Bevölkerung nicht in Schweden geboren. Ohne Frage lässt sich eine völlige Gleichbehandlung in einer kleinen, homogenen Gesellschaft gut verwirklichen; Schweden aber war in kurzer Zeit mit einer neuartigen Vielfalt konfrontiert – ein Umstand, der einige Anpassungen erfordert, die nicht immer reibungslos funktionieren. Randgruppen und nationalistische Parteien protestieren heftig gegen eine Einwanderung, die in Zukunft eher noch wachsen dürfte.

Schweden ließ erstmals während des Zweiten Weltkriegs eine große Zahl von Einwanderern ins Land. Damals war die Gesellschaft noch sehr abgeschottet, und man glaubte, die Neuankömmlinge würden sich rasch assimilieren. Erst 1975 änderte das Parlament diese Richtlinie und betonte, jeder Mensch habe das Recht, seine ursprüngliche Kultur und Tradition zu bewahren und öffentlich darzustellen. Einwanderung wird seither anders bewertet. In den letzten Jahren war Schweden führend, was die Aufnahme von Emigranten und Flüchtlingen aus dem Nahen Osten und aus Afrika angeht. 2007 hat die kleine Stadt Södertälje beispielsweise 1268 irakische Flüchtlinge aufgenommen – mehr als damals die USA und Kanada zusammen. Und 2014 erklärte die schwedische Regierung sich bereit, einer unbegrenzten Zahl von Flüchtlingen aus Syrien eine dauerhafte Aufenthaltsgenehmigung zu erteilen. Fragen der Einwanderungspolitik (z. B.: Soll man unbegrenzt weitere Flüchtlinge aufnehmen oder die Zahlen begrenzen?) sind im politischen Streit des Landes mittlerweile zum Dauerthema geworden.

EINWOHNER: **9,72 MIO.**

BIP: **393,8 MRD. US$**

BIP PRO KOPF: **40 900 US$**

ARBEITSLOSIGKEIT: **8,1%**

ALPHABETISIERUNGSGRAD: **99 %**

Wenn in Schweden 100 Menschen lebten, wären ...

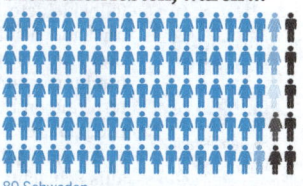

89 Schweden
3 Finnen & Samen (Lappen)
1 Jugoslawe
1 Iraner
6 Sonstige

Religion
(% der Bevölkerung)

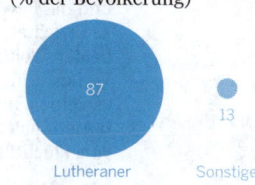

Lutheraner — 87
Sonstige — 13

Einwohner pro km²

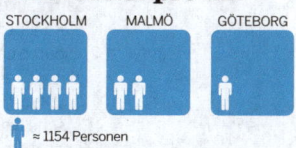

STOCKHOLM   MALMÖ   GÖTEBORG

≈ 1154 Personen

Geschichte

Schwedens Geschichte lässt sich als dreiaktiges Schauspiel betrachten. Es gibt reichlich Action, von den blutigen Ereignissen der Wikinger-Eroberungszüge bis zu mittelalterlichen Schlachten, einer Frau in Männerkleidern und zahlreichen Attentaten.

Erster Akt: Anfangs gibt es nichts als Eis. Als das Eis langsam schmilzt und zurückweicht, hört man Hufe klappern, das Auftauchen von Rentieren auf der Bühne kündigt sich an, ihnen dicht auf den Fersen sind fellbekleidete Jäger und Sammler – die Vorväter der Samen. Nebenrollen im Land der Mitternachtssonne und Polarnacht spielen abenteuerlustige griechische Forscher und römische Händler. Dann stürmen unter furchterregendem Kriegsgeheul die Wikinger mit blitzenden Schwertern raubend und plündernd auf die Bühne, um sich dann schließlich in friedlicherer Manier niederzulassen.

Zweiter Akt: Die Handlung führt einerseits an den Hof, andererseits aufs Schlachtfeld – der Plot voller blutiger Intrigen könnte aus der Feder Shakespeares stammen: Eine Königsdynastie löst die nächste in schneller Folge ab, der Adel verschwört sich gegen den König, vergiftete Erbsensuppe muss zum Geschwistermord herhalten, eine androgyne Mädchen-Königin besteigt den Thron, um wenig später in Männerkleidern zu entschwinden, ein König wird während eines Maskenballs ermordet, ein anderer im Gefecht. Gefechte werden auf Eis, zur See und im Gebirge geschlagen. Das Territorium Schwedens expandiert, bald darauf schrumpft es dramatisch.

Dritter Akt: Nach militärischen Niederlagen und dem Verlust seiner Kolonien zerplatzen Schwedens Großmachtträume. Es herrscht Frieden und die Bevölkerung wächst. Eisenbahntrassen werden gelegt, Bergwerke errichtet, Wälder gerodet und Städte werden größer. Die Wirren der beiden Weltkriege berühren Schweden kaum, es konzentriert sich auf die Verbesserung des Lebensstandards seiner eigenen Bevölkerung, bevor es seinen Blick wieder nach außen wendet. Als Mitspieler auf der internationalen Bühne und UNO-Mitglied bietet Schweden einer Vielzahl von Flüchtlingen Asyl. Doch das nach außen so homogen auftretende

ZEITACHSE	10 000 bis 6000 v. Chr.	1800 bis 500 v. Chr.	500 v. Chr.
	Die Eisschollen schmelzen und die Jäger und Sammler, die Vorfahren der Samen , folgen den Spuren der Rentiere in das eisfreie Schweden. Die älteste schwedische Siedlung wird in der Nähe von Arjeplog gegründet.	*Hällristningar* (Felsbilder) mit Darstellungen der bronzezeitlichen Religion tauchen in vielen Gebieten Schwedens auf, etwa in Dalsland und Bohuslän. Sonne, Jagdszenen und Schiffe gehören zu den häufigsten Themen.	Das Runenalphabet kommt vermutlich aus germanischen Regionen nach Schweden. Es wird zur Einmeißelung von Inschriften in monumentale Runensteine (etwa 3000 gibt es in Schweden) bis weit ins Mittelalter benutzt.

AUF DER SUCHE NACH (SCHWEDISCHEN) VORFAHREN

Rund eine Million Schweden wanderten zwischen 1850 und 1930 in die USA und nach Kanada aus, Viele ihrer 12 Millionen Nachfahren kehren heute auf der Suche nach ihren Wurzeln zurück.

Seit 1686 gibt es detaillierte Gemeindebücher, in denen Geburten Todesfälle und Heiraten verzeichnet sind und es gibt im ganzen Land *landsarkivet* (regionale Archive). Das nationale **Riksarkivet** (☎010-476 70 00; http://sok.riksarkivet.se/svar-digitala-forskarsalen) wurde jüngst digitalisiert und ermöglicht die Suche im Datenbestand des Nationalarchivs und den Gebrauch von SVAR, dem Digital Research Room.

Das Utvandrarnas Hus (S. 252) (Auswandererhaus) in Växjö ist ein hervorragendes Museum, das sich dem Massenexodus widmet.

Einen Blick lohnt auch *Tracing Your Swedish Ancestry* von Nils William Olsson, ein kostenloser selbst erstellter genealogischer Führer. Die neueste Version kann man von der Website des schwedischen Generalkonsuls in New York herunterladen (www.swedenabroad.com – dort im Menü unter Visit Sweden) oder kostenlos bei Amazon.com bekommen.

(Regierungs-)Ensemble ist bald zerstritten und kurz vor dem Happy End kommt es zur dramatischen Wende mit einem tragischen Mord, dicht gefolgt von internationalen Skandalen und Kontroversen.

Die frühesten Siedler

Die letzte Eiszeit machte Schweden zu einem menschenfeindlichen Gebiet, aber immerhin schien es nicht ganz so abweisend wie Sibirien, wo die ersten Jäger und Sammler vor 10 000 bis 6000 Jahren Fuß gefasst hatten. Als das Eis sich zurückgezogen hatte, wanderten die ersten Stämme aus Zentraleuropa nach Südschweden ein, und die Vorfahren der Samen drangen auf der Jagd nach Rentieren weiter gen Norden vor.

Zwischen 1800 und 500 v. Chr. blühten die Kulturen der Nordischen Bronzezeit. Kolossale Hügelgräber, so etwa in Kivikgraven in Österlen, lassen vermuten, dass es mächtige Stammesfürsten gab, welche die Kontrolle über die geistigen und weltlichen Belange ausübten.

Die nach 500 v. Chr. beginnende Eisenzeit brachte technischen Fortschritt, das konnte durch archäologische Funde landwirtschaftlicher Geräte, Grabbeigaben und Relikte primitiver Feuerstätten bewiesen werden. Die abermalige Klimaverschlechterung und der Niedergang der Landwirtschaft fiel mit der Einwanderung der mächtigen Volksstämme der Svear zusammen, die schließlich einen Großteil Schwedens besiedelten. Um 600 n. Chr. hatten sich die im Mälar-Flusstal (unmittelbar west-

98	800 n. Chr.	1008	1252
Der Stamm der Svear, der das Gebiet des heutigen Schweden beherrscht, wird erstmals von Tacitus erwähnt, der von den Suionen spricht.	Birka auf der Insel Björkö im Mälarensee wird zum bedeutungsvollen Handelszentrum der Wikinger. Hier aufgefundene byzantinische und arabische Münzen geben ein Hinweis auf die seinerzeit existierenden Handelsrouten.	Schwedens erster König christlichen Glaubens, Olof Skötkonung, wird an der hl. Sigfried-Quelle in Husaby getauft. Die Gottesdienste finden jedoch noch bis 1090 im heidnischen Tempel in Uppsala statt.	Der königliche Reichsverweser Birger Jarl gründet Stockholm und regiert das Land seit dem Jahr 1229.

lich von Stockholm) lebenden Svear die Vorherrschaft gesichert. Ihr Königreich, Svea rike, wurde zum Namensgeber ganz Schwedens: Sverige.

Wikinger & Christen

Die Wikinger von Magnus Magnusson ist ein sehr gut lesbares Buch, das sich mit den Errungenschaften der Wikinger in Skandinavien (einschließlich Schweden) sowie ihren wilden Taten in aller Welt befasst.

Ihren wohl bedeutendsten Beitrag zur Weltgeschichte leisteten die Skandinavier im Zeitalter der Wikinger, als kühne heidnische Nordmänner per Schiff zu fremden Ufern aufbrachen. Die schwedischen Wikinger waren mehr an Handel interessiert als ihre norwegischen oder dänischen Pendants, aber ihr Ruf als furchteinflößende Krieger war ebenfalls voll begründet. In der Heimat stand seinerzeit ihre heidnische Religion in voller Blüte: Als ihren Ahnherrn verehrten sie Freyr, „den Gott der Welt", und bei den Feiern in Uppsala ihm zu Ehren wurden auch Menschenopfer dargebracht.

Die Wikinger segelten mit einem völlig neuen Bootstyp, der schnell und äußerst manövrierfähig war, trotzdem noch stabil genug für die Ozeanüberquerung. Ihren anfänglich überfallartigen Beutezügen an den europäischen Küsten folgten größere Militärexpeditionen, Kolonialisierungen und Handelsbeziehungen. Die weit umhergekommenen Wikinger besiedelten einen Teil des slawischen Kernlands und gaben ihm den Namen „Rus", außerdem stießen sie bis nach Neufundland, nach Konstantinopel und Bagdad vor und knüpften Handelsbeziehungen mit dem Byzantinischen Reich.

Das Christentum fasste erst Fuß, als Schwedens erster König, Olof Skötkonung (ca. 968–1020) getauft wurde. 1160 hatte König Erik Jedvarsson (Schwedens Schutzpatron, St. Erik) praktisch die letzten Reste des heidinischen Glaubens zerstört.

Aufstieg des schwedischen Staates

Die Königliche Rüstkammer (Livrustkammaren; S. 49) in Stockholm zeigt die Lederjacke (mit den originalen Blutflecken), die Gustav II. Adolf trug, als er in der Schlacht fiel. Auch sein Pferd Streiff ist dort ausgestopft zu sehen.

Die Königsmacht war um das 13. Jh. wegen Thronstreitigkeiten zwischen den Geschlechtern Erik und Sverker zerfallen, sodass in diesem mittelalterlichen Interim der Staatsmann Birger Jarl aufstieg, um das Vakuum zu füllen (1210–1266).

Sein Sohn, der zum König gewählte Magnus Ladulås (1240–1290), räumte der Kirche und dem Adel zahlreiche Privilegien ein, unter anderem Steuerfreiheit. Zu dieser Zeit verbot er dem Reichsadel, während seiner Aufenthalte auf wechselnden Landgütern auf Kosten der Bauernschaft zu leben.

Nachdem Magnus Ladulås ältester Sohn Birger (1280–1321) wegen des Mordes an seinen Brüdern als König abgesetzt (und exiliert) worden war, wandte sich der Reichsadel bei seiner Nachfolgesuche nach Norwegen und entschied sich für den minderjährigen Enkel König Haakons V. Als Haakon ohne männlichen Erben starb, waren die Königreiche Norwegen und Schweden vereint (1319).

1350er-Jahre	1434	1439–1470	1520
Nach der Pest in Schweden gründet die hl. Birgitta (1303 bis 1373) ein Kloster mit einer gotischen Klosterkirche in Vadstena, das zum wichtigsten Wallfahrtsort Schwedens wird.	Die hohen Steuern, die von der Verwaltung der Kalmarer Union zur Finanzierung der Kriege gegen die Hanse eingefordert werden, bewirken Unmut gegen Erich von Pommern und führen zum Engelbrekt-Aufstand.	Nach der Absetzung Erichs von Pommern beginnen erneut Thronstreitigkeiten zwischen den beiden mächtigen Adelsgeschlechtern, den Unionisten Oxenstierna und den Nationalisten Sture.	Der Dänenkönig Christian II. verspricht den Anhängern Sten Sture des Jüngeren Amnestie, bricht aber sein Wort: 80 Adlige und Geistliche werden vor Gericht gestellt und im „Blutbad von Stockholm" hingerichtet.

Die immer reicher werdende Kirche begann im 13. und 14. Jh. ihre Macht zu demonstrieren und gab so monumentale Bauwerke wie die Domkyrka (Kathedrale) in Linköping (Grundsteinlegung 1250) und die größte gotische Kathedrale Skandinaviens in Uppsala (Grundsteinlegung 1285) in Auftrag.

1350 jedoch kam es zu einem furchtbaren Rückschlag beim Aufstieg des Staates und der Kirche: Die Pest wütete im ganzen Land und raffte fast ein Drittel der schwedischen Bevölkerung dahin.

Gründung & Auflösung einer Union

Der Schwarze Tod hatte seine deutlichen Spuren und keine Thronerben hinterlassen. Daher setzten die Adligen Albrecht von Mecklenburg auf den Thron, doch widersetzten sie sich bald dessen eigenen Machtansprüchen. Ihre Revolte wurde von der dänischen Königin Margaretha unterstützt. 1397 kam es mit der Krönung Erich von Pommerns zum König zur Gründung der Kalmarer Union mit Dänemark, Norwegen und Schweden.

Erich von Pommern, Margarethas Neffe, saß bis zur Entmachtung 1439 auf dem Thron. Seine Herrschaft wurde durch ständige Reibereien mit der Hanse beeinträchtigt. Diese war ein gut organisierter Handelsverbund von Fernkaufleuten mit ummauerten Handelsstädten in Deutschland; sie besaß aber auch eine bedeutende Niederlassung in der noch jungen Stadt Stockholm.

Nach chaotischen inneren Kämpfen, die auf Erichs Absetzung folgten, kam schließlich 1470 Sten Sture der Ältere (1440–1503) als Reichsverweser an die Macht. Er führte den Kampf gegen die dänische Unionsarmee fort und siegte 1471 in der Schlacht von Brunkenberg, einem Stadtteil des heutigen Stockholm.

In einem (verspäteten) Rachefeldzug, welcher der Union den Todesstoß versetzte, marschierte Christian II. von Dänemark 1520 in Schweden ein und besiegte das schwedische Heer, wobei der Reichsverweser Sten Sture der Jüngere (1493–1520) getötet wurde. Das Massaker an schwedischen Oppositionellen in Stockholms Gamla Stan fügte er anschließend seinem „Siegeskonto" hinzu.

Die Wasa-Dynastie

Das brutale „Stockholmer Blutbad" löste einen Aufstand unter Führung des jungen Adeligen Gustav Eriksson Wasa (1496–1560) aus. Gustav fand nicht genügend Unterstützung und war schon auf der Flucht Richtung norwegische Grenze, als zwei erschöpfte Skiläufer ihn einholten, um ihm mitzuteilen, dass das Volk seine Meinung geändert habe. Dieser legendäre Skilauf wird jedes Jahr mit dem Wasalauf, Vasaloppet, von Sälen nach Mora gefeiert.

August Strindbergs Schauspiel von 1901 machte Königin Kristina unsterblich; Veronica Buckleys Biografie *Christina – Königin von Schweden* zeichnet ihr Leben nach; zur Filmheldin wurde sie 1931 in *Königin Christine* mit Greta Garbo in der Titelrolle.

1523	1527	1563–1570	1618–1648
Gustav Wasa wird nach dem Zusammenbruch der Kalmarer Union zwischen Dänemark, Schweden und Norwegen zum ersten Wasa-König; er wird am 6. Juni, dem heutigen Nationalfeiertag, in Stockholm gekrönt.	In der neuen Ratsversammlung wird das Säkularisationsgesetz verabschiedet, kraft dessen der Kirchenbesitz an den Staat übergeht und die Kirche der staatlichen Kontrolle unterstellt wird (2000 aufgehoben).	Unter den Söhnen von Gustav Wasa werden Kriege gegen Lübeck und Polen geführt; außerdem versucht Dänemark im Nordischen Siebenjährigen Krieg erfolglos, die Herrschaft über Schweden zurückzugewinnen.	Der Lutheraner Gustav II. Adolf beteiligt sich am Zwist zwischen Protestanten und Katholiken im Dreißigjährigen Krieg. Er marschiert in Polen ein und besiegt König Sigismund III., fällt aber 1632 im Kampf.

KRISTINA, KÖNIGIN IM MEINUNGSSTREIT

Königin Kristinas (1626–1689) Leben verlief exzentrisch und ereignisreich. Ihr Vater, Gustav II. Adolf, liebte seine Jüngste über alle Maßen, erwartete Großes von ihr und verfügte, dass das Mädchen die Erziehung eines Prinzen erhielt. Bald darauf zog er in den Krieg und fiel in der Schlacht von Lützen (1632). So kam es, dass er seine sechsjährige Thronerbin und sein Land in den Händen des mächtigen Reichskanzlers Oxenstierna zurücklassen musste.

Kristina wurde wie ein Junge erzogen, erlernte fließend sechs Sprachen und tat sich im Kriegshandwerk hervor. Bei ihrer Krönung schwor sie den Eid als König und nicht als Königin, was ihr den Spitznamen „Mädchen-König" eintrug. Mit zunehmendem Alter nahmen die kindischen Streitereien mit Oxenstierna zu und nach ihrer Krönung 1644 gefiel sie sich darin, ihre Macht auszuspielen und dem Kanzler selbst dann die Stirn zu bieten, wenn er im besten Interesse des Staates handelte.

1649 verkündete Kristina öffentlich, dass sie gegen eine Heirat eingestellt sei und benannte ihren geliebten Cousin Karl X. Gustav, der in sie vernarrt war, zum Thronerben. Kristinas nimmermüde Exzentrik kulminierte 1654 in ihrer Abdankung. Sie hüllte sich in Männerkleidung und durchquerte in dieser Verkleidung hoch zu Ross Dänemark. Wegen der angespannten Beziehungen zwischen beiden Ländern hätte sie sich auch niemals unbehelligt als Kristina durch das Land stehlen können. Ihre Reise endete in Rom, wo sie etwas Unverzeihliches beging: Sie konvertierte zum Katholizismus – ein skandalöser Akt vonseiten der Tochter eines Sachwalters des Protestantismus. Bis heute ist sie die einzige Frau, die im Petersdom ihre letzte Ruhestätte fand.

Als starker weiblicher Charakter, der wegen seiner Bisexualität berühmt wurde, ist Kristina in jüngerer Zeit zu einer lesbischen Ikone geworden und aufgrund ihres Transvestismus wird sie außerdem in Kreisen der Transsexuellen verehrt.

Gustav I. regierte von 1523 bis 1560 und hinterließ einen mächtigen Zentralstaat. Er leitete die Reformation in Schweden ein und gab die Herrschaft an seinen Sohn weiter, nachdem er 1544 per Parlamentsbeschluss die erbliche Thronfolge im Königshaus eingeführt hatte.

Nach Gustav Wasas Tod 1560 brachen heftige Thronstreitigkeiten unter seinen Söhnen aus. Sein ältester Sohn Erik XIV. saß acht Jahre auf Schwedens Thron – im Zustand einer nicht ungerechtfertigten Paranoia. Nachdem er sich unüberlegt drei Morde auf Schloss Uppsala hatte zuschulden kommen lassen, wurde er von seinem Halbbruder Johann III. (1537–1592) entmachtet und auf Schloss Örbyhus mit vergifteter Erbsensuppe ins Jenseits befördert.

Der letzte der männlichen Wasa-Herrscher, der 17-jährige Gustav II. Adolf (1594–1632), erwies sich als ein militärisches Genie. Er eroberte Südschweden von Dänemark zurück und festigte die schwedische Kont-

1658	1697–1718	1789	1792
Die letzten noch unter dänischer Herrschaft verbliebenen Gebiete fallen im Frieden von Roskilde an Schweden zurück, nachdem schwedische Truppen über das zugefrorene Kattegat in Dänemark einmarschiert waren.	Russland, Polen und Dänemark bilden eine Allianz gegen Schweden; die schwedische Armee wird 1709 von den Russen vernichtend geschlagen – und dies bedeutet das Ende der schwedischen Großmachtzeit.	Durch den Reichstagsputsch Gustavs III. wird die Macht des Reichstags beschnitten und die absolute Königsherrschaft wieder hergestellt.	Auf dem Maskenball von 1792 ist Gustav III. von Verschwörern umgeben; ihm wird von Jacob Johan Anckarström, Hauptmann im königlichen Regiment, in den Hinterkopf geschossen.

rolle über das östliche Baltikum. Er starb am 6. November 1632 auf dem Schlachtfeld – das Datum wurde für Schweden jahrhundertelang ein Tag nationalen Traumas.

Gustav II. Adolfs Tochter Kristina war 1632 noch ein Kind und der Regent, Reichskanzler Oxenstierna, setzte die Kriegspolitik ihres Vaters fort. 1654 dankte Kristina zugunsten ihres Cousins Karl X. Gustav ab, wodurch die Wasa-Dynastie ihr Ende fand.

HÖCHST UNDURCHSICHTIGE MORDE

Im Laufe der Geschichte wurden so viele schwedische Staatsoberhäupter ermordet, dass man schon fast geneigt ist, diese Attentate als natürliche Todesursache einzustufen. König Karl XII. (1681–1718) wurde unter nicht aufgeklärten Umständen während der Winterbelagerung von Trondheim in Norwegen bei einer Truppeninspektion erschossen. Obwohl die Norweger sich diesen Mord zuschrieben, hält sich unter Historikern seit jeher hartnäckig das Gerücht, Karl XII. sei von einem seiner eigenen Männer erschossen worden. Dieser soll verärgert gewesen sein, dass der König wegen seiner vielen militärischen Verluste Schweden um seine Großmachtstellung gebracht hatte. Durch Exhumierung der Leiche hätten die Experten anhand der chemischen Zusammensetzung der Kugel ein für alle mal diesen Kriminalfall des 18. Jhs. aufklären können. Aber leider wurde keine Genehmigung erteilt, das Opfer zu exhumieren.

Im März 1792, weniger als hundert Jahre später, fielen auf König Gustav III. während eines Maskenballs im Foyer der Königlichen Oper tödliche Schüsse. Dieser Mord – Thema der späteren Verdi-Oper *Ein Maskenball* – wurde nach einer Verschwörung verübt und geht auf das Konto von Adligen, die wegen der autokratischen Herrschaft des Königs aufgebracht waren. Der gefasste Hauptattentäter Jacob Johan Anckarström verlor seine Ländereien und Titel, wurde dann, weil er seine Mitverschwörer nicht verriet, wie ein gewöhnlicher Verbrecher ausgepeitscht und anschließend, bereits halbtot, geköpft.

Die Reihe spektakulärer Morde setzt sich bis in die heutige Zeit fort. 1986 erschoss ein Unbekannter den sozialdemokratischen Ministerpräsidenten Olof Palme (1927–1986), als dieser sich in einer eisigen Februarnacht mit seiner Frau nach dem Kino auf dem Heimweg befand. Palmes Frau verhielt sich während der Ermittlungen recht merkwürdig und identifizierte schließlich einen Christer Pettersson als Täter, der aber wieder freigelassen werden musste, da es fraglich erschien, ob sie ihn in der Nacht wirklich eindeutig erkannt haben konnte. Bis heute gibt es ungeklärte Fragen und jede Menge Verschwörungstheorien, aber keinen Fortschritt bei der Aufklärung. Das Attentat selbst und die schlampigen Polizeiuntersuchungen erschütterten das Vertrauen der Schweden in ihr Land, seine Institutionen und die Verantwortlichen. In jüngster Zeit scheint es, als sei möglicherweise der südafrikanische Geheimdienst in den Mord verwickelt, da Palme als strikter Gegner der Apartheid-Politik bekannt war.

1814	1921	1944	1953
Nach der Niederlage Napoleons fordert Schweden Dänemark auf, Norwegen abzutreten. Als Norwegen sich weigert, erzwingt Karl XIV. die Gründung der schwedisch-norwegischen Union, die bis 1905 besteht.	Zwischen den Weltkriegen herrscht eine sozialdemokratisch-liberale Koalition und setzt Reformen durch. Nun wird der achtstündige Arbeitstag eingeführt und das allgemeine Wahlrecht für Erwachsene über 23.	Der Diplomat Raoul Wallenberg rettet fast 100 000 ungarische Juden vor der SS, indem er sie in schwedischen „neutralen Häusern" in Budapest versteckt.	Dag Hammarskjöld wird UNO-Generalsekretär. Unter seiner Führung löst die Weltgemeinschaft 1956 die Suez-Krise.

2009 wollten Experten die chemische Zusammensetzung der Kugel, die König Karl XII. tötete, untersuchen und so endlich das Rätsel um seinen Tod lösen. Doch leider wurde ihnen die Genehmigung zur Exhumierung der Leiche untersagt, da das Grab seit 1917 schon dreimal geöffnet worden war.

Aufstieg & Untergang des schwedischen Imperiums

Kaum hatte das schwedische Imperium den Zenit seiner Macht erklommen, kam es bemerkenswert schnell zu dessen Zusammenbruch. Unter der Herrschaft Karl XI. eroberten die Schweden in erfolgreichen Schlachten gegen Dänemark und Norwegen das norwegische Bohuslän, Härjedalen und Jämtland zurück. Seine maximale Ausdehnung erreichte das Reich mit Errichtung der kurzlebigen Siedlungskolonie in Amerika, im heutigen Bundesstaat Delaware.

Die Erbschaft dieses riesigen und immer fortschrittlicher werdenden Staates trat der 15-jährige Karl XII. (1681–1718) an, ein überschwänglicher militärischer Abenteurer, der beinah seine gesamte Regierungszeit lang Krieg führte. Er brachte Schweden um sein lettisches, estnisches und polnisches Territorium, und auch die schwedischen Küstengebiete hatten sich vernichtender Angriffe Russlands zu erwehren (Großer Nordischer Krieg, 1700–1721). Karl XII. starb 1718 durch die Hand eines mysteriösen Heckenschützen.

Die Freiheitszeit

Im 18. Jh entfaltete sich die geistige Aufklärung enorm: Schweden brachte einige gefeierte Schriftsteller, Philosophen und Wissenschaftler hervor. Anders Celsius wurde Namensgeber für die Temperaturskala, Carl Scheele entdeckte das Chlor und Carl von Linné (Linnaeus) war der berühmte Botaniker, der eine Klassifikation des Pflanzen- und Tiersystems auf der Grundlage von deren Reproduktionsarten zusammenstellte.

Gustav III. (1746–1792) war ein populärer und kulturell aufgeklärter Monarch, der Glaubensfreiheit gewährte und 1790 überraschend eine erfolgreiche Seeschlacht im Finnischen Meerbusen gegen Russland bestand. Doch seine kostenträchtige Außenpolitik brachte ihm die Feindschaft des Adels ein, der ihn schließlich durch ein Attentat beseitigte.

Vilhelm Mobergs vier Romane über die schwedische Emigration des 19. Jhs., denen wahre Schicksale zugrunde liegen, lassen diese Zeit lebendig werden, obwohl es sich nicht um Geschichtswerke handelt. Ins Deutsche übersetzt erschienen sie unter folgenden Titeln: *Emigranten, Neue Heimat im Fernen Land, Die Siedler* und *Der Letzte Brief nach Schweden*.

Sein Sohn Gustav IV. Adolf (1778–1837) wurde zur Abdankung gezwungen, nachdem er sich in die napoleonischen Kriege hatte verwickeln lassen und Finnland (ein Drittel des schwedischen Territoriums) für immer an Russland verlorengegangen war. Mit dem Ende seiner Herrschaft endete nach Verabschiedung der neuen Verfassung im Jahre 1809 auch die absolutistische Königsmacht insgesamt.

Völlig überraschend überbrachte der schwedische Adlige Baron Mörner einem der Marschälle Napoleons, Jean-Baptiste Bernadotte (1763 bis 1844), die Nachricht von seiner Wahl zum schwedischen Thronfolger und er bestieg den Thron als Karl XIV. Johann. Nachdem er die Seiten gewechselt hatte, trat er in einer Allianz mit Großbritannien, Preußen und Russland in den Krieg gegen Frankreich und Dänemark ein.

1974	1995	2001	2014
Die Gruppe ABBA siegt beim Eurovision Song Contest in England und startet eine fantastische Karriere in der Popmusik.	Schweden wird widerwillig Mitglied der Europäischen Union.	Das Parlament spricht sich mit 260 zu 48 Stimmen gegen die Abschaffung der Monarchie aus. Allerdings hat der König seit 1974 keinerlei politische Machtbefugnisse mehr.	Umeå ist 2014 Kulturhauptstadt Europas – mit dem Schwerpunkt Nordschweden sowie Kunst und Kultur der Samen.

Emigration & Industrialisierung

Die Industrialisierung kam in Schweden erst spät zum Durchbruch (während der zweiten Hälfte des 19. Jhs.), dann aber mit Macht und bewirkte, dass aus einem der ärmsten Länder Europas schließlich eines der reichsten wurde.

Bedeutende schwedische Erfindungen, darunter das Dynamit (Alfred Nobel) und die Sicherheitszündhölzer (patentiert von Johan Edvard Lundstrom), neue Technologien in der Stahlerzeugung, umfangreiche Holzexporte und eine blühende Textilindustrie trugen zur wachsenden Wirtschaftsleistung des Landes und dadurch zum Aufstieg einer neuen Mittelklasse bei.

Die Industrialisierung, in Verbindung mit dem wachsendem Unmut unter der Bauernschaft, zudem verschärft durch Hungersnöte zu Beginn dieser Phase, führte zu enormen gesellschaftlichen Umwälzungen, angefangen von der Massenemigration bis zum starken Anwachsen von Arbeiterbewegungen und anderen sozialen Erscheinungen wie Gewerkschaftsorganisationen.

Schweden nimmt nicht am Krieg teil

Schweden verkündete 1912 seine Neutralität und blieb diesem Grundsatz während des Ersten Weltkriegs treu. Schwedens Neutralität im Zweiten Weltkrieg war doppelbödig: Das Bild von der weißen Weste wurde zweifellos dadurch getrübt, dass das Land den Durchmarsch der deutschen Truppen zur Besetzung Norwegens gestattete und Eisenerz an beide Seiten verkaufte. Das bewirkte eine Vertrauenskrise in Schweden selbst und brachte dem Land international Kritik ein.

Andererseits war Schweden ein Zufluchtsort für Flüchtlinge aus Finnland, Norwegen, Dänemark, den Baltischen Staaten sowie für abgeschossene Piloten der Alliierten auf der Flucht vor der Gestapo und für Tausende verfolgter Juden, denen die Vernichtung drohte.

Nachkriegszeit

Nach dem Zweiten Weltkrieg und während der 1950er- und 1960er-Jahre bauten die Sozialdemokraten den Wohlfahrtsstaat (*folkhemmet*) weiter aus. Das Konzept einer sozial orientierten Gesellschaft mit finanzieller Sicherheit für alle Bürger war unter der 1936 geschlossenen Koalition von Sozialdemokraten und Bauernpartei initiiert worden und beinhaltete Arbeitslosengeld, Kinderbetreuung, bezahlten Urlaub und vieles andere mehr. Der Lebensstandard des normalen Schweden wuchs schnell und Armut existierte so gut wie nicht mehr.

In der zweiten Hälfte des 20. Jhs. begann Schweden, eine aktive und friedfertige Rolle in der Weltpolitik zu spielen und gewährte politischen Flüchtlingen aus aller Welt Asyl. Fragen der Demokratie, Probleme der Abrüstung und der Dritten Welt lagen Premierminister Olof Palme (1927–1986) sehr am Herzen, bis er 1986 auf offener Straße in Stockholm ermordet wurde.

In den letzten 30 Jahren hat Schweden sich zu einem wohlhabenden Land mit einer starken Wirtschaft und dem umfassendsten Sozialsystem der Welt entwickelt. Und das, obwohl es in den frühen 1990er-Jahren unter einer heftigen Rezession und hoher Arbeitslosigkeit gelitten hat. Seine vorwiegend auf Export ausgerichtete Wirtschaft bleibt anfällig für globale wirtschaftliche Probleme. Da in den letzten 20 Jahren auch Kürzungen im Sozialsystem vorgenommen werden mussten, denken viele Schweden, dass das Problem durch die Einwanderungspolitik des Landes verstärkt wird. Sie argumentieren, dass sich durch das beträchtliche Anwachsen der Bevölkerung das Sozialsystem nicht in der bisherigen Form aufrechterhalten lässt.

Blood on the Snow von Jan Bonderson untersucht den Mord an Olof Palme und rekonstruiert die Geschehnisse in der Mordnacht. Außerdem beschreibt der Autor die seltsamen Polizeiuntersuchungsmethoden und die verschiedenen Verschwörungstheorien, schließlich unterbreitet er seine eigene Theorie.

Der Mord an Außenministerin Anna Lindh (1957–2003) traf Schweden abermals bis ins Mark. Die Politikerin wurde, unbegleitet von Bodyguards, beim Einkauf im Stockholmer Kaufhaus Nordiska Kompaniet niedergestochen. Der geistig gestörte Angreifer, Miajailo Mijailovič, konnte gefasst werden und wurde zu lebenslanger Haft verurteilt. Offenbar war dieses Attentat nicht politisch motiviert.

1979 reichten Hunderte von Schweden auf der Arbeitsstelle eine Krankmeldung ein, weil sie schwul seien; damit wollten sie gegen die damals noch übliche Einstufung der Homosexualität als Krankheit protestieren.

Schweden stimmte 1995 mit einer knappen Mehrheit für den Beitritt zur EU. Und obwohl das Land keinem militärischen Bündnis angehört, nehmen schwedische Truppen doch häufig an Friedensmissionen der Nato teil.

In jüngster Zeit war Schweden in den Skandal um die Ausweisung des WikiLeaks-Gründers Julian Assange verwickelt. Obwohl in den USA Haftbefehl gegen ihn bestand, weil er geheime Dokumente der Öffentlichkeit zugänglich gemacht hatte, verlor Assange in Großbritannien ein Berufungsverfahren, das seine Auslieferung an Schweden wegen sexueller Nötigung verhindern sollte. Da die schwedischen Gerichte nicht garantieren können, dass er nicht an die USA ausgeliefert wird, hat Assange zwischenzeitlich Zuflucht in der ecuadorianischen Botschaft in London gesucht.

Essen & Trinken

Lang hat es ja gedauert, bis Schweden endlich sein Image von fadem Fisch mit Kartoffeln loswurde. Doch nicht nur Zuwanderer und die Mitgliedschaft in der EU haben auf der schwedischen Speisekarte neue Geschmacksrichtungen hinterlassen, eine neue Welle von kühnen jungen Küchenchefs experimentiert seit geraumer Zeit mit traditionellen schwedischen Speisen, die sie mit verschiedenen anderen Einflüssen fusionieren. Das Ergebnis ist eine spannende kulinarische Szene, die es mit den gastronomisch besten Städten Europas aufnehmen kann.

Klassische Cuisine

Die traditionelle schwedische Küche beruht auf einfachen, alltäglichen Zutaten und ist unter dem Begriff *husmanskost* bekannt – es schmeckt halt wie zu Hause bei Muttern. Das berühmteste Beispiel sind wohl die schwedischen Fleischklopse. Weitere klassische *husmanskost*-Gerichte, die überwiegend auf Fisch und Kartoffeln basieren, sind allerlei Varianten von Salz- und Brathering, eingelegtem Lachs und *pytt i panna* (Bratkartoffeln, die mit Rote-Beete-Scheiben und einem gebratenen Ei obendrauf serviert werden). Das ist so ziemlich das ultimative Comfort Food. Überall gibt es Brote dick mit Shrimps belegt. Die umfassendste Einführung in sämtliche Spezialitäten der schwedischen Küche bietet aber sicher das *smörgåsbord* (Büfett), das vor allem in den Winterferien gern angeboten wird.

Eine Spezialität, die für die meisten Besucher gewöhnungsbedürftig ist – und die sogar viele Schweden nicht mögen –, ist *surströmming*. Es handelt sich dabei um fermentierten Ostsee-Hering in der Dose; dieser Fisch wird traditionsgemäß einmal im Jahr herausgeholt und verspeist, nämlich von Ende August bis Anfang September. Der Hering kann in *tunnbröd* (dünnes, weiches, ungesäuertes Brot ähnlich einer Tortilla) gewickelt sein und mit Pellkartoffeln, Zwiebeln und anderen Gewürzen verzehrt werden; anschließend wird alles mit einer ordentlichen Menge *snaps* (ein Klarer im Stil von Wodka oder Aquavit) hinuntergespült. Auch wenn viele bei *surströmming* erst auf den Geschmack kommen müssen, gibt es doch zahllose überzeugte Anhänger, und zwar vor allem im Norden des Landes. Im Dorf Alfta findet zu Ehren dieses Gerichts sogar ein eigenes Festival statt. In jedem Fall gibt so eine Fischkonserve ein originelles Souvenir ab. Nur: Gut verpacken sollte man sie schon, damit im Fall einer undichten Stelle nicht die ganze Soße in den Koffer läuft – der reinste Alptraum. (Zudem sollte man mit der Airline Rücksprache nehmen: Manchmal ist es nämlich nicht erlaubt *surströmming* im Gepäck zu haben.)

Dass in Schweden konservierte Lebensmittel vorherrschen, geht auf eine Zeit zurück, als den Schweden kaum eine andere Wahl blieb, als die Ernte im Frühjahr und Sommer für die langen, eiskalten Winter irgendwie aufzubewahren. Doch auch die Landschaft beeinflusst in verschiedenen Teilen des Landes die Speisekarte. Wohin man auch kommt, gibt es regionale Spezialitäten – von Västerbotten-Pastete bis hin zu Safranpfannkuchen (beides sehr lecker!).

UNBEDINGT PROBIEREN

➡ **Mathias Dahlgren** (S. 84) Er bereitet in Stockholms neuestem Gourmettempel einheimische Produkte auf außergewöhnliche Art zu.

➡ **Grands Verandan** (S, 84) Eine weitere Kreation von Dahlgren und der perfekte Platz für ein traditionelles schwedisches *smörgåsbord*.

➡ **Ájtte Museum Restaurant** (S. 319) Hier kann man köstliche Wildgerichte genießen, nach traditioneller Art der Samen zubereitet.

➡ **Salt & Brygga** (S. 202) Ein angesagtes Slowfood-Restaurant mit schwedischer Küche aus Bio-Produkten in allergiefreier Atmosphäre mit geringem Umwelteinfluss.

Wild spielt eine wichtige Rolle in der schwedischen Küche, vor allem im Norden des Landes. In den traditionellen Gerichten der Samen wird häufig Rentierfleisch verwendet, gepökelt, getrocknet, gebraten, als Wurst oder als Trockenfleisch. Auch Elchfleisch findet oft Verwendung. Vor allem in der Küche der Samen serviert man das Wild oft mit Saucen, die auch wilde Beeren enthalten.

Zu den nördlichen Spezialitäten zählen *ripa* (Schneehuhn) und Seesaibling, ein Verwandter von Lachs und Forelle. (Der milde Saibling taucht im Sommer auf Speisekarten in ganz Schweden auf und lohnt einen Versuch, vor allem wegen der raffinierten Zubereitungsarten. Köche lieben diesen robusten Fisch, weil er so viele Möglichkeiten bietet.)

Apropos Beeren: Ein weiterer Geschmack, den es einzig und allein in Skandinavien gibt, ist der von *hjortron* (Moltebeere). Diese Beeren gedeihen im Sumpfgebiet von Norrland und erinnern äußerlich ein wenig an blasse Himbeeren, doch ihr Aroma ist schier überwältigend und für die Schweden die reinste Delikatesse. Oft werden die Beeren als warme Soße zu Eis gereicht. (Außerdem gibt es einen süßen *hjortron*-Likör.)

Weitere traditionelle Speisen, die man wirklich probieren sollte, sind *toast skagen* (Toast mit schwarzem Rogen, Crème fraiche und gehackter roter Zwiebel), die klassischen *köttbullar och potatis* (Fleischklopse und Kartoffeln, meist mit Preiselbeermarmelade, die *lingonsylt* heißt) und *nässelsoppa* (Nesselsuppe, traditionell mit hartgekochten Eiern serviert). Erbsensuppe und Pfannkuchen werden in der Regel am Donnerstag serviert. Zu den typischen Fisch- und Meeresfrüchtegerichten gehören Kaviar, *gravad* oder *rimmad lax* (Räucherlachs) und der allgegenwärtige *sill* (Hering), der geräuchert, gebraten oder eingelegt verzehrt wird, oft mit Garnierungen wie Kapern, Senf oder Zwiebeln. Im Freien an einem Tisch mit Blick aufs Meer zu sitzen und frisch gebratenen Hering mit neuen Kartoffeln und Preiselbeersauce zu essen, ist das perfekte – und leicht zu findende – Schwedenerlebnis.

Die Schweden lieben ihr tagtägliches Kaffeeritual (*fika),* zu dem ganz unweigerlich auch Gebäck gehört – oft *kanelbullar* (Zimtwecken) oder *kardemummabullar* (Kardamombrötchen). Das aus Mandeln hergestellte Marzipan ist eine gängige Zutat in Gebäck wie beispielsweise der Prinzessinnentorte, einem köstlichen Kuchen mit limettengrüner Marzipanglasur – erhältlich in jeder Bäckerei. Gourmet-*konditori* (altmodische Bäckereien mit Café) und viele Cafés produzieren ihre ganz individuellen Varianten der gängigen Kuchen und Kekse – am besten probiert man gleich mehrere.

Aktuelle Trends

Im Großen und Ganzen verbindet die heutige Küche Schwedens globale Einflüsse mit landeseigenen Produkten zu Gerichten wie gebackener Ringeltaube mit Kartoffel-Apfel-Ragout oder Blumenkohl-„Tüte" mit weißer Schokolade und Kaviar. Die lokalen Größen haben mittlerweile die Qualität ihrer eigenen Vorratskammer entdeckt. Heute gilt die Leidenschaft den frischen Zutaten aus dem eigenen Land, vom Apfel aus Kivik bis zum hellen Kaviar aus Kalix. Und ebenso wichtig ist es, Zutaten der Jahreszeit entsprechend zu verwenden – die saftigen Beeren gibt es dann im Frühling, Artischocken und Krebs im Sommer und herzhafte Trüffel und Wurzelgemüse in den kälteren Monaten.

Eine andere Obsession, die zunehmend um sich greift, ist die Vorliebe für nachhaltige Landwirtschaft, kleinere Produzenten und Bioware. Immer mehr Restaurants und Cafés servieren mit großem Stolz Produkte aus biologischem Anbau, wobei sie zusätzlich ethische, ökologische Anbaumethoden aktiv unterstützen. Praktisch der gesamte Kaffee, der in den großen Hotelketten auf den Tisch kommt, trägt das Prädikat „biologisch" (auf dem Etikett als *krav* oder *ekologisk* bezeichnet), und dies gilt auch für das Angebot an Speisen auf dem Frühstücksbüfett.

Somit ist es eigentlich kein Wunder, dass dieser neue Trend in der Gastronomie auch Auswirkungen auf den Tourismus zeigt. Kulinarische Rundreisen und Aktivitäten sind im Aufwind begriffen, und die Bandbreite ist wirklich enorm – von der Trüffelsuche auf Gotland bis hin zu Hummer-Safaris an der Westküste. Zahlreiche Fremdenverkehrsämter bieten auch kulinarische Führer für ihre jeweilige Region an.

Festliche Genüsse

Um Weihnachten herum servieren viele Restaurants ein *julbord*, eine besonders üppige Version des berühmten schwedischen *smörgåsbord*-Büfetts. Es umfasst all die üblichen Köstlichkeiten – Hering, *gravlax*, Fleischbällchen, Rippchen, *blodpudding* (Blutpudding) – und dazu saisontypische Leckereien wie Schinkenbraten in Senfsauce und *Janssons frestelse* (herzhafter Auflauf aus Sahne, Kartoffeln, Zwiebeln und Sardellen). Außerdem gibt es in der Weihnachtszeit *Julmust* (süßes, dunkelbraunes Mostgetränk, das beim Einschenken wie Bier schäumt) und *glögg* (gewürzten Glühwein). Ein wärmender Becher *glögg*, wie er im Winter überall an Buden verkauft wird, verlangt zwingend nach einem *pepparkaka* (Pfefferkuchenkeks) oder einem *lussekatt* (Safranbrötchen).

Die kurzen, intensiven Sommer nutzen viele Schweden zu Ausflügen aufs Land – zum Faulenzen und Picknicken. Ein typisches sommerliches Mittagessen besteht aus verschiedenen Sorten *inlagd sill* (eingelegtem Hering) mit *knäckebröd*, kräftigem Käse wie dem krümeligen *Västerbottens ost*, gekochten Kartoffeln mit gehacktem Schnittlauch und Sahne, Erdbeeren und dazu ein, zwei Fingerbreit *snaps* und etwas Leichtbier, „damit der Fisch besser in den Magen schwimmt". Das Hinscheiden des Sommers feiern (oder betrauern) die Schweden, indem sie sich gegen Ende August zum *kräftskivor* (Krebsessen) versammeln, um mit Dill gekochte *kräftor* (Krebse) zu schlemmen, *snaps* zu bechern und *snapsvisor* (Trinklieder) zu singen.

Für Süßmäuler bedeutet die nahende Fastenzeit nur eins: *semla*, eine schrecklich dekadente Kreation aus Weizenmehlbrötchen, gefüllt mit Schlagsahne und Marzipan. Traditionell wurde sie nur am *fettisdagen* (Fetter Dienstag oder Faschingsdienstag) gegessen. Heutzutage sabotiert sie jede Diät allerdings schon ab Januar.

Getränke

Anfangs, als Stockholm noch eine ruppige Hafenstadt war, in der Matrosen herumtorkelten, wurde die Alkoholsteuer an dem Ort erhoben, an dem ein Mann im Suff umkippte und sich übergeben musste. (Heute kann man ähnlich vorgehen, um herauszufinden, welche Kneipen man besuchen sollte – und welche wahrlich nicht.) Die Alkoholgesetze und Bräuche haben sich seit den alten Zeiten ein wenig gewandelt, wohl auch bedingt durch die Notwendigkeit, sich den Standards der EU anzupassen. Doch einige Richtlinien gibt es dann doch für den Kauf von alkoholischen Getränken in Schweden, die generell nur an Erwachsene abgegeben werden.

Öl (Bier) wird nach dem Alkoholgehalt klassifiziert. Je stärker das Bier, desto höher der Preis und desto kräftiger im Allgemeinen auch der Geschmack. Leichtbiere (*lättöl*, unter 2,25 Vol.-%) und „Volksbiere" (*folköl*, 2,25–3,5 Vol.-%) machen etwa zwei Drittel des schwedischen Bierkonsums aus und sind im Supermarkt zu kaufen. Mittelstarkes Bier (*mellanöl*, 3,5–4,5 Vol.-%) und Starkbier (*starköl*, über 4,5 Vol.-%) gibt es wegen des Alkoholmonopols nur im Systembolaget, den staatseigenen Geschäften, bzw. in Bars und Restaurants. Auch Wein und Hochprozentiges bekommt man – außer in Bars und Restaurants – nur im sogenannten Systemet.

Wie viele in Mengen produzierte Biere bieten auch die alltäglichen Biere aus den großen Brauereien wie Falcon, Åbro, Pripps und Spendrups kaum einen typischen Geschmack. Doch in den vergangenen Jahren sind erfreulicherweise viele gute kleine Brauereien entstanden. (Es lohnt sich, nach dem Fallen Angel Bitter von Jämtlands, nach irgendwelchen Bieren von Nynäshamns Ångbryggeri oder nach den Wisby-Bieren der Gotlands-Brauerei zu fragen.) Importbiere aus anderen europäischen Ländern sind seit der EU-Mitgliedschaft auch wesentlich leichter zu finden. In Bars und Restaurants kosten einheimische Produkte wie Spendrups, Pripps oder Falcon zwischen 50 Skr und 70 Skr pro Pint; für importierte Biere, Wein oder Mixgetränke liegen die Preise eher zwischen 98 Skr und 120 Skr. Häufig gibt es auch supersüßen Birnen- oder Apfel-Cidre, oft in Varianten mit wenig oder gar keinem Alkohol.

Das typisch schwedische Alkoholgetränk ist *brännvin*, wofür Absolut Vodka das beste Beispiel ist. Eine skandinavische Variante von *brännvin* heißt Aquavit und wird als *snaps* getrunken, ein starkes, intensiv schmeckendes Getränk, das normalerweise aus Kartoffeln gebrannt und mit Kräutern gewürzt wird. (Ein kleines Glas Aquavit wird oft als *nubbe* bezeichnet und von einem Trinklied, *snapsvisor* begleitet.)

In Schweden ist der Genuss von Alkohol ab 18 Jahren gesetzlich erlaubt. Dies gilt sowohl für den Erwerb von Bier in Lebensmittelgeschäften als auch für jede Art Alkohol in Bars und Restaurants. Das Mindestalter zum Kauf von Alkohol in einem Systembolaget liegt bei 20 Jahren. In vielen Kneipen und Speiselokalen wird die Altersgrenze jedoch noch höher angesetzt.

Das Getränk, mit dem Reisende in Schweden aller Wahrscheinlichkeit nach am ehesten Bekanntschaft schließen, weist jedoch gar keinen Alkohol auf. Das inoffizielle Nationalgetränk ist: Kaffee! Immer mehr Cafés eröffnen, die anstelle von Filterkaffee eine Art italienischen Espresso servieren. Das tägliche Kaffeeritual, bei dem auch ein Stück Gebäck (*fika*) nicht fehlen darf, ist ein einfaches, aber angenehmes Vergnügen

INFOS IM INTERNET

➡ **Culinary Skåne** (http://matupplevelser.skane.org/en) ist ein Netzwerk von Restaurants und Bauern, das über regionale Events zu Produkten und Essen informiert.

➡ **Swedish Institute** (www.sweden.se) bietet eine ausführliche Diskussion von schwedischem Essen unter dem Unterpunkt „Lifestyle".

➡ **Äkta Sylt** (www.aktasylt.se) ist eine Website, die sich der Preiselbeerkonfitüre widmet, ihrer Herstellung und ihrer Vermarktung; auf Schwedisch.

➡ *Vår Kokbok* ist ein klassisches schwedisches Kochbuch aus den 1950er-Jahren.

und lässt sich auf der Reise gut übernehmen. Aber selbstverständlich ist Tee ebenfalls überall erhältlich. *Saft* wird in der Regel aus Preiselbeeren, Blaubeeren oder Holunder hergestellt, es gibt jedoch auch den üblichen Apfel- oder Orangensaft.

Praktisch & Konkret

Wohin zum Essen?

Hotels und Hostels bieten Frühstücksbüfetts *(frukost)* an, auf denen sich in der Regel Joghurt und Cerealien, mehrere Sorten Brot, Gebäck, Knäckebrot und/oder Brötchen finden, dazu allerlei zum Drauflegen *(pålägg)* wie Butter, Käse, hartgekochte Eier, Wurst, Leberpastete, Kalles-Kaviar (ein berühmter Kaviaraufstrich), eingelegter Hering, Gurkenscheiben und Marmelade. Mittlerweile sind gleich mehrere Café-Ketten (Wayne's Coffee, Espresso House) weit verbreitet, in denen es zum üblichen Frühstücksgebäck oder deftigeren Speisen einen recht anständigen Cappuccino oder Latte gibt.

Ein recht gehaltvolles Mittagessen ist schon seit Langem eine Institution für die arbeitende Bevölkerung – Cafés und Restaurants bieten an Werktagen zwischen 11.30 und 14 Uhr normalerweise ein Mittagsgericht (manchmal auch eine Auswahl mehrerer), *dagens rätt*, zu einem festen Preis (zwischen 85 und 125 Skr). Ursprünglich war das eine vom Staat geförderte und finanziell unterstützte Maßnahme, damit die Arbeitskräfte zufrieden und effizient bleiben. Heute ist es noch immer eine der günstigsten Möglichkeiten, mal von der schwedischen Spitzenküche zu kosten. Zum *dagens rätt* gehören in der Regel ein Hauptgericht, Salat, ein Getränk, Brot und Butter sowie zum Abschluss ein Kaffee.

Wer nur ein leichteres Mittagessen zu sich nehmen möchte, besucht eine *konditori* (kleines Café), wo das gängige Gebäck und köstliches *smörgås* (Sandwich) zu haben sind, eine kunstvolle Kreation mit Salat, Garnelen oder Lachs, gekochtem Ei und einer Senf-Dill-Soße. Die meisten Cafés und Coffeeshops servieren heutzutage auch herzhafte Salate, die viel fürs Geld bieten; man bekommt dort beispielsweise Blattsalat oder Gemüse mit Körnern oder Nudeln, dazu verschiedene exotische Köstlichkeiten in einer gewaltigen Schale (in der Regel zu 85–100 Skr).

Tischmanieren

Im Großen und Ganzen entsprechen die Tischmanieren in Schweden denen im übrigen Europa. Bei sehr förmlichen Anlässen sollte man abwarten, bis der Gastgeber die Gäste an der Tafel willkommen heißt, bevor man zu essen und trinken beginnt. Man prostet sich mit einem herzlichen *skål* zu, stößt jedoch nicht mit dem Glas an – dies gilt als unfein. Außerdem sollte man ausschließlich bei einem Toast an seinem Wein nippen. Erst nachdem der Gastgeber alle aufgefordert hat, dem Wein nach Lust und Laune zuzusprechen, kann man nach Belieben trinken. Wer bei jemandem privat zu Hause eingeladen ist, sollte sich ein Paar anständige Socken einstecken, denn es wird im Allgemeinen von den Gästen erwartet, dass sie in der Diele die Schuhe ausziehen. (Es ist auch keineswegs ungewöhnlich, wenn Gäste Hausschuhe zum Wechseln mitbringen.) Die Schweden sind in der Regel recht pünktlich. Man sollte sich also bemühen, wirklich zum vereinbarten Zeitpunkt einzutreffen und nicht mit „akademischem Viertel" oder gar noch später. Und mit leeren Händen sollte man auch nicht kommen: Eine Flasche Wein oder Blumen sind genau richtig für so einen Anlass.

Günstig essen

Imbissessen ist die billigste und einfachste Methode, in Schweden satt zu werden, besonders in den Städten, aber auch an Stränden, Autobahnen und auf Campingplätzen. Eine Imbissbude mit Grill heißt *gatukök* (wörtlich: „Straßenküche"). In der schwedischen Streetfood-Szene spielen die Hotdogs ganz klar die Hauptrolle – das Basismodell heißt *grillad korv med bröd,* Grillwurst mit Brot (sprich: im Brötchen), auf Wunsch gibt es das Würstchen aber auch gekocht *(kokt).* Abenteuerlustige Gemüter stellen die wildesten Dinge mit der *korv* an – vor allem packen sie alle möglichen Beilagen von Krabbensalat bis Kartoffelpüree oder Krautsalat bis zu gerösteten Zwiebeln mit hinein. Kebab -Restaurants sind eine weiteres gutes Angebot im Bereich Fastfood.

Öffnungszeiten

Restaurants sind im Allgemeinen fürs Mittagessen von 11 bis 14 und fürs Abendessen von 17 bis 22 Uhr geöffnet. Cafés und Bäckereien sind meist den ganzen Tag offen, etwa von 8 bis 18 Uhr.

Trinkgeld

Trinkgeld wird inzwischen auch in Schweden ein bisschen häufiger, doch wird es nur in gehobenen Restaurants erwartet. Service steht bereits auf der Rechnung, aber wenn der Service sehr gut war, sind 10 bis 15 % Trinkgeld durchaus angebracht.

Selbstversorger

Die wichtigsten Supermarktketten Schwedens – ICA, Konsum und Hemköp – findet man problemlos überall in den Städten und Dörfern. Plastikbeutel kosten an der Kasse 2 bis 5 Skr.

In ganz Schweden sind in den Supermärkten fertig zubereitete Speisen erhältlich, die einen guten Snack abgeben, aber es bereitet auch kein Problem, selbst etwas zu kochen, wenn jemand im Hostel oder auf dem Campingplatz wohnt. Das Warenangebot in den Standardsupermärkten ist allerdings oft nicht gerade prickelnd. Frisches Obst und Gemüse der Saison sind jedoch auf dem Markt erhältlich, beispielsweise am Hötorget in Stockholm oder auch in Bauernläden auf dem Land oder an Ständen am Straßenrand.

Vegetarier & Veganer

Vegetarische und veganische Restaurants gibt es allenthalben; in den größeren Städten finden sich hervorragende vegetarische Büfetts, und sogar in ländlichen Gegenden steht in den Restaurants im Allgemeinen ein fleischloses Hauptgericht auf der Speisekarte zur Auswahl.

Menschen & Kultur

Wie überall spiegelt sich auch in Schweden der Nationalcharakter in seiner Populärkultur – von düster bis leichtfertig. Der schwedische Humor ist in der Tat ein wenig eigenartig; wer ihn nicht kennt, bemerkt ihn vielleicht nicht oder deutet ihn als Unfreundlichkeit. Die Literatur und das Kino Schwedens zeichnet im Allgemeinen ein düsterer Sinn für Dramatik aus, gepaart mit Galgenhumor und ausgeprägter Ästhetik – in anderen Worten: das genaue Gegenteil seiner bekanntesten Popmusik.

Der Nationalcharakter

Blond, blauäugig, kühl und reserviert: Diese vier Charakteristika prägen wohl die vorherrschende Meinung über die Schweden, doch die Wirklichkeit ist – wen wundert es – weit komplexer und widersprüchlicher. Dunkle Haare, schelmisches Wesen und gelegentliche unerwartete Freundlichkeit sind nicht ungewöhnlich; weit verbreitetes Interesse für Reisen und aktuelle Trends zeitigt neugierige Einheimische und aufschlussreiche Gespräche.

Zwei wichtige Begriffe im typisch schwedischen Denken sind *lagom* und *ordning och reda*. *Lagom* heißt „gerade richtig" – nicht zu wenig, nicht zu viel. Ein gutes Beispiel ist *mellanöl* (mittelstarkes Bier) – es ist nicht stark, aber auch nicht so schwach wie ein leichtes Bier. Eine Ausnahme in Bezug auf *lagom* ist das *smörgåsbord*.

Ordning och reda bedeutet Sauberkeit und Ordnung: Alles gehört in der Welt an seinen richtigen Platz. Ein gutes Beispiel ist das Schlangestehen; bei ganz vielen Gelegenheiten muss man in Schweden eine Nummer erhalten und dann anstehen – und dass tut auch jeder mit großer Geduld. Eine Ausnahme bei *ordning och reda* ist allerdings der Straßenverkehr in Stockholm.

Lifestyle

Die Schweden sind ein freundliches Völkchen. *Var så god* ist eine häufig gebrauchte Wendung und hat verschiedene positive Bedeutungen: „Willkommen", „bitte", „freut mich", „gern zu Diensten" und „danke". Und Schweden gebrauchen das Wort „danke" (*tack*) so häufig, dass Sprachbücher sich darüber lustig machen.

Erst seit den 1930er-Jahren wohnen mehr Schweden in der Stadt als auf dem Land und selbst die hartgesottensten Städter bewahren sich eine tiefe Liebe zur Natur. Das ländliche *sommarstuga* (Sommerhaus) gehört praktisch dazu, zumindest als Zielsetzung; es gibt etwa 600 000 Zweithäuser in Schweden, aber wirklich jeder Schwede wünscht sich ein kleines Holzhaus auf dem Land oder einer der Schäreninseln. Tatsächlich gibt es in Schweden weltweit die höchste Anzahl an Ferienhäusern pro Kopf. Die meisten Menschen, denen man während der Sommerferien auf Campingplätzen begegnet, sind Schweden, die sich an den Naturwundern des eigenen Landes erfreuen.

Viele Besucher Schwedens sind auch freudig überrascht, wie viele Männer Kinderwägen schieben. Die Gleichstellung der Geschlechter ist in Schweden fortgeschrittener als in vielen anderen Ländern. In der

Regierung gibt es ein Ministerium für Integration und Gleichstellung der Geschlechter sowie eine Schiedsstelle für Gleichstellungsfragen, die sicherstellt, dass alle Arbeitgeber und Ausbildungsstätten die Gleichstellung der Geschlechter fördern und Diskriminierung aufgrund des Geschlechts verhindern. Fast die Hälfte der Mitglieder im Riksdag, dem Parlament, sind Frauen; es gibt eine hervorragende Kinderbetreuung und beide Elternteile bekommen freie Tage, um sich um ihre Kinder zu kümmern.

Die neue TV-Sitcom *Welcome to Sweden* bietet den witzigen Blick eines Außenstehenden auf die Verschrobenheiten der schwedischen Kultur; Greg Poehler entwarf die Serie, die von den verschiedenen Missgeschicken eines Amerikaners berichtet, der seinen Job in New York aufgegeben hat und nach Schweden zieht, um dort mit seiner schwedischen Verlobten und deren Familie zu leben.

Schwedische Filme

Schweden beschritt in den 1920er-Jahren den Weg in die Stummfilm-Ära mit Meisterwerken wie *Körkarlen* (Der Fuhrmann des Todes), das auf einem Roman von Selma Lagerlöf basiert; Regie führte Mauritz Stiller. 1967 kam Vilgot Sjömans berüchtigtes *Ich bin neugierig (gelb)* in die Kinos , ein unterschwellig komischer sozialpolitischer Film, der außerhalb Schwedens mehr Aufmerksamkeit wegen seiner Indizierung erregte als wegen seiner inhaltlichen Schärfe (und mit einigen Scherzen über das Königshaus, die das nichtschwedische Publikum natürlich nicht verstehen konnte).

Trotz alledem sticht eine Person hervor, die das moderne schwedische Kino praktisch im Alleingang bestimmte: Ingmar Bergman. Mit stark kontemplativen Filmen wie *Das siebente Siegel, Wie in einem Spiegel* und *Persona* ergründete der Regisseur mit der Baskenmütze die Fremdheit unter den Menschen, die Abwesenheit Gottes, den Sinn des Lebens, die Unumgänglichkeit des Todes und andere nicht gerade heitere Themen. Egal wie man zu Bergman steht, es ist praktisch unmöglich, sich dem schwedischen Film ohne ihn und seinen Einfluss zu nähern.

SCHWERE FILMKOST

Die schwedische Filmindustrie ist eigentlich enorm abwechslungsreich, doch die meisten Menschen bringen schwedische Filme nun einmal mit Ingmar Bergman in Verbindung, dessen Werke düster wie die Nacht sind. Viele Filmemacher sind in ihren Werken seinem ernsten Stil gefolgt:

➡ *Songs from the Second Floor* (Roy Andersson; 2000), ein postapokalyptischer urbaner Alptraum in surrealem Zeitlupentempo; sicher nicht für jedermann geeignet.

➡ *Lilya 4-Ever* (Lukas Moodysson; 2002), eine düstere Erzählung zum Thema Menschenhandel.

➡ *Ondskan* (Evil; Mikael Håfström; 2003), ein Film über Gewalt an einem Jungeninternat.

➡ *Zozo* (Josef Fares; 2005). Eine libanesische Waise schlägt sich allein nach Schweden durch und hat anschließend mit einem Kulturschock zu kämpfen.

➡ *Darling* (Johan Kling; 2007). Harte wirtschaftliche Zwänge führen zu einer ungewöhnlichen Freundschaft zwischen einem oberflächlichen Partygirl aus privilegierten Verhältnissen und einem liebenswürdigen alten Mann.

➡ *So finster die Nacht* (Tomas Alfredson; 2008) greift das Horrorfilm-Genre auf eine exzellente und sehr stilisierte Art und Weise auf und zeigt das Schicksal eines einsamen jungen Menschen in einer lebensfeindlichen Welt.

In jüngerer Zeit entwickelten sich die Städte Trollhättan und Ystad zu Zentren der Filmproduktion; in Letzterem arbeitet u. a. der viel gerühmte Regisseur Lukas Moodysson, dessen *Lilya 4-Ever, Raus aus Åmål* und *Zusammen!* beim Publikum und bei der Kritik gleichermaßen gut ankamen. Moodysson hatte einige Jahre eine schlechte Zeit, trat aber mit seinem neuesten Werk *We Are the Best!* von 2014 wieder ins internationale Rampenlicht. Der Film erzählt die spannende und anrührende Geschichte von drei Gymnasiastinnen im Stockholm der 1980er-Jahre, die um ihre Umgebung zu schockieren eine Punkband gründen. Das Drehbuch basiert auf einem halbbiografischen Graphic Novel von Moodyssons Frau Coco, mit dem Titel *Aldrig Godnatt (Never Goodnight)*. Der Zuschauer bekommt einen guten Eindruck vom Leben in Schwedens Städten in jenem Jahrzehnt.

Der im Libanon geborene Josef Fares *(Jalla! Jalla!, Kopps, Zozo, Leo)* zählt zu den Vertretern der zweiten Einwanderergeneration. Zusammen mit dem im Iran gebürtigen Regisseur Reza Bagher *(Flügel aus Glas)* und Reza Parsa *(Sturm der Vergeltung)* hat Fares das Augenmerk auf die Erfahrungen der Einwanderer in Schweden gerichtet. Der für ihn ungewöhnlich düstere Hauptfilm aus dem Jahre 2007, *Leo,* unterstreicht Fares Qualitäten zusätzlich.

Ein weiterer preisgekrönter schwedischer Regisseur ist Roy Andersson, dem man früher einmal den Beinamen „Slapstick-Ingmar-Bergman" gab. Sein Film *Du levande (Das jüngste Gewitter)* ergatterte 2008 drei Preise (darunter den als bester Film) bei der Verleihung der renommierten schwedischen Guldbagge Awards.

In jenes Jahr fällt auch der Erfolg von Tomas Alfredsons eigenartiger, beunruhigender Teenager-Vampirgeschichte, *Let the Right One In (So finster die Nacht)* nach einem schwedischen Bestseller.

Doch der große Renner im gegenwärtigen schwedischen Film sind die Filmversionen von Stieg Larssons Bestseller-Krimis, die 2009 mit *Verblendung* begannen. Die schwedische Trilogie mit Michael Nyqvist und Noomi Rapace in den Hauptrollen war ein großer kommerzieller Erfolg. Vom ersten Teil entstand 2010 unter der Regie von David Fincher ein englischsprachiges Remake, in dem Daniel Craig den Journalisten Mikael Blomkvist spielt. Der Film wurde größtenteils in Schweden gedreht.

Schwedische Literatur

Die Schriftsteller waren und sind die bekanntesten Größen der schwedischen Kulturszene, allen voran der Dichter Carl Michael Bellman (1740–1795), der einflussreiche Bühnen- und Romanautor August Strindberg (1849–1912) und natürlich die Kinderbuchautorin Astrid Lindgren (1907–2002).

Im Zweiten Weltkrieg bezogen mehrere schwedische Autoren Stellung gegen die Nazis, z. B. Eyvind Johnson (1900–1976) mit seiner 1943 abgeschlossenen *Krilon*-Trilogie und die Dichterin und Romanautorin Karin Boye (1900–1941), deren Roman *Kallocain* 1940 herauskam. Vilhelm Moberg (1898–1973), ein Vertreter der Arbeiterliteratur des 20. Jhs. und leidenschaftlicher Gesellschaftskritiker, wurde international berühmt mit seiner vierbändigen Chronik *Romanen om utvandrarna (Der Roman von den Auswanderern*, 1949–1959).

Zu den Stars der zeitgenössischen Literaturszene gehören der Dramatiker und Romanautor Per Olov Enquist (1934–), den sein Roman *Livläkarens besök (Der Besuch des Leibarztes;* 2003) international bekannt machte, in dem der Leibarzt von König King Christian VII. mit der Königin eine Verschwörung plant, um die Macht zu übernehmen.

Leser, die sich für den hohen Norden mit seinem ganz eigenen Charakter interessieren, sollten die Arbeiten von Torgny Lindgren, einem

Mitglied der Schwedischen Akademie, lesen, vor allem seinen Roman *Pölsan (Das Höchste im Leben;* 2004) oder die Kurzgeschichtensammlung *Merab's Beauty* (1989).

Der Roman *Populärmusik från Vittula (Populärmusik aus Vittula;* 2002) von Mikael Niemi ist die Geschichte eines pubertären Möchtegern-Rockstars im fernen Nordschweden und erlangte ebenso internationalen Kultstatus wie der Film, den der im Iran geborene, schwedische Regisseur Reza Bagher 2004 daraus machte.

Der politische Autor und Journalist Sven Lindqvist (geb. 1932) hat sich aufgrund seiner äußerst kritischen und manchmal auch kontroversen Titel einen Namen gemacht. Sein wohl bekanntestes Werk ist *Utrota varenda jävel* (Rotte all die Bastarde aus; deutsch: *Durch das Herz der Finsternis,* 1999/2002), in dem er dem Völkermord der europäischen Kolonialmächte in Afrika nachgeht. Kürzlich erschienen ist *Terra Nullius* (2005), eine mächtige und bewegende Geschichte über das koloniale Australien und den Versuch, die Kultur der Aborigines zu vernichten.

Einen unerwarteten Erfolg erlebte 2013 *Ein Mann namens Ove,* ein Roman über einen mürrischen alten Mann in einem schwedischen Vorort, der (auf sehr komische Art) mit den Veränderungen, die das modernen Leben seinem Land und, noch wichtiger, seinem Parkplatz gebracht hat, umgeht. Das Buch war in Schweden ein Überraschungserfolg für den Journalisten und Blogger Fredrik Backman und ist in viele Sprachen übersetzt worden. Es ist eine leichte Lektüre, bietet einen informativen Blick in das Leben eines modernen schwedischen Apartmentkomplexes.

Krimis

Der Riesenerfolg der Millennium-Trilogie des verstorbenen Journalisten Stieg Larsson (2008 standen die Verkaufszahlen seiner Bücher an zweiter Stelle in der Welt) lenkte die Aufmerksamkeit verdientermaßen auf die schwedische Kriminalliteratur, die im eigenen Land schon große Erfolge verzeichnete. *Verblendung* (2005) – ursprünglich *Män som hatar kvinnor* (Männer, die Frauen hassen) betitelt – ist nur die Spitze des Eisbergs in diesem Genre. Die schwedische Kriminalliteratur besitzt eine lange Geschichte.

Zu den wichtigsten Autoren zählen Håkan Nesser, dessen Romane in viele Sprachen übersetzt wurden und Schwedens bekanntester Krimiautor Henning Mankell, dessen Romane größtenteils in Ystad spielen und deren Hauptfigur der mürrische Kommissar Kurt Wallander ist. Johan Theorins Krimi-Tetralogie (beginnend mit *Öland,* 2008) hat die Insel Öland als Schauplatz. Weitere interessante Autoren des Genres sind Karin Alvtegen (Schwedens „Krimi-Königin" genannt), Kerstin Ekman, Camilla Läckberg und Jens Lapidus.

Die Schweden lieben Jazz; um einen Vorgeschmack zu bekommen, ist man mit Platten von Lars Gullin, Bernt Rosengren und Jan Johansson gut beraten.

Unbedingt lesen!

Eine wirklich empfehlenswerte Methode, um die Menschen eines Landes zu verstehen, besteht darin, die berühmten Autoren dieser Nation zu lesen. Einige populäre Werke schwedischer Autoren sind *Die Abenteuer des Röde Orm* (1954) von Frans Gunnar Bengtsson, *Die wunderbare Reise des kleinen Nils Holgersson mit den Wildgänsen* (1906/07) von Selma Lagerlöf, die *Emigranten*-Serie (1949–1959) von Vilhelm Moberg, *Vägmärken* (1963/64) von Dag Hammarskjöld, *Das rote Zimmer* (1879) von August Strindberg und *Evil. Das Böse* (1981) von Jan Guillou.

Schwedische Musik

Jeder Überblick über die schwedische Popmusik sollte wohl mit ABBA beginnen, der Kultgruppe, die im extravaganten Outfit 1974 den Eurovision Song Contest gewann (mit „Waterloo"). Wer sich intensiv mit ABBA befassen möchte, sollte das der Gruppe und ihrer Geschichte gewidmete

Museum (S. 59) in Stockholm nicht versäumen; ein Flügel des Museums beherbergt die Swedish Music Hall of Fame, die eine gute Einführung in die Geschichte der schwedischen Popmusik bietet.

Aktueller sind die Pop-Band Robyn, die Indie-Künstler Peter Björn & John sowie der sanfte José González, dessen Coverversion von The Knifes Stück „Heartbeats" den aus Göteborg stammenden Künstler auf die internationale Bühne katapultierte.

Weitere bekannte Künstler sind Field, alias Alex Wilner, und Kristian Matsson, der Liedermacher mit dem Beinamen Tallest Man on Earth, die beliebte Rockband Kent, die Hives, die Shout Out Louds und Håkan Hellström, der gute Kritiken für seine originellen Interpretationen traditioneller schwedischer Lieder bekommt.

Schwedische Songwriter und Produzenten stehen in der Musikszene hoch im Kurs: Denniz Pop und Max Martin haben Hits für Pop-Diven wie Britney Spears und Jennifer Lopez zu Papier gebracht, während Anders Bagge und Bloodshy & Avant (eigentlich Christian Karlsson und Pontus Winnberg) an Madonnas 2005er-Album mitgewirkt haben: *Confessions on a Dance Floor*.

Multikulturelle Gesellschaft

In den letzten Jahrzehnten hat die Einwanderung Schwedens Gesellschaft deutlich verändert. Etwa 15 % der schwedischen Bevölkerung sind nicht im Land geboren und diese Zahl ist mit wachsender Einwanderung im Steigen begriffen. Der schwedische Musiker José González, der berühmte Koch Marcus Samuelsson und der Filmregisseur Josef Fares zeugen von Schwedens zunehmender multikultureller Zusammensetzung. Rund 200 Sprachen werden heute im Land gesprochen, dazu Varianten der Landessprache – die Hip-Hop-Szene spricht beispielsweise einen ganz eigenen Slang, schwedische und fremdsprachige Elemente mischen sich im sogenannten „Rinkeby-Swedish" (so genannt nach einem Stockholmer Vorort, in dem sehr viele Immigranten leben).

Wie der Hip-Hop-Sänger Timbuktu (selbst in Schweden geborener Sohn eines gemischtrassigen amerikanischen Paares) einmal der *Washington Post* sagte: „Schweden haben noch immer ein sehr präzises Bild, was ein Schwede ist – blonde Haare, blaue Augen. Doch das stimmt nicht mehr, es wandelt sich. Aber im Kopf vieler Leute herrscht dieses Bild noch vor."

Religion

Das Christentum erreichte Schweden ziemlich spät; ihm ging die lang anhaltende Treue zu den nordischen Göttern wie Odin und Thor voraus. Einige der abgelegenen Gegenden Schwedens, vor allem im hohen Norden, gehörten zu den letzten Regionen Europas, die zum Christentum bekehrt wurden.

Gemäß der Verfassung des Landes besitzen Schweden das Recht der freien Religionswahl. Seit 2000 gilt die vollständige Trennung von Kirche und Staat, bis zu jenem Zeitpunkt war das evangelisch-lutherische Bekenntnis Staatsreligion. Es gibt auch etwa 100 000 Angehörige der Orthodoxen Kirchen, 20 000 Menschen jüdischen und rund 100 000 Menschen moslemischen Glaubens in Schweden. Nur etwa 10 % der Schweden besuchen regelmäßig einen Gottesdienst, doch Hochzeiten und Begräbnisse werden noch häufig kirchlich abgehalten.

Sport

Fußball

Fußball ist der beliebteste Sport in Schweden. Etwa 3000 Clubs zählen rund eine Million Mitglieder. Die Saison geht von April bis Anfang No-

ABBA ist die Band mit den vierthöchsten Verkaufszahlen der Musikgeschichte – nach Elvis, den Beatles und Michael Jackson. Die schwedische Gruppe hat weltweit mehr als 380 Mio. Tonträger verkauft.

vember. Das Nationalstadion, das Råsunda-Stadion in Solna, ein nordwestlicher Vorort von Stockholm, fast bis zu 37 000 lärmende Zuschauer.

Zwei der bekanntesten schwedischen Fußballer sind Gunnar Nordahl (1921–1995), der dazu beitrug, dass Schweden bei den Olympischen Spielen 1948 Gold gewann, und der mehrfach Torschützenkönig beim AC Milan war, sowie der in Malmö geborene Zlatan Ibrahimović (1981–), der zurzeit in Paris spielt.

Eishockey

In den meisten schwedischen Orten gibt es Amateur-Eishockey-Teams. In der landesweiten ersten Liga, Elitserien, spielen zwölf Profi-Teams; es gibt auch einige niedrigere Ligen. Spiele finden vom Herbst bis zum Spätfrühling statt, in Stockholm bis zu viermal pro Woche, vor allem in der Globen-Arena.

Skilauf

Rennen des alpinen Skizirkus finden alljährlich statt, vor allem in Åre. Vasaloppet (Vasalauf), das größte Event im Skilanglauf bewegt die ganze Nation immer am ersten Sonntag im März.

Zu den bekanntesten schwedischen Skiläufern zählen Gunde Svan, der bei Olympischen Spielen viermal Gold gewonnen hat, und der Slalom- und Riesenslalomspezialist Ingemar Stenmark, der in insgesamt 86 World-Cup-Rennen siegreich war.

Andere Sportarten

Schwedische Tennisspieler zählten zur Weltspitze, darunter Superstars wie Björn Borg, Mats Wilander und Stefan Edberg. Borg gewann sogar fünfmal in Folge Wimbledon.

Golf ist sehr beliebt, davon zeugen mehr als 400 Golfplätze im ganzen Land. Die Schwedin Annika Sörenstam zählt zu den herausragenden Golfspielerinnen.

Bandy, ein Mannschaftssport, der dem Eishockey ähnelt, wird im Freien auf einem Spielfeld von der Größe eines Fußballplatzes gespielt. In vielen schwedischen Städten gehört es zu den beliebten Winteraktivitäten, sich ein Bandy-Spiel anzusehen. (In Stockholm wird am Zinkensdamms Idrottsplats gespielt.)

Segeln ist ebenfalls sehr populär, vor allem in der Gegend von Stockholm, wo viele Leute ein eigenes Boot besitzen, aber auch in vielen kleineren Orten an der Küste.

Natur & Umwelt

Schweden wird oft zu den umweltfreundlichsten, nachhaltigsten Ländern weltweit gerechnet. Die Schönheit der Landschaft und der Natur gehören zu den wichtigsten Dingen, die Schweden zu einem lockenden Reiseziel machen. Und die Schweden schätzen das, was sie haben. Sie fahren gern ins Grüne und „grünes" Verhalten wie Recycling und Schutz der Natur sind hier selbstverständlich. Selbst in den Großstädten zeigen Schweden eine tiefe Verbindung mit und große Achtung vor der Natur.

Das Land

Geografie

Das Kartenbild Schwedens wirkt schmal und lang gezogen – mit einer Größe, die ungefähr der von Kalifornien entspricht, und mit einer Fläche von circa 450 000 km². Schweden ist vorwiegend bewaldet (annähernd 60 % des Landes) und mit gut 100 000 Binnenseen gespickt. Darunter befindet sich Vänern, Westeuropas größter See mit einer Fläche von 5585 km².

Außerdem gibt es in Schweden 7000 km Küstenlinie und vielerlei Inseln zu bewundern – allein die Stockholmer Schären weisen rund 24 000 auf. Die größten und bemerkenswertesten Inseln sind Gotland und Öland an der Südostküste.

Dank der Lage an der Ostseite der skandinavischen Halbinsel hat Schweden Grenzen mit Norwegen, Finnland und Dänemark – Letztere erstreckt sich im Südwesten gerade einmal über eine Strecke von 4 km und weist eine spektakuläre Verbindung durch einen Tunnel und über eine Brücke auf.

Die Berge entlang der norwegischen Grenze sind mit alpinen und arktischen Blumen geschmückt, darunter die weiße Silberrose (mit ihren meist acht weißen Blütenblättern), der Alpen-Säuerling (eine außergewöhnliche Vitamin C-Quelle), der Gletscher-Hahnenfuß, die Alpen-Aster und Vertreter der Steinbrechgewächse. Orchideen finden sich auf Öland

> Schweden erstreckt sich in Nord-Süd-Richtung über 1574 km, ist jedoch nur 300 km breit.

WIE WIRD DAS WETTER?

Schweden hat ein vorwiegend kühles, gemäßigtes Klima, allerdings ist es im südlichen Viertel des Landes spürbar wärmer. Die durchschnittlichen Höchsttemperaturen im Juli liegen bei 18 °C im Süden und um die 14 °C im Norden. Lange heiße Perioden im Sommer sind nicht selten, dann schießen die Temperaturen bis über 30 °C hinaus. Entsprechend ist es dank des Golfstroms an der Westküste wärmer als im Osten.

Der harsche Winter Lapplands beginnt im Oktober und endet im April, die Temperaturen fallen bis −50 °C. Im Norden schichtet sich der Schnee mehrere Meter hoch auf – optimal, um Ski zu fahren; im Süden werden dagegen lediglich 20 bis 40 cm Schneehöhe erreicht. Tief im Süden (Skåne) fällt im Winter sogar meist nur Regen.

Der jährliche Niederschlag hält sich in Grenzen, da sich die Wolken an Norwegens Gebirgsketten abregnen. Schwedische Sommer sind üblicherweise sonnig mit gelegentlichen Schauern, im August kann es sehr nass werden.

und Gotland. Im hohen Norden gedeihen nordische Kiefern, außerdem norwegische Fichte und Tanne; der Süden des Landes ist heute vorwiegend von Ackerland geprägt.

Geologie

Vor 500 bis 370 Mio. Jahren schoben sich die Kontinentalplatten Europas und Nordamerikas zusammen und türmten dabei im Verlauf der kaledonischen Gebirgsbildung beeindruckende Gipfel auf, die einst so hoch wie der heutige Himalaya aufragten. Diese mittlerweile abgestumpften Berge bilden das 800 km lange Kjölen Gebirge entlang der norwegischen Grenze mit dem Kebnekaise (2106 m), Schwedens höchstem Gipfel.

Teile von Skåne sowie die Inseln Öland und Gotland bestehen aus flachen Kalk- und Sandsteinablagerungen, die vermutlich um die gleiche Zeit in einem seichten Meer östlich des Kaledonischen Gebirges entstanden sind.

Der Siljansee mitten in Schweden markiert den Punkt des größten Meteoriteneinschlags in ganz Europa. Der 3 km große Feuerball traf Schweden vor 360 Mio. Jahren, löschte alles Leben aus und hinterließ einen ringförmigen Krater von 75 km Durchmesser.

> Der Lemming ist das kleinste, aber wohl wichtigste Säugetier der arktischen Regionen – immerhin setzt seine Anzahl die Populationsgrenze all jener Tierarten fest, die den Lemming jagen.

Tiere

Dank seiner geografischen Vielfalt besitzt Schweden auch eine reiche Auswahl an Säugetieren, Vögeln und Pflanzen. Und durch die dünne Besiedlung geschieht es auch recht häufig, dass einem Wildtiere über den Weg laufen.

Die großen Raubtiere und Greifvögel Schwedens – Bär, Wolf, Vielfraß, Luchs und Steinadler – stehen alle unter Artenschutz. Die Jagd auf Wölfe wurde in den 1970er-Jahren verboten, nachdem die Wölfe durch die Jagd fast ausgerottet waren, doch im Jahr 2010 erlaubte das schwedische Parlament den Abschuss einer gewissen Anzahl Tiere, um die wachsende Wolfspopulation zu reduzieren. Die meisten Wölfe leben in Dalarna und Värmland.

Die schwedische Umweltschutzbehörde (S. 363) bietet detaillierte Informationen zu Schwedens Politik in Bezug auf bedrohte Arten.

Der Vielfraß oder Bärenmarder, ein größerer Verwandter des Wiesels, bewohnt hoch gelegene Wälder und alpine Gebiete entlang der norwegischen Grenze. In Schweden gibt es noch geschätzte 680 dieser imposanten Marder, vor allem in Norrbotten und Västerbotten.

> Die Leibspeise des furchteinflößenden Braunbären sind ... Blaubeeren!

Braunbären wurden über Jahrhunderte hinweg gejagt, doch Maßnahmen zu deren Erhaltung führten in jüngster Zeit zu einem Anwachsen des Bestandes auf knapp 3200 Tiere. Bären leben bevorzugt in den Wäldern der nördlichen Hälfte des Landes, sind aber dabei, sich nach Süden hin auszubreiten.

Ein weiterer faszinierender Waldbewohner ist der Luchs; er zählt zur Familie der Panther und ist Europas einzige Großkatze. Schwedens 1200 bis 1500 Luchse sind jedoch immens schwer auszumachen, weil sie nachtaktiv sind.

Doch nicht alle Wildtiere Schwedens sind Jäger. Der eurasische Elch (*Alces*) ist eine sanftmütige Kreatur mit knubbeligen Beinen, die bis zu 2 m groß wird. Obwohl Elche keine Jagd auf Menschen machen, stellen sie doch eine ernst zu nehmende Verkehrsbedrohung dar, besonders nachts. Es kann nämlich passieren, dass ein Elch mit bis zu 50 km/h vor ein fahrendes Auto springt.

> Die schwedischen Elche sind ein wenig kleiner als ihre eng verwandten amerikanischen Verwandten.

An die 260 000 domestizierte Rentiere streifen in den nördlichen Gebieten umher und werden von den samischen Rentierzüchtern (Selbstbezeichnung: Sámi) wachsam beobachtet. Genau wie ein Elch können Rentiere für den Verkehr gefährlich werden.

Lemminge sind berühmt für ihre außerordentliche Fruchtbarkeit. Etwa alle zehn Jahre explodiert die Population förmlich und führt zu kahl gefressenen Landstrichen und Tausenden toter Lemminge in Flüssen, Seen und auf Straßen.

Die Vogelwelt

Schweden bietet vielerlei Bewohnern der Lüfte eine Heimat. Einige der besten Orte, um Vögel zu beobachten, befinden sich auf Öland, vor allem im Naturschutzgebiet an seinem unteren Ende. Außerdem sind die nachfolgenden Regionen für Ornithologen interessant: Naturschutzgebiet Getterön, Naturschutzgebiet Tåkern, Hornborgasjön, das Gebiet zwischen Skara und Färnebofjärden in Västergötland und die Naturparks Färnebofjärden, Muddus und Abisko.

Der Steinadler ist eine der am stärksten bedrohten Tierarten Schwedens. Man findet ihn in den Bergen und er ist dank seiner enormen Spannweite leicht zu erkennen.

An Küstenvögeln gibt es u. a. Fluss-, Zwerg- und Küstenseeschwalben, verschiedene Möwen, Austernfischer, Kormorane, Gryllteisten und Tordalken. In einigen eng begrenzten Gebieten sind Schmarotzerraubmöwen zu beobachten, vor allem in den Stockholmer Schären und an der Küste nördlich von Göteborg.

In Nadelwäldern lohnt es sich, nach Wintergoldhähnchen Ausschau zu halten. Einige prachtvolle Seidenschwänze brüten in Lappland. Im Winter fallen wahre Massen davon aus Russland ein und sind dann in ganz Schweden zu sehen. Auerhühner und -hähne stolzieren über den Waldboden. Entlang der norwegischen Grenze, oberhalb der Baumgrenze leben Schneehühner und Schneeammern.

Außerdem hat Schweden jede Menge Wat- und Wasservögel, u. a. die ungewöhnlichen und besonders hübschen Odinshühnchen, die nur in den nördlichen Bergen brüten. Relativ häufig sind majestätische Graureiher (Südschweden), lärmende Rohrdommeln (Süd-, Mittelschweden), Regenpfeifer (in den Bergen auch Mornellregenpfeifer) und Steinwälzer.

Mehr über die Vogelbeobachtung und Ornithologie erfährt man bei Sveriges Ornitologiska Förening (Schwedische Ornithologische Gesellschaft; ☎ 08-612 25 30; www.sofnet.org).

Leben im Wasser

Sprotten und Heringe sind wirtschaftlich wichtige Speisefische. Von den sonstigen Fischarten sind Schellfisch, Meerforelle, Wittling, Flunder und Scholle noch einigermaßen reichlich vorhanden, vor allem in den salzreichen Gewässern des Kattegatt und Skagerrak. Der Dorsch ist durch Überfischung vom Aussterben bedroht.

Früher wurden in schwedischen Seen heimische Krebse mit Netzen oder Reusen gefangen, aber Überfischung und Krankheiten haben ihnen inzwischen den Garaus gemacht.

Kegelrobben und Seehunde schwimmen in schwedischen Gewässern, obwohl die Überfischung zu einem starken Rückgang ihrer Zahlen geführt hat. Von Zeit zu Zeit zeigen sich auch Delfine.

Die Nord- und vor allem die Ostsee leiden unter starker Verschmutzung und intensiver Algenblüte, die teilweise durch Stickstoff, der über Abwasser und Gülle von den Bauernhöfen ins Wasser gelangt, verursacht wird. Dadurch haben Heringe, Sprotten und Lachse einen überdurchschnittlichen Gehalt an krebserregenden Dioxinen. Die schwedische Verbraucherschutzbehörde empfiehlt, dass Kinder und Frauen im gebärfähigen Alter nicht öfter als zwei- bis dreimal im Jahr Fisch aus der Ostsee essen.

Sorge macht auch die Überfischung dieser Gewässer. Kabeljau bzw. Dorsch und Kaisergranat (auch Norwegischer Hummer genannt) stehen

Wer sichergehen möchte, dass all diese verrückten Vogelnamen nicht einfach der Fantasie entsprungen sind, liest bei Johann Stenlund nach: Where to watch birds in Scandinavia.

In den Gewässern um den Stadtkern Stockholms kann man gut schwimmen – und gleichzeitig Thunfische und Forellen fangen.

kurz vor der Ausrottung. Es wurden europaweite Fangquoten festgelegt und laut Internetseite der zuständigen schwedischen Regierungsstelle bemüht man sich um ein Gleichgewicht zwischen stabilen Fischbeständen einerseits und der Verbrauchernachfrage andererseits. Die derzeitige Regierung will die Quoten für Kabeljau weiter senken und mehr Geld für Kontrollen aufbringen.

Nationalparks

Vier der Nationalparks in Lappland – Muddus, Padjelanta, Sarek und Stora Sjöfallet – zählen zum Unesco-Weltnaturerbe.

Schweden hat als erstes Land in Europa schon im Jahr 1909 einen Nationalpark eingerichtet. Mittlerweile sind es 29 geworden, neben rund 2600 kleineren Naturschutzgebieten; insgesamt decken die Parks 9 % der Landesfläche ab. Die Organisation Naturvårdsverket kümmert sich um die Herausgabe von Prospekten über die Parks, die in Englisch und Schwedisch erscheinen. Darüber hinaus publizieren sie das empfehlenswerte Buch *Nationalparkerna i Sverige* an (Nationalparks in Schweden).

Vier von Schwedens großen Flüssen (Kalixälven, Piteälven, Vindelälven und Torneälven) wurden zum Nationalerbe erklärt, um sie vor der Beeinträchtigung durch den Bau von Wasserkraftwerken zu schützen.

Das Recht auf öffentlichen Zugang zu Schwedens Landschaften *(allemansrätten)* schließt Nationalparks und Naturschutzgebiete ein.

Nordschweden

➡ **Abisko** Die nördliche Passage zur Wanderroute Kungsleden.

➡ **Haparanda Skärgård** Strand, Dünen und Zugvögel.

➡ **Muddus** Ursprüngliche Wälder und Moore, erstklassige Möglichkeiten zum Beobachten von Vögeln.

➡ **Padjelanta** Hochmoor; großartige Wandermöglichkeiten.

➡ **Pieljekaise** Moorlandschaften, Birkenwälder, Wildblumenwiesen und Seenplatte.

➡ **Sarek** Wilde Gebirgsketten, Gletscher, tiefe Täler; professionelles Wandern.

➡ **Stora Sjöfallet** Berühmter Wasserfall; Anlage zur Stromerzeugung.

➡ **Vadvetjåkka** Großes Flussdelta mit Mooren, Seen und Kalksteinhöhlen.

Mittelschweden

➡ **Ängsö** Winzige Insel; Wiesen, Laubwälder, Vögel, Frühjahrsblumen.

➡ **Björnlandet** Natürliche Wälder, Klippen und Felsenmeer.

➡ **Färnebofjärden** Vögel, seltene Flechten und Moose.

➡ **Fulufjället** Birgt Njupeskär in sich, Schwedens höchsten Wasserfall mit 93 m.

➡ **Garphyttan** Ein 111 ha großer Naturpark, fantastische Frühjahrsblumen.

➡ **Hamra** Nur 800 m x 400 m; primärer Nadelwald.

➡ **Kosterhavet** Das Meer- und Strandgebiet rings um die Koster-Inseln.

➡ **Sånfjället** Natürliche Bergmoorlandschaft mit umfassenden Ausblicken.

➡ **Skuleskogen** Hügeliges Küstengebiet, gute Wandermöglichkeit.

➡ **Tresticlan** Natürliche Nadelwälder, ausgezeichnetes Vogelparadies.

➡ **Tyresta** Stockholms eigener Nationalpark.

➡ **Töfsingdalen** Wild und abgelegen; Felsenmeer, Kiefernwälder.

Südschweden

➡ **Blå Jungfrun**-Insel mit Granitplatten, Höhlen, Labyrinth.

➡ **Dalby Söderskog** Waldgebiet, Tiere und Pflanzen.

➡ **Djurö** Vögel und Rehwild auf einem Archipel.

- ➡ **Gotska Sandön** Sandinsel mit Dünen, absterbender Kiefernwald.
- ➡ **Norra Kvill** Ein 114 ha großer Park; Primärwald.
- ➡ **Söderåsen** Tiefe Täler, üppige Wälder; Wandern und Radeln.
- ➡ **Stenshuvud** Küstenpark; Strände, Wald und Moorlandschaft.
- ➡ **Store** Moos, Moor mit Sanddünen, Vögel.
- ➡ **Tiveden** Hügel, Wälder, Seen, Felsenlandschaft, Strände.

Umweltschutz

Das Umweltbewusstsein ist in Schweden sehr stark ausgeprägt und reflektiert, insbesondere was einheimische Tiere, Wasserreinhaltung und erneuerbare Energien anbelangt. Bei den Schweden wird Recycling ausgesprochen groß geschrieben. Der Großteil aller Plastikflaschen und Dosen ist recycelbar – Pfandflaschenautomaten im Supermarkt spucken 0,50 bis 2 Kronen pro Stück aus.

Zwei Organisationen, die Standards einführen und mit einem Label als ökologisch sinnvoll kennzeichnen, sind die auf Nahrungsmittel fokussierte **KRAV** (www.krav.se), Mitglied der International Federation of Organic Agriculture (Bewegung für Ökologischen Landbau), und **Swan** (www.svanen.se), die ein breiteres Arbeitsfeld betreut und sogar Hotels und Jugendherbergen zertifiziert.

Neben dem Umweltschutz stellt der Schutz des kulturellen Erbes der Samen eine weitere Herausforderung dar. Durch die technische Entwicklung und Ausbreitung der Wasserkraftwerke wird tiefgreifender Einfluss (im negativen Sinne) auf ursprünglich samisches Gebiet genommen: entweder, weil Weideland für Rentiere geflutet wird, oder durch die Umlenkung von Wasserläufen oder die Trockenlegung von Flusstälern. Generell kann man sagen, dass Bergbau und Forstwirtschaft erhebliche Verwüstungen in Gebieten angerichtet haben, in denen die Samen beheimatet sind oder waren.

True North: The Grand Landscapes of Schweden von Per Wästberg und Tommy Hammarström enthält atemberaubende Bilder von Schwedens erstklassigen Naturfotografen.

Umweltschutzorganisationen

Naturvårdsverket (www.swedishepa.se) Nützliche Website der schwedischen Umweltschutzbehörde.

Svenska Ekoturismföreningen (www.ekoturism.org) Fördert umweltfreundlichen Tourismus.

Svenska Naturskyddsföreningen (Schwedische Gesellschaft für Naturschutz; ☎08-702 65 00; www.naturskyddsforeningen.se) Ausgezeichnete Website mit Informationen über aktuelle Umweltthemen.

Design & Architektur *Stuart Harrison*

Manchen fällt es gegenwärtig schwer, das spezifisch schwedische Design vom insgesamt recht erfolgreichen skandinavischen Design zu unterscheiden. Dennoch versetzt dieser sehr spezielle schwedische Zugang zur Moderne und zum Handwerk die internationale Fachwelt schon seit Jahrzehnten in Erstaunen.

Stuart Harrison moderiert eine Radiosendung über Architektur, er führt Interviews und kommentiert die internationale Entwicklung in Architektur und Design. Zusammen mit dem Künstler Lucas Ihlein hat er 2005 eine Suite im Icehotel entworfen.

Geschichte

Neben den Bauten im Stil der Romanik und der Gotik, die aus Mitteleuropa importiert wurden, besitzt das Land ein besonderes Faible für klassische Formen, was man in den Prachtstraßen von Stockholm unschwer erkennt. Auf dem Höhepunkt der schwedischen Macht im 16. und 17. Jh. war man hier nämlich besonders offen für die Baukunst der Renaissance; deren Formen prägen die bedeutendsten Bauwerke der Landesgeschichte.

Die üppigen Ornamente der Barockarchitektur gelangten in den 1640er-Jahren vor allem aus Italien nach Schweden, vornehmlich unter Königin Kristina. Die schönsten Belege dafür finden sich in Kalmar, einem bedeutsamen Ort, an dem 1397 über die erste Union zwischen Dänemark, Norwegen und Schweden verhandelt wurde. In Kalmar wurden die Domkyrkan (Kathedrale; 1660), das benachbarte Rådhus (Rathaus) und Schloss Drottningholm allesamt vom Hofarchitekten Nicodemus Tessin dem Älteren entworfen. Tessin der Jüngere baute dagegen das

EISKUNST & DESIGN

Das Icehotel (S. 327) im kleinen Dorf Jukkasjärvi bei Kiruna hat nicht nur weltweit viele Nachahmer gefunden, sondern legt auch besonderen Wert auf eine Zusammenarbeit zwischen schwedischen und internationalen Künstlern und Designern. Kreative Köpfe aus aller Herren Länder kommen hier zusammen, um jeweils eine Suite in diesem vergänglichen Hotelkomplex zu planen, der üblicherweise Ende Dezember eröffnet wird und dann bis zum folgenden April komplett schmilzt.

Das Hotel besteht aus Schnee und Eis. Die tragende Grundstruktur wird auf eine ähnliche Weise errichtet wie bei Lehmfachwerkhäusern; Schnee wird verdichtet und in einer Stahlkonstruktion verbaut, die gotischen Bögen gleicht. Dabei entstehen einfache, gewölbte Räume. Die Künstler führen dann die individuelle Gestaltung der Innenräume durch, wobei eine Mischung aus Schnee und Eis zum Einsatz kommt, die beinahe wie Stein bearbeitet werden kann – ein schweres Material, das mit Sägen in kleine Blöcke geschnitten und anschließend von Hand in die endgültige Form gebracht wird.

Viele ganz unterschiedliche Künstler beteiligen sich regelmäßig an diesem reizvollen Projekt. Häufig zu Gast sind der Steinmetz Mats Nilson und der junge Designer Jens Thoms Ivarsson. Ihre Mischung aus zeitgenössischem Design und alter Handwerkskunst gilt als besonders „schwedisch".

große „neue" Königsschloss in Stockholm, nachdem ein Feuer den Vorgängerbau im Jahr 1697 in Schutt und Asche gelegt hatte.

An die Zeit vor der Renaissance erinnert die romanische Domkyrkan in Lund, die 1145 geweiht wurde und die Innenstadt bis heute mit ihren zwei wuchtigen quadratischen Türmen beherrscht. Erlesene Gotik bieten die Mariakyrkan in Sigtuna (1237 vollendet) und die Domkyrkan von Uppsala, die 1435 ihre Weihe erhielt. Die größte Fülle an gotischer Sakralarchitektur findet man allerdings auf der Insel Gotland; in der historisch geprägten Landschaft stehen rund 100 mittelalterliche Kirchen.

Wie anderswo auch, entstand die Moderne im 19. Jh. im Zeichen einer sozialen und städtebaulichen Notlage: Die Menschen strömten infolge der Industrialisierung in die großen Städte. Stockholm und Göteborg wuchsen sehr rasch, und die Bedingungen für die Menschen waren alles andere als einfach. Aus dieser Erfahrung erwuchs der Sozialstaat, die Grundlage des modernen Schweden.

Die Stilrichtungen folgten in der Regel aufeinander, aber natürlich überlappten sich die Tendenzen auch. Der kurzlebige Stil der Nationalromantik war stark ornamental und vom Kunstgewerbe inspiriert. Dieser sogenannte Jugendstil reiht sich in die europaweite Bewegung des Art Nouveau. Dem Jugendstil folgte eine abstrakte, eher international ausgerichtete Moderne. Bei der Weltausstellung in Stockholm in den 1930er-Jahren standen modernes Design und schwedische Architekten des 20. Jhs. im Mittelpunkt.

Das Design der Gegenwart und die zeitgenössische Architektur folgen im Allgemeinen den weltweiten Trends, trotzdem wird das spezielle schwedische Interesse an Natur und Handwerk deutlich, wenn man sich Blogs wie beispielsweise den forschen Emmas Designblog (www.emmas.blogg.se) ansieht.

Wichtige Baumeister

Im Werk von Erik Gunnar Asplund (1885–1940), Schwedens berühmtestem Architekten, lässt sich der Übergang zur Moderne im frühen 20. Jh. besonders gut nachvollziehen. Asplunds wichtigste Arbeiten stehen in

EINE MÖBELIDEE EROBERT DIE WELT

Ingvar Kamprad war gerade einmal 17 Jahre alt, als er in Älmhult in der Provinz Småland die Firma IKEA gründete, die ihn zu einem der reichsten Männer der Welt machen sollte.

Der Firmenname IKEA (eine Kombination aus Kamprads Initialen mit denen der Farm und des Dorfes, in denen er aufgewachsen war) wurde 1943 offiziell ins Handelsregister eingetragen. Anfangs verkaufte Ikea Füllfederhalter, Uhren und Nylonsocken; Möbel tauchten erst vier Jahre später im Sortiment auf. Erst allmählich entwickelte sich in den Folgejahren das heute weltbekannte Konzept der auf engem Raum verpackten Möbel zum Selbstzusammenbauen.

1970 stand die Firma beinahe vor dem Aus, denn damals verbrannte der erste Stockholmer Laden mit dem gesamten Lagerbestand. Doch der arbeitswütige und stets um Kostensenkungen bemühte Kamprad gab nicht auf.

Der Einfluss von IKEA ist gewaltig. Wie anderen Weltmarken ist es der Firma gelungen, gutes, einfaches Design zu bezahlbaren Preisen anzubieten. Preiswerte und dennoch innovative Produkte leiten sich aus dem modernen schwedischen Design her. Dahinter steht die Idee, dass gutes Design in der eigenen Wohnung beginnt – und dort natürlich nicht endet.

1994 litt das ansonsten tadellose Image des Unternehmens, als herauskam, dass Kamprad vor langer Zeit einmal Kontakte zu einer schwedischen Neonazi-Partei unterhalten hatte; er entschuldigte sich später öffentlich dafür und bedauerte diesen Fehler.

Der umtriebige Kamprad hat sich mittlerweile aus der ersten Führungsreihe des Unternehmens zurückgezogen, die Firma befindet sich aber nach wie vor im Familienbesitz: Kamprads drei Kinder teilen sich heute die Leitung des Unternehmens, dessen Struktur sehr komplex geworden ist. Ikea betreibt mittlerweile Filialen in 40 Ländern; das erste IKEA-Möbelhaus in Deutschland war die Filiale in Eching bei München, die im Jahr 1974 eröffnet wurde.

der Hauptstadt; dazu zählt die Stockholmer Stadsbiblioteket (Stadtbücherei; 1932), in deren Formensprache sich klassische und moderne Elemente mischen. Ein wenig außerhalb, im hübschen Skogskyrkogården (Waldfriedhof), findet man die vermutlich größte Ansammlung von Arbeiten des schwedischen Stararchitekten. Viele der dortigen Pavillons entstanden in Zusammenarbeit mit dem weniger bekannten Sigurd Lewerentz (1885–1975).

Asplunds Arbeitsweise war typisch schwedisch. Als junger Mann reiste er durch die Welt, dann kehrte er nach Hause zurück und entwarf seine Bauten im Stil der neuen Zeit und gleichzeitig im Einklang mit den heimischen Techniken. Damit unterschied er sich deutlich von den radikaleren Vertretern der Moderne in Frankreich und Deutschland; der Finne Alvar Aalto folgte ihm auf diesem Weg.

Asplund und Lewerentz hatten großen Einfluss auf die Architekten Ralph Erskine (1914–2005), einen gebürtigen Engländer, der ab 1939 in Schweden wirkte. In seine Bauten im Stil der nordischen Moderne flossen auch soziale Ideen ein. Sein Wohnprojekt Ortdrivaren in der Bergbaustadt Kiruna im Norden stammt aus den frühen 1960er-Jahren und hat sich bis heute erstaunlich gut gehalten.

Das weitere Schicksal von Kiruna ist allerdings ungewiss, denn infolge von Bergsenkungen und weiteren Abbauplänen steht die Verlagerung der Stadt um mehrere Kilometer bevor. Alle Gebäude sollen verschwinden, ausgenommen vermutlich das imposante Stadshus (Athur von Schmalensee; 1963) und die beliebte Kirche von Kiruna (Gustaf Wickman; 1912), ein frühes Beispiel für eine Verschmelzung heimischer samischer Bauformen mit gotischen Traditionen – und das Ganze ist sogar aus Holz errichtet.

Zentren des Designs

In jüngster Zeit hat sich die Stadt Malmö, die bereits in der nachindustriellen Phase steckt, als Zentrum von Design und Innovation erwiesen. Die Dockanlagen nordwestlich der Altstadt (Gamla Staden) wurden in Wohnungen umgewandelt – ökologisch-nachhaltigen Wohnraum im Stil des 21. Jhs. Blickfang und Wahrzeichen ist der Hochhausturm *Turning Torso* (2005) des weltberühmten katalanischen Stararchitekten Santiago Calatrava – ein in sich gedrehter Turm, der markant die Skyline Malmös beherrscht.

Die nicht weit davon entfernte Öresund-Brücke (Georg KS Rotne; 2000) verbindet die zwei Metropolregionen Malmö und Kopenhagen; dank der Brücke wachsen sie über die Staatsgrenzen hinweg zu einer Großstadt zusammen. Seit der Fertigstellung dieser Brücke ist Malmö auch bei Dänen als Wohnort beliebt. Dank der guten Infrastruktur pendeln sie täglich nach Kopenhagen hinüber: Am Ende der Brücke verschwinden Straßen und Schienen buchstäblich in einem Tunnel im Wasser und kommen in der Nähe des Kopenhagener Flughafens wieder an die Oberfläche. Die Anlage mit ihren riesigen Ventilatoren am Öresund ist auch aus der Luft ein faszinierender Anblick.

In Stockholm wird zeitgenössisches Design seit 1974 im ausgezeichneten Kulturhuset gezeigt, einem modernen Pavillon, der für kulturelle Aktivitäten aller Art genutzt wird. Das von Peter Celsing entworfene Gebäude wirkt wie eine Ansammlung von Schubladen, die ihre Inhalte zum Platz Sergels Torg hin präsentieren. Der *torg* ist das heutige Herz von Stockholm, und mitten darauf steht der Kristallvertikalaccent, ein wunderbar lichtdurchfluteter Turm, der gleichermaßen an die künstlerische Moderne wie an die Tradition der Glasherstellung erinnert. Der Entwurf dazu stammte vom Bildhauer Edvin Öhrström, der ihn 1962 als Wettbewerbsbeitrag einreichte. Sergels Torg selbst hat einen markanten

Zu den herausragenden Architekturbüros zählt die renommierte Firma Wingårdh, doch auch Newcomer wie Elding Oscarson gewinnen an internationalem Einfluss. Lund & Valentin in Göteborg (Gothenburg) waren seit 1952 ein guter Gradmesser für den Architekturgeschmack, wie auch ihr postmodernes Opernhaus in Göteborg (1994) zeigt.

Schlüsselwerke der Jahrhundertwende (1900) in Stockholm

Fredrik Lilljekvists Königliches Dramatisches Theater (1908)

Ferdinand Bobergs Rosenbad (1902)

Ragnar Östbergs Stockholmer Rathaus (1911)

dreieckigen Grundriss und gilt als beliebter Ort für Märkte, aber auch für Demonstrationen jedweder Art; unter der Oberfläche liegt die Metrostation T-Centralen.

Kunsthandwerk

Schwedische Handwerkstraditionen bestimmen das gesamte Design im Land: die Gestaltung in der Architektur, in der Mode, in der Bildhauerei, bei den Zimmermannsarbeiten und vor allem in der Glasbläserei. In der südlichen Provinz Småland sind diese alten Techniken noch sehr lebendig, und Glas wird hier schon seit mehr als 100 Jahren hergestellt. Hier sind einige berühmte Glasbläsereien beheimatet, darunter Markenfirmen wie Orrefors und Kosta Boda. Eine große Zeit erlebte diese Kunst in den 1960er-Jahren. Neben die traditionellen figürlichen Darstellungen traten damals abstrakte Formen – Werke junger Designer, die den Wettstreit mit den etablierten Meistern nicht scheuten.

Die Samen

Das einzige indigene Volk Europas, die Vorfahren der Samen, wanderten dem sich zurückziehenden Eis folgend in den Norden des heutigen Skandinavien. Sie lebten von der Jagd auf Rentiere in den Gebieten, die sich von der norwegischen Atlantikküste bis zur Halbinsel Kola in Russland ziehen. Sie werden insgesamt als Sápmi bezeichnet.

Sápmi & das moderne Schweden

Spätestens mit dem 17. Jh. hatte sich wegen der Auszehrung der Rentierherden die Jagdwirtschaft der Samen zur nomadischen Rentier-Hirtenwirtschaft gewandelt.

Bis zum 18. Jh. lebten die Samen in *siida* (Dorfeinheiten oder Gemeinschaften), wanderten zur Sicherung ihres Lebensunterhalts umher, aber nur in ihren eigenen, für sie ausgewiesenen Gebieten. Diese Regionen wurden von der schwedischen Regierung anerkannt und respektiert. Aber als die Kolonisation Lapplands in großem Stil vorangetrieben zu werden begann, waren die traditionellen Rechte und der Lebensstil der Samen bedroht, und zwar einerseits durch die neuen Siedler, andererseits durch die Grenzziehung zwischen Schweden, Norwegen, Finnland und Russland.

Wer ist ein Same?

Im heutigen Schweden ist das Klischee „Same ist ein nomadischer Rentierhirte" der facettenreichen Realität des modernen samischen Lebens angepasst worden. Nach den Statuten des Sámediggi (des samischen Parlaments) ist ein Same eine Person, die sich als Same fühlt und die entweder der samischen Sprache mächtig ist oder wenigstens einen Elternteil oder Großelternteil mit Samisch als Muttersprache besitzt.

Die Samenbevölkerung in Sápmi umfasst etwa 100 000 Personen, davon leben rund 45 000 in Norwegen, 27 000 in Schweden, etwas weniger in Finnland und schätzungsweise 2000 in Russland. Diese Zahlen sind nur Näherungswerte, da es noch nie eine offizielle Volkszählung gab. Zu den bekannten Personen samischer Abstammung gehören Joni Mitchell und Renée Zellweger.

Sami (Samisch)

Das Samische – besonders präzise im Zusammenhang mit Naturphänomenen, Landschaft und Rentieren – ist keine einheitliche Sprache. Es gibt tatsächlich zehn verschiedene samische Sprachen. Sie werden in der als Sápmi bezeichneten Region gesprochen und gehören allesamt zur finno-ugrischen Sprachgruppe, die nicht mit den skandinavischen Sprachen Schwedisch, Norwegisch und Dänisch verwandt ist.

In Schweden sind die samischen Sprachen offiziell als Minderheitensprachen anerkannt, und nach internationalem Recht haben Samenkinder Anspruch auf eine Schulausbildung in ihrer samischen Muttersprache. In der Praxis ist es aber oftmals schwierig, samisch sprechende Lehrer zu finden und für einige Kommunen ist es offenbar auch zu kostspielig, für Schulunterricht in Samisch zu sorgen.

Das Sami Information Centre in Östersund (www. samer.se) informiert umfassend über das Leben der Samen – über Geschichte, Kultur und Politik bis hin zur Küche.

Nicht einmal die Hälfte aller Samen können die samische Sprache lesen und sprechen. Die häufigste Sprache ist das Nördliche Samisch, das etwa 18 000 von 50 000 Samischsprachigen sprechen. Sprecher verschiedener samischer Sprachen verstehen einander nicht unbedingt: Wer aus Vilhelmina kommt und Kildin-Samisch spricht versteht zwar die russischen Samen der Halbinsel Kola, aber nicht die Samen aus Kiruna.

Immerhin führt das Zentrum für Samenforschung (CeSam) in Umeå Untersuchungen zur Sprache der Samen durch, Sprachkurse können an den Universitäten in Umeå und Uppsala belegt werden.

Religion & Mythologie der Samen

Im Mittelpunkt des Glaubens der Samen stand traditionell die Natur und Schamanismus war bis ins 17. Jh. weit verbreitet. Die *noaidi*, oder Schamanen bildeten, wenn sie sich in Trance versetzten, die Brücke zwischen der realen und der spirituellen Welt. Man glaubte, dass sie ihre Gestalt verändern und Naturerscheinungen beherrschen konnten.

In der Folklore der Samen spielen viele Mythen und Legenden, in denen es um die Unterwelt geht, eine sehr große Rolle. Auch die Mächte der Natur wie Wind und Sonne kommen häufig vor: Sápmi soll von einem Riesen namens Biogolmai, dem Windmann, geschaffen worden sein. In der Schöpfungsmythen der Samen gilt der Sohn der Sonne als ihr Ahne, während die Tochter der Sonne den Samen das Rentier gebracht haben soll.

1685 beschlossen Monarchie und Kirche, dass die Samen zum Christentum bekehrt werden mussten. Es gab Prozesse wegen Götzendienst, Trommeln von Schamanen wurden verbrannt und heilige Stätten entweiht. Doch nicht alle Auswirkungen des Christentums waren negativ: Der Laestadianismus, eine lutherische Erweckungsbewegung half, die Armut und das Elend der Samen im Lappland des 19. Jhs. zu mildern.

Einmal Lappe – immer Lappe

Ab dem 19. Jh. machten sich sozialdarwinistische Vorstellungen in der schwedischen Samen-Politik bemerkbar: Man stufte die Samen als niedriger entwickeltes Volk ein, das zu nichts anderem als der Rentierzucht taugte. Den samischen Nomaden wurde nur dann gestattet, sich in festen Wohnsitzen niederzulassen, wenn sie untätig wurden und ihre Herden aufgaben. Ein separates Schulsystem wurde etabliert und die Samen-Kinder durften keine regulären öffentlichen Schulen mehr besuchen. Nach Verabschiedung des Schulgesetzes für Nomaden von 1913 wurden die Kinder drei Jahre in ihren Familienzelten *(lávvu)* von Lehrern unterrichtet, die im Sommer von einer Samen-Siedlung zur anderen pendelten. Nach drei weiteren Jahren eingeschränkten Unterrichts in den Wintermonaten, hielt man sie für ausreichend ausgebildet aber nicht für „zivilisiert".

Trotz des Anspruchs der Samen, die gleichen Normen für die Nomadenschulen wie für die regulären schwedischen Schulen zu etablieren, verbesserte sich die Situation erst nach dem Zweiten Weltkrieg. Zu dieser Zeit begannen die Samen, aktiv für ihre Rechte zu streiten und gründeten verschiedene Organisationen und Interessenverbände.

Das Samen-Parlament

Die Samen in Schweden werden durch das Sámediggi (Sameting) vertreten, das aus 31 Mitgliedern besteht. Es wird durch Zuschüsse der schwedischen Regierung unterstützt und koordiniert viele Aspekte des Lebens der Samen, so vertritt es die Interessen der Rentierhalter, fördert die Samen-Kultur und -Organisationen und ernennt ebenfalls die Direktorien der Samen-Schulen. Das Sámediggi, das der schwedischen Regierung beratend zur Seite steht, hat jedoch keine Entscheidungsbefugnis was die Landnutzung angeht.

Die schwedischen Samen sind auch im Sámiráđđi (dem Samischen Parlamentarischen Rat) vertreten, dem Zusammenschluss aller Samen-Organisationen und landesübergreifenden Interessenvertretungen in der Sápmi-Region. Sámiráđđi ist weiterhin aktiv im WCIP (World Council of Indigenous People).

Das in Gällivare beheimatete Visit Sápmi (S. 322) sammelt Quellen aus ganz Sápmi und versucht Reisenden alle Aspekte der samischen Kultur zu vermitteln – von samischen Reiseunternehmen bis zu samischem Essen und Handwerk.

Das Rot, Blau, Grün und Gelb in der Flagge der Samen, die 1986 von der Norwegerin Astrid Båhl entworfen wurde, korrespondiert mit den Farben des traditionellen Samen-Kittels, des *kolt*, während der rote und der blaue Halbkreis einerseits die Sonne, andererseits den Mond repräsentieren.

Die Rechte der Samen & die Probleme der Gegenwart

Die Samen erheben einen Rechtsanspruch auf ihre traditionelle Lebensweise, auf ihr Land und Wasser und berufen sich dabei auf ihr *usufruct* (Gewohnheitsrecht) und die traditionellen Eigentumsrechte ihrer *siidas* (Dörfer oder Kommunen). Das wird von Schweden allerdings nicht offiziell anerkannt, und demgemäß hat der schwedische Staat die Übereinkunft Nr. 169 der Internationalen Arbeitsorganisation der UNO auch noch nicht ratifiziert. Das würde die Anerkennung der Samen als indegenes Volk mit Eigentumsrechten und nicht wie bisher nur als ethnische Minderheit bedeuten.

Der schwedische Staat unterstützt zwar die Bemühungen der Samen, ihre einzigartige Tradition der Herdenhaltung von Rentieren mit 300 bis 500 Tieren pro Familie beizubehalten, doch mit einer Bedingung: Eine Herdengemeinschaft, *Sameby*, darf sich wirtschaftlich nur in der Rentierhaltung betätigen. Gegenwärtig sind etwa 10 % von Schwedens Samen hauptberufliche Rentierzüchter.

In der Theorie gibt das *Rentierhaltungsgesetz* den Rentierzüchtern das Recht, Land und Wasser für ihren eigenen Unterhalt und den ihrer Rentiere zu nutzen. In der Praxis ist ein Großteil des Landes, das den Rentierzüchtern als Weideland zugewiesen wurde, dafür aber ungeeignet. Der Tourismus und die Rohstoffindustrien wie beispielsweise der Bergbau stellen weiterhin eine Bedrohung für das traditionelle Tätigkeitsfeld der Samen dar.

Die traditionelle Tracht der Samen mit *gákti*, einer Art Kittel, und sehr unterschiedlichen Kopfbedeckungen ist eine der ausgeprägtesten Symbole samischer Volkszugehörigkeit. Die Samen erkennen mit einem Blick aus welcher Sápmi-Region der andere stammt oder welcher Träger normalerweise nicht gewohnt ist, Samen-Tracht zu tragen.

Sami Duodji

Im Kunsthandwerk *(duodji)* der Samen verbindet sich das Praktische mit dem Schönen. „Weiches Kunsthandwerk", Lederarbeiten etwa und Textilien, ist traditionell die Domäne der Frauen, während die Männer überwiegend das „harte Kunsthandwerk" betreiben, dazu gehören die Messerherstellung, Holz- und Silberschmiedearbeiten.

Zu den traditionellen Produkten zählen hölzerne *guksi* (Tassen) oder andere Gefäße, die durch Aushöhlen von (Holz-)Maserknollen entstehen, oftmals detailreich verziert mit Inlays aus Rentierknochen. Sodann gibt es viele Messer mit reich verzierten Griffen aus Rentier- oder Elchgeweih, komplett mit ebenso dekorativen Knochen-Futteralen. Nicht zuletzt zu nennen sind die hervorragenden Silberschmiedearbeiten – kunstvoll gravierte Löffel, Gürtelschnallen, Broschen, Ohrringe, Anhänger und vieles mehr.

Der Stil unterscheidet sich zwischen dem nördlichen und dem südlichen Lappland: Die nördlichen Messerscheiden sind stärker gebogen und mit Sternen und Blumen verziert, die südlichen tragen geometrische Muster. Nördliche Leder- und Stickarbeiten sind oft mit Applikationen besetzt, Samen im Süden bevorzugen mehrheitlich die Verbindung von Leder und Perlen.

Einige Symbole wiederholen sich im Silberschmuck der Samen immer wieder. Dazu zählt das Sonnenrad, das Frauengürtel schmückt. Tiermotive wurden einst auf die Trommeln der Schamanen gemalt: Biber, Rentiere, Elche. *Komsekule*, filigrane Silberkugeln, schmückten die Krägen der Samen und hingen als Zauber gegen böse Geister an den Kinderwiegen. Die schweren Silberkrägen der Frauen tragen oft den gotischen Buchstaben „M". im Mittelalter war dieses „M" ein Pilgerzeichen, das für die Jungfrau Maria stand.

In den 1970er-Jahren feierte das Kunsthandwerk der Samen eine Renaissance; seither tragen echte Samen-Arbeiten mit traditionellen Mustern und Materialien das Markenzeichen Sámi Duodji.

Volk mit acht Jahreszeiten

Jahrhundertelang kreiste das Leben der Samen um das Rentier. Daher hat das Jahr der Samen traditionell acht Jahreszeiten, die alle im Zusammenhang mit einer bestimmten Periode der Rentierhaltung stehen:

Gidádálvve (Vorfrühling; Anfang März bis Ende April) Die Herden werden zur Frühjahrswanderung aus den Wäldern in die Abkalbgebiete der niedrigeren Bergregionen getrieben.

Gidá (Frühling; Ende April bis Ende Mai) Die Kälber werden geboren. Blätter und Gras wird zugefüttert.

Gidágiesse (Frühsommer; Ende Mai bis Mitsommer) Die Herden wandern auf neue Weidegründe, auf denen es üppigere Nahrung für die Kälber und deren Mütter gibt. Hier rasten die Rentiere überwiegend und fressen. Die Hirten reparieren ihre temporären Unterkünfte.

Giesse (Sommer; Mitsommer bis Ende August) Die Rentiere ziehen auf höher gelegene Weiden, um der Insektenplage zu entgehen. Die Hirten treiben sie in Gehege, um die Kälber zu markieren.

Tjaktjagiesse (Spätsommer; Ende August bis Mitte September) Die Rene legen sich Winterspeck zu. Einige der nicht kastrierten Männchen *(sarvss)* werden in speziell dafür vorgesehenen Pferchen geschlachtet. Ihr Fleisch wird gesalzen, geräuchert und zu Dörrfleisch verarbeitet.

Tjaktja (Herbst; Mitte September bis Mitte Oktober) Während der Paarungszeit halten sich die Rentiere überwiegend in niedrigeren Gebirgsregionen auf, wo sie sich von Wurzeln und Flechten ernähren.

Tjaktjadálvve (Frühwinter; Mitte Oktober bis Weihnachten) Die Tiere werden in kleinere Weidegruppen *(sijdor)* aufgeteilt und zu den Winterweidegründen in die Wälder getrieben. Überzählige Rene werden geschlachtet.

Dálvve (Winter; Weihnachten bis Ende Februar) Die Hirten sorgen für regelmäßige Standortveränderungen in den Wäldern, um sicherzustellen, dass die Tiere genügend Flechtennahrung zu Fressen bekommen.

Praktische Informationen

Allgemeine Informationen

Arbeiten in Schweden

EU-Bürger, die in Schweden arbeiten, studieren oder leben möchten, haben das Recht, dies ohne Aufenthaltsgenehmigung zu tun. Selbst wenn sie sich zu diesen Zwecken länger als drei Monate im Land aufhalten wollen, brauchen sie sich seit dem 1. Mai 2014 nicht mehr beim Migrationsamt (Migrationsverket) registrieren zu lassen. Schweizer Bürger benötigen für Aufenthalte von mehr als drei Monaten eine Aufenthaltsgenehmigung. Nähere Informationen dazu gibt das **Migrationsverket** (☎0771-23 52 35; www.migrationsverket.se).

Nicht EU-Bürger müssen schon vor der Einreise einen bezahlten Arbeitsplatz nachweisen können und mit den entsprechenden Unterlagen (erhältlich bei den diplomatischen Niederlassungen Schwedens oder auch im Internet) und Jobnachweisen eine Arbeitserlaubnis (und für Aufenthalte über drei Monate eine Aufenthaltsgenehmigung) beantragen. Die Antragsbearbeitung beträgt sechs bis acht Wochen und kostet 2000 Skr (1000 für Sportler, Künstler und einige andere Berufssparten). Diese Gebühr wird im Fall einer Ablehnung nicht erstattet. Eine Arbeitserlaubnis wird nur dann erteilt, wenn es einen Mangel an schwedischen Fachkräften (oder Kräften aus EU-Ländern) gibt.

Für einen Job in Schweden sind u. U. ausreichende Schwedischkenntnisse erforderlich. Wer in Schweden studiert, kann einen Sommerjob annehmen, aber solche Jobs sind nicht unbedingt leicht zu finden. Studenten auf Durchreise stehen sie nicht offen.

Hilfreiche Informationen gibt es online bei der **Arbetsförmedlinga** (AMV; Schwedisches Arbeitsamt; www.arbetsformedlingen.se).

Botschaften & Konsulate

Eine Liste der schwedischen Botschaften und Konsulate im Ausland findet man auf der Internetseite **Sweden Abroad** (www.swedenabroad.com). Die meisten diplomatischen Vertretungen finden sich in Stockholm, einige Nachbarstaaten unterhalten auch Konsulate in Göteborg, Malmö und Helsingborg.

Ermäßigungen

Städtische Sommerkarten

Göteborg, Malmö, Stockholm und Uppsala geben lohnende Ermäßigungskarten für Touristen heraus. Sie enthalten: Eintritt zu den wichtigsten Attraktionen, Parkgebühren, Fahrten mit öffentlichen Verkehrsmitteln und Preisnachlässe bei teilnehmenden Hotels, Restaurants und Geschäften.

BOTSCHAFTEN & KONSULATE IN STOCKHOLM

LAND	TELEFON	WEBSITE	ADRESSE
Schweiz	☎08-676 79 00	www.cda.admin.ch/stockholm	Valhallavägen 64
Deutschland	☎08-670 15 00	www.stockholm.diplo.de, in Deutsch & Schwedisch	Skarpögatan 9
Österreich	☎08-665 17 70	www.bmeia.gv.at/botschaft/Stockholm	Kommendörsgatan 35/V
Großbritannien	☎08-671 30 00	www.britishembassy.se	Skarpögatan 6-8

Jugendherbergs- & Studentenausweise

Wer einen internationalen Jugendherbergsausweis (HI) besitzt, bezahlt in STF-Hostels, Bergstationen und Hütten weniger. Man kann in schwedischen Hostels und Touristenbüros Mitglied in der STF werden (Mitgliedsbeitrag Erw./16 bis 25/ sechs bis 15 Jahre/Familien 295/150/30/450 Skr); die Mitgliedschaft gilt dann zunächst für ein Jahr.

Der nützlichste Studentenausweis ist die **International Student Identity Card** (ISIC; www.isic.org), die Ermäßigungen in vielen Verkehrsmitteln (darunter einige Fluglinien, internationale Fähren und öffentlicher Nahverkehr) sowie bei Eintritt in Museen, Sehenswürdigkeiten, Theatern und Kinos bietet.

Senioren

Senioren erhalten in der Regel eine Ermäßigung bei Eintritten in Museen und anderen Sehenswürdigkeiten, aber auch auf Theater- oder Kinokarten bzw. beim Kauf von Flug-, Bus- und Bahntickets. Um in den Genuss dieser Vergünstigungen zu kommen, braucht man keinen besonderen Ausweis, sondern zeigt seinen Personalausweis vor (Mindestalter 60–64 Jahre).

Essen

Die folgenden Preise sind Durchschnittspreise und gelten für ein Hauptgericht ohne Getränke.

➜ **€** unter 100 Skr
➜ **€€** 100–200 Skr
➜ **€€€** über 200 Skr
Weitere Informationen zum Essen in Schweden siehe S. 347.

Feiertage

Die Mittsommerfeierlichkeiten bringen das öffentliche Leben rund drei Tage lang zum Erliegen: Dienstleistungen und der öffentliche Verkehr werden reduziert, viele Läden und kleinere Touristeninformationen schließen, Gleiches gilt für einige Sehenswürdigkeiten.

Einige Hotels schließen zwischen Weihnachten und Neujahr, viele Lokale in den Großstädten oft Ende Juli und Anfang August für einige Wochen.

Die Ferienzeiten variieren von Schule zu Schule, fast alle Schulkinder haben aber eine Sportferienwoche im Februar/März, eine Woche um Ostern sowie um Weihnachten frei, die Sommerferien dauern von Juni bis August.

Viele Geschäfte schließen vor einem nationalen Feiertag früher und hängen noch mindestens einen freien Tag an.

Nyårsdag (Neujahr) 1. Januar

Trettondedag Jul (Heilige Drei König) 6. Januar

Långfredag, Påsk, Annandag Påsk (Karfreitag, Ostersonntag, Ostermontag) März/April

Första Maj (Tag der Arbeit) 1. Mai

Kristi Himmelsfärdsdag (Christi Himmelfahrt) Mai/Juni

Pingst, Annandag Pingst (Pfingstsonntag & Pfingstmontag) Ende Mai oder Anfang Juni

Midsommardag (Mittsommertag) Samstag zwischen dem 19. und 25. Juni

Alla Helgons dag (Allerheiligen) Samstag, Ende Oktober oder Anfang November

Juldag (1. Weihnachtstag) 25. Dezember

Annandag Jul (2. Weihnachtsfeiertag) 26. Dezember

Midsommarafton (der Abend vor dem Mittsommertag), **Julafton** (Heiligabend; 24. Dezember) und **Nyårsafton** (Silvester; 31. Dezember) sind keine offiziellen Feiertage im Land, auch wenn die Mehrzahl der Schweden an diesen Tagen freinimmt.

Fotografieren

Kamerazubehör ist in allen großen Orten erhältlich. Expert ist eine Elektroladenkette, die Zubehör für viele gängige Marken anbietet.

Wer im Siedlungsgebiet der Samen fotografieren will, sollte diese vorher um Erlaubnis bitten (die man nicht immer erhält). An vielen touristischen Sehenswürdigkeiten ist das Fotografieren bzw. Filmen nicht erlaubt, und zwar immer dann, wenn Kunstwerke dadurch beschädigt werden könnten. Ebenfalls verboten ist das Fotografieren jeglicher militärischer Einrichtungen (s. Hinweistafeln) – im Zweifelsfall lieber fragen.

Eine technische Herausforderung ist das Fotografieren des Nordlichts sowie von Motiven wie glitzerndes Wasser, Eis und Schnee. Viele Fotografen arbeiten mit UV-Filtern (oder Skylight-Filtern) sowie Sonnenblenden. Ein Problem mit den Akkus bekommt man bei Temperaturen unter -20 °C.

Nützliche Hinweise bietet auch das Fotobuch von Lonely Planet *Travel Photography*, das Richard I'Anson verfasst hat.

Geld

Die schwedische Landeswährung ist die Krone (*krona*; Plural: *kronor*). Eine Krone entspricht 100 Öre.

Bargeld & Geldautomaten

Am einfachsten und meist auch billigsten bekommt man die Landeswährung durch Abhebung am Geldautomaten (mittels EC-Karte oder Kreditkarte). Geldautomaten finden sich bei vielen Banken und an viel besuchten Plätzen wie etwa Einkaufszentren. Die meisten Kreditkartensysteme sowie die Systeme Plus und Cirrus werden akzeptiert. Wichtig zu wissen: Die meisten Geldautomaten akzeptieren nur vierstellige PINs; sollten die Geheimzahlen länger sein, gibt man nur die ersten vier Ziffern ein. An viel besuchten Plätzen bilden sich vor den Geldautomaten häufig lange Schlangen, oft sind die Automaten Freitagabend oder Samstagabend leer. Immer auch die eigene Hausbank über eine Auslandsreise in Kenntnis setzen, damit diese nicht als Schutz vor vermeintlichen Betrugsversuchen den Kontozugang sperrt.

Kreditkarten

Visa und MasterCard sind weithin akzeptiert, American Express und Diners Club seltener. Mit Kreditkarten lassen sich auch Bahnkarten bezahlen, werden aber – mit Ausnahme der Fähren nach Gotland – nicht beim Kauf von Fährtickets akzeptiert. EC- und Kreditkarten können für den Einkauf in den meisten Läden verwendet werden.

Wer seine Karte in Schweden verliert oder wem sie gestohlen wird, meldet sich am besten bei der jeweiligen Kreditkartengesellschaft.

American Express (☎336-393 11 11)

Diners Club (☎08-14 68 78)

MasterCard (☎020-79 13 24)

Visa (☎020-79 56 75)

Reiseschecks

Die gängigen Reiseschecks werden von den Banken angenommen. Für das Einlösen eines Reiseschecks werden bis zu 60 Skr verlangt, von daher lohnt sich ein Vergleich der Bearbeitungsgebühren und Wechselkurse.

Forex (☎0771-22 22 21; www.forex.se) nimmt für jeden eingewechselten Reisescheck eine Gebühr von 15 Skr.

Trinkgeld

Hotels Ein kleines Trinkgeld (10 Skr pro Tag) kann, muss man aber nicht für Zimmermädchen bereithalten. Es wird jedoch gerne gesehen.

Restaurants und Bars Trinkgeld wird außer beim Abendessen nicht erwartet (dann sind 10 % bis 15 % für einen guten Service üblich).

Taxis Kann, muss aber nicht sein; die meisten Leute runden die Rechnung auf die nächste Zehner-Krone auf.

Wechselstuben

Die Banken in ganz Schweden können die wichtigsten Währungen der Welt wechseln.

Forex (☎0771-22 22 21; www.forex.se) ist die größte Geldwechselgesellschaft Schwedens; sie bietet gute Kurse und Niederlassungen an den größeren Flughäfen, Fährhäfen und in Städten.

Internetzugang

Wer ein Notebook oder Tablet mitnehmen möchte, sollte daran denken, das die Stromspannung in Schweden von der des eigenen Heimatlandes abweichen kann. Um Schäden an den mitgebrachten elektronischen Geräten zu vermeiden, sollte man einen universellen AC-Adapter (viele Laptops haben so einen Adapter bereits mit dabei; einfach das Schild am Kabel prüfen!) und einen Adapter für den Stecker benutzen, sodass man sich dann überall problemlos einstöpseln kann.

Die meisten Hotels bieten WLAN-Verbindungen; manche stellen auch Computer und Drucker in der Lobby oder den Kongressräumen zur Verfügung; manche verleihen teilweise sogar auch Laptops. Fast alle öffentlichen Bibliotheken bieten einen kostenlosen Internetzugang, allerdings sind die halb- oder einstündigen Slots oft schon von Einheimischen im Voraus reserviert und bestimmte Website-Kategorien gesperrt. Viele Touristenbüros bieten einen Computerterminal

für ihre Besucher an (meist kostenlos oder gegen eine kleine Gebühr).

Internetcafés sind meist nur in größeren Städten zu finden, weil die meisten Schweden ihren Internetanschluss ohnehin zu Hause haben. Wo es Internet-Cafés gibt, werden sie meist von Teenagern zum Spielen von Computerspielen genutzt. Die normale Gebühr für eine Minute online beträgt um die 1 Skr oder 50 Skr pro Stunde.

WLAN ist mittlerweile auch in Coffeeshops sehr verbreitet und normalerweise kostenfrei; man muss sich nur nach dem Zugangscode erkundigen. An Bus- und Bahnhöfen sowie Flughäfen muss man sich für einen Account eintragen, um Internetzugang zu bekommen. Dafür muss man aber bezahlen. Kostenloses WLAN ist in Hotels mittlerweile Standard, allerdings erheben manche noch immer Gebühren.

Karten & Stadtpläne

Touristeninformationen, Bibliotheken und Hotels verteilen normalerweise kostenlos lokale Orts- bzw. Stadtpläne.

Die besten Schwedenkarten werden vom Kartförlaget veröffentlicht und regelmäßig aktualisiert – das ist der Vertriebszweig der schwedischen Landvermessungsbehörde, **Lantmäteriet** (☎026-63 30 00; www.lantmateriet.se). Karten sind auch in den meisten Touristenbüros und Buchläden und bei manchen Vandrarhem, Tankstellen und Supermärkten zu kaufen.

Wer viel mit dem Auto rumfahren will, sollte sich den *Motormännens Sverige Vägatlas* vom Kartförlaget besorgen – mit Stadtplänen und detaillierten Karten im Maßstab 1:250 000 bis nach Sundsvall hinauf; der Rest ist im Maßstab 1:400 000 dargestellt (275 Skr, online oft preiswerter).

Die besten Straßenkarten für Urlauber sind die der *Vägkartan*-Serie von Kartförlaget im Maßstab 1:100 000; es gibt sie in größeren Buchläden. Auch sehr nützlich, vor allem für Wanderer, ist die Bergkartenserie *Fjällkartan* (1:100 000, mit 20 m Höhenlinienabstand). Die Karten kosten um die 130 Skr das Stück und sind in größeren Buchläden, Outdoorläden und den Fjällstationen des STF erhältlich.

Wer sich schon vor der Abreise mit Karten eindecken will, kann es bei **Kartbutiken** (Karte S. 52; ☎08-20 23 03; www.kartbutiken.se; Mäster Samuelsgatan 54; ⊙Mo–Fr 10–18, Sa 10–16, So 12–16 Uhr; MT-Centralen) versuchen.

Öffnungszeiten

Die allgemeinen Öffnungszeiten sind nicht einheitlich (besonders in den großen Städten haben manche Geschäfte länger geöffnet).

Ämter Montag bis Freitag 9 bis 17 Uhr.

Banken Montag bis Freitag 9.30 bis 15 Uhr; einige Zweigstellen in Städten haben 9 bis 17 oder 18 Uhr geöffnet.

Bars und Gaststätten 11 oder 12 Uhr bis 1 oder 2 Uhr.

Kaufhäuser Montag bis Samstag 10 bis 19 Uhr (manchmal auch länger), Sonntag 12 bis 16 Uhr.

Restaurants Zur Mittagszeit von 11 bis 14 Uhr, und abends zwischen 17 und 22 Uhr; oft sonntags und/oder montags geschlossen.

Geschäfte Montag bis Freitag 9 bis 18 Uhr, Samstag 9 bis 13 Uhr.

Supermärkte 8 oder 9 bis 19 oder 22 Uhr.

Systembolaget Montag bis Freitag 10 bis 18 Uhr, Samstag 10 bis 14 Uhr (oft auch bis 17 Uhr), manchmal Donnerstag- und Freitagabend länger.

Touristeninformation Normalerweise von Mittsommer bis Mitte August täglich geöffnet; das restliche Jahr nur Montag bis Freitag.

Post

Der schwedische Postdienst **Posten** (☎020-23 22 21; www.posten.se) unterhält im ganzen Land rund 3000 Schalter in Läden, Tankstellen und Supermärkten. Zu erkennen sind sie an dem gelben Post-Symbol auf hellblauem Grund.

Wer etwas kompliziertere Anliegen hat (wie z. B. ein schweres Paket), fragt am besten erst einmal im örtlichen Touristenbüro nach. Paketdienste gibt es in bestimmten Geschäften für Bürobedarf.

Briefe oder Postkarten bis 20 g kosten innerhalb Schwedens 6 Skr; ins übrige Europa und darüber hinaus 10,50 bis 12,50 Skr. Luftpostsendungen nach Nordamerika dauern eine Woche, nach Australien und Neuseeland vielleicht etwas länger.

Rechtsfragen

Wer das Pech hat, verhaftet zu werden, ist berechtigt, Kontakt zur Botschaft seines Heimatlands aufzunehmen, die normalerweise eine Liste ortsansässiger Anwälte bereithält. So etwas wie Kaution ist in Schweden nicht vorgesehen. Schwedens Drogengesetze gehören zu den schärfsten in Westeuropa: Auf Besitz und Konsum stehen Geld- und u. U. auch lange Haftstrafen.

Reisen mit Behinderung

Schweden gehört zu den Ländern, in denen Reisende mit Rollstuhl am leichtesten zurechtkommen. Menschen mit Behinderung finden hier behindertenrecht eingerichtete Beförderungsmittel von Zügen bis zu Taxis. Es empfiehlt sich aber, vorher mit dem jeweiligen Betreiber Kontakt aufzunehmen, um den bestmöglichen Service zu bekommen.

Auch öffentliche Toiletten und manche Hotelzimmer sind behindertengerecht eingerichtet. **Hotels in Sweden** (www.hotelsinsweden.net) gibt Auskunft darüber, ob Hotels behindertengerechte Zimmer haben. An manchen Straßenkreuzungen gibt es Rampen für Rollstühle und akustische Signale für Sehbehinderte. Einige Lebensmittelgeschäfte sind rollstuhlgerecht eingerichtet.

Genauere Infos gibt es beim schwedischen Behindertenverband **De Handikappades Riksförbund** (☎08-685 80 00; www.dhr.se).

Die zuständigen Stellen der Behindertenorganisationen im eigenen Land können wahrscheinlich ebenfalls Tipps zu Reiseveranstaltern geben, die auf Reisen mit Behinderung spezialisiert sind.

Schwule & Lesben

Schweden gilt bekanntlich als ein sehr liberales Land; es war führend bei der Einführung der eingetragenen Partnerschaft für Schwule und Lesben, und seit 2009 gibt es das Gesetz für gleichgeschlechtliche Eheschließungen, das diesen Ehepaaren dieselben Rechte und Pflichten einräumt wie heterosexuellen Paaren. Die staatliche Organisation für die Rechte von Schwulen und Lesben ist der **Riksförbundet för Sexuellt Likaberättigande** (RFSL; ☎08-5016 2900; www.rfsl.se; Sveavägen 57-59).

Es gibt in den größeren Städten Bars und Nachtclubs für Schwule, es lohnt sich aber, die lokalen Ableger von RFSL oder vergleichbare Organisationen im Heimatland hinsichtlich aktueller Adressen zu kontaktieren. Das Buch *Spartacus International Gay Guide*, das vom Bruno Gmünder Verlag (Berlin) publiziert wird, ist ein hervorragendes Nachschlagewerk für einschlägige Adressen rund um den Globus, allerdings sollte man das Buch immer in Kombination mit aktuellen Übersichten in den lokalen Medien nutzen. Wie überall auf der Welt ändern sich auch in Schweden die Adressen über den Sommer schneller als man meint.

Eine gute lokale Informationsquelle ist das kostenlose Monatsmagazin *QX*. Es liegt in vielen Clubs, Geschäften und Restaurants in Stockholm, Göteborg, Malmö und Kopenhagen (Dänemark) aus. Seine Website www.qx.se bietet hervorragende Infos und Tipps auf Englisch.

Eine der größten Partys der Hauptstadt ist die alljährliche **Stockholm Pride** (www.stockholmpride.org/en/). Die fünftägige Feier der Schwulen und Lesben steigt Ende Juli bis Anfang August. Das schier unüberschaubare Programm deckt praktisch alles ab: Kunst, Diskussionen, Gesundheit, Literatur, Musik, Spiritualität und Sport.

Strom

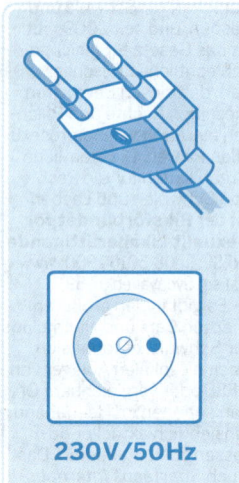

230V/50Hz

230V/50Hz

Telefon

Schwedische Telefonnummern bestehen aus einer Ortsvorwahl und einer Teilnehmernummer unterschiedlicher Länge. Das schwedische Branchenbuch heißt **Gula Sidorna** (Gelbe Seiten; www.gulasidorna.se). Die staatliche Telefongesellschaft Telia gibt ebenfalls Telefonbücher heraus, u. a. die Grünen Seiten (für kommunale Dienstleistungen) und die Blauen Seiten (für regionale Dienstleistungen, u. a. für die medizinische Versorgung).

Öffentliche Fernsprecher sind meist an Bahnhöfen oder auf dem Hauptplatz einer Ortschaft zu finden. Sie funktionieren mit Telefon- oder Kreditkarten (die zweite Möglichkeit ist aber ziemlich teuer). Rückrufe aus dem Ausland kann man an öffentlichen Fernsprechern nicht empfangen, R-Gespräche sind von dort aus nicht möglich.

Für ein Auslandsgespräch erst die Auslandsvorwahl ☎00 wählen, dann die jeweilige Landesvorwahl (Deutschland 46, Österreich 43, Schweiz 41), dann die Ortsvorwahl (ohne die erste 0) und die Teilnehmernummer. Um von Deutschland, Österreich oder der Schweiz nach Schweden zu telefonieren, zuerst die internationale Vorwahl ☎0046 wählen, dann die Ortsvorwahl (ohne die erste 0) und zuletzt die Teilnehmernummer.

Schwedische Handynummern haben die Vorwahlen ☎010, ☎070, ☎076, ☎073 und ☎0730. Gebührenfreie Telefonnummern fangen z. B. mit ☎020 und ☎02000 an, sind aber von öffentlichen Fernsprechern und aus dem Ausland nicht erreichbar.

Auskunft International (118 119)

Auskunft Inland (118 118)

Notruf (112) Gebührenfrei

Mobiltelefon

Es kann sich lohnen, das eigene Handy mitzubringen und vor Ort eine schwedische SIM-Karte zu kaufen und damit eine schwedische Handynummer zu bekommen. So kann man unter Umständen hohe Roaming-Gebühren sparen. Schwedische SIM-Karten gibt es fast überall (rund 95 Skr), und sie lassen sich mit einem Minimumguthaben von 100 Skr aufladen. Nachladen lässt sich das Handy in vielen Geschäften, darunter auch Tankstellen und Pressbyrån-Läden. Das funktioniert natürlich nur, wenn das Handy nicht per SIM-Lock an ein bestimmtes Netz im Heimatland gebunden ist. Im Zweifelsfall vor der Abreise beim heimischen Provider nachfragen. Meist lässt sich das Handy dann für die Reise entsperren.

Telefonkarten

Telia-Telefonkarten (*telefonkort*) kosten für öffentliche Münztelefone 50 oder 120 Skr (für jeweils 50 bzw. 120 Einheiten) und können in Telia-Telefonläden und Zeitschriftenhändler gekauft werden.

Wer mit diesen Telefonkarten ins Ausland telefoniert,

muss sich ziemlich kurz fassen! Zu diesem Zweck lieber im Tabakladen eine Telefonkarte der vielen Anbieter billiger Auslandstarife (wie z. B. Star) kaufen. Diese werden in öffentlichen Fernsprechern normalerweise *in Kombination* mit einer Telia-Karte benutzt: Die Telia-Karte ins Telefon stecken, die Nummer auf der Rückseite der billigen Auslandstelefonkarte wählen und dann den weiteren Anweisungen folgen. Internationale R-Gespräche sind von öffentlichen Fernsprechern nicht möglich.

Toiletten

Öffentliche Toiletten in Parks, Einkaufszentren, Bibliotheken, Bus- oder Bahnhöfen sind in Schweden meist nicht umsonst, aber in einigen Kirchen und den meisten Museen und Touristenbüros können sie kostenlos benutzt werden. Die Benutzungsgebühr von 5 bis 10 Skr lässt sich in der Regel nur in Münzen entrichten; in größeren Bahnhöfen und Kaufhäusern gibt es meist einen Toilettenwart.

Touristeninformation

Örtliche Touristenbüros

In den meisten schwedischen Städten findet man ein zentral gelegenes Touristenbüro (*turistbyrå*), in dem es kostenlose Stadtpläne und Infos zu Unterkünften, Attraktionen, Aktivitäten und Verkehrsmitteln gibt. Auch sind oft Broschüren über andere Gegenden des Landes erhältlich. Am besten lässt man sich ein nützliches Verzeichnis mit Adressen und Telefonnummern der meisten Touristenbüros des Landes geben.

Die Mehrzahl der Touristenbüros sind im Sommer täglich lange geöffnet; von Mitte August bis Mitte Juni

UNTERKÜNFTE ONLINE BUCHEN

Unter http://lonelyplanet.com/hotels/ finden sich weitere Unterkunftsempfehlungen von Lonely-Planet-Autoren. Hier stehen sowohl sachliche Beschreibungen als auch Hinweise auf geeignete Übernachtungsmöglichkeiten. Und das Beste daran: Man kann gleich online buchen.

schließen manche ganz, während andere nur ihre Öffnungszeiten reduzieren; sie schließen dann gegen 16 Uhr und haben an manchen Wochenenden ganz zu. Öffentliche Bibliotheken, Hostels oder große Hotels sind dann gute Alternativen, um an Informationen zu kommen.

Touristenbüros im Ausland

Die offizielle Website der **Schwedischen Reise- und Fremdenverkehrszentrale (Swedish Travel and Tourism Council)** (www.visitsweden.com) bietet eine Fülle ausgezeichneter Informationen in vielen verschiedenen Sprachen; man kann dort auch Broschüren und Informationspakete anfordern.

Touristikagenturen können in der Regel telefonisch Fragen beantworten und Werbematerial per E-Mail oder Post versenden (viele haben gar kein Büro mit Publikumsverkehr). In Ländern ohne schwedische Touristenbüros ist es sinnvoll, die nächste schwedische Botschaft aufzusuchen, um sich dort Info-Material zu besorgen.

Swedish Travel and Tourism Council Deutschland (☏040-32 55 13-55; info@swetourism.de; Schweden-Werbung für Reisen und Touristik); Österreich (☏0192-867 02; austria@visitsweden.com); Schweiz (☏044-580 62 94; switzerland@visitsweden.com)

Unterkunft

Die Unterkünfte haben in Schweden im Allgemeinen ein hohes Maß an Komfort

und Qualität. Die unten angegebenen Preise gelten für ein Doppelzimmer in der Hochsaison (Mitte Juni bis August); die normalen Preise an Werktagen können während des restlichen Jahres doppelt so hoch liegen.

➡ € unter 800 Skr
➡ €€ 800–1600 Skr
➡ €€€ über 1600 Skr

Berghütten & Lodges

Die meisten Berghütten (*fjällstugor*) und Lodges (*fjällstationer*) in Schweden sind der STF angeschlossen. An den wichtigsten Wanderstrecken, vornehmlich in Lappland, liegen etwa 45 Hütten und neun Berglodges, meist in Abständen von 15 bis 25 km. Die Öffnungszeiten der Rezeptionen sind recht lang, weil das Personal sowieso immer vor Ort ist. In vielen Hütten und allen Lodges gibt es eine einfache Verpflegung zu kaufen; viele Lodges verleihen auch Wanderausrüstung.

Die STF-Berghütten haben Kochgelegenheiten und Toiletten (Duschen gibt es hier nicht, manchmal aber eine Sauna). Schlafsäcke müssen die Gäste selbst mitbringen. Die Hütten sind im März und April und von Ende Juni bis Anfang oder Mitte September besetzt. Vorabreservierungen gibt es nicht, aber ein Nachtlager bekommt hier jeder (es kann allerdings in der sommerlichen Hauptsaison aus einer Matratze auf dem Boden bestehen). Die Preise für Mitglieder des STF bzw. HI (Internationalen Jugendherbergsverbands) variieren je nach Saison von 190 bis 350 Skr (Kinder zahlen um die 75 Skr); am teuersten ist es am nördlichen Kungsleden. Nichtmitglieder zahlen 100 Skr zusätzlich. Wanderer können auch in den Bergen zelten. Von allen, die in der Nähe einer STF-Hütte campieren, wird aber erwartet, dass sie eine Servicepauschale zahlen (60/80 Skr für Mitglieder/Nichtmitglieder): Dafür dürfen sie dann auch die Einrichtungen der Hütte (wie Küche oder Toiletten) nutzen.

In den ausgezeichneten STF-Fjällstationer reicht der Unterbringungsstandard von Vandrarhem- (mit Kochgelegenheit) bis zu Hotelniveau (mit Voll- oder Halbpension). Die Übernachtungspreise gehen von 250 bis zu ca. 1200 Skr. Es gibt oft betreute Aktivitäten für die Gäste und normalerweise ein Restaurant und einen Laden.

Camping

Camping ist in Schweden äußerst beliebt; es gibt Hunderte Campingplätze im ganzen Land. Die meisten haben von Mai bis September geöffnet und sind vor allem auf Familien eingestellt, gut ausgelastet und fantastisch ausgestattet: mit Geschäften, Restaurants, Pools, Spielplätzen, Kanu- oder Fahrradverleih, Minigolf, Küchen und Wäscheräumen. Auf den meisten finden sich auch Hütten oder Chalets.

Die Preise für die Stellplätze variieren (je nach Saison und Ausstattung) und liegen zwischen etwa 150 Skr für eine kleine Stellfläche auf einem schlichten Campingplatz und 250 Skr für eine große Fläche auf einem luxuriöseren Campingplatz. Etwas günstiger sind die Plätze für Einzelwanderer oder -radfahrer.

Für den Aufenthalt auf einem schwedischen Campingplatz benötigt man meist einen Camping Key Europe. Erhältlich ist dieser über die **Sveriges Camping & Stugföretagares Riksorganisation** (www.camping.se); ansonsten bekommt man ihn

auch am ersten Campingplatz, den man ansteuert. Eine Karte (150 Skr pro Jahr) gilt für die ganze Familie.

Hostels

Schweden hat weit über 450 Hostels (vandrarhem), die normalerweise gut ausgestattet sind. Außerhalb der größeren Städte sind diese Hostels nicht nur für Backpacker, sondern ganz normale Urlaubsquartiere für schwedische Familien, Ehepaare oder Senioren. Hier gibt es nur wenige Schlafsäle, sondern eher Einzel- und Doppelzimmer, die in ihrer Qualität fast schon an Hotelzimmer heranreichen und oft auch ein eigenes Bad haben. Rund die Hälfte dieser Hostels sind ganzjährig geöffnet; viele sind jedoch auch nur von Mai bis September auf, andere nur von Mitte Juni bis Mitte August.

Achtung: Schwedische Hostels haben ihre Rezeption nur wenige Stunden am Tag besetzt: im Allgemeinen nur von 17 bis 19 Uhr und 8 bis 10 Uhr. Das Geheimnis ist, dass man telefonisch reservieren sollte, denn gute Hostels sind auch schnell voll. Wer zu einer Zeit ankommt, wenn die Rezeption geschlossen ist, findet meist eine Telefonnummer vor, die weiterhilft. Die Telefonnummern der Hostels sind außerdem in den kostenlos erhältlichen Guidebooks zu finden, die jährlich von der Svenska Turistföreninge (STF) und Sveriges Vandrarhem i Förening (SVIF) veröffentlicht werden; sie sind auch online abzurufen.

Schlafsäcke sind in der Regel erlaubt, wenn man Laken und Kopfkissenbezug benutzt, die man entweder selbst dabei hat oder leihen kann (50 bis 65 Skr). Meist gibt es auch ein Frühstück (65 bis 95 Skr). Vor dem Verlassen des Hostels muss man hinter sich herputzen; Putzmittel werden gestellt. Die meisten Hostels sind an die STF oder SVIF angeschlossen, andere nicht, aber

auch sie haben einen hohen Standard.

SVENSKA TURISTFÖRENINGEN

Rund 320 Hostels sind an die **Svenska Turistföreningen** (STF; ☎08-463 21 00; www.svenskaturistforeningen.se), Teil des Hostelling International (HI), angeschlossen. STF stellt ein detailliertes, kostenloses Buch zur Verfügung, in dem die Hostels aufgeführt sind. Der Text ist auf Schwedisch, aber die Symbole und Karten sind leicht zu verstehen. Die Websites der Hostels sind auf Englisch. Alle Hostels der STF sind auch mit Küchen ausgestattet.

Inhaber einer HI-Mitgliedskarte zahlen die gleichen Übernachtungspreise wie die Mitglieder der STF. Nichtmitglieder zahlen unter Umständen 50 Skr extra (in Berghütten 100 Skr) oder treten online oder in den Hostels selbst bei (Erw./Kind 295/150 Skr jährl.). Die im Buch genannten Übernachtungspreise gelten für Mitglieder der STF. Kinder unter 16 zahlen etwa den halben Erwachsenenpreis.

SVERIGES VANDRARHEM I FÖRENING

Rund 200 Hostels gehören zur **Sveriges Vandrarhem i Förening** (SVIF; ☎031-82 88 00; www.svif.se). Hier ist keine Mitgliedschaft erforderlich, und die Preise sind vergleichbar mit denen der STF-Hostels. Die meisten SVIF-Hostels haben Küchen, aber manchmal muss man eigene Kochutensilien mitbringen. In Touristenbüros oder SVIF-Hostels liegen kostenlose Informationsbroschüren aus.

Hotels

Schweden ist eher ein ungewöhnliches Land, weil die Hotelpreise an Wochenenden und in der Hochsaison fallen (außer in den touristischen Küstenstädten), manchmal sogar bis zu 50 %. In diesem Reiseführer sind die normalen Sommerpreise aufgeführt, weil der Sommer eben die Hochsaison ist. Zu anderen Zeiten im Jahr können die Preise fast doppelt so hoch sein. Viele Hotelketten bieten zu dieser Zeit, wenn man online bucht, auch die verschiedensten Ermäßigungen an. Ein Frühstücksbüfett ist in der Regel, falls nicht anders angegeben, im Preis inbegriffen. In den Touristenbüros liegt die Gratisbroschüre *Hotels in Sweden* aus oder man besucht die Website www.hotelsinsweden.net.

Reisende mit kleinem Geldbeutel sollten sich die Hotels von **Ibis** (www.ibishotel.com) anschauen, weil sie einfache Zimmer mit eigenem Bad anbieten. Das Frühstück kostet extra.

Es gibt einige Hotelketten der Mittel- und Spitzenklasse. Radisson SAS und Elite gehören zu den luxuriösesten. Scandic ist für seine Umweltfreundlichkeit bekannt. Countryside (Hotelkette der Spitzenklasse) hat die reizvollsten Zimmer, und zwar oft in Schlössern, Herrenhäusern, Klöstern und Spas.

Best Western (www.best western.se)

Countryside (www.country sidehotels.se)

Elite (www.elite.se)

First (www.firsthotels.com)

Nordic Choice (www.nordic choicehotels.se)

Radisson SAS (www.radis son.com)

Scandic (www.scandichotels.com)

Sweden Hotels (www.swedenhotels.se)

Your Hotel Worldwide (www.yourhotelsworldwide.net)

Hütten & Chalets

Campinghütten und Chalets (*stugor*)) sind auf Campingplätzen recht verbreitet und überall im Land zu finden. Die meisten bieten vier Betten, manchmal gibt es aber auch Hütten für zwei oder sechs Personen. Sie eignen sich gut für kleinere Gruppen oder Familien und kosten zwischen 350 und 950 Skr pro Nacht. In der Hochsaison werden viele nur wochenweise vermietet (in der Regel für 1000 bis 5000 Skr).

Die einfachsten Hütten sind sehr schlicht: Sie enthalten Etagenbetten und sonst nicht viel (Bad und Küche teilen die Gäste mit den Campern oder anderen Hüttenbewohnern). Ferienhäuser sind normalerweise komplett ausgestattet: mit eigener Küche, Bad und Wohnzimmer samt TV.

Interessierte können sich die Kataloge *Campsites & Cottages in Sweden* bei jedem beliebigen Touristenbüro besorgen oder auf der Website www.stuga.nu nachsehen.

Privatzimmer, B&Bs & Bauernhöfe

Viele Touristenbüros haben Verzeichnisse mit Privatzimmern – eine tolle Möglichkeit, ein günstiges Quartier zu finden und echte Schweden kennenzulernen. Einzel- bzw. Doppelzimmer kosten im Schnitt um die 350/650 Skr.

An den Autobahnen (hauptsächlich im Süden des Landes) sieht man hier und da Schilder mit „*Rum*" oder „*Rum & frukost*", die auf zwanglose Bleiben (bei *frukost* inklusive Frühstück) von ca. 300 bis 400 Skr pro Person hinweisen.

Die Organisation **Bo på Lantgård** (☎ 035-12 78 70; www.bopalantgard.org) gibt alljährlich ein kostenloses Verzeichnis von Unterkünften auf Bauernhöfen (als B&B oder für Selbstversorger) heraus; es ist bei jedem Touristenbüro erhältlich. Die B&B-Preise belaufen sich im Schnitt auf 300 Skr pro Person im Doppelzimmer. Preise für Selbstversorger variieren von 300 bis 850 Skr pro Nacht – je nach Jahreszeit, Ausstattung und Bettenzahl.

Versicherung

Je nach Police kann eine Reiseversicherung von Krankheitskosten über Gepäckverlust bis zu Stornierungen oder Verspätungen der Transportmittel alles abdecken.

EU-Bürger müssen in Schweden bei allen medizini-

PRAKTISCH & KONKRET

➡ **Maße und Gewichte** In Schweden gilt das metrische System. In einigen Geschäften sind manche Preise mit einem „/hg" versehen; das heißt pro 100 g. Vorsicht bei *mil:* das heißt nicht Meile, sondern eine schwedische *mil* entspricht in Wirklichkeit 10 km.

➡ **Zeitungen** Lokalzeitungen (darunter die Tageszeitungen von Göteborg und Stockholm) sowie die Abendzeitungen erscheinen ausschließlich auf Schwedisch. Eine gute Auswahl an englischsprachigen Zeitungen findet man an den wichtigsten Bahnhöfen und Flughäfen, bei Press Stop, Pressbyrån und selbst in Kleinstädten beim Tabakhändler.

➡ **Radio** Der staatliche Radiosender SR (verschiedene Sender im ganzen Land, Programmhinweise unter www.sr.se) sendet klassische und Opernmusik, Pop und Rock.

➡ **TV** Die staatlichen Fernsehanstalten TV1 und TV2 berichten über nationale Ereignisse und das auf Schwedisch. TV3, TV4 und TV5 senden viele Shows und Filme auf Englisch.

➡ **DVDs** In Schweden wird das PAL-Format angewendet.

schen Behandlungen (selbst in der Notaufnahme) einen Eigenanteil bezahlen, aber insgesamt macht die Europäische Krankenversichertenkarte (EHIC) alles einfacher. Bei neueren Versichertenkarten ist sie schon integriert. Gesetzlich Versicherte, die noch keine haben, sollten sich rechtzeitig vor der Reise bei ihrer Krankenkasse eine besorgen oder, wenn die Zeit nicht mehr reicht, wenigstens einen Auslandskrankenschein. Eine Reisekrankenversicherung ist trotzdem ratsam, weil sie bei der Auswahl der Behandlungsmöglichkeiten freiere Hand gibt und auch die Kosten für Krankenwagen und einen notwendigen Rücktransport abdeckt.

Wer eine Reisekrankenversicherung abschließt, sollte darauf achten, dass sie den schlimmstmöglichen Fall abdeckt, z. B. einen Unfall, der einen Krankentransport, eine Krankenhausbehandlung oder einen notfallmäßigen Heimtransport per Flugzeug notwendig macht. Am praktischsten ist eine Versicherung, die mit Ärzten und Krankenhäusern direkt abrechnet, sodass keine Vorkasse geleistet werden muss.

Unter www.lonelyplanet. com/bookings findet man weltweit gültige Reiseversicherungen. Man kann jederzeit online eine Reiseversicherung abschließen,

ausweiten oder einen Schadensfall melden – auch wenn man schon unterwegs ist.

Visa

Bürger der EU und der Schweiz können ohne Pass oder Ausweis in Schweden einreisen (Ausweise werden dennoch empfohlen) und auf unbestimmte Zeit im Land bleiben. Aufenthaltsgenehmigungen (*Uppehållstillstånd*) sind für EU-Bürger, die Schweden besuchen, dort studieren, leben oder arbeiten möchten, nicht mehr erforderlich.

Die schwedische Einwanderungsbehörde **Migrationsverket** (☑0771-23 52 35; www.migrationsverket. se) ist für alle Anträge auf Visa, Arbeitserlaubnissesowie für Registrierungen oder Aufenthaltsgenehmigungen zuständig.

Zeit

In Schweden, Norwegen und Dänemark gilt wie in Deutschland die Mitteleuropäische Zeit. Auch die Umstellung zwischen Sommer- und Winterzeit erfolgt analog: am letzten Sonntag im März und am letzten Sonntag im Oktober.

Abfahrts- und Öffnungszeiten werden im 24-Stunden-Format angegeben. Bei Datumsangaben wird oft

die Kalenderwoche genannt (also 1 bis 52).

Zoll

Reisende aus Nicht-EU-Ländern dürfen folgende Waren zollfrei nach Schweden einführen: 1 l Spirituosen oder 2 l Starkwein, 4 l Wein und 16 l Bier. Bei Tabak sind es 200 Zigaretten, 100 Zigarillos, 50 Zigarren oder 250 g Tabak. Man muss mindestens 20 Jahre alt sein, um Alkohol, und 18, um Tabak einzuführen.

Die Freigrenzen für die Einfuhr von Gütern aus Ländern innerhalb der EU sind großzügiger bemessen. Allerdings muss eine „Steuer für den persönlichen Gebrauch" entrichtet werden, die von Fall zu Fall jedoch recht flexibel gehandhabt wird.

Bei der Zollabfertigung gibt es selten Probleme. Die Drogengesetze werden aber streng angewendet: Reisende werden bei der Ankunft gelegentlich durchsucht, vor allem wenn sie aus Dänemark einreisen. Lebende Pflanzen und Tierprodukte (Fleisch, Milchprodukte etc.) von außerhalb der EU sowie Tiere, Spritzen und Waffen jeder Art müssen bei der Ankunft dem Zoll gemeldet werden. Über die aktuellen Bestimmungen informiert der **Schwedische Zoll** (☑0771-23 23 23; www. tullverket.se).

Verkehrsmittel & -wege

AN- & WEITERREISE

Flüge, Touren und Bahnfahrkarten können online unter lonelyplanet.com/bookings gebucht werden.

Einreise

Schwedens wichtigster Flughafen ist Stockholm Arlanda.

Mit dem Flugzeug

Flughäfen & Fluglinien

Stockholm Arlanda (☎10-109 10 00; www.swedavia.se/arlanda) verbindet Schweden mit den wichtigsten europäischen und nordamerikanischen Städten. **Göteborg Landvetter** (www.swedavia.se/landvetter) ist der zweitgrößte internationale Flughafen des Landes. **Stockholm Skavsta** (☎0155-28 04 00; www.skavsta.se) liegt 100 km südlich von Stockholm bei Nyköping, und wird in der Rangfolge gefolgt von **Göteborg City** (www.goteborgairport.se). Beide werden von der Billigfluglinie Ryanair angeflogen.

Die schwedische Nationalfluggesellschaft ist Scandinavian Airlines System (SAS).

Europa

Die Fluggesellschaft SAS bietet zahlreiche Direktflüge zwischen Stockholm und den europäischen Metropolen wie Amsterdam, Brüssel, Genf, Moskau, Paris und Prag an. Viele Flüge gehen auch über Kopenhagen. Ähnliche Ziele werden von Göteborg aus angeflogen.

Air Berlin fliegt mehrmals in der Woche von Göteborg Landvetter nach Berlin; Air France fliegt ebenfalls von Landvetter nach Lyon, und Lufthansa fliegt Frankfurt und München an.

Finnair bietet Direktverbindungen von Helsinki nach Stockholm (etwa 15-mal tgl.) und nach Göteborg (bis zu 4-mal tgl.).

Ryanair fliegt mehrmals täglich von Stockholm Skavsta nach Barcelona, Brüssel, Düsseldorf, Frankfurt, Hamburg, Mailand, Paris, Riga und Rom.

Auf dem Landweg

Grenzübergänge

Auf dem Landweg gelangt man von Norwegen, Finnland und Dänemark (über die mautpflichtige Öresund-Brücke) nach Schweden. Grenzformalitäten gibt es nicht.

Zug- und Busreisen zwischen Schweden und dem europäischen Festland schließen immer eine Fährfahrt ein.

Eurolines (☎031-10 02 40; www.eurolines.com) Hat jeweils ein Büro in den Bus-Terminals der drei größten Städte des Landes: Stockholm, Göteborg und Malmö. Fahrpläne und -preise stehen auf der Website.

Nettbuss Express (☎0771-15 15 15; www.nettbuss.se) Fernreisebusse für Fahrten innerhalb Schwedens und nach Oslo (Norwegen) und Kopenhagen.

Sveriges Järnväg (SJ; ☎0771-75 75 99; www.sj.se) Die Züge fahren nach Kopenhagen.

Swebus Express (☎0200-21 82 18; www.swebusexpress.se) Fernreisebusse für Fahrten innerhalb Schwedens und nach Oslo und Kopenhagen.

Dänemark

AUTO & MOTORRAD

Die Autobahn E20 führt von Kopenhagen über die Öresund-Brücke ins schwedische Malmö. Die Maut wird in Lernacken auf der dänischen Seite bezahlt, in dänischen oder schwedischen Kronen (einfache Überfahrt pro Auto/Motorrad 435/225 Skr) oder mittels Kreditkarte.

BUS

Eurolines betreibt Busse zwischen Göteborg und Kopenhagen (370 Skr, 4½ Std., tgl.). Swebus Express und Nettbuss Express lassen ihre Busse auf denselben Routen fahren. Alle Unternehmen bieten Ermäßigungen für Studenten, Jugendliche (unter 26) und Senioren.

ZUG

Die Öresund-Züge pendeln regelmäßig unter der Regie

von Skånetrafiken (www.skanetrafiken.se) alle 20 Minuten zwischen 6 und 24 Uhr (danach stündl.) zwischen Kopenhagen und Malmö (einfach 105 Skr, 35 Min.) über die Brücke. Die Züge halten in der Regel am Flughafen von Kopenhagen. Von Kopenhagen kommend muss man in Malmö in die Züge nach Stockholm umsteigen.

Es gibt mehrere Züge, die zwischen Kopenhagen und Göteborg (447 Skr, 4 Std.) und zwischen Kopenhagen, Kristianstad und Karlskrona verkehren.

Deutschland
BUS
Eurolines-Busse fahren von Göteborg nach Berlin (1500 Skr, 15 Std., 5-mal wöchentl.).

ZUG
Hamburg ist die zentrale Drehscheibe für Fahrten nach Skandinavien, von hier gibt es täglich Direktverbindungen nach Kopenhagen,

einige Züge fahren weiter nach Stockholm.

Zwischen Berlin und Malmö gibt es Nachtzüge und Swebus-Expressbusse, die die Fähre Trelleborg–Sassnitz (www.berlin-night-express.com, ab 449 Skr, 9 Std.) nehmen.

Finnland
AUTO & MOTORRAD
Die wichtigsten Straßen zwischen Schweden und Finnland sind die E4 von Umeå nach Kemi und die Straße Nr. 45 von Gällivare nach Kaaresuvanto; außerdem führen fünf weitere Nebenstraßen über die Grenze.

BUS
Busse fahren von Haparanda nach Tornio (15 Skr, 10 Min.). **Tapanis Buss** (✆0922-129 55; www.tapanis.se) setzt zwei Mal pro Woche Expressbusse von Stockholm nach Tornio via Haparanda ein (675 Skr, 15 Std.). **Länstrafiken i Norrbotten** (✆0771-10 01 10; www.ltnbd.se) betreibt

Busse bis nach Karesuando; von da aus sind es nur noch einige Gehminuten über die Brücke nach Kaaresuvanto (Finnland).

Zudem gibt es regelmäßig Verbindungen von Haparanda nach Övertorneå (und zum Teil weiter bis Pello, Pajala und Kiruna) – in Övertorneå oder Pello kann man über die Grenze gehen und dann einen finnischen Bus nehmen mit Anschlussmöglichkeiten nach Kaaresuvanto und Tromsø (Norwegen).

Norwegen
AUTO & MOTORRAD
Die wichtigsten Straßenverbindungen zwischen Schweden und Norwegen sind die E6 von Göteborg nach Oslo, die E18 von Stockholm nach Oslo, die E14 von Sundsvall nach Trondheim, die E12 von Umeå nach Mo i Rana und die E10 von Kiruna nach Bjerkvik. Auch viele Nebenstraßen überqueren die Grenze.

KLIMAWANDEL & REISEN

Der Klimawandel stellt eine ernste Bedrohung für unsere Ökosysteme dar. Zu diesem Problem tragen Flugreisen immer stärker bei. Lonely Planet sieht im Reisen grundsätzlich einen Gewinn, ist sich aber der Tatsache bewusst, dass jeder seinen Teil dazu beitragen muss, um die globale Erwärmung zu verringern.

Fliegen & Klimawandel

Fast jede Art der motorisierten Fortbewegung erzeugt CO_2 (die Hauptursache für die globale Erwärmung), doch Flugzeuge sind mit Abstand die schlimmsten Klimakiller – nicht nur wegen der großen Entfernungen und der entsprechend großen CO_2-Mengen, sondern auch weil sie diese Treibhausgase direkt in hohen Schichten der Atmosphäre freisetzen. Die Zahlen sind erschreckend: Zwei Personen, die von Europa in die USA und wieder zurück fliegen, erhöhen den Treibhauseffekt in demselben Maße wie ein durchschnittlicher Haushalt in einem ganzen Jahr.

Emissionsausgleich

Die englische Website www.climatecare.org und die deutsche Internetseite www.atmosfair.de bieten sogenannte CO_2-Rechner. Damit kann jeder ermitteln, wie viel Treibhausgase seine Reise produziert. Das Programm errechnet den zum Ausgleich erforderlichen Betrag, mit dem Reisende nachhaltige Projekte zur Reduzierung der globalen Erwärmung unterstützen können, beispielsweise Projekte in Indien, Honduras, Kasachstan und Uganda.

Lonely Planet unterstützt gemeinsam mit Rough Guides und anderen Partnern aus der Reisebranche das CO_2-Ausgleichs-Programm von climatecare.org

Alle Reisen von Mitarbeitern und Autoren von Lonely Planet werden ausgeglichen. Weitere Informationen gibt es auf www.lonelyplanet.com

BUS

Nettbus-Busse fahren von Stockholm über Karlstad nach Olso (ab 632 Skr, 7½ Std., 5-mal tgl.). Auch von Göteborg geht es nach Oslo (ab 209 Skr, 4 Std., mehrmals tgl.). Swebus Express ist auf denselben Strecken zu ähnlichen Preisen unterwegs. In Nordskandinavien fährt täglich ein Bus zwischen Umeå und Mo i Rana (8 Std.). Weitere Informationen zu den Busverbindungen gibt es bei **Länstrafiken i Västerbotten** (☎0771-10 01 10; www.tabussen.nu) und **Länstrafiken i Norrbotten** (☎0771-10 01 10; www.ltnbd.se).

ZUG

SJ-Züge verkehren zwei Mal täglich zwischen Stockholm und Oslo (433 bis 588 Skr, 6–7 Std.), und nachts nach Narvik (916 Skr, etwa 20 Std.). Weitere Zugverbindungen bestehen von Helsingborg via Göteborg nach Oslo (837 Skr, 7 Std., 2-mal tgl.).

Auf dem Seeweg

Viele Fähren fahren nach Schweden, die meisten Fährgesellschaften bieten interessante Ermäßigungen für Senioren, Studenten und Kinder. Die nachfolgend genannten Preise gelten für eine einfache Fahrt in der Hauptreisezeit (Wochenende, Nachtfähren, Mitte Juni bis Mitte Aug.); zu allen anderen Zeiten liegen die Preise bis zu 30 % darunter.

Dänemark
GÖTEBORG–FREDRIKSHAVN

Stena Line (☎031-704 00 00; www.stenaline.se) Dreistündige Überfahrt. Bis zu sechs Fähren täglich. Fußgänger/Auto mit Insassen/Fahrrad 180/1060/238 Skr.

Stena Line (Express)
Express bedeutet eine recht schnelle, also zweistündige Überfahrt. Bis zu drei Fähren verkehren pro Tag. Fußgänger/

Auto mit fünf Insassen/Fahrrad 184/1157/165 Skr.

HELSINGØR–HELSINGBORG
Das ist die schnellste Verbindung; die Fähren fahren sehr häufig (Fahrtdauer 20 Min.).

HH-Ferries (☎042-19 80 00; www.hhferries.se) Fahren rund um die Uhr. Fußgänger/Auto mit bis zu neun Passagieren 36/465 Skr. Fußgänger können ihr Fahrrad kostenlos mitbefördern lassen.

Scandlines (☎042-18 63 00; www.scandlines.se) Die Fähren fahren rund um die Uhr. Fußgänger/Auto mit bis zu neun Insassen 36/465 Skr. Fußgänger können auch bei diesem Anbieter ihr Fahrrad kostenlos mitbefördern lassen.

VARBERG–GRENÅ

Stena Line (☎031-704 00 00; www.stenaline.se) Überfahrt dauert vier Stunden. Drei oder vier Mal am Tag. Fußgänger/Auto mit fünf Insassen/Fahrrad 180/1096/238 Skr.

YSTAD–RØNNE

BornholmsTrafikken (☎0411-55 87 00; www.bornholmstrafikken.dk) Normale und schnelle Verbindungen (1½ Std., 80 Min., 2- bis 9-mal tgl.). Fußgänger/Auto mit fünf Insassen ab 242/1420 Skr.

Deutschland
GÖTEBORG–KIEL

Stena Line (Dänemark) (www.stenaline.se) Der Fähranleger der Stena Line bei Masthuggstorget (Tram 3, 9 oder 11) ist am nächsten zum Zentrum von Göteborg gelegen. Die Fähren fahren in der Hochsaison sechs Mal täglich nach Frederikshavn (einfache Fahrt/hin und zurück ab 499/998 Skr).

TRELLEBORG–ROSTOCK & TRELLEBORG–TRAVEMÜNDE

TT-Line (☎0410-562 00; www.ttline.com) Sieben Stunden. 2–5-mal tgl. Auto mit bis zu fünf Insassen Trelleborg–Rostock 490 Skr, Trelleborg–Travemünde

790 Skr. Auf Nachtfahrten sind Schlafkojen zwingend zu buchen.

Finnland

Helsinki heißt auf Schwedisch Helsingfors und Turku ist auf Schwedisch Åbo.

Fähren auf den Stecken Stockholm–Helsinki und Stockholm–Turku fahren ganzjährig jeden Tag, und zwar über die Åland-Inseln. Auf diesen Fähren gilt ein Mindestalter der Passagiere, das man vor Antritt der Fahrt erfragen sollte.

STOCKHOLM–ÅLAND-INSELN (MARIEHAMN)
Viking Line fährt auch zwei oder drei Mal täglich von Stockholm und Kapellskär nach Åland.

Eckerö Linjen (☎0175-258 00; www.eckerolinjen.fi) Fährt von Grisslehamn zu den Åland-Inseln (Passagier/Auto/Fahrrad 35/125/20 Skr).

STOCKHOLM–HELSINKI

Tallink & Silja Line (Karte S. 52; ☎08-22 21 40; www.tallinksilja.com) Rund 15 Stunden. Fahrkarte und Kabinenplatz ab 1195 Skr.

Viking Line (☎08-452 40 00; www.vikingline.fi) Fahrkarte und Kabinenplatz ab etwa 920 Skr.

STOCKHOLM–TURKU

Silja Line (Karte S. 52; ☎08-22 21 40; www.silja.com) elf Stunden. Platz an Deck 138 Skr, Kabine ab 478 Skr; für Abendfahrten liegen die Preise höher. Die Fähren fahren von September bis Anfang Mai auch ab Kapellskär (90 km nordöstlich von Stockholm); Anschlussbusse von Silja Line sind im kompletten Fahrpreis enthalten.

Viking Line (Karte S. 52; ☎08-452 40 00; www.vikingline.fi) Fährt auf der Strecke Stockholm-Turku und in der Hochsaison auch von Kappelskär.

Wasaline (☎090-18 52 00; www.wasaline.se) Fährt auf der Strecke Umeå–Vaasa. Fußgänger einfache Fahrt 330 Skr; Autos 475 bis 505 Skr.

Norwegen

Jeden Tag verkehrt eine Nachtfähre der Reederei **DFDS Seaways** (☎031-65 06 80; www.dfdsseaways.com) zwischen Kopenhagen und Oslo (Pro Passagier 109 € plus 83 € pro Fahrzeug) mit einem Zwischenstopp in Helsingborg. Passagiere bezahlen auf der Strecke Helsingborg und Oslo (14 Std.) ab 1100 Skr, fürs Auto 475 Skr; die Überfahrt kann nicht online, sondern nur telefonisch gebucht werden.

Ein Fähre von **Color Line** (☎0526-620 00; www.colorline. com) verkehrt ganzjährig zwei bis sechs Mal täglich zwischen Strömstad und Sandefjord (Norwegen). Fahrkarten gibt es ab 19 €; Inhaber einer Bahncard bezahlen nur die Hälfte.

Osteuropa

Nach/von Estland: Die Fähren von **Tallink** (☎08-666 60 01; www.tallink.ee) fahren auf den Routen Stockholm–Tallinn und Kapellskär–Paldiski.

Die Scandlines-Fähren fahren rund fünf Mal pro Woche zwischen Nynäshamn und Ventspils (Lettland).

Nach/von Polen: **Polferries** (☎040-12 17 00; www.polferries.se) und **Unity Line** (☎0411-55 69 00; www.unityline.pl) bieten täglich Überfahrten zwischen Ystad und Swinoujscie. Polferries verbinden auch Nynäshamn mit Gdańsk (Danzig). **Stena Line** (☎031-704 00 00; www.stenaline.se) fährt auf der Strecke Karlskrona–Gdynia.

UNTERWEGS VOR ORT

Der öffentliche Nahverkehr ist stark subventioniert und gut organisiert.

Er ist in 24 regionale Verkehrsnetze (*länstrafik*) aufgeteilt, aber unter einem System, dem **Resplus** (www.samtrafiken.se) zusammengefasst: Eine Fahrkarte ist sowohl in Zügen als auch Bussen gültig. Fahrpläne sind online abrufbar.

Auto & Motorrad

Die schwedischen Straßen sind gut in Schuss, auf den hervorragenden Autobahnen kommt es selten zu Staus.

Automobilclubs

Der schwedische Automobilclub heißt **Motormännens Riksförbund** (☎020-21 11 11; www.motormannen.se).

Unterwegs mit dem eigenen Fahrzeug

Wer mit dem eigenen Fahrzeug nach Schweden fährt, braucht dazu Fahrzeugpapiere, eine Kfz-Haftpflichtversicherung mit unbegrenzter Deckung und einen gültigen Führerschein. Ein Warndreieck ist Vorschrift.

Führerschein

In Schweden reicht der nationale Führerschein.

Mietwagen

Um einen Wagen zu mieten, muss der Fahrer mindestens 20, teilweise sogar 25 Jahre alt sein, bei Abschluss des Vertrages müssen der Führerschein und eine Kreditkarte vorgelegt werden.

Internationale Mietwagenfirmen wie Avis, Hertz und Europcar haben Schalter an den Flughäfen in Stockholm Arlanda und Göteborg Landvetter und unterhalten Büros in den meisten größeren Städten. Die besten Mietpreise bieten in der Regel die größeren Tankstellen (z. B. Statoil und OK-Q8).

Avis (☎0770-82 00 82; www.avisworld.com)

Europcar (☎020-78 11 80; www.europcar.com)

Hertz (☎0771 21 12 12; www.hertz-europe.com)

Mabi Hyrbilar (☎08-612 60 90; www.mabirent.se) Nationale Mietwagenfirma mit guten Preisen.

OK-Q8 (☎020-85 08 50; www.okq8.se) Auf der Website auf *hyrbilar* klicken, um sodann auf die Mietwagenseiten zu kommen.

Statoil (☎08-429 63 00; www.statoil.se/biluthyrning) Auf *uthyrningsstationer* klicken, um auf die Seite der Autoverleihfirmen zu kommen; wenn man auf *priser* klickt, erscheinen die Preise.

Gefahren

Im Norden sind Elche und Rentiere eine ernste Gefahr. Etwa 40 Menschen sterben jedes Jahr bei einem Wildunfall. Das Zeichen *viltstängsel upphör* zeigt das Ende des Wildzauns an; hier kann also ein Elch auf der Straße stehen. Sami hängen oft schwarze Plastiksäcke an Bäume und Masten am Straßenrand, wenn ihre Rentierherde in der Nähe weidet. Alle Unfälle müssen der Polizei gemeldet werden; wer das nicht tut, begeht eine Straftat.

Vorsicht! In Göteborg und Norrköping haben Straßenbahnen Vorfahrt und müssen rechts überholt werden.

Verkehrsregeln

Es gilt Rechtsverkehr. Wer von rechts kommt, hat Vorfahrt. Auch tagsüber muss mindestens das Abblendlicht eingeschaltet sein. Jeder im Auto muss sich anschnallen; Kinder unter sieben Jahren brauchen einen passenden Gurt oder einen Kindersitz.

Die Alkoholgrenze liegt bei 0,2 ‰ – ein einziges alkoholisches Getränk ist also oft schon zu viel. Es gibt durchaus stichprobenartige Kontrollen.

Die Geschwindigkeitsbeschränkungen sind: auf Autobahnen (E1, E4 usw. mit grünen Schildern) 110 km/h; auf breiten Landstraßen 90 km/h; auf kleineren Landstraßen 70 km/h; in geschlossenen Orten 50 km/h. Für Wohnwagengespanne gilt 80 km/h als Höchstgeschwindigkeit. Die Polizei verwendet Radarpistolen und kann bis zu 1200 Skr Sofortkasse verlangen.

Bus

Mit dem Bus fährt man in Schweden entweder auf den gut ausgebauten 24 Strecken der *Länstrafik*-Verkehrsgesellschaft oder auf denen der Fernreisebusse.

Busfahrkarten

Preiswerte Tages- oder Wochenkarten gibt es in der Regel bei den örtlichen oder regionalen Verkehrsunternehmen. In vielen Regionen gibt es auch 30-Tage-Tickets für längere Aufenthalte oder die Hochsaison im Sommer. Diese können online, bei den meisten Zeitschriftenhändlern und in Touristeninformationen gekauft werden.

Express-Busse

Swebus Express (✆0771-21 82 18; www.swebus.se) hat das größte Express-Bus-Netz, allerdings ist dieses auf die südliche Hälfte des Landes beschränkt. In der Regel sind die Fahrkarten von Montag bis Donnerstag am günstigsten, außerdem bei Internetbuchungen oder beim Kauf von mehr als einem Tag vor Reiseantritt. Studenten und Senioren erhalten meist ebenfalls eine Ermäßigung: Es lohnt sich, danach zu fragen.

Svenska Buss (✆0771-67 67 67; www.svenskabuss.se) und **Nettbuss** (✆0771-15 15 15; www.nettbuss.se) sorgen ebenfalls für Verbindungen vieler Städte im Süden mit Stockholm; die Preise sind oft niedriger als bei Swebus Express, aber dafür fahren die Busse nicht ganz so häufig.

Nördlich von Gävle sorgen mehrere kleinere Busunternehmen für gute und regelmäßige Verbindungen nach Stockholm. Eins davon ist **Ybuss** (✆060-17 19 60; www.ybuss.se), mit dem es nach Sundsvall, Östersund und Umeå geht.

Regionale Busnetze

Die Busnetze der *länstrafik*-Verbünde sind gut in die regionalen Bahnnetze integriert; dasselbe Ticket ist für Busse und Bahnen in der Region gültig. Meistens haben die Karten eine Geltungsdauer von einer bis vier Stunden; innerhalb dieser Zeit ist Umsteigen erlaubt. Die Fahrpreise für Busse und Bahnen sind häufig identisch; insgesamt schwanken die Preise aber stark, je nachdem, wann man fährt und wie lange im Voraus man sich seine Fahrkarte besorgt hat.

Fahrrad

Die Schweden selbst sind viel mit dem Fahrrad unterwegs. In den meisten Städten gibt es eigene Radwege und extra Verkehrsschilder für Radfahrer. Das Tragen von Helmen ist für Kinder unter 15 Jahren Pflicht.

ENTFERNUNGEN (STRASSENKILOMETER)

	Gävle	Göteborg	Helsingborg	Jönköping	Kalmar	Karlstad	Kiruna	Linköping	Luleå	Malmö	Skellefteå	Stockholm	Sundsvall	Umeå	Uppsala	Örebro
Göteborg	520															
Helsingborg	690	220														
Jönköping	450	150	240													
Kalmar	560	350	290	215												
Karlstad	325	250	470	245	455											
Kiruna	1090	1645	1785	1540	1660	1420										
Linköping	365	280	365	130	235	230	1440									
Luleå	755	1300	1440	1210	1310	1080	342	1116								
Malmö	740	790	65	290	290	530	1835	415	1500							
Skellefteå	620	1185	1310	1075	1175	950	470	970	135	1360						
Stockholm	175	480	565	330	415	305	1265	205	930	620	795					
Sundsvall	215	765	890	670	770	510	875	575	540	955	405	390				
Umeå	485	1010	1140	935	1040	810	605	850	270	1230	135	660	270			
Uppsala	110	485	615	380	460	285	1195	250	860	665	725	70	320	590		
Örebro	235	285	450	200	350	115	1340	115	970	495	840	200	445	705	170	
Östersund	385	795	990	790	950	560	815	680	595	1075	470	560	185	370	490	590

Flugzeug

Schwedische Fluglinien

Die nationalen Fluggesellschaften nutzen **Stockholm Arlanda** (☎10-109 10 00; www.swedavia.se/arlanda) als Drehkreuz, daneben existieren jedoch noch etwa 30 Regionalflughäfen. Inlandsflüge sind sehr teuer, aber es gibt Vergünstigungen durch Internetbuchungen und zudem noch Studenten- und Jugendtarife, Hin- und Rückflugtickets, die im Voraus gebucht werden, Nebensaisonpreise sowie Ermäßigungen für begleitende Familienmitglieder und Senioren.

Im Folgenden eine Auswahl an nationalen Fluggesellschaften und den von ihnen angeflogenen Zielen.

Malmö Aviation (☎040-660 28 20; www.malmoaviation.se) Göteborg, Stockholm, Malmö, Östersund, Halmstad, Kalmar, Ronneby, Sundsvall, Visby, Växjö, Ängelholm und Umeå.

SAS (☎0770-72 77 27; www.flysas.com) Arvidsjaur, Borlänge, Gällivare, Göteborg, Halmstad, Ängelholm-Helsingborg, Hemavan, Hultsfred, Jönköping, Kalmar, Karlstad, Kiruna, Kramfors, Kristianstad, Linköping, Luleå, Lycksele, Malmö, Mora, Norrköping, Oskarshamn, Oskersund, Skellefteå, Stockholm, Storuman, Sundsvall, Sveg, Torsby, Trollhättan, Umeå, Vilhelmina, Visby, Västerås, Örebro und Örnsköldsvik.

Nahverkehr

In Schweden ist jeder Nahverkehr im *länstrafik* organisiert, deren Fahrscheine in den Städten und auf dem Land gelten. Innerhalb einer Stadt kostet der Bus um die 20 Skr; Tageskarten oder andere Angebote kommen meistens billiger.

Rund um den Öresund haben sich die schwedischen und dänischen Busse und Bahnen zu einem Verbund zusammengeschlossen. Von dort nach Kopenhagen hinüber zu kommen, ist genauso unkompliziert wie in Schweden herumzufahren.

Schiff

Kanalschifffahrt

Auf den Kanälen kann man kreuz und quer durchs Land reisen. Sie verbinden die wichtigsten Seen in Schweden. Am längsten ist die Fahrt auf dem Göta Canal von Söderköping (südlich von Stockholm) nach Göteborg (Mitte Mai bis Mitte September); sie dauert mindestens vier Tage und nimmt auch die Seen mit, die am Weg liegen.

Rederiaktiebolaget Göta Kanal (☎031-80 63 15; www.gotacanal.se) betreibt drei Schiffe auf der gesamten Länge zu einem Fahrpreis von 12 295 bis 17 125 Skr pro Person für vier Tage (inkl. Vollverpflegung und begleitete Ausflüge).

Fähren

Die sehenswerte Inselwelt vor Stockholm wird durch ein dichtes Netz an Schiffen und Fähren mit dem Fünf-Tage-Pass Båtluffarkortet (Schiffwanderpass; 420 Skr) erschlossen. Gotland wird von regelmäßig fahrenden Fähren von Nynäshamn und Oskarshamn angefahren. Die hübschen Fischerdörfer entlang der Westküste können normalerweise per Schiff und mit dem regionalen Verkehrspass erreicht werden; Informationen geben die Touristenbüros in Göteborg.

Touren

In den einzelnen Kapiteln dieses Reiseführers werden Touren empfohlen, die der Jugendherbergsorganisation STF gibt ebenfalls sehr verlässliche Tipps:

Svenska Turistföreningen (STF, Swedish Touring Association; ☎08-463 21 00; www.svenskaturistforeningen.se) Die Touren sind meist erschwinglich, ökologisch orientiert und machen Spaß. In der Regel handelt es sich um Outdoor-Aktivitäten (z. B. Kajakfahren und Wandern). Oft wird die Ausrüstung gestellt. Für Mitglieder der STF sind die Preise meist niedriger.

Trampen

Trampen ist in keinem Land der Welt hundertprozentig sicher. Wer trampt, geht ein Risiko ein, deshalb möglichst zu zweit an der Straße stehen und immer jemanden über die Reiseabsichten informieren.

In Schweden ist Trampen nicht besonders hoch angesehen; wer es trotzdem tut, sollte sehr viel Geduld mitbringen. Auf der Autobahn ist es ganz verboten.

Zug

Schweden hat ein weit verzweigtes und zuverlässiges Schienennetz, und die Bahn ist fast immer schneller als Busse. (Die Ausnahme bilden örtliche Pendlerzüge auf dem Weg in die größeren Städte; sie halten fast überall.)

Inlandsbanan (☎0771-53 53 53; www.inlandsbanan.se) Eine der eindrucksvollsten Bahnreisen Skandinaviens ist diese malerische 1300 km lange Strecke von Kristinehamn nach Gällivare. Im Süden müssen mehrere Abschnitte mit dem Bus zurückgelegt werden, aber ab Mora geht es dann nur noch per Bahn. Von Mora nach Östersund (494 Skr) dauert es sieben Stunden und von Östersund nach Gällivare (1149 Skr) 15 Stunden. Mit einem Bahnpass für 1795 Skr kann man zwei Wochen unbegrenzt fahren.

Sveriges Järnväg (SJ; ☎0771-75 75 75; www.sj.se) Die nationale Bahngesellschaft betreut den Großteil der Bahnstrecken, vor allem diejenigen im Süden des Landes.

Tågkompaniet (☎0771-44 41 11; www.tagkompaniet. se) Betreibt hervorragende Nachtzüge von Göteborg und

Stockholm Richtung Norden nach Boden, Kiruna, Luleå und Narvik sowie weitere, die auf der Strecke nach Härnösand unterwegs sind.

Fahrpreise

Die Fahrpreise richten sich nach dem Zugtyp, der Klasse, der Tageszeit und dem Kauftermin der Fahrkarte. Eine normale Fahrkarte 2. Klasse kostet für eine Langstrecke etwa doppelt so viel wie die Busfahrt auf der vergleichbaren Strecke. Doch es gibt Vergünstigungen für Frühbucher oder Last-Minute-Käufer. Studenten, Senioren und Jugendliche unter 26 Jahren erhalten ebenfalls Ermäßigungen.

Alle SJ-Fahrkarten fallen zwischen Ende Juni und Mitte August im Preis. In den meisten SJ-Zügen ist die Mitnahme eines Fahrrads nicht erlaubt (es muss als Frachtgut aufgegeben werden), aber im Süden Schwedens ist die Mitnahme auf manchen Strecken doch möglich (beim Kartenkauf zur Sicherheit nachfragen).

Bahnpässe

Der Sweden Rail Pass, Eurodomino-Tickets und international gültige Bahnpässe wie Inter-Rail und Eurail sind auch auf den Strecken von SJ und den meisten Strecken der Regionalzüge gültig.

Der Eurail Scandinavia Pass (www.eurail.com) ermöglicht unbegrenztes Bahnfahren in Dänemark, Finnland, Norwegen und Schweden, er gilt nur in der 2. Klasse und für wahlweise vier, fünf, sechs, acht oder zehn Fahrtage innerhalb von zwei Monaten (Jugendliche/Erw. ab 2380/3173 Skr). In den X2000-Zügen wird immer ein Aufschlag von 62 Skr verlangt. Der Bahnpass gilt auch für die Scandlines-Fähren auf der Strecke von Helsingør nach Helsingborg, auf den folgenden Fährrouten erhält man 20–50 % Rabatt:

STRECKE	ANBIETER
Frederikshavn–Göteborg	Stena Line
Grenå–Varberg	Stena Line
Helsinki–Åland–Stockholm	Silja Line
Stockholm–Riga	Silja Line
Stockholm–Tallinn	Silja Line
Turku–Åland–Stockholm/Kappelskär	Silja Line
Turku/Helsinki–Stockholm	Viking Line

Die wichtigsten Bahnrouten quer durchs Land:

➡ Richtung Norden: Stockholm – Uppsala–Gävle–Sundsvall–Östersund

➡ Richtung Westen: Stockholm – Örebro–Karlstad–Oslo

➡ Richtung Westen: Stockholm – Örebro–Göteborg

➡ Richtung Süden: Stockholm – Norrköping–Malmö–Kopenhagen

Sprache

Schwedisch gehört zur nordgermanischen oder skandinavischen Sprachfamilie und ist daher eng verwandt mit dem Dänischen und Norwegischen. Es ist die Nationalsprache der Schweden und wird von der Mehrzahl der Bewohner des Landes (rund 8,5 Mio.) gesprochen. Im benachbarten Finnland ist Schwedisch neben Finnisch ebenfalls Amtssprache und wird dort in den Schulen gelehrt. Allerdings ist es nur für 300 000 Finnen (6 %) auch die Muttersprache.

Die Hochsprache oder Rikssvenska rik·s·wen·ska (wörtlich: Reichsschwedisch) basiert auf den wichtigsten Dialekten aus der Gegend rund um Stockholm. Einige der Dialekte auf dem Lande weichen erheblich von der Hochsprache ab – so hat zum Beispiel das Skånska (skon·ska), das man in der südlich gelegenen Provinz Skåne spricht, flachere Vokale (und ist dem Dänischen schon ganz nahe), wohingegen Dalmål (dal·mol), das in der zentral gelegenen Region Dalarna gesprochen wird, eine sehr ausgeprägte Sprachmelodie aufweist (stark aufsteigend, dann wieder abfallend). In Schweden ist es üblich, sich zu duzen.

Die meisten schwedischen Laute klingen ganz ähnlich wie ihre deutschen Entsprechungen. Außerdem sollte man sich merken, dass ein o in der Lautschrift oft wie ein offenes „o" klingt; das **ch** wird aspiriert und mit gerundeten Lippen gebildet. Die Laute **ij** werden einzeln gesprochen. Wer die farbigen Aussprachehilfen wie ein deutsches Wort liest, wird auf jeden Fall verstanden. Betonte Silben sind kursiv gesetzt.

KONVERSATION

Hallo.	*Hej.*	hey
Auf Wiedersehen.	*Adjö./Hej då.*	a·jö/hej do
Ja	*Ja.*	ja
Nein	*Nej.*	ney
Bitte.	*Tack.*	tak

Danke (sehr).	*Tack (så mycket).*	tak (so *mü*·ke)
Keine Ursache.	*Varsågod.*	wa·sche·go
Entschuldigen Sie.	*Ursäkta mig.*	ur·scheck·ta mej
Entschuldigung/Pardon	*Förlåt.*	för·lot

Wie geht's?
Hur står det till?   hür stor de til

Gut, danke. Und Ihnen/Dir?
Bra, tack. Och dig?   bra tak o dej

Wie heißen Sie/Wie heißt Du?
Vad heter du?   wad hij·ter dü

Ich heiße …
Jag heter …   ja hij·ter …

Sprechen Sie Deutsch (Englisch)?
Talar du tynska (engelska)?   ta·la dü tüs ka (en·gel·ska)?

Ich verstehe nicht.
Jag förstår inte.   ja för·schtor in·te

ESSEN & TRINKEN

Kellner!
Vaktmästern!   wakt·mäs·tern

Was würden Sie mir empfehlen?
Vad skulle ni anbefalla?   wad sku·le ni an·be·fa·la

Was ist die Spezialität der Region?
Vad är den lokala specialiteten?   Wad är den lo·ka·la spe·si·a·li·tej·ten

Haben Sie vegetarische Gerichte?
Har ni vegetarisk mat?   har ni ve·ge·ta·risk matt

Ich hätte gern …
Jag vill ha …   ja wil ha

Prosit!
Skål!   skoll

Ich hätte gern (die) *…Jag skulle viljaha …*   ja a sku·le wil·ja *vil*·ya ha …

SAMISCHE SPRACHEN

Die Sprachen der Samen sind mit dem Finnischen und anderen finno-ugrischen Sprachen verwandt. In Schweden werden fünf der neun samischen Hauptsprachen gesprochen, und zwar von je 500 bis 5000 Personen. Die meisten Samen können sich auf Schwedisch verständigen, aber nur wenige von ihnen sprechen Englisch. Wer ein paar Wörter und Wendungen einer samischen Sprache beherrscht, findet leichter Zugang zur Kultur der Samen.

Fjäll- oder Nord-Sami

Fjäll-Sami ist die am weitesten verbreitete Samisprache und gilt als „Standardvariante". Sie wird in Schwedens hohem Norden rund um Karesuando und Jukkasjärvi gesprochen. In der Schriftversion des Fjäll-Sami tragen manche Buchstaben Akzentzeichen. Trotzdem gibt sie die Aussprache nicht genau wieder. Selbst einige Samen finden es schwierig diese Schriftsprache zu lernen. Zum Beispiel wird *giitu* (danke) „gich-tu" ausgesprochen, aber das kräftig gehauchte „h" wird nicht mitgeschrieben..

Hallo.	*Buorre beaivi.*
Hallo. (als Antwort)	*Ipmel atti.*
Auf Wiedersehen.	
(zu der Person, die geht)	*Mana dearvan.*
(zu der Person, die bleibt)	*Báze dearvan.*
Wie geht's?	*Mot manna?*
Gut.	*Buorre dat manna.*
Ja	*De lea.*
Nein	*Li.*
Danke.	*Giitu.*
1	*okta*
2	*guokte*
3	*golbma*
4	*njeallje*
5	*vihta*
6	*guhta*
7	*cieza*
8	*gávcci*
9	*ovcci*
10	*logi*

dieses Gericht	*den maträtt*	deyn *maat*·ret
Getränkekarte	*dricklistan*	driks·lis·tan
Rechnung	*räkningen*	räk·ning·en
Speisekarte	*menyn*	me·nün
Könnten Sie	*Kan ni laga*	kan ni la·ga
ein Gericht zubereiten	*en maträtt*	en mat·rät
ohne ...?	*utan ...?*	u·tan ...
Butter	*smör*	smör
Eier	*ägg*	äg
Fleischbrühe	*köttspad*	schöt·spad

Wichtige Begriffe

Abendessen	*middag*	mi·dag
Bar	*bar*	bar
Café	*kafé*	ka·fej
Essen	*mat*	mat
Flasche	*flaska*	flas·ka
Frühstück	*frukost*	fru·kost
Gabel	*gaffel*	jaf·fel
Getränk	*dricka*	dri·ka
Glas	*glas*	glas
kalt	*kylig*	schü·lig
Kindergericht	*barnmeny*	barn·me·nü
Löffel	*sked*	chijed
Markt	*torghandel*	torje·han·del
Messer	*kniv*	kniw
mit	*med*	mäd
Mittagessen	*lunch*	lunsch
ohne	*utan*	u·tan
Restaurant	*restaurang*	res·to·rang
Snack	*mellanmål*	me·lan·mol
Speisekarte	*meny/*	me·nü/
	matsedel	mat·sej·del
Tagesgericht	*dagens rätt*	da·gens rät
Tasse	*kopp*	kop
Teelöffel	*tesked*	teje· chijed
Teller	*tallrik*	tal·rik
warm	*varm*	varm

Fleisch & Fisch

Fisch	*fisk*	fisk
Fleisch	*kött*	schöt
Fleischklopse	*köttbullar*	schöt·bu·lar
Hering	*sill*	sil
Hühnchen	*kyckling*	schük·ling

Hummer	*hummer*	hu·mer
Kalbfleisch	*rådjur*	rod·jür
Lachs	*lax*	laks
Thunfisch	*tonfisk*	ton·fisk

Obst & Gemüse

Blaubeeren	*blåbär*	blo·bär
Erdbeeren	*jordgubbar*	jord·gu·bar
Gemüse	*grönsak*	grön·sak
Himbeeren	*hallon*	ha·lon
Kartoffeln	*potatis*	po·ta·tis
Möhre	*morot*	mo·rot
Obst	*frukt*	frukt
Pilze	*svamp*	swamp

Andere Nahrungsmittel

Brot	*bröd*	bröd
Butter	*smör*	smör
Ei	*ägg*	äg
Käse	*ost*	ost
Kuchen	*kaka*	ka·ka
Marmelade	*sylt*	sült
Reis	*ris*	ris
Suppe	*soppa*	so·pa

Getränke

(Orangen)	*(apelsin-)*	(a·pel·sin·)
Saft	*juice*	jus
Bier	*öl*	öl
Kaffee	*kaffe*	kaf·fä
Milch	*mjölk*	mjölk
Mineral-	*mineral-*	mi·ne·ral·
wasser	*vatten*	wa·ten
Rotwein	*rödvin*	röd·win
Sekt	*mousserande*	mus·sej·ran·de
Wein	*vin*	win
Softdrink	*läsk*	läsk
Tee	*te*	tej
Wasser	*vatten*	wa·ten
Weißwein	*vitt vin*	wit win

NOTFÄLLE

| Hilfe! | *Hjälp!* | jälp |
| Verschwinde! | *Försvinn!* | för·schwin |

Schilder

Ingång	Eingang
Utgång	Ausgang
Öppet	Geöffnet
Stängt	Geschlossen
Förbjudet	Verboten
Toaletter	Toiletten
Herrar	Herren
Damer	Damen

Rufen Sie ...!	*Ring ...!*	ring ...
einen Arzt	*efter en*	ef·ter en
	doktor	dok·tor
die Polizei	*polisen*	po·li·sen

Dies ist ein Notfall!
Det är ett — de är et
nödsituation! — nöd·si·tu·a·chon

Ich habe mich verirrt.
Jag har gått vilse — ja har got wil·se

Ich bin krank.
Jag är sjuk. — ja är chük

Hier tut es weh.
Det gör ont här. — de jör ont här

Ich bin allergisch gegen
Jag är allergisk mot (antibiotika). — ja är a·ler·jisk mot (an·ti·bi·o·ti·ka)

Wo sind die Toiletten?
Var är toaletten? — war är to·a·le·ten

SHOPPEN & DIENSTLEISTUNGEN

Wo ist die/das ...?	*Var ligger ...?*	var li·ger ...
Bank	*banken*	ban·ken
Post	*posten*	pos·ten
Touristen-	*turistinfor-*	tu·rist·in·for·
information	*mationen*	ma·cho·nen

Wo ist hier ein Internetcafé?
Var finns e lokala Internet kaféet? — war fins de lo·ka·la in·ter·net ka·fej·et

Wo ist das nächste öffentliche Telefon?
Var ligger närmaste publiktelefon? — war li·ger när·ma·ste pub·lik·tel·le·fon

Ich suche ...
Jag letar efter ... — ja lej·tar ef·ter ...

Kann ich mir das mal ansehen?
Får jag se den? for ja se den

Haben Sie noch andere?
Har ni några andra? har ni no·ra an·dra

Wie viel kostet das?
Hur mycket kostar det? hür mü·ke kos·tar de

Das ist zu teuer.
Det är för dyrt. de är för dürt

Was ist Ihre unterste Preisgrenze?
Vad är dit lägste pris? wad är dit läg·ste pris

Hier ist ein Fehler in der Rechnung.
Det är ett fel på de är et fel po
räkningen. räk·ning·en

UNTERKUNFT

Wo ist ein ...? *Var finns det ...?* war fins de ...
Campingplatz
en camping plats- en kam·ping· plats
Gästehaus *ett gästhus* et jest·hus
Hotel *ett hotell* et ho·tel
Jugendherberge *ett vandrar-* et wan·dra· hem *hem*

Zahlen		
1	ett	et
2	två	two
3	tre	tre
4	fyra	fü·ra
5	fem	fem
6	sex	seks
7	sju	chü
8	åtta	ot·ta
9	nio	ni·o
10	tio	ti·o
20	tjugo	tschü·go
30	trettio	tre·ti
40	fyrtio	für·ti o
50	femtio	fem·ti o
60	sextio	seks·ti o
70	sjuttio	chu·ti o
80	åttio	ot·ti
90	nittio	ni·ti o
100	ett hundra	et hun·dra
1000	ett tusen	et tu·sen

Haben Sie *Har ni ...?* har ni ...
ein ... zimmer?
Einzel *ett enkeltrum* et en·kelt·rüm
Doppel *ett dubbeltrum* et du·belt·rüm

Wie viel kostet *Hur mycket* hür mü·ke
es pro ...? *kostar det* kos·tar de
per ...? per ...
Nacht *natt* nat
Person *person* per·schon

VERKEHR

Öffentlicher Nahverkehr

Ist dies das/der ... nach
Är den här ... är den här ...
(Stockholm)? *till (Stockholm)?* til (stok·holm)
Boot/Schiff *båten* bo·ten
Bus *bussen* bus·sen

Ist dies das/der ... nach *Är det här ...* är de här ...
(Stockholm)? *till (Stockholm)?* til (stok·holm)
Flugzeug *planet* pla·net
Zu *tåget* to·get

Wann fährt der *När går ...?* när gor ...
... Bus?
erste *första* försch·ta
bussen bus·sen
letzte *sista bussen* sis·ta bus·sen
nächste **nästa buss** nes·ta bus

Ein ...-Ticket bitte *Jag skulle vilja* ja sku·le wil·ja
(nach Stockholm), *ha en ...* ha en ...
. *(till Stockholm).* (til stok·holm)
Einzel *enkelbiljett* en·kel·bil·jet
Rückfahrt *returbiljett* re·tur·bil·jel

Wann fährt er ab/kommt er an?
Hur dags anländer/ hür daks an·len·der/
avgår den? ow·gur den
Wie viel Verspätung hat er?
Hur mycket är det hür mü·ket är d eför·schej·nat
försenat?
Wie heißt der nächste Bahnhof/Halt?
Vilken är nästa wil·ken är näs·ta
station/hållplats? sta·schun/hol·plats

Hält er in (Lund)?

Stannar den på (Lund)? sta·nar den po (lund)

Sagen Sie mir bitte, wenn wir nach (Linköping) kommen.

Kan du säga till när vi kan dü sä·ja til när wi
kommer till (Linköping)? ko·mer til (lin·schö·ping)

Bitte bringen Sie mich zu (dieser Adresse).

Kan du köra mig till kan dü scha·ra mej til
(denna address)? (den·na a·dres)

Bitte halten Sie hier.

Kan du stanna här? kan dü stan·na här

Auto- & Radfahren

Ich möchte gerne	*Jag vill hyra*	ja wil hü·ra
ein ... mieten	*en ...*	en ...
Auto	*bil*	bil
Fahrrad	*cykel*	sü·kel
Motorrad	*motor-*	mo·tor·
	cykel	sü·kel

Benzin	*bensin*	ben·sin
Luft	*luft*	luft
Öl	*olja*	ol·ja
Parkplatz	*parkera*	par·ke·ra
Reifen	*däck*	däk
Tankstelle	*bensin-*	ben·sin·
	station	sta·schun

Ist dies die Straße nach (Göteborg)?

Går den här vägen till gor den här wä·gen til
(Göteborg)? (jö·te·boje)

Ich brauche einen Automechaniker.

Jag behöver en ja be·hö·ver en
mekaniker. me·ka·ni·ker

Ich habe kein Benzin mehr.

Jag har ingen ja har ing·en
bensin kvar. ben·sin kwar

Ich habe einen Platten.

Jag har fått punktering. ja har fot punk·tej·ring

WEGWEISER

Wo ist ...?

Var ligger ...? war li·ger ...

Welche Adresse ist das?

Vilken adress är det? wil·ken a·dres är de

Können Sie mir das zeigen (auf der Karte)?

Kan du visa mig kan dü wi·sa mej

Fragewörter

Wie?	*Hur?*	hür
Was?	*Vad?*	wad
Wann?	*När?*	när
Wo?	*Var?*	war
Wer?	*Vem?*	wem
Warum?	*Varför?*	war·för

(på kartan)? (po kar·tan)

Wie weit ist es?

Hur långt är det? hür longt är de

Wie kommt man dahin?

Hur kommer man dit? hür ko·mar man dit

Biegen Sie ...	*Sväng ...*	swäng ...
an der Ecke	*vid hörnet*	wid hör·net
an der	*vid trafik-*	wid tra·fik·
Ampel	*ljuset*	jü·set
links	*till vänster*	til wän·ster
rechts	*till höger*	til hö·ger

Es liegt ...	*Det är ...*	de är ...
an der Ecke	*vid hörnet*	wid hör·net
direkt	*rakt fram*	rakt fram
geradeaus		
gegenüber ...	*mitt emot ...*	mit ä·mot ...
hinter ...	*bakom ...*	ba·kom ...
links	*till vänster*	til wän·ster
nahe (bei...)	*nära (på ...)*	nä·ra (po ...)
neben ...	*bredvid ...*	brejd·wid ...
rechts	*till höger*	til hö·ger
vor ...	*framför ...*	fram·för ...
weit weg	*långt*	longt

ZEIT & DATUM

Wie spät ist es?

Hur mycket är klockan? hür mü·ke är klo·kan

Es ist (zwei) Uhr.

Klockan är (två). klo·kan är (two)

Halb (zwei).

Halv (två). halw (two)

Wann ...?

Hur dags ...? hür daks ...

Um (10) Uhr.

Klockan (tio). klo·kan (ti·o)

vormittags	*förmiddagen*	för·mi·da·gen

nachmittags	*eftermiddagen*	ef·ter·mi·da·gen	**Januar**	*januari*	ja·nu·a·ri
gestern	*igår*	i·gor	**Februar**	*februari*	fe·bru·a·ri
morgen	*imorgon*	i·mor·ron	**März**	*mars*	masch
			April	*april*	a·pril
Montag	*måndag*	mon·dag	**Mai**	*maj*	mai
Dienstag	*tisdag*	tis·tag	**Juni**	*juni*	ju·ni
Mittwoch	*onsdag*	uns·dag	**Juli**	*juli*	ju·li
Donnerstag	*torsdag*	tursch·dag	**August**	*augusti*	a·gus·ti
Freitag	*fredag*	frij·dag	**September**	*september*	sep·tem·ber
Samstag	*lördag*	lör·dag	**Oktober**	*oktober*	ok·to·ber
Sonntag	*söndag*	sön·dag	**November**	*november*	no·wem·ber
			Dezember	*december*	de·sem·ber

GLOSSAR

Die Buchstaben **å**, **ä** und **ö** werden im schwedischen Alphabet immer ganz hinten eingeordnet, hier sind sie aber, der deutschen Sprache entsprechend, unter u und o zu finden. Die Buchstaben **v** und **w** sind oft austauschbar (so wird der kleine Ort Vaxholm manchmal auch Waxholm genannt, und ein Wirtshaus kann *värdshus* oder *wärdshus* geschrieben werden). In Verzeichnissen, wie z. B. Telefonbüchern, stehen die beiden normalerweise in der gleichen Kategorie (dadurch wird z. B. *wa* vor *vu* aufgeführt).

Folgende Abkürzungen werden verwendet: (m) – Maskulinum; (f) – Femininum; (pl) – Plural.

aktie bolaget (AB) – Aktiengesellschaft

allemansrätt – wörtlich: „Jedermannsrecht" – eine Tradition, die der Allgemeinheit freien Zugang zur Natur erlaubt, gleich ob privater Grundbesitz (mit einigen Einschränkungen), öffentliches Land oder Wildnis

apotek – Apotheke

ateljé – Galerie, Atelier

avgift – Bezahlung, Gebühr (z. B. auf Parkschildern)

bad – Swimmingpool, Badeplatz oder Badezimmer

bakfickan – wörtlich: „Gesäßtasche", meist die weniger exklusive „Hinterstube" eines Gourmetrestaurants

bankomat – Geldautomat

bastu – Sauna

båt – Boot, Schiff

bensin – Benzin

berg – Berg

bibliotek – Bibliothek

biljet – Ticket, Fahrkarte, Eintrittskarte

biljetautomat – Automat, z. B. für Fahr- und Parkscheine

biluthyrning – Autovermietung

bio, biograf – Kino

björn – Bär

brännvin – Aquavit

bro – Brücke

bruk – Fabrik, Werk

bryggeri – Brauerei

butik – Geschäft

centrum – Stadtzentrum

cykel – Fahrrad

dag – Tag

dal – Tal

domkyrka – Dom, Kathedrale

drottning – Königin

duodji – Kunsthandwerk der Sami

dygnet runt – rund um die Uhr

dygnskort – Tagesfahrkarte mit 24 Stunden Gültigkeit

ej – nicht

ej motorfordon – keine motorisierten Fahrzeuge

expedition – Büro, Geschäftsstelle

fabrik – Fabrik

fest – Fest, Party, Festival

fika – Kaffee und Kuchen

fiskkort – örtliche Genehmigung

fjäll – Berg

fjällstation – Bergstation

fjällstugor – Berghütten

flod – großer Fluss, Strom

flyg – Flug

flygbuss – Flughafenbus

flygplats – Flughafen

folkhemmet – „Volksheim", Sozialstaat

friluft – Open Air

fyr – Leuchtturm

fäbod – sommerliche Viehhaltung

fästning – Fabrik

förbund – Verband, Vereinigung

förening – Organisation, Vereinigung

förlag – Verlag

galleri, galleria – Einkaufspassage

gamla staden, gamla stan – Altstadt

gammal, gamla – alt

gästgiveri – Gasthof, Gastwirtschaft

gästhem, gästhus – Gästehaus

gatan – Straße (oft mit **g** abgekürzt)

gatukontoret – städtischer Parkplatz

gatukök – wörtlich: „Straßenküche", Imbissstand bzw. -bude

glögg – Glühwein

gott och enkelt – schlicht und gut

gruva – Bergwerk, Grube

gräns – Grenze

gård – Hof, Bauernhof, Gut

gästhamn – Gasthafen für Gastjachten

hamn – Hafen

hembygdsgård – Freilichtmuseum, meist mit alten Bauernhäusern

hemslöjd – Kunsthandwerk, Kunstgewerbe

hjörtron – Torfbeere

hotell – Hotel

hus – Haus

husmanskost – Hausmannskost: das, was schwedische Kinder daheim zu essen bekommen

hyrbilar – Autovermietung

hällristningar – Felsritzungen

i – in

idrottsplats – Sportplatz, Stadion

joik – traditioneller Sami-Gesang

järnvägsstation – Bahnhof

kaj – Kai

kanot – Kanu

karta – Landkarte, Stadtplan

Kartförlaget – Kartenvertrieb der schwedischen Landvermessungsbehörde

kloster – Kloster

kombibiljett – Kombiticket

konditori – Konditorei, Bäckerei-Café

konst – Kunst

kontor – Büro

kort – Karte

krog – Kneipe, Restaurant (oder beides)

krona (Sing.), kronor (Pl.) – die schwedische Währungseinheit
kulle – Hügel
kung – König
kust – Küste
kyrka – Kirche
kyrkogård – Friedhof, Kirchhof
kyrkstad – Kirchenstadt
kåta – tipiförmige Sami-Hütte
källare – Keller, Gewölbe
kök – Küche

landskap – Landschaft, Region, Provinz
lastmoped – Moped
lavin – Lawine
lavvu – Zelt
lilla – klein, wenig
linbana – Seilbahn, Sessellift
län – Regierungsbezirk
länskort – Regionalticket
länsmuseum – Regionalmuseum
Länstrafiken – Regionalverkehrsbetrieb eines *län*
länståg – Regionalzug

magasin – Geschäft (vor allem Kaufhaus), Lagerhaus
magasinet – Magazin, Depot
Midsommardag – Mittsommertag: der erste Samstag nach dem 21. Juni (die Hauptfestivitäten beginnen aber am Tag vorher)
museet, museum – Museum
mynt – Münze, Münzen

natt – Nacht
nattklubb – Nachtclub
naturreservat – Naturreservat
naturum – Besucherzentrum eines Nationalparks oder Naturreservats
Naturvårdsverket – Schwedische Naturschutzbehörde (und Nationalparkverwaltung)
nedre – untere, niedere
norr – Norden, nördlich

norrsken – Polarlicht, Nordlicht
nyheter – Nachrichten, Neuigkeiten, Neuheiten

och – und
öl – Bier

palats – Palast
pendeltåg – Pendelzug, Nahverkehrszug
pensionat – Pension, Gästehaus
P-hus – Parkhaus
polis – Polizei
punsch – Punsch, alkoholisches Getränk
på – auf, an, in, bei

raukar – Kalksteinformationen
RFSL – Riksförbundet för Sexuellt Likaberättigande (nationale Organisation der Schwulen und Lesben)
riksdag – Reichstag, Parlament
rum – Zimmer
rådhus – Rathaus
rälsbuss – Schienenbus

SAS – Scandinavian Airlines Systems
Schlager - Schlagermusik
slida – Samisches Dorf
sjukhus – Krankenhaus
sjö – See (der), Meer
skog – Wald
skål! – Prost!
skärgård – Schären; Schärengarten
slöjd – Handwerk
slott – Schloss, Herrenhaus
smörgås – Butterbrot, belegtes Brot
smörgåsbord – schwedisches Büfett
STF – Svenska Turistföreningen (Schwedischer Tourismusverband)
sstolen – Stuhl
stor, stora – groß
stortorget – Hauptplatz

strand – Strand
stuga, stugor/na – Hütte, Häuschen
stugby – Feriendorf: eine kleine Ansammlung von Ferienhäuschen
surströmming – eingelegter Hering
svensk – schwedisch, Schwede
Sverige – Schweden
SVIF – Sveriges Vandrarhem i Förening; Jugendherbergsvereinigung
Systembolaget – staatliches Spirituosengeschäft
söder –Süden

teater – Theater
telefonkort – Telefonkarte
torg, torget – Platz, Marktplatz
torn – Turm
trädgård – öffentlicher Garten
tull – Zoll
tunnelbana, T-bana – U-Bahn
turistbyrå – Touristenbüro

vandrarhem – etwa: Jugendherberge
vecka – Woche
vik – Bucht
väg – Straße
värdshus – Gasthaus, Wirtshaus
väst – Westen (Abkürzung: **v**)
västra – westlich

wärdshus – Gasthaus, Wirtshaus

yoik – traditioneller samischer Gesang (auch: *joik*)

ö – Insel
öst – Osten (Abk.: ö)
östra – östlich
övre – oberhalb

Hinter den Kulissen

WIR FREUEN UNS ÜBER EIN FEEDBACK

Post von Travellern zu bekommen ist für uns ungemein hilfreich – Kritik und Anregungen halten uns auf dem Laufenden und helfen, unsere Bücher zu verbessern. Unser reiseerfahrenes Team liest alle Zuschriften genau durch, um zu erfahren, was an unseren Reiseführern gut und was schlecht ist. Wir können solche Post zwar nicht individuell beantworten, aber jedes Feedback wird garantiert schnurstracks an die jeweiligen Autoren weitergeleitet, rechtzeitig vor der nächsten Nachauflage.

Wer uns schreiben will, erreicht uns über www.lonelyplanet.de/kontakt

Hinweis: Da wir Beiträge möglicherweise in Lonely Planet Produkten (Reiseführer, Websites, digitale Medien) veröffentlichen, ggf. auch in gekürzter Form, bitten wir um Mitteilung, falls ein Kommentar nicht veröffentlicht oder ein Name nicht genannt werden soll. Wer Näheres über unsere Datenschutzpolitik wissen will, erfährt das unter www.lonelyplanet.com/privacy

DANK VON LONELY PLANET

Vielen Dank an alle Traveller, die mit der letzten Ausgabe unterwegs waren und uns nützliche Hinweise, gute Ratschläge und interessante Begebenheiten übermittelt haben:

Arie van der Vlies, Ben den Dulk, Claudia Kuehn, Daan Symons, Daniel Marsá, Eleanor Vale, Jakob Götesson, Jonas Jeppson, Lorenzo Merli, Lucia Krubasik, Martin Williams, Mary Wood, Nick Dowling, Terence Jagger

DANK DER AUTOREN

Becky Ohlsen

Ich danke meinem Vater, Joel Ohlsen, einem echten Traveller, der mich auf dem schönsten Teil der Reise (den Schären vor Stockholm) begleitet hat und mir – wider besseres Wissen - die gesamte Planung der Tour anvertraute. Ein Dank geht auch an die Mitautorinnen Anna Kaminski und Josephine Quintero für ihre großartige Arbeit und an die Redakteurin Gemma Graham; die Zusammenarbeit war ein echtes Vergnügen. Einen lieben Gruß auch an Travis Gardner, der die Katze und die Tomatenpflanzen am Leben gehalten hat, während ich unterwegs war.

Anna Kaminski

Ein herzlicher Dank geht an das gesamte Schweden-Team, nicht zuletzt auch an Gemma, die mir fünf Kapitel anvertraut hat, und an Becky für die nette Unterhaltung während der Reise und das Mitsommer-Bier. Und natürlich bin ich jedem dankbar, der mir unterwegs geholfen hat, darunter Britta von STF Kebnekaise, Joran und dem Kallaxflyg-Team in Nikkaluokta, Ali in Luleå, Amelie, Erik und den anderen Metal-Rockern in Gävle, Nandito in Göteborg, Doris in Vilhelmina und Sven in Kiruna.

Josephine Quintero

Ich danke all den hilfsbereiten Mitarbeitern der diversen Touristeninformationen und vor allem auch Fredrik Serger in Malmö. Ein Dank geht natürlich auch an die Hauptautorin Becky Ohlsen und an alle beteiligten Mitarbeiter bei Lonely Planet, außerdem an meine skandinavischen Freunde hier in Spanien, die mich reichlich mit Ratschlägen, Kontaktadressen und Tipps versorgt haben, und an Robin Chapman, der sich um Marilyn (die Katze) gekümmert hat.

ÜBER DIESES BUCH

Dies ist die 4. deutsche Auflage von *Schweden*, basierend auf der mittlerweile 6. englischen Auflage. Konzipiert und verfasst wurde dieses Buch von Becky Ohlsen, Anna Kaminski und Josephine Quintero; von Stuart Harrison stammt das Kapitel über Design & Architektur. Für die vorhergehende Auflage waren Becky Ohlsen, Anna Kaminski und K. Lundgren verantwortlich. Der Band wurde betreut von:

Redaktionelle Gesamtleitung Gemma Graham

Leitende Redakteurin Sarah Bailey

Redaktion Stephanie Ong

Leitung der Kartografie Valentina Kremenchutskaya

Layout Jessica Rose

Redaktionsassistenz Jodie Martire, Charlotte Orr

Kartografie Rachel Imeson

Bildredaktion für den Umschlag Naomi Parker

Dank an Elin Berglund, Ryan Evans, Benjamin Little, Wayne Murphy, Alison Ridgway, Dianne Schallmeiner, Samantha Tyson

HINTER DEN KULISSEN

QUELLENNACHWEIS

Die Daten in der Klimatabelle stammen von Peel MC, Finlayson BL & McMahon TA (2007), Aktualisierte Weltkarte der Köppen-Geiger-Klimaklassifikation, *Hydrology and Earth System Sciences*, 11, 1633-44.

Abbildung auf dem Umschlag: Eine Frau in traditioneller Samen-Tracht, Lappland, Phillip Lee Harvey, Getty Images.

Register

Karten **000**
Abbildungen **000**

Kartenlegende

Sehenswertes

- Strand
- Vogelschutzgebiet
- Buddhistisch
- Burg/Schloss/Palast
- Christlich
- Konfuzianisch
- Hinduistisch
- Islamisch
- Jainistisch
- Jüdisch
- Denkmal
- Museum/Galerie/Hist. Gebäude
- Ruine
- Sento-Bad/Onsen
- Shintoistisch
- Sikh-Religion
- Taoistisch
- Weingut/Weinberg
- Zoo/Naturschutzgebiet
- andere Sehenswürdigkeit

Aktivitäten, Kurse & Touren

- Bodysurfing
- Tauchen/Schnorcheln
- Kanu/Kajak
- Kurse/Touren
- Ski fahren
- Schnorcheln
- Surfen
- Schwimbad/Pool
- Wandern
- Windsurfen
- andere Aktivität

Schlafen

- Schlafen
- Camping

Essen

- Essen

Ausgehen & Nachtleben

- Ausgehen & Nachtleben
- Café

Unterhaltung

- Unterhaltung

Shoppen

- Shoppen

Praktische Information

- Bank
- Botschaft/Konsulat
- Krankenhaus/Arzt
- @ Internet
- Polizei
- Post
- Telefon
- Toilette
- Touristeninformation
- andere Information

Landschaft

- Strand
- Hütte
- Leuchtturm
- Aussichtsturm
- ▲ Berg/Vulkan
- Oase
- Park
-)(Pass
- Picknickmöglichkeit
- Wasserfall

Bevölkerung

- Hauptstadt (National)
- Hauptstadt (Staat/Provinz)
- Stadt/Großstadt
- Ort/Dorf

Verkehrsmittel

- Flughafen
- Grenzübergang
- Bus
- Seilbahn
- Radfahren
- Fähre
- Metrohaltestelle
- Monorail
- Parkplatz
- Tankstelle
- S-Bahn-Haltestelle
- Taxi
- Bahnhof/Zugstrecke
- Tram
- U-Bahn-Station
- anderes Verkehrsmittel

*Hinweis: Nicht alle hier aufgeführten
Symbole sind in den Karten zu finden*

Verkehrswege

- Mautstraße
- Autobahn
- Hauptstraße
- Landstraße
- Verbindungsstraße
- Piste
- unbefestigte Straße
- Straße in Bau
- Platz/Fußgängerzone
- Treppen
- Tunnel
- Fußgängerbrücke
- Wanderung
- Wanderung mit Abstecher
- Wanderpfad

Grenzen

- internationale Grenze
- Bundesstaat/Provinz
- umstrittene Grenze
- Regional/Vorort
- Gewässergrenze
- Klippen
- Mauer

Gewässer

- Fluss, Bach
- periodischer Fluss
- Kanal
- Wasser
- Trocken-/Salz-/periodischer See
- Riff

Fläche

- Flughafen/Landebahn
- Strand/Wüste
- + Friedhof (christlich)
- × Friedhof (anderer)
- Gletscher
- Watt
- Park/Wald
- Sehenswertes (Gebäude)
- Sportanlage
- Sumpf/Mangroven

DIE AUTORINNEN

Becky Ohlsen

Hauptautorin; Stockholm & Umgebung, Uppsala & Mittelschweden Wann immer Becky nach Schweden zurückkehrt, entdeckt sie dort irgendetwas Neues. Dieses Mal waren es die größten Kardamom-Brötchen, die sie je gesehen hat – bei einem Bio-Bäcker auf einer abgelegenen Insel in den Schären von Stockholm. Als großer Stockholm-Fan hat sie genügend Zeit in der Hauptstadt verbracht, um problemlos die nächste gebühren-freie öffentliche Toilette zu finden – aber immer noch nicht genug für die eindrucksvolle Mode-Szene. Vielleicht beim nächsten Mal ... Außerdem wandert sie gern durch die Wälder Nordschwedens, und sie interessiert sich für die Relikte aus der Wikingerzeit. Becky ist zwar in Colorado, USA, aufgewachsen, kennt Schweden aber seit ihrer Kindheit, und zwar von Besuchen bei den Großeltern und der schwedischen Verwandtschaft. Bis heute kann sie sich für *snaps* oder Saffraneis begeistern.

Mehr über Becky:
lonelyplanet.com/members/BeckyOhlsen

Anna Kaminski

Göteborg & der Südwesten, Östersund & Bottnischer Meerbusen, Lapp-land & der hohe Norden Anna hat Schweden bereits als Jugendliche in der Sowjetunion kennengelernt, und zwar durch die Bücher von Astrid Lindgren und Selma Lagerlöf. Seither fühlt sie sich dem Land verbunden. Während dieser Recherchereise hat sie beide Küsten des Landes mit dem Boot erkundet, sie hat fast 5000 km mit dem Auto zurückgelegt, sie ist in Bergwerke hinabgestiegen und mit dem Hubschrauber über die arktische Tundra geflogen. Für den Lonely Planet Schweden war sie jetzt schon zum dritten Mal unterwegs, und das friedliche Land überrascht sie trotzdem immer wieder aufs Neue. Von Anna stammen auch das Kapitel über die Geschichte und der Beitrag über die Kultur der Samen.

Josephine Quintero

Malmö & der Süden, Der Südosten & Gotland Josephine war schon mehr-mals in Schweden, entdeckt aber immer wieder Neues und Überraschen-des, auch wenn eines in ihren Augen immer gleich bleibt: die herzliche Freundlichkeit der Einheimischen. Zu den großen Highlights dieser Recher-chereise zählten großartige Kunst (vor allem in den Galerien von Malmö und Norrköping) und ein bewegendes Konzert in einer außergewöhnlichen Kirchenruine in Visby. Unterwegs hat Josephine sogar ihre Kenntnisse im Backen verbessert und unzählige Kardamom-Brötchen produziert; was sie dabei zugenommen hat, musste sie dann auf langen Märschen über die spektakuläre Halbinsel im Nordwesten von Skåne wieder mühevoll abtrainieren.

Mehr über Josephine:
lonelyplanet.com/members/josephinequintero

DIE LONELY PLANET STORY

Ein uraltes Auto, ein paar Dollar in den Hosentaschen und Abenteuerlust, mehr brauchten Tony und Maureen Wheeler nicht, als sie 1972 zu der Reise ihres Lebens aufbrachen. Diese führte sie quer durch Europa und Asien bis nach Australien. Nach mehreren Monaten kehrten sie zurück – pleite, aber glücklich –, setzten sich an ihren Küchentisch und verfassten ihren ersten Reiseführer *Across Asia on the Cheap*. Binnen einer Woche verkauften sie 1500 Bücher und Lonely Planet war geboren. Heute unterhält der Verlag Büros in Melbourne (Australien), London und Oakland (USA) mit über 600 Mitarbeitern und Autoren. Sie alle teilen Tonys Überzeugung, dass ein guter Reiseführer drei Dinge tun sollte: informieren, bilden und unterhalten.

Lonely Planet Publications,
Locked Bag 1, Footscray,
Melbourne, Victoria 3011,
Australia

Verlag der deutschen Ausgabe:
MAIRDUMONT, Marco-Polo-Str. 1, 73760 Ostfildern,
www.lonelyplanet.de, www.mairdumont.com
info@lonelyplanet.de
Chefredakteurin deutsche Ausgabe: Birgit Borowski
Übersetzung:
Dr. Birgit Beile-Meister, Christiane Gsänger, Dr. Annegret Pago,
Dr. Thomas Pago, Christiane Radünz, Jutta Ressel M.A.,
Beatrix Thunich, Renate Weinberger
An früheren Auflagen haben außerdem mitgewirkt:
Dr. Dagmar Ahrens, Boris Häbich, Raphaela Moczynski;
Petra Dubilski, Valeska Henze, Rainer Höh, Robert Suske;
Inga-Brita Thiele

Redaktion und technischer Support: CLP Carlo Lauer & Partner, Riemerling

Schweden
4. deutsche Auflage September 2015, übersetzt von *Sweden 6th edition*, Mai 2015 Lonely Planet Publications Pty
Deutsche Ausgabe © Lonely Planet Publications Pty, September 2015
Fotos © wie angegeben 2015
Printed in China

MIX
Paper from
responsible sources
FSC® C124385

www.fsc.org